神奈川大学経済貿易研究叢書第37号

毛利公爵家の資産と家政
倒幕・新政府樹立の旗手の近代

松村 敏

日本経済評論社

毛利公爵家の資産と家政
―倒幕・新政府樹立の旗手の近代―

目　次

はじめに………………………………………………………………………… 1

（1）研究史について　1

（2）課題と視角　10

（3）史料について　16

第1部　明治期における毛利家資産の由来と性格
―加賀前田家との比較で―

第1章　明治前期の資産と収支（1）―1871～76年―………… 21

（1）明治初期毛利家の状況　21

（2）資産とその形成過程　24

　（ⅰ）金融資産　29

　（ⅱ）近世からの資産継承　31

　（ⅲ）家禄賞典禄収入　33

　（ⅳ）補論：明治前期における旧岩国藩主吉川家資産の由来　47

（3）資産の性格　54

　（ⅰ）貸金　54

　（ⅱ）横浜水道会社への出資　70

（4）収支　77

第2章　明治前期の資産と収支（2）―1877～90年―………… 85

（1）資産の推移と蓄積過程　85

　（ⅰ）金禄公債と賞典分与　89

　（ⅱ）有価証券投資　97

　（ⅲ）不動産所有と北海道開墾事業　119

　（ⅳ）預金・貸金　130

（2）収支　152

第3章　明治後期の家政と資産運用－1891～1906年－…… 165

(1) 家憲の制定と資産運用体制　165

（ⅰ）家憲の制定　165

（ⅱ）資産運用体制　171

(2) 資産の推移　174

(3) 有価証券投資　191

（ⅰ）株式　191

（ⅱ）債券　202

(4) 不動産投資　205

(5) 鉱山投資　208

(6) 貸付金・仮払金・預り金　216

（ⅰ）貸付金・預け金　216

（ⅱ）借入金・仮払金　226

（ⅲ）預り金　232

(7) 損益　242

(8) 小括　250

第2部　大正・昭和戦前期における毛利家資産の性格変容
－日本における「日の名残り」－

第4章　明治末～大正前期毛利家の状況と家政管理体制…　255

(1) 毛利家の状況　255

(2) 家政管理体制　262

(3) 資産の動向と家政費支出　277

第5章　大正後期の資産と損益－1922～26年－……………　297

(1) 家政管理体制と資産　297

(2) 有価証券所有　316

（ⅰ）株式所有　316

（ⅱ）債券所有　327

（3）土地所有　329

（4）預金・貸付金　339

（5）損益　346

第6章　昭和戦前期の資産と損益－1927〜38年－……………　349

（1）家政管理体制と資産　349

（2）有価証券所有　387

（ⅰ）株式所有　387

（ⅱ）債券所有　390

（3）土地所有　391

（4）預金・貸付金　394

（5）補論：華族世襲財産制について　396

（6）損益　412

第7章　その後の毛利家 ……………………………………………　415

おわりに………………………………………………………………　421

（1）明治期における資産の由来と性格　421

（2）大正・昭和戦前期における資産の性格変容　434

あとがき　439

索引　441

はじめに

(1) 研究史について

　本書は，明治初期から昭和戦前期における武家華族大資産家たる毛利公爵家の，経済面を中心とした家政運営に関する研究である[1]。いうまでもなく華族とは，近代日本の貴族であり，「皇室の藩屏」と位置付けられた。また武家華族大資産家は，財閥家族の三井家・岩崎家・住友家などに次ぐ戦前日本における最上層の大資産家だったことも，こんにちではよく知られている。すると日本に限らず視野を広げて，世界一般に貴族とは何か，そもそも君主制とは何かといった問題もきわめて重要な関心事となる。しかし本書ではそうした大テーマにはほとんど立ち入らない。これらについてはさしあたり，主にヨーロッパの君主制や貴族に関する研究を積み重ねてこられた君塚直隆の近刊『貴族とは何か』（新潮社，2023 年）や『君主制とはなんだろうか』（ちくまプリマー新書，2024 年）などが参考になるので参照されたい。

　とはいえ，この君塚『貴族とは何か』では，近代日本の華族について 1 章（第 4 章）を割いて議論しており，そこでは日本の華族に対してなかなか厳しい評価が下され，あるいは筆者にはやや違和感のある言明もある。君塚著の主張を簡単にいえば，イギリス貴族はノブレス・オブリージュを果たしていたのに対して，近代日本の華族らはそうではなかったという。たとえばいわく，

---

1)　本書でたんに毛利家という場合は，旧長州藩主毛利家のことである。なお長州藩は，近世史研究では萩藩と称されることが多いが，幕末に藩庁を萩から山口に移し，明治初期は山口藩と称しており，本書ではそれらの時期も重要なので，これらを長州藩と呼ぶことにする。

［伊藤博文・山県有朋・井上馨ら維新の元勲，元老らは自分らが近代日本を築いたとの自負心を有していたが］それに引き換え，政治に関心も寄せず，自分たちの贅沢な生活を維持することに汲々とするだけの［旧大名・旧公家の］公爵や侯爵はただ自身の先祖の功績だけで叙爵されたにすぎない。

とある（226頁，［　］は引用者，以下同様）。おそらくかつての日本社会では，旧大名や旧公家（伝統的家柄から旧華族ともいわれる）は一般にこのように理解され，君塚が参照した華族関係研究もそうしたイメージで描かれているのであろう。旧華族が「先祖の功績だけで叙爵されたにすぎない」ことは疑いない。しかし本当に，「政治に関心も寄せず，自分たちの贅沢な生活を維持することに汲々とするだけの公爵や侯爵」だったのか，これは印象論にすぎないのではないか，という疑問も湧いてくる。

　また同書では，日露戦争で戦死した華族子弟と，第一次大戦で戦死したイギリス貴族の子弟の数を比較して，前者の方が格段に少ないことに基づいて，「［日本の華族子弟は］当時の価値観に照らせば『ノブレス・オブリージュ』を果たしていたとは到底言えまい」と記している（234頁）。第一次大戦でイギリス貴族の軍将校が数多く戦死したことはよく知られており，戦死率もイギリス軍全体では8人に1人だったのに対して，貴族とその子弟では5人に1人と平均より高かった（179頁）。これに対して日露戦争の戦死率は日本軍全体では7％台だったのに対して，華族子弟では5.8％と平均より低かった。しかし君塚流にいってもノブレス・オブリージュを果たした華族子弟もいたし，戦死率が低かったから一般に華族はノブレス・オブリージュを果たさなかったと決めつけられるものなのかという疑問が湧く（イギリス貴族子弟の多くは将校［部隊指揮官］だったであろう。戦闘において，指揮官を失うことは致命的である。将棋も，玉［最高指揮官］以外の駒をいくら失っても相手の玉を取れば勝ちというゲームである。日露戦争でも旅順要塞攻略戦における乃木大将の指揮が適切だったかなどについて古くから議論があるが，第一次大戦においてイギリス貴族子弟の戦死率が高いということは，イギリス軍の戦術が適切だったかを疑わせるものがある）。

　さらに，君塚著は1917年の吉野作造の次のような文を引用している。

日本の貴族は独逸の貴族のやうに国民の心からの尊敬を受ける程に，優秀
　　の資格を備へて居ない。国民は大体に於て貴族富豪の子弟に信頼しない。
　　貴族や金持の出といへば，初めから皆凡庸の輩と極めて居る。

これについて君塚は，「華族に対する吉野の批評は少し厳しすぎる感もあるが，
しかし当時の日本の華族の実態を見るとこの評も当を得ていたのかもしれな
い」とする（235 頁）。国民の華族らに対する認識が仮に吉野の言うとおり
だったとして，またたしかにろくでもない華族やその子弟もなかにはいたであ
ろうが，この評は本当に的を射たものであろうか，これも印象論にすぎないの
ではないかという疑問が湧く。

　君塚は，1915 年の華族とその家族の職業調査をみると，無職とみられる者
が 6 割も存在した点から，

　　この数字を見る限りでは，「日本の貴族」は国家のために日々の生活を
　　送っているとは到底思えない状況であった。

と記し，さらに

　　明治終わりから大正にかけての華族たちが，イギリス貴族のこうした活動
　　［各種慈善団体のパトロンの役割を果たしたことなど］を少しでも見習っ
　　ていたら，あるいは吉野が批判するような対象にはなっていなかったかも
　　しれない。

ともある（237 頁）。しかし筆者のこれまでの研究によると，少なくとも有力
大名華族らはヨーロッパ貴族を見習って国家や社会のために種々活動していた
者は決して少なくなかったように感じる。富裕な有力大名華族らは，当然なが
らヨーロッパ貴族の規範をよく知っていたのである。もともと江戸時代にも，
大名ら［ヨーロッパ基準では彼らも明白な貴族］の中には，領民のために殖産
興業その他の善政を行った名君といわれる者が少なからず存在していたことは
よく知られている。大名家も，近代の華族になると変質したということであろ
うか。

　そして君塚著は，1900 年に書かれた福沢諭吉の「我国の富豪家は多々ま
す〳〵利するのみにて，公共慈善の事に大に金を投じたるものあるを見ず［中
略］学校病院等の施設にして専ら富豪家の寄金に成るもの殆んど絶無なるは我
輩の遺憾とする所にして」といった文を引用しつつ，渋沢栄一や大原孫三郎の

ように「学校や病院，孤児院の建設などに尽力していく財界の巨頭も見られるようになるが，まだ当時［1900 年頃］はこうした『寄附文化』が定着していなかったのだ」という（273 頁）。しかし事実をいえば，とりわけ有力大名華族は明治前期から官立学校創設その他に巨額の寄付を行っていた。たとえば加賀前田家は，1887 年に官立第四高等中学校創設費として 5 万円と耕地 54 町を寄付した。延岡内藤家は，西南戦争や大火で荒廃した旧領の復興のために1890 年に一家を挙げて帰郷し，中学校や高等女学校に発展する延岡社学や女児教舎を設立・運営した。このような例は他にも，広島浅野家・長州毛利家・福岡黒田家など数多くある。福沢諭吉は，小規模な慶應義塾を創設したという自負が強すぎるためか，何もわかっていないまま武家華族大資産家を含む富豪に対する批判をしていたのである。

　これら君塚著の華族理解は，過去の知識人の言説やこんにちの華族に関する研究水準を反映したものであり，筆者の経験によると現代の歴史研究者も君塚と似たような認識をもつ人は少なくないようである。筆者は，近代日本の華族がイギリス貴族よりも立派だったといいたいのではない。研究の結果，華族ごとに豊かな個性をもち，あまりに多様な点が判明するため，筆者は華族一般の特徴を簡単に結論するのに躊躇することが多い。要するに，「近代日本の貴族」たる華族に関する研究水準はこんにちも著しく低いままなのである。

　ところで私見によれば，これまでの武家華族に関する社会経済史研究において，彼らの豊かな個性に注目しないまま武家華族資産家のイメージを大きく歪め，ひいては君塚著のような華族理解にもつながったと思われるのが，それらを「華族資本」として議論してきた主流派の研究であった。

　この「資本」とは，むろんマルクス経済学の，自己増殖していく有機体的な「資本」である。それは，日本では戦後長らくマルクス主義的経済史学が主流だったこともあり，富裕な武家華族資産家の資産をマルクス経済学における資本になぞらえ，マルクス主義的な発展段階論的歴史観に則って，封建制社会の領主は資本制社会の資本家に変身するという図式のもとで，近代になって「華族資本」がいかに自己増殖していくかという視角から議論されてきた。

　その 1 つの到達点は，千田稔「華族資本の成立・展開」であり[2]，そこでは「華族資本」に関する包括的な議論が行われ，こんにちでも 1 つの水準をなし

ていると評価される。しかしそのような視角のために，同論文は，武家華族資産家の動向を利殖活動という点からしか捉えておらず（前記の福沢諭吉と同じ），たとえば他者への救済的な出資も，資産を自己増殖させるためのたんなる利殖活動とみなしているところがあり，また彼らの自己犠牲的な出金もまったく視野に入っていない。同論文で，毛利家については，有力顧問井上馨を確保して「投機を回避し」有利な利殖行動を展開していったと想定されているのみである[3]。同家はたしかに他の大藩大名華族と同様に第十五国立銀行株など大量の優良株や公債を所有して，その限り安定的な利子配当を取得した。しかし毛利家の近代は，本書で明らかにするようにそれで話は尽きるような単純なものではなかった。

　またこのような発展段階論的歴史観から，千田論文では，武家華族というだけで大名華族と万石級の家老華族も区別することなく議論され，それどころか事業の成功によって致富した旧加賀藩3万石家老横山家こそ「華族資本」の典型の1つとして議論している。しかしそもそも横山家は1900年までは士族であり，鉱山事業にかなり成功したあとに，他の大藩万石級家老とともに男爵位が授けられ，華族に取り立てられたのである。千田論文は，多くの武家華族の中から，自らの図式にあうような事例を見つけ出し，これぞ「華族資本」の典型と主張している（筆者の見解はまったく逆に，横山家は大藩万石級家老華族の例外というものである[4]）。近年にいたっても，大名華族資産家の個別事例研究は，そのような「華族資本」研究がほとんどであり[5]，華族に対する君塚

---

2)　『社会経済史学』52巻1号（1986年）所収。

3)　同論文，12頁。千田の言明の主な根拠は，井上馨侯伝記編纂会『世外井上公伝』第4巻（内外書籍，1934年）615頁に，「［井上］公は毛利家の財政維持に就いては堅実を旨とし，投機的事業には一切手を触れぬやうに厳重に警告し」との記述であろう。「投機」を，短期的利益をめざすこととらえれば，たしかに井上は投機を戒めたとはいえるが，彼の助言が「堅実を旨とし」ていたかは本書第1部で議論する。

4)　さしあたり，拙稿「明治前期，旧加賀藩家老横山家の金融業経営と鉱山業への転換」（神奈川大学『商経論叢』53巻1・2合併号，2018年），および拙稿「明治後期における加賀横山男爵家の鉱山経営と家政」（同誌，59巻1号，2023年）を参照。

5)　岡山池田家の森田貴子「華族資本の形成と家政改革」（高村直助編著『明治前期の日本経済』日本経済評論社，2004年），薩摩島津家の寺尾美保「大名華族資本の誕生」（『史学雑誌』124編12号，2015年），岩国吉川家の三浦壮「明治期における華族資本の形成と工業化投資」（『歴史と経済』226号，2015年），同「日露戦後から昭和恐慌期に

著のような問題意識はほぼなく，そのような研究は君塚著への反論も是認もできないであろう。

　それればかりか「華族資本」研究では，そのような把握から妙な議論が展開されている。たとえば，三浦「明治期における華族資本の形成と工業化投資」は，明治後期吉川家の株式投資の原資を問題にして，「内生的資金」（株式投資において株式収益によって賄われる資金）と「外生的資金」（同じく株式収益以外によって賄われる資金）を算出して，株式投資がいつ頃「内生的資金」で賄われるようになるかを分析している。しかしそれは，計算上株式収益以上の株式投資をしなくなったというだけである。そしてそれはいわば当たり前ともいえる。同論文でも指摘されているように，株式の大半は第二基本財産に属し，同家経常家政費も第二基本財産から支出される（ちなみに本書で説明するように，この第一・第二基本財産という会計制度は宗家たる毛利家に倣ったものである）。したがって大名華族としての多額の経常費は，主要な収入源が株式収益であれば，主にそこから支出されたはずである。だから株式収益以上の株式投資はなかなかできないのである。

　大名華族の資産とはなによりもまず多額の家政費を賄うためのものであり，旧大名家は営利目的の私企業ではない。たとえば毛利家も加賀前田家も，1877年の第十五国立銀行株投資から本格的な株式投資が始まるが，両家とも同行株配当によって多額の家政費を賄うしくみにしていた[6]。その配当の残りやその他の収入，手持ちの現金預金によって有価証券投資（さらに土地投資など）を行った。だから両家とも，三浦論文流にいえば，最初から（第十五国立銀行株取得後）たいていの年は，株式投資は「内生的資金で賄われた」ということになる。吉川家はたまたま，前田家などとは異なって，本書第1部第1章で述べるように近世から巨額の金融資産を継承したため，それを原資とした収入や原

　おける華族資本の形成と資産蓄積の経路に関する考察」（同誌，237号，2017年）などがあり，いずれもタイトルに「華族資本」と銘打っている。寺尾美保には，「大名華族資本の形成と家政」（『歴史評論』864号，2022年）もある。

6)　本書でたんに前田家と記す場合は，旧加賀藩主前田侯爵家（加賀前田家）のことである。なお明治期の前田家については，拙稿「明治前期における旧加賀藩主前田家の資産と投資意思決定過程」（『商経論叢』53巻1・2合併号，2018年）および拙稿「明治後期における前田侯爵家の資産と経済行動」（同誌，59巻2号，2024年）を参照されたい。

資そのものがあったし，さらにわずか6万石の小藩大名華族だから，金禄公債
したがって第十五国立銀行株も多くなく，当初の配当収入は多くなかったから，
ある時点まで「外生的資金」によって株式投資が行われたということにすぎな
い。それがある時点から「内生的資金で賄われるようになった」ということは，
そのようなポートフォリオ調整が一段落したことを意味するだけである。

　結局，大藩大名華族のみならず，たいていの中小藩大名華族は第十五国立銀
行株以外の資産は少なかったであろうからなおのこと，その株式投資は，計算
上はたいていの年において「内生的資金で賄われた」ことになるはずである。
三浦論文の，大名華族の株式投資における「外生的資金」から「内生的資金」
へという議論は，吉川家という特殊な歴史的経緯をもつ事例に基づいたもので
あり，一般性のあるものでも意味のあるものでもない。大名華族の豊かな資産
とはまずは多額の家政費を賄うためのものという当たり前のことを忘れて，た
んにマルクス経済学流の自己増殖していく有機体的な資本とみなすことから，
こうした妙な議論が湧いてくるわけである[7]。

───────────────
　7)　さらに同論文の論点について私見を述べると，株式取得の経路として，吉川家は流通
　　市場ではなく発行市場で取得したことが有利となり，資産の増殖につながったという議
　　論をしている。しかしそれは，発行後値上がりした場合であり，値下がりすれば流通市
　　場において時価で取得した方が有利になる。本書第1部で示す防長教育会の横浜正金株
　　買入のように，流通市場で買い入れてもその後値上がりすれば，資産の増殖になる。ま
　　た毛利家や前田家の例をみると，優良株を流通市場において高値で取得することもあっ
　　たし，発行後時価が下がった株を低価で取得する場合もあった。とはいえたしかに発行
　　市場での取得は少なくなかった。そして多くの場合，その後値上がりして多額の含み益
　　を抱えていた。しかし発行市場で取得する場合，公募に応募すればプレミアム分も支払
　　うことになり，単純に有利とはいえない。有利になるのは，優良企業の設立時割当や増
　　資新株発行の際に株主割当がなされる時である。三浦論文はこれをいっているのであろ
　　う。そしてそれは大名華族の特質とはいえず，投資の勧誘がなされ設立時に株式割当を
　　受ける著名な大資産家の特権とでもいうべきものだったと思われる。なお中小藩大名華
　　族でも，宗家の大藩大名華族の投資時に一緒にないし一括して取得することもあったよ
　　うで，加賀藩の支藩たる10万石大聖寺前田子爵家（前掲，拙稿「明治後期における前
　　田侯爵家の資産と経済行動」72-78頁）や，吉川家もその可能性がある。毛利家と吉川
　　家の所有銘柄は似ているところがある。
　　　それはともかく，吉川家研究の分析視角にさらにコメントすれば，同家の資産運用の
　　あり方は宗家毛利家と似ているのか（会計制度や家憲は似ている），あるいは異なるの
　　かが，興味深い論点である。前掲，三浦「日露戦後から昭和恐慌期における華族資本の
　　形成と資産蓄積の経路に関する考察」を読むと，吉川家は一見強欲に利益を追求するマ
　　ルクス経済学的な資本のように見えるが，地元株にも種々投資して損失を被っているこ

8

　また近年の研究でも、「華族資本」がいつ「誕生」しあるいは「形成」され
たかといった議論も行われているが[8]、そうした議論も結局たんなる言葉遊び
に終っている。かつてさかんだった、日本の産業資本の確立はいつかとか何を
もっていうのかといった議論は、結局うやむやなまま、最近ではほとんど行わ
れない。要するに、科学的な議論、すなわち史実にもとづく検証によって正否
が判断できるような議論ではなかったのである。「華族資本」の「成立」「誕
生」「形成」の議論も、それとまったく同様である。

　しかしそれらよりも、本書の分析視角からみて「華族資本」論のさらに重大
な欠陥は、前記のような封建領主から資本家へという把握からは、そもそも直
前の幕末期をはじめ前近代との関連への積極的な問題意識が生まれてこないこ
とである。実際、前近代との関連を強く意識した「華族資本」研究は、管見の
限り存在しない。天皇家をはじめ公家・武家華族（もっと視野を広げれば、一
般に旧家）とは、なによりも自家の長い歴史を否応なく背負わされ、かつそれ
を誇りとして生きる存在である。そうした各家がもつ固有の歴史性を無視した
「華族資本」研究からは、豊かな歴史的個性は消失してしまい、結果として貧
弱な分析結果に終るであろう。本書第1部で述べるように、明治期における
毛利家の資産運用（さらに負債）のあり方は、少なくとも幕末の尊王攘夷・倒
幕運動という激しい政治的軍事的行動や、藩の意思決定システム、有力家臣ら
の思想などを踏まえなければ、とうてい理解できるものではない。毛利家は明
治期に倒幕戦争の戦後処理を長期にわたって行い、かつ幕末維新期の志を実現
すべく、単純な利殖活動としては理解しにくい種々の経済行動を展開した。そ

───────────

　となどをみると、同論文のトーンとは若干異なって、積極的に利殖目的の投資を行いつ
　つも、いろいろな配慮も行う、本書第1部で示す宗家毛利家とある意味では似た大名華
　族資産家だったように思える。たとえば明治期の大聖寺前田家は、吉川家より資産額は
　かなり少ないが、地元株には全然投資しなかった（明治期に旧領企業にあまり積極的に
　投資をしなかった宗家の加賀前田家とやや似ている）。要するにとくに明治期における
　毛利家の資産運用は、幕末期長州藩の急進性を受け継いで、「利倍増殖」という表現に
　示されるように積極的な利殖をめざすアグレッシブな面を持つと同時に、国家や地域さ
　らに主だった旧藩関係者のために自己犠牲的な配慮もするという面も顕著であり、吉川
　家も少しそれに似ているようである。とはいえこれも本書で論じるように、吉川家の社
　会貢献のあり方は宗家毛利家とはかなり異なっていた。
8）　前掲、森田「華族資本の形成と家政改革」、前掲、寺尾「大名華族資本の誕生」。

うした経済活動の意思決定には，井上馨・杉孫七郎・山田顕義・伊藤博文・山県有朋・野村靖ら，幕末維新期を命がけで戦い，やがて有力政府高官になった旧家臣らが重要な役割を果たしたのである。

　さらに近年の大名華族に関する研究には，「華族資本」とは銘打たない阿部武司らの英文論文もある[9]。そこでは，明治維新によって大名らは江戸時代後期よりむしろ豊かになったとしているが（428頁），これはとんでもない勘違いである。城や江戸屋敷の大半は新政府に上地され，かつてより相当に狭い屋敷に住むことになり，家来らがいなくなったのは別にしても，身の回りの使用人数も大幅に減少し，むろん家族らの家政費もかなり減少した。もはや彼らが，江戸時代のような数の使用人を周りに侍らせることは，永遠になくなった[10]。阿部らの論文は続けて，華族らは皇室の藩屏となったため，名を汚すようなことは厳に戒められ，大名華族は積極的にリスクをとる企業家として成長することが困難になったと述べているが，これもとんだ勘違いである。財閥家当主のような実業家華族は，皇室の藩屏になってもリスクをとる企業家活動を止めたわけではない。濃淡はあれ大名華族がリスクをとる企業家になりにくかったのは，元大名だったからである。筆者がすでに指摘したように，武家華族でも，やや例外的に加賀横山家がリスクをとって積極的な企業家活動を展開しえたのは，旧大名ではなく旧家老だったからであり，つまり自由度がより大きかったからである。他方，「御家の安泰」つまり安定が重要である豊かな有力大名華族はリスクをとって利殖をめざす必要もなかったのである[11]。さらに，阿部論文などでは[12]，柳川立花家や津軽家のように，江戸時代に転封を経験しなかった外様大名は（長い歴史を背景にした）旧領との繋がりが強いため，近代になって旧領企業への投資や教育投資に熱心だった点，それらによって西欧貴族のノブレス・オブリージュにも通じる地域貢献を行ったことを記している。

9)　Takeshi Abe, Izumi Shirai & Takenobu Yuki, "Socio-economic activities of former feudal lords in Meiji Japan," *Business History*, 64(2), 2022.

10)　たとえば，前掲，拙稿「明治前期における旧加賀藩主前田家の資産と投資意思決定過程」68-76頁。

11)　拙稿「[シンポジウム報告記録] 武家華族資産家の歴史的個性」（『商経論叢』57巻4号，2022年）8-10頁。

12)　Abe, et al., *op. cit.*, pp. 422-428，宮本又郎ほか著『日本経営史 [第3版]』（有斐閣，2023年）105-106頁 [阿部武司稿]。

しかしよく知られているように外様大名の転封は江戸時代前期まででほぼなくなっており、江戸時代前期の転封の有無でこうした相違が生じるとはとうてい考えられない。実際にも転封の有無にかかわらず、また外様・譜代・親藩にかかわらず、それなりの資産を有した大名華族は（君塚著の認識とは異なって）旧領関連のさまざまな投資・寄付を行った。そして旧領か否かを問わず企業への投資はふつう利益を見込んで行うのであり、地域貢献とはいえても、無私のノブレス・オブリージュとは異なる。

(2) 課題と視角

　以上が、近年の主な大名（武家）華族資産家研究である[13]。本書では、このような研究史に対する批判的認識に基づいて、旧長州藩主毛利家の家政運営のあり方や、そこから浮かび上がる同家の個性について、まずはひたすら実証的かつザッハリッヒに分析することにしたい。そこで大名華族資産家研究の具体的課題についていえば、有力大名華族は戦前日本における有数の大資産家だったとはいえ、トップの大名家はどの家かといった基本的な点についてもこれまで解明されていない。そして大名華族の個性を明らかにするという場合、比較の対象が必要である。本書では、毛利家と同様な大藩大名華族であり、毛利・島津とともに、資産額で明治期大名華族のトップスリーを構成する前田家を比較の対象とする[14]。毛利・前田ともきわめて個性的な旧大名家であり（島津も同様[15]）、かつ毛利・前田両家の家風や行動姿勢はきわめて対照的であった。

　明治期を対象とする第1部のより具体的な課題を説明するために、やや結論的な点を述べることから始める。筆者は、すでに発表した明治前期前田家の分

---

13)　他に華族研究として、大名華族と地域社会との関係をテーマとした柳川立花家の研究（内山一幸『明治期の旧藩主家と社会』吉川弘文館、2015年）、華族に対する宗族政策に関する研究（久保正明『明治国家形成と華族』吉川弘文館、2015年）などもある。

14)　毛利・前田・島津が資産額において明治期大名華族の上位3位を占めることについては、本書第1部で述べる。

15)　とりあえず、前掲、拙稿「明治後期における前田侯爵家の資産と経済行動」23-26頁を参照。

析において，1876 年頃同家が皇族・華族の中で最大の金融資産を有していた可能性が高いとした[16]。しかし本書で示すようにそれは誤りであり，明治初期から 1890 年代（あるいは 1900 年代半ば頃）まで，じつは前田家より毛利家の方がより多くの資産を有しており，毛利家は大名華族の中で最大の資産家であった。しかし 1900 年代半ば頃以降は，前田家の資産額が毛利家のそれを追い抜いて，大名華族の中で最大額を示すようになった[17]。そうだとすると，第 1 に，明治前期を通じて，なぜ毛利家の資産額が前田家より多かったのか。というのも，前田が 1869 年の版籍奉還以後，1877 年の金禄公債交付まで現石 63 万石（草高 102 万石）に対する家禄と賞典禄計 6 万 7 千石を毎年受領し，金禄公債も 119 万円を受領したのに対して，毛利は現石 23 万石（草高 36 万石）に対する家禄と賞典禄をあわせて年 4 万 8 千石，金禄公債受領額は 110 万円と，いずれも前田より少なかったからである（後掲表 1-6）。第 2 に，なぜ 1900 年代頃には前田の資産額が毛利に追いつき，やがて追い抜いていったのか。この 2 つの疑問に答えることが本書第 1 部の課題である。

　それには，当然ながら次のような視点が重要となる。

　第 1 の課題については，両家の近世からの継承資産はどれくらいだったか。近代日本において有力大名華族が財閥家族に次ぐ大資産家になった要因として，近世期各藩の現石高を基礎として算定された家禄や，戊辰戦争など新政府樹立に対する賞典禄，さらにそれらを基礎として算出・交付された金禄公債がきわめて重要であったことはよく知られている。しかしこのような有力大名華族が，近世からどの程度，直接に資産を継承して近代における資産の基礎・源泉としたかは，若干の研究はあるが[18]，よくわかっていない。筆者は前出論文において，加賀前田家をはじめとする有力大名華族が近世期から直接継承した資産

---

16) 前掲，拙稿「明治前期における旧加賀藩主前田家の資産と投資意思決定過程」61 頁。

17) その後は，おそらく第二次大戦後の華族制度廃止まで前田家が大名華族で最大の資産家だったと思われ（ただし本書第 2 部で説明するように，1920 年代〜30 年代に，佐賀鍋島家の資産額が時価で前田家を上回った可能性もある），昭和戦前期にかけて前田と毛利の差は拡大していったもようである。

18) 代表的には，上野秀治「大名の私的資産に関する一試論」（『皇學館史学』3 号，1989年）。

はそれほど多くなかったのではないかとの見解を示した[19]。しかし長州毛利家については，特別会計である「撫育金」や「宝蔵金」，さらに江戸藩邸（麻布邸）の床下に蓄えられた「穴蔵金」などが同家の私財となって，それは1871（明治4）年に100万両もあり，そのうち70万両を政府に献納し，残り30万両を同家が継承したという説が，十分な論拠が示されないまま古くから存在しており[20]，これは長く再検討されないままになっていた。これに対して筆者は前出論文において疑問を呈し，状況証拠からみて献納したという70万両は毛利家の私財というよりも公的な資金であり，義務的な納付だったのではないかなどと述べた[21]。ただし筆者は，それ以上踏み込んだ検討は行わなかった。

　ところが上記拙稿発表後まもなく，これに関する注目すべき田中誠二論文が発表された[22]。それによれば，新史料も踏まえて，撫育金はやはりもともと長州藩主家ないし藩主個人の純然たる私的資産ではなく，1871年の大蔵省への70万両上納は，藩札兌換準備金など（したがって藩の公的資金）としてであったことにほぼまちがいないとしている[23]。すなわち，廃藩置県直前の71年5月14日に知藩事毛利元徳（もとのり）も臨席して，政府高官たる木戸孝允・井上馨と山口藩執行部が「改正調印」会議を開いて，撫育署と合併した会計局が旧藩主に代わり撫育金の出納権をもつこと，藩債・藩札による藩の負債460万両のう

19）　前掲，拙稿「明治前期における旧加賀藩主前田家の資産と投資意思決定過程」78-81頁。

20）　三坂圭治『萩藩の財政と撫育』（春秋社松柏館，1944年）［この著作の改訂版は，三坂『萩藩の財政と撫育制度』マツノ書店，1977年。しかし内容的にはまったく変更はない］。この説のすぐ気づく問題点として，1864（元治元）年の第1次長州征討により，麻布邸など長州藩の江戸藩邸はすべて幕府に没収されたから（在勤の長州藩士らのほとんどは実質的に殺された），麻布藩邸床下の「穴蔵金」が廃藩置県時まで存在していたはずはないことがあげられる。

21）　前掲，拙稿「明治前期における旧加賀藩主前田家の資産と投資意思決定過程」79-80頁。

22）　田中誠二「『撫育金七十万両献金』をめぐって」（『山口県地方史研究』119号，2018年）。渡部史之「中嶋松堂と『撫育金七十万両献金』説の発見」（同誌，120号，2018年）も参照。

23）　「撫育金」が長州藩主の純然たる個人資産ではなく，公私二重の性格をもったものとの見解は，田中の以前からの説である（田中誠二『萩藩財政史の研究』塙書房，2013年，491頁，注37）。

ち高利の 61 万両を撫育金で返済し，残りの負債約 400 万両を百姓馳走米・知事家禄・士族給禄から捻出し 25 年賦で完済することが決められた。それゆえ，長州藩は倒幕の戦費を撫育金・藩資金ですべて賄い，廃藩置県時になお 100 万両もの撫育金余裕残額があったという従来の評価は成立しない点も示された。近世後期長州藩領の経済発展が藩財政を潤し，それが倒幕戦費調達を可能にしたという説は誤りということである。また撫育金は，1871 年に会計局が出納権をもつようになることから，純然たる藩主個人の私的資産ではなかったことも明らかであるという。さらに 1871 年 12 月には藩債償還は政府が責任をもつこととし，各県の有する藩札兌換準備金を大蔵省に上納させ，山口県は撫育金残額のうち 53 万両を兌換準備金として上納，17 万両を「改正調印」会議の方針に基づき，高利の藩債償還に当てることとして，計 70 万両を大蔵省に上納したとみられるという。毛利家私財 70 万両政府献納説の出所は，現在は山口県文書館所蔵の毛利家文書に含まれる『中嶋松堂書出御撫育一件 全』（11 政理 /190）に収録の，旧長州藩士で明治前期に毛利家山口用達所勤務だった中嶋松堂による 1879 年の三条実美宛上申書であった。以来 140 年にも及ぶ間，私財 70 万両献納説が通説となってきたと，田中は記している。

　結局，撫育金の残金は 100 万両あり[24]，残り 30 万両は毛利家が継承した。いずれにせよ，撫育金から 30 万両を近代の毛利家が継承したとすれば，それはかなりの大金であり（しかも後述のように，時価 70 万円になったという良質の古金銀貨であった），近世期から大名華族が継承した金融資産はそれほど多くなかったのではないかという筆者の説に修正を迫るものである。それはどう理解すればよいのか，つまり特殊な事例なのか否か。またそうした近世からの継承資産が明治前期の同家資産においてどの程度の比重を占めたのか。さらに同家の分家たる草高わずか 6 万石であった岩国藩主吉川家がなぜ近代に大資

---

24) 　拙稿「明治期における旧長州藩主毛利家資産の由来と性格」（『商経論叢』57 巻 1・2 合併号，2021 年）4 頁，注 9 では，「100 万両という切りのよい額にはやや解せないところもあるが，史料にはそうある。たまたま約 100 万両だったと解するほかはない」と記したが，じつは後述のように，1890 年家憲において，近世期の撫育金を模して設定した第一基本財産は「定額」（目標額）を設定していた。資産額が「定額」に達すれば，それ以上蓄積する必要はないということである。撫育金の「定額」が 100 万両だったのではないか。

産家になったのかという，上記の点と関係がありそうな問題を含めて検討することが，第1部の具体的な課題である[25]。

第2の課題の，なぜ前田家の資産額が毛利家のそれを追い抜いたのかについては，当然ながら，両家の資産運用の相違が問題になろう。前田家に関する前出拙稿において，明治期同家の資産運用はきわめて慎重かつ厳格であり，このような同家の，リスクをとって積極的に利殖を図るよりもむしろ得たものを守るという守勢重視の行動姿勢は，藩祖利家以来の「家風」（世代を超えて継承される行動様式，思想）を反映していた点を示した。毛利家はどうであったか。じつはこれも結論をいえば，両家の資産運用のあり方は，（史料を見た瞬間に気づくほど）まったく異なっていたのである。

長州藩は幕末期に，慎重な加賀藩などでは考えられないような，リスキーで大胆な尊王攘夷運動を展開し，第1次長州征討の結果，江戸・京・大坂等の藩邸を全部幕府に没収されたまま（それどころか減封や藩主父子への厳罰の可能性にさえ直面しつつも），ついに倒幕をはたし，新政府樹立の立役者になった。藩主敬親は，幕末の政治的軍事的大変動に先だって，藩財政の立て直しや軍事の洋式化などを推進し，また尊王攘夷・倒幕運動の激化の際にも自ら重要な決断を下すこともあったとはいえ，一方では有力家臣らの進言ないし藩論を聞き入れ，それを極力尊重して行動したため，「そうせい侯」と呼ばれたことがよく知られている[26]。本書第1部の第2の具体的な課題は，そうした幕末期同藩のあり方と関連させつつ，前田家との比較において，明治期毛利家の資産運用やその意思決定のあり方を明らかにし，さらに明治期毛利家の社会的位置に

---

25) 吉川家は12世紀以来の歴史があるが，毛利元就の次男元春が養子入りして，元就3男の小早川隆景とともに，「毛利両川」体制を形成した。1891年の同家資産額は105万円（前掲，三浦「明治期における華族資本の形成と工業化投資」）。6万石の吉川家がなぜ近代に大資産家になったのかという点は，三浦論文ではまったくふれられていない。

26) ちなみに，現在東証プライム市場上場のバイオ関連ベンチャー企業であるネクセラファーマ株式会社は，2024年3月まで「そーせいグループ株式会社」という社名であり，完全子会社に「株式会社そーせい」を有していた。同社は1990年に設立されたが，こうした敬親にヒントを得て，明治維新ならぬ平成維新の1つの原動力たらんと，リスクを恐れず社員に自由で革新的な仕事をさせる企業活動をモットーとして社名がつけられた。同社のロゴマークは，毛利家の家紋を参考にして作成されたという念の入れようである（https://www.irtimes.com/data/4565/pdf/movie_C01212467.pdf，2024年7月29日閲覧，およびかつてのそーせいグループ株式会社ホームページ）。

まで論及することである。

　大正期〜昭和戦前期を対象とする第2部は，明治期における毛利家の資産内容やその運用のあり方がどのように変化したかを検証し，また変化の要因を考察する。あわせて毛利家にみられた資産の変容について，他の有力大名華族にもどの程度一般化できるか，またこれまで華族に多大な打撃を与えたとされてきた昭和金融恐慌の華族資産家への影響の再検討，さらに華族世襲財産制の意義（関連して財閥同族の財産共有制の性格）なども考察し，これまでの理解の修正を試みる。

　大正期〜昭和戦前期は，いわば華族の歴史の終末期である。2017年ノーベル文学賞を受賞した日系イギリス人作家カズオ・イシグロは，名作『日の名残り』において，イギリス貴族の没落と大英帝国のそれを重ねあわせて描いた。むろんイギリスの貴族階級や大英帝国の斜陽・没落の様相と，日本の華族や大日本帝国のそれはだいぶん異なる。いわんや，1930年代の（モデルはあるとはいえ架空の）ダーリントン卿と毛利公爵家のあり方は全然ちがう。しかし両国の貴族階級と帝国の斜陽・没落という点は共通のようにもみえる[27]。もっとも近代の華族制度はヨーロッパとくにイギリスの貴族制度を参考にして作られたといわれるが，日本の歴史においても当然ながら貴族は古代から存在し，初代毛利公爵元徳の孫である西園寺公一（1906-93）が記すように，そもそも明治維新によって，大名は領主でなくなり土地支配から切り離され，公家も宮廷から切り離されたから，日本の長い歴史のなかで，天皇家・皇族は別として，近代の大名華族・公家華族自体が「貴族の亡霊」「お伽噺の中の人物たち」[28]，あるいは武家・公家の「日の名残り」ともいえるかもしれない。そして，前掲，君塚『貴族とは何か』の主張のように，たしかに近代のヨーロッパ（ないしイギリス）貴族と日本の華族は，制度の性格を含めて，まったく同じであるはずはなく，種々異なった面がありそうである。第2部ではそのような一端も明らかにしたい。

---

27)　ただし，一般に大名華族らが1927年金融恐慌以降，経済的に斜陽・没落していったという説は，第2部で述べるように受け入れがたい。

28)　西園寺公一『貴族の退場』（ちくま学芸文庫，1995年，原書は1951年刊）110頁。

(3) 史料について

　本書で使用する毛利家の主たる一次史料は，山口県文書館所蔵の毛利家文庫，毛利博物館（公益財団法人毛利報公会，防府市）所蔵の毛利家歴史資料，高崎経済大学図書館所蔵毛利家文書である。山口県文書館所蔵毛利家文庫史料は請求番号を付記し，毛利博物館所蔵史料はあまり多くないのでその都度その旨を記す。その他の，財産目録を含む決算書，相続財産関係史料など，財政・会計史料は，ほぼすべて高崎経済大学図書館所蔵毛利家文書である。また筆者が並行して分析を進めている加賀前田家の一次史料は，とくに断らない限り，公益財団法人前田育徳会所蔵史料である。

　ところで毛利家財政史料のうち，1907〜21年における同家全体の財産目録・決算書などの重要史料が完全に欠落しており，高崎経済大学図書館毛利家文書には1922年度からの『予算及決算書』が，欠年度を含みながら存在する。じつは1938年の時点で，すでに1907〜21年の史料は廃棄されていたようである。同家『昭和十三年九月二十四日相続開始 毛利元昭殿御薨去ニヨル相続財産一件書類』所収の所有株式一覧に，多くの銘柄について「大正十一年以前ヨリ所有ス」とあり，それ以前の記録がまったくない。そして「大正十一年以前分ハ，帳簿所在不明ニ付，調査ヲ省略ス」とある。さらに同図書館毛利家文書自体も，じつは一旦廃棄されたものであった。同図書館の御教示によれば，同大学の教員が，（おそらく1960年代初頭頃に）俗にバタ屋ともいわれた廃品回収業者のもとに捨てられていた毛利家の会計帳簿類を発見し，再回収したとのことである。バタ屋から回収した高崎経済大学の教員とは，同文書の目録を作成した徳田進（国文学，同大学教授・学長などを歴任）と平田耿二（日本古代政治史，同大学助教授のち上智大学教授）と思われる[29]。ともにすでに故人であるが，そうだとすれば，専門外の史料を貴重文書と認識して回収し，目録まで作成されたことは，日本近代史研究とくに経済史研究に裨益するところが大であり，両氏の功績は賞賛されるべきものである。

---

29)　文書目録は，徳田進・平田耿二「高崎経済大学所蔵毛利家文書目録（一）〜（三）」（『高崎経済大学論集』7〜9号，1962〜63年）。

ちなみに，加賀前田家についても明治前期の会計史料の多くは失われている。ただし明治後期以降はかなり多く保存されている。しかしその場合も，保存状態が必ずしも良好でない簿冊が少なくない。それでも前田家はよく保存されている方であろう。

　いずれにせよこれらの経緯は，大名華族にとって大切に保存すべき重要文書は，数百年間伝えられてきた自家の由緒を明らかにする文書や，こんにち国宝・重文に指定されているような古代以来の文学関係文書類・和漢書などであり，近代における数字だらけの会計帳簿その他の家政史料は，膨大な量になることもあり，概してあまり保存する価値のないものと認識されてきたことを物語っている。前田家でも，現代の公文書と同様に，定められた保存期間が過ぎれば多くは廃棄されたとされる。こうして毛利も前田も，近代の会計史料・家政史料は，家宝類を保存・継承するために設立された財団法人に長らく移管されず，個人蔵のままだったのであり，法人に移管されても予算不足もあって容易に整理が進まなかったのである[30]。

---

30) 文書類も含めた公益財団法人前田育徳会の収蔵品について，菊池浩幸「前田侯爵家と文化財保存」(『文化財の保護』53 号，東京都教育委員会，2021 年) を参照。菊池は前田育徳会の幹部職員。

第1部

明治期における
毛利家資産の由来と性格
―加賀前田家との比較で―

第 1 章

明治前期の資産と収支 (1)

―1871〜76 年―

(1) 明治初期毛利家の状況

1869（明治 2）年 6 月，最後の長州藩主毛利敬親（1819-71）は，家督を養嗣子元徳（1839-96）に譲って隠居し，2 年後に没した。当主となった元徳は，1871 年 6 月に山口から上京し，東京邸に入った。

幕末期の長州藩江戸屋敷は，上屋敷桜田邸 1 万 7 千坪（現日比谷公園付近），中屋敷麻布邸 900 坪，その地続きの下屋敷 3 万 3 千坪（現港区檜町公園・東京ミッドタウン付近）の他に，深川鶴歩町の町並屋敷 1 万 8 千坪（現江東区木場），荏原郡若林村に抱地 1 万 8 千坪（現世田谷区若林，松陰神社付近），さらに深川砂村新田にも抱屋敷（現江東区南砂町付近）があった[1]。このうち，深川鶴歩町の地所は 1864（元治元）年 4 月に町人に売却し，深川砂村新田等の地所も天保・弘化期にすべて売却したと思われる[2]。そして 1864 年の第 1 次長州征討の際に，残りの江戸屋敷の全部を，また京都・大坂・長崎屋敷も，幕府に没収された。以後，藩主敬親と世子元徳は，明治になるまで江戸はもちろ

---

1) 以下，主に，『忠愛公伝』第 9 編第 1 章（「両公伝史料」1911 忠愛公伝）および時山弥八『増補訂正もりのしげり』（復刻版，マツノ書店，2015 年，原著は 1932 年刊）所収の「歴代領地城宅表」による。『諸願伺届扣』（明治 4 年〜同 8 年，9 諸省 /574）にも関係史料が収録されている。忠愛公は元徳の諡号。「もりのしげり」は，毛利の繁栄の意。古くは毛利（もり）であったとされる。

2) 前掲『増補訂正もりのしげり』193 頁によれば，砂村新田・平井新田（葛飾抱屋敷）は，初め，町並屋敷・抱地をあわせて 10 万 2 千坪（表向 3 万 5 千坪）あったが，1841（天保 12）年と 1845（弘化 2）年に売却したとある。もっとも同家は 1879（明治 12）年 3 月に同地を買い戻している（後述）。

ん京都・大坂にも入ることはなかった[3]。

　越えて1869年に，若林抱地は新政府から改めて下付され，藩邸として姫路藩酒井家上屋敷跡の大手町邸（神田橋邸）1万2千坪（現千代田区大手町），私邸として紀州徳川家旧邸の深川邸（萬年橋邸）5千坪（現江東区常盤）も下付された。

　しかし1871年夏に，政府が大手町邸に大蔵省・民部省を入居させることになり，深川邸も低湿地なので毛利家はこれも政府に返上し，代わりに高輪の旧久留米藩有馬家下屋敷跡1万6千坪余の下付を願い出て，8月14日に引渡しを受けた[4]。さらに8月26日には，隅田川縁，大川端の旧下野高徳藩主戸田忠綱邸4千坪も建物ごと下賜され，浜町邸とした（現中央区日本橋浜町）[5]。同年6月12日に上京した元徳がすぐに入った東京邸は大手町邸であり，次いで7月末に深川邸に移った。さらに高輪邸はまだ普請が行われていなかったため，9月24日に浜町邸に移った。高輪邸は，翌72年3月に普請を開始し，和風御殿建築費1万円余，洋館9千円余などをかけて，同年11月にほぼ完成した（表1-1）。そして同月15日に，元徳ほか家族は，浜町邸から高輪新邸に引き移った[6]。以後，高輪邸が毛利家東京本邸となり，同邸は関東大震災にも倒

　3）　前掲『増補訂正もりのしげり』所収の「敬親元徳両公参府帰国其他発着表」。

　4）　『公爵毛利邸起源略誌』（8館邸/60）の明治4年7月24日条に，東京府へ「私儀，是迄出府之節，藩邸へ滞在仕候処，今般廃藩置県ノ御沙汰被仰出，随テ被免知事職候ニ付，速ニ深川私邸へ移住不仕テハ，第一御改革之御旨意ニ相悖，且，旧藩邸民部省御用ニ相成，［中略］然処，私邸土地低湿昇湿，実以永住難相成ニ付，不得止上地可仕ト奉存候，何卒為代，高輪元久留米藩上地々所，当今御用モ無之御様子伝承仕候間，更ニ拝領被仰付候様奉冀候」と，深川邸は低湿地なので政府に返上して，代わりに高輪の旧久留米藩邸跡地を拝領したいと掛け合っている。また『用達所日記』（19日条/65）明治4年8月13日条に，「先般下賜候高輪元久留米藩上地，明十四日第八時御引渡可申候間，同時同所江請取之者，可被差出此段申入候也」とあり，翌14日に高輪邸の引渡しが行われた。ただし無償下付ではなく，表1-1のように高輪邸の払下げ代はのちに支払っている。当初山口藩出張所は大手町邸におかれ，官邸とも称されたが，返上した後の山口県出張所は大手町邸の西側を借りて置いた（『忠愛公伝』第9編第1章）。

　5）　『用達所日記』による。戸田邸になる前の浜町邸は一橋徳川家別邸であった。『増補訂正もりのしげり』194頁は，浜町邸の取得日を1871年7月26日としているが，誤りと思われる。同邸は1887年に売却された（『増補訂正もりのしげり』，『忠愛公伝』第9編第1章）。

　6）　『用達所日記』明治4年8月27日，9月24日，明治5年11月15日条，および『公爵毛利邸起源略誌』による。

表 1-1　高輪邸関係支出（1871 年 10 月-74 年 9 月）

項　　目	金額（円）	備　　考
(1) 1871 年 10 月-73 年 9 月地所買入費	3,438	
南町御物見左右，御買入費	(1,733)	高輪南町
御当邸 16,161 坪御払下代，上納	(855)	1873 年 6 月 7 日上納
南町元 18 番地，御買入費	(850)	1872 年 9 月 28 日深川町人水野信三郎 より購入
(2) 1871 年 10 月-73 年 9 月建設土木費	28,459	
日本造御殿栂檜無節造 342 坪	(10,923)	建方建具畳諸色一式入費
御母堂御殿［敬親未亡人都美子邸］56 坪	(2,024)	在来鷹固屋の物置，夫卒居所を含む
御霊社 5 坪	(2,550)	
石灯籠下駄摺石御買上代	(3,289)	御邸南北西大手柵，矢来桓穀植付等を 含む
用達所請御根帳物蔵	(2,470)	二階造 3 戸，前付請方一式を含む
その他	(7,200)	
(3) 1873 年 10 月-74 年 9 月	17,529	
高輪南町・白金猿町 3 棟，御別邸ニ御買入	(5,400)	計 2,652 坪
西洋館 1 棟，本館渡廊下，ケッチン 1 棟， 建調壱式入費	(9,979)	西洋館は地坪 87 坪
その他	(2,148)	

出所：『公爵毛利邸起源略誌』.

注：1）備考の一部は，『用達所日記』による．（ ）は内数.

　　2）このほか，1874 年 11 月 23 日に高輪南町 34 番地等を 5,400 両で買入（『用達所日記』）.

壊せず，空襲にも罹災せず，第二次大戦後まで維持された（現品川プリンスホ
テル付近）[7]。

　いずれにせよ，幕末文久元治期以降の長州藩の華々しい政治・軍事行動に
よって，前田家などとは異なって幕末維新期の邸地移動も激しいものがあった。
そして深川萬年橋邸は 72 年 8 月に東京府へ返上したから[8]，結局，1872 年末
頃東京における毛利家の所有不動産は，表 1-2 のように高輪邸と浜町邸のみで
あった[9]。

　宗教面では，毛利家も他の大藩大名華族と同様に，明治初年先祖祭祀を仏式

---

7)　山﨑一郎「近代における毛利家文庫の保存施設と災害」（『山口県文書館研究紀要』40
号，2013 年）。ただしのちに，毛利家本邸は三田尻邸さらに多々良邸（ともに，現山口
県防府市）になり，さらに昭和戦時期に再度高輪邸に戻った（後述）。

8)　『用達所日記』明治 5 年 8 月 9 日条，および『増補訂正もりのしげり』194 頁。

9)　なお，表 1-2 には山口県の所有不動産が含まれないなど，欠けているものがある（後
述）。

24　第1部　明治期における毛利家資産の由来と性格

表 1-2　不動産所有（1872-74 年頃）

所在地	面積 （坪）	沽券金 （円）	備　　考
［1872 年末頃か］			
東京・高輪南町	16,161	(855)	現港区高輪．「沽券金」は払下代
東京・浜町	4,244	2,349	現中央区日本橋浜町
［1874 年頃か］			
東京・高輪南町			
（総計）	24,052	…	18～26 番地
（宅地）	18,426	4,698	
（林地）	5 反 4 畝	未定	
（萱生地）	4 反	〃	
東京・浜町	4,379	12,778	
摂津国兵庫船大工町	52	183	現神戸市兵庫区

出所：『毛利家会計其他摘要録』（11 政理 /347）所収の「御屋敷地坪」，『公爵毛利邸起源
　　略誌』．

から神式に改めた。明治初年頃に大名華族が仏葬祭から神葬祭に改典した例は
少なくなく，とりわけ旧大藩大名において顕著だったことが森岡清美によって
明らかにされている[10]。毛利家では，『公爵毛利邸起源略誌』や『用達所日
記』1873 年 4 月 11 日条に，

　　　今般御先霊様御祭祀方御改正，御神祭一途ニ被仰付，来ル二十二日当邸内
　　　御霊社へ神霊御勧請被為在候事

とある。神祭への改典は前田家より 1 年早い。倒幕・新政府樹立の旗手たる毛
利家は，天皇を中心とした近代国家体制構築へと率先して行動しているように
みえる。

（2）資産とその形成過程

　1871～89 年の毛利家会計制度は，当用金と要用金なる 2 つの会計に分けら

---

10)　30 万石以上旧大名の神葬祭改典率は 9 割に近い（森岡清美『華族社会の「家」戦略』
　　吉川弘文館，2002 年，127 頁）。もっともこの頃，高い地位の，教育を受けた日本人は
　　みな西洋的な意味での宗教意識はなく，無神論的だったとされているから（渡辺浩
　　「『宗教』とは何だったのか」，同『東アジアの王権と思想』増補新装版，東京大学出版
　　会，2016 年，所収），比較的融通無碍に改典できたのであろう。

第 1 章　明治前期の資産と収支（1）　25

図 1-1　毛利家会計のしくみ（1871-76 年）

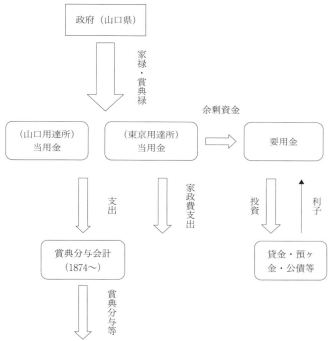

出所：筆者作成.

れていた（図 1-1）。当用金は同家の経常経費を賄うためのものであり（会計第一課担当），要用金は予備資産ないし資産増殖のための会計である（同第二課担当）。たとえば『奉伺録』（9 諸省 /573）明治 15 年 11 月 2 日条には，東京深川の砂村所有地について，「多分之御利益相備リ候ニ付，御要用ｴ加入，利倍被申付候」（傍点引用者，以下同様）とあり，要用金は利殖が目的であることを明記している。ちなみに明治期毛利家の家政史料には，後述の 1890 年発布家憲の条文をはじめ，「利倍増殖」という語が頻出する。これはまさに同家の資産運用の姿勢を示している[11]。このうち当用金は，東京分と山口分が

---

11)　同家の当用金は，明治前期～中期における前田家の根基資本に，要用金は予備貯蓄にほぼ相当する。ただし前田家がこのような会計制度を設けたのは 1882 年である。前田家は毛利家ほど積極投資による利殖という姿勢が薄かった反映と思われる。

26 第1部 明治期における毛利家資産の由来と性格

表 1-3 資産の内訳 (1873-90 年)

(円)

年　　次	(東京) 当用金		要用金			合　　計	純資産
	第十五国立銀行株	現金 (および貸付金)	第一類	第二類別途金	計		
1873 (明治6) 年	—	…	—	—	569,933	…	…
74 (〃 7) 年	—	…	—	—	787,213	…	…
75 (〃 8) 年	—	…	—	—	980,848	…	…
76 (〃 9) 年	—	…	—	—	1,059,021	…	…
77 (〃 10) 年	(642,500)	…	—	—	1,068,064	(1,710,564)	(1,710,564)
78 (〃 11) 年	(〃)	…	—	—	1,234,617	(1,877,117)	(1,877,117)
79 (〃 12) 年	(〃)	…	928,369	325,714	1,254,083	(1,896,583)	(1,896,583)
80 (〃 13) 年	(〃)	…	1,012,150	321,723	1,333,873	(1,976,373)	(1,976,373)
81 (〃 14) 年	〃	…	1,051,156	353,913	1,405,068	(2,047,568)	(2,047,568)
82 (〃 15) 年	〃	…	1,168,878	358,639	1,527,517	(2,170,017)	(2,170,017)
83 (〃 16) 年	〃	39,581	1,197,032	356,235	1,553,267	2,235,348	2,235,348
84 (〃 17) 年	〃	35,923	1,277,284	360,015	1,637,299	2,315,722	2,315,722
85 (〃 18) 年	〃	23,434	1,312,146	373,392	1,685,539	2,351,472	2,351,472
86 (〃 19) 年	〃	20,626	1,436,505	357,910	1,794,415	2,457,540	2,457,540
87 (〃 20) 年	〃	18,909	1,656,489	317,977	1,974,466	2,635,875	2,425,875
88 (〃 21) 年	〃		1,505,807	339,002	1,844,809	(2,487,309)	(2,428,309)
89 (〃 22) 年	〃	10,925	1,500,596	335,346	1,835,942	2,489,367	2,353,740
90 (〃 23) 年					(335,182)	2,654,367	2,480,761

出所:『御要用金 従明治四年至明治廿二年 収支計算書抜』. 1890 年は [毛利家] 会計第弐課『御要用金年一紙』
　　(明治十年余利). 当用金の現金は,『奉伺録』,『立案録』(9 諸省 /650),『明治二十年分御当用金御算用一紙』
　　(11 政理 /212),『御要用金年一紙』による.
注:1) 各年末.「合計」「純資産」の ( ) は, 当用金の現金を含まない.
　　2) 当用金の第十五国立銀行株は, 1880 年までは推定.
　　3) 当用金の現金は, 86 年まで貸付金を含まないと推定される. ただし貸付金は多くはない.
　　4) 1879 年に要用金の第二類別途金を創設. 1890 年には要用金・当用金の区別はなくなる.
　　5) 1890 年の「第二類別途金」は, 史料の「第二類収支計算高」.
　　6) 当用金は, 別に山口用達所分がある.

あったが (むろん前者が主体), いずれも残高・内訳についての正確な時系列
データは見当たらず, 要用金の推移については表 1-3 のようである. 同表の史
料である『御要用金 従明治四年至明治廿二年 収支計算書抜』は, 財政顧問で
あった井上馨が 1890 年に家令柏村信に作成させたものであるが, 当用金につ
いてはこうした累年データの整備を依頼しなかったようである[12]. しかし当

---

12) 前掲『世外井上公伝』第 4 巻, 618 頁によれば,『御要用金 収支計算書抜』は 1890
　　年 5 月完成. したがって, それまで要用金の累年データは整備されておらず,『収支
　　算書』なる年々の会計帳簿があったにすぎなかったはずである. 井上が要用金のデータ
　　しか整備させなかったのは, いうまでもなく財政顧問としては, 過去の資産運用のあり
　　方ないし利殖の成果に関心があったからである.

用金は（後述のように藩政期からの継承資産の分配を受けた明治初年頃は別と
して）それほど多額でなかったことが推定される。というのは，上記のように
当用金とは貯蓄や資産増殖のための会計ではなく，経常経費支出のための会計
であり，したがって余剰資金があれば要用金に移したからである（後掲表
1-12，表1-13を参照）。1877年までは家禄と賞典禄をひとまず当用金に繰り
入れ，同年の金禄公債交付後はそれにより取得した第十五国立銀行株6,425株
と若干の現金・貸付金のみであった。したがって要用金への繰替は1877年以
降少なくなる。ただし，山口用達所においても地所等の若干の資産があり，経
常経費も生じるので，上記のように，表1-3の当用金とは別に山口用達所当用
金があり，80年代にはそこに若干の有価証券を含む資産を所有していた（84
年には額面7万3千円余[13]）。そして1890年に当用金と要用金の区別を廃止
し，家憲を制定して，翌91年から新たな会計制度に移行した。なお表1-3に
おいて1887年から「合計」より「純資産」が少なくなるのは，借入金などの
負債が発生したからである（後述）。

　ちなみに，以上のような毛利家の財政制度は，帝室会計法（1888年制定）
で定められた皇室財政の仕組みと少し似ている[14]。皇室財政では，主たる歳
入は現在と同様に国庫支出の皇室費であるが，常用部会計がこれを受け入れ，
経常費・臨時費等の支出を行う。これは毛利家の当用金（「事務章程」第8条
のように[15]，「常用金」という記載もある）に当たる。また皇室財政では，御
資部会計が有価証券など動産を扱い，また常用部会計の余剰金を受け入れる。
これは毛利家の要用金に近い。皇室財政では，不動産は御資部とは別の御料産
部会計が扱う点が毛利家と異なるが，少なくとも明治前期の前田家の財政制度
などより毛利家のそれにはるかに類似している。帝室会計法制定には，87年9
月まで宮内大臣として宮中改革を推進した伊藤博文や，同じく長州出身の杉孫
七郎内蔵頭らも関わっており，彼らは毛利家財政のしくみをよく知っていた。

---

13)　1884年の内訳は，七分利金禄公債4万9千円，新公債1万円，一割利金禄公債9千
　　円，第百十国立銀行株750円など（以上額面，『奉伺録』による）。
14)　皇室財政については，黒田久太『天皇家の財産』（三一書房，1966年），川田敬一
　　『近代日本の国家形成と皇室財産』（原書房，2001年），加藤祐介『皇室財政の研究』
　　（名古屋大学出版会，2023年）など。加藤著の問題点については後述する。
15)　『職制事務章程』（明治14年，9諸省/657）所収。

28　第1部　明治期における毛利家資産の由来と性格

じつは1885年に設置された宮内省御料局は，18世紀後半の7代長州藩主が創設した撫育方を模して設置されたことが比較的近年になって明らかにされている[16]。それだけでなく，帝室会計法で定められた皇室財政のしくみは，毛利家の財政制度をベースに，皇室に適合するように改変されたとも考えられる。他方，皇室財政の蓄積資産を扱う御資部財本は明治一桁年代からあり，常用部にあたる経常収支を扱う会計も別にあったはずだから，むしろ明治初期に毛利家の方が，皇室財政を参考にして，当用金と要用金の両会計を設定した可能性もある。いずれにせよ前田家では，明治一桁年代にこうした経常収支と蓄積資産を扱う会計を別建てで設定しておらず，皇室財政は毛利家のそれとの親近性があった。皇室財産についてはすでに少なくない研究があるが，その形成過程についてはなお解明の余地がある。もっとも1890年に家憲制定によって毛利家財政のしくみは大幅に改正され，91年以降実施されたそれは，皇室財政と似ているとはとてもいえなくなった。

　さらに皇室財政は，私的性格もあるとはいえ当然ながらきわめて公的性格の強いものであり，天皇家は日本最大の名望家として，たとえば日清・日露戦期の軍事公債や国策会社株等への投資，多方面への下賜・寄付など，国策と連動した多額の支出がなされた。公家華族とともに大名華族も，皇族に次ぐ高貴な名望家であったから，各家とも多かれ少なかれ自己犠牲的な名望家的行動を示したが，毛利家は，倒幕・新政府樹立の旗手，いいかえれば幕末期にいわば新時代を切り開いていくリーダー格だったから，明治期になると必然的に「皇室の藩屏」たる大名華族らの模範を示さざるを得ず，本書で示すように，とりわけ明治期には大変な自己犠牲的経済行動をよぎなくされた。この点は，明治期に毛利家と同程度の大資産家でありながら，倒幕直前の土壇場になってようやく佐幕派から倒幕派に寝返って戊辰戦争ではそれほど顕著な活躍をみせなかった前田家と大きく異なる点である。極論すれば，毛利家は天皇家のミニチュア版ともいうべき名望家的行動（ノブレス・オブリージュ）を課せられた。ただし明治期の同家財政の特徴はそれだけでなく，すぐ述べるように，幕末期長州藩のリスク選好体質を濃厚に受け継ぎ，この点でも前田家と対照的な性格を有

---

16)　星原大輔「御料局と長州藩撫育方」（早稲田大学『ソシオサイエンス』11巻，2005年）。

第1章　明治前期の資産と収支（1）　29

表 1-4　要用金の内訳（1876 年 11 月末）

項　　目	金額（円）	備　　考
入金（除，利子）	1,011,048	
受取利子	31,104	
計	1,042,152	
秩禄公債買入代金	△ 163	額面 200 円
残	1,041,989	正味の金融資産
此内訳		
御貸金	649,753	
鉄道御出金	55,386	出金予定 38 万 8 千円余，支払済の 1 年分
記名公債証書	100,000	金札引換公債，年利 6％，74 年購入
秩禄公債証書	91,850	年利 8％
同公債同断	28,750	
御引繰金貨	100,000	
同仮払	900	
現金	15,348	金貨を除く

出所：『毛利家会計其他摘要録』（11 政理 /347）所収の「記」（明治 9 年 12 月）.

していた。これら明治期における同家の特徴は，いずれも幕末維新期長州藩の
あり方を強く反映したものであった。

（i）金融資産

　明治初期における毛利家の要用金の内訳を示す史料は，管見の限り，1876
年 11 月末現在のそれが最初のものである（表 1-4）。総計 104 万円であり，こ
れだけで同年 7 月の前田家金融資産 90 万円（表 1-5）を上回る。表 1-5 の方
が 5 ヶ月ほど早く，この間に家禄賞典禄も支払われたはずであるから，厳密に
時期を合わせれば，この差はもう少し縮まるが，毛利家には別に当用金もある
から，この頃，毛利家の金融資産が前田家のそれをやや上回ることはまちが
い[17]。そして当用金の額がわかるようになる 1880 年代，さらに会計制度が変
更された 90 年代半ば頃まで，毛利家の総資産額は前田家のそれより数十万円

---

17)　毛利家は東京鉄道組合への出金 5 万 5 千円を含めているが，前田家は 76 年支払額を
　　含めていない。これは同組合への払込は同年 7 月からなので，まだ出金していないので
　　あろう。出金（1 万 6 千円）すれば資産に含めるはずだから，2 つの表の比較には関係
　　ない。

30　第1部　明治期における毛利家資産の由来と性格

表 1-5　前田家の金融資産（1876年7月4日）

項　目	金額（円）
現金	
御在金等（東京）	196,920
金貨別箱入	(100,000)
金銀貨幣	(59,251)
同御平生箱ニ入	(2,976)
紙幣等	(34,692)
金沢御用弁方御在金	264,895
金銀貨幣	(223,731)
紙幣等	(41,163)
計（東京・金沢）	461,815
貸金	
計（東京・金沢）	341,572
此利	23,017
秩禄公債証書	70,425
公債証書利足	5,634
総計	902,464

出所：前掲，拙稿「明治前期における旧加賀藩主前田家の
　　　資産と投資意思決定過程」表 1-1．原史料は，「御経費
　　　概略表」（長家史料 1389）．
　注：金額の（　）は内数．貸金・公債の利金は 1 年分．

多いのである（後述）。

　表 1-4 と表 1-5 を比較すると，前田家は現金の比重が高く，約半分を占める。毛利家は貸金が 6 割あるほか公債が 22 万円と 2 割あり，現金は 11 万円余と 1 割強しかない。当用金に別に現金があるとしても，毛利家の方が現金比率は低く，貸金・有価証券の比重が高いことは明らかである。じつは同家は，早くも 73 年に「御貸金規則」を設け，75 年にはそれを改正した「貸与改定規則」を定めているが，後者の第 21 条には，「要用金高ノ壱割，正金ニシテ蓄蔵スヘシ，最モ壱割ヨリ余計有合ノ節ハ，時宜ニヨリ正金ニテ貸与スルトモ妨ナシ」とあり，この規則はさらに 82 年に改正されたが，この部分はまったく改正されなかった（第 17 条）[18]。つまり正金は 1 割だけでよく，あとは全部貸金や公債投資に当ててよいということであり，実際表 1-4 はほぼそうなっている。前田家が現金志向のきわめて慎重な姿勢をとっていたのに対して，明らかに毛利家の方が積極的な投資姿勢を示しており，そうした両家のポートフォリオの相違は，その後長く顕著にみられた。そして後述のように，毛利は積極投資によって大きな利益を得ることもあったが，しばしば失敗もした。前田に比べて，ハイリスク・ハイリターン志向が鮮明である。要するに，幕末期長州藩の政治行動と同じである。前田の慎重なローリスク・ローリターンの投資姿勢も，幕末期加賀藩の政治行動と同じである。

───────────

18)　『職制事務章程』（明治 14 年）所収。

第 1 章　明治前期の資産と収支 (1)　31

　明治期に富裕な大名華族の中でも，資産額のトップスリーは，毛利・前田・島津の 3 家であったことはまちがいない。島津の正確な資産額は不明であるが，種々の史料から毛利・前田よりやや少ないと推定される。では，版籍奉還以後に受領した家禄賞典禄の合計石高が最大であった 6 万 7 千石の前田より，島津とともに 4 万石台であった毛利が，なぜ明治初年から前田を上回る，大名華族で最大の資産額を有したのか。その原資としては，家禄賞典禄以外に，藩政期に蓄積し継承した資産，および貸金利子など資産運用によって得た利益が考えられる。ただし後述のように貸金利子収入はそれほど重要ではなかった。毛利家の貸金はかなり不良債権化したのである（もっともその点は前田家も同様）。

（ⅱ）近世からの資産継承

　まず藩政期からの継承資産について，本書冒頭に述べたように，同家は 1871 年または 72 年に撫育金 100 万両のうちの 30 万両を私財とすることに成功した。同家家令を長らく務めた柏村信は[19]，1887 年 7 月 30 日に，敬親の正室・未亡人である都美子（富子）に会計報告を行っており[20]，それによると，「明治五年公廨家職引分ノ時，通貨三拾万円ヲ時価ニ直シ七十万円，即チ要用金ノ原素ナリ」とある[21]。藩政期の撫育金の内から 30 万両を継承し，それは時価 70 万円になったという。これは大変な額であり，1876 年の要用金 104 万円の 7 割を占める（もっとも後述のように 30 万両は当用金と要用金に分割されて繰り入れられたはずである）。

　このような巨額の藩政期蓄積資産の継承事例は（後述の岩国吉川家とともに），管見の限り他に見あたらない。田中論文が紹介している史料には，伊藤博文の言として，朝廷に差し出した 70 万両は藩の公金であるが，差し出さな

---

[19]　柏村信は，旧長州藩士柏村数馬のこと。維新の十傑広沢真臣の実兄。1871 年 11 月 17 日に毛利家家令に就任し，76 年 12 月 12 日に一旦家令職が廃止されて家扶上席となったが，81 年 10 月 31 日に再び家令となった（『用達所日記』）。そして 1895 年に没するまで同家家令，次いで財産主管者を務めた。

[20]　『柏村日記』（71 藩臣日記 /5）明治 20 年 7 月 30 日条，「富子様へ演説ノ大意」。

[21]　これによると，公金たる藩資金と私的な家の資金を分けた時を 1872 年としているが，前掲，田中「『撫育金七十万両献金』をめぐって」では 1871 年となっている（後注 23 参照）。

い藩もあり，それでも処罰されないとあって[22]，この 30 万両資産継承も，新政府がどの旧藩主に対しても認めたはずの正当なものだったか否かは，いささか判然としない。しかし，藩の公金を差し出さない例もあるが処罰されないというのは，差し出す資金がないから処罰できないという意味とも受け取れる。実際，極度の財政難にあった新政府が藩の公金を旧藩主が私物化することをみすみす見逃すことは，やや考えにくい。

　この点をもう少し考察すると，伊藤が，70 万両は藩札償却のための兌換準備として差し出し，かつ差し出したからといって特段褒められるべき筋合いのものではないといいつつ，残り 30 万両は毛利家私有資産とするというのは，いかにも便宜的な印象を受ける。このような処置が行われた要因としては，「改正調印」会議の開催が廃藩置県直前の 1871 年 5 月であり，この時期には藩の責任において藩債処分を行うことになっていたことがあろう。この「改正調印」会議は山口藩執行部と政府高官（ただし旧長州藩士，結局全員が旧長州藩関係者）との会議とはいえ，最終結論も政府高官ではなく，知藩事元徳の「御裁決ヲ仰」いでいる。そしてその直後に実施された廃藩置県によって藩債は新政府が継承・処分することになっても，長州藩の藩債はまだ残っているにもかかわらず，30 万両はそのまま毛利家の私財となっているのである[23]。

　近年の近世史研究において，とりわけ幕末期に多くの藩財政が窮乏していたことが通説化しているのに対して，藩の一般会計とは別に特別会計として藩主家資産ないし藩主個人資産が（場合によっては潤沢に）あり，必ずしも藩財政窮乏化論は正しくないとの議論もある[24]。しかしそもそも近世期に藩財政と藩主資産は一応分離されていたといっても，どうしてもあいまいさが付きまとったのではないか。明治期になって旧長州藩士によって毛利家個人資産であると主張されるようになる撫育金も，前記田中誠二の主張のように，もともと

---

22)　前掲，田中「『撫育金七十万両献金』をめぐって」7 頁。

23)　したがって，前記の 1887 年に柏村信が毛利都美子に報告を行った際の，「公廨家職引分ノ時」が 1872 年というのは，最終的に私財として認められた時という意味で正しいと思われる。『用達所日記』によれば，72 年 5〜7 月に，「殿様，当局江御出被遊候事」などと，元徳がきわめて頻繁に政府当局に出向いている。このような記事は他の時期にはない。

24)　伊藤昭弘『藩財政再考』（清文堂，2014 年）。

「公私二重の性格を帯びていた」はずであるし，加賀前田家でも，1870年の藩内不作に対する救恤の際に，当然ながら藩主個人資産のはずの先祖伝来の「書画文房具茗器数百点」を売却して資金を捻出している[25]。大名とは，いざとなればすべてを投げ出して対応せざるをえない立場だった（近代の用語でいえば，藩主は藩に対して無限責任を負っていた）はずである。当時の，藩の公的資産か，はたまた藩主個人の私的資産かという議論は，廃藩置県によって藩財政と藩主家財政を明確に分離する必要に迫られたために浮上した議論のようであるし，近年の近世史研究における同様の議論を含めて，のちに確立される近代的私的所有権を前提とし，かつ藩主は藩に対して有限責任であることを前提とした議論のように思われる。

　したがって毛利家の例も，新政府が厳しく対応すれば100万両全部を藩債・藩札償還のために上納させてもよいものだったと思える。しかし新政府は，撫育金の一部を藩主の私的資産として認めた。結局，公私の区別のあいまいな資産の一部（しかし巨額の資産）を廃藩置県直前に（長州系の）政府高官のお墨付きのもとで毛利家の私的資産にして，廃藩置県後も政府がそれを問題にしなかったのは，明白な公金横領的性質はなかったとしても，筆者はやはりそこに，目こぼし的・お手盛り的要素を感じざるをえない。そしてこの30万両が時価70万円になったということは，30万両のなかに良質のかなり古い金銀貨が大量にあったことも示している。どうやら，18世紀の7代藩主重就以来，撫育金として金銀を貯蔵してきたという毛利家の伝承は，ほぼ正しかったようである。

（iii）家禄賞典禄収入

　次に家禄賞典禄について検討しよう。まず賞典禄について，同家は，1869年6月に下賜決定された戊辰戦功賞典の永世禄高10万石（現米2万5千石）とは別に，同年9月に沙汰された己巳箱館戦功賞典として，陸軍の功につき高2万5千石，海軍丁卯艦の功につき高1千石（いずれも3年限，1869〜71年

---

25)　前掲，拙稿「明治前期における旧加賀藩主前田家の資産と投資意思決定過程」68頁。

34　第1部　明治期における毛利家資産の由来と性格

表 1-6　有力大名華族の家禄賞典禄・金禄公債交付額など

家　名	草高 (万石)	現石 (万石)	家禄 (石)	賞典禄 (石)	計 (石) A	1875年分，賞典分与 (石) B		差引 (石，A －B)
						永世分与 C	終身分与 等	
加賀前田家	102	63	63,688	3,750	67,438	236	80	67,121
長州毛利家	36	23	23,276	25,000	48,276	250	16,330	31,696
薩摩島津家	77	31	31,400	12,500	43,900	－	－	43,900
肥後細川家	54	32	32,968	－	32,968	－	－	32,968
尾張徳川家	61	26	26,907	3,750	30,657	2,230	735	27,547

出所：『明治史要 附表』（復刻版，東京大学出版会，1966年），『明治八年十一月ヨリ 会館部長局江諸書出控』5 忠愛
旧加賀藩主前田家の資産と投資意思決定過程」表5-1，松平秀治「尾張徳川家の分与賞典禄支給状況」（『徳川林政
史研究所研究紀要』）。尾張徳川家禄石代相場は，「秩禄処分沿革概要」附属統計（『明治前期財政経済史料集成』第8巻）480-489頁。
注：前田家・毛利家の「終身分与等」は予算。尾張徳川家の「終身分与等」は秩税引後。尾張徳川家の「差引（A
144石余を差し引いてある。毛利家の永世分与は旧清末藩主家毛利元純（のち元忠）に対する分。

分)，さらに丁卯艦へは別に一時金1,500両が与えられた[26]。表1-6は，家禄
とともに，金禄公債交付額算出に勘案された永世禄たる戊辰戦功賞典などを表
示したものである。よく知られているように，毛利家は大きな永世賞典禄を与
えられたために，家禄石高のみでは大名華族内で8位にもかかわらず[27]，家
禄賞典禄合計石高では2位になっている。しかしこの家禄賞典禄がそのまま大
名華族の実収になったのではない。大半の大名華族は，受給した賞典禄から，
戊辰戦争等に功績があった旧藩士らに多かれ少なかれ分与したのであり[28]，
ことに倒幕・新政府樹立に大きな役割を果たした毛利家は，必然的に功績の
あった旧藩士らに多額の分与を行うことになった。ところがこの賞典分与につ
いてこれまで研究がほとんどないため，旧藩主への賞典禄はそのまま旧藩主の
利得になったと誤解している向きもあるようである。管見の限り，賞典分与に

---

26)　『忠愛公伝』第8編第1章（「両公伝史料」1900忠愛公伝）。『明治史要 附表』（表1-6
の史料）「己巳箱館戦功賞典表」42-44頁には，このうち，丁卯艦への一時金1,500両の
記載がない。なおこの箱館戦功賞典禄高2万6千石も現米は4分の1の6,500石だった
はずである。

27)　毛利家を上回る家禄を得た大名華族は，表1-6の4家以外に，紀州徳川家・広島浅野
家・福岡黒田家がある。

28)　中藩大名華族の1例をあげると，柳川立花家は，賞典禄1,250石のうち9割を分与し，
同家に残ったのは125石のみであった（前掲，内山『明治期の旧藩主家と社会』134
頁）。

金禄公債元高（石，A－C＝D）	貢納石代相場（円）E	金禄公債交付額（円）（D×5×E）	第十五国立銀行出資（当初）	
			額面（円）	株数
67,201	3.55	1,194,076	692,600	6,926
48,026	4.61	1,107,755	642,500	6,425
43,900	6.02	1,322,845	767,300	7,673
32,968	4.73	780,280	452,600	4,526
28,282	5.22	738,326	428,200	4,282

公/92），『毛利家会計其他摘要録』，拙稿「明治前期における
史研究所　研究紀要』昭和53年度）292頁などより作成．貢納

－B)」「金禄公債元高 D」は賞典分与のほか終身分与の奉遷分

ついての個別大名華族に関する立ち入った研究は，松平秀治による尾張徳川家に関する一連の分析が唯一のものである[29]。

賞典分与の仕方は，政府から直接に旧藩士・旧公家らへ与えられた賞典禄と同様に，永世禄・終身禄・年限禄などがあり，かつ 1877 年までたびたび制度変更が行われた。当初は分与のあり方は旧藩主に任され，旧藩主から分与されるかまたは旧藩主を通さず府県から直接交付されたりしていたが，1874 年 8 月以後，分与賞典禄もすべて旧藩主に交付して，旧藩主から分与されることなり，かついずれの分与も，罪科によって分与禄が没収され回収されたり，あるいは終身分与が死亡によりまた年限分与が満期により回収されたりした場合は，回収分は旧藩主のものとすると規定された（1874 年 7 月 18 日，太政官布告第 77 号）。ところがこれらにより旧藩主がいつでも分与廃止の権限をもつと理解する向きもあったようで，改めて 75 年 3 月に旧藩主に分与与奪の権限はなく，いったん決定した分与禄の没収などを禁止するという布告が出された（1875 年 3 月 12 日，太政官布告第 41 号）。また 75 年分から賞典禄も家禄とあわせて金禄給付となり，金額への換算は家禄と同様に 72〜74 年の 3 ヶ年平均貢納石代相場によることとした。さらに重要な点は，同年分から永世分与分は府県が直接に受給者に交付し，旧藩主にはそれ以外の終身禄分与分等と旧藩主取り分を交付することとし，1874 年の第 77 号布告を変更して，永世分与分が回収された場合は旧藩主の取得にならず国庫に引き揚げられることとした。

[29]　松平「分与賞典禄の研究―尾張徳川家の場合―」（『学習院史学』14 号，1978 年），同「尾張徳川家の賞典禄収入」（『徳川林政史研究所　研究紀要』昭和 52 年度），同「尾張徳川家の分与賞典禄支給状況」（同誌，昭和 53 年度），同「分与賞典禄の奉還問題について」（同誌，昭和 59 年度）。また賞典分与の制度変遷については，『族禄処分顛末略』（『明治前期財政経済史料集成』第 8 巻，復刻版，1963 年，所収）295 頁も参照。

36　第1部　明治期における毛利家資産の由来と性格

　そこで家禄賞典禄上位受領者の大名華族が，どの程度賞典分与を行ったかを
みると，きわめて多様であることがわかる（表1-6）。前田家による分与が少
ないのに対して毛利家が終身分与を中心に多いのは，前者が戊辰戦争で大きな
活躍をしなかったのに対して，後者が主導的な役割を果たしたことから当然で
はある。他方，毛利とともに倒幕の主勢力であった薩摩島津家の賞典分与が
まったくなかったのは，同藩では当初は秋田藩とともに，旧藩士への「藩租賞
典」（「軍功禄」等）なるものがあり[30]，廃藩置県後もそれを継承した「軍功
賞典禄」等が政府から下付されたからである。このため，島津久光・忠義父子
は朝廷に対して旧臣に分与する必要のない賞典禄の受領を繰り返し辞退したが，
「御聴許」はなく，その結果旧藩主忠義は下付された賞典禄1万2,500石をそ
のまま1873年から77年まで県内学校資金として鹿児島県に寄付した[31]。し
たがって毛利・島津（忠義）両家とも多額の賞典禄を受給したが，実質の利得
はそれより大幅に少ないかまたは皆無だったのである。また前田家と尾張徳川
家の賞典禄は同額（3,750石）であったが，分与の様相はかなり異なり，後者
は受給した賞典禄の大半を分与したのに対して，前者の分与はきわめて少な
かった。いずれにせよ，明治一桁年代において，家禄賞典禄の合計額（表1-6
のA）によって大名華族の利得を測るのははなはだ不正確であり，とりわけ
倒幕に寄与した薩長等の旧大名が，家禄のほかに，多額の賞典禄給付によって
利得を大幅に増やしたとみなすのは誤りである（少なくとも表1-6の「差引
A−B」でみるべきであり，さらに島津家のように賞典禄全部を寄付したこと
を考慮する必要がある。結果として同表では，細川家は別として，前田家と他
家の格差は「A」より広がる）。

　ともあれ毛利家は多額の賞典分与を行うなど，賞典禄の大半を旧藩士ないし
旧領のために支出している。表1-6に示した分与により，毛利家の賞典禄実収
は8,420石となるが[32]，実際には分与のほか，山口県学校費や同県授産局への
支出などもあった。表1-7には1875年と推定される賞典禄の使途を示したが，

---

30)　前掲『族禄処分顚末略』295頁。
31)　以上，『鹿児島県史』第3巻（1941年）503-504，739-747頁。もっともこの学校資金
　　は県官によって勝手に他に流用されたというオチがついている（松尾千歳「明治初期の
　　島津家資産をめぐる諸問題」『尚古集成館紀要』7号，1994年，81-82頁）。
32)　『明治八年十一月ヨリ　会館部長局江諸書出控』（5忠愛公/92）の「［毛利家］頂戴高」。

そうした学校費や授産金のほかに，表 1-6 の「終身分与等」に含まれる「脱隊救助米」なるものもあった。これは，1869〜70 年に発生した長州藩諸隊の脱隊騒動に関連したものである[33]。

この騒動は，戊辰戦争後，長州藩において政府常備軍（御親兵）の編成作業が進んだが，その採用者は旧藩士に偏り，諸隊を構成する農民・町人出身者が少なかった。これが騒動の端と

表 1-7　賞典禄の使途（1875 年と推定）

項　　目	数量（石）
賞典禄　計	25,000
内，学校費用	1,000
授産金	2,500
毛利元純へ分与	250
分与御賞典米方々分	4,329
脱隊救助米引当	2,000
分与賞典金方々分	10,000
（支出）〆	20,079
残り，手取	4,920

出所：「御賞典禄概算」（『毛利家会計其他摘要録』所収）.
注：1）毛利元純は 1875 年 3 月 12 日に没しており，続く史料「家禄」に「鉄道築造出金」があるから，1875 年初の史料と推定.
　　2）「脱隊救助米」は，本文参照.

なり，憤激した農商出身隊士らは脱隊した。そして彼らは不公正な賞典分与に対して公正な分与などを要求した。これに対して藩は平和的な解決の道を探ったが，脱隊勢力は襲撃事件を引き起こし，結局武力討伐となり，激戦のすえ鎮圧した。その結果，脱隊兵に対して，分与賞典を没収する代わりに与えたのが「救助米」である。

結局，この年賞典禄 2 万 5 千石のうち，これらの諸支出を差し引いて，毛利家に残った「手取」は 5 千石程度であった。同家はこの広義の賞典分与のための特別会計を 74 年に作って対応した。それは，前記のように 73 年分まで賞典分与は県（つまり政府）から直接に有功士民に支給されていたが，74 年分から全額旧藩主に交付され，旧藩主から受給者に分与することになったからである[34]。いずれにせよ，同家の旧臣等への広義の賞典分与額は，74・75 年頃，山口分のみで 4 万円であった（これとは別に，東京に寄留ないし貫属替えした者に対して，毛利家東京用達所のもとで行う賞典分与もあったが，山口分に比

33）　この脱隊騒動については，末松謙澄『防長回天史』第 6 編下（1921 年）第 38 章以下や，戦後の原口清，田中彰らの諸論考があるが，広田暢久「整武隊訴訟事件」（『山口県文書館研究紀要』4 号，1975 年）3-4 頁に，簡単な要約がある。

34）　『用達所日記』にも，明治 6 年 10 月 2 日，同 7 年 9 月 14 日条などに，それまで賞典分与は山口県庁が行っていたものを，毛利家に下付して同家が行うことになり，担当家職が東京から山口に異動するなどの記事がある。

38 第1部 明治期における毛利家資産の由来と性格

表 1-8 賞典分与会計 （山口分，1974-90 年）

年　　次	収　入				賞典金・証書利払	賞典証書償還金
	前年繰越金	（東京ヨリ）請高	貸金返済・利子ほか	計		
1874 （明治 7 ） 年	—	61,858	—	61,858	33,966	—
75 （ 〃 8 ） 年	21,360	30,029	10,000	61,390	31,239	—
76 （ 〃 9 ） 年	15,854	30,000	1,000	46,854	10,175	—
77 （ 〃 10） 年	26,693	18,800	—	45,493	23,857	—
78 （ 〃 11） 年	16,903	22,500	—	39,403	16,091	—
79 （ 〃 12） 年	11,550	17,000	—	28,550	11,562	—
80 （ 〃 13） 年	7,231	16,500	—	23,731	9,171	—
81 （ 〃 14） 年	6,613	16,500	—	23,113	9,130	—
82 （ 〃 15） 年	6,245	16,655	—	22,900	8,900	—
83 （ 〃 16） 年	6,400	15,000	—	21,400	8,500	—
84 （ 〃 17） 年	5,626	14,500	—	20,126	7,932	—
85 （ 〃 18） 年	5,305	12,250	—	17,555	7,688	—
86 （ 〃 19） 年	4,603	11,100	—	15,703	7,299	—
87 （ 〃 20） 年	—	4,500	12,253	16,753	6,996	4,900
88 （ 〃 21） 年	652	14,500	1,364	16,517	6,590	4,780
89 （ 〃 22） 年	1,024	13,000	1,832	15,856	6,193	4,630
90 （ 〃 23） 年	976	9,000	3,942	13,919	5,812	4,490

出所：『賞典金其外諸払計算帳』（36 賞典 /70）.
注：1）支出の 1887-90 年には，このほか若干の賞典証書償還経費があるが，表示略.
　　2）「戌兵」は守備兵.
　　3）「救助米」とは，長州藩脱退騒動における脱退兵に対するもの.
　　4）「請高」は，79 年から「東京ヨリ請高」.
　　5）支出の「賞典証書償還金」は，82-86 年は「—」としているが，実際は別途存在している（表 2-2 参照）.
　　6）収入の「貸金返済・利子ほか」および支出の「賞典証書償還金」が 86 年まで史料に記載がないのは，それら

して多くはなかった）。金額は次第に減少していくとはいえ，この支出はその後もずっと続いた（表 1-8，ただし同表は，東京分や 1886 年まで賞典証書償還金を含めておらず，実際はもっと多い）。これは他の大名華族にはみられない大規模な賞典分与ないし旧臣らへの給付であったことにまちがいない。そして 77 年には，政府からの家禄給付廃止とともに賞典禄給付も廃止され，（表1-6 のように永世分与分を除く）賞典禄込みでの金禄公債が給付されたから，同家は大規模な賞典分与を継続する必要があり，家禄廃止に準じて，東京府に届け出たうえで，分与資格者に対して，金禄公債証書に類似した「賞典証書」を発行して対応していった（後述）。

　次に，このような家禄賞典禄の具体的な受給方法について述べよう。廃藩置

(円)

支出				残　　高		
戌兵扶持米代	不具扶持米代	救助米代	計	貸付金	現金	計
215	216	6,100	40,498	…	…	21,360
453	770	13,072	45,535	6,811	9,043	15,854
367	495	9,122	20,160	8,832	17,861	26,693
181	218	4,332	28,590	8,832	8,071	16,903
45	556	11,160	27,853	8,832	2,717	11,550
—	628	9,128	21,318	6,996	235	7,231
—	425	7,522	17,118	6,252	360	6,613
—	484	7,252	16,867	6,007	237	6,245
—	457	7,142	16,499	5,680	719	6,400
—	406	6,867	15,774	5,364	261	5,626
—	448	6,439	14,820	4,945	360	5,305
—	422	4,840	12,951	4,487	116	4,603
—	425	4,211	11,936	3,693	73	3,767
—	386	3,797	16,100	…	…	652
—	394	3,705	15,492	…	…	1,024
—	425	3,610	14,880	…	…	976
—	337	3,107	13,770	…	…	148

はこの会計に入らず山口用達所当用金に直接出入していたからのようである．

　県後，尾張徳川家では74年分まで現米で支給され，75年分まで旧領で支給されることになっていた。しかし給付方法は県によっても異なり，前田家の場合は石川県（金沢県）が最初から石代を支給していた[35]。毛利家の場合は，尾張徳川家と同様に，当初山口県が現米で支給した。したがって毛利家は受領した現米を売却換金し，東京邸に送金する必要があった。それはどのように行われたか。

　［東京用達所］『用達所日記』によると，明治5年9月20日条には，
　　為換金手形ヲ現金為引替，鹿島助五郎ト申者，及持参御納金ニ相成候事

35）　前掲，拙稿「明治前期における旧加賀藩主前田の資産と投資意思決定過程」69頁。

40　第1部　明治期における毛利家資産の由来と性格

とある。「鹿島助五郎」は，加島屋広岡久右衛門家の一族である。加島屋久右衛門家は，幕末頃に大坂のトップクラスの両替商であり，長州藩の中心的な御用商人を務め，鴻池らと長州藩の資金調達を行っていた[36]。広岡助五郎は明治初年に大阪から東京新川霊厳島に移り，加島屋東京店（酒店）を開いて支配人となった[37]。そして1881年には久右衛門家から分離独立して，東京における有力清酒問屋となった（後述）[38]。久右衛門家・助五郎家ともこの後長く毛利家と貸借関係などがあり，広岡家は明治期になっても依然毛利家の御用商人だったのである。ただし上記の助五郎との取引は，毛利家が現金を渡して東京から送金しているようである。

　翌1873年になると，4月30日に，

　　広岡久右衛門ニ為替，金壱万両持参，御本勘金ニ相納候事

とある。久右衛門は4月25日に上京しており，毛利家が為替手形を広岡に渡して1万両を受け取り，「御本勘金」（当用金）に繰り込んでいる。ところが，5月15日には，

　　金壱万両，外ニ歩金拾五両共，大坂為替ニ而，広岡吉次郎ヨリ受取候事

6月15日にも，

　　広岡吉次郎ヨリ大坂為替，金壱万四拾五両之辻，受取候事

とある。吉次郎も加島屋東京店の人物であるが[39]，5月15日の「歩金拾五両」とは為替手数料のはずであり，それを毛利家が受け取ったということは，加島屋が毛利家に東京から大阪への送金を依頼したからにちがいない。6月15日も1万両と手数料45両を受け取ったと思われる。加島屋は上方から東京へ輸

---

36)　加島屋久右衛門『長州諸用帳』（文政8年〜明治4年，11政理/107）。広岡家については，近年，高槻泰郎編著『豪商の金融史』（慶應義塾大学出版会，2022年）などによって，同家文書に基づいた分析が進んできたが，後述のようになお未解明の点が多い。幕末頃の大坂有力両替商については，石井寛治『経済発展と両替商金融』（有斐閣，2007年）240頁，表4-1を参照。

37)　『用達所日記』明治5年9月26日条に「支配人鹿島屋助五郎」とある。

38)　1920年に広岡助五郎商店を法人化した(株)加島屋は，第二次大戦後も宮内庁御用達酒商として現在に至っている（同社ホームページ）。

39)　『用達所日記』明治6年12月24日条に，「御米代ノ内壱万円，在県御用掛座ヨリ広岡久右衛門為換トシテ送リ来候ニ付，当地於広岡吉二郎ヨリ上納ニ付，請方相済候事」とあり，吉次郎も加島屋東京店の担当者であった。なお，山口県文書館架蔵『用達所日記』は写本であり，次の7月14日条のように明らかな誤写もあることを指摘しておく。

送した酒の販売代金を大阪に送金する必要があった。しかし毛利家も山口で受領した家禄米・賞典米の売却代金を，しばしば大阪で受け取り（後述），東京に送金する必要があったから，この為替送金は双方にとって都合がよいものであった。

　そして7月14日にも，「金壱万円，山口県家職御用懸リヨリ大坂為替トシテ送来候分，広岡吉次郎ヨリ請之候事」とある。このように為替送金の記事には，多くの場合「大坂為替」とある。要するに，この頃毛利家は山口で給付された家禄賞典禄を，前田家と同様に[40]，月1万両ずつ，（どちらが依頼するにせよ）定期的に加島屋久右衛門家を通じた為替で大阪から東京に送金していた。

　同じ1873年の6月20日には，「金弐万両，御賞典米代之内トシテ，大坂為替ニシテ広岡久右衛門預手形，楢崎豊資持登，致上納候事」とある。これも，家職の楢崎豊資が大阪で加島屋に賞典米売却代金2万両を渡して受け取った手形を東京に「持登」り，手形を毛利家に「上納」したのであろう。しかしこの6月20日条は，続けて，「金三千三百拾六円弐拾九銭六厘五毛，忠正公［敬親］御納戸金之内，其外江当ル現金，楢崎豊資持登リ致上納候事」とあり，別に3千円余の敬親個人資産を現送したとある。敬親はすでに亡くなっていたが，敬親の個人資産がまだ山口にあったらしい。なぜ同じ日に，家職が為替手形と現金を同時に東京に運んだのか。その説明の前に，同じ73〜74年頃も毛利家が山口で受け取った家禄賞典米をどのように売却換金したかについて述べる。

　『御賞典米御家禄米御売米控』（明治6年〜同8年，9諸省/404）によると，毛利家は受領米の売却を地元山口県の商人に託していたことがわかる。すなわち，山口商人の兼屋孫太郎ら5名，および萩商人の宗像宗十郎ら4名に山口県産米の売却を比較的小口で依頼していた。これらの大半は山口・萩などの地元米市場で売却したであろう。なかには，72年3月に萩の「御用達」宗像宗十郎へ賞典米代2万2,500円を貸し，質物として蔵米の引換券である米切手（「広島切手」7千石，「筑後切手」1千石）を受け取り，貸金を大阪で返納させ，そのまま旧家臣と思われる者に東京邸へ現送させている[41]。要するに，毛利

---

40)　前掲，拙稿「明治前期における旧加賀藩主前田家の資産と投資意思決定過程」71-73頁を参照。

41)　『御貨銀一件綴』（明治4年〜同18年，9諸省/383），『出納録』七（9諸省/397）。後

42 第1部 明治期における毛利家資産の由来と性格

家は家禄米等の売却を基本的に山口の地元商人に依頼し，商人らは山口周辺市場あるいは大阪で売却し，毛利家は代金を山口・大阪などで受け取って東京へ送金していた。廃藩置県後に商人らは，少なからぬ米を大阪へ廻米していた[42]。

　そして大阪で受け取った米代金の東京への為替送金を大阪の両替商加島屋経由で行っていたが[43]，現送もあった。むろん山口から東京への為替送金もあったはずだが，前記のように山口からも現送が少なくなかった。全体として，前田家より現送がかなり多い印象を受ける。例を追加すると，『用達所日記』明治9年4月5日条には，

　　　先達テ［山口］県下用達所ヨリ御仕送リ御賞典金其外，内藤恭輔護送之分，
　　　五万六百六拾弐円四拾七銭五厘請方相済，内三万五千円，日要用ヘ加入相
　　　済候事

とある。「護送」とあるから，家職内藤恭輔が山口から現送したのであろう。また，『用達所日記』同年3月27日条には，「在［山口］県用達所ヨリ送リ金相成，封侭御蔵収致シ置キ候事」と，封をしたまま収納したとあるから，現送

　者の史料に，金札2万2,980両について，「右，御賞典米代金之内，先達而，有田千葉介上京便ニ被差登候分，宗像宗十郎御貸金，大坂ニテ返納之分」とある。「広島切手」「筑後切手」については，広島や筑後地方で発行された米切手がまだ流通していたものと思われる。それは廃藩前に発行された米切手の可能性もあるが，廃藩置県によって藩の代わりに県が米切手を発行していたのではないか。なお，長州藩など西国大藩の米切手については，山本一夫「近世西国大藩における米穀流通」（『史学雑誌』133編4号，2024年），安部伸哉「19世紀の地方米市場における取引制度の動向」（『社会経済史学』87巻1号，2021年）などを参照。

42）　近世期に萩藩など藩による領主米の大坂廻米がよく知られているが（伊藤昭弘「萩藩における大坂廻米と領国市場」『瀬戸内海地域史研究』第7輯，1999年，など），廃藩置県によって商人による大阪廻米が大幅に増加したようである。明治初期における西日本および大阪の米市場については，大豆生田稔『防長米改良と米穀検査』（日本経済評論社，2016年）3-8頁の概観などを参照。

43）　表1-2のように同家は1874年頃に兵庫船大工町に地所を持っていた。その理由として，山口で受領した現米を大阪市場で売却するために，米倉庫ないし荷揚げ事務所として取得したものではないかとも考えられようが，この地所は，1878年まで，幕末期長州藩の御用商人であり，七卿落ちや禁門の変で長州藩に協力した神戸の専崎弥五平名義だった（『用達所日記』明治11年6月17日条）。したがってこの不動産所有は，長州藩に味方して倒幕・新政府樹立に貢献した専崎に対する配慮のようである。専崎については，赤松啓介『神戸財界開拓者伝』（太陽出版，1980年）348-355頁。

と思われる。『奉伺録』所収の「出納録」によれば，他にも明治一桁年代に，現送とみられる例は，73年11月22日，74年6月27日，同年7月9日など，少なくない。

　山口の資金を東京に送る場合，両替商を利用した為替送金をせず現送したのは，なぜか。前田家では，明治一桁年代に，金沢から東京への送金は，通常，金沢店と東京店の両方をもつ御用商人に依頼して為替で行っていた。山口には，三井組が1873年2月に為替座を開設し，官金取扱や一般の為替業務を開始している[44]。毛利家が三井組山口店を通じて為替送金をしたと明記した記録は今のところ見当たらないが，同組山口店を利用しなかったわけではなかろう[45]。しかし毛利家による現送が多かった理由の1つは，どうやら為替手数料が高いことだったらしい。前田家が御用商人に為替送金を依頼した場合，手数料なしで為替取組を行ってもらっていたようであるが[46]，1873年2月に三井組の山口から東京への為替送金手数料は2歩であった（1万両の送金につき200両）[47]。これに対して，先に引用したように，同じ73年5月15日の加島屋が毛利家に依頼した大阪から東京への為替送金の手数料は1万両に対して15両であり（同6月15日の例は45両），三井の手数料水準自体がかなり高い。もっともこの例は毛利家と御用商人の間の為替送金だから，手数料は安くて当然かもしれない。しかし毛利家は74年6月に，次のような送金手数料の規則を作っている。『奉伺録』（明治7年）所収の「出納録」には，

　　　　第六月
　一，山口県家職用達所ゟ現金并為換手形，公債証書等，持登候者ニ，自今，
　　　左之割合を以，被就御執候事
　　　金弐拾円　　山口県ゟ東京迄
　　　　　但，金壱万円為換手形ニ相頼候一ツ五拾円之手数料也，是を五分之

44）　『山口銀行史』（同行，1968年）246-247頁。
45）　たとえば，後掲表1-12の71〜73年「山口用達所ヨリ送付」1万円について，三井組から日歩をとっているから，三井組を通じた為替送金であった可能性がある。そうだとしてこの日歩は，三井東京店にしばらく置いていたためか。
46）　前掲，拙稿「明治前期における旧加賀藩主前田家の資産と投資意思決定過程」73頁。
47）　前掲『山口銀行史』247頁に掲載されている山口県権令の布達文による。山口から大阪・神戸へは1歩。

二方現金持登候者ﾆ被下候

とある。前年の三井組の為替手数料は，さすがに高すぎたとみえて，この時点では1万円の為替送金に対して50円の手数料になっている。しかし現送してくれる者がいれば，5分の2の，20円を渡すとしている。もちろん現送のための旅費がかかるから，家職による輸送以外は，多くは旧藩士が上京するついでに現金輸送してもらっているようである。たとえば，『奉伺録』明治7年6月27日条によると，この日「金」「正金」あわせて3万8千円余が山口から東京邸に到着したが，それは，

　　　右，小山政一帰京便リを以，在県用達所ﾖ送リ方相成候分，受方被仰付候
　　　事

とある。やや後年の，逆に東京から山口への現送の例であるが，『用達所日記』明治11年10月30日条には，

　　　山口県士族馬屋原担範，帰県便を以，在県用達所ｴ仕送金壱万円［中略］
　　　之辻，護送及委託候事

とある。管見の限り，商人や運送業者に現送を依頼した例はない。76年に廃刀令が出るまでは帯刀した強面の旧藩士が現送すれば安全だったのであろう。これならば，毛利家にも現送のインセンティブが生じるし，旧藩士も臨時収入が得られる。同様に，山口から西京・大阪まで，および西京・大阪から東京までの1万円の現送は，半額の10円の手数料を支払うことにしている。三井組や加島屋に依頼した為替送金では，為替手数料の外に為替手形を運ぶコストもかかるから[48]，現送の方が為替送金より一層安価になる。もっとも毛利家としては，わずかな送金コスト削減よりも，むしろ政府への出仕の道から外れたいわば落ちこぼれの旧藩士を救う方に重点があったのではないか。すなわち前田家に比して現送が多かった理由は，為替手数料の問題もあったが，少なからぬ旧藩士が政府に出仕していい目を見ているのに対して，落ちこぼれの旧藩士にバイト代を渡して支援する意味が大きかったと思われる。

　ところで，1874年初頭まで，家禄賞典禄は山口県庁から毛利家山口用達所

---

48)　同じ74年6月の史料によると，山口から東京まで為替手形を運ぶ手数料は，1万円につき6円，山口から西京・大阪，および西京・大阪から東京までの手形輸送手数料は3円としている。

に対する現米支給だったが，同家は同年4月に山口県庁に対して，家禄賞典禄ともに73年分（74年受取分）から東京でかつ石代金で受け取りたいと申し入れた[49]。74年から地租改正事業が開始されることになったためであろう。実際，同5月から県庁が米を売却し（すぐに地租金納が全面化されるわけではない），その代金を同家に支給しており，かつ同家山口用達所ではなく直接に毛利東京邸に為替送金されるようになった。すなわち『奉伺録』によると，「御家禄御賞典禄石代之内，山口県庁ゟ」，74年5月に3万円，同年9月に7万円，75年3月には10万円が，それぞれ一度に東京に為替送金されている（こちらは県庁のお役所仕事なので，為替手数料の高さは関係ないらしい。手数料をどちらが負担するかは史料にないが，毛利家が負担したとは考えにくい）。もっとも，山口県に居住する旧藩士らに対する賞典分与は，同家山口用達所が給付するから，時折，同家は県庁に対して，家禄賞典禄の一部を山口用達所に渡してほしいという願いを出している[50]。結局，旧藩主への家禄賞典禄の支給方法は，愛知県（名古屋県）・石川県（金沢県）・山口県において，3県とも異なっていた。もっとも76年分は，毛利家も尾張徳川家と同様に77年に東京府から交付されていた[51]。

　そして上にも例示したが，1877年以降になると現送の方向が逆転して，『用達所日記』には，東京から山口への現送の記事が多くなる。これは1つには，家禄賞典禄が廃止され金禄公債が交付されても，旧藩士らへの賞典分与が山口で大規模に継続されたためであるが[52]，現送経費を記した例をあげると，78年9月4日に1万5千円を山口に現送した際の「依托手数料」は30円，79年

49）『請願伺届扣』（明治4年〜同8年，9諸省/574）所収史料。74年4月付けの家令柏村信から山口県庁宛の文書に，73年分について元徳から申し入れていることであるが，すでに山口で受け取った禄米2,500石以外の残りは東京で「石代を以」って受け取りたいとある。

50）『請願伺届扣』によれば，このような願いが，74年11月に1万5千円，75年1月に1万円について出されている。

51）『用達所日記』明治10年4月6日条。

52）表1-8の収入「請高」をみると，75年まで3〜6万円の端数のある金額が入金されており，これは山口県庁から支給された賞典禄の一部であろう。しかし76年から「請高」は端数のない金額になっており，これは東京邸から送金したものと思われる（注記のように，史料は79年から「東京ヨリ請高」となる）。以後1880年代末まで，毎年東京邸から1万数千〜3万円を山口の賞典分与特別会計に送金している。

6月29日に同様に1万2千円を現送した際は「護送手数料」15円となっている。82年8月14日も，家職の山口への「帰便ヲ以」，1万円を送付しており，この時は「壱万円附托ニ付」10円，「別ニ御荷物運賃トシテ」7円50銭を与えている。いずれも旧藩士ないし家職に輸送させていた。

　同家は明治初期に三井組山口店をあまり利用しなかったかもしれないが，三井組との関係が疎遠というわけではなく，むしろ密接な関係があった。おそらく井上馨と三井との関係を背景に，後述のように明治一桁年代には毛利家は三井組に多額の貸付金があった。さらに『用達所日記』明治11年8月14日条には，「御相談人会議ニ付，深川西大工町三野村利助宅ェ，東条頼介，柏村信，笠原昌吉罷越之事」とあり（東条以下は毛利家家職），じつは三野村利助（三野村利左衛門の婿養子，当時三井銀行幹部）は毛利家御相談人になっていた。しかし，三井は1874年の官金抵当増額令で苦境に陥ったし，藩政期の毛利家は，三井との関係はさして深くなく[53]，加島屋や鴻池など大坂有力両替商を御用商人として長く取引していた。こうして明治に入っても，同家は，為替送金は主に大阪の加島屋を利用し，現送も旧藩士に依頼して安価に送金していた[54]。

　全体として，限られた史料に基づいた議論であるが，前田家より毛利家の方が現送は多く，現送も商人に任せる前田家と異なって毛利家は旧臣に依頼しあるいは家職によって行っていた。この相違の要因は，慎重でリスクを嫌う前者とそうではない後者の違いのみとは必ずしもいえない。金沢と山口の金融システム発展度の相違ともいえるが，具体的には，近世前期以来の伝統的な御用商人を利用できた前田家と，山口や萩にそのような便宜を図ってくれる伝統的な有力御用商人が存在しなかった毛利家の違いであったと考える。さらに重要な要因として，毛利元就が吉田郡山城の拡張工事の際に石碑に刻んだとされる

---

53)　日本経営史研究所編『三井両替店』（三井銀行，1983年）によると，幕末頃，三井は幕府と深い結びつきをもつとともに，紀州藩や薩摩藩から御用引受を行なっていたが，長州藩との関係は一切ふれられていない。

54)　なお，長州ではもともと下関（赤間関）が経済の中心であり，三井組はむしろ同地に早くから進出していた。国立銀行については，1878年に設立された岩国第百三国立銀行と，同年開業の山口第百十国立銀行があった。しかし後者は1880年に本店を赤間関に移転させた（前掲『山口銀行史』）。

第 1 章　明治前期の資産と収支（1）　47

「百万一心」なる言葉に表されたような，家臣団の一致団結の重要性を強調するのが同家の伝統であり，そこから近代になっても同家の旧家臣への配慮は並々ならぬものがあったことにもよるであろう（とりわけ主だった旧家臣を保護せんとする同家の姿勢は，じつに第二次大戦後にまで及ぶことは後述する）。

（iv）補論：明治前期における旧岩国藩主吉川家資産の由来

　冒頭で述べたように，明治期の旧岩国藩主吉川家の資産分析については，三浦壮の研究がある。筆者がこの研究に対して最も疑問に感じたのは，同論文の主題たる明治中期以降における同家の大資産家への成長過程ではなく，同家が1890年代初頭にすでに100万円余もの資産を有していたことである。岩国藩吉川家の石高はわずか6万石にすぎなかったのに，なぜ102万石という近世日本最大の大藩大名であった前田家の半分程度の資産を有していたのか。以下，この点を検討する。

　版籍奉還後の吉川家家禄算出の基礎をなす現石は3万6,310石，したがって家禄は3,631石，賞典禄は名目5千石，実収1,250石であった[55]。したがって家禄賞典禄合計は4,881石となるが，同家の金禄公債受領額13万8千円余から逆算すると，金禄元高は4,802石余となり[56]，永世分与分が78石余あるはずである。すると，1875〜76年分の家禄賞典禄受領額は各年2万2千円余となる。三浦論文に示された同家史料に基づく1874〜76年の家禄賞典禄収入は順に，2万7千円，1万7千円，1万7千円となっているが，史料欠落の月があり，米価の変動もあって（同家による米売却もある），筆者の計算値とは正確に一致しないものの，計算値の前後の額を示しており，家禄賞典禄はルール通りの支給がなされていたと考えられる。

　これに対して，同家の金禄公債交付額は上記のように13万8千円余であり，その全部を第十五国立銀行へ出資すると，公債額の55％である同行出資額は7万6,154円となる。実際の出資予定は8万300円となっているから[57]，他の大

55）　前掲『明治史要 附表』。

56）　吉川経健（つねたけ）の金禄公債額は13万8,462円（石川健次郎「明治前期における華族の銀行投資」『大阪大学経済学』22巻3号，1972年，39頁），岩国藩貢納石代相場4円61銭余，金禄元高2〜3万円の年限6.25年分から算出。

57）　前掲，石川論文，39頁。

48　第1部　明治期における毛利家資産の由来と性格

名華族と同様に金禄公債額の3%ほどの4,145円を現金出資していることになる。ところが三浦論文では，1878～94年の間，同家の第十五銀行株価額は一貫して14万2,607円となっている。この額は金禄公債額面13万8,462円に現金出資分4,145円を加えた値と一致する。つまり，同家の第十五国立銀行株の簿価は額面8万300円より6万円ほど水ぶくれしているのである（なお，前掲表1-6の最右欄，有力大名華族の同行出資予定額は額面価額である）。とはいえ，これだけでは同家資産の大勢に影響はないし，同家の金禄公債もルール通りに支給され，他華族と歩調をあわせてその全部を第十五国立銀行に出資しているにすぎず，その後同行株を買い増してもいない。

さらに三浦論文によると，同家は明治前期に貸金に対する利子収入や小作料収入などがあるものの，利殖によってとくに法外な利益を上げた形跡はない。1875年に設立された義済堂も士族授産目的であり，積極的な利潤追求を本旨とするものではなかった[58]。とすれば，1890年代初頭に，かつて草高6万石の藩主にすぎなかった吉川子爵（90年まで男爵）家が，前田侯爵家の半分程度もの資産を有するにいたった秘密は，家禄賞典禄にも，金禄公債にも，利殖活動にもなく，明治初期に近世から継承した資産にあるのではないかという推測が浮かび上がる。

じつは，この推測が正しいことを示唆する研究がすでに存在する。桂芳樹『岩国藩財政史の研究』（岩国徴古館，1986年，成稿は1965年）がそれである。しかしそれを説明するには，まず関ヶ原の戦いにまでさかのぼる同家の歴史から始めなければならない。

吉川家は鎌倉時代から続く名家であり，毛利元就の次男元春が養子入りして以来，毛利家の分家となった[59]。ところが関ヶ原の戦いにおいて，西軍の総大将毛利輝元のもとにあった吉川家当主広家（元春3男）は西軍の形勢不利とみて，徳川方に内通して軍を動かさず，かつ輝元をも説得して，毛利家本領安堵とする徳川方との約束により，輝元は大坂城から動かなかった。結局，戦い

58）『義済堂百年史』（1974年）によれば，1873年に義成堂として設立され，75年に義済堂に再編された。義済堂発足以来，比較的順調な経営だったとされるが，純益は75年度2,011円，76年度839円，77年度2,126円といった具合で，以後，1888年頃までの各年度純益は，1～6千円程度であった（318-323頁）。

59）以下，主に，前掲，桂『岩国藩財政史の研究』1-4頁による。引用文も桂著。

は東軍の勝利に終わり，広家の弁明とは異なって輝元が西軍のために活動していた証拠も露見した。毛利家本領安堵の約束は反故となり，同家は中国一円112万石領有の地位を奪われ，本拠広島を追われて萩に移り，防長2か国29万石に減封された。

　これに対して広家は家康の覚えめでたく，当初は防長2か国が与えられることになったが，同家はそれを毛利本家に譲り，その結果，家康の特命によって吉川家は岩国居城となった。こうして吉川家は，江戸時代を通じて幕府側からは大名に準じる扱いを受け，江戸邸や大坂蔵屋敷を有していた。このような特殊な「吉川家の置かれた歴史的事情と，毛利氏歴代の感情」によって，幕末文久期まで吉川－毛利両家の関係は円滑でなく，毛利家が吉川家を大名（支藩）と認めず，吉川家は公式には大名（毛利家）家臣とみなされていたのである。このような事情のため，同家は寛永期から全国諸大名家臣のなかで最大の6万石という石高を有することとなり[60]，幕府から実質的に大名扱いされながら公式には大名ではないという家格は幕藩体制下において特例であり，「他に同類を見ない」ものといわれる。そして1868（慶応4）年にいたってようやく新政府から立藩を認められ，晴れて岩国藩主すなわち大名となったのである。

　要するに毛利宗家には，関ヶ原の戦いにおいて吉川広家の余計な振る舞いがなければ勝機はあったのではないか，形勢は逆転していたのではないかとの思いがある一方，吉川家としては宗家を守る意図からの行動だったとの認識があり，吉川家は江戸時代を通じて萩藩や幕府に対して家格上昇運動（大名と認めてもらう運動）を行ったが，実現しなかったのである。これが，現在も岩国側で抱かれている認識である[61]。

　ただし以上は，いわば伝承も交えたストーリーというべきものであり，今日の研究によれば[62]，たとえば関ヶ原の戦いの際に，広家が徳川方との密約を前提に輝元に大坂城から動かないように説得したといった点などは，事実と異なるようである。また毛利家が吉川家を大名と認めない理由として公式にその

60）　幕末頃の高禄大名家臣の一覧は，拙稿「明治前期，旧加賀藩家老横山家の金融業経営と鉱山業への転換」（『商経論叢』53巻1・2合併号，2018年）表1。

61）　「岩国 旅の架け橋」岩国市公式観光Webサイト（http://kankou.iwakuni-city.net/iwakunihan.html）2024年4月2日閲覧。

62）　光成準治『毛利輝元』（ミネルヴァ書房，2016年）など。

ような見解を示していたわけではもちろんなく，近年この点をめぐって種々議論されている。田中誠二は，本藩－支藩関係は両者だけで決まるものではなく，将軍家を含めた三者の関係で決まるのであり，寛永期に幕府側が吉川家を将軍家の陪臣（つまり萩毛利家の家臣）と位置付け，それが定着していったことや，他の支藩の次期当主が早くから江戸で将軍に御目見を果たすなど将軍との親疎が，支藩主家より低い吉川家の家格の位置づけに影響を及ぼした点を指摘している[63]。また根本みなみは，近世前期の萩毛利家の見解として，支藩主である長府・徳山・清末の各分家が輝元との関係によって成立した家に対して，吉川家は萩毛利家の一門家臣（毛利一族の家老）と同様に元就に由来する家であったことを，吉川家が大名ではなく萩毛利家の家臣である理由としていたという[64]。しかし血筋という点では，毛利宗家でも，敬親まで長らく藩主は元就の血筋であっても，輝元の血筋を引いていなかった。幕末に元徳が徳山毛利家から敬親の養子となり，1869 年に当主となることにより，同家ではじつに約 160 年ぶりに輝元の血筋をもつ，いわば毛利本流の当主となったのである。

　じつは，この吉川家の家格問題について，近年刊行の『岩国市史』通史編二近世（2014 年）第 2 編第 1 章が，一次史料にもとづいて江戸時代初期から明治初年までの興味深い展開を詳細に叙述している。それによると，関ヶ原の戦いの結果，毛利宗家が減封され，このため毛利家内部では広家に対する怨嗟の念が沸き起こり，輝元も広家に不信感を持ったのはたしからしい。他方，広家は家康に騙されたとの念からへそを曲げ，江戸への参勤の命にも病気と称して応じず，その結果，正式な大名とみなされなかったという。こうして江戸時代を通じて吉川家はきわめて変則的な立場にあり，大名への家格上昇運動の一環として幕府の老中に賄賂を贈り，一定の効果を示したものの，大名と認めてもらうためには最終的には将軍の承認が必要なため，いつもあと一歩というところで目的を達せられなかった。老中などへ多額の賄賂を贈り続けたため，領内の年貢は増徴され，領民を苦しめることともなった。支藩といえども藩主は大

---

63)　田中誠二「萩藩の本・支藩関係をめぐって」（光成準治編著『吉川広家』戎光祥出版，2016 年，所収），初出論文は 1989 年。

64)　根本みなみ『近世大名家における「家」と「御家」―萩毛利家と一門家臣―』（清文堂，2018 年）244 頁，同「家格争論から見る吉川家認識―毛利家・吉川家を事例に―」（『社会文化史学』57 号，2014 年）。

名だから，徳川将軍の家臣という点では宗家の萩藩主と同格であるが，吉川家は藩主でなく毛利家家臣扱いなので，吉川家当主が萩の毛利家家臣と同格になり，吉川家家臣は毛利家の陪臣となる。このため吉川家臣は萩の毛利家家臣から蔑まされ，吉川家臣も反撃して岩国領内で毛利家臣に嫌がらせをするなど，両者の関係は円滑を欠いた。そしてようやく幕末の動乱期に至って，長州藩主敬親が吉川家を確固たる味方にするために，他の支藩主と同等にすると約束し，吉川家も毛利家サイドに立って行動した結果，1868年に新政府から大名として公認され，永年の夢が実現したというわけである。結局，従来の通説ないし伝承は，大筋としては誤っていないという評価である[65]。

　いずれにしても，吉川家は明治初年まで正式な大名ではなく，明治期以降一般化した表現では，岩国藩主ではなく岩国領主であった。そして以下のように，吉川家の近世からの資産継承という論点も，このような歴史的経緯と大きく関わっている。

　一般に廃藩置県により，藩の債務は通常，新政府が継承し，同時に藩の資産も政府が継承したが，岩国藩は上記のような歴史的経緯により，そうした処理の方法が異なっていた[66]。すなわち，廃藩置県時に同藩財政は破綻しておらず，概して健全な状態であったが，廃藩頃から同家の家扶・家令を務めた下連城の主張によると，明治になるまで藩ではなく岩国領であったから，江戸時代末までの資産は，公儀たる藩のものではなく，すべて吉川家の私有に属すべきものであるというのである。

　　岩国六万石の領地は総じて吉川の私有なるに付き，御蔵元逆も，一つも其是は藩のもの，是は御納戸のものと云様なる差別を立てずして，御蔵元の金も御納戸の金も，一々吉川家の私有物たり，夫故に岩国藩の大坂負債も，遂に公債には不相立して，吉川家の私債の如き姿になりおりたり，是に準じて，岩国藩の御蔵元御納戸金［，］亦吉川家の私有たり，後に藩制と家職と引き分て後は，藩と家職と判然たれども，藩屏列に加はらざる以前の

---

65)　さらに近年あらためて一次史料に基づいて，関ヶ原における広家・輝元らに関する通説の見直しも行われているが（光成準治『関ヶ原前夜―西軍大名の戦い―』日本放送出版協会，2009年），上記通説を覆すほどの決定的論証はないようである。

66)　以下，桂，前掲書，364頁以下。

52 第1部 明治期における毛利家資産の由来と性格

品は，全く吉川家の私有に相違なし[67]

という。桂によれば，このような主張は廃藩置県の時からであり，それ以前の，版籍奉還以後における旧藩主の知藩事時代は，「なお曖昧の部分が多かったようにみえ」，岩国領時代の備蓄金で新藩債消却を行い，また予備金で歳入不足を補ったらしいという[68]。ということは，岩国領時代の蓄積資金も，吉川家の個人資産ではなく，公儀のものということになる。廃藩置県により，旧藩と旧藩主の資産・負債を明確化することに迫られ，その時にいたって吉川家は，不遇だった江戸時代の立場を逆手にとって，都合のいい理屈を主張し始めたわけである。もっとも桂によれば，どうみても御納戸の御蔵金銀のように公的資産でなく吉川家の私的資産とみなされるものもあり，他方，御蔵元所管の，新御蔵の御見除銀と永蔵米蔵の見除米（御囲米）は藩財政の予備資産とみられるが，これも吉川家私有資産として継承されたらしい，という。

　ではどの程度の額が，吉川家の私有資産として継承されたのであろうか。桂は，その金額は不詳としつつ，「大半は，吉川家の家政を維持するための基本財産となったであろう」が，「吉川家の私有に帰した財産は，それほど多大なものではなかったと推察される」としている。その論拠は，近世以来の吉川家私有財産と主張されたものも，版籍奉還から廃藩置県までに，相当額が新藩債の償却など藩の財政面に流用されたからというものである。それは本当であろうか。もっとも，『岩国藩財政史の研究』の成稿以後に著された桂芳樹『下連城と三須成懋』（岩国徴古館，1976年）では，政府に引き継がれず，吉川家の私有となった現金を10万5千両と推定し，その他に同家の民間への債権が8万1千両ほどあったとされている[69]。『岩国藩財政史の研究』のニュアンスよりもう少し多額になったような印象である。しかし，以下に述べるように，さらに多かったのではないかというのが，筆者の見解である。

　三浦前掲論文によると[70]，同家の最初に判明する1879年6月の資産額は，すでに96万6千円余もあったという。そのうち，前年資産の内容判明分は，

67）　吉川家旧記『密啓』明治11年9月29日付，下連城書状，吉川家岩国用達所長宛（桂，前掲書，365-366頁より再引）。

68）　以下，桂の議論は，桂，前掲書，366頁。

69）　同書，8-9頁。

70）　前掲，三浦「明治期における華族資本の形成と工業化投資」2-3頁。

第十五国立銀行株 14 万円，公債 27 万円，銀行預金 1 万円，土地建物 7 万円な
どとなっている。79 年資産 96 万円余の半分は内容が不明である。金禄公債交
付前の 1876 年頃には，このうち第十五銀行株がないし，この 3 年間で，ある
程度剰余の蓄積分もあるはずだから，総資産は 75〜80 万円程度となろう。こ
れは同年における毛利家の要用金 104 万円，前田家の金融資産 90 万円に迫る
規模である。さらに三浦論文によって，1874〜76 年の同家収支動向をみると，
収入が各年 3〜4 万円，支出は 74 年 2 万円，75 年 13 万円，76 年 5 万円となっ
ている。支出のうちには，義済堂に資本を出す吉川家の部局として 75 年に設
立された「別局」への 75・76 年計 11 万円が含まれており，これも出資金また
は貸金として資産に計上していたであろう[71]。したがってそれは別として，
仮に，廃藩置県後 76 年までの 6 年間に，各年の収入 4 万円，支出 2 万円，差
引剰余 2 万円としても，12 万円しか蓄積できない。したがって 76 年に 75〜80
万円もあったということは，残り 60〜70 万円の主たる源泉は，廃藩置県頃に
おけるそれまでの蓄積資産の継承分ではないかという推測が生じる。資産額の
なかには第十五銀行株の簿価に類した水ぶくれ的なものが他にもあるかもしれ
ないなど，全部が近世期の蓄積の継承ではないとして控えめにみても，近世期
からの継承資産は相当な規模に上ったと考えるほかはない。桂『岩国藩財政史
の研究』は，残された史料から誠実な推算・推論を行っているが，三浦論文で
提示された 1874 年以降のデータからは，残されなかった幕末維新期の史料の
存在も想定せざるをえない。

　いずれにせよ，桂，前掲書は，吉川家が廃藩置県までは藩資産として運用し
ていたものを，廃藩とともに都合よく自家の歴史を持ち出して自家の私有財産
であるという主張を行ったことを明らかにしつつ，それが認められてその資産
の一部を旧岩国藩士らの士族授産に活用したことを賞賛している。それはよい
としても，吉川家が倒幕・新政府樹立に功があった長州系大名華族でなかった
ら，新政府は，はたして同家の主張を認めたであろうかという疑問は消えない。

---

71)　前掲『義済堂百年史』によれば，義済堂発足以前の義成堂時代に，吉川家から準備金
　　5 万両の提供のほか，貸付金もあったと推測されている（24-25 頁）。そして義済堂第 1
　　年度（1875 年 7 月〜76 年 5 月）に，吉川家からの「原資受高」は 12 万 2,300 円となっ
　　ている（316-318 頁）。

54 第1部　明治期における毛利家資産の由来と性格

結局，毛利家・吉川家ともに，多額の資産を近世から近代に継承したことにまちがいなく，しかしこの点はどの藩でもありえたものではなく，長州ならではの特殊な事例と筆者は考える。

(3) 資産の性格

(ⅰ) 貸金

先に 1876 年の要用金について前田家との比較では，貸金の比重が高い点を指摘したが，その貸付先はどこであったか。表 1-9 は，1870 年代半ば頃のそれである。三井組・小野組は，周知のように戊辰戦争の際に官軍側に戦費を調達した。また広岡久右衛門のみならず江戸の豪商三谷三九郎も藩政期以来の長州藩御用商人であった[72]。これらが貸付の背景になっていたことはいうまでもない。しかし，これら豪商の多く（三井組・小野組・三谷三九郎ら）は，その後まもなく経営破綻ないし経営危機に陥って，貸金の多くは不良債権化した。

これらの豪商にいつどのような事情で貸付が開始されたかは正確には判明しないが，ある程度は推測できる。まず三井に最大の 21 万円を預けまたは貸しており，これも従来知られていなかったことである。1873 年 12 月にはすでに 21 万円の貸金があり，利子を受け取っている。『用達所日記』明治 6 年 12 月 28 日条に，

　　三井組御預ヶ金弐拾壱万円利金，彼方ヨリ持参

とある。さらに遡って，同年 2 月 28 日条には，以下のようにある。

　　洋銀四百七拾弐弗，為替手形ニシテ，井上勝_江相渡呉候様，三井組_江頼使
　　シ候，代リ金之儀ハ当来利金之内ヲ以，引取候様，旁申使シ候事

三井組に対して，洋銀 472 ドルを井上勝に渡してくれるように頼んでおり，その返金は，やがて毛利家が受け取るはずの利子を三井組が引き取ることで清算してくれといっている。『用達所日記』同年 3 月 4 日条には，ドル手形の代わりに 491 円を三井組が井上に渡すことになった旨を記している。

---

72)　山口県文書館毛利家文庫には，三谷三九郎関係の史料が 18 世紀初め頃から種々存在する。また明治初年頃の長州藩と三谷との関係について，たとえば，伊藤仁太郎『隠れたる事実 明治裏面史』正編（大同出版社，1939 年）120-136 頁を参照。

第 1 章　明治前期の資産と収支（1）　55

表 1-9　主な貸金・出資金・有価証券（1873-77 年頃）

(千円)

預金先・出資先	1873 年	1874 年	1876 年	1877 年	年　利
三井［組］	210	210	210	250	6 朱
小野［組］	100	100	100	50	7 朱
三谷［三九郎］	20	20	25	—	当初，8 朱〜1 割
広岡［久右衛門］	50	20	20	59	7 朱
琉球［藩］	100	100	100	80	1 割
井上［馨］	—	—	10	10	
御預ヶ金計	480	450	450	450	
［横浜］水道会社	—	—	50	50	
記名公債	—	—	100	100	6%
秩禄公債	—	—	99	99	8%
計	480	450	699	699	

出所：『毛利家会計其他摘要録』所収，無表題資料．
注：1）預金先・出資先の［　］は筆者が補ったもの．年次はすべて推定．計は合わない箇所もあるが，史料のまま．
　　2）三谷「1876 年」欄は 2 万 5 千円としているが，別史料では 2 万 5 千円を消して，16,087 円としている．
　　3）「記名公債」は，1873〜75 年発行の金札引換公債．

　　　　過ル［2 月］廿八日，三井組ﾆ洋銀四百七拾弐弗入用有之候ニ付，手形ニ
　　　　シテ井上勝ﾆ渡方之儀，頼使シ置候処，井上勝ヨリ之代リ金四百九拾壱円
　　　　弐拾七銭ニ相成候段，三野村利介［利助，三井組東京御用所役員[73]］ヨ
　　　　リ申越候ニ付，当年分利金之内ヲ以，正算致候様，証書差使シ置候事

同趣旨の記録が，『奉伺録』所収の「出納録」明治 6 年 2 月 28 日条，同 3 月
18 日条にもあり，それぞれ，472 ドル（491 円），1,000 ドル（1,043 円）が計
上されている。したがって，この時点で三井組への貸金ないし預金がすでに
あったことがわかる。これらが，『用達所日記』および『奉伺録』所収「出納
録」における三井組の初出であり，この時期から遠くない頃に毛利家が三井組
に貸付ないし預金を始めたものと思われる。ここで旧家臣井上勝（当時，工部
省鉄道頭）が洋銀受払いに登場するのは，毛利家高輪邸洋館建設にあたり，三
井組への支払やイギリスからの洋館備品据付を任されていたからであるが[74]，
いずれにせよ，毛利家は東京において三井へ貸し（または預け）ていた。
　そして上記のように，1873 年 12 月末に利子を受け取っているということは，

---

73)　前掲『三井両替店』452 頁。
74)　山口県教育委員会編『山口県の近代和風建築』（2011 年）19 頁。

56　第1部　明治期における毛利家資産の由来と性格

（半年分の利子であろうから）貸付開始は72年12月末か同年6月末と推定される。前掲『三井両替店』によると，72年11月29日の三井組東京両替店には，毛利家からの21万円の「預り金」は存在しない[75]。ということは，毛利家の三井組への21万円の貸金・預金は，72年12月末頃始まったと思われる[76]。その傍証としてさらに，同家『奉伺録』の「出納録」明治6年1月27日条に「金銭取捌規則」が収録されており[77]，その一節に，「一，東京ニテ三井組其外ヘ預金ハ，要用金ニ付，元金ヲ取欠ク｢ハ厳禁ナリ」とある。預金は元金を棄損することは厳禁とある。要するに，それまで毛利家が行ったことのない規模の三井への多額の預金が始まったために，貸金・預金の仕方などをルール化したものと思われる。この三井への預金の契機を直接示す史料は見当たらないが，三井組は72年11月に内部組織再編として両替店と御用所を合併し，そのため東京両替店の勘定を清算しており[78]，再編された東京御用所の再出発のために資金が必要だったとも考えられるが，同じ頃大蔵省の強い方針のもとに三井・小野に各100万円出資させて設立された第一国立銀行は，1872年11月22日に株式募集を公告し，翌73年6月11日に創立総会が行われているから[79]，この預金は，大蔵大輔井上馨の要請により，三井の第一国立銀行出資金の一部として，毛利家が預けた可能性が強い。三井は第一国立銀行の設立にきわめて不満であったとされているから[80]，この預金は井上馨が三井側の不満を和らげるためのものであったかもしれない。実際利子率は年6％とそれほど高くない。いずれにせよ，毛利の三井への多額の預金は，尾張徳川家や前田家が行ったような，御用商人の藩に対する債権が藩債処分によって焦げ付いてしまったことへの代替措置ではない。

　小野組には，三井より若干早く，すでに1872年8月に預金ないし貸付が始まっていた。『奉伺録』所収の「出納録」（明治5年）には，同年8月8日に

---

75)　同書，431頁，第6-14表。
76)　この三井への貸金預金開始の記録は，『用達所日記』や『奉伺録』所収の「出納録」にはない。
77)　同一の規則が，『貸与規則 帳簿方法』（明治7年，9諸省/659）や，『職制事務章程』（明治14年）にも，「御直書写」（明治6年1月）としてある。
78)　前掲『三井両替店』406，432頁。
79)　『三井事業史』本篇第2巻（1980年）132頁。
80)　同上『三井事業史』本篇第2巻，135頁。

10 万円を「小野善助ᵉ預方，被仰付候事」とある。10 万円のうち 8 万円は「藩札引替，当所於出張所御請方相成分」つまり藩札を引換した分（明治通宝か）であり，長州藩の藩札が東京邸に大量にあることは考えにくいから，この「出張所」は山口用達所であろう。それを東京に送金したものと思われる。この頃，政府は府県を通じて藩札整理を本格的に進めていた。残りの 2 万円は「御蔵御有金」であった。この預金については，『用達所日記』同年 8 月 15 日条に，

> 小野善助ᵉ此度金八万両，年七朱付トシテ御預ヶ方相成候，右ニ付，紅白縮緬壱疋宛［小野組の］台居支配人水谷勝蔵ᵉ，糸織縞弐反被下候，［毛利家家職］庶務島田誠介，権庶務竹下精一両人ヨリ奉札ヲ以，被差送候事／ヒヤシ，当地［東京日本橋］田所町ニハ［小野組の］支配人行岡左兵衛，水谷勝蔵計ニテ，小野善助儀者，京都住居致居候事[81]

とあり，この時は年利 7% で 8 万両のみ預けたようであるが，遅くとも同年末までに小野への貸付金は 10 万円になっていた[82]。小野組本店は京都にあったが，1873 年に東京日本橋田所町へ本店を移した[83]。その直前のことである。この頃前記のように大蔵省の強い方針により，三井・小野の合同による銀行設立が勧告され，72 年 6 月に三井・小野両組から銀行創立願書が紙幣寮に提出された。そして 8 月 5 日に国立銀行条例が裁可され，8 月 6 日に三井小野組合銀行の業務が開始された[84]。同年 8 月の小野組への預金 8 万円は，大蔵省の強い要請によって三井小野組合銀行を発足させた手前，三井組へと同様に，大蔵大輔井上馨の要請により毛利家が貸したようにもみえる。しかし三井組への預金開始より 4 ヶ月ほど前だから，預金事情は三井組と同じではなかろう。この頃，小野組は「全盛期」であり，東日本で製糸工場や鉱山などへ活発な投資

81）　文中の「ヒヤシ」は，但し書きの最初の語（石川敦彦編著『近世防長古文書用語辞典』2017 年，414 頁）。

82）　『用達所日記』明治 6 年 6 月 30 日条に，「小野善助江御預ヶ金利三千五百両，［家職の］谷村小作取帰候」とある。利子が 3,500 両ということは，前年に年利 7% で貸しているから，半年分の利子として，貸付金額は 10 万円と算出され，半年前の 72 年末にはそうなっていたはずである。

83）　小野善太郎『小野組始末』（青蛙房，1966 年）14 頁。

84）　前掲『三井事業史』本篇第 2 巻，126-130 頁。

58 第1部 明治期における毛利家資産の由来と性格

活動を行っていた[85]。毛利家はこのような小野組への預金を安全とみなして貸したと思われる。小野組としては投資のための借入であろう。そしてこのような貸借契約が成立した時，上記引用文のように，毛利家は小野組支配人へ褒美を与えている。藩政期の撫育金70万円を継承したばかりの同家は，積極的に預金先・貸付先を模索していた。しかしこの預金は，やがて小野組の破綻によって不良債権化した。とはいえどうやら79年9月に最終的に回収して，損失は形式的には免れたらしい。『御要用金年一紙』明治12年9月5日条は，523円余の収入の説明に，

> 但，先年小野組ヘ金員御預ケ相成居候処，明治七年十一月及閉店候，付テハ，収納残金［明治］九年十月旧公債証書ヲ以，償却相済，且旧公債年限中，年弐朱利ヲ明治九年ヨリ向三拾ヶ年居置，明治三拾八年十二月後ニ合利金壱万五千四百四拾五円六銭収納約定之処，依嘆願一時打切金トシテ収納，該約定破談之分，正請事

とある。閉店した74年にある程度回収し，76年10月に旧公債を差し出させて一応のケリをつけたが，旧公債は73年発行の無利子50年賦であり，76年から年利2%をつけて1905年末にその利子を受け取る契約だった。しかし79年9月に小野側からの要請によって，この契約を解消し，打切金支払により清算した。他の史料に，より詳しい経緯が記されている。『用達所日記』明治9年12月18日条によると，小野善助の「負債償却残額」はこの時点で3万2,817円あり，旧公債と現金で返済されることになった。

> 大蔵省検査寮ｦ柏村信呼ヒ出シニ付，出頭候処，小野善介負債償却残額金三万弐千八百拾七円八拾七銭七厘ニ対シ，旧公債証書為三万五千六百五拾円ト現金七百三拾弐円八拾七銭七厘之辻，請取帰リ候事

とある（したがって上記の『御要用金年一紙』にある76年10月とは同年12月の誤りであろう）。そして『用達所日記』明治12年9月5日条には，

> 小野組閉店之砌，負債償却残リ金ｦ対シ，旧公債証書三万五千六百五拾円ニ而，返済及致筈之処，今般更ニ方法書設ケ大蔵省ヘ請願之上，官金悉皆一時打切，上納弁済有之ニ付，諸向負債方も同様打切返済，不談之趣，弁

---

85) 前掲『小野組始末』14頁。

済相成，金五百弐拾三円九拾壱銭三厘之辻，小野善右衛門ヨリ持参ニ付，
証書不残及返却候筈事

とある。小野組側の史料によっても，まったく同様に，小野側は政府への負債利子もこの時一度に打切り，わずかな返済で清算させてもらい，その他の負債も7分通りは利子打切として打切金を上納したとされている[86]。『御要用金従明治四年至明治廿二年 収支計算書抜』（表1-3の史料）には，1871〜89年の貸金等の損失一覧があるが（後掲表2-12），三井組とともに小野組への貸金による損失は計上されていない。しかし，この貸金は不良債権化して，条件の悪い旧公債での返済となり，結果として小野組への貸金は成功したとはいえない。

1875年に投機で破産した三谷三九郎は，明治期にも毛利家東京邸の出入商人であった。廃藩置県直前の1871年6月に元徳が上京した際に，鮫洲で昼休みをとった時にも，「鮫洲御休所江，三谷三九郎其外御出入町人中罷出候」とある。同年9月15日にも，「今日第十時御用達三谷三九郎其外被召出，御目見被仰付」などとある。貸付・預金について史料の初出は，『奉伺録』明治5年2月28日条に，

　　一，金五千両
　　　但，賞典金之内，壱万両送リ来リ分
　　右，三谷三九郎江利付トシテ，預ヶ方，被仰付候事

とあり，山口から賞典金1万両が送金され，そのうち5千両を利付で預けたというものである。さらに『奉伺録』明治5年3月7日条に，

　　一，金弐万五千両
　　　但，為替手形を以，送リ来候，去未年［71年］分，御賞典米代金
　　右，三谷三九郎江利付ニシテ預ヶ方，被仰付候事

と，2万5千両を預けている。この年，三谷は水油の投機で失敗したが，2〜3月頃はまだ平穏だったのであろう。そして『奉伺録』明治6年2月18日条にも，

　　一，金弐万千両

86）　前掲『小野組始末』195頁，宮本又次『小野組の研究』第4巻（大原新生社，1970年）760-762頁。

三谷三九郎

　　右，御預ヶ金之内，返納仕候付，御要用金之内江請添，被仰付候事

とあり，預け金の一部である2万1千両が返納されている。しかし4日前の
『用達所日記』2月14日条に，

　　三谷三九郎，同斧三郎事，此節商法方ニ付，不一ト方苦情之趣有之，連々
　　被聞召上，依之，為御尋問，生菓子壱折宛被下候ニ付，為持使候事

とあり，三谷事件が世上を賑わせたため[87]，毛利家が三谷を「尋問」してい
る。翌月の『用達所日記』3月20日条には，

　　三谷三九郎所持之深川西大工町地面建家共，御預リ金質物トシテ致書入候
　　ニ付，［中略］竹下精一致出勤，調印相済セ［後略］

とあって，三谷所有の深川地所を担保として書入するために家職竹下が出向い
ており，あわてて預け金の担保を設定したとみえる。それまで無担保だったの
である[88]。

　その後，『用達所日記』によると，75年1月に三谷が破産し，毛利家は提訴
した。同年6月25日には担保物件を競売に付し，6,200円で落札された。そし
て9月21日に5,761円を受け取っている。この頃毛利家は小野組や三谷の負
債問題で，家職が頻繁に裁判所や大蔵省に出頭して，慌ただしい様子であった。
いずれにせよ，三谷への貸金で毛利家は少なくとも1万4千円余の損失を被っ
た（後掲表2-12）。

　もっとも，その後も三谷は御用商人として毛利家に出入りしているし，『立
案録』（明治十六年ヨリ，9諸省/650）によれば，1890年頃，再び三谷が進退
窮まったらしく，毛利家が旧公債1万円を拠出して救済している[89]。

　　一　旧公債証書　壱万円

　　右，三谷三九郎江為救助被下

　　　説明　三九郎家，代々用達相勤，相応ノ御仕成モ有之者ニテ有之候得共，

87）　風来団三郎「御用商人三谷三九郎破産事件」（事件・犯罪研究会編『事件・犯罪大事
　　典　明治・大正・昭和』東京法経学院出版，1986年）200-201頁，前掲，宮本『小野組
　　の研究』第4巻，485-492頁など。

88）　先の，三井組・小野組への貸金も無担保だった可能性がある。

89）　この史料は，「国学院開設ニ付，皇典講究所江寄付」の記載があり，1890年と推定さ
　　れる。

先年失敗有之，身代限リ処分ヲ請候節モ，預ヶ金壱万四千弐百余円損失
　　　ニモ相成候処，方今必至之難渋ニ至リ，生活ノ目的モ無之ニ付，［旧公
　　　債］証書ハ御預リニ成置，賦金下渡相成候ハ＼，御都合ト思考ス

毛利家は，また前田家・尾張徳川家も，明治期になって藩政期以来の御用商人
に対して，概して寛大な姿勢がみられる。長く御用を務めてくれた上に，有力
大名華族の威信に，とりわけ新政府樹立の旗頭であった毛利家にとってはその
名望にかかわることだったからであろう。

　次に，広岡久右衛門への貸金もあった。加島屋広岡家は藩政期には長州藩に
貸す側であったが，廃藩置県後，貸付の方向が逆転している。『奉伺録』明治
5年9月28日条に，

　　　一，金弐万両
　　　右，御賞典米，御売払代金之内，壱ツ書之辻，広岡久右衛門ニ預ヶ方，被
　　　仰付候事

とあり，広岡に預金している。ところが，『奉伺録』同年11月18日条には，

　　　一，金壱万両
　　　　　　　　　　　　　広岡久右衛門
　　　右，嘆願之趣，無余儀次第ニ付，壱御書之辻，替借，被仰付候事

とある。広岡側からの「嘆願」により，預け金2万両の内1万両は返済されず，
あらためて預け金としている。この頃，広岡家の経営は大きく傾いていた。前
田家が藩債処分によって大きな打撃を被った近世前期以来の有力御用商人から
資金融通を要請されたのも，同じ72年11月であった[90]。

　この場合，（史料によってはっきり確認できないが）長州藩への貸金が藩債
処分で回収不能となり，このため毛利家が貸したと思われる。いずれにせよ，
京都の小石川三井家から嫁いできた広岡浅子が借入先を回って，借財返済据え
置きの嘆願に奮闘していた頃である。ただし毛利家の史料から浅子が毛利家を
訪れた記録は管見の限り見当たらない。鈴木邦夫は，史料に浅子が品川の毛利
邸を訪れて借金返済猶予の交渉をしていたとある点から，これを旧長州藩主の

---

90)　前掲，拙稿「明治前期における旧加賀藩主前田家の資産と投資意思決定過程」85頁。

62 第1部 明治期における毛利家資産の由来と性格

毛利高輪邸とみなしているが[91]，これは東京の貿易商毛利元信の邸（長州毛利高輪邸のすぐ近くの品川八ツ山）ではないか[92]。

　それはともかくその後，毛利家史料には，広岡との貸借関係記事が多数ある。広岡への貸金残高は表1-9では1877年頃に5万9千円となっているが，より信頼性の高い『御要用金年一紙』『御要用金収支計算書抜』（表1-3の史料）によれば，77・79年のそれは10万6千円余であった。後者の史料によると，81年7月に久右衛門は6万5千円を新公債で返済し，残り4万1千円は助五郎への貸金としている。つまり広岡本家は債務4万1千円を助五郎に肩代わりさせた。じつはこれは同年4月に助五郎の東京酒店が大阪の本店から独立したことが契機だった。『用達所日記』明治14年4月17日条には，

　　広岡久右衛門，広岡助五郎，長谷川粂七等ニ，鮫洲河崎屋ニ於テ御酒被下候ニ付，用達所一立引請トシテ差越候事，此廉ハ広岡家分離之談判行届キ事済ノ盃相ナリ

とある。また『御要用金年一紙』の，上記81年における広岡の債務分割と返済の記事には，

　　［明治］十四年七月，久右衛門ヨリ家事向改革之儀ニ付，嘆願申出，右金之内四万千六百四拾円之金員ハ助五郎負担引受候ニ付，更ニ同人ヘ貸与被申付［後略］

とあり，この年の同家の家政改革とは，東京の助五郎店を本店から分離し，かつ本店の債務を整理するという趣旨であった。同年には，浅子が旧高松藩主松平家とも交渉して，広岡家に対する12万2千円余の債権のうちの6割を免除

---

91)　鈴木「広岡家美術品コレクションの崩壊と事業活動」（吉良芳恵編『成瀬仁蔵と日本女子大学校の時代』日本経済評論社，2021年）64頁。

92)　広岡浅子「活力主義─成功の資本はこれ一つ─」（『婦女新聞』438号，1908年10月2日，および古川智映子『小説土佐堀川─広岡浅子の生涯─』潮出版社，2015年［1988年刊の新装改訂版］73-93頁，前者には「毛利様の御邸が品川の八ツ山にあった時分には」とあり，明らかに長州毛利邸ではないし［毛利高輪邸は第二次大戦後まで存続したし，八ツ山でもない］，後者も小説の形をとっているが，信頼性は高いと思われる）。あるいは『名流の面影』の著者などが長州毛利邸と誤ったかもしれない。浅子が毛利高輪邸を訪れなかったという確証はないが，少なくとも長州毛利家側の史料には，広岡との交渉・取引記事に広岡家支配人・手代の名はあっても，浅子が交渉に訪ねてきたという記述はない。

してもらってもいる[93]。

　ところで，拙稿「明治期における旧長州藩主毛利家資産の由来と性格」の発表後，小林延人らによる広岡家の内部史料を利用した同家の経営分析が進展してきた[94]。しかし筆者による毛利家側からの分析と相違する点が少なくない。

　まず小林「国家による債権の認定」は，藩債処分において，政府による債権切捨てよりも債権継承を重視すべきとして，大阪の豪商広岡家もそれゆえに，後に近代的銀行資本家として発展できたとしている。しかしそれは，上記のように広岡家が藩債処分によって明治前期に没落の危機に瀕したにもかかわらず，毛利家ほかの大名華族らが，同家からの要請によって貸付や債務減免をしたから没落を免れたという筆者の主張と，まったく異なったニュアンスである。

　もっともその後，小林「明治前期における広岡家の経営改革と広岡浅子」や，同「広岡家の明治維新」などによって，筆者が毛利家側から示した明治前期の広岡家の状況を裏付ける研究が進展している。しかしまだ未解明の点が多い。すなわち，小林「広岡家の明治維新」表4-6（180頁）に示されたように，「大名貸の元利返済が政府によって停止されたため」（179頁），1872年の収入が激減し，その後もあまり回復せず，赤字の年が続いている。同家にとって藩債処分実施の衝撃がきわめて大きかったことは明白である。また小林「広岡家の明治維新」では，1879年の毛利家からの借入金は6万5千円余としているが（182頁，表4-5では8万5千円余，この差の2万円は後述のように助五郎の引受のはず），毛利家側の史料では，上記のように10万6千円余であった。広岡の毛利からの借入には，小林が示した史料のほかに4万1千円の別口があったのである。そして高松松平家からの借入金10万2千円余が正しいとすれば，最大の借入先は松平家ではなく，毛利家であった。

　1881年の広岡家家政改革の理解も，筆者と小林では異なる。小林「明治前

93）　その史料が，同家が主体となって創立した大同生命保険会社のホームページに掲載されている。「加島屋における浅子の奮闘」大同生命ホームページ（https://kajimaya-asako.daido-life.co.jp/asako/02-01.html，2024年3月24日閲覧）。

94）　小林延人「国家による債権の認定」（同編『財産権の経済史』東京大学出版会，2020年），同「明治前期における広岡家の経営改革と広岡浅子」（前掲，吉良編『成瀬仁蔵と日本女子大学校の時代』），同「広岡家の明治維新」（高槻泰郎編著『豪商の金融史』慶應義塾大学出版会，2022年）など。

64 第1部 明治期における毛利家資産の由来と性格

期における広岡家の経営改革と広岡浅子」（34頁）には，この時，久右衛門ら
が広岡本家の経営から助五郎を排除することに成功したとあるが，後述のよう
に，その後も助五郎は久右衛門店を助けてやっている。これもすぐ述べるが，
助五郎店はすでに 1878 年頃から独立への動きがあるように，助五郎の方から
独立を希望したのではないか（なお，この 81 年の改革は，筆者と小林の両方
の分析をあわせてみると，4月の助五郎店分離と5月の本家の債務整理・意思
決定についての，2段階があったかもしれない）。

　さらに小林「広岡家の明治維新」は，1881 年に，毛利家からの借入金6万5
千円を新公債で清算するなど大名華族らからの借入金 20 万 6 千円余の整理に
成功したとあるが，上記（および後述）のようにまもなく広岡は毛利から再度
8万5千円余を借入している。もっとも広岡大阪本店の借入分の内，2万円は
東京広岡助五郎が債務を「引請」したから，この時，大阪広岡家の新規負債は
6万 5,330 円であった。小林は，1881 年の家政改革の際に大名華族からの借入
を大幅に整理したのを契機に，以後 1883 年に三井銀行から2万円を借り入れ
るなど，広岡家は借入先を大名華族から金融業者・資本家へと変化させ，安定
的な経営へと向かっていったというが，1881 年には大阪広岡家は上記のよう
に毛利に返済した分（および助五郎引受の2万円）をすぐ借り入れ，実質は毛
利にただの1円も返せなかった。この頃広岡は三井より毛利からの借入の方が
はるかに多かったはずである。また安定的な経営に向かうことと，借入先を大
名華族から三井など金融業者・資本家へと変化させることにどういう関係があ
るのか，筆者には理解できない。いずれにせよ，小林「広岡家の明治維新」は，
拙稿「明治期における旧長州藩主毛利家資産の由来と性格」を参考文献にあげ
ているが，よく読まずにあげているのではないか。広岡家の銀行開設までの道
のりは，小林が示すほど単純ではなく，松方デフレを挟んで，なお一山あった
はずである。

　さて，この家政改革直前頃から，毛利家家令柏村や家職が「広岡為替方惣
会」「広岡為替座惣会」「広岡店為替会議」に出席している[95]。これは，以下
に述べるように，助五郎が 81 年の大阪本店からの独立に先だって，自前の両

　95）『柏村日記』における広岡為替座の初出は明治 14 年1月 22 日条であり，以後ほぼ毎
　　年1月・7月に同為替座総会の記事がある。

替店を東京で立ち上げたものであり，毛利家はこの「為替座」に1万円を出資した。「広岡為替座」は，『柏村日記』明治23年1月18日条に「広岡為換方第廿三回定式総会ヘ出席」とあるから，1年2期として1878年7月頃に発足したことになる。そして「惣会」「総会」とあるから，毛利家だけでなく少なくない出資者によって運営されていた。この出資金は，後掲の表2-3や表3-8には現れず，表2-6の「当期貸付金」に含まれるなど，貸金または預金扱いであった。『柏村日記』明治23年1月18日条には，「広岡為換方［中略］預金ニ対シ年壱割ニ当ル純益配当ニ可決ス」とあり，出資は「預金」とされている。実際，1890年代の貸付金を示した表3-14の，広岡助五郎への「年限貸付金」は3万円ないし2万6千円となっているが，これは各年とも2件あり，1件は1万円であり，史料には「広岡商店為替座ヘ」と明記され（金利は無記入），「明治十一年七月御出金高」と78年7月の貸付開始を示している。そして広岡為替座は83年7月に一旦営業満期となり，さらに5年間営業を継続することとした。『柏村日記』明治16年7月12日条に，

　　広岡為換座上半季決算報告金主集会ニ付，出席，本季満期ノ処，往キ五ヶ
　　年間営業継続ニ決議ナル

とある。広岡家の加島銀行は，広岡為替座が5年後の営業満期近くとなる1888年1月に設立されたが，しかし同行は広岡為替座を継承したものではない。加島銀行設立後も，さらに同行東京支店開設後も，広岡為替座は存続していた[96]。つまり同為替座は，大阪の広岡本家や加島銀行とはまったく別の，助五郎の経営による東京両替店であった。助五郎は，多額の債務に苦しむ大阪加島屋本店とは切り離された金融業を別に立ち上げて経営したかったと推測される。こうした志向が，1881年の助五郎店と大阪本店の分離につながっていったであろう。そして「広岡商店勘定報告ニ付，如例，金預ケラル各家ヘ扶，参会ニ付」とあるから，同為替座に預金をして事実上の出資金を提供していた

96）『柏村日記』では，加島銀行東京支店の初出は明治23年10月17日条であるが，明治24年1月29日条には，「広岡為換座定会ヘ出席，純益年九歩ニ決ス」とあり，なかなか好調な成績を上げている。同年7月18日条を最期に「広岡為替座」なる記載はなくなるものの，「広岡商店」と名を変えて存続している。明治25年7月11日条には，「広岡商店，本年上半季決算報告ニ付，預之各家参集，預ヶ金百円ニ対シ年八歩ノ割相（ママ）ナリ，各家異議無ク原案ニ決ス」とある。

66　第1部　明治期における毛利家資産の由来と性格

のは，じつは華族（おそらく大名華族）たちだったのである[97]。

　いずれにせよ，1881 年における広岡家家政改革の意味は，助五郎店の大阪本店からの分離独立によって本店に規律を与え，その代償として本店の負債の一部を助五郎店が肩代わりしたものというのが，小林説とはまったく異なる筆者の見解である。そしてこれは結果として，苦境にあった広岡本家の再建にやや長期的に重要な意義があったように思われる。

　東京の助五郎店が本店から分離された 1881 年以降，毛利家と広岡本家との関係を示す史料はやや少なくなっていき，むしろ助五郎店との関係が密接になっていった。先の分離の際に助五郎が本家から継承した 4 万 1 千円の債務も，82 年 9 月 29 日に一旦皆済したとはいえ，同年 10 月 3 日に 2 万 5 千円を借入して，すぐに貸借関係を再開している[98]。しかし助五郎店は同時に，引き続き毛利家から借入する大阪加島屋の窓口にもなっており，84 年 8 月に助五郎の用達所宛の文書によると，先のように久右衛門は 81 年に 6 万 5 千円を返済してまもなく，再度毛利家から 8 万 5 千円余を借入しており，この「大坂本店拝借金八万五千三百三拾円」のうち 2 万円は助五郎が「引請」していたことが記されている[99]。広岡東京店と大阪本店の関係，および両店と毛利家との関係は依然密接であった[100]。

　ともあれ，広岡家が明治前期に新政府による藩債処分にもかかわらず，没落せず，近代を生き延びることを可能にしたのは，女傑浅子らの奮闘に止まらず，それに呼応した近世以来取引のあった毛利家などの有力大名華族の支援があったからである。その背景には，むろん御用商人として大名家に尽くしてきたことがあった。1868 年に広岡久右衛門正饒（まさあつ）は，多額の債務を抱えていた長州藩のために，他の債権者と交渉して利子軽減などの再建案を取りまとめ，その功

　97）　『柏村日記』明治 26 年 2 月 4 日条。「家令扶」なる記述からは宮家もありうるが，それはあまり考えられない。おそらく毛利家や高松松平家など，従来から広岡家に貸金があった大名華族らと推測される。

　98）　『用達所日記』による。

　99）　『奉伺録』（明治 17 年）。

　100）　本書第 3 章(6)で述べるように，1889 年に毛利家が広岡助五郎に 2 万円を貸し付けた際の担保は大阪の広岡本家所有不動産であり，助五郎家と久右衛門家の緊密な関係は長く続いた。

第1章　明治前期の資産と収支（1）　67

で敬親から黄金の茶碗を拝領したといわれる[101]。

　前田家が明治前期に救済した旧加賀藩御用商人木谷藤十郎ら「通達方」は，松方デフレにより北陸銀行が破綻して，完全に没落したわけではないものの，その後は顕著な発展はみせなかった。しかし大阪の広岡家や，尾張徳川家に債務減免をしてもらった名古屋の伊藤次郎左衛門家は，その後銀行業その他の事業により発展した。経済史研究では近代日本の経済発展における近世以来の商人の役割が従来から強調されている。しかしこのような事例をみると，大名貸を行っていた藩の御用商人たる近世有力商人が藩債処分によって没落の危機に瀕しつつも，なんとか危機を乗り越えて近代に継続して事業展開をみせたケースでは，藩債処分以降の有力大名華族による関与も大きな意義があったのではないか。三井ですら，官金抵当増額令による危機を乗り越えるのに，オリエンタル銀行だけではなく[102]，毛利家による既存の融資も重要だったはずである。近世有力商人の近代における発展は，やはり幕末維新期の激動期において連続的なものではなかった。

　さて，表1-9には琉球藩への貸金がある。同表の史料には「琉球」としか記していないが，『用達所日記』明治10年2月8日条に「琉球藩貸附弐万円幷利息トモ，［家職の］竹下精一受取帰リ候事」とあり，琉球藩への貸付であったことがわかる。これは，1872年に琉球藩が設置された際に，第一国立銀行から政府保証で貸付をした一部のようである。利率が年1割と，他に比して高利であり，岩国吉川家も5万円を貸付していた[103]。

　表1-9について補足すると，表1-4のように1876年11月に貸付金は65万円も存在したが，表1-9では45万円であり，したがって同表の貸付先は主なものにすぎない。このほかに比較的小口の貸金が多数存在した。76年について，『用達所日記』から判明する限り摘記したのが，表1-10である。貸付先の数，抵当流れ地所などは，前田家よりはるかに多く，この傾向はかなり後まで

101）　小前亮『広岡浅子』（星海社，2015年）108頁。この茶碗は，1881年に広岡家が借金のかたとして債権者にもっていかれないように，毛利家に「保護預ケ」としていた「黄金天目茶椀（碗）」であろう（『用達所日記』明治14年6月13日条）。現在は寧楽美術館所蔵。

102）　石井寛治『近代日本金融史序説』（東京大学出版会，1999年）第2章。

103）　前掲，桂『下連城と三須成懋』26頁。

68　第1部　明治期における毛利家資産の由来と性格

表 1-10　貸付金の動向（1876年）

（円）

貸付先	日付	貸付	返済	残高	利子受取	備考
専崎弥五平	1月12日				226	神戸商人，七卿落ちや戊辰戦争の際に長州藩を支援した
河村栄三郎	1月15日		15,000	15,000		新公債5万円担保
〃	2月6日	15,000		30,000		
山岡吉右衛門	1月19日		11,500			東京の御用商人，1875年に貸付
〃	〃	15,000				
福田善右衛門	1月20日			…		深川平野町，不良債権化か
〃	9月26日			…		地所建物担保，地券書換（抵当流れになったらしい）
木戸孝允	1月24日			10,000		
堀江善兵衛	1月31日		1,300			
山田顕義	2月17日			1,200		旧長州藩士，のち司法大臣など，伯爵
〃	12月2日	1,000				
小池祥敬	4月8日		…			この日，抵当の地所を売却して返納
嶋有三	5月24日		40,000			この日，担保の公債を返して4万円を受け取る
村田治兵衛	5月26日		1,600			東京・芝日陰町
植木忠淳・山岡吉右衛門	6月20日	4,510				両人とも御用商人，秩禄公債担保
〃	6月22日	5,490				6月20日とあわせて1万円貸付
楫取素彦	7月15日		1,600			旧長州藩士，のち元老院議官など，吉田松陰の義弟，男爵
〃	9月22日	1,600				
関口兼民	7月24日		…			
深瀬真一	7月31日		20,600			
吉村正義	8月3日	500				山口出身，のち大蔵省記録局権少書記官
柏村庸	8月10日	500				家令柏村信の長男，陸軍将校のち実業家
南部一政	9月8日	1,000				萩出身，宮内省侍医局医員など，永田町地所が担保
松崎某など	9月29日			…		担保の地券・公債書換（抵当流れ・質流れになったらしい）
広岡吉次郎	11月1日	7,000				加島屋広岡家，新公債が担保
〃	12月8日	3,000				金貨と公債が担保
〃	12月29日		500			
折橋政嘉	11月30日			…		抵当の地所につき，裁判所に勧解願（調停願）を出している
後藤作左衛門	12月4日			…		旧広島藩士，旧公債が担保
東久世通禧	12月16日			(16,000)	400	七卿落ちの公家，年利5％・半期の利子として1万6千円の貸付か
久保断三	〃	1,300				久保清太郎，旧長州藩士，のち官僚，公債担保
鷹司輔煕	12月27日		350			史料は，「鷹司殿」．摂家鷹司家当主

出所：『用達所日記』明治9年1月～12月.

続く（後述）。貸付先には，専崎弥五平・木戸孝允・山田顕義・楫取素彦・東久世通禧など，旧家臣や公家・商人で，倒幕・新政府樹立の功労者ないし長州出身の政府高官が多く含まれ，毛利家ならではの特徴であり，この特徴も後まで続く。むろん利殖目的の貸付ではなく，恩恵としての貸付である。表示していないが，翌77年には，有地品之允（旧長州藩士，戊辰戦争に参加，のち海軍中将）や木戸正二郎（木戸孝允の養嗣子）の名もみえる。前記のように，毛利家は藩政期からの資産継承では政府から便宜を図ってもらったかもしれないが，長州系政府高官らへも便宜を供与し，後述のようにそれは後にもっと本格化する。しかしそれとは別に，東京の御用商人などに貸付して，焦げついたものも目立つ。これは慎重な前田家ではほとんどなかったことである。要するに幕末以来毛利家は，前田家との比較では，リスク許容度が大きいだけでなく，リスク管理がやや甘いのではないかという印象を持つ。

　さらに家職への貸付も行なわれ，その規則も設けられた。低利であり，かつ彼らに資産を持たせるためのものまであった。「御付中へ御救助御貸金」（75年3月）には家令・家扶・家従らへの貸金案があるが，たとえば家令へは210円，利率は年2％であった。同じ時期の「御付中へ御貸金規則」をみると，一応担保をとることになっていたが，担保が差し出せない場合も「別段御当用金ノ内ニテ御恩借之法方ニ設置ルニ付，右ニ照準シテ借用被仰付候事」と，やむを得ない時は貸付をするという。そして「御付中へ御貸金規則増補」（75年9月）に記されている規定は，通常の貸金と異なり，「永久ノ目的相立度タメ，地所公債証書其他等，譲請度，追テ名前書換ノ上，其品抵当ニ可差出ニ付，拝借金相願候節ハ，抵当物相当金壱万五千円迄ハ御貸金可被仰付」と，家職が自分の資産を持ちたいために，地所・公債を買い入れる際に1万5千円までは貸し出すというものであった。家職優遇政策が顕著である。家職のみならず，1878年には家政相談人に対する貸金規則を設けている（「御相談人御由緒并御附貸金定則」）。ついでにいえば，1879年には「金禄公債証書ヲ以テ借金ヲ請願スル者，年賦且納方法」が定められているが，これは山口県士族で東京府寄留者への特別の貸金規則であった[104]。要するに毛利家は，家職・家政相談人，

104）　以上，いずれも，前掲『職制事務章程』（明治14年）所収。

70　第1部　明治期における毛利家資産の由来と性格

その他の旧臣らを種々支援するという，彼らの間の公共的な金融センターともいうべき組織になっていた。

　明治期の前田家では，家職や女中，さらにのちの評議人らへの退職慰労金や死亡弔慰金などは早くから制度化されていたが，このような家職らへの貸金慣行はない。武士団とは，もともと発生過程から共同体的性格の強い組織であったが[105]，毛利家は，少なくとも幕末以来御家は藩全体のもの，明治になっても，旧臣・旧領の中心となるべき公共的組織，という感覚が顕著だった。幕末期長州藩の意思決定における主流派家臣らの発言権の強さとも関係しているであろう。このような長州藩や毛利家のあり方は，藩主・当主が相対的に強かった前田家とは対照的であるが，大名家においてどちらがより一般的であったかは，さらに検討の余地がある。

（ⅱ）横浜水道会社への出資

　表1-9には，1876年から横浜水道会社への出資金5万円がある。横浜の近代水道については，日本最初の近代水道とされる1887年通水の，現在にいたる水道がその誕生とされており，それ以前に試みられた木樋水道（横浜水道会社）については，失敗に帰したこともあって，あまり顧みられることはなかった。そもそも『横浜市史』（1958～82年刊）は，この木樋水道にまったくふれていない。いわんや毛利家がこの水道事業に出資していたことも，出資金全体の4割強を占める突出した筆頭出資者であったことも，これまでどの文献・研究にも記されていない。ただし，『横浜市史稿』政治編3（1932年）第10章第1節第1項「横浜水道」と，『横浜水道百年の歩み』（横浜市水道局，1987年）がこの事業の一応の経緯を記している[106]。ここでは，これらの文献と毛利家側の史料をもとに，同家が，何の縁もゆかりもなさそうな横浜の水道事業にい

105）　尾藤正英『江戸時代とはなにか』（岩波書店，2006年）203-204頁［原書は1992年刊］。

106）　近刊の『横浜水道130年史』（横浜市水道局，2020年）の第1章は，1887年通水の「近代水道の創設」から始まり，それ以前については『横浜水道百年の歩み』の要約である。『横浜開港資料館紀要』2号（1984年），3号（1985年）にも，横浜水道関係の論稿が掲載されているが，失敗に終った横浜水道会社には，まったくふれられていない。横浜水道にも言及している松本洋幸『近代水道の政治史』（吉田書店，2020年）も同様である。

第1章　明治前期の資産と収支（1）　71

かなる経緯で出資したのか，そしてその結末はいかなるものだったか，主に出資側の視点からこれらの問題を解明しよう。

　まず，1871 年 3 月に，多摩川から取水する木樋水道の建設が始まった。同年，最初に，神奈川県の要請に応じて，横浜商人らが水道会社設立を願い出た時に，すでに大倉喜八郎は発起人 10 名の代表者として名を連ねていた。喜八郎は明治初期横浜に貿易のための店を持っていた。この出願時には，水道事業はいずれ会社組織にするが，その細部は完成までに決めることとしていた[107]。その後まもなくであろう，茂木惣兵衛，原善三郎，金子平兵衛，鈴木保兵衛，田中平八ら，著名な横浜生糸売込商らが新たに加わり，18 名が出資して会社設立の出願をした[108]。しかし建設は難航し，費用も嵩んだため，毛利家が出資することになったようである。同家が横浜水道会社に出資したのは，73 年 7 月である。『用達所日記』明治 6 年 7 月 9 日条に，「横浜水道会社ニ江御加入相成，金五万両，同所町人原善三郎ニ江相渡候事」とあり，原善三郎に 5 万両を渡している。そのうえで翌 8 月に，出資者 29 名，出資額計 11 万 4,625 円によって水道会社設立の認可申請が神奈川県を経て大蔵省に提出され，同年 11 月に許可された[109]。つまり毛利家の出資が行われたことにより，会社の認可申請がなされた。ここで毛利家が最大の出資者となる。表 1-11 はやや後年の 1880 年 9 月頃における出資者一覧であり，73 年 8 月の出資者と若干入れ替わりがあるが，出資者数や出資総額は変わりない。

　1873 年に会社設立申請を行った頃，大蔵卿は大久保利通であり，内務卿はまだいない。外務卿は旧佐賀藩士副島種臣であり，神奈川県権令は旧土佐藩士大江卓であった。したがって，これらの政府高官が毛利家に出資の要請を行ったわけではなさそうである。また毛利家家政にその後長く関わった井上馨は，同年 5 月に尾去沢鉱山事件で大蔵大輔を辞任して野に下ったから，井上が毛利家にこの出資を勧誘したとも考えにくい。

　じつは，この水道事業には，大蔵省が 18 万円の貸下金を支出していた。し

---

107)　前掲『横浜水道百年の歩み』20-21 頁。
108)　前掲『横浜市史稿』政治編 3，所収の「横浜水道事業経歴ノ大概」501-503 頁。また，高橋淡水『天下の糸平』（日東堂，1917 年）166 頁および『世外井上公伝』第 4 巻，197 頁によれば，最初に同社社長ないし頭取になったのは田中平八だったとされている。
109)　前注および前々注と同じ。

72 第1部 明治期における毛利家資産の由来と性格

表 1-11 横浜水道会社の出資者 (1880 年 9 月頃)

出資者	住地	出資額 （円）	備　　考
柏村数馬	東京	50,000	柏村信，毛利家家令
田中平八	〃	7,500	実業家，「天下の糸平」，2 千円は元田中和吉分，500 円は元 高橋重兵衛分
茂木惣兵衛	横浜	5,000	生糸売込商
原善三郎	〃	〃	〃
鈴木保兵衛	〃	〃	〃
第二国立銀行	〃	〃	元金子平兵衛（生糸売込商）分
中村惣兵衛	〃	2,500	綿糸布商，当初 5 千円出資
平沼専造	〃	2,000	綿糸商・実業家，元中村惣兵衛分
大倉喜八郎	東京	〃	
三浦金吉郎	〃	〃	
石川徳右衛門	横浜	〃	数百年続く横浜の旧家，ペリーを応接したことで知られる
中山沖右衛門	〃	〃	近世期は名主
堀江新兵衛	〃	〃	
原木政蔵	〃	〃	
萩原半蔵	多摩郡	〃	地主・生糸商，萩原彦七らと萩原製糸場（後の片倉組八王子 製糸所）を設立
苅谷三右衛門	東京	〃	
上野七右衛門	〃	〃	
大河内従五位	〃	〃	大河内正質，最後の大多喜藩主，理研コンツェルン総帥大河 内正敏の実父
木村静幽	〃	〃	実業家，大倉組理事
中村文次郎	横浜	〃	元鈴木忠兵衛分
中屋佐七	東京	〃	
小計（21 人）		108,000	
総計（29 人）		114,625	

出所：「元水道会社資本出金者氏名表」（「演達書」『横浜水道出金一件控』9 諸省 /649）.
　注：この史料は，1881 年 2 月神奈川県令野村靖の演達によるもの.

かし毛利家がこの貸下金を条件に出資したという事実はないし，大蔵省も毛利
家の 5 万円出資を条件に貸下げを認めたということもない。貸下げ申請は毛利
家出資の翌 74 年であった。すなわち，予想を上回る工事費に苦しんで，74 年
2 月に内務省に 17 万円の無利子貸下げを要請し，翌 3 月には大蔵省へ 18 万円
の借入申請をした。大蔵省では貸付について反対論が強かった。しかし，神奈
川県による再三の陳情もあり，また開港場の水道建設が頓挫すると，市民のみ
ならず外国人に対しても問題を生じることになり，前年 10 月に大蔵卿に就任

していた大隈重信がわざわざ横浜まで来て実地調査をした上で，6月に神奈川県への貸下げが決められた[110]。つまり毛利家が出資をしていたから政府が貸下金を出したということでもない。

そうだとすると，同家にこの出資話を持ってきたのは，大倉喜八郎ではないかと思われる。上記のように喜八郎はこの水道事業のリーダーシップをとっていたし，彼は戊辰戦争の際に官軍御用達になっていたから，長州藩の有力者とはみな知り合いだったのである。実際，1886年と推定される喜八郎から毛利家家令柏村への書状（3月10日付）をみると，神奈川県庁にとって喜八郎が毛利家の窓口になっている。

> 過日横浜ニ差出候旧水道会社一条ニ付，此程，沖県令ゟ面談致度ニ付，出庁之様申参リニ付，出港仕候処，該件ニ付，必払応候処ニ相運ニ付，可申候得共，種々面倒之事情も御座候間，［中略］明暮迄ニハ必運候ニ付，可申旨，内意ニ御座候，尤右之次第柄，貴主屋へ詳ニ御意通申上候様，伝言ニ御座候

水道会社の件で喜八郎と面談した沖守固神奈川県令は，（出資金は）必ず払戻すようにする，面倒な事情もあるため次の暮れまで待ってくれ，その点を毛利家に伝言してくれと話している[111]。喜八郎による毛利家への働きかけの理由は，資金難の上に，県が背後にいる公共的な性格を有する安全な投資であり，利益を生む可能性が大であるというものだったと思われる[112]。

さて，74年6月に大蔵省による18万円の貸下げが決定すると，事業は神奈

---

110)　前掲『横浜水道百年の歩み』31-35頁。

111)　『横浜水道出金一件控』（表1-11の史料）所収。後述のように，1886年2月に大蔵省が貸下金の返済免除を決めていることから，喜八郎書状を同年のものと推定した。沖守固は，1881年11月〜89年12月の間，神奈川県令・県知事，元鳥取藩士。

112)　横浜水道会社に出資した73年頃も，毛利家は他にも積極的な投資活動を試みていた。『用達所日記』によれば，同年9月17日には，「金七千両質物取置，横浜大田源右衛門御貸渡被仰付候」とある。この「大田源右衛門」は，幕末に「太田屋新田」を開発し，太田町（現横浜市中区）なる地名を残した名主太田源左衛門であろう。ただし太田は水道会社の出資者ではなく，この貸金は水道事業とは関係ないらしいし，「大田」側の「不束」により毛利家はこの貸金は中止している。おそらく源左衛門が関わる公共事業のためだったのであろう。さらにこの頃，毛利家は広岡久右衛門を通じて第三国立銀行への1万円出資を決めている（9月4日，9月27日条）。しかしこれも開業に至らなかった。

74　第1部　明治期における毛利家資産の由来と性格

川県に引き継がれ，会社は一応解散することになった。ただし出資者は水道が利益を上げるまで出資金の償還請求はせず，利益が上がるようになった時点で，大蔵省の貸下金と同様に分配償還することとした[113]。しかし事業主体が神奈川県に移っても，東京における江戸時代以来の木樋水道の料金改変問題がからみ，また不況にも突入して，政府は水道料金徴収の認可をなかなか行えなかった。結局，1877年から井戸の閉鎖を解除し無料で開放することとなった。とはいえ長い間の閉鎖により，大改修の必要が生じ，県は11万円を費やして改修工事を行い，79年から再び料金徴収を始め，ようやく水道経営になっていった。しかし渇水期の問題や，応急工事のための追加修理が多く，木樋水道の利用者も水売り業者に頼らざるをえず，かつ水売り業者も不足していた。こうしてイギリス人工兵将校でお雇い外国人のヘンリー・S・パーマーの報告書に基づいて，相模川から取水する本格的な近代水道の建設が開始されることになる。

　それにやや先立ち，1881年2月に野村靖県令が出資者らに対して，将来この事業を負担し運営する気があるのか，そうでなければ横浜区全体の公共事業とすべきかとの諮問があり，出資者らが株主集会を開いて回答した史料が残っている[114]。

　　　第壱
　御諮問ノ両途ハ横浜市街之共有物ト為サンヿヲ望タリ
　　　第弐
　若シ，区会即チ共有者ニ於テ買収セント望マレタルトキハ，旧公債ノ価格ヲ以，之レニ応スヘキ事
　　　第三
　亦，区会ニ於テ買収スルヿヲ欲セサルトキハ，元来不充分ナカラモ，此大業ヲ起シタル効労モアレハ，株金ニ対シ何程カノ利益ヲ割渡サレンヿヲ望ムナリ

「第壱」は，水道事業は横浜区に引き取ってほしいという意向の表明である。営利目的の会社組織としては採算があわないという認識であろう。「第弐」は，

---

113)　以下，前掲『横浜市史稿』政編編3，507頁，前掲『横浜水道百年の歩み』31-45頁。
114)　前掲『横浜水道出金一件控』所収。

出資者から買収する場合は旧公債（無利息，50年賦）の価格で買い取ってほしいというものである。要するに，81年時点で多大の損失を被っているものの，50年という長期にわたってようやく元が取れる事業であるという点から，水道会社の出資と同じ時期に発行された旧公債の価格が，水道会社出資の現在価値であるという認識であろう。現時点では採算があわないが，いずれ元は取れるという希望的観測を表明している。「第三」も，横浜区が買収しない場合は，利益が得られるかわからないのに公共のために起こした功績に対して，株金に対してなんらかの償いをよこせというものである。当然ながら，出資者らは自分らの都合のよいように回答している。

そして1885年，新式水道の工事が進んでいくと，木樋水道の処分問題が浮上し，神奈川県は同年8月に貸下金18万円の返済免除を大蔵省に申請して，翌年2月に同省は返済免除を決定した。そして88年4月，施設の売却の上で，株主の出資額に応じて配当し，清算を完了した[115]。

水道会社には，鳥羽・伏見の戦いで幕府軍の指揮者を務めて敗北した，最後の大多喜藩主大河内正質も出資していた。1888年3月27日付の大河内正質ら宛の大倉喜八郎・柏村信書状控には[116]，次のように，神奈川県庁による「旧水道処分」案を伝えて，賛成してくれるように依頼している。この点から，大河内へ出資を誘ったのも，喜八郎や柏村に違いない。

　　拝啓，陳ハ，昨二十六日，旧水道処分ニ付，神奈川県庁ヨリ召喚ニ付，出頭候処，該水道工事ニ付，先年大蔵省ヨリ御貸下金ハ棄捐セラレ候ニ付，旧株主出金額ノ五分ノ一ニ当ル金額御下付之上，旧水道悉皆引渡之事ニ同意致候ハヽ，其筋江可申置，若シ不同意ナラハ払込金抛棄之外，別段処分無之ト，県知事ヨリ御懇諭ニ付，今日ニ至リ充分ノ請願スルモ到底御採用不被為在儀ト愚考シ，拙者トモ御請申上候間，御勘考被下，幸ヒニ御賛成ニ預リ候得ハ，致大慶候，此段及御照会候也

　　　　明治二十一年三月廿七日

　　　　　　　　　　　　　　　　　　柏村　　信

　　　　　　　　　　　　　　　　　大倉喜八郎

---

115)　前掲『横浜水道百年の歩み』94頁。
116)　『横浜水道出金一件控』所収。

76　第1部　明治期における毛利家資産の由来と性格

　　　大河内正質様

　　　木村　静幽様

　　　上野七左衛門様

　　　苅谷三右衛門様

　　追テ御同意ニ候ハ丶，別紙正副請書へ其記名御調印ヲ相願候也

要するに県庁としては，大蔵省からの貸下金は棄捐してもらう代わりに，出資の5分の1だけ払い戻すという案である。不同意ならば，出資金全部を放棄のほかなしというものだから，やむを得ず同意せざるをえないので，大河内らにも同意してもらえるとありがたいとある。結局この通りになって，毛利家は5万円出資のうち1万円のみ払い戻され，4万円の損失が確定した。

　総じて，この水道事業への出資に，権令や政府高官から直接毛利家に依頼があったとは考えにくい。また毛利家が高額の出資をしていたから，政府がこの会社の運営に便宜を図ったことも窺えない。それどころか，事業運営の要となる水道料金徴収を政府はなかなか認めようとしなかった。そして神奈川県は，出資者になるべく損をさせたくなかったようであるが，大蔵省は，事業が大きな損失を出しているのに，同省からの貸下金18万円を全額返済免除にさせておいて，出資者に責任を取らせないのは不公正であるという点から，県に出資の多くを放棄させよと迫ったにちがいない。5分の1しか返却できなかったのではなく，5分の1を返却しても残金はまだあるのに，他に使っているのである[117]。

　また毛利家や横浜有力商人らの投資は，一見いわゆる名望家的投資のようにみえるが，当初は県を後ろ盾にした安全かつ利益の上がる投資とみなして出資したはずである。出資者たちは，多大な経費が必至とみるや政府に多額の貸下金を要請したし，かつ事業が結果として失敗すると，その返済免除を実現させた。さらに，74年6月に大蔵省からの貸下げが決定した際や，81年2月の県令の諮問に対する答申にみられるように，利益が容易に上がらないとみるや，たちまち事業を県や区に丸投げしようとし，かつ執拗に出資金の回収をめざした。大倉喜八郎と柏村信から出資勧誘を受けたであろう大河内正質も，安全か

---

117)　前掲『横浜水道百年の歩み』94頁。残金は用水路線の各村に水路改修費として交付した。

つ有利な投資とみなしたから出資したはずである。わずか2万石の大多喜藩旧藩主大河内正質の家政運営は，この頃決して楽なものではなかった。1875年6月の旧家臣井上義行から正質宛の大河内家財政に関する書状によると，この頃同家は家禄4千円のほか，陸軍少佐であった正質の官給などを含めて，歳入は計6千円余とされ，他方3,500円余の借財を抱えていた[118]。彼の2千円の投資は，いわばなけなしの資金を叩いて支出したものであり，決して低収益予想の名望家的投資ではありえなかった。

　毛利家の積極的な投資方針のもとに行った多額の横浜水道事業投資は，当初において決して非合理なものではなかったかもしれないが，石橋を叩いて渡る前田家であれば，誘いがあってもこの事業に投資したとは思えない。

(4) 収支

　まず，当用金収支と要用金収支の関係を説明する。表1-12は要用金の収支，表1-13は当用金の項目別支出額を示した。すでに若干説明したが，金禄公債が交付される1877年以前は，基本的な収入は毎年の家禄賞典禄であり，それはまず当用金（本勘とも）に入る。そして当用金の余剰資金は要用金に移され，当用金を原資とした投資は原則として行わない（77年以降は第十五国立銀行株を保有し，前記のように山口用達所当用金にも若干の有価証券等を有した），というしくみであった（前掲図1-1）。当主元徳の名で策定された「金銭取扱規則」（明治6年1月）には[119]，まず「一，本勘金銭ハ家禄御賞典米売払代金ニ限ルヘシ」，「一，本勘ニ於テ余計ノ金銭ハ払切ニシテ要用金ニ加入スヘシ，本勘ニテ別段貸与等，禁止タルヘシ」とある。そして当用金が不足の場合は要用金から無利子で借入するが「速ニ返済」することとなっていた。もし「時勢ノ変遷ニヨリ」家禄賞典禄が廃止された場合は，「預金ノ利足ヲ以テ本勘金銭ト定メ」，元本の取崩しは厳禁とある。実際にも家禄賞典禄が廃止され，金禄

---

118)　神奈川大学日本経済史研究資料室編『上総国大多喜　大河内家文書』（1986年）136,
　　　151頁（目録番号4，24の史料。24「借財高覚」の年次は4の史料から1875年と推定）。
　　　同家文書は，現在，神奈川大学図書館寄託。
119)　末尾に「御名御印」とあり，元徳名で定められている。第1章，56頁を参照。

78 第1部 明治期における毛利家資産の由来と性格

公債が交付されると，それにより得た第十五国立銀行株 6,425 株が当用金の「元本」となり，経常費・臨時費は同株配当金で賄うことになったわけである（後掲図 2-1）。

　ここで注目すべき点は，この規則の末尾に，「右之通，金銭取捌規則設タル上ハ，上下同権ニテ［中略］必ス衆議ヲ尽シ，公論一決ノ上，取計フヘキ者ナリ」とある。当主の恣意を防ぐためのものであるが，規則の前には当主も家職らも「同権」であり，家政運営は「公論」で一決するという。これはむろん家令柏村らが原案を作成して当主元徳の承認を得たものであろうが，「広ク会議ヲ興シ万機公論ニ決スベシ」「上下心ヲ一ニシテ盛ニ経綸ヲ行フベシ」などとある「五箇条の御誓文」の影響が窺われるようである。また，幕末期長州藩の重要な議決の際に，藩主と家臣が「上下同権」だったとまではいえないであろうが，この規則にある当主と家職ら（および外部の家政相談人）の関係は，御前会議で衆議一決する長州藩の意思決定のあり方を反映しているようにも思われる。そしてこのような長州藩ないし毛利家の意思決定のあり方と言明は，天皇の専制を否定する近代日本の立憲君主制を生み出す一土壌だったといってもさしつかえなかろう。もっとも，（多くの場合の朝廷，幕府や諸藩と同様に）加賀藩も決して君主専制とはいえなかったし，明治期の前田家も家憲を制定し評議会を設けて当主の恣意を制約するしくみを作ったのであるが，家政運営に際して，ここまで直截に「上下同権」とか「衆議ヲ尽シ，公論一決」などとはいわなかった。毛利の場合，何事にも気合いが入り，理念・思想が前面に出てくる点が幕末以来の特徴であった。

　それはさておき，このルールに基づき，表 1-12 のように，要用金に家禄賞典禄が直接入った記録は，（71〜73 年の「山口用達所ヨリ送付」1 万円は別として）存在せず[120]，他方，当用金から要用金への「加入」は多い。ただし表 1-12 の，71〜73 年の「前年ヨリ越高」39 万円は，史料に，内訳が古金 6 万 7,791 両（31 万 55 円）と藩札引換代金 8 万円とあり，古金は三井組で現金に換えたとある（「於三井組ニ，引換代リ金高」）。これは藩政期からの継承資産

[120]　71〜73 年の「山口用達所ヨリ送付」も，同所当用金からとも考えられる。なお表 1-12 は，実際の資金の出入ではなく，たとえば貸金の出入は含まず，損益と交じっている。

第 1 章　明治前期の資産と収支（1）　79

表 1-12　要用金の収支（1871-77 年）

(円)

項　目	1871～73 年	1874 年	1875 年	1876 年	1877 年
収入					
前年ヨリ越高	390,055	569,933	787,213	980,848	1,059,021
当用金ヨリ加入	142,110	145,000	122,800	30,111	—
山口県下貸付金利子	3,687	1,643	—	—	—
山口用達所ヨリ送付	10,015	—	—	—	—
旧公債付譲	—	30,384	—	—	—
秩禄公債買入	—	—	99,950	200	—
貸付金公債利子	22,791	40,253	56,419	48,025	51,530
その他	1,276	—	94	—	—
計	569,933	787,213	1,066,476	1,059,184	1,110,551
支出					
当用金へ渡高	—	—	—	—	42,000
その他	—	—	85,628	163	487
計	—	—	85,628	163	42,487
収支差引	569,933	787,213	980,848	1,059,021	1,068,064

出所：『御要用金　従明治四年至明治廿二年　収支計算書抜』.
注：1）1875 年支出の「その他」は，秩禄公債買入代など.
　　2）収入の「貸付金公債利子」は，75 年まで「貸付金利子」のみ，76 年から公債利子が加わる.

であろう（藩札引換代金 8 万円は，前記の小野組への貸金になったものと思われる）。要するに，藩政期から継承した 30 万両（＝70 万円）は，要用金へ 39 万円，当用金へ 31 万円と分けたはずである。そうでなければ，75 年頃までの当用金から要用金への移管分が多すぎる。当初は，山口で給付された家禄の多くは東京に送金されると当用金に繰入れ，それと当用金へ組み込まれた藩政期からの継承資産から経常費・臨時費を支出し，余剰資金を 76 年まで順次要用金に繰替えたわけである。そして当用金から要用金への移管は，77 年以降はまれにしかみられなくなり，1890 年の当用金は 77 年に交付された金禄公債によって当用金に組み入れた第十五国立銀行株 64 万円余のほかは現金 1 万円余のみであった（表 1-3 および後掲表 2-10）。したがって，76 年に 3 万円を要用金に組み入れた直後の当用金の残額はかなり少なかったはずである。表 1-13 の 74 年度に要用金への「加入」が 26 万円と突出して多いのは，表 1-9 にある「記名公債」10 万円と秩禄公債 9 万 9 千円を購入するためだった[121]。「記名公債」とは金札引換公債であり，『諸願伺届扣』（明治 4 年〜同 8 年）によれば，

80　第1部　明治期における毛利家資産の由来と性格

表 1-13　当用金の項目別支出額（1873-75 年度）

（円）

年　度	殿様御用度	経費金	臨時御入費	華族会館保続金	小　計	御要用御加入	総　計
1873（明治6）年	1,177	21,476	17,057	555	(40,265)	32,123	(72,388)
74（〃 7）年	1,328	22,752	26,814	3,254	(54,148)	260,025	(314,172)
75（〃 8）年	1,371	30,356	16,541	5,250	(53,518)	52,800	(106,318)
計	3,876	74,584	60,411	9,060	(147,931)	344,948	(492,878)

出所：『毛利家会計其他摘要録』所収，無表題史料.
　注：年度は，10 月～翌年 9 月.「小計」「総計」は筆者算出.

74 年 10 月 12 日に「記名公債」10 万円を購入しており，秩禄公債購入は 75 年に購入した（表 1-12）。

　次に，当該期の毛利家の当用金・要用金をあわせた収支全体の特徴を，前田家との比較で説明しよう。表 1-14 によって 1876 年の毛利家当用金収支予算をみると，支出には，経常費たる「常費」などのほか，旧藩士等への賞典分与が大きな比重を占めている。表 1-13 には賞典分与支出が記されていないが，同表の史料に記載されていないだけであり，賞典分与は当用金から支出された。それは（分与分を含んだ）賞典禄が当用金に入るから，当然のことである。結局，当用金からは，日常生計費・賞典分与関係費・寄付金・家禄税・その他の臨時費が支出されることになっていた。この表 1-14 を，同じ 76 年の前田家予算（表 1-15）と比較すると，収入は両家とも家禄賞典禄のみであり，毛利家のそれは 22 万 2 千円，前田家は 23 万 8 千円であり，後者が若干多いとはいえたいした差はない。家禄税はこれも前田家の方がやや多いとはいえいずれも 8 万円程度であり，大差はない。前田家の経常費「年中御用途」7 万円には寄付金も含まれ，毛利の該当支出予算を合わせると 7 万円前後になるから，これも大差はない。異なるのは，毛利家の（終身）賞典分与関係費が 7 万 5 千円であったのに対して，前田家のそれはわずか 285 円であった点である。この差を最大の要因として，毛利は差引 1 万 4 千円の赤字，前田は 4 万 5 千円の黒字が想定されている。やはり毛利家にとって賞典分与の負担はきわめて大きかった。

121）　表 1-13 の 74 年度「御要用御加入」26 万円は，表 1-12 の 74 年「当用金ヨリ加入」
　　14 万円と大きく異なるが，前者の年次は年度であり，後者は暦年だから，両表の数値
　　の食い違いは，それでほぼ説明できる。

第 1 章　明治前期の資産と収支（1）　81

表 1-14　当用金収支予算（1876 年）

項　　目	金額（円）	備　　考
収入		
御家禄金	107,379	2 万 3,276 石
永世御賞典金	115,333	2 万 5,000 石
計	222,712	4 万 8,276 石
支出		
禄税	77,273	1 万 6,750 石
［華族］会館費用臨時歩合引当	4,890	
［華族］会館保続金	1,956	
御常費引当	36,000	
在県同断	10,000	山口用達所などの経費
有栖川殿江御助成金	2,000	
御常費ノ外臨時引当	12,000	
為［医］学校費	4,613	「山口県庁ゟ御出分」
授産資本金トシテ	11,533	「年々米弐千五百石山口県庁江御差出分」
御賞典御分与トシテ	1,153	旧清末藩主家毛利元忠への分与 250 石
山口県士民江御賞典分与米	75,335	1 万 6,330 石
計	236,754	
差引不足	14,043	

出所：『毛利家会計其他摘要録』所収，無表題史料.
　注：史料に，明治 9 年 1 月概算とある.当用金予算とは，内容から判断した.

表 1-15　前田家の年予算（1876 年）

項　　目	金額（円）	備　　考
収入		
御家禄賞典禄金額	238,815	「但，永世御分与ノ分引去御渡ノ全額」
支出		
税金額	84,844	家禄税
御賞典禄ノ内終身御分与金高	285	「但，八年分ノ金額ナリ」
［華族］会館保続金	6,147	「但，御家禄御賞典合併高二十五分ノ一」
鉄道御出金	16,857	華族組合による新橋 – 横浜間の官鉄払下げ
忍岡小学校御出金	300	東京本郷の前田邸付近，現存
根岸御邸へ被進金	14,592	「但，御家禄高十分ノ一」
年中御用途	70,000	「七万円斗　但，金沢御用弁方共」
残	45,787	

出所：前掲，拙稿「明治前期における旧加賀藩主前田家の資産と投資意思決定過程」76 頁，表 5-1.

82　第 1 部　明治期における毛利家資産の由来と性格

戦争とは，負ければ大変であるが，派手に戦って，勝てば勝ったで，論功行賞
や戦死傷者に対する手当で大変な出費を強いられるのである。明治維新は世界
の近代諸革命の中で犠牲者数がかなり少なかったことがよく指摘されるが[122]，
それまでの日本史上における戦いの中では，上位の死者数を出したことはまち
がいない。戊辰戦争の勝者で旧藩士やその遺族らへのこれほど多大な出費を強
いられた大名華族は，毛利家以外にない。

　もっとも以上は予算額であり，毛利家の実際の賞典分与支出額は 7 万円もな
く，当用金の収支には若干の余剰があった可能性はある。さらに家禄税が課さ
れるのは，74 年分つまり 75 年の家禄賞典禄交付分からだから，それ以前の余
剰はもっと多かった。しかしやはり毛利家の収支余剰は前田家ほど多いもので
はなかった。

　ここで毛利家が，藩政期からの継承資産は別として，76 年までの家禄賞典
禄から諸経費を差し引いた余剰がどの程度あったかを推定してみよう。前田家
は，藩政期からの継承資産は数万両にすぎないと推定され，しかもその多くは
古金銀として，他の金融資産とは区別していた。さらに前記のように前田家は
毛利家に比して資産に占める現金比率が高く，76 年の貸金残高は毛利家の半
分であり，その大半は御用商人「通達方」への救済的なものであったから，貸
金利子収入は毛利家より大幅に少なかったはずである。したがって，1876 年
における金融資産 90 万円の大半は，家禄賞典禄収入から経常費を差し引いた
余剰から形成されたはずである[123]。これに対して，毛利家はどうか。

　表 1-12 の当用金から要用金への移管分は計 44 万円である。近世からの継承
資産の当用金への分配額を前記のように 31 万円とすると，少なくとも 13 万円
は家禄賞典禄から当用金支出を引いた余剰となる。76 年末の当用金残高はゼ
ロではないはずだから，この剰余はもう少し多くなるはずであり，20 万円程
度はあっただろう。

　別の視点から推計すると，仮に 1876 年に，要用金 104 万円（表 1-3）と当

---

122)　三谷博『日本史のなかの「普遍」―比較から考える「明治維新」―』（東京大学出版会，
　　2020 年）10 頁など。

123)　前掲，拙稿「明治前期における旧加賀藩主前田家の資産と投資意思決定過程」78 頁
　　などを参照。

用金若干分を合わせて毛利家金融資産計110万円とすると、そこから藩政期からの継承分70万円を引いた40万円が、当用金の年々の収支余剰計と要用金の利子収入となる。76年までの要用金利子収入は計17万円だから（表1-12）、当用金年々の収支余剰は計23万円となる。上記の推計とだいたい一致する。これに対して、前田家の同じ余剰計は80万円弱程度かと思われる。かなりラフな推計ではあるが、両家間でこのような収支余剰の差があったことはまちがいなく、その差の主要因はもはやいうまでもない。

　結局まとめると、前田家は巨額の家禄賞典禄から経常費を引いた余剰をほぼ積み上げていっただけであったのに対して、毛利家は藩政期から70万円もの資産を継承したうえ、前田家よりも少ないとはいえさほど遜色ない家禄賞典禄を受け取り、さらに積極的に貸付・公債に投資を行い、資産運用益もそれなりに上げていった。ただし前田家とは異なって、多大な賞典分与という負担があった。しかしそれでも76年時点で前田家をある程度上回る資産を形成していた、というわけである。

　ここに両家の、少なくとも幕末期以来の政治・軍事行動との類似性と反映が容易にみてとれる。前田家は藩祖利家以来のポリシーに基づいて、リスクを回避しつつ慎重な保守的姿勢の行動を貫き、幕末期も倒幕直前まで徳川方に加担し、その結果、旧家臣らが新政府において重きをなすことができなかった。このような同家の伝統的な慎重姿勢が、明治初期の同家の経済行動にも明白にみられる。これに対して毛利家は、幕末期に御家の存亡をかけて、尊王攘夷・倒幕運動を華々しく積極果敢に展開し、ついに天下の覇者となった。しかしリスクをとった行動には当然失敗も伴ったし、覇者となったのには家臣らの多大な貢献・犠牲があり（犠牲とは、戦闘における死傷者はもとより、安政の大獄による吉田松陰の刑死、開国論を主張した長井雅楽の切腹、第1次長州征討の責任をとった家老・参謀らの切腹や斬首、同時期の江戸藩邸詰藩士らの犠牲、明治初年にまでわたる暗殺など）、当然ながらそれらに報いなければならず、やがて多額かつ長期にわたる賞典分与が必然化したのである。そして明治期になっても、同家は「利倍増殖」をモットーとしてアグレッシブに投資を行い、かつ失敗も少なくなかった点は、明らかに幕末期長州藩の体質を継承している。それはむろん、毛利家の資産運用には、幕末以来の旧藩士らが家職および相談

人などとして大きな影響力を持ち，かつ当主もそのような姿勢を容認したからであり，したがって井上馨や柏村信といった特定人物の影響によるもののみでは決してなかった。

　なお，前田家の現金比率が高いことは，たんに臆病なだけで，非合理かつ非効率な資産運用とみる向きもあるかもしれない。しかしそれは安定的な金融システムが形成されている場合についてである。明治一桁年代のように信頼しうる金融機関や確実な貸付先などが乏しい場合は，前田家の資産選択・ポートフォリオは合理的だったし，非効率とはいえなかった。実際，同家も金融システムがかなり安定した明治後期には，現金比率は著しく低くなっていく。その意味では毛利家の方が，（幕末期同様に）リスク管理が甘いともいえよう。いずれにせよ，両家のこうした相違は，この後も長く続いた。

第 2 章

明治前期の資産と収支 (2)
－1877～90 年－

(1) 資産の推移と蓄積過程

　この時期の会計制度は前期と同様に当用金と要用金から構成されるが，1879年に要用金を第一類と第二類別途金に分けた（図2-1）。第二類別途金を設けた理由は，79年末の第二類への分与財産内容から明らかである。それは，実質破綻した横浜水道会社出資金5万円，三谷三九郎滞貸金1万4千円，質流地所家屋元高9万9千円などと，不良債権ないしいずれ償却・売却される資産であった（表1-3の史料による）。第二類には金貨10万6千円もあり，それは，金貨の退蔵は（金価格変動以外には）利益を生まないからである。また共栄社（山口県徳山の汽船会社）への貸金や株は，それぞれ「低利ニ付」「利益未定ニ

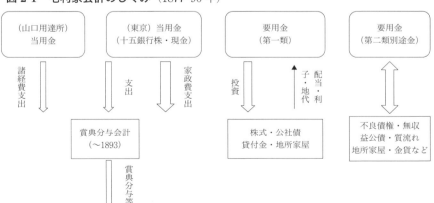

図 2-1　毛利家会計のしくみ（1877-90年）

出所：筆者作成．

86 第1部 明治期における毛利家資産の由来と性格

表 2-1 要用金等の内訳 （1879-90 年）

年次・項目	資　産				
	株式・出資金	公債	不動産	現金預金	貸金等
1879（明治 12）年第二類	50,000	56,196	99,204	106,080	14,235
81 （ 〃 14）年第一類	99,550	564,075	27,539	12,791	347,201
82 （ 〃 15）年 〃	92,666	561,761	84,188	75,054	355,208
83 （ 〃 16）年 〃	119,050	556,036	104,599	69,626	347,721
84 （ 〃 17）年 〃	153,300	588,078	125,320	55,005	355,581
85 （ 〃 18）年 〃	190,500	608,442	42,852	118,685	351,668
86 （ 〃 19）年 〃	167,430	681,170	43,152	155,855	388,898
87 （ 〃 20）年 〃	394,330	565,307	54,362	141,780	500,057
88 （ 〃 21）年 〃	506,930	368,160	43,152	134,064	451,436
89 （ 〃 22）年当用金	642,500	—	—	3,886	7,039
〃 　　　　第一類	414,080	335,520	74,352	229,158	445,865
〃 　　　　第二類	38,275	68,941	108,098	2,226	117,806
〃 　　　　全資産	(1,094,855)	(404,461)	(182,450)	(235,270)	(570,710)
90 （ 〃 23）年全資産	1,075,482	347,281	226,947	176,549	823,492

出所：表 1-3 と同じ．
注：1）各年 12 月末．最上段の「資産」「負債」なる表現は筆者によるものであり，史料にこの用語が記されているわ
　　2）1890 年の借入金 4 万 8 千円は第十五国立銀行からの借入．

付」，第二類に組み入れたとあるし，旧公債 5 万 6 千円余や無利子貸付金も第
二類に入れている。結局，第二類を設定したのは，利益を生まない，ないし生
む見込みがあまりない資産を別枠にしたということである[1]。慎重な投資姿勢
を持続させる前田家では，このような会計制度は設けていないし，設ける必要
もなかった。

　次に，要用金第一類には 1887 年から借入金が現れるが（表 2-1），それまで
このような多額の負債はなかったとみられる。これを契機として 87 年から第
一類の純資産として「資本金」を設定した。『立案録』には，86 年 8 月に「西
洋簿記式ヲ用ユル事」の記述があり，付箋に「大賛成」とある。要するにここ
から複式簿記化したわけである。これに対して前田家の複式簿記化がいつかは，

---

1) 1877 年にはすでに「別要用」を設けており，すぐに利益を生まない東京鉄道組合へ
　の出資引当金 1 万円を当用金からこれに移管している（『奉伺録』明治 10 年 2 月 9 日
　条）。この「別要用」が要用金第二類へ発展したのであろう。

第 2 章　明治前期の資産と収支（2）　87

(円)

| 仮払金 | 計 | 負債 | | | |
		資本金	借入金	賞典証書等負債	計
—	325,714	—	—	—	—
—	1,051,156	—	—	—	—
—	1,168,878	—	—	—	—
—	1,197,032	—	—	—	—
—	1,277,284	—	—	—	—
—	1,312,146	—	—	—	—
—	1,436,505	—	—	—	—
653	1,656,489	1,446,489	210,000	—	1,656,489
2,066	1,505,807	1,446,807	59,000	—	1,505,807
—	653,425	—	—	—	—
1,620	1,500,596	1,364,968	—	135,628	1,500,596
—	335,346	—	—	—	—
(1,620)	(2,489,367)	—	—	—	—
4,617	2,654,367	2,480,761	48,000	125,606	2,654,367

けではない．（　）は筆者算出．

　明治前期の会計史料が乏しいこともあって，はっきりしない。現在残されている 1886 年度『原簿』は，その後の『原簿』と同様に，たんに科目ごとの収入・支出と残高を記載した単式簿記である。しかし 93 年度からの『歳計決算書類』が存在し，それには貸借対照表にあたる簡単な「資本財産対照表」や「総勘定試算表」が作成されており，明らかに複式簿記となっている。前田家家職らはこの頃まで複式簿記を知らなかったのではなく，逆にかなり早くからその知識を有していた。たとえば明治一桁年代に同家家扶だった小幡和平は，同家から委任されて金沢第十二国立銀行（1877 年設立）の初代頭取を務め，それ以前の 74 年に銀行経営について研究して，「国立銀行ノ利害」なる書を遺している[2]。しかし前田家の本格的な複式簿記化は，「歳計決算書」を作成し始めた 93 年度からではないかと思われる。複式簿記化が毛利家よりやや遅れ

　2)　植村元覚「小幡和平の国立銀行経営論」（富山大学日本海経済研究所『研究年報』第 1 巻，1976 年）。

88 第1部 明治期における毛利家資産の由来と性格

た理由として，当時の前田家には毛利家のような多額の借入金や預り金はほとんどなく，その後も借入をしてもすぐに返済することが多かったため，資産がほとんどそのまま純資産となり，複式簿記化する必要があまりなかったことがあげられる（同家で年度末に借入金残が初めて発生したのは94年度である）。毛利家も87年に初めて多額の借入を行ったため，純資産算出の必要に迫られて，「資本金」なる概念を導入し，事実上，複式簿記化した。前掲，森田「華族資本の形成と家政改革」は，岡山池田家を例として大名華族の会計制度において複式簿記の導入を検討したこれまででほとんど唯一の研究であり，同家は1882年から複式簿記を導入したとある。とはいえ，その導入の契機は明示されていない[3]。しかし同論文によれば，池田家は82年前後頃に借入金があり，毛利家と同様にそのために導入したと思われる。

　さて毛利家に戻って，前記のように賞典分与は当用金において行われていたが，87年から要用金第一類の扱いとなった。そして77年から分与のための賞典証書を発行したため（後述），89年に同証書残高などいずれ償還・支払いすべき分与関係の負債を第一類に計上した。その分，資本金を減少させたであろう。

　総資産の推移を前掲表1-3でみると，1882年までは当用金の正確な額が不明なので，「合計」「純資産」は若干過少である。83年以降は220〜240万円あり，これは前田家の170〜190万円より50万円程度多い[4]。要用金の内容をみると（表2-1），現金預金が88年まではせいぜい10万円台と少ない。前田家も1884年度に新金貨15万円を売却したが，現金は20〜50万円と依然毛利よ

---

3)　前掲，高村編著『明治前期の日本経済』393頁。
4)　前述した『柏村日記』明治20年7月30日条の，敬親未亡人都美子への柏村演説には，1872年に公金と私的資産を分離し，30万両（70万円）を「要用金ノ原素」として，「爾来節倹ヲ専トシテ，頃日ニ至リ百四拾六万円ニ増額セリ」とあり，この頃146万円の資産があったことを記しているが，これは要用金第一類のみのはずである。なお，阿部勇『日本財政論・租税』（改造社，1933年）所収の1887年高額所得者納税額から算出される所得額は，毛利・前田の内部史料に照らしてかなり正確であり，島津は前田より少ないから，この頃の大名華族の資産額トップスリーは，毛利・前田・島津という順のはずである。彼らは，スポーツ競技のような資産額のトップ争いをしていたわけではないが，自家の資産額の社会的位置は，寄付する際の他家との相談でも必要であり，もちろん気にしていた。

第 2 章　明治前期の資産と収支（2）　89

りはるかに多い[5]。毛利の不動産の変動が大きいが，それは，84 年まで北海道
農場投資額が急激に増加し，これを 85 年に第二類に移管したためである（後
掲表 2-5）。それでも毛利家は前田家より土地所有にややこだわる傾向がある
（後述）。さて，次にそのような資産を，1877 年以降どのように蓄積したかを
検討しよう。

（ⅰ）金禄公債と賞典分与

　まず 1877 年の金禄公債交付額について論じる。というのは，この点につい
て以下に述べるように，こんにちまで妙な理解が流布しているように思われる
からである。

　金禄公債交付額の決め方は，家禄・賞典禄の合計高（石高を 72〜74 年の
3 ヶ年平均貢納石代相場により金額に換算）から永世分与分を差し引いた額を
元高として，元高 7 万円以上であるほぼ大藩大名華族には，その 5 ヶ年分の額
を金禄公債の額面とするというものであった（1876 年 8 月 5 日，太政官布告
第 108 号）[6]。ところが各地の貢納石代相場には大きな格差があり，前掲表 1-6
の 5 家の中では島津家の貢納石代相場が最も高い。これについて丹羽邦男『明
治維新の土地変革』（御茶の水書房，1962 年）233 頁には，

　　この貢納石代相場［明治］五一七年三ヶ年平均の旧藩別値段決定の操作に
　　よって，とくに鹿児島・高知の雄藩家臣団に有利な手心が加えられている
　　ことを指摘しうる。なかでも，旧鹿児島藩石代相場は六円〇二銭と東京府
　　についで高額に定められている。［中略］鹿児島県のばあい，同県内の他
　　藩の石代相場と比較すれば第二三表のごとく周囲の隣接諸旧藩地域と――
　　すでに藩域経済は解体したはずの明治五一七年において――いちじるしい
　　隔差があるのに気がつく。同じ藩内でも同様の隔差がつくられ，とくに鹿
　　児島城下町居住家臣団を対象とした政治的配慮が加えられたことを推定さ
　　せる。

---

　5)　前掲拙稿「明治後期における前田侯爵家の資産と経済行動」45 頁，および前掲拙稿
　　「明治前期における旧加賀藩主前田家の資産と投資意思決定過程」175 頁，表 10-1。
　6)　永世分与分を差し引いて元高を算出する点は，前掲，松平「尾張徳川家の分与賞典禄
　　支給状況」も参照。実際，表 1-6 のように尾張徳川家・前田家・毛利家のいずれもそう
　　している。

とある。そしてこのような石代相場が意図的に高く改竄されたという丹羽説を踏襲したものはみられるが，これを批判・否定したものは見当たらない[7]。しかしこれはあまりに根拠薄弱な誤りと筆者は考える。

　まずこの説は，相場の数値をみて推測している以上に，意図的な「操作」の積極的な証拠は何も示されていない。次に高知県の石代相場にも「手心が加えられている」というが，同県相場は5円40銭，徳島県は5円26銭であり，この程度の差でそれ以上の具体的な根拠もなくそのようにはいえるわけもない。さらに（史料および丹羽が示している当時の）鹿児島県についても，現宮崎県各地域が4円台前半に比して，現鹿児島県は大隅地方が5円81銭，薩摩地方が前記のように6円2銭であり，現宮崎県に比して旧薩摩藩の大半を占める現鹿児島県の薩摩・大隅両地方が高いことはたしかであるが，薩摩と大隅の比較では，大した差ではなく，かつほとんどが農村の大隅より旧城下町鹿児島を含む薩摩の方が高いのはなんら不思議ではない。

　そもそも薩摩藩は多くの郷士を抱えており，明治になって旧武士が農地を所有した場合も少なくなかったはずであり，貢納石代相場が高いことは農地所有者にとって不利益になり，石代相場をわざわざ高く操作して鹿児島県の旧藩士を含む納税者に不利益を与えるようなことを行うことはありえない（もっとも同県では明治一桁年代には地租改正事業は着手されなかった）。それとも各年の貢納石代への操作ではなく，その3ヶ年平均を算出する過程で操作したという意味かもしれないが，それも筆者にはにわかに理解できない。（上方にも下方にも）意図的な操作をすればすぐに問題化したはずと思われる。

　丹羽著の原史料の各府県・地域別相場，ないし簡単には前掲表1-6の5家の

---

7)　この丹羽著の議論に依拠したと思われる叙述が，現在もネット上で流布している（「秩禄処分」，https://ja.wikipedia.org/wiki/%E7%A7%A9%E7%A6%84%E5%87%A6%E5%88%86，2024年4月6日閲覧）。ただし，落合弘樹『明治国家と士族』（吉川弘文館，2001年）61頁，同『秩禄処分』（中央公論新社，1999年）174-175頁などは，旧薩摩藩士の廃藩以前から売買できた家禄に限り一割利付金禄公債が交付されたという鹿児島県士族に対する優遇策を指摘し，薩摩を依怙贔屓するのはよろしくないと木戸孝允が記している史料を載せて説得的であるが，丹羽説にはふれていない。もっとも鹿児島県士族優遇説は，前掲『鹿児島県史』第3巻，750-751頁にも，種々の点をあげて明確に指摘されており，少なくとも戦中期以来の通説であるが，丹羽説はこれらとは内容が異なる1960年代に現れた新説である。

第2章　明治前期の資産と収支（2）　91

石代相場の差をみると，なるほど倒幕期に朝廷側につくのが遅れた前田家は低いが，賞典禄が前田家と同じだった尾張徳川家の方が倒幕派の主力であった長州毛利家よりかなり高くなっている。旧薩摩藩士らには有利な操作を行って，なぜ旧長州藩士らにはそれをしなかったのか。士族反乱の予防のためとすれば，たしかに旧薩摩藩士らは翌77年に大規模な西南戦争を引き起こしたが，山口県でも76年10月に，熊本県の神風連の乱，福岡県の秋月の乱に呼応して，萩の乱が起きている。

　近年の経済史研究では近世日本における米市場の効率性が強調されており，このため米の地域間価格差があまりなかったようなイメージがあるが，実際は，重量物たる米を他地域から移入すると高い輸送費が上乗せされて，きわめて大きな格差があった。要するに，現宮崎県もシラス台地は少なくないが，それがはるかに多い現鹿児島県である薩摩・大隅両地方では，藷はとれても米はあまりとれず，米価が高かっただけと筆者は考える。

　ただしその結果として島津家は，鹿児島における米の価値が高かったために，円換算した金禄公債をより多く受領できたとはいえる。そして，大半の大名華族が東京に集住したにもかかわらず，このように旧領の石代相場によって金額換算したことは，（島津家を有利にするなどの）不公平さを生じさせたものと考える向きもあるかもしれないが，家禄や金禄公債は，旧貢租を基準として算出されるものだったから，旧領の石代相場によって換算するのが当然なのであり（つまりたとえば同じ米100石でも地域によってもともと価値が異なっていた），この点で当時不満があったという史実を，筆者は寡聞にして知らない。

　関連して，石井寛治『開国と維新』（小学館，1989年）では，華族への金禄公債交付額について，個々の華族によって大きな格差があり，それは旧幕時代の各華族の経済的地位を反映しているとともに，維新変革期の政治的役割を強く反映していたとし，

　　　大名家禄と賞典禄の収入から公債額を算出するやりかたは，島津家と前田家の順位の逆転がしめすように，石代相場のきめかたであるていど操作できるが，それには限界があり，［金禄］公債額に大きな影響をあたえているのは，むしろ戊辰戦争のさいの賞典禄の有無であった[8]。

と記している。金禄公債額は「石代相場のきめかたであるていど操作できる

92 第1部 明治期における毛利家資産の由来と性格

が」とあるのは，地方間における米価水準の差はあるから，丹羽説のいう意図的な操作はある程度できるが限界があるという意味であろうが，上記のように筆者には理解できない。そして「公債額に大きな影響をあたえているのは，むしろ戊辰戦争のさいの賞典禄の有無であった」とする点については，賞典禄に大きな格差があったのは事実だが，石代相場によって順位が逆転しているのは島津家と前田家だけではなく，賞典禄が毛利家より少ない島津家と多い毛利家の順位が逆転しているのも，石代相場水準ゆえである。また尾張徳川家は，家禄賞典禄計から永世分与分を差し引かれて金禄公債元高が前田家とさらに差をつけられたものの，石代相場の高さのおかげで金禄公債交付額は差がかなり縮まっている。要するに，賞典禄の多寡も重要ではあるが，石代相場の差も多大な影響を及ぼしていた。かつそれはなんら不公平というものではなかった。しかも前記のようにまたすぐ詳述するように，受領した金禄公債の賞典禄による部分（それによる利子収入ないし第十五国立銀行株配当収入など）がそのまま大名華族の実入りになるのでもなかった。

なお，念のために付言すれば，一般に近世の石高は玄米表示であったのに対して，薩摩藩のそれは籾表示であったことが知られている[9]。薩摩77万石島津家は，加賀百万石前田家に次ぐ第2の大藩大名であったと，今でもいわれることがある。しかし石高が籾表示ということは，他大名基準の玄米表示では約半分になり，じつは薩摩38万石という，隣国の肥後細川家や尾張徳川家より少ない石高なのである。他方，貢納石代相場は玄米のそれである。すると，島津家（および旧薩摩藩士ら）の家禄金は約半分になるはずであり，同家らは不当に多くの家禄金や金禄公債を受給していたのではないかという疑念がわく。しかしそうではない。表1-6に示した島津家の草高77万石は籾表示であるが，現石31万石は玄米表示なのである。すると，籾表示の現石は62万石となって，

---

8) 同書，316頁（復刻版は，同『明治維新史』講談社学術文庫，2018年，371頁）。さらに，石井寛治『日本経済史［第2版］』（東京大学出版会，1991年）149頁にも，「金禄公債算出方法は石代相場の決め方如何でかなり操作されているが，［中略］賞典禄を多く受け取った薩長土肥などの諸藩がとくに厚遇されて」とほぼ同趣旨の記述があり，かつ丹羽説の影響が強く窺える。

9) 岩片磯雄・山田龍雄「鹿児島県農業史」（『日本農業発達史』第2巻，改版，中央公論社，1978年，初版は1954年）471-482頁。現在も，薩摩藩籾表示説が通説である。

第2章　明治前期の資産と収支（2）　93

貢租収取率はじつに8割という高率になる。実際に明治初年でも，薩摩藩は過酷な八公二民だったのである[10]。かくして，一見「操作」「手心」「政治的配慮」が加えられているようにみえても，この場合はそうではなかった。

　次に，1877年の金禄公債交付と家禄賞典禄廃止の際に，府県が旧藩士らに直接下付していた永世分与禄は，政府が受給者に金禄公債を交付して廃止された。そして旧藩主が受給した賞典禄から分与していた終身禄等については，旧藩主が適宜処分するよう布告された（1877年12月7日，太政官布告第82号）。ところが旧藩主による終身分与等の処分の仕方が，じつはまちまちであった。松平秀治によると，尾張徳川家は1877年12月に，第十五国立銀行へ金禄公債の額面を55％切り下げて出資する仕方に準じて交付額を決め，それを終身禄受給者に現金で交付して一挙にケリをつけた[11]。しかし毛利家や前田家は，1877年以降も引き続き分与終身禄等を毎年支給した。そして毛利家と前田家では，その支給の仕方がこれまた全然違ったのである。

　それはすぐ後に述べるとして，家禄賞典禄に代わって旧大名が受け取った金禄公債の給付額が，（政府が処理した永世分与分を差し引いた）賞典禄をも勘案して決められたのは，給付された金禄公債が旧家臣らへの賞典分与を含んだものだったからである[12]。前掲，石井『開国と維新』は，毛利・島津のような倒幕の旗頭になった旧藩主らが巨額の賞典禄を勘案した金禄公債を受給し，「華族資本」として成長していったという議論であり，受給した金禄公債は，旧家臣に分与などせず，そのまま大名華族の実入りとなったかのような書き方であるが，少なくとも毛利家にとってはそう虫のよい話ではなかった。したがって，明治一桁年代に家禄賞典禄の合計額で大名華族の実収格差を論じるのが正確ではないのと同様に，1877年以降も金禄公債給付額（したがって概ね第十五国立銀行出資額）の多寡で大名華族の実収益を論じるのも正確ではない。

　もっとも，島津家は石井『開国と維新』ないし従来のイメージのように金禄公債交付額がそのまま実収になったようであるし，尾張徳川家は前記のように1877年に最終処分した。前田家は1890年代以降も賞典分与を毎年行ったとは

---

10)　前掲，岩片・山田「鹿児島県農業史」を参照。

11)　前掲，松平「尾張徳川家の分与賞典禄支給状況」。

12)　この点は，前注，松平論文で，指摘済みである。

94　第1部　明治期における毛利家資産の由来と性格

いえ，それはわずかであった[13]。しかし毛利家では，明治一桁年代の賞典分
与額が他の大名華族とは桁が違っていたから，1877年に分与のしくみを変更
することにした。すなわち金禄公債証書に類似した「賞典証書」なるものを，
東京府に届け出た上で，独自に旧藩士らへ発行することにして対処したのであ
る[14]。毛利家が毎年受給していた家禄賞典禄が廃止されて，その代わりに金
禄公債が交付されたのと同様に，毎年毛利家が支給していた賞典分与を廃止し
て，その代わりに賞典証書を分与受給資格者に交付したわけである。すなわち
下級士族へ交付する金禄公債と同様に，年7％の利付，5年据置，その後抽籤
により償還，償還は最長30年という条件であった。77年の賞典禄給付廃止に
よってこのような措置をとったのは，全国の大名華族のなかで毛利家だけだっ
たと思われる。

　賞典証書は，大蔵省紙幣局に依頼して印刷してもらい[15]，額面13万3千円
余を発行し，82年10月から年5千円余の償還を開始した（表2-2）。これらの
支払原資は，1886年までは当用金収入すなわち第十五国立銀行株配当であっ
た。受領した金禄公債額は，（永世分与分を除いた）賞典禄を加えた元高を基
礎に算出されていたから，当然であった。もっとも，当用金の現金残高が減少
してきたので（前掲表1-3），1887年からは要用金から支弁することとした
（後掲表2-10）。年5千円償還のペースによって1907年全額償還完了という計
画であったが，結局1893年に残額6万円を一挙に償還して決着をつけた。

　1882年以降分与関係支出は，証書関係と山口分の扶持米を加えると，当初
は2万円強，そして次第に減少するとはいえ，90年頃でも1万5千円程度
あった（表1-8，表2-10）。そのうえこのような賞典分与に対して，旧臣らの
中には不当に少なすぎると不満をもつ者も当然存在した。たとえば，1869年

──────────

13)　前田家『歳計決算書類』（明治26年～同32年）によれば，1893・94年の「賞典分
　　与」支出は各年194円にすぎなかった。

14)　『用達所日記』明治10年6月21日条には，「山口県士族江兼テ御賞典分与金，本年ヨ
　　リ改正シテ金禄公債証書ニ照準シ，年賦証書発行致シ度，手続キ方法書，東京府ヨリ照
　　会有之ニ付，右手続キ書［中略］東京府戸籍局江［同家家従の］嶋田誠介持参」とある。
　　そして表1-8の史料である『賞典金其外諸払計算表』には，1877年上半季から「賞典
　　証書利子金」の支払が現れ，「賞典証書」を早速発行している。なお『請願伺届扣』（明
　　治九年一月ヨリ，9諸省/574）に，より詳しい規則案がある。

15)　『奉伺録』明治11年5月8日条。

表 2-2　賞典証書の償還・利払い・残高（1877-93 年）

(円)

年次（抽籤回）	償還額	利払／年	計	残高
1877～81 年	—	9,377	9,377	133,960
82 年 10 月（第 1 回）	5,360	〃	14,737	128,600
83 年 6 月（第 2 回）	5,450	9,002	14,452	123,150
84 年 3 月（第 3 回）	5,320	8,621	13,941	117,830
85 年 6 月（第 4 回）	5,345	8,248	13,593	112,435
86 年 〃（第 5 回）	5,430	7,870	13,300	107,005
87 年 3 月（第 6 回）	5,055	7,490	12,545	101,950
88 年 2 月（第 7 回）	5,095	7,137	12,232	96,825
89 年 〃（第 8 回）	5,000	6,778	11,778	91,825
90 年 〃（第 9 回）	5,035	6,428	11,463	86,790
91 年 〃（第 10 回）	5,105	6,075	11,180	81,685
92 年 1 月（第 11 回）	5,030	} 5,718	} 15,793	75,545
〃 年 12 月（第 12 回）	5,045			70,500
93 年 3 月（第 13 回）	10,005	4,935	14,940	60,495
〃 年 6 月	60,495	4,235	64,730	—

出所：『賞典証書額面高抽籤差引簿　明治十五年十月』（36 賞典 /121）.
注：1) 1885 年 6 月, 88 年 2 月, 92 年 1 月には, 抽籤償還のほかに, 各 50 円, 30 円,
　　　1,110 円の奉還・献納等による減少分がある.
　　2)「残高」は償還後残高.

に発生した脱隊騒動における脱隊兵らは，84 年以降毛利家に対し，種々の救
助米追加支給，没収された賞典禄の復旧を請願し始めた。この問題は，やがて
『朝野新聞』による毛利家批判を伴いつつ，嘆願から組織的な団体運動となり，
1900 年代には複数の訴訟にまで発展した。結局，訴訟はすべて毛利家側の勝
訴に終わったが，この抗議運動は，脱隊騒動発生からじつに 40 年後の 1909 年
まで続いたのである[16]。前田家では，このような問題はまったく起きなかっ

---

16)　以上，前掲，広田「整武隊訴訟事件」（『山口県文書館研究紀要』4 号），同「旧諸隊
　　連合会・六合会設立要旨」（同誌，5 号，1978 年）。1890 年代前半の『柏村日記』にも
　　関係記事は多い。明治 27 年 2 月 1 日条によると，旧諸隊の賞典復旧請願代言人が近日
　　中に「壮士引率」して高輪邸に押し寄せ，元徳に「直願」，家令柏村にも「強談」する
　　という情報が入り，毛利家側は警察に連絡して，巡査を増派してもらっている。そして
　　実際に 2 月 6 日に代言人が「壮士拾名計」，引率して来邸し，元徳との面談を要求した。
　　家職が，元徳は鎌倉別荘に滞在中で，家令扶も不在と答えると，「応接問答数回ノ上，
　　彼，重而（かさねて）参上スヘク」といって退去したとある。同年 3 月には，伊藤博
　　文・山県有朋の意見によってこの問題をもう一度会議を開いて検討することになり，同
　　13 日に，伊藤・山県ほか林友幸・野村靖・三浦梧楼・宍戸璣その他の長州系政府高官
　　等を集めて，元徳臨席の下で協議した。その結果はやはり「賞典復旧拝借金等ノ儀ハ採
　　用不相成」となったが，「［元徳の］御熟考ノ上，［中略］特別を以，幾分歀ノ給与金」

96 第1部 明治期における毛利家資産の由来と性格

表 2-3 所有株式・出資金（1882-90 年）

銘　柄	1882 年	1883 年	1884 年	1885 年	1886 年
第十五国立銀行（当用金）	642,500	642,500	642,500	642,500	642,500
〃　　　（要用金）	2,800	2,300	2,300	500	7,910
日本銀行	4,000	8,000	10,000	10,000	10,000
横浜正金銀行新	—	—	—	—	—
愛知県為替会社	10,000	10,000	10,000	10,000	10,000
東京海上保険	50,000	50,000	50,000	50,000	50,000
日本鉄道	5,000	14,000	22,000	40,000	56,000
〃　新	—	—	—		
共同運輸（日本郵船）	—	10,000	30,000	50,000	—
大阪商船	—	—	—	—	—
大阪紡績	9,866	12,500	15,000	30,000	32,420
〃　第二増株	—	1,250	3,000		
東京電灯	—	—	1,000	(1,000)	1,100
〃　新	—	—	—	—	—
東京人造肥料	—	—	—	—	—
東京家畜市場会社	—	—	—	—	—
〃　　増株	—	—	—	—	—
日報社	10,000	10,000	10,000	(10,000)	(10,000)
忠愛社	1,000	1,000	(1,000)	(1,000)	(1,000)
品川硝子旧（第二類）	—	—	—	—	—
〃　新（〃）	—	—	—	—	—
東京ホテル（〃）	—	—	—	—	—
共栄社（〃）	—	—	—	—	—
日本舎密（〃）	—	—	—	—	—
［当用金計］	642,500	642,500	642,500	642,500	642,500
［要用金第一類計］	92,666	119,050	153,300	190,500	167,430
［　〃　第二類計］	…	…	…	…	…
総　計	…	…	…	…	…

出所：表 1-3 と同じ.

注：1）各年 12 月末.（　）は推定.山口当用金は含まない.

　　2）1889 年まで，第十五国立銀行（当用金）以外はすべて要用金.89 年までの「銘柄」欄や備考に会計の帰属を

たことはいうまでもない。

　　を出すべきかを検討する委員会を立ち上げ，山県が委員長に指名された。結局 6 月 27
日に「一時賞給与」案が，山県有朋・伊藤博文・杉孫七郎・宍戸璣その他の臨席の下で
決定された。毛利家としても，有力旧臣の総力を挙げて検討する重大問題となっていた
のである。

第 2 章　明治前期の資産と収支（2）　97

（円）

1887 年	1888 年	1889 年	1890 年	備　　考
642,500	642,500	642,500	⎫ 650,000	
7,910	7,910	7,910	⎭	
10,000	10,000	10,000	10,000	
200,000	200,000	100,000	100,000	
10,000	10,000	—	—	
50,000	50,000	50,000	50,000	
72,000	84,000	92,000	100,000	
—	93,600	93,600	50,400	85 年から日本郵船
—	—	—	26,137	
⎫⎬ 34,420	36,420	41,420	41,420	
⎫ 8,000	7,500	7,500	⎫ 9,000	85 年は第二類
⎭	—	500	⎭	
2,000	6,000	11,000	11,000	88 年は第二類
—	⎫ 7,500	150	1,575	
—	⎭	—	—	
(10,000)	(10,000)	10,000	10,000	85 年から第二類
(1,000)	(1,000)	1,000	1,000	84 年から第二類
—	—	3,250	⎫ 4,550	
—	—	325	⎭	
—	750	2,500	6,000	90 年から帝国ホテル
—	—	20,000	—	
—	—	1,200	4,400	
642,500	642,500	642,500		
394,330	506,930	414,080		
…	…	38,275		
…	…	1,094,855	1,075,482	

記していないものは，要用金第一類．90 年にこれらの区分はなくなる．

（ⅱ）有価証券投資

　まず，この時期の株式投資について検討すると（表 2-3），他の大藩大名華族と同様に，株式ないし資産全体の主軸は第十五国立銀行株であった。同株へは，交付された金禄公債全部と現金 3 万円余を出資しており[17]，6,425 株（64

---

　17)　石川健次郎「明治前期における華族の銀行投資」（『大阪大学経済学』22 巻 3 号，1972 年）に提示されたデータから，毛利家の第十五国立銀行への現金出資分は，3 万

98 第1部　明治期における毛利家資産の由来と性格

万2,500円）の全部を当用金に所属させ，その配当で臨時費を含めた家政費を賄うことにしている。その後若干の買い増しを行い，これは利殖目的の要用金に入れている。たとえば81年に旧美濃加納藩主永井尚服から268株を買収し，82年にそのうち240株を売り戻し，残りは28株となったといった具合である（同表の史料による）。この頃の同株売買相手はむろん華族に限られる。

　元徳は，第十五国立銀行初代頭取となり，78年2月までの頭取在任中はかなり頻繁に出行した。家令柏村は，頭取の元徳を補佐するため同行世話役に就き，これは元徳の頭取退任後も続いて，81年7月には支配人になって，以降毎日のように出行した[18]。

　ところで，毛利家家政とは話が外れるが，日本銀行が設立開業してまもない82年11月頃，同行を創設させた松方正義大蔵卿が第十五国立銀行を日銀に合併させようとしていたことが，『柏村日記』に記されている。要するに松方は，日銀の業務が大規模になることが予想されたため，資本金規模を早期に拡大したかったようである。しかし管見の限り，従来この合併の議論はどこにも記されておらず，以下に紹介しておきたい。

　まず『柏村日記』明治15年11月7日条に，

　　午後三時ヨリ頭取一同，大蔵卿ヘ参向，十五銀行ヲ日本銀行ヘ合併ノ理由
　　ヲ承ル，外ニ伊達東久世両公一席ナリ，相済，井上外務卿ヘ参向，同上ノ

　　3,234円と算出されるが，『用達所日記』によると，1877年3月29日に1万5千円，4月9日に1万8千円，5月24日に234円余を「第十五国立銀行江準備金トシテ被差出」とあり，両者は正確に一致する。

18)　柏村は90年7月に一旦支配人を退任したが，同年9月から再び支配人になり，最終的に退任したのは92年1月であった（支配人在職中は毎土曜日に金庫の鍵を預かって帰宅した。以下，『柏村日記』）。90年夏に一旦退任した後，再度支配人となったのは，後任支配人が定まらなかったことがある。当初，後任支配人は，副支配人高橋作善（たつおき，旧加賀藩御算用者）が昇格する予定であったが，同年8月にコレラで没してしまった。そこで間島冬道（旧尾張藩士）が支配人に就任したが，彼も就任時には病魔に冒されていたらしく，8月27日に解職願を出した（9月30日病没）。そして間島の推薦により，9月1日の重役会で山本直成（旧小浜藩士，作曲家山本直純の曽祖父）の就任が決まったが，なんらかの事情で再度柏村支配人となった。山本は，92年初の柏村退任後に支配人になった。柏村は退任後も，池田章政頭取（最後の岡山藩主）の「将来重大之事件ハ御相談モ致度［中略］自今適宜御出店可有之事」というたっての要請で（『用達所日記』明治25年1月15日条），世話役として95年末に没するまで頻繁に出勤し，同行にとって重要な役割を果たした。

　　　　件ニ付，示談アリ

と，第十五銀行頭取池田章政以下役員が松方に呼び出され，第十五銀行を日銀
へ合併する案の理由を聞いている。その後柏村は，早速この件を井上馨に相談
している。

　次いで，3日後の『柏村日記』同年11月10日条には，次のように記されて
いる。

　　　　銀行へ出勤，午時半ヨリ頭取並世話役ノ内ニ，田，北川，鬼塚ト共ニ，
　　　　［岩倉具視］右府公ヨリ召喚ニ付，参邸ノ処，井上外務卿ヨリ日本銀行ヘ
　　　　合併セラルヘカラサル理由，及ヒ政府理財上将来ノ目的等ヲ説示セラルヽ
　　　　ニ付，篤ト勘考ノ上，尚示談ノ趣モアルヘシト答フ，外ニ肥田浜五郎モ一
　　　　席ナリ

岩倉右大臣がこの合併案が持ち上がっていることを知ったようで，第十五銀行
の池田頭取や柏村らが岩倉に呼び出されて，昼十二時半に参邸した。3日前に
柏村が井上馨に会って相談した時，井上は大反対したらしく，ここで柏村は岩
倉に，先日井上が合併に反対した理由，そして井上が政府の金融制度政策の目
標を説いた点，それを受けて第十五銀行側がよく検討し，なお井上と話し合い
をすることもある点を答えたという。肥田浜五郎は，一般には造船技術者とし
て知られているが，岩倉の信認が厚く，第十五国立銀行創立にも関係しており，
この頃同行の「監督」職であった[19]。

　さらに6日後の『柏村日記』同年11月16日条には，

---

19)　土屋重朗『近代日本造船事始－肥田浜五郎の生涯－』（新人物往来社，1975年）234-
　　236頁。ちなみに，旧稿「明治期における旧長州藩主毛利家資産の由来と性格」発表後，
　　肥田浜五郎に関する鈴木淳「咸臨丸機関長肥田浜五郎の明治」（同編著『経済の維新と
　　殖産興業』ミネルヴァ書房，2022年，所収）が刊行されたが，そこで肥田も関わった
　　82年における第十五銀行と日銀の合併案にふれていないのはよいとして，肥田が岩倉
　　具視に重用されて第十五銀行の創立に関わった点を「華族を資本家に転化させる枠組み
　　を作」ったとし（47頁），華族の第十五銀行への出資や皇室財産の設定を「華族や皇室
　　の資本家への転化」（75頁）などと捉えている。このようなマルクス主義的ないし華族
　　資本論的な捉え方しかしてこなかったことが大名華族資産家や皇室財産の歴史像を大き
　　く歪めている点は，本書冒頭や第4章などで指摘する通りである。また明治になって，
　　旧大名は政府から年貢の1割を家禄として支給されるようになったため，「多くの旧大
　　名は藩財政の悪化が家計を圧迫していた幕末より豊かになった」としているが（70頁），
　　これも本書冒頭で述べたように明白な誤りである。

100 第1部 明治期における毛利家資産の由来と性格

　　　午後二時ヨリ池田章政殿邸ニテ日本銀行ヘ十五銀行合併ノ件ニ付，世話
　　　[役] 中及ヒ肥田浜五郎集議ニ付，出頭，十五銀行資本千万円，日本銀行
　　　ヘ加入スルニ付，其代リ既成鉄道公債額面ヲ以，払下ト，銀行条例ノ上，
　　　普通ノ営業ニ付テ利益割合及公債［2文字空欄］ノ益金準備金仕用ニ付，
　　　発行紙幣減耗ノ割合等，計算ノ事ヲ肥田氏ニ依頼シ，出来ノ後，更ニ会議
　　　ヲ催シ，何分ノ趣ヲ［岩倉］右府公ヘ上申スルコニ決ス

とあり，頭取の池田邸に世話役と肥田らが集まって，合併問題を検討した。第
十五銀行の資本金は 1,782 万円だから，上記は同行を分割して，資本金1千万
円分を日銀に合併させるという案らしい。その見返りに，「既成鉄道公債」を
額面で払下げてもらい，また存続する第十五銀行の利益，同行発行紙幣の償却
などを計算して，損得がどうなるかを肥田浜五郎に依頼した。その計算ができ
てから，また会議を開いて，結論を岩倉に報告することとしたという。「既成
鉄道公債」とは，中山道鉄道公債はまだ発行されていないが，合併後のことな
ので，まもなく発行される予定の鉄道公債という意味であろう。いずれにして
も緻密な思考力のあった肥田浜五郎に損益の検討を依頼した。

　そして2週間後の『柏村日記』同年11月30日条に，

　　　銀行ヘ出勤，日本銀行ヘ加入損益計算取調書出来ニテ，肥田氏持参ニ付，
　　　世話役以上，山崎屋楼上ヘ集会，承之了テ副支配人高橋公債買入ノ件，未
　　　決中，吉川金兵衛ヘ買入云々申入，甚不束ノ取計セシ顛末ヲ頭取ヘ陳述シ，
　　　且身柄日勤不仕ニ付，如斯不都合ヲ生スルニ付，別ニ正支配人撰定ノ上，
　　　元世話役ヘ復任ノ義ヲ請願ス

とある。肥田の計算書ができあがり，会議を開いた。肥田の計算結果を了承し
て，あとは別件で，副支配人の不始末があり，柏村は，自分は毎日出勤できな
いので，別に正支配人を選んでもらって，元の世話役専任に戻りたいことを願
い出た，という。ここで第十五銀行の日銀への合併問題は，否認という結論と
なって，決着がついたらしい。この後，『柏村日記』には，この合併問題は現
れない。要するに，松方の提案を，第十五銀行側が蹴ったわけである。

　『三井銀行八十年史』には[20]，

---

20)　同書（1957 年）556 頁。

第2章　明治前期の資産と収支（2）　101

　　松方正義は，［中略］明治十五年新たに中央銀行として日本銀行を創立し
　　た。初め，松方には第十五国立銀行を中央銀行に切り替える腹案があった
　　が，第十五国立銀行当局者は，創業以来の伝統を重んじてこれを拒んだた
　　め，新たに日本銀行が設立されたのである。

とある。しかし日銀設立以前に松方が第十五銀行を中央銀行に移行させる案は，
他の文献には見当たらず，この記述は，日銀設立後の上記の合併案が不正確に
記述されたものではなかろうか。

　　松方は，1887年2月に日銀からの出願に基づいて同行の資本金を1千万円
から2千万円に増額させる案を，井上馨外務大臣を含む閣議の賛成を得て実現
させている[21]。日銀の資本金規模を倍増させるべきとする松方の意見がよう
やく実現した。

　　次に，横浜正金銀行への出資は87年から始まり，同年新株2千株を20万円
で取得している。これは日銀などからの借入金23万円を原資としたもので
あった（後掲表2-10のように，同年23万円借り入れて，年末残高は21万円）。
この年，海防費として政府への献金10万円などもあったから，当初の借入予
定額は40万円であった。前田家も日清・日露戦時期の軍事公債応募に際して
第十五銀行や日銀から借入を行うようになるが，毛利家はもっと以前から国家
的事案でもない通常の株式取得のために借入を行っている。この点も，慎重な
前田家とは異なる。

　　そして正金株は当初の新株2千株が89年には1千株となり，その後も減ら
して93年には300株となった（後掲表3-8の史料）。しかしこれも当初からの
予定であった。家令柏村が元徳に提出した87年5月12日付の「廉書」には，

　　横浜正金銀行新募株弐千株，内蔵寮ゟ譲渡ノ分ハ，満期払込迄ハ［柏村］
　　信名義ニシテ差置，該銀行其外ニ而，金四拾万円借入，皆払，本株券請取
　　之後，漸次売払，負債償却，益金ハ［防長］教育会ニ差加候積リ

とある[22]。この文書には，元徳の承認を意味する「諾」の印が押されている。

───────────

21）『日本銀行百年史』第1巻（1982年）371-372頁，徳富猪一郎編『公爵松方正義伝』
　　乾巻（1935年）928-930頁。
22）『立案録』（9諸省／650）所収。この「廉書」には横浜正金などから借入するとあるが，
　　借入先は日銀・第十五銀行および正金からになった。このうち正金には同年7月4日に
　　5万円を返している（表1-3の史料および『用達所日記』）。『要旨実施備忘録』（9諸省

102　第 1 部　明治期における毛利家資産の由来と性格

同行新株は 87 年に発行されたが，毛利家は旧株を所有していなかったので新株の割当がなく，したがって発行市場で取得したのではなく，宮内省内蔵寮から払込額という条件で譲ってもらったのである。じつは当時の内蔵頭は，毛利家家政に深く関わった杉孫七郎であった。そして同家は取得後，漸次売却し，値上がり益を実現させて，それを防長教育会に寄付する，という予定だった。

　防長教育会とは，1884 年に毛利家が 10 万円を拠出するなど同家の主導で設立された旧藩関係の育英会である（会長毛利元徳）。おそらく宮内省も，毛利家の自己利益追求のためではなく，利益は奨学資金に使用されるということから，便宜を図ったのであろう。ただしこの計画は，実際には変更された。史料には付箋がついており，「新募株弐千株之内，壱千株ハ御所有ニ相成，残リ壱千株ハ払込金額ニ而，野村靖，品川弥二郎，桂太郎エ売却ニ相成ル」とある。1 千株は野村靖ら長州系政府高官・高級軍人に払込額で渡した。そして史料には，「一，従前，教育会所有ノ［横浜正金］株ニ対スル新株ハ，御当家ノ御所有ニ致，七分利［金禄］公債券ト漸次入替ノ積リ」とあり，じつは防長教育会はすでに正金株を所有しており，それに対して割り当てられる新株は毛利家所有にして，金禄公債を減らす方針という。防長教育会と毛利家の関係は融通無碍というか毛利家の私物であるかのようである。またこれにも付箋が付いており，「教育会持［横浜正金］旧株ニ対スル七百三拾五株ニ対ス新株百個ハ平保太郎照会ニ而，北村重兵衛へ譲渡，残ル六百三拾五株ハ教育会所有トナル」とある。「平保太郎」とは，旧土佐藩士中平保太郎であろう。北村重兵衛も旧土佐藩士である。教育会に割り当てられる正金新 735 株のうち 100 株は北村に譲り，635 株はそのまま教育会所有になったという。これも，教育会の所有株を毛利家の意思だけで動かしているごとくである。そして後述のように，これらは井上馨による指示の可能性が濃厚であるが，たとえそうであっても家職らや当主はそれを受け入れているわけである。

　やや話がそれるが，所有株など資産の運用方法とも関わるので，もう少し毛利家と防長教育会の関係について論じると，そもそも同教育会設立時の毛利家 10 万円寄付のいきさつも興味深い。同教員会会長も歴任した江木千之（岩国

/655）に 1888 年と推定される借入明細があり，第十五銀行から 8 万円，日銀から 9 万円，不明（これも日銀か）4 万円，計 21 万円となっている。

第 2 章　明治前期の資産と収支 (2)　103

藩士家出身，官僚，文部大臣などを歴任，1853-1932）の談によると，

　　［明治］十七年の頃になると，大分其教育振興の話が熟して来て，十七年
　　にはもう毛利家は，［明治］十二年に問題となった五万円［の寄付］どこ
　　ろではない，もっと巨額の金を出されて宜かろうと云ふ希望が高まって来
　　たが，それは家令の柏村翁が毛利家財政上の都合を言ひ立て容易に承諾し
　　さうもなかったので，遂に山県［有朋］さんと井上［馨］さんが元徳公の
　　御前に出で，柏村翁列席の上で，元徳公の親裁を乞ふ事になり，終に十万
　　円を出さるゝと云ふことになったのであります。
　　［旧岩国藩主］吉川家では二万円出されるやうに私共は希望を持って居っ
　　たが，是も財政上余程困難であるので，到頭吉川家々令下連城氏，玉乃氏
　　［玉乃世履，旧岩国藩士，当時大審院長］其他吾々の旧臣が［吉川］経健
　　公の御前会議を願って，経健公の親裁に依って二万円出さるゝことに決定
　　したのでありました。［中略］［元長府藩主毛利］元敏公は今日は国家の為
　　に別段尽すこともないのに斯く位［位階のこと］を進められることは洵に
　　感激に堪へぬ，何か公共事業に金でも出して皇恩の万分の一に報ひ奉りた
　　いと云ふ趣旨で一万円差出すと云ふことを決定せられて，それを［旧長府
　　藩士の］乃木希典氏等に言渡された。そこで乃木氏は之を防長教育会に寄
　　附せらるゝことに取計った[23]。

などとある。要するにここでも，後述の北海道開墾事業などと同様に，家令は
財政責任者だから余計な出費は抑制したがるのに対して，家職でない有力旧臣
の当主への直接の説得によって，当主も進言に同意するというパターンがみら
れる。また引用文にある吉川家家令下連城こそ，前記のように，吉川家は江戸
時代には大名ではなかったと主張して，近世から多額の資産を近代の同家に継
承させた立役者であった。前掲，桂芳樹『下連城と三須成懋』によれば，この
時の吉川家の様子がもっとリアルに記されている[24]。

　　さて，明治十七年四月，玉乃が井上［馨］宅に呼ばれ，その席には山県
　　［有朋］参議や野村［靖］逓信［駅逓総官］以下，宗支［宗家と支家］の
　　令扶や山口の県官数人もいた由で，学費醵出の相談があった。そして，示

---

23)　防長教育会編『防長教育会百年史』（同会，1984 年）32 頁。

24)　同書，99-101 頁。

された案によると，宗家（毛利）から十万円ないし十二万円，豊浦（毛利）［旧長府藩毛利家］は一万円，岩国（吉川）は二万円，徳山（毛利）［旧徳山藩毛利家］，清末（毛利）［旧清末藩毛利家］は任意，［中略］そして，豊浦からは即座に，右割当受諾の回答があった由，なお，宗家へは井上・山県両参議がお願いに伺うから，吉川家へは玉乃が当れということであった。［中略］

　玉乃は驚いて，早速吉川邸へ行き，下家令へ井上より相談の始末を報告したので，下も驚き，かつ憤慨し，とりあえず，主人に申上げ，熟議の上で回答することを約した。

　ここに於て下は思うのである。此度の寄附は宗支の交際上の事より起きたのではない。圏外の事だから，此度は腹を据えて，たとえ岩国出身の官員とも絶交しても構わぬ，玉乃の顔を潰しても背に腹は替えられぬ，独立独行，びた一文も出すものか［中略］当時吉川家には，親族由緒に困窮者があり，吉香神社の移転問題があり，［中略］先に手を着けねばならぬ事がたくさんある。［中略］

　右に並べたような理由で，これ以上の寄附は出すまいと決心したのだが，岩国出身者の総攻撃にあい，［中略］主人の［吉川］経健が折れたので，遂に敗れ，割当額には応じ難いが応分の出金はなされたいということで，金一万五千八百円の寄附ということになった。
［中略］寄附をするについても，その金額が豊浦より上ということは我慢なりかねたようである。従前から，また当時も，何事にも豊浦の次席に置かれていたのに，出金だけは豊浦より上というのは，せめて同額に押えたかったようだが，これも遂に通らなかった。

　ところが，一件はそれだけで治まらず，井上参議らの割当て通りに，吉川家は二万円を取上げられることになったのである。

結局，吉川家の家令らがいかに抵抗しても，井上馨・山県有朋・野村靖らの原案通りになった。要するに，井上馨らの案に最も抵抗したのが，吉川家であった。同家としては，不遇だった江戸時代に苦労をかけた旧岩国藩士・旧領民のための出金ならば惜しくはないが，山口県全体の教育に対して出金することは「圏外の事」であり，寄付する筋合いではないとの認識であった。実際，吉川

第 2 章　明治前期の資産と収支（2）　105

家は義済堂の運営など旧岩国藩の士族授産事業には熱心であった。江戸時代を
通じて，吉川家は毛利宗家の家臣とされ，大名（すなわち徳川将軍家の家臣）
としては毛利宗家と一応同格だった支藩主家の下座に位置づけられ，明治に
入っても毛利一族らはその扱いを改めようとしなかったのに，カネを出す時だ
けは他の旧支藩主家より多く出せとはなにごとか，というわけである。過去の
長い歴史を背景とした同家のあるべき社会貢献とは，旧岩国藩領限定なので
あった。

　他方，毛利宗家の社会貢献も独特であった。前田家の場合は，むろんしかる
べき向きには多額の寄付をするが，評議員など家職ではない有力旧臣も，家職
と同様に，同家の資産ないし経済的利益を守らねばならないという現実主義的
な姿勢が顕著だったのに対して，山県・井上ら毛利家有力旧臣らは，維新の魁
として高邁な理想を掲げて新政府を樹立させた手前，毛利家に対しても大名華
族の範たる行動を示すべきという，理想主義的・自己犠牲的行動を要請した。
それは，中央政府の高官・高級軍人として，日本全体を視野に入れたリーダー
シップをとるという自分らの立場に箔をつけ，政官軍界における長州閥の威信
を保つためにも必要なことであった。したがって毛利家の社会貢献は，必ずし
も旧領・旧藩士に対するものに限定されなかった。そうした旧家臣らの進言に，
毛利家の置かれた立場をわきまえた当主元徳も，進んで理解し同意したのであ
る。しかし，同家の資産には限りがあるのに対して，そうした社会貢献をすれ
ば切りがなくなる。これは，同家の資産額が次第に前田家のそれに追いつかれ，
やがて抜かれる重要な一要因となった[25]。

---

25)　ちなみにここには，この頃すでに長州閥筆頭の実力者になっていた伊藤博文が現れな
　い。また『世外井上公伝』には井上馨の毛利家への関わりが詳述されているのに対して，
　伊藤や山県有朋の公式伝記には，明治期以降の毛利家への関わりについてまったくふれ
　られていない。しかし，山県は 1882 年に元徳の要請によって毛利家顧問になっており
　（『柏村日記』明治 15 年 4 月 12 日条に，「［第十五］銀行へ出勤，帰路，［中略］山県有
　朋へ毛利家事御身上ノ義ニ付，顧問御依頼ニ付，［元徳の］御手翰ヲ持参シテ詳細ヲ口
　陳ス」と，元徳の命により家令柏村が山県邸に赴いて顧問就任を依頼している），その
　後，防長教育会設立時や前述の旧諸隊賞典復旧請願への対応，後述の百十銀行救済の際
　など同家家政の重要案件に関する会合に井上馨らとともに出席している。伊藤博文も多
　忙の合間を縫って，野村靖・山田顕義・杉孫七郎らとともに，同家の非公式会議に時折
　出席している。井上も伊藤も長い期間，毛利邸のすぐ近くの同じ高輪近辺に邸宅を構え
　たから，空いていればすぐ顔を出せたのである。そして井上とともに伊藤や山県が出席

106 第1部 明治期における毛利家資産の由来と性格

ところで前出の史料には，防長教育会が正金旧株を所有していたとあった。このいきさつについて，江木千之の回想によれば，

　　防長教育会が成立つてから，その資金をどうして持っておったら宜しかろうか，ということになったところ，井上［馨］さん達の考えで，横浜の正金銀行がしっかりした銀行だから，あの株を買っておいたらよろしかろうというので，よく記憶せぬが，一株百幾十円かで買われたところ，数年のうちに四百円からに騰った。そこでこれを売って現金とせられたら，［中略］一躍して余程の額に達し，それから三井物産に預金を為し，その後毛利家に利子をよくして預かって貰ったりして，とうとう資金が殖えて，百万［円］以上となり［後略］

とある[26]。引用文中にある，毛利家に比較的有利な利率で預かってもらった点は後述するとして，やはり井上馨の意見で，正金株を買い，しかもそれを売却・現金化して，三井物産に預けたという。その1887年の物産との契約書も，以下のように残っている（『立案録』所収）。

　　私立防長教育会資本金ヲ東京府下兜町五番地三井物産会社ニ預ヶ金ヲ為スニ付，結約スル条款，左之如シ

　　第一条　本教育会ら三井物産会社江預クル貨額金三拾万円［「五拾万円」を消して訂正］ヲ極度トシ，其出納ハ総テ通帳ヲ以テ証拠トスヘシ

　　　　［以下，略］

第2条は，物産が預かった資金は利子付で，年利6分5厘とある。これは当時の市場金利程度であり，教育会は不利ではなく，むしろ有利と思われる。銀行預金にしなかったのは，こちらの方が有利だったからであろう。これも井上馨の口添えと思われる。物産も育英団体だから便宜を図ったのかもしれない。その代わり，第3条には，預金の半額は約定期日から2年間は引き出さないもの

　　すれば，会議は彼らが主導したであろう。さらに1900年代になると，山県も伊藤も井上らとともに（評議員に相当する）毛利家家政協議人になった。同家史料からは，長州系政府高官らが毛利家を旧主君として奉りつつ，（本当は仲が悪い場合も多かったのだが）結束している様子が窺える。もっとも後の百十銀行救済において，伊藤の弁によると，自分は財政に詳しくないので井上馨に一任するなどといっており（後述），彼は毛利家の具体的な資産運用についてはあまり介入しなかったと思われる。

26）　前掲『防長教育会百年史』37頁。

とするとあり，附則として，三井銀行が三井物産の保証人とする，とされている。

　防長教育会の資産には多額の貸金もあり，1890年前後頃，同教育会は小野田セメント会社に7万円もの貸金があった[27]。しかしこの貸金から得た利子の処理が問題である。『賞典金其外諸払計算帳』（表1-8の史料）の91年1月の記事には，

　　金四百五拾円

　　是ハ，防長私立教育会ゟ［小野田］セメント会社㆓貸金七万円㆓対スル廿
　　三年七月ゟ十二月迄ノ利子金壱千七百五拾円収受ノ内，壱千三百円当用金
　　㆓払渡，残金，右之辻，請取候

とある。防長教育会の利子収入を，毛利家は自分の収入のように，一部を当用金に入れ，残りは山口用達所が受け取って賞典金支払いに当てているのである。一見，同教育会と毛利家の財政は混然一体のようにみえるが，なんらかの理由があると思われる。たとえば，小野田セメントへの貸金は，実質は毛利家による貸金の可能性もある。しかし1890年頃，毛利家には防長教育会へ立替金2万円余はあるが，7万円もの貸金の記録は見当たらない（以下，『要旨実施備忘録』）。あるいはこの頃，教育会は自らの正金株・大阪鉄道株を担保に5万800円を第十五銀行・日銀から借り入れているが，その利払いを毛利家が行っていたために，セメント会社から利子を受け取ったのかもしれない。この頃，毛利家家職が防長教育会職員を兼務しており，教育会は実質的に毛利家のもとで運営されていた[28]。このためであろう，毛利家の史料には，第十五銀行・日銀からの教育会借入金の明細ばかりかその返済方法案も記しているし，毛利家も教育会所有の正金240株・郵船300株を「信用」で借りて，それを担保として第十五銀行から4万8千円を借り入れるなど，同家と教育会の資金関係は

27）　小野田セメントの防長教育会からの7万円借入は，『小野田セメント百年史』（同社，1981年）96頁に記されており，89年11月4日借入とある。この借入は，同社による山口県士族就産所からの7万5千円借入（88年10月）の継承であった。就産所の解散によりその資産が防長教育会に移された。また『防長教育会百年史』に，「次いで明治二十二年には，士族授産所（ママ）から七万円の追加寄附があった」（36頁）とあるのが，それであろう。

28）　たとえば，『用達所日記』明治22年6月26日条。現在も同教育会の事務局は，毛利家高輪邸所在地だった付近にある。

108　第1部　明治期における毛利家資産の由来と性格

大変に錯綜していた。

じつは，このように毛利家と教育会の間で株式貸借などを融通無碍に行えたのは，この頃教育会はまだ法人化されておらず（財団法人化は 1899 年）[29]，教育会所有株は会長たる元徳（および嗣子元昭）名義だったという事情もある。たとえば，前記のように毛利家が正金株を取得したのは 1887 年だったが，86 年頃に教育会所有の正金旧株 735 株は，元徳名義 535 株・元昭名義 200 株であった[30]。それでも別組織の会計処理を混同させるようなことは，他の大名華族ではあまりないことではなかろうか。前田家についていえば，同家の寄付を主体として，日本初の民間育英事業団体である，旧領関係者のための「育英社」を 1879 年に設立させた（現加越能育英社）[31]。その後も同家がたびたび寄付をしたり地所を無償貸与するなどの便宜を図った。しかし同家家政史料には，「育英社」の財務データなどはまったく存在せず，完全に別組織としての運営だったことが明白である。

関連して，やや後の 1893 年の史料であるが，「両公伝史料」の『忠愛公伝』第 9 編第 3 章第 5 節第 4 項（1920 忠愛公伝）に，「参考史料」として防長教育会商議員会の議事録が収録されている。第 1 回（同年 5 月 22 日）には，第 8 議案として，

　　　教員会ノ資産ハ，毛利家世襲財産中ノ一部ニ加ヘ，其性質ヲ明カニシ置ク
　　　「

と，防長教育会の資産を，なんと毛利家の世襲財産の一部にしてはどうかという議案が出されていた。この時は案件が多かったためか，「半途ニシテ決議ニ至ラス」，次回に持ち越した。そして第 2 回（同年 6 月 1 日）では，

　　　前会第八ハ，教育会ノ資金ト毛利家ノ財産トハ混同スヘカラサル性質ナル
　　　ヲ以テ，毛利家世襲財産ノ一部ト為スヘシトノ説ハ，商議員挙テ不賛成ヲ
　　　唱フ

とある。要するに，前回の，防長教育会と毛利家の資産の区別をあいまいにす

---

29)　前掲『防長教育会百年史』612 頁。

30)　『横浜正金銀行史資料』第 1 巻（坂本経済研究所，1976 年）所収の株式名簿による。

31)　『前田利為』（前田利為侯伝記編纂委員会，1986 年）543 頁以下，および公益財団法人加越能育英社ホームページによる。

るかのような提案は，さすがに議員一同から疑義が出て否決されている。5月の第1回は「井上伯官邸」において，井上馨，杉孫七郎，柏村信，さらに江木千之を含め7名が出席し，第2回は毛利高輪邸において新たに4名が加わり11名の出席によって開催された。この時まで井上は同教育会の「資金世話人」であった。5月の公私混同そのもののような提案は，「資金世話人」たる井上馨によるものではないか。さらに上記の教育会・毛利家両財務の錯綜も，多くは井上の指示のように思える。井上は明治前期に（あるいは幕末から）公私の区別を便宜的に取り扱って，融通を利かせすぎるところがあり[32]，こうした点を批判されたり誤解を受けたりしたことはよく知られている。やはり井上馨とはそういう人物であった。ただし毛利家財務のあり方を特徴づけたのは，井上の影響ばかりではない。もともと毛利家の家政運営は，前田家に比してやや厳格さを欠き，ルーズな面があるように思われる。だからこそ幕末期に長州藩はリスクのある政治行動をとれたのではないか。

　さて表2-3に示すように，株式について要用金第一類と第二類の組替が時々あり，最初から第二類所属のものもある。これは，その銘柄の確実性・有利性についての毛利家の認識を表しているはずである。たとえば，旧臣が設立に関わり同家が当初から出資していた東京電灯や，やはり設立時から出資していた東京人造肥料も，当初は第一類であったが，その後成功への確信が揺らいだのか，一時，第二類に移管されたこともあった。東京ホテル（90年に帝国ホテルとして開業）さえ，第二類であった。

　近年の日本経済史学では，地方資産家による地元地域への株式投資について，純然たる利殖目的かもしれないのに名望家的投資として議論する向きが一部にある。ここで，当初の投資時から要用金第二類に属す株式は，明らかに純然たる利殖目的とはいえない投資である。しかしそのような株式投資は，同表では，品川硝子・東京ホテル・共栄社・日本舎密の4銘柄にすぎない。後述のように旧藩関係者による創業の支援や新産業の振興，あるいは政治的立場からの支援とみられる投資も，じつは十分利益が見込まれるものとみなして投資したのであり，名望家的投資は同家でもそれほど多くはなかった。とはいえそうした投

─────────────

32)　文久年間に井上が適当にいいくるめて藩の公金などを遊興費や渡英資金に当てたことは，『世外井上公伝』第1巻（1933年）にも記されていることである。

110 第1部 明治期における毛利家資産の由来と性格

資がなかったわけではない。

　これに対して前田家では，毛利家と異なってそのような投資はほとんどな
かった。しかし寄付はかなり行った。アンドリュー・カーネギーは，友人の契
約書類に裏書きして保証するくらいならば，「要求されただけの金額をすぐ出
して，その人にあたえてしまうことである。自分の名を貸すのは最後の手段で，
賢明な人は，自分の名を大切にするものなのである」と記している[33]。「賢明
な人」は，成功が不安視されるような投資を行って自らの名前を傷つけないよ
うにするということでもあり，そうした投資をするくらいならば，寄付すれば
よいということであろう。たしかに前田も毛利も，投資にあたって自らの名を
出さず家職による名義株をさかんに用い[34]，「自分の名を大切に」した。ただ
し前田家は，寄付も相手に無駄遣いをさせないように慎重に行った[35]。ジョ
ン・ロックフェラーは，「寄付ほどたやすく［相手に］害を及ぼす方法はほか
にない」と述べ，「ただの寄付ではなく，賢明な寄付をするべきだという義務
感を抱いていた」とされる[36]。名望ある大資産家が，自らの名誉を傷つけず，
相手にも害を及ぼさないような賢明な投資や寄付に心を配る点は，世の東西を
問わず，また貴族か否かを問わない。

---

33) アンドリュー・カーネギー『カーネギー自伝』（中公文庫，2002年）181頁。

34) 前田や毛利が所有株を家職らの名義株にした理由は種々あり，前田家の場合，最も多
かったケースは，家職を株主総会に出席させて経営動向を把握しておくためであったが，
他に，前田家が中小零細企業へ投資するのは同家の沽券にかかわるといったこともあっ
た（洲崎養魚会社の例）。毛利家でも，後述の北海道鉱山会社のように経営が悪化した
企業の株を救済的に引き取った場合，不良会社の株主に同家が名を連ねるのは体面上よ
くないと考えたからであろう，全面的に名義株にした。もちろん前田・毛利ともに，た
んに利殖の具体相を知られたくないために名義株にしたと思われる場合も多い。すでに
豊かな資産を有する名望家が強欲に蓄財せんとしたり，資産があまりに多すぎることも，
一般に良いこととはみなされないからである。したがって株式のみならず土地所有や鉱
山投資なども他人名義にすることが少なくなかった。他方，たとえば全部の資産を他人
名義にして隠すことも不自然なばかりか，それにより資産が乏しいとみなされることも
また望ましくなかった。明治後期の前田家は，このような観点から，公告される世襲財
産をどの程度設定するか，毛利や島津など有力大名華族と比較しつつ慎重に検討してい
た（前掲，拙稿「明治後期における前田侯爵家の資産と経済行動」43-44頁，および本
書第2部第6章(5)を参照）。

35) 前掲，拙稿「明治前期における旧加賀藩主前田家の資産と投資意思決定過程」参照。

36) デイヴィッド・ロックフェラー『ロックフェラー回顧録』上（新潮文庫，2014年）
32，49-50頁。

第 2 章　明治前期の資産と収支（2）　111

　さて東京電灯は，日本初の電力会社として 1883 年に設立された。設立にあたって主導した電気技術者藤岡市助が岩国藩士家出身であり，元官僚の同社初代社長矢島作郎が徳山藩士家出身だったこと，また電気事業を新時代の新産業とみなしたことが，同家が設立当初から出資した契機だったであろう[37]。ただし上記のように，利益は見込めると踏んだ投資のはずである。同社の発起人は，矢島作郎・原六郎・大倉喜八郎・三野村利助・柏村信・蜂須賀茂韶であり，原六郎は長州出身ではなかったとはいえ，幕末長州藩の倒幕運動に関わり，三野村利助は 1878 年頃に毛利家「御相談人」になっていた。大倉喜八郎も前記のように毛利家とは関係が深く，発起人の大半が長州藩ないし毛利家関係者といっても過言ではなかった。開業当時の株主名簿をみると[38]，他の大名華族もいるが，筆頭株主矢島作郎 230 株のほか，柏村信 110 株，藤岡市助 50 株，谷村小作（毛利家家職）30 株，広岡助五郎 30 株，兼重成一（山口県士族）20 株など，長州藩関係者や毛利家出入商人の名がめだつ。毛利元徳・元昭名義の株はないから，柏村や谷村ら毛利家家職の株は同家の名義株であろう。しかし同社は 89 年頃，経営危機に陥った。ここで同社は安田善次郎に援助を依頼し，善次郎は同社株を買い入れるとともに，社務調査委員を設けて自らそのトップになるなどして再建に尽くし，経営は再び軌道に乗っていったという[39]。この時，同社株は要用金第二類に格下げされなかったが，それは，『安田善次郎伝』も記すように，同社の事業は本来「最も安全確実の性質を帯びて居る，もしその経営が宜しきを得なば，この特権［東京市の過半へ電力供給する権利］を利用して，相応の利益を挙げ得べき筈」という認識があったからであろう。

　東京人造肥料は，1887 年に，高峰譲吉，渋沢栄一，益田孝らにより，日本初の化学肥料製造会社として創業された[40]。高峰譲吉は加賀藩御典医高峰精一の子であり，1880 年，最初の海外留学の際に前田家本郷邸へ挨拶のため参上し，前田家側の記録には「工部大学校卒業生高峰譲吉，英国へ留学被命，近

---

37)　以下，『東京電燈株式会社開業五十年史』（1936 年）による。
38)　同上，35-37 頁。
39)　矢野竜渓『安田善次郎伝』（中公文庫，1979 年）196-197 頁。以下の引用は，同書，196 頁。
40)　日産化学工業社史編纂委員会『八十年史』（同社，1969 年）第 2 部第 1 章。

112　第1部　明治期における毛利家資産の由来と性格

近日，出船ニ付，為御暇乞参邸ニ付，金弐拾円被下候事」とある[41]。明治後期にアメリカ在住の譲吉と契約してタカジアスターゼを独占輸入していた三共が1913年に株式会社化し，譲吉を社長に据えて国内でのタカジアスターゼ生産を開始すると，前田家も譲吉からの依頼により同社株を持つようになる。しかし同家は，東京人造肥料にはまったく投資しなかった。毛利家との大きな違いを示している。

　東京家畜市場会社は，1887年に設立された。『港区史』下巻（1960年）によれば，「鈴木源蔵」が86年に屠場として浅草家畜市場を浅草千束村で設立し，それを継承して増資のうえ東京家畜会社が成立した。さらに同社は89年に神戸家畜会社を併せ，資本金を30万円として，日本家畜市場株式会社と改称された。これはその後も発展していった，とされる[42]。しかし，当初経営は良好だったが，90年代も順調に発展していったという点は，毛利家側の史料と異なる。まず『立案録』の，前後が87年の記事である箇所に，家職らが同社への投資の可否を元徳に仰いだ記録がある。

　　　東京家畜市場会社ハ，現今衣食住改良ノ機ニ際シ，都府ニ於テ必用ノ会社
　　　ニテ，創立セサルヘカラス，発企首唱ノ内，鈴木源造ハ正確実着ノ生質（性格カ）ニ
　　　シテ，家畜販売ノ業，経験アル者，且御当家ニ川口町地所買収ノ時，差縫（さしもつ）
　　　レ出来，公訴ノ時，聊カ尽力セシ事アリテ，屢（しばしば）出入致セシ因モアレハ，
　　　弐百五拾株，即チ弐千五百円，［柏村］信ノ名義ニテ加盟申付ラレテハ如（「五千」に修正）
　　　何

　　　　　但，第二課別途ヨリ支払

とあり，「可」の記載の下に家職4名の印，そして冒頭に「諾」印がある。担当家職らの合意の上で，元徳に上申して承諾印を受け，会計第二課から要用金第二類別途金として払い込むこととしている。鈴木源造とは，東京吉原で牛肉店を営業し，1880年に毛利家が後述の埼玉県川口町の耕地等を買い入れる際に仲介した人物である[43]。第二類ということは，順調に利益を上げられるか

41）　『淳正公年表稿』明治13年1月30日条（金沢市立玉川図書館近世史料館蔵）。

42）　以上，同書，501-502頁。89年に神戸家畜会社を合併したのはたしかであり，さらに同年，四日市牧畜会社の合併も決めている（『柏村日記』明治22年6月11日，同6月15日条）。

43）　『柏村日記』明治13年6月23日〜同25日条。引用文の「川口町地所買収ノ時，差縫

第 2 章　明治前期の資産と収支（2）　113

不透明という認識を示しており，それゆえ家名を傷つけないように家令柏村の
名義株とする予定であった。「現今衣食住改良ノ機ニ際シ，都府ニ於テ必用ノ
会社ニテ，創立セサルヘカラス」という文言から，家職や元徳は，利益獲得は
ともかく，日本社会にとって必要だから投資するという考えである。このよう
な投資姿勢は，前田家にはほとんどなかったといってよい。ただし毛利は，同
社株を 88 年に第一類で旧株 80 株・増株 700 株を所有し，その後も第一類で所
有している記録はあるが，第二類での所有は確認できない。おそらく見込みあ
りと踏んで，当初の予定を変更し，最初から第一類に属させたのであろう。実
際当初は配当もあり，その後同家は貸付金も与えた。しかし 92 年前半頃に同
社は実質的に破綻したらしく，同年 6 月頃の記録（『要旨実施備忘録』）による
と，「家畜会社」への貸付金 4 万 6 千円のほか，同社株 65 株（払込金 1,300
円）について，「右，御財産整理ニ付，付ヶ置，財産控除」とある。史料はさ
らに続いて，新川霊厳島の酒商広岡助五郎 1 万 6 千円につき，「右，年賦貸付
金八万壱千円ノ内，前記ノ金額，今般家畜会社貸付金始末ニ付，御詫，迷惑ノ
廉モ不少，依テ前記貸付金ノ内，棄捐シテ附ヶ置，財産控除ノ事」とある。助
五郎に対してはこの時点で 8 万 1 千円の貸金があったのだが，彼に迷惑をかけ
たというのは，90 年 1 月に，毛利家が現金と整理公債で 5 万 3 千円を広岡為
換座に貸し出し，「此金額，悉皆家畜市場会社ヘ貸与」させたことをさしてい
るのであろう（『要旨実施備忘録』）。毛利家が広岡助五郎に対して，家畜会社
に貸すことを条件に 5 万 3 千円を貸付し，それが焦げ付いたのである。結局毛
利家は，同社の経営破綻により，減価した同株の売却損を含めて，6 万 3 千円
余の損失を被った（後掲表 3-20）。もっとも同社は解散したわけではなく，合
併していた神戸家畜会社を 92〜93 年に分離さらに再合併したようで，かつ 93
年に減資を行い，94 年以降も日本家畜市場会社として存続した[44]。

　次に，表 2-3 には品川硝子会社への出資があり，これも結局同社が破綻して

───────────

　　レ出来，公訴ノ時」というのは，川口町地所買収について川口町戸長芝崎平七と一旦仮
　　契約したものの，元所有者宇田川安が全権委任した代人と紛議となり，訴訟に至ったこ
　　とをさす（『柏村日記』明治 13 年 7 月，同 12 月の各条）。
44）　以上，『柏村日記』による。その後も家令柏村は自分で同社株を所有し，しかもおそ
　　らく 94 年初頭頃まで同社社長も務めていたらしく，同社株を最終的に手放した 95 年 8
　　月に同社から感謝状を受け取っている（明治 28 年 8 月 1 日条）。

114 第1部 明治期における毛利家資産の由来と性格

毛利家は損失を被るのであるが，前史として，三条実美家への貸金に関する問題がある。しかしそれは次項で述べるとして，同社の設立経緯の簡単な説明から始めよう。

三条実美家の家令らが1873年に開始した品川のガラス製造（興業社）は，76年に官営品川硝子製造所となり，さらに85年に西村勝三らに払い下げられ，88年に品川硝子会社となった。これに伴い，毛利家は同社株に出資し，かつ貸金も行った。1890年頃，同家の品川硝子株は4千円程度であるが，貸金は同じ頃，じつに7万5千円にも上っていた（後掲表3-14）。同社への出資および多額の貸金を勧めたのも井上馨らしい。そもそも同社社長には，家令柏村信の長男柏村庸が就任していた。ガラス製造という新事業に毛利家は積極的に支援すべきとの意図であろう。91年頃には同社は苦境に陥っており，同年4月26日付の，井上馨宛柏村庸書翰には[45]，

> 先年幣会社設立之際，前持主ヨリ譲受代金之一部，即時払込之為メ，要用有之金参万円借用之義，願出候処，速ニ御聞届ニ相成，難有仕合ニ奉存候，其後，御成規之通，金参千円返納仕候得共，尚会社営業之都合ニ依リ，[明治] 廿二年九月金壱万八千円之増借及昨廿三年六月更ニ会社改革其他負債始末業務取続等之為メ，金参万円増借願出候処，是亦御聞届被成下，全ク御蔭ヲ以テ今日迄営業罷在候段，重々御厚恩ヲ蒙リ，難有奉存候，然ルニ昨年及本年共一般商業不景気，加之製造上之損失モ不少，為メニ御定則之利子モ御上納致兼候場合ニ相成リ，殆ト当惑仕候 [後略]

とある。要するに，会社設立当初，譲ってもらった西村勝三らに代金を支払うために毛利家から3万円を借り，その後も毛利家は同社からいわれるまま，1万8千円，3万円と，追貸をしているのである。そして結局同社は行き詰まった。この時点で，同社は毛利家に対して，「借用金」7万5千円，同利子2,500円，「別口一時借用金」2,400円，同利子37円，総計7万9,937円の債務があった。そこで同社としては，甲案として7万9,900円を同額の株券と交換してもらうことを願い出で，乙案として7万9,900円を当分無利子で据え置いてもらうことを申し出ている。もしこれら両案のいずれも採用されず，これまで

---

45) 以下，「井上馨関係文書」第11冊（国会図書館憲政資料室所蔵）所収。

の契約を遵守せよということになれば，「硝子会社ハ今日ニ解散スルノ外，致方無之，折角山口県下へ着手仕候事業モ半途ニシテ水泡ニ相成，県下ノ株主へ対シテモ申訳無之次第ニ存シ」とある。

毛利家がこれほど同社に肩入れしてきたのは，上記引用にもあるように，89年から窓ガラスなどの製造のために山口県小野田で分工場の建設を開始していたこともあった[46]。この分工場建設は井上からの要求だったとみられる。そしてそのために山口県からも出資を募ったのであろう。毛利家は，同社への7万5千円および柏村庸への2,400円の貸金に92年までなんら変更を加えていないので[47]，同社からの返済猶予などの願出に応じなかったとみられる。小野田工場は柏村庸がこの嘆願書を出した91年に竣工したが，「操業開始に至る前に経済界の変動にあい」，92年11月に解散した。ここでも毛利家は大きな損失を被った（後述）。

日本舎密製造会社は，硫酸などを生産する日本最初の化学会社であり，1889年7月に，山口県の実業家豊永長吉らも深く関与して，小野田に設立された[48]。この企業は破綻することなく存続した。毛利家の同社への出資も，井上馨の同意によって行われたとされる。同家は明らかに，地元企業に投資する傾向が，前田家より強い。

東京ホテルは，よく知られているように欧化政策を進めた井上馨が，鹿鳴館に隣接する地に渋沢栄一や大倉喜八郎らを説いて設立に至った企業だから，この投資も井上の推奨によるものであろう。しかし毛利家は東京ホテル株を第二類に属させていた点からみて，あまり期待していなかったらしい。

共栄社は，山口県徳山の汽船会社である。この頃，瀬戸内海航路は競争が激化しており，同社はその有力なプレイヤーの1つであった。旧領企業支援とみ

---

46)　以下，旭硝子株式会社臨時社史編纂室編『社史』（同社，1967年）12頁。

47)　『第弐基本財産貸付金預ヶ金明細簿』（明治24年）。

48)　前掲，日産化学工業社史編纂委員会編『八十年史』47頁，畠中茂朗「日本舎密製造会社の創業と企業家豊永長吉」（『山口県史研究』15号，2007年），同「明治期地方企業家の成長と事業展開」（『経営史学』53巻2号，2018年）。豊永長吉（1831-1911）は旧長府藩士で，幕末に坂本龍馬とも親しい関係にあった。明治期には実業家となり，1892年から没するまで日本舎密会社の社長を務めた。また後述のように毛利家の融資を受けて筑豊炭鉱経営にも関わっていた。

116　第1部　明治期における毛利家資産の由来と性格

表 2-4　所有公債（要用金，1881-90 年）

銘　柄	1881 年	1882 年	1883 年	1884 年	1885 年
秩禄公債	123,535	55,228	49	—	—
起業公債	42,768	42,768	39,898	39,898	39,898
一割利金禄公債	7,000	11,348	11,348	6,949	4,064
五分利　〃	3,840	7,934	7,934	7,934	7,934
六分利　〃	6,373	8,024	18,126	25,495	28,794
七分利　〃	176,337	232,671	242,029	260,618	226,489
金札引換公債	105,000	105,000	105,000	105,000	105,000
中山道鉄道公債	—	—	—	10,530	58,280
整理公債	—	—	—	—	—
新公債	99,221	98,789	131,653	131,653	137,983
〃　（第二類）	65,325	(65,325)	(65,325)	65,325	65,325
旧公債（　〃　）	…	54,732	—	—	—
［要用金第一類計］	564,075	561,761	556,036	588,078	608,442
［　〃　第二類計］	…	…	…	…	…
総　　計	…	…	…	…	…

出所：表 1-3 と同じ.

注：1）実価.各年 12 月末.

　　2）1889 年までの「銘柄」欄に会計の帰属を記していないものは，要用金第一類.90 年は第一類・第二類の区別

　　3）1882-83 年の新公債（第二類）と 1887 年の旧公債は推定.

られる[49]。忠愛社は，81 年設立で『明治日報』なる新聞を発行した。毛利家は同年 1 千円を出資した。日報社は『東京日日新聞』を発行していた。いずれもこの頃政府寄りの保守系新聞であり，毛利家の政治的立場からの出資にちがいないが，第一類に属しており，利益も十分上がると見込んだ出資だったはずである。

　以上，電気事業，人造肥料製造，食用家畜市場，ガラス製造，硫酸製造，ホテル業と，いずれも新時代の新産業であり，毛利家はこのような新しい試みに積極的に投資すべきと，家職らや有力旧臣らは考え，当主も同意したのであるが，同時にそれにより大きな利益が得られると期待したものが多い。要するに，毛利家の株式投資は，採算性にある程度目をつぶった名望家的投資もまったくなかったわけではないが，むしろベンチャー銘柄志向があり，その結果，成功

---

49)　当時の瀬戸内海航路の動向については，『大阪商船株式会社五十年史』（1934 年）51-54 頁。しかし共栄社も 89～90 年頃経営難に陥り，柏村・井上馨らは社長ら幹部を東京に呼んで，打開策を議している（『柏村日記』明治 22 年 12 月 26 日条など）。

				(円)
1886 年	1887 年	1888 年	1889 年	1890 年
—	—	—	—	—
39,898	39,898	39,898	39,898	39,898
—	—	—	—	—
7,934	3,840	—	—	—
29,120	32,025	23,880	23,880	23,880
294,025	179,139	91,007	—	
97,500	96,500	20,000	20,000	—
55,671	54,984	54,984	54,984	54,984
18,950	20,850	—	58,367	21,300
138,071	138,071	138,391	138,391	⎫ 203,716
65,325	65,325	65,325	65,325	⎭
7,668	(4,268)	…	3,616	3,503
681,170	565,307	368,160	335,520	
…	…	…	68,941	
…	…	…	404,461	347,281

なし.

して大きな利益を得たものもあると同時に失敗もめだつ。幕末期長州藩の行動と同じである。これに対して前田家は，何よりも安全確実を旨として，名だたる優良株に分散投資し，珍奇な事業株には手を出さなかった。具体的には，銀行・保険・鉄道・海運株に集中し，電気・化学工業株に投資するのは 1900 年代以降であり，それも入念な事前調査を経た後であった。こちらも幕末期加賀藩の保守的で慎重な行動と同じである。

　その他の所有銘柄に若干ふれると，大阪紡績株については，前田家は，値上がりしかつ寄付などのために現金需要が発生するとさっさと売却して売却益を得ていたが，毛利家はむしろしばらくの間は投資を増やしていった。前田家が同株を早期に売却したのは，おそらく繊維株は景況に左右され変動が大きいとみなしたからであろう。毛利家も 1892 年に同株全部を売却したが，動きがやや鈍い[50]。その後明治期には両家とも繊維株は判明する限りまったく所有し

　50）　ただしその前の 87〜88 年にも同社株を部分的に売却した。売却は，同社に関係の深い藤田伝三郎に依頼した（表 2-3 の史料および『要旨実施備忘録』）。

118　第 1 部　明治期における毛利家資産の由来と性格

ていない。

　次に，公債所有をみると（表 2-4），大半は，利殖を目的に所有する第一類
であるが，貸金が焦げ付いて担保品が所有物になったり，返済の代わりに受け
取ったりした第二類所属分も，1882 年や 89 年は第一類の 2 割ある。たとえば
81 年の新公債（第二類）6 万 5 千円は，広岡久右衛門が貸金返済の代わりに譲
り渡したものである[51]。前田家でも貸金が焦げ付いて担保を取得した場合は
あったが，毛利家よりかなり少ない。また時期がやや戻るが，たとえば 74 年
に毛利家は，旧公債 2 万 9 千円余を所有していた。これは，73 年に萩町の御
用商人小林喜平（喜兵衛）から 1 万 2 千円分を，山口町の御用商人三輪惣右衛
門から 1 万 9 千円分を買入れたものである[52]。これはおそらく，政府から御
用商人に，藩債に対して旧公債が渡されたので，毛利家が額面で買い取って
やったのであろう。尾張徳川家や前田家に限らず毛利家も，藩債処分によって
不利益を被る御用商人に対して，種々配慮を示していた。

　さらに家職を山口県に派遣し，旧藩士のために金禄公債の買い上げも試みて
いた。結局，買入を取りやめた例であるが，『用達所日記』明治 11 年 12 月 4
日条には，「竹下精一，山口県ェ御用ニ付，被差越，本日致出立候，金八万円
并御用物壱纏メ致，持越候事」と，家職が現金をなんと 8 万円も持参したとあ
る。これは，旧領において旧藩士から金禄公債を買い取るための現送だったら
しく，同月 13 日に下関に着いた家職竹下に対して，高すぎるから買入れは中
止せよと電報を打っている。「馬関滞在之竹下精一へ電報ニテ，前約之金禄公
債証書五万円買収モ，余高価なれハ買入相止メ，残リ現金，山口用達所ェ相渡
シ置可申様，報知ニ及候事」とある。たんなる利殖目的の公債買入ならば，わ
ざわざ山口県まで赴かなくても東京でいくらでも可能だったはずである[53]。

　51）　なお表 2-4 において，金額が翌年減った場合，売却したとは限らない。償還もあるし，
　　　（貸し出す場合も第二類に移管したから）第二類に移して表に現れない場合もある。83
　　　年の例では，七分利金禄公債 5 万 8 千円を第二類に移して，「八家仕組掛」へ貸与して
　　　いる。

　52）　『御要用金収支計算書抜』，『用達所日記』（明治 7 年 6 月 29 日，同 6 月 30 日条），『諸
　　　願伺届扣』（明治 4 年～同 8 年）。切落しがあるので，額面は減少。

　53）　この資金は，1880 年 1 月にも，まだ山口用達所に 4 万円あった。『奉伺録』（明治 13
　　　年）所収の「出納録」には，1 月 21 日「金四万円　右，一時［明治］十一年十二月山
　　　口県下用達所江公債証書買収金引当トシテ御要用金之内ヨリ送置相成候分，今般更ニ

第 2 章　明治前期の資産と収支（2）　119

これに対して前田家では，特別な事情がある場合はともかく，このような公債買入という旧臣に対する配慮は基本的には見られない。公債は両替商に売却できるからである。

（iii）不動産所有と北海道開墾事業

　表 2-5 によって，この時期の不動産所有のあり方をみよう。同表は要用金に属する不動産であるが，当用金には不動産はないはずだから，同表に示したものが所有不動産の大半である。大半というのは，高輪邸・山口野田別邸[54]・鎌倉別邸[55]など自家用邸宅や墓所は，資産に計上していないからである。したがって取得年次が正確に判明しないものもある。しかしそのような自用不動産は案外多い。同家に限らず，大藩大名華族は，旧領など諸所に邸宅・地所を有した。また家の歴史の古さを反映して各地に散在する先祖の墓所・墳墓を多数所有していた。そしてとくに明治前期にはそれらをたいてい資産に書き上げていない。1876 年に，元就の墓所がある広島県の「吉田御廟地付近官林」を 4 千円余で払下げを受けたが（『用達所日記』明治 9 年 1 月 12 日条，元就は安芸吉田荘を本拠とした），明治期の毛利家史料に資産として計上しているものは見当たらず，しかし大正後期には計上している。前田家もこうした不動産を資産としてもれなく計上するようになるのは明治後期からである。明治期以前から所有していたり，政府から下賜された地所は取得価格がゼロだったり，売却換金も想定されていなかったからであろう。その他の動産を含めて，会計史料には直接現れない資産を多く持つのが大名華族である。

　毛利家の場合は，高輪邸[56]・野田別邸・京都別邸[57]・萩別邸[58]・三田尻別

　　　［中略］其儘県下用達所ニ取差置，公債証書買収被仰付候事」とあり，実際にやがて七分利金禄公債などを買い入れたようである（『奉伺録』明治 16 年所収「明治十五年予算」，および第 1 部第 1 章，注 13）。

54）　敬親の隠居所として 1869 年に建設決定，71 年毛利家「野田御殿」となる（前掲『増補訂正もりのしげり』199 頁）。現山口市菜香亭付近。

55）　1890 年 10 月に旧長州藩士進十六（しんそろく）（司法官，のち毛利家家令・家事部長）らから購入した（前掲『山口県の近代和風建築』23 頁）。進十六については，第 4 章注 35 も参照。

56）　梅御殿・下高輪別邸などを含む。梅御殿は，1883 年に敬親未亡人都美子のために，高輪本邸の近くに新築した（『用達所日記』明治 16 年 12 月 28 日条）。

120　第1部　明治期における毛利家資産の由来と性格

表 2-5　所有不動産（要用金，1879-90 年）

所在地	1879 年	1881 年	1882 年	1883 年	1884 年	1885 年
第一類						
東京府平井新田・砂村新田	—	—	29,539	29,539	29,539	29,539
東京府麹町区中六番町	—	—	—	—	—	—
埼玉県川口町	—	13,580	13,441	13,313	13,313	13,313
兵庫県下神戸山手通	—	—	—	—	—	—
宮城県仙台	—	—	—	—	—	—
北海道大江村	—	13,959	41,209	61,747	82,468	—
［第一類計］	—	27,539	84,188	104,599	125,320	42,852
第二類						
東京府南葛飾郡須崎村他	—	…	…	…	…	…
東京府麹町区上六番町	138	…	…	…	…	…
東京府麹町区麹町	5,573	…	1,015	（売却）	—	—
東京府深川西大工町	6,183	—	—	—	—	—
東京府深川富川町	—	—	1,880	1,880	1,880	1,880
東京府新栄町入舟町	7,000	…	…	…	…	…
東京府横綱町	11,000	…	…	…	…	…
東京府越前堀一丁目	17,200	（売却）	—	—	—	—
東京府本所外手町	13,700	（売却）	—	—	—	—
東京府芝新堀町	4,500	…	…	…	…	…
東京府芝栄町	4,800	…	…	…	…	…
東京府芝区白金猿町	—	…	…	…	…	…
東京府三田君塚町	110	…	…	…	…	…
神奈川県横浜平沼町	6,000	6,000	6,000	6,000	6,000	6,000
兵庫県兵庫東川崎町	23,000	…	…	…	…	…
兵庫県福原町	—	—	—	—	—	—
兵庫県下神戸山手通	—	—	—	—	—	—
山口県萩土原村	—	—	—	—	—	—
宮城県仙台	—	—	—	—	—	—
北海道大江村・黒川村	—	—	—	—	—	—
［第二類計］	99,204	…	…	…	…	…
総　　計	99,204	…	…	…	…	…

出所：［毛利家］会計第弐課『御要用金年一紙』（明治十年余利）．
　注：元価．各年12月末．1890 年は第一類・第二類や要用金・当用金の区別なし．

---

57)　三本木中ノ町（現京都市上京区）。遅くとも 1887 年には存在し，修繕費が支出されている（『明治二十年分御当用金御算用一紙』11 政理 /212）。これは旧長州藩邸ではないが，幕末に長州藩士らが倒幕のために密会した吉田屋の近くにあった。ただし毛利家が吉田屋を買い取ったわけではない。この別邸には，敬親側室園（その）が長く居住した（『用達所日記』明治 22 年 5 月 7 日条など）。

（円）

1886 年	1887 年	1888 年	1889 年	1890 年	備　　考
29,539	29,539	29,539	29,539	29,539	地所，82 年当用金から
—	—	—	—	32,000	地所家屋
13,613	13,613	13,613	13,613	13,459	地所
—	11,211	—	—	—	地所，88 年第二類へ
—	—	—	31,200	31,200	地所，89 年第二類から
—	—	—	—	—	開墾地経費金，85 年第二類へ
43,152	54,362	43,152	74,352	—	
…	…	2,300	（売却）		尾崎斑象（南葛飾郡長）質流地
（売却）	—	—	—	—	
—	—	—		—	地所，83 年駅逓局へ売払
（売却）	—	—			
（売却）	—	—		—	地所
（売却）	—	—			
—	—	—			
（売却）	—	—			
…	—	…			
…	…	…	1,175	1,175	地所
…	…		110	（売却）	地所家屋，毛利家君塚町邸か
（売却）	—	—		—	地所
⎫ 27,525	（売却）	—		—	地所家屋
⎭	（売却）	—		—	地所
—	—	11,211	（売却）	—	地所，88 年第一類から
…	…	…	3,500	3,500	地所家屋，萩土原別邸
—	—	31,200		—	88 年買入，89 年第一類へ
…	…	…	103,313	116,075	85 年第一類から
…	…	…	108,098	—	
…	…	…	182,450	226,947	

---

58)　萩には，萩別邸（萩八丁邸）と萩土原（ひじわら）別邸の 2 つがあった（後掲表 3-10）。前者は藩政期の南園御茶屋，後者は渡口御殿か。萩別邸には，10 代藩主斎熙（なりひろ）の 3 男信順の子である順明（1883 年没）と，斎熙の娘八重子（最後の徳山藩主毛利元蕃正室，1900 年没）が，萩土原別邸には信順の娘俊子（喜久姫，1899 年没）が晩年居住していた（『増補訂正もりのしげり』114-116 頁，『用達所日記』などによる）。

122　第1部　明治期における毛利家資産の由来と性格

邸[59]・東京世田谷若林地所[60]は，1893年に初めて資産に計上された。浜町別邸は1890年に売却したが，同邸は政府から無償下付されたものであり，かつそれまで資産として計上していなかったので，売却代6万円をそのまま純益としている（後掲表3-8の史料による。表2-10も参照）[61]。

　また当初，当用金で買い入れたものもある。東京府南葛飾郡平井新田・砂村新田は，前記のように，藩政期は葛飾抱屋敷であった。その117町4反を1879年に同家御用達商人加太八兵衛・地主小田セイから買い戻した（現東京メトロ南砂町駅付近）[62]。買戻しの理由は，元徳の鴨猟のためであった。しかし82年に要用金に移管した。それは，元徳は猟を止めることとし，かつ利益が期待できるためであった。『奉伺録』明治15年11月2日条には，

　　砂村地所之儀ハ，御銃猟等ノ為，御買収相成，御本邸同様，第壱課之担当ニ被致置候処，頃日銃猟御廃止之思召茂被為在，且亦多分之御利益相備リ候ニ付，御要用江加入，利倍被申付候

とある。このため要用金に入れて，「利倍」を申し付けられたという。ここに

---

59)　三田尻邸は，藩政期の三田尻御茶屋。「御茶屋」は，藩政期に藩主が参勤交代の際などに宿泊した藩営の屋敷で，長州藩領に複数あった。三田尻御茶屋は幕末期に七卿落ちの公家らをかくまった屋敷としても知られる。1939年まで毛利家所有であったが，同年8月に同家から防府市に寄付された（『防府市史』史料III，1992年，201頁，同，通史III近代・現代，1998年，83頁）。現在は防府市英雲荘として一般公開されている。「英雲」は，三田尻港の整備を行い，隠居後は三田尻御茶屋に居住した7代藩主重就の諡号。

60)　世田谷村若林の地所には，1882年に吉田松陰を祀る松陰神社が建立された。

61)　『柏村日記』明治23年6月27日条によると，柏村が勤務する第十五銀行へ安田善次郎が来て，浜町邸を5万7千円で買い受けたいと申し出た。柏村は，6万円での購入希望者がすでにいるので，6万円にしてもらえば，予てからの間柄でもあるので，主人の元徳も満足するであろうと答えたところ，善次郎は即座に承諾した。そこで柏村は，一応元徳に上申のうえで後日確答するとしたとある。しかし前掲『安田善次郎伝』によれば，この頃浜町邸を買い入れた記録はなく，翌91年に池田侯爵旧邸（本所区横綱町）を購入して本邸としているから，毛利家は善次郎には売らず，先の購入希望者に売却したのであろう。元徳は順序を重んじる義理堅い性格だったようである。

62)　『用達所日記』明治12年3月9日条に，「今般砂村，本所両新田之内，御旧邸御買入相成」とあり，同日記には，この頃から砂村新田の記事が急増する。1879年の砂村地所買入については，小泉雅弘「近世近代移行期の長州藩毛利家と抱屋敷内神社」（『江東区文化財研究紀要』9号，1998年）56頁，注28を参照。加太八兵衛は，かつての江戸の豪商伊勢八であり，この頃も毛利家の御用達商人であった。

第2章　明治前期の資産と収支（2）　123

も同家の積極的な利益追求の姿勢がみえる。この地所は，明治前期以降（昭和戦前期まで）の前田家深川地所（現東京メトロ東陽町駅付近）の隣接地であり，前田利嗣もこの頃さかんに鴨猟を行っていた[63]。

　川口町の不動産（田畑・宅地・家作等）は，前記のように1880年6月に東京の牛肉商鈴木源造の仲介で同町の地主宇田川安から買い入れた[64]。この地所から小作料を収取し，当初から要用金第一類に属しているから，地代収取目的で買い入れたはずである。1890年代とみられる井上馨宛柏村信書翰にも，すぐ述べる小作料収取目的で取得した宮城県耕地（仙台地所）と川口町耕地が同列に記されている点からも，それが窺える[65]。遠隔地の耕地所有によって小作料収取をめざす場合は，現地の管理人が必要であり，川口地所では買入時の戸長かつ案内役であった同町の名望家地主芝崎平七がそれを担当したらしい[66]。

　仙台地所は，1888年に3万1千円により「田地凡百町歩御買収」とある（表1-3の史料）。これも井上馨の主導したものであった。『世外井上公伝』第4巻（615-616頁）には，

　　[1886年夏に，北海道からの帰途]公は陸前石巻に上陸して宮城県下に入り，農民の事情視察旁々田畑の地価と収益の情況を調査した。これは当地方に於て純収益が買収代価の六七分に当る田地があらば，毛利家の不動産として買入れさせようとの考があつたからである。

とある。その結果，宮城郡など3郡に望みの水田があったので，帰京して協議の上，買収に決し，第七十七国立銀行頭取遠藤敬止らに買収を依頼したという。

---

63)　たとえば，前掲『安田善次郎伝』185-186頁。また1895年5月9日に利嗣夫妻が砂村毛利別邸に招かれ，元徳らに歓待されているほか，隣接地のため両家間で区画整理等，種々交渉が行われている（前田家『諸事留』明治28年，同『評議案』明治45年など）。

64)　『柏村日記』明治13年6月23日〜同25日，同29日条。

65)　「宮木（城）県耕地，埼玉県川口町耕地，登記之手続及催促候処［後略］」とある。年次不明1月24日付，前掲「井上馨関係文書」第11冊。

66)　『第壱基本第弐基本財産月計表』（明治33年）に，1905年の第一基本財産仮払金として芝崎平七に1千円余がある（地租等の支払か）。芝崎については，『川口市史』通史編下巻（1988年）50，88頁。代々平七を襲名しているようで，『日本紳士録』36版（1932年）埼玉県，8頁，同37版附録（1933年）多額納税者名簿，21頁には，「地主」「農業」とある。

124 第1部 明治期における毛利家資産の由来と性格

買収は順調に進み，翌87年12月に井上は家令柏村とともにもう一度仙台に赴き，遠藤と詳細を定めている。遠藤はその後も毛利家仙台地所の現地管理者を務めた[67]。井上はこの頃外務大臣であった。井上の世話好きの一面がよく現れている。

このように毛利家は土地投資も積極的であり，旧領とはまったく無関係の地域の耕地を物色し取得した。それは井上馨の助言も大きかったが，むろん柏村など家職幹部や当主元徳もみな賛意を示し了解した。岩国吉川家も同様に，旧領とは無関係の遠隔地の耕地を大規模に取得しており[68]，その点で両家の投資性向はよく似ている。

他方，前田家は利殖目的の不動産取得は不活発であり，明治前期に所有した石川県の耕地54町も1887年に全部寄付したし，その後明治後期に東京代々木の原野・畑地4万3千坪や石川県の耕地163町を取得したが，それらも比較的短期で手放した。同家が耕地所有にあまり積極的でなかった理由は，小作料徴収を含む土地管理コストを嫌ったためではないかと思われる（現地の管理者が誠実でないと，シチリアマフィアのように中間搾取が発生する）。代々木地所は未墾地が多く，そもそも利殖目的ではなく，別邸用に取得し，わずかしか貸していなかったし（小作料収入は少額），明治後期の石川県耕地の取得は，元の地主らが関わっていた金沢電気の経営で自らが行き詰まったための同家への買取要請に基づくという救済的な性格も有していた。しかも元地主の中心人物たる羽咋郡岡野是保家は，かつて小牧・長久手の戦い（1584［天正12］年）の一環として北陸で起きた末森城の戦いの際に，佐々成政軍の来襲を撃退せんとする前田利家軍に道案内をして支援したとの伝承があり[69]，また近世期には十村（加賀藩の大庄屋）という，数百年間前田家に付き従ってきた旧家であった。前田家が耕地を取得しても，土地管理・小作料徴収は従来通り岡野家らが行い，管理コストはほとんど生じなかった。代々木地所は陸軍に売却して

---

67) 『柏村日記』明治25年8月14日条には，遠藤から仙台地所「収穫米売払廿四五両年分収支決算」が送付されていることが記されている。

68) 前掲，三浦「明治期における華族資本の形成と工業化投資」。

69) この伝承は，杉本勝二郎編『国乃礎』後編下編（国乃礎編輯所，1895年）［復刻版，霞会館，1991年］所収の「岡野是保」，および「岡野家文書（町指定文化財）」（石川県宝達志水町ホームページ）を参照。

代々木練兵場の一部となり，石川県耕地は元の地主が買い戻した。

　表2-5に戻って，その他第二類に東京を中心に各地に所有地があり，かつ1880年代にほとんどを売却している。この大半は質流れ地であった（表1-3の史料による）。これも前田家ではありえないことである。同家では，毛利家のように利子取得目的で多方面に貸付をすることはなかったから，焦げ付くことも，抵当の地所を取得することもきわめて少なかった。表2-5の第二類の地所は，毛利家の積極的な貸付＝利益追及姿勢の結果である。

　次に，大名華族が北海道に広大な地所を所有し，開墾・農場経営あるいは小作経営を行ったことはよく知られているが，それは内地（本州以南）の耕地所有とはまったく性格が異なったものと筆者は考える。

　従来，華族による明治期北海道の広大な土地所有は，官有地が華族に有利に払下げられることによって進展した点が強調されてきた。その代表的研究ともいえる旗手勲『日本における大農場の生成と展開』（御茶の水書房，1963年）では，たとえば「とくに北海道では，明治一九年に制定された土地払下規則にもとづいて，広大な官有未開地が有利な条件で処分されることになったから，［中略］明治二〇年以後きわめて多くの華族などが，北海道において土地所有者になったのである」（50頁）とある。「有利な条件」とは，土地払下規則における当初の無償貸付や，一定期間後の有償払下げなどをさしている。あたかも華族・政商が特権的に有利な条件で払下げを受け，大土地所有者となってうまい汁を啜ったかのごとくの論調である。しかしこれはまったくの誤りと思われる。そもそも払下げ対象者は華族・政商に限定していたわけでもないし，払下げにあたっては「成功期限」といった条件も付けられていた。そしてなによりも北海道の未墾地は内地既耕地とは比較にならない劣等地が大半だったからである。大きな利益実現が自明の払下げではなかった。それにもかかわらず大名華族が北海道の土地投資を行ったのは，「皇室の藩屏」という立場から国策に呼応せざるをえなかったからである。そのような土地投資・開墾に率先して携われる担い手は，富裕な大藩大名華族くらいしかいなかった。これに対して，政府高官たる大隈重信・青木周蔵・松方正義・山県有朋らの新華族はさっさと内地の比較的優良な土地を買い占め，利殖をめざす三井・三菱・住友などとともに北海道の土地投資は行わなかった[70]。内地の農村地主や商人が北海道の

126 第1部 明治期における毛利家資産の由来と性格

土地開発に進出した例はあるが，だいたい撤退している。要するに，旗手前掲書が提示するデータは貴重であるが，データとその解釈ないし理論的枠組がうまく照応していないように思われる。前田家は毛利家より10年以上遅れて，1894年から本格的な北海道農場経営に着手したが[71]，1895年末に取得した軽川農場（札幌近郊）は新潟県の地主森本義質が手を持てあました農場を譲り受けたものであるし[72]，前田農場も採算がなかなかとれず，1904年には隣接の平民地主から地所買取りを要請されたが，こちらが売りたいくらいだと本音をもらして断っている[73]。

さて毛利家の北海道開墾事業は，大名華族の直営としては最初のものである[74]。1880年前後から政府の士族授産政策が本格化し，北海道開拓も農業を含む産業育成に力点が置かれるようになった。前田家は，1880年7月の華族会館における岩倉具視の指令によって，京都と北陸を結ぶ東北鉄道計画の推進とともに，起業会（北海道漁業・開墾事業）への10万円の拠出を行った[75]。

---

70) 旗手，前掲書，46-55頁。

71) 前田家は1883年から北海道に広大な土地を所有したという記述がみられるが（たとえば，旗手，前掲書，48頁，第14表），これは，旧臣の士族授産のために同家が補助金10万円を支出して活動させた起業会によるものであり，所有者を形式的に同家名義にしたものにすぎない。したがって前田家直営農場ではなく，同家は自らの資産とは認識していないし，同家の財産台帳等にも一切記載はない。

72) 『上越市史』通史編5近代（2006年）153-154頁［筆者執筆］，『金沢市史』資料編12近代2（2005年）380頁。

73) 前田家『諸事留』（明治37年度）4月8日条。なお以上を含めて明治後期の前田農場については，前掲拙稿「明治後期における前田侯爵家の資産と経済行動」80-95頁を参照されたい。

74) 前掲，旗手，46-50頁によると，明治10年代に北海道に広大な地所を取得した（貸下げを受けた）大名華族には，毛利・前田の他に尾張徳川家・鍋島家があるが，尾張徳川家は直営ではないし，鍋島家も87年頃から主に小作経営による開墾実施とされている。

75) 前田家が旧領の旧臣らを対象とした士族授産に乗り出す姿勢を見せたのに対して，金沢士族らは鉄道建設派と開墾派に2分して争ったが，当初の1881年時点では前田家は金沢士族らに東北鉄道計画を推進することを表明していた（前掲，拙稿「明治前期における旧加賀藩主前田家の資産と投資意思決定過程」99頁以下）。これに関連して，『柏村日記』には，1881年9月17日に「成器会開設出席」とあり，以降，柏村の在京中は月1回程度のペースで「成器会へ出席」などという記事が現れる。これは前田家家扶だった寺西成器（しげのり）のことと思われる。寺西は，81年夏に前田利嗣とともに金沢に赴き，東北鉄道の出資募集とともに，袖にされた格好となって不満を募らせた開

これに対して，毛利家は1880年2月に貧窮士族のために北海道後志国岩内郡の地所510万坪の払下げを開拓使東京出張所へ出願した。これは前年の79年における開拓使勤務の旧長州藩士らによる「建言」を受けたものであった。「建言」には，

> 上は報国の義務，中は以て毛利家の栄誉，下は旧藩士民の困難を救はせらるゝ便のみならず，目下華族の中に其の業に着手せんとする輩も有之趣に付，此際先鞭以て其の泰斗とならせられん事を［後略］

とある[76]。彼らとしては，士族授産や北海道開拓が国策となれば，新政府樹立の旗手となった旧主家が率先してそれに協力し，大名華族の範となることが望まれた。それが実現すれば，開拓使勤務の旧藩士らの功績にもなったであろう。しかしこの「建言」に対して当初毛利家家職らの反応は鈍かった。『大江百年』（7頁）には，次のようにある。

> この献議に対して笠原［昌吉］家扶と数回面会して頼んだのであるがぐずぐずして決定しない，そこで内務省に奉職して居りました［旧長州藩士の］栗屋貞一氏は［中略］井上［馨］，山田［顕義］の両参議にあって利害得失をうったへ開墾事業を始める様毛利家事務局にすゝめてもらうこと

墾派士族らの対応に当たったが，彼らに対して前田家の権勢を笠に着て威圧するなど尊大な態度をとったため，開墾派士族らは寺西を打倒，鉄挙を加える騒ぎとなった。寺西はこの混乱の責任を取って同年9月18日に前田家を辞職した（『淳正公年表稿』）。「成器会」とは，寺西が無職となった時期に，柏村ら有力大名華族の幹部家職など寺西の友人たちが傷心の彼を慰めるための会だったと思われる（9月17日には辞職は決まっていたはずである）。柏村と寺西は，1879～81年にともに主家代理として東京海上保険取締役でもあり，交替で同社に出勤する間柄でもあった（『柏村日記』明治13年6月23日条）。翌82年9月に寺西が三菱に入社すると（『三菱社誌』10，515頁），『柏村日記』から「成器会」の記事もピタリと消える。これらは，有力大名華族の幹部家職間で日常的な交流があったことを示すとともに，寺西は人望のある人物だったことを窺わせる。寺西はその後，三菱合資大阪支店長などを長く務めたが，毎秋，大阪から前田家本郷邸に「見事ナル御所柿」（前田家から寺西への礼状控，御所柿は奈良県御所原産の甘柿の最高級品）を2籠，1籠は「御先霊様」（歴代藩主・当主の神前）へ，1籠は「方々様」（前田家家族ら）へ献上しており，稀には御機嫌伺いのために本郷邸へ参上した（『諸事留』『淳正公年表稿』）。

76）『新仁木町史』（2000年）108頁より再引。以下，同家の北海道開墾事業・農場経営については，主に，山口県文書館毛利家文庫の一次史料などに基づいて分析した同書，Ⅱ，第1章，第4章，および『余市農業発達史』（余市郷土史編集委員会，1968年）145-149，361-363頁，『大江百年』（大江100年記念実行委員会，1980年）5-27頁による。

を頼んだ．両参議のすゝめがあって事務局も漸く決心いたし毛利［元徳］
公に上申した．

　　毛利公はこれよりさきに旧藩士民の困苦するものであるをきかされた
［，］救済の方法を考えて居られた時であったので，早速よろこび賛成な
されて実行することになった

成功の見込みも覚束ない事業に，当然ながら家職らは乗り気にならなかったが，
内務省や開拓使の官吏らは井上馨・山田顕義らに毛利家用達所への説得を依頼
し，ようやく 1880 年 2 月に同家は事業開始を決定した。ここに明らかなよう
に，最終決裁はむろん当主元徳によるのであるが，それ以前に家職らの判断が
重要だった。いずれにせよ，倒幕・新政府樹立の旗手は，名声と多額の賞典禄
を得つつも，じつはつらい立場だったのである。そして自己犠牲的な投資案に
家職らは消極的であっても，肝心の当主はきわめて積極的だった。それが新時
代の毛利家に課された役割と自覚していたのである。

　この岩内郡 510 万坪払下げの出願は，同年 11 月に許可された。ところがそ
の土地は，岩倉具視の口添えもあった北海道開進会社なる出願者と重複してい
たことを，当初開拓使は気付いていなかった。紆余曲折の末，毛利家は，開拓
使の指示通りに余市郡山道村地所 300 万坪への「転地願」を提出し，岩内郡の
地所払下げ願を取り消した。この新たな払下げ願は 81 年 8 月に許可が出され，
同年 9 月から山道村での開墾が開始された（現仁木町の JR 函館本線沿い）。
翌 82 年には山口県士族の移民受け入れも開始され，移民者に好条件が提示さ
れたこともあって，募集に対して応募が殺到したという。また同家の北海道開
墾事業は，前記のように大名華族直営事業としては最初の試みだったから，
「毛利家による開墾事業は政府，地方庁の注目の的であり，高官の『開墾着手
実況視察』が相次いで」，同年には西郷従道農商務卿・岩村高俊内務省大書記
官・佐藤秀顕札幌県大書記官・鈴木大亮農商務省大書記官・山田顕義内務卿ら
が視察に訪れている[77]。翌 83 年には，行政区画も山道村のうち同家開墾地は
大江村として独立した。いうまでもなく，毛利家家祖，鎌倉時代の大江広元の
名に由来する。

---

77)　前掲『新仁木町史』117 頁。

この事業は，当然同家の大きな負担となった。開墾地だから当初は利益が上がらないことが予想され[78]，かつ直営なので最初から入植者に食糧供給・年金（年当たりの現金）支給を保証していた。小作地ではなく，生活が保障されたから，働くインセンティブに欠け，真面目に働かない者もいたようである。そこで85年から順次，小作制に移行し，同年から小作料を徴収するシステムに変えた。それでもうまくいかず，86年に同地を訪れた外務大臣井上馨は，「将来見込ナキ場所」との判断を下した。結局，井上とともに同地方を視察した内務大臣山県有朋も「良好ノ地ナリ」と是認した付近の黒川村120万坪（大江村北方の，現余市町）の貸下げを願い出て，88年に許可になった[79]。それに伴い，同家は大江村の現地事務所を縮小するなど，同村から徐々に撤退していった。

他方，黒川村の開墾事業は，小作制に移行した大江村とは異なって直営方式であり，かつ「大規模な機械化による西欧式，しかも畜産を取り入れた混同農業による農場経営がめざされていた」という[80]。1906年には黒川毛利農場の総反別は653町に達した。しかしこちらも結局失敗して小作制へ移行し，07年に小樽の会社に16万円で売却された。大江村の開墾地も1895年に小作人に譲渡し，その他の地所も現地の農場事務所員らに贈与され，さらに他へ売却された。家職らの姿勢とは異なって当初から北海道開墾事業に積極的だった元徳が死去した1896年以降，毛利家は同地方からの撤退を加速させた[81]。こうして1905年に大江村所有地の移転登記が完了し，07年の黒川農場売却をもって，毛利家の余市郡開墾事業は終了した。

同家の北海道開墾事業は，大名華族としての同家の特性をよく示している。家職らはリスクが大きく当初積極性を見せなかったものの，新政府樹立の旗手として大名華族の範を示すべきとの有力旧臣らの説得に，元徳が賛意を示して

---

78) もっとも，表2-5をみると，北海道地所は，当初要用金第一類に属していた。建前としては利益獲得目的だったからであろう。しかし85年には第二類に移管されている。

79) 前掲『新仁木町史』123-125頁。

80) 同上，126頁。これはこの頃「大農論」を主張した井上馨の影響のようにもみえるが，当時とくに北海道では大規模な泰西農法の導入が提唱されていた。また井上の「大農論」が当時必ずしも異質で非現実的なものではなかったことについて，荒幡克己「井上馨の『大農論』を巡って」（『農業経済研究』68巻3号，1996年）を参照。

81) 前掲『新仁木町史』131頁。

130　第 1 部　明治期における毛利家資産の由来と性格

投資が開始されたが，結局，失敗に帰したというわけである。しかしその後これらの耕地は同地の農民によって継承され，こんにちに至っているから，同家の試みが無駄に終わったというわけではない。大江・黒川両村のその後の展開は，なお多くの曲折を経ているが，毛利家は道路を整備し，排水事業を行い，耕地を拡大し，稲作・果樹作を開始させた。要するに，同家の事業は，明治前期に西欧技術を導入して試みた官営工場の役割にやや似ている。採算はとれなかったが，基盤の整備，技術の導入・定着，技能の習得などに果たした役割である。最初からリスクの大きい事業であることは百も承知で始めたものであり，いわば実験農場だったのである。少なくとも，大華族が政府から特権的に広大な土地の払下げを受けて，独占的な利益を得ようとしたというイメージはまったくの誤りである。前田家やその他の有力大名華族の北海道開拓事業も同様である。なお余市郡では，同家は開墾事業とは別に，1900 年代に然別鉱山を経営する北海道鉱山会社に多額の出資をしたが，これは後述する。

（iv）預金・貸金

　この時期の要用金のうちの現金預金・貸金は，表 2-6 のようであるが，1890 年以外の各種「貸付金」内訳や 1881〜88 年の第二類の明細は不明である（第二類の明細が判明する 89 年も表示をほぼ略した）。まず金貨（第二類）10 万円余が 84 年まであり，これは前記のように要用金の 1 割を正貨で所有するというルールによる。ところが 85 年からこれを大蔵省預金局への定期預金として，利子取得をめざすことにしている。以前は紙幣に対する正貨相場が高かった（正貨の価値が高かった）のに，84・85 年頃になると金銀ともに低落して，紙幣として所有するのと変らなくなったからである。いうまでもなく，85 年から銀貨兌換の日銀券が発行され，86 年には政府紙幣の銀貨兌換も始められたことによる。『奉伺録』の 85 年 6 月頃（日付なし）の文書には，

　　先年紙幣多分ノ差異相立候際，非常為，予備御要用金十分ノ一，正貨ニシテ御貯蔵相成，此分ハ利倍増殖ノ法ヲ設ケス，御据置シ，然ニ今協議ニシテ，即チ金貨拾万六千八拾円御貯蓄之処，現今金銀貨低落，紙幣ト大差無之ニ付，右金額之内，拾万円，大蔵省預金局江御預ヶ相成，相当ノ利子御領収ニ成度儀ト相考候旨，此段御内応奉伺候事

とあり，元徳の承認印たる「諾」印が押してある。同表のように，大蔵省への金貨預金は90年まで12万円あり，翌91年に大半を売却して2千円余になった（後掲表3-14）。前田家も82年には金貨24万円などを持っていたが，その後減らしていき，85年までに金銀貨をほぼ全部売却して，含み益を実現させた[82]。前田家の方が毛利家より市場に対して機敏な反応を示しており，毛利家は市場対応力という点では前田家に劣るようである（ただし，毛利・前田両家とも，これとは別に古金銀貨をやや後まで所有していた）。

次に「貸付金」について，第一類のそれは，「永期貸付金」「年限貸付金」「当期貸付金」に区別しているが，この区別は貸付期間の長短によるのであろう。長いほど確実な担保が必要になるはずである。前記のように，同家は貸金規則を早くから制定しており，1875年には改正されて「貸与改正規則」となっている。その第23条には，「五万円又ハ拾万円以上確実ナル抵当差出候者ヘ貸渡ノ分ハ，永年貸ト見做シ，当季貸ハ金員弐拾万円ヲ限ルヘシ」とある。無担保貸付は「当季貸」として上限を限ったわけである。この規則はさらに82年に改正され，「当季貸金額ハ拾五万円ヲ限リトス」（第18条）と，さらに上限を低くしている。表2-6の「当期貸付金」は80年代末になるまでこの規則を遵守している（80年代末に再度規則改正がなされたらしいが未確認）。これらに対して，「年限貸付金」は，1888年までは主に旧臣への救助年賦貸付金であり，額も多くない。1890年には当用金・要用金の区別が廃止され，89年の第二類貸金の多くは，「年限貸付金」「当期貸付金」へ移動したようである。

さて87年以降，藤田組への多額の貸金があったことが，同組の関係会社である同和鉱業に残された史料などによってすでに知られている[83]。藤田伝三郎は萩の酒屋の子であったが，井上馨らとのつながりができ，その後井上や毛利家との関係が長く継続した[84]。先行研究では，契約書の文面から毛利家の同組への貸付について井上馨の役割の重要性なども指摘されている。しかし毛利家側の史料をみると，それに止まらず，同家の投資の性格を端的に現すよう

---

82) 前掲，拙稿「明治後期における前田侯爵家の資産と経済行動」44-46頁。

83) 武田晴人「明治前期の藤田組と毛利家融資」（東京大学『経済学論集』48巻3号，1982年）。

84) 砂川幸雄『藤田伝三郎の雄渾なる生涯』（草思社，1999年）。

132　第1部　明治期における毛利家資産の由来と性格

表 2-6　所有現金預金・貸金等（要用金，1881-90 年）

項　目	1881 年	1882 年	1883 年	1884 年	1885 年
現金	12,791	56,912	39,726	15,655	10,385
大蔵省預金局定期預金	—	—	—	—	100,000
第十五国立銀行当座預金	—				
〃　　（第二類）	—	18,142	29,900	39,350	8,300
三井銀行通知預金	—				
愛知県為替座預金	—	—	—	—	—
永期貸付金	206,640	204,890	205,446	204,729	232,979
年限　〃	—	22,652	20,502	7,735	3,456
当期　〃	139,711	124,159	119,573	137,861	104,792
防長教育会へ当期貸付金	—	—	—	—	—
藤田組へ預ヶ金	—	—	—	—	—
広岡助五郎へ貸金	—	—	—	—	—
仮払金	—	—	—	—	—
違算金・追算金	850	3,507	2,200	5,256	10,441
［要用金第一類計］	359,992	430,263	417,347	410,586	470,353
金貨（第二類）	(106,080)	(106,080)	(106,080)	(106,080)	(6,080)
炭坑同盟組合貸金（第二類）	…	…	…	…	…
［要用金第二類計］	…	…	…	…	…
計	…	…	…	…	…

出所：表 2-1 の史料と同じ．
注：1) 各年 12 月末．（　）は推定．1889 年までの「項目」欄に会計の帰属を記していないものは，要用金第一類．
　　2)「大蔵省預金局定期預金」は金貨預け．
　　3)「第十五国立銀行当座預金」の 82 年は第一国立銀行と第十五国立銀行への預ヶ金，84 年は第一類「諸銀行預
　　4) 1890 年の「炭坑同盟組合貸金（第二類）」は，「豊柏採炭組合金田炭坑元資金」．
　　5) 1889 年の第二類は表示していない項目もある．1890 年は当用金・要用金の区別廃止．

な意思決定の記述もあり，以下にそれらについても述べる．

　　まず，先の武田論文によれば，85 年 8 月に藤田側が 20 万円の貸金を願い出
で，9 月に許可され，小坂・十輪田両鉱山借区証書を質入れして，同年 11 月
から翌 86 年 2 月までに 20 万円が貸し付けられた．この貸金は，毛利家側の史
料によると，90 年末には「年限貸付金」になっており[85]，表 2-6 のように，
同年の「年限貸付金」45 万円余の半分近くを占める．ただし 89 年まで「年限
貸付金」はきわめて少ないから，同年までは「永期貸付金」に入っていたはず
である．前記のように「永年貸」は，「五万円又ハ拾万円以上確実ナル抵当差

---

85)　『第弐基本財産貸付金預ヶ金明細簿』（明治 24 年）。

第2章　明治前期の資産と収支（2）　133

				（円）
1886 年	1887 年	1888 年	1889 年	1890 年
8,104	5,958	4,798	1,210	130
111,200	121,180	121,180	127,730	127,730
36,551	14,642	8,086	14,859 ＼	47,721
…	…	…	2,226 ／	
—	—	—	19,360	969
—	—	—	10,000	—
293,346	290,971	278,797	238,126	—
1,706	1,148	628	—	457,705
93,761	141,056	172,011	207,739	297,287
—	62,596	—	—	—
—	—	—	12,000	—
—	—	—	44,000	—
—	653	2,066	1,620	4,617
85	4,286	—	—	—
544,753	642,490	587,565	676,644	—
（—）	（—）	（—）	—	—
…	…	…	80,000	68,500
…	…	…	120,032	—
…	…	…	796,676	1,004,657

金」.

出候者ヘ貸渡ノ分」だったからである。いずれにしても，藤田組への 20 万円の貸金は，89 年まで要用金第一類に含まれているので，この貸金は通常のそれであり，焦げ付くことはあまり想定されていなかったことになる（ちなみに表 2-6 の「永期貸付金」は，藤田組への貸金が始まった 86 年にたしかに 6 万円増加しているが，それまでも 20 万円台で推移している。じつは藤田組への巨額の貸金は 86 年以前からあったのではないかという疑問も湧くが，今のところ不明である）。

　さらに，以下は先行研究でふれられていないことであるが，『立案禄』によると，86 年 10 月 20 日付で，藤田組への公債 6 万円の貸付を決めている。

　　藤田組ゟ御貸金抵当ニ差入有之小坂鉱山借区，年賦上納之約定ニ御座候処，

134 第1部 明治期における毛利家資産の由来と性格

今般金六万円，一時上納致，御払下之義，大蔵省江出願，許可相成候ニ付
テ，融通ニ差支リ候間，公債証書元金六万円ニ当ル券面拝借願出候，仍テ
現今借区中，千万一，藤田組蹉跌有之，御当家江返金不相成時ハ，右抵当
鉱山藤田組ノ事業ヲ引継ク訳ニ而，不完全ノモノニ付，幸ヒ今般御払下ニ
相成，藤田組ノ所有ト相成候上ハ，完全ナル抵当物ニ付，特別ヲ以，公債
券御貸下申付之方，却而，御当家ノ御都合ト考案仕候ニ付，此段御内応奉
伺候

　　　　　　　明治十九年十月廿日

毛利家が藤田組に貸金を行い，その抵当は上記のように藤田組が政府から受け
た小坂鉱山借区であったが，今回藤田組が政府に6万円を支払って払下げが認
められ，それまで万一藤田組が破綻したら，貸金返済の代わりに毛利家が小坂
鉱山の事業を引き継ぐことになり，不完全な抵当であったが，今回小坂が藤田
組の所有物になり，希望通り公債6万円の貸付をした方が毛利家のためにもな
ると考えられるので，そのように（元徳に）お伺いを立てます，とある。まだ
日本坑法の時代なので，86年に借区でなく所有物になったとあるのは，権利
を譲渡できるようになったということである[86]。これも「諾」の印がある。
その付箋には，

本書御内伺済ノ上，貸下ニ直（なおし）候処，三十五ヶ年賦ヲ割引，一時上納金六万
八千余円ニ相成，抵当公債不足ニ付，今壱万円拝借願出候ニ付，貸下可ト
申付哉，御内応奉伺候

とある。追加でもう1万円の公債を拝借したいとの願出があり，これも「諾」
印がある。『第弐基本財産貸付金預ヶ金明細簿』（明治24年）には，翌87年に
中山道鉄道公債額面7万円を藤田伝三郎に貸与した記録があるから，上記の伺
いにある公債7万円の貸下はすべて翌87年に実施されている。

───────────

86) 佐藤英達『藤田組の発展―その虚実―』（三恵社，2008年）25頁は，藤田の小坂・十
　　輪田両鉱山払下げには，代金完済まで他の融資の担保に当ててはならないという条件が
　　あったのに，毛利家からの借入の担保としていたのは，政府からの払下げ条件を無視し，
　　井上馨や毛利家も黙認していたのではないかと推測している。しかし上記引用の1886
　　年10月20日付け文書に明らかなように，この条件は，代金完済までは借入金が返済不
　　能となっても借区権が債権者に渡らないという意味であり，しかし86年10月頃藤田が
　　代金完済したので，借区権は通常の担保ないし譲渡可能な資産となったというわけであ
　　る。

第 2 章　明治前期の資産と収支（2）　135

　さらに毛利家は，87 年頃に藤田に対して浜町の御殿も貸していた。やはり
『立案録』の 87 年 5 月 12 日付の「廉書」によると，

　　一，浜町邸ヲ藤田組ニ貸渡，在来之御殿并諸建物，解払，御住居新築，自
　　　　今御宗族中及旧臣等饗宴席ニ拝借ニ差許度
　　一，前条之通，許可之上ハ，将来保存方且平常御庭手入家屋税区入費仕払
　　　　之義ハ，該組ト約定取結度
　　一，建築入費ハ折半ニシテ，御要用金ゟ仕払被申付度

これは同年 4 月に，藤田が大倉喜八郎と日本土木会社（建設業）を設立したた
め[87]，藤田に仕事を与えるという意味もあったと思われるが，小坂鉱山の景
況がよいためであろう，浜町邸を藤田組に貸して，新築費用も毛利家と折半し，
その他の費用・税も負担させるというものである。これも「諾」印がある。要
するに，毛利家が藤田に一方的に恩恵を与えたわけではないらしいが，この契
約も込み入った内容であり，先の防長教育会との関係と同様に，深くやや馴れ
合い的な関係という印象も受け，これは毛利家の特徴である。ただし毛利家は
浜町邸を 90 年に売却した。藤田組の経営が苦境に陥ったからであろう。

　次に，藤田組への貸金 20 万円の利子率を 88 年 1 月以降，7.5％から 5.5％に
引き下げた。それを決めたのは，87 年 6 月であり，

　　大坂藤田組江御貸出金弐拾万円，利子年七歩五厘之処，現今利子低落之景
　　状ニ付，五歩五厘ニ減却之旨，藤田伝三郎へ申入相成候事[88]

とある。この利率 5.5％は，「当時としては例外的とも思われる低利」であり，
またこの引下げの要因として，87 年頃から藤田組が岡山県児島湾開墾事業に
出願し，それに対する毛利家への出資要請もあり，同家が藤田組を援助する意
味もあったはずという指摘がされている[89]。ただし毛利家が金利引下げを決
めたのは，開墾を出願した 87 年 7 月の前であり，しかもその理由は近時市場
金利が低下したからとある。そして武田論文も指摘するように，毛利家が藤田
による児島湾開墾事業に出金することが決定したのは，88 年 9 月であるから，
この推測はやや微妙である。また同家が藤田組に便宜を図ったことはもちろん

　87）　砂川，前掲書，120-127 頁。
　88）　『用達所日記』明治 20 年 6 月 24 日条。
　89）　前掲，武田論文，5 頁。

136 第1部 明治期における毛利家資産の由来と性格

であるが，この頃の同家の貸付利率をみると，86年から2万円を貸していた
広岡助五郎には4%だったのをはじめ，4～5%の貸付利率であった者は少なく
ない（後掲表3-14）。他方，やや後年であるが，山県有朋ほか長州系政府高官
などからの預り金は高利で優遇していた（後述）。藤田に特別な便宜を図った
わけではなく，毛利家は関係者に対して，皆，便宜を図っていた。したがって，
そもそも貸金や預り金ではなかなか利益は得られないというのが，同家の顕著
な特徴であった。

　ちなみに『世外井上公伝』第4巻（201-202頁）に記されている，88年9月
における毛利家による児島湾開墾事業への出資決定のソースは，『柏村日記』
明治21年9月19日条である（『世外井上公伝』の著者らは，『柏村日記』ほか
毛利家所蔵史料をよく読んで著していることが判明する）。

　　　［午後］五時，井上伯，藤田伝三郎，令扶一席，児島湾開墾事業組合費金，
　　　毛利家ヨ［リ］支出成墾ノ上，田地三分ノ一ヲ毛利家譲渡之件ニ付，談話
　　　ス，遂ニ其事業組合ニ相決スルニ付，正二位公尊慮ヲ伺シカ許可相成，余
　　　談了テ十一時過，分散

ここでも家職や井上らの成案を元徳に上申すると，たちまち許可が下りるとい
うパターンがみられる。

　さて，1890年恐慌によって打撃を受けた藤田組は，再度毛利家に援助を要
請した。ここで毛利家が横浜正金株・日銀株・郵船株などを藤田組に貸して，
同組の銀行借入の担保品としたことが知られている[90]。要するに，有価証券
の使用貸借契約を結んだわけである。毛利家側の史料にもこの点の記録がある
が，表2-7のように，じつは藤田が正金株を借りる際には，藤田の日本製薬
株・田川採炭株を担保品として差し入れるという，複雑な手続きを行ってお
り[91]，さらに毛利家が貸付けた日銀株は，同家所有ではなく，広岡久右衛門
から預かったものだった。広岡の日銀株を藤田組に又貸ししたのである。

　『要旨実施備忘録』や『第弐基本財産貸付金預ヶ金明細簿』（明治24年）に

　90）　前掲，武田論文，6頁。
　91）　『要旨実施備忘録』には，藤田組の差出担保には他に大阪織布会社株も上げられてい
　　　るが，赤で消してあるので，これは当初案にすぎなかったであろう。前掲，武田論文，
　　　9頁には，こうした藤田組からの毛利家への株預け入れは91年4月契約からになって
　　　いるが，すでに90年から始まっていたわけである。

第2章　明治前期の資産と収支（2）　137

表 2-7　藤田組への有価証券貸付（1890 年末）

貸付銘柄	数量・額面	貸付開始期	貸付利率	備　　考
横浜正金銀行株	950 株	1890 年 6 月	年 1%	担保として，日本製薬会社株 1,650 株および田川採炭会社株 2,500 株
日本郵船株	500 株	1890 年 12 月	〃	
日本銀行株	40 株	〃	〃	広岡久右衛門ゟ抵当預リ分
日本鉄道株	200 株	〃	〃	
東京海上保険株	50 株	〃	〃	
起業公債	9,000 円			日銀株受戻ニ付，代リトシテ貸付
中山道鉄道公債	30,000 円	1887 年	年 0.3%	

出所：『第弐基本財産貸付金預ヶ金明細簿』（明治 24 年）.

よれば，同じ 90 年に毛利家は，藤田組だけではなく，矢島作郎や広岡久右衛門とも，有価証券の相互貸借を行っている。この頃東京電灯社長を務めていた矢島作郎には，神戸電灯 300 株を預かり，代わりに中山道鉄道公債 1 万円と現金 5 千円を貸している。これは神戸電灯株より中山道公債の方が信用力は高く，矢島がそれを銀行借入の担保とし，かつ現金需要もあったものとみられ，藤田組と同様に毛利家が便宜を図ったものであろう。また矢島には 88 年 12 月に，七分利付金禄公債 3 万円を貸していた。これは「共栄社維持方法ノ為」とある。共栄社は，前記のように山口県徳山の汽船会社であった。さらに毛利家は同じ 88 年に東京電灯の借入担保用の有価証券を矢島に貸す計画も立てつつあった。『要旨実施備忘録』には，「右，東京電灯会社借入抵当トシテ貸付」とあるが，右欄は無記入であり，貸付銘柄は未定だったようである。

　広岡久右衛門に対しては，90 年に，旧公債 11 万円と日銀株 65 株を毛利家が預かり，代わりに起業公債 5 万円と整理公債 6 千円を貸している。預かった日銀株のうち 40 株を藤田組への貸付の一部にした。この場合も，毛利家が預かった日銀株は少なく，旧公債は借入担保になりにくいから，起業公債 5 万円などを貸した毛利家が広岡に便宜を図ったものと思われる。

　結局，このような有価証券貸借は，いずれも借入担保に適合的な銘柄を確保する目的の使用貸借であり，いずれも毛利家が藤田や矢島，広岡らに便宜を図った。しかしそのなかでも，藤田へ有価証券を含めて貸した金額は突出していた。前掲，武田論文からは，華族大資産家たる毛利家からは，打出の小槌の

138　第1部　明治期における毛利家資産の由来と性格

ように資金や有価証券が出てくるような印象を受けるが，決してそういうわけではないから，この頃，毛利家が藤田組をどう認識し，旧御用商人から預かった株まで貸すという，込み入った支援をしたのはなぜかが問題になろう。

　この点について，90年12月10日付の井上馨宛柏村信書翰（毛利博物館所蔵）には，次のように記されている。

　　　　藤田組ノ件
　　過日，於神戸御取調被仰候書類ニ付，先夜田中有七郎帰京中ニ付，呼旁々質疑仕候処，粗明瞭ニモ相成候得共，今一層源入致，審査セサレハ，内幕ハ分リ兼申候，尤モ本年中ニ可相渡約定金額ハ，来ル十日ニ抵当ハ高輪ゟ差入，日本銀行ニ於テ弐万五千円借用，来ル廿日ニ抵当ハ高輪ゟ差入，第十五銀行ニ而弐万五千円，都合五万円ニ相成候間，違約不致ニ付，御安神可下候［中略］
　　藤田組ノ一条ハ御同感［児島湾の件がなくなれば，来年藤田組への支出はしなくてすむかもしれないとの井上馨の意見に同感］ニ而，只今破産スル時ハ，山口県一般ハ不及申無迄，御世話ニ成候歴々方ニモ多少面目ニ関候間，可相成丈ケ之保護ハ致度精神ニ付，申上ル様ニ候得共，尊台ニモ御心添願置候

要するに，藤田組の内情について十分な情報がないが，本年中に藤田組へ貸し渡す金額は5万円であり，このため毛利家が日銀と第十五銀行から各2万5千円借りるとしている。この同家の借入金は，表2-1の90年末における要用金借入金4万8千円に近い額である。実際に，この5万円は翌91年1月に藤田組に貸しており，その時点で，同組への貸付残高は87年貸付の20万円とあわせて25万円になった[92]。さらに藤田組は，毛利家が貸付けた正金株等によって，第十五銀行から14万5千円余を借り入れていた。そして柏村は，藤田組がもし破産すれば，毛利家としては，山口県はもちろん世話になった政府高官らにも面目が立たないので，できるだけ藤田組を保護するしかないと，井上馨に配慮を依頼している。毛利家の財政運営は，井上の助言によるところが大き

92）『第弐基本財産貸付金預ヶ金明細簿』（明治24年1月）。この追加5万円の貸付については，前掲，武田論文，6頁にも指摘がある。実際は，前の20万円とともに，藤田伝三郎・藤田鹿太郎・久原庄三郎の3名に対する貸付である。

いことはたしかであるが，ここでは家令の方から，藤田組を保護する心積りで
いてほしいと井上に頼んでいる。

　そして引用は略したが，同じ書翰で柏村は翌 91 年における同組への追加融
資額として約 10 万円と概算予想し，大蔵省預金局に預けている金貨 12 万円と
新公債 22 万円をその引当としている。これは後述の翌 91 年 4 月に成立する追
加の 15 万円貸付契約に至る貸金要請が，すでにあったことを物語る。さらに
柏村は，大量の株を貸したのだから，築地不動産（藤田組東京支店）ぐらいは
毛利家名義に書き換えてはどうか，買いたい者がいればすぐ売ってよい，（毛
利名義なのだから）毛利家が現金を必要としたから売ったといえば，藤田組の
名誉にかかわるほどのことでもなかろう，たんに藤田組を保護するというだけ
でなく毛利家資産となれば信用も生じると，井上に相談している。

　　前陳之通，現金ヲ支出セサルモ是ニ相当スル抵当品ハ貸与シタルモノニ付，
　　築地ノ地所建物位ハ名義書換ニ而，受取置ハ放^{（強）}ち不当トハ存不申，尊台ノ
　　高案如何，然ル時ハ，此代価凡五万円ト見積リ，能キ所望人有之時ハ，即
　　時売払候テモ不苦，高輪ニ入用ニ付，売出タルト申セハ，世間ニ対シ藤田
　　組ノ名誉ニ係ル程之事モ無之ト存候，支店ハ従前之通ニ差置候ニ而，事務
　　為取扱置，将来ニ売却スル時ハ毛利之名義ニ而，該利スルモ毛利ニ於テ放^{（強）}
　　ち不都合モ無之，之ヲ要スルニ単ニ藤田組ヲ保護スルノミニ非ス，旧臣等
　　高輪之財産ニ付，信用ヲ置候場合可有之ト存候

　次いで同 12 月 28 日付の井上馨宛柏村信書翰には[93]，井上から柏村に築地
の不動産を毛利家が買収してはどうかという提案があったらしく，柏村はそれ
を，品川弥二郎・野村靖・杉孫七郎らに相談したうえで，「毛利家ゟ抵当差入，
［銀行から］借金を以，不動産之買収，又ハ藤田組へ貸出候而者，利子ノ差ニ
損失ヲ来ル候間」と，銀行からの借入資金での買収はありえないと回答すると
ともに，

　　将来藤田組ハ，十輪田，大森，二ヶ所之鉱区を以，営業ノ目的ニ而，他へ
　　一切手出シ致サヌ様，厳命ヲ下シ，万端注意ニ注意を加ヘ，保護スル時ハ
　　決而破産ノ杞憂ニ及間敷ト存候，万端来春尊台御帰京以後，御相談之上，

93）　前掲「井上馨関係文書」第 11 冊，所収。

140 第1部 明治期における毛利家資産の由来と性格

　　充分ノ準備モ設ケ，改革之手続ニ取掛リ候義ハ，御伺意ニ奉存候

と，十輪田と大森の2鉱山以外は手を出さぬように同組に厳命し，井上と相談
して同組の改革に取り掛かりたいと記している。

　また築地不動産の柏村名義への書替は翌91年4月の契約で実施された[94]。
この新たな91年4月契約では，事業成績が好転しない同組に対して，追加の
15万円を貸し付け，残高計40万円とするものであり，実際に92年末までに，
防長教育会からの貸付3万円を含めて，計45万円余が貸し付けられた[95]。こ
の意思決定について，『立案録』所収の「明治廿四年四月二日　井上別邸ニ於
テ内議」に若干の記述がある。当初，井上馨・杉孫七郎の両家政協議人は，15
万円の追加貸金の引当を大蔵省預金局への預金とする案を提出したが，翌4月
3日に旧支藩主家当主らの家政協議人によって，異議が出された。

　　井上，杉両氏ノ意見ハ，利子ハ年六分，三鉱山ノ外，将来見込アル予備鉱
　　山ハ登記ノ上，抵当ニ差入サセ，各地所建物公債株券等，漸次売払，廿四
　　五両年支出金額へ補充スレハ毛利ヨリ貸出スル金額モ従テ減少シ，双方ノ
　　都合宜シカラントノ┐ニ付，四月三日，井上，杉，毛利元敏［最後の長府
　　藩主］，吉川経健，元昭各位ノ協議ニ提出セシカ，異議ニ決ス

この史料は朱書きであり，4月3日以降に追加書き込みされたものである。結
局，前記の柏村書翰にも記されていた，88年には世襲財産であった新公債額
面22万円を（世襲財産から解除のうえ）売却して20万円を入手し，同組への
貸金15万円や第十五銀行への返済に当てることになった[96]。しかしすでに前
年12月には家令柏村が翌年に追加の貸金を行うことを予定していたし，井
上・杉も大蔵省への預金で賄う案を提示し，毛利一族らの家政評議人も原資に
ついて異議を出したにすぎない。要するにこれは，井上・杉の提案がすべて通
るわけではないことを示しているとともに，柏村，井上，杉，その他の一族家
政協議人のいずれもが，藤田組への追加貸付を最初から容認していたのであ
る[97]。井上馨が他の家政協議人の反対を押し切って藤田組を支援していった

---

94)　前掲，武田論文，6頁，注23。
95)　前掲，武田論文，6-9頁。
96)　『要旨実施備忘録』。
97)　なお柏村信は，90年12月15日の毛利家家憲発布により（後述），家令を辞任し，財
　　産主管者となった。

のではなく，藤田組を支援することに最初から毛利家全体の賛意があったはずである。毛利家とはそのような大名華族であった。

　その後，藤田組は日清戦後恐慌によって，またまた経営危機に陥り，毛利家の指導のもとで大改革をよぎなくされ，筑豊炭田にも進出して所有していた炭坑を毛利家が買い取るなどの支援策をとった。それは後述するとして，1900年代の毛利家による藤田への貸付残高を示すと（後掲表 3-14 および同表の史料），1904 年 1 月 192 万円，05 年 1 月 200 万円，06 年 180 万円，07 年 160 万円と巨額に上っていた。前掲，武田論文では，1903 年 1 月の残額 183 万円までは判明するが，その後どう返済されたかは不明としている[98]。しかし同論文が示している返済予定より早く返済が進んでいった。とはいえ，これは同家貸付金の大半を占めた。

　なぜ毛利家は藤田組にこのような多額の支援をしたのか。藤田が長州出身者であったことは理由の 1 つではあるが，どの有力大名華族も旧藩出身者にそのような支援をしたわけではない。とくに前田家は，前記のように旧臣出身の高峰譲吉の設立した東京人造肥料にも出資しなかったし，旧加賀藩家老で前田家評議人も務めていた横山家の鉱山事業が 1880 年代半ば頃に苦境に陥っても，横山家が旧主家に支援を懇願した形跡はなく，前田家もまったく支援していない。旧臣が苦境に陥った場合，旧主君側に原因があればともかく，自分の事業が立ち行かなくなったからといって旧主家に安易に援助を求めるのは，畏れ多くもあり，筋違いでもあり，ふつうはそうしたことはあまりしないのである。旧主家としても，苦境にあるからといって旧藩関係者にいちいち援助していると切りがなくなるため，よほどの事情がない限り，大規模な支援には乗り出さなかった。これに対して毛利家は，支藩を含めて旧藩関係者や旧領の事業，さらに前記のように旧藩とは無関係であっても重要な新興産業とみなした事業や近隣地域の事業に積極的に投資し，または援助した。これは，毛利家が新時代を開かんとする倒幕・新政府樹立の旗手であり，かつて長州藩の主流派であった有力な旧臣らは（さらに旧支藩主家当主らも），幕末期と同様に，旧主家はそのような公共的な役割を果たすべきであるという理念を強く有し，かつ旧主

98）　以下，同論文，21-22 頁。返済予定は，20 頁，第 6 表。前掲，佐藤『藤田組の発展』32 頁には，毛利家融資の完済は 1903 年 9 月とあるが，まったくの誤りである。

142　第1部　明治期における毛利家資産の由来と性格

家がそのような大名華族のお手本を見せてくれるか否かは，自分たちの面子にも関わることだったからである。そしてこれまた幕末期と同様に，毛利家当主も，有力旧臣たちによるそのような説得にたいてい進んで同意した。幕末期には，（吉田松陰に象徴される）理念・思想に導かれてリスクの大きな尊王攘夷・倒幕運動に走り，一旦は朝敵となるなど苦境に陥りつつも，なんとか新政府樹立にこぎつけた。他方明治期には，そうした理念にもとづいて行った投資のうち，藤田組への貸付は最終的に損害を免れたとはいえ，失敗に帰し同家が損失を被った場合は少なくない。少なくとも前田家よりはるかに多い。

　このような毛利家のあり方は，近代の有力大名華族のなかで，それほど一般的とは思われない。名望家たる大名華族は多かれ少なかれさまざまな社会貢献を行ったとはいえ，すでにある程度示しまた後述するが，毛利家ほど大規模で多方面にわたってそれを行った例はおそらくあまりなく，かなり特殊な事例と思われる。そもそも幕末期の理念先行で突っ走る長州藩のあり方自体からしてかなり特殊だった。

　他方，なぜ藤田組は毛利家に資金提供を懇願したか。前掲，砂川『藤田伝三郎の雄渾なる生涯』（174-176頁）は，1870年に奇兵隊員らが論功行賞もなく解雇され，脱隊騒動を起こし，その後も賞典回復運動を行っていた元諸隊員らに同情して，井上馨を利用して毛利家から資金を引き出すことを考えたのではないかという説を唱えている。しかし藤田がそのような旧主君に対する「復讐」ないし「嫌がらせ」をするとは筆者にはとうてい思えない。藤田は実業家とはいえ，井上馨らと同様に，明治期の毛利家をとりまく有力者の1人になっていた。そしてそもそも，藤田組は銀行借入のための差入担保にも窮していたのであり，したがって先収会社以来旧知の井上馨のつてを頼って，毛利家に支援を懇願するのが，資金調達の最も可能性のある方法と考えたからであろう。つまり毛利家がどのような大名華族かを知っていたのである。藤田に限らず，後述のように毛利家を知る下関百十銀行なども同家を頼ってきた。そしてこれまた毛利家が支援の手を差し伸べて，大変なことになったのである。

　さて前記のように，要用金には1887年末に21万円の借入金があった（前掲表2-1）。このうち正金株2千株を担保として日銀から借り入れた9万円は，「藤井希璞ノ為」とある[99]。この事情がまた驚くべきものであった。藤井希璞

（1824-93）は，旧地下人（朝廷の下級臣）であり，明治前期に有栖川宮家令・伏見宮家令などを務めた人物である。この藤井への貸金9万円は，彼が，当時仕えていた有栖川宮家の邸宅新築（84年完成，現国会議事堂敷地内）に際して，装飾品などを無断で発注し，また無断で同家名義の借金をして返済できなくなったためである。我部政男・広瀬順晧編『国立公文書館所蔵 勅奏任官履歴原書』下巻の，「藤井希璞」1885年11月2日の項には[100]，

> 其宮［有栖川宮熾仁親王］御邸新築之節，装飾品調度等伺ヲ経ス取計，費額相嵩ミ，且金銭貸借之義ニ付テハ，去ル［明治］十年八月達之趣モ有之処，専断ヲ以，他借等致シ，遂ニ消却方願出候段，不束之至ニ付，譴責候事

とあり，藤井はこれにより譴責処分を受けたという。表1-3の史料である『御要用金収支計算書抜』によると，次のような説明がある。

> 金壱万四千八百壱円五拾六銭也
> 但，明治廿年六月，有栖川宮家ヨリ御頼談ニ付，金九万円，日本銀行ヨリ御借入ノ上，藤井希璞貸進之処，廿二年九月宮内省ヨリ同宮ヘ下賜金，及ヒ抵当地所同省ヘ御買上ヶ代金等ヲ以，元利償還，猶不足金弐万九千六百参円拾弐銭弐厘ヲ，有栖川宮并御当家ニテ，半額宛御負担之上，右金悉皆償却ニ付，即チ同宮御出金壱万四千八百壱円五拾六銭弐厘ヲ引去リ，御当家ニ対スル分，正払高

87年6月に，有栖川宮家からの依頼により，日銀から9万円の借入をして藤井に貸した。しかし藤井が返せるわけもなく，結局89年9月に宮内省から有栖川宮家への下賜金と，抵当の地所を宮内省に買い上げてもらった代金で元利償還したが，不足金2万9千円余を有栖川宮家と毛利家で折半して，1万4千円余の損失が確定したという。そして毛利家が藤井に9万円貸した際に，有栖川宮家の地所を抵当に取った記録はない。

じつは前掲，矢野『安田善次郎伝』（185頁）に，

> ［86年の］年末には，有栖川宮家の依頼により，宮家の所有地を抵当として金員を用立てた。

99）　『要旨実施備忘録』。
100）　同書（柏書房，1995年）493頁。

とある。有栖川宮家は，毛利家への依頼の前に安田善次郎にも借入を依頼していた。そして，毛利家は有栖川宮家とも縁続きであり[101]，また幕末期に熾仁親王は長州藩に近い攘夷派であったから，同家は依頼を断るわけにもいかなかった。そもそもこの頃の宮家は，大藩大名華族のような豊かな金融資産を持っておらず，毛利家などほど裕福ではなかった。1886年度における有栖川宮家の「貯蓄金」は，日本鉄道株600株（払込額3万円）と五分利付金禄公債8,590円のみであった。そして85年度からの「越金」はわずか1,840円であった（もっとも「越金」の少なさは邸宅新築ないしこの不祥事のゆえかもしれない）。その代わりに，天皇家から毎年皇族家費が支給されていた。その「御定額金」は，幟仁親王（熾仁の父，1886年没）と熾仁親王にあわせて3万円，威仁親王に1万円，計4万円であった。この額は宮家の中で最も多い部類であった[102]。

　そして，毛利家が藤井へ貸して返せない9万円をどう処理するかも，じつは宮内省や有栖川宮家に大きな影響力をもつ毛利家有力旧臣らが大枠を決めた。『柏村日記』明治22年6月3日条には，

　　午後四時ゟ，藤井希璞負債返償ノ件ニ付，伊藤［博文］，井上［馨］，山田［顕義］ノ三大臣，杉［孫七郎］内蔵頭，山尾［庸三］別当，高輪邸ニ集会，相談ニ付，令扶参座，左之通

　　　金六万円

　　　　是ハ有栖川宮御拝借地返上ニ付，開墾費トシテ御下渡，藤井名義ノ地所等悉皆差上

　　　同壱万五千円

　　　　宮御手元ゟ御下渡

　　　同壱万五千円余

　　　　毛利名義ニ而，日本銀行ゟ借入ニ付，先年弐万円御助成約定中，八千円ニ而御断ニ付，右ノ因縁ヨリ有之旁，毛利家ノ損失ニ相立ヘシ

---

101)　9代藩主毛利齊房の正室が有栖川宮織仁（おりひと）親王の娘幸姫であった（前掲『増補訂正もりのしげり』111-112頁）。

102)　以上，「二十六年度以降歳費定額」「有栖川宮家十九年度歳計決算報告」（伊藤博文編『秘書類纂 帝室制度資料』上巻，1936年［復刻版，原書房，1970年］所収）646，702-703頁。

右之通ニ協議済，［土方久元］宮内大臣へ具申承認ノ上，夫々手続スヘシトノ事ナリ

伊藤博文ほか3大臣（伊藤は枢密院議長兼班列大臣）と，宮内省内蔵寮長官たる杉孫七郎，有栖川宮家別当の山尾庸三[103]，および毛利家家令扶が集まり，先年，毛利家が有栖川宮家へ2万円援助する約束だったのを，8千円だけで断ってしまったといういきさつもあるので，この際，毛利家も1万5千円くらいは泥をかぶることもやむを得ない，となった。実際，ほぼこの案通りに執行された。

これから推測すると，有栖川宮家が毛利家に借入を依頼したというのも，安田善次郎に頼るだけでは解決しないために，毛利家旧臣らが考えた弥縫策だったであろう。そして結局最終的な決着点もまた，毛利邸における旧家臣らの相談によって決められた。当主元徳もやむを得ないとして受け入れた。こうして同家は，自らは何の落ち度もないまったく無関係な宮家の不祥事の尻拭いをさせられた。これが，幕末維新期の勝者に負わされた義務なのであった。

次に，幕末以来，七卿落ちなど三条実美に従ってきた尾崎三良の『尾崎三良自叙略伝』上巻（1976年）によると，三条家が毛利家から多額の借入を行っていたという記述がある。すなわち1876年に，三条家の財政が行き詰まっていたため，尾崎の主導で家政の大改革を行った。その一環として，尾崎は三条家の苦境を井上馨に相談した。すると井上は，三条家とは幕末以来深い縁のある毛利家が支援すべきと考え，その結果毛利家が三条家に融資したという。

同人［井上馨］は頗る世話好きの人故に忽ち同情を寄せ，抑々三条家と毛利家とは維新の大業に於ては離るべからざる間柄ゆる毛利家のあらん限りは世話せねばならぬと。依つて同氏の発言にて毛利家より金十万円を無利息十ヶ年賦借用することとなり［後略］[104]

とある。井上の世話好きな性格は明治前期からよく知られていたらしい。翌77年頃，毛利家が無利子10ヶ年賦で10万円を貸し付けた。その10万円によって，直ちに一割利付金禄公債10万円を買い入れ，利子のみを毛利家に毎

---

103) 山尾は，当時宮中顧問官兼有栖川宮別当であった（『官報』1757号，明治22年5月11日）。

104) 以下，『尾崎三良自叙略伝』上巻，217-219頁。

146　第1部　明治期における毛利家資産の由来と性格

年返済して 10 年で完済し，手元に公債 10 万円が残るという計算であった。実際は，現金 10 万円によって，価格下落した一割利付金禄公債額面 11 万円を買い入れることができ，予定通り，86 年に毛利家への負債は完済したという[105]。ところがすぐ述べるように，これは毛利家側の史料によってはっきりと確認できない。

　『尾崎三良自叙略伝』上巻によれば，三条家が家政不如意になった契機は，もともと支出に対して収入が多くなかったうえに，1873 年頃三条家家令丹羽正庸・森寺常徳らが無断で横浜のジャーディン・マセソン商会（「英一商館」）から 6 万円を年 1 割 5 分という高利で借り入れ，それによって前記の品川における硝子製造を試みたことから始まるという。75 年にはこの借金は利子により膨らみ，9 万円となった。それでも実美は，丹羽らの，まもなく硝子製造所も落成して利益が出るようになるという言葉を信用して，丹羽らの家令雇用も継続していた。そして 76 年に三条家家政の資金繰りが行き詰まった結果，丹羽らが三条家の親戚である肥後細川家から 1 万円を借り入れた。それを丹羽・森寺が私消したことが発覚し，三条家は彼らを解雇・追放した。そのうえで硝子製造所を，伊藤博文工部卿の判断によって政府に 4 万円で買い上げてもらい，宮内省からも 3 万円を下賜されるなどして，家政立て直しを支援してもらったという[106]。

　しかし，三条家家令丹羽・森寺両人が試みた品川のガラス製造（興業社）は，日本のガラス製造工業史では，『尾崎三良自叙略伝』の記述のイメージとやや異なって，官営以後の活動を含めて，結局失敗したものの，その後のガラス工業の発展に大きな役割を果たしたと評価されている[107]。また『尾崎三良自叙略伝』上巻によれば，三条家財政立て直しに際して，76 年頃丹羽が経営していた「広島地方の或る鉱山」について，丹羽の採掘権を紀州徳川家に同家相談

---

105)　この記述から，前掲，石井『開国と維新』322 頁や，近年の刑部芳則『三条実美』（吉川弘文館，2016 年），内藤一成『三条実美』（中央公論社，2019 年）なども同様の点を指摘している。

106)　前掲『尾崎三良自叙略伝』上巻，205-216 頁。

107)　杉江重誠『日本ガラス工業史』（1950 年）111-112 頁，井上曉子「興業社と官営品川硝子(1)」（『GRASS』53 号，2009 年）など。現在，跡地には記念碑（「近代硝子工業発祥之地」）が建てられており，建物の一部は明治村（愛知県）に移設されている。

役三浦安（のち東京府知事）を通じて 1 万円で引き取ってもらったというが[108]，これは広島県ではなく群馬県の中小坂鉄鉱山のことである。近年の研究によれば，丹羽による中小坂鉱山経営は，由利公正・三浦安らの支援を受けて洋式設備による本格的な採掘が進められたが，鉄価格の下落などもあって経営は苦しく，76 年以降，由利公正・三浦安に経営が移され，次いで 78 年には官営となり，さらに 84 年に民間に払い下げられ，中断期を挟んで 1961 年まで採鉱が継続された。そしてとくに丹羽の経営期を含む幕末・明治初期に日本の鉄工業に大きな足跡を残したと評価されている[109]。ただし品川硝子製造所および中小坂鉱山はその後も容易に利益が上がらなかった点を見ると，やはり丹羽らの試みは，結果からみて三条家にとって適切な投資ではなかったといえよう。

それはともかく，本書にとって肝心の毛利家による三条家への貸金について，まず三条家の家政大改革が行われたとされる 1876 年には，『用達所日記』（同年 4 月 13 日条）に「三條様ヘ兼テ御約定之通リ，御助成金壱万円，今日柏村信ヘ持参被申付候事」と，三条家に 1 万円を援助した記録はあるが，その後を含めて同家への貸金を出金した直接の記録は見当たらない。また『尾崎三良自叙略伝』によると，77 年頃の無利子貸付とあるから，毛利家会計では，要用金第二類に属したはずであるが，その明細がわかる 1879 年について（さらに返済完了とされる後の 89 年にも）第二類に同家への貸金はない[110]。ところが，『用達所日記』明治 16 年 12 月 10 日条には，「三條家ヨリ利子金五千円，同家大田源二持携セシニ付，収庫致候事，但三井預リ手形ニシテ」とある。この「利子金」5 千円が，毛利家が受け取るべき利子か，それとも一割利付金禄公債利子で元本返済分か不明であるが，後者とすれば，半期利子として公債額面

---

108) 同書，215-216 頁。前掲，石井『開国と維新』322 頁も，これを踏襲している。

109) 中小坂鉱山については，一倉喜好「官行（ママ）以前の中小坂鉱山について」（同『近代群馬の行政と思想 その三』私家版，1986 年），『群馬県史』通史編 8（1989 年）295-298 頁，原田喬「『中小坂鉄山』の研究」（『産業考古学』120 号，2006 年）などを参照。

110) 79 年の第二類貸金は，三谷三九郎への滞貸金 1 万 4 千円余と広沢万須（広沢真臣次女満寿）への無利子 10 年賦貸与金 1 万円余だけである。89 年の第二類貸金預金は 12 万円余あったが，すぐ述べるように大半の 8 万円は炭坑同盟組合への貸金であった。また 90 年以降も三条家への貸金はない（後掲表 3-14）。

148　第1部　明治期における毛利家資産の由来と性格

10万円となって，『尾崎三良自叙略伝』の記述とあまり矛盾しない。しかし三条家からの「利子」受取記録はこれのみである。いずれにしても，「利子金五千円」とあるから10万円前後の巨額貸付だったであろう。しかしこれほど巨額の貸金らしいのに，毛利家史料の中にほとんど痕跡を残さないことも珍しい。どうやら，これは同家会計帳簿に記載されない元徳の「御手許金」から支出したらしい。後述のように，1889年に司法大臣だった山田顕義に5万円の援助を行った際も，当主の「御手許金」から支出した。同家は，筋が通らないがやむを得ない巨額支出の際に，時折このような奥の手を使ったようである。

　ただし三条家側の史料によっても，この貸金は確認できない。「三条実美関係文書」第114冊（国会図書館憲政資料室所蔵）には，1870〜80年代の「三条家会計」の諸史料が収録されており，それによるとたしかにこの頃三条家財政は苦しく，家政困難につき内蔵寮（皇室）から81年に拝借した5千円について84年に6分利を無利子にしてほしいとか，78〜79年に借りた計3,900円の「拝借元金据置願」を（宮内省）華族局に出している記録はあるが，せいぜいその程度であり，むしろ76年には岩倉具視とともに大炊御門家に貸金を出している。しかし毛利家からの借入は，史料が残っていないだけと思われる。とはいえ先述の『尾崎三良自叙略伝』のいうところの，三条家が資金借入した外商はジャーディン・マセソン商会ではなく，ワトソン（英二十二番館）だったことも明らかにされており[111]，総じて『尾崎三良自叙略伝』は，記録を確認せずに著したものらしく，正確さの点で大いに問題がある[112]。それでも三条家に有利な形で毛利家が大金を貸したのはたしかのようであり，これもやはり明治維新の勝者に課せられた義務ということになろう。

　次に，表2-6には，1889年に「炭坑同盟組合貸金」（第二類）8万円，90年

---

111)　石井寛治『近代日本とイギリス資本』（東京大学出版会，1984年）235-241頁，および前掲，井上「興業社と官営品川硝子（1）」21-23頁。

112)　伊藤隆・尾崎春盛編『尾崎三良日記』上巻，中巻（中央公論社，1991年）にも，三条家の毛利家からの借入に関する記述は見あたらない。前掲，刑部『三条実美』や，前掲，内藤『三条実美』は，三条家の負債・借入について，上記の石井，井上らの研究を参照せず，『尾崎三良自叙略伝』に無批判に依拠して叙述しているが，井上の指摘のように丹羽正庸らのガラス製造業開始は三条実美の了解の上で開始されたという史料もあって，丹羽や森寺が三条家の資金を私消したとの尾崎の記述を含めて再検討が必要と思われる。

には「豊柏採炭組合金田炭坑元資金」6万8千円余がある。じつは90年の豊柏採炭組合への出金はこれだけではなく，「年限貸付金」のなかに，89年の8万円が引き続き貸し付けられているほか，1万1千円余の新たな貸金もなされた（後掲表3-14）。そして後述のように筑豊炭鉱へ（さらに九州以外の鉱山へ）の投資が91年以降さらに増加していった。

　まず金田炭坑について，高野江基太郎『筑豊炭鉱誌 完』（中村近古堂，1898年）によると[113]，豊永長吉と柏木勘八郎らが組織した「豊柏採炭組」によって1891年に開坑したが，翌92年11月に柏村信に譲渡したという。他方，辰巳豊吉編『貝島太助伝（稿本）』によると，「毛利公爵家が久良知重敏より買収せし金田炭坑」とある[114]。毛利家は，1890年に「豊柏採炭組」（柏木勘八郎ら）に，金田炭坑借区券を担保にして資金を貸しているから（後掲表3-14），毛利家が所有する前は，福岡県築上郡上深野村の実業家久良知重敏が，山口県の実業家豊永長吉や福岡県行橋の豪商柏木勘八郎らと共同で金田炭坑を手がけていたのであろう[115]。「豊柏採炭組合」は，豊永と柏木の頭文字から命名されているが，毛利家史料に収録されている「明治廿四年前半期 豊柏採炭組第二回考課状」には[116]，組長は末松房泰，組合理事として豊永和吉（長吉次男）や柏木守三の2名，相談役久良知重敏が記され，また顧問が柏村信・井上馨となっている。組長末松房泰は，『防長回天史』の著者としてまた伊藤博文の女婿としても知られる行橋出身の末松謙澄（内務大臣等を歴任，子爵）の実兄で

---

113) 同書，608-615頁。これまで，地元の自治体史などの文献は，明治中期までの金田炭坑の沿革については，基本的に同書に依っている。

114) 同書（石炭研究資料叢書第20輯，九州大学石炭研究資料センター，1999年）80頁。原本は1910年の著。この引用は，『世外井上公伝』5巻（1934年）196頁にもある。中山主膳編『明治初期の先覚者 久良知重敏翁の実歴談』（門司市立図書館，1959年）には，久良知重敏の炭鉱事業として1880年開掘の峰地炭坑（福岡県田川郡）しか記されていないが（14-16頁），久良知の従弟蔵内次郎作（のち有力炭鉱主）が「従兄久良知重敏氏と提携して熱心斯業の為めに尽力し 廿三年金田坑の開鑿を始め」ともあり（26頁），蔵内が金田炭坑を久良知と提携して開鑿したようである。なおこの頃筑豊炭鉱業において複数人による炭鉱開発の例が少なくないが，政策的な借区統合のためもあろう（中村直助「筑豊炭鉱業の台頭」同編著『企業勃興』ミネルヴァ書房，1992年，151頁，のち，同『再発見 明治の経済』塙書房，1995年，に収録）。

115) 豊永長吉については，本章前注48参照。

116) 『立案録』に，「第二回考課状」のほか，「金田炭坑第二回決算報告」などが収録されている。

150 第1部 明治期における毛利家資産の由来と性格

ある。

金田炭坑は久良知らが借区権を得た1890年まで海軍予備炭田の1つであり，同炭坑を含む田川郡の予備炭田は，最も有望な炭田とみられていた。またこの借区権獲得には，地元に人脈がないと村の承諾を得ることが難しく，三菱などは直接に借区競争に参入せず，地元鉱業家が獲得した借区権を高値で買収する戦略を採用した[117]。毛利家も同様だったと思われる。すなわち同家の89年出金は「炭坑同盟組合貸金」とあるが，前記のように翌90年から貸金とともに「金田炭坑元資金」が現れ，これは出資金であった。毛利家は最初から久良知らへ資金を貸し付けて彼らに借区権を獲得させ，その後借区権を譲り受ける計画だったはずであり，事実そうなった（後述）。金田炭坑は89年12月に民間人による採掘のための鉱区選定が告示され，出願が許可されており[118]，90年には豊柏採炭組合が借区権を獲得している。そして同年に，毛利家が借区券を担保にして資金を貸しているから，まだ同家の単独所有とはなっておらず，この頃の金田炭坑の主な所有者は豊永和吉・柏木守三や柏木勘八郎らだったはずである。

そして実際に採掘を開始したのは1891年であった[119]。同年に井上馨が柏村信とともに金田炭坑を柏木勘八郎の案内で視察している。柏木はすでに井上の知遇を得ており，柏木の養嗣子治郎熊は井上の甥であったから，彼らは親戚であった[120]。毛利家の金田炭坑買収も，柏木を介した井上の助言によるはずである。井上は1888年に農商務大臣に就任して，筑豊の海軍予備炭田の民間への「解放」を取り仕切っていたから，井上という有力財政顧問によって毛利家は有利な鉱山投資が可能になったといえなくもない。毛利家のその他の鉱山業への投資も，井上の影響が強くみられる。なぜ井上は毛利家に鉱山業への出資を推奨したか。宇田川勝は，井上が後述の貝島太助を支援した理由の1つとし

---

117) 以上，前掲，高村「筑豊炭鉱業の台頭」150，156頁および167頁の注73。この頃の筑豊炭鉱業の借区権獲得競争については，同論文や地元の自治体史が簡便である。

118) 前掲，高村「筑豊炭鉱業の台頭」150頁。

119) 前掲，高野江『筑豊炭鉱誌 完』608頁に，同炭坑の開坑は1891年に豊柏採炭組によって行われたとある。「明治廿四年前半期 豊柏採炭組第二回考課状」にも，同期は「前期ヨリ継続シテ金田炭坑ノ立錐及開坑ノ業務ヲ執リタリ」とあり，職工9名，役夫2名で，技師・事務員を含めて雇用者はまだ18名にすぎなかった。

120) 以上，前掲『貝島太助伝（稿本）』80頁，前掲『世外井上公伝』5巻，196-197頁。

て，「筑豊炭鉱業の発展には三井，三菱等の財閥の進出と並んで地元炭鉱業者の発展が不可欠であると考えていた」と述べている[121]。毛利家に対してもやや似たことがいえるであろう。後述のように，この頃，井上ら毛利家を取り巻く有力旧長州藩士らは，大名華族は旧領に居住して存在感を示し，地域産業の発展に貢献すべきとの考えを有しており，彼らは，新政府樹立の旗手たる毛利家は率先して範をみせるべきと，同家当主を説得していたのである。

さてこれ以後の同家鉱山投資は次章で述べるとして，次に桂二郎への貸金にもふれておこう。桂二郎は，のちの首相桂太郎の実弟である。しかし軍人・政治家であった兄と異なって，彼は技術者かつ実業家だった。1886年9月に北海道庁が，元開拓使札幌葡萄酒醸造所を桂二郎に経営委任し，さらに翌87年12月に道庁はこれを彼に払い下げた[122]。これに対して毛利家は，払下げ決定前の87年秋頃に，二郎に9千円の貸付を決定した。『立案録』所収文書には，次のようにある。

　　金九千円也　　　　年利六歩

　　　此質物，公債証書額面千円及ヒ北海道石狩国札幌葡萄園地券，是ニ属スル家屋板庫製造場，造酒諸器械等，悉皆有形之儘

　　　　内，

　　四千五百円　　　　払下許可ノ上，払渡

　　四千五百円　　　　地券下付ノ上，払渡

　　　右，来廿一年二月五日，両度貸出，廿二年ヨリ五ヶ年賦，元利返納ノ約定右者，北海道札幌在留桂二郎所轄之処，今般払下相願度，就テハ拝借金之儀，出願仕候得共，内規モ有之，容易ニ御採用難相成筋ニ候得共，先年若学為研究，欧州ニ渡而学，帰朝後，専ラ該事業ニ従事シ，元札幌在勤以来，引続担当仕，大江村開墾事業ニ付テハ，万事世話致，委員ノ助力ニ茂相成候間，特別ノ筋ヲ以，前書之方法約定ニシテ拝借可申付哉，此段奉伺候

---

121)　宇田川「貝島家の石炭業経営と井上馨」（法政大学『経営志林』26巻4号，1990年）64頁。

122)　以下，桂二郎については，サッポロビール㈱『サッポロビール120年史』（1996年）139-141，153，639，936頁。

152 第1部 明治期における毛利家資産の由来と性格

これによると，本来は毛利家の貸金内規により許可し難かったのであるが，桂二郎は若くして研究のためヨーロッパに留学し，帰国後，札幌でワイン醸造に従事し，毛利家の大江村開墾事業にも助力したので，特別の計らいで貸すというものであり，元徳の命令を意味する「命」の印が押されている。1875年に二郎は兄の太郎とともにドイツに留学し，二郎は3年半にわたってブドウ栽培とワイン醸造法を勉強し，帰国すると勧農局に勤務し，83年に北海道勤務となった。毛利家は，旧臣を中心とした新産業への試みには，積極的に支援するというスタンスである。二郎はこの払下げを受けて，花菱葡萄酒醸造場と称して経営した。さらに88年には日本麦酒醸造会社（のちサッポロビール）社長，そして札幌製糖会社社長にも就任している。二郎はまもなくこの貸金を一旦返却して，90年に再度毛利家から7,300円を借りたのであるが，それについては後述する。

　以上，この時期の毛利家の貸金は，幕末以来新政府樹立をめざしてともに戦ってきた宮家・公家らへのやむを得ざる支援とともに，旧藩関係者などによる事業への支援，とりわけ新時代の新産業起業の試みに，成功の見込みに関する事前調査はたいして行わず，志がよければ，あるいは人柄が信用できれば許可するという，理念先行が顕著である。繰り返すが，幕末期の長州藩と同じである。そしてこれは次の明治後期も同様である。前田家も宮家・公家などへのやむを得ざる出金・貸金はあったが，それは概して毛利ほど規模は大きくなかったし，その他の投資については，毛利家の上記のような姿勢と，前田家の慎重で堅実な姿勢とは，まったく異なっていた。

(2) 収支

　表2-8は，1878年の当用金と要用金をあわせたとみられる予算である。収入の「預ヶ金等利子」3万2千円の根拠が，80万円に対する年4％利子とあり，この80万円は要用金の資産とみなすほかはないから，同家全体の予算のはずである。収入の3分の2は第十五国立銀行株配当である。同家の藩政期からの継承資産が巨額に上り，それを貸付金等に運用しても，やはり同行の配当金は収入の基幹をなすものであり，（とりわけ大藩）大名華族にとっての同行設立

第 2 章　明治前期の資産と収支（2）　153

表 2-8　当用金・要用金収支予算（1878 年）

項　　目	金額（円）	備　　考
収入		
第十五国立銀行株配当	64,250	純益配当金年壱割ノ見積リニシテ
預ヶ金等利子	32,000	預ヶ金并秩禄公債証書等，部合金高，八拾万円ノ年四朱
貸金返済	1,000	旧藩中御貸付元金年賦返納ノ分，取立凡積
計	97,250	
支出		
毎月経費 2 千円	24,000	
毎月臨時費 500 円	6,000	
戸主用度引当	1,000	前年史料は「殿様御用度」
在県毎月経費 500 円	6,000	
同臨時費毎月 100 円	1,200	
賞典分与金	20,000	
華族会館学資出金	1,000	
山口県学校費	3,000	
計	62,200	
出納差引	35,050	

出所：『毛利家会計其他摘要録』所収，無表題史料.
注：1）78 年とは，末尾に「右，明治 11 年改正表」とあることから推定.
　　2）支出の「山口県学校費」は，毎年米 1 千石，授産局資本として 2,500 石，計 3,500 石を賞典禄から支出していたが，廃止して 78 年から毎年 3 千円ずつ出金することとしたもの.

　の意義は大きかった。支出では生計費や用達所経費が 3 万 8 千円に対して，賞典分与関係費が，賞典証書を発行して一息ついたとはいえ，2 万円とまだかなりの比重を占めている。繰り返すように，第十五銀行株配当で家政費や賞典分与などの経常経費をまかない，他の資産を予備的に運用して増やそうとし，あるいは寄付など臨時支出に当てようとするのは，前田家とだいたい同じである。第十五銀行株は金禄公債全部を出資したものであり，金禄公債は家禄賞典禄の代わりに受領したものだったから，そうするのが筋と考えたはずであるし，実際にも家政運営はそれしか方法はなかった。
　ちなみに前年の 77 年を対象とした同様の収支予算史料も存在し，78 年支出の「戸主用度引当」は，77 年は「殿様御用度」であった。じつは同家では，前年の 77 年中に「殿様」の呼称を（家内では）全面廃止したのである。「御姫様」の呼称はすでに 1871 年に廃止していた[123]。これに対して前田家では，「御姫様」の呼称廃止は，なんと 1926 年であった。もっとも前田の場合，利嗣

154　第1部　明治期における毛利家資産の由来と性格

の長女漢子が1906年に結婚して以降，「御姫様」と呼ぶべき該当者がおらず，
1926年に利為の長女美意子誕生後まもなく，当主利為がこの呼称廃止を家職
らに厳命したものであったが[124]，それにしても格式を誇る前田家はかなり遅
い。毛利家が，前田家より半世紀前の明治初期頃に早くも前時代の遺物たる
「殿様」「御姫様」の呼称を廃止したのは，おそらく当主元徳の発案ではなく，
新時代を切り開かんとした木戸孝允や井上馨，柏村信ら有力旧臣の進言だった
と思われる。

　さて表2-9によって，1880年代の当用金の収支予算ないし決算をみると，
収入の第十五銀行株配当をはじめ比較的安定した推移を示している。86年ま
では予算，87年は決算であるが，おおむね予算に準じた実際の支出であった
こともわかる。山口用達所の当用金有価証券は85年中に要用金に移管された
ようである（後述）。

　次に要用金の収支を，表2-10（第一類）と表2-11（第二類）で示した。表
2-9の「前年ヨリ越高」「差引，残金」が現金のみであったのに対して，表
2-10・11の「前年ヨリ越高」などは資産全体の額である。そして資金の出入
が全部記されているわけではなく，たとえば有価証券投資・土地投資・貸金支
出自体は損失ではないから計上していない。つまり前期と同様に，実際は収支
と損益が交じっている。

　表2-10について，収入の「利子配当，地代家賃」欄は，1878年からそれま
での貸金公債利子に「地代」「店賃」が加わる。さらに80年から株配当金が加
わり，所有資産を反映している。85年収入の「当用金ヨリ加入」5万6千円余
は，当用金にあった金禄公債，新公債，旧公債を要用金に移管したものであり，
山口用達所所管分であろう。ただしこれを売却して，北海道地所購入費等に当
てたらしく，要用金の各種公債は減少している。同じく85年の収入「第二類
ヨリ付渡金」の10万円余は金貨であり，これを大蔵省預金局に預けている。

　他方同年支出の「第二類へ」11万円余のうち9万5千円は北海道地所を第
二類に移管したものであり，他は日報社株1万円，東京電灯株1千円，専崎弥

───────────────

123)　以上，『忠愛公伝』第9編第9章（「両公伝史料」1927 忠愛公伝）。

124)　未婚だった斎泰次女初（はつ）（1860-1929）の呼称は，1900年頃には「初様」だっ
　　たようである。以上，前掲『前田利為』9，279頁。

第2章　明治前期の資産と収支 (2)　155

表 2-9　当用金の収支予算・決算（1882-87 年）

(円)

項　　目	1882 年	1884 年	1885 年	1886 年	1887 年
収入					
前年ヨリ（現金）越高	…	39,581	35,923	23,434	20,626
第十五国立銀行株配当	77,100	70,675	70,675	73,888	70,675
山口用達所有価証券利子配当	7,800	(5,117)	(5,000)	—	—
その他					1,739
計	84,900	110,256	106,598	97,321	93,039
支出					
東京常用費		24,640	27,010	28,796	35,331
山口経費			3,200	4,100	3,566
男女月給定夫給金旅費日当		13,250	13,200	14,570	12,428
華族会館費		830	830	830	831
御先霊御祭祀	60,913	500	650	600	623
山口県学資金		4,000	—	—	—
諸税		830	830	500	592
賞典証書利子		9,000	8,500	6,350	—
不具扶持救助			7,700	4,534	—
賞典証書抽籤	5,000	5,000	5,350	5,500	
臨時費（東京・山口）	19,000	3,600	8,500	5,400	19,118
野田神社建築費	—	12,000	16,000	—	—
編輯所費		—		1,602	1,642
追算		15,507			
計	84,913	89,157	91,770	72,782	74,130
差引，残金	△ 13	21,099	14,828	24,539	18,909

出所：　1882-85 年は『奉伺録』，86 年は『立案録』，87 年は会計第壱課『明治二十年分御当用金御算用一紙』
　　　（1888 年 1 月作成）．
注：1）1887 年は決算，他は予算．
　　2）（ ）は計に含まない．
　　3）1884 年の計など，史料を修正した箇所がある．

五平貸金返還分 5 千円余，玉川辰五郎貸金返還分 1 千円余であった（専崎・玉
川は延滞金があるから第二類へ移管した）。結局この年第二類はたいして増減
していない。89 年支出の「その他」7 万 1 千円余のうち，1 万 4 千円余は，藤
井希璞への貸金 9 万円のうち損失が確定したものである。残り 5 万 7 千円余の
うち，同表の史料には，5 万円を「御手許金」として支出したとある。「御手
許金」とは，用達所が管理する毛利家資産とは別に，当主個人の裁量で使用で
きる資金であり（法的にはいずれも当主の個人資産であるが），これは家族分
を含めて前田家でもあった。ところがこの場合の 5 万円とは通常の「御手許

156　第1部　明治期における毛利家資産の由来と性格

表 2-10　要用金収支（第一類，1878-90 年）

項　　目	1878 年	1879 年	1880 年	1881 年	1882 年	1883 年
収入						
前年ヨリ越高	1,068,064	1,234,617	928,369	1,012,150	1,051,156	1,168,878
当年中借入	—	—	—	—	—	—
当用金ヨリ加入	109,268	—	—	—	37,039	—
利子配当，地代家賃	58,639	50,558	76,601	69,394	75,815	76,156
株式売却益	—	—	—	—	—	—
地所売却益	3,896	403	—	—	—	—
金銀貨売却益	—	5,691	—	4,149	2,555	—
公債償還益・売却益	662	1,591	1,883	2,059	2,738	2,426
第二類ヨリ付渡金	—	—	16,034	28,363	952	2,239
その他	1,369	1,530	252	366	504	138
計	1,241,899	1,294,391	1,023,138	1,116,481	1,170,758	1,249,838
支出						
当用金へ渡高	—	40,000	—	—	—	—
地所売却損，建築費	1,401	308	—	—	—	—
賞典分与関係	—	—	—	—	—	—
寄付	—	—	—	—	—	—
一族・家職らへ分与	—	—	—	—	—	—
所得税	—	—	—	—	—	—
借入金返済	—	—	—	—	—	—
借入金利子	—	—	—	—	—	—
第二類へ	—	325,714	10,988	65,325	1,880	50,299
その他	5,880	—	—	—	—	2,506
計	7,281	366,023	10,988	65,325	1,880	52,806
差引残，翌年へ越高	1,234,617	928,369	1,012,150	1,051,156	1,168,878	1,197,032

出所：『御要用金　従明治四年至明治廿二年　収支計算書抜』。
注：1）1880 年以降は要用金第一類，90 年は第一類収支に前年末の当用金残および要用金第二類残を加えたものであ
　　2）1888 年以降の「前年ヨリ越高」は，前期末資本金・前期末借入金残・前期末賞典証書残等負債の計．86 年ま

金」としては大きすぎる額であり，じつは当時司法大臣であった山田顕義に対する救助金として支出するためであった[125]。大臣たる山田がなぜ困難に陥っ

───────────

125)　『柏村日記』明治 22 年 2 月 25 日条に，「(昨夜井上馨と柏村が相談した通り，井上が今朝高輪邸に出頭して) 山田大臣救助ノ為，金三万円御下付ノ義ヲ正二位公［元徳のこと］へ願タルカ，承諾アリタルニ付」云々とあり，同年 3 月 6 日条にも，井上馨が用達所に来て，「稟議ノ旨趣，山田大臣へ三万円御救助ヲ願シカ，其後困難ノ一件終結ニ不至，仍テ今弐万円御下付ヲ願トノ事，誠ニ御辞退も被遊兼候場合ニ付，御承諾ニ相成ル」とある。

第 2 章　明治前期の資産と収支 (2)　157

(円)

1884 年	1885 年	1886 年	1887 年	1888 年	1889 年	1890 年
1,197,032	1,277,284	1,312,146	1,436,505	1,656,489	1,505,807	1,500,596
—	—	—	230,000	108,000	15,500	48,000
—	56,201	—	—	—	—	653,425
77,762	77,357	85,469	108,417	111,197	104,657	99,852
—	—	9,101	1,518	20,219	968	1,183
—	—	6,390	1,300	—	2,027	60,000
—	—	—	—	—	—	—
734	16,719	3,587	21,025	21,985	18,694	132
1,625	102,234	36,855	10,611	2,301	72,334	348,005
131	—	—	—	—	—	—
1,277,284	1,529,795	1,453,548	1,809,376	1,920,191	1,719,988	2,711,193
—	—	—	—	29,005	—	—
—	—	—	—	5,418	—	—
—	—	—	16,664	16,232	15,703	14,836
—	103,763	—	101,000	—	12,950	—
—	—	—	10,000	31,694	—	—
—	—	—	—	3,035	3,193	3,864
—	—	—	20,000	259,000	74,500	—
—	—	—	5,223	7,516	2,304	958
—	113,886	12,543	—	51,461	39,600	8,537
—	—	4,500	—	11,022	71,141	28,631
—	217,649	—	152,887	414,383	219,392	56,826
1,277,284	1,312,146	1,436,505	1,656,489	1,505,807	1,500,596	2,654,367

り，同年の当用金・要用金第二類の収支は反映されていない．
では賞典分与は当用金の扱いであった．

たかは，次のような仮説が考えられる。(1)この年，山田は東京小石川音羽町に豪壮な邸宅を建築したから（現講談社本社地），その費用不足だったか（音羽の新築洋館には翌年天皇が行幸しており，それを予定した建築だった可能性が高く，そのような事情があれば毛利家としても救助金支出を断りにくい），(2)文部省が 79 年から開始していた『古事類苑』編纂事業を，山田が 89 年 1 月に初代所長に就任した皇典講究所が継承し，これは「非常な難事業で年間予算の五千円では到底まかないきれず，予算の超過金は，山田所長の奔走によっ

158　第1部　明治期における毛利家資産の由来と性格

表 2-11　要用金収支（第二類，1880-89 年）

項　目	1880 年	1881 年	1882 年	1883 年	1884 年
収入					
前年ヨリ越高	325,714	321,723	353,913	358,639	356,235
第一類ヨリ付渡など	—	65,325	1,880	50,299	—
新公債利子収入	—	2,613	2,613	2,613	2,613
八家仕組掛貸与公債利子	—	—	—	585	1,170
貸金利子，株配当など	—	—	—	82	—
地代店貸賃	2,997	2,977	2,543	2,933	3,376
地所売却益	—	—	—	—	—
計	339,700	392,848	360,949	415,151	363,395
支出					
第一類へ付渡	16,034	28,363	952	2,239	1,625
貸金出資金償却	—	—	—	—	—
地所建物売却損	1,223	7,890	—	—	—
その他	719	2,682	1,358	56,678	1,754
計	17,977	38,936	2,310	58,916	3,379
差引残，翌年へ越高	321,723	353,913	358,639	356,235	360,015

出所：　前表と同じ.
注：1）　1880 年収入には，「広沢万須貸金，要用金ヨリ組入」1 万 988 円がある.
　　2）　1881 年収入には，その他 209 円がある．同年支出の「地所建物売却損」は，有価証券売却損を含む.
　　3）　1889 年収入の「貸金利子，株配当など」には，有価証券（七分金禄公債）売却益 1 万 9,074 円を含む.
　　4）　支出の「貸金出資金償却」は，三谷三九郎（1887 年）・横浜水道会社（1888 年）へのもの.

て，行なわれた模様である」とされているから[126]，この資金援助だったか，あるいは(1)(2)の両方だったかであろう。皇典講究所が『古事類苑』編纂事業を正式に継承したのは翌 90 年 3 月ではあるが，同講究所と当時の内閣は緊密なものがあったから，同講究所への意向打診は形式的なものだった可能性も指摘されている[127]。いずれにしても，ともにやや公的な性格があったことが毛利家支援の背景だったと思われる。ともあれ，高給取りのはずの長州系政府高官が頼るのは，やはり人の好い旧主君毛利家であった。

　表 2-10 の支出の寄付のうち，多額のものは，85 年の防長教育会への 10 万円，87 年の宮内省への海防費 10 万 1 千円であった。

126）　以上，日本大学編『山田顕義伝』（1963 年）854，911 頁。引用は 854 頁。
127）　熊田淳美『三大編纂物—群書類従・古事類苑・国書総目録の出版文化史—』（勉誠出版，2009 年）96 頁。

				(円)
1885 年	1886 年	1887 年	1888 年	1889 年
360,015	373,392	357,910	317,977	339,002
113,886	17,043	—	62,655	45,579
2,613	2,613	2,613	2,613	2,613
1,170	1,470	1,470	1,470	1,610
220	1,061	577	901	⎫ 22,206
2,976	2,380	443	—	⎬
—	1,668	576	—	⎭
480,880	399,627	363,589	385,616	411,009
102,234	36,855	10,611	5,701	72,334
—	—	14,235	40,000	—
—	2,310	19,314	—	950
5,254	2,554	1,452	913	2,379
107,488	41,718	45,612	46,614	75,663
373,392	357,910	317,977	339,002	335,346

　この海防費献納について，『柏村日記』明治 20 年 5 月 19 日条は次のように
ある。

　　杉［孫七郎］内蔵頭へ参謁，島津家ゟも拾万円海防費献金ニ相決候ニ付，

　　毛利家一同願出手続ヲ伺シニ，井上［馨］大臣帰京ノ上，伊藤［博文］大

　　臣ゟ両家トモ拾万円ニ相決候趣を相伝へ候上，願出可然トノ事

柏村が献納先の責任者たる杉内蔵頭に会って，島津も 10 万円を献金すること
に決めたそうなので，毛利も献納願の手続きにつき杉に伺ったところ，杉から
は，井上馨が帰京した後，伊藤博文が井上に両家とも 10 万円拠出する予定で
あることを伝えた上で，願い出るのがよい，といわれた。当時伊藤は首相であ
り，海防費の重要性を各府県知事らに説いていた[128]。要するに，政府からの

---

128)　東條正「港湾都市長崎における近代交通体系の形成過程」(『放送大学研究年報』31
　　号，2013 年) 109 頁。

献金要請に対して，井上・伊藤とも話を通じさせて，毛利家としてよく合意して出願せよということであろう。この頃，毛利は何よりも島津と歩調を合わせて大名華族の範を示そうとした。この時，前田家も海防費を5万円寄付しているが，毛利・島津と前田では金額差が大きく，まだ足並みを揃えて行ったとはいえない。しかしやがて日清戦争期頃になると政府への資金拠出などについてこの3家は足並みを揃えるようになる（後述）。防長教育会への寄付も，海防費と同様に，井上馨・山県有朋ら有力旧臣主導だったことはすでに述べた。

　88年の「一族・家職らへ分与」3万円余のうち2万円は，家令柏村への下賜金である。家令など家職や井上馨のような家政顧問への下賜金の額が非常に大きい点も毛利家の特徴である。柏村への下賜金については，『柏村日記』明治21年1月21日条に，次のような記述がある。

　　　本日，家令奉職以来御家計向，万端遂心配候ニ付，御資産ノ内，整理公債
　　　券弐万円御分与下賜候段，正二位公ゟ被申聞，御書付ハ追而御下付可被遊
　　　との御事ニ付，御礼申上，直ニ帰邸，老母へ申聞候処，難有々々ト三度御
　　　礼申演，枕を揚拝礼，了而就寝

柏村が1871年に家令に任命されて以来，長年誠実に奉職してきたことに対して，元徳が公債2万円を与えた。柏村は御礼を申し上げたのち，急ぎ帰宅し，病床の老母に報告すると，母は枕を掲げて3度感謝した。柏村・広沢真臣兄弟の母は，この2日後に没した[129]。作り話のようではあるが，事実である。

　第二類収支の表2-11には，「八家仕組掛貸与公債利子」なるものがある。八家とは，長州毛利家家臣のなかで最上層たる1万石前後の8家であり，毛利家とは縁続きでもあった。この8家の財政状況は様々であったが，没落させないように特別のしくみを作った。83年10月付の「八家申合条款」には，元徳名で，

　　　第八条
　　　各家収支予算及ヒ決算表ヲ製シ，普通会計年度ニ随ヒ，毎年七月中，高輪
　　　邸へ差出ス可キ事
　　　第九条

————————————
129) 『柏村日記』明治21年1月23日条。

各家保存ノ為メ，高輪邸ヘ稟議ノ上，適宜ノ方法ヲ設ケ，家財ヲ預ケ，其
　　保護ヲ受ク可キ事
　　　　第十条
　　各家，互ニ冗費ヲ省キ，家産ノ増殖ヲ計リ，容易ニ高輪邸ノ助成ヲ乞フ可
　　カラサル事
　　　　但，万一助成ヲ乞フ者アル時ハ，各家連署申立可シ

などとある[130]。この83年の規定に基づいて特別会計を設け，公債を貸与した。
この規約やしくみも，『世外井上公伝』によれば，井上馨の発案であり，井上
は山田顕義や八家である宍戸親基，幹部家職，さらに他の八家との協議の上に
作成し，これは後の毛利家家憲制定の前提となったとされる[131]。しかし『柏
村日記』によると，旧八家保護のしくみを作る契機は，83年1月に旧八家の
毛利藤内が内情を毛利家に訴え，柏村ら家職幹部が井上馨・山田顕義・宍戸
璣・毛利藤内を招集して会合を開き，家職作成案を承認したとある[132]。これ
まで本書で示したように，井上馨の毛利家家政に対する主導性はたしかにめだ
つものがあったが，従来，同家家政運営における井上の役割のイメージは，
もっぱら『世外井上公伝』に依拠して作られてきた。しかしこれも本書で示し
てきたように，毛利家家政はもう少し幅広い有力旧臣たちによる合議によって
執行された。

　それはともかく，家憲制定後の91年からはより詳細な規定を設けて，八家
のための積立金を設定した（後述）。毛利家には，83年6月に八家に次ぐ重臣
である寄組の国司純行からも援助の嘆願書が出されていたし[133]，91年に改め

---

130)　『職制事務章程』（明治14年）所収。その前段として，1883年9月に旧領在住の旧八
　　家当主と家事担当者らを高輪邸に招集して，数日会合を開催した（『柏村日記』明治16
　　年9月25日〜同29日条）。
131)　『世外井上公伝』第4巻，617-618頁。
132)　『柏村日記』明治16年1月12日・同19日条。会合には，欠席したが山尾庸三も招集
　　されていた。伊藤博文は憲法調査のためヨーロッパに出張中であった。杉孫七郎はハワ
　　イ国王カラカウアの戴冠式（83年2月）参列のため特命全権公使として前年12月に出
　　国した（『柏村日記』明治15年12月12日条）。山県有朋は参事院議長として多忙ゆえ
　　に招集されなかったのであろう（伊藤之雄『山県有朋』文藝春秋，2009年，189-190
　　頁）。
133)　在県用達所『諸記録』（明治13年，9諸省/662）。国司純行は，第1次長州征討を受
　　けた責任として切腹を強要された国司信濃の養嗣子。純行も，第2次長州征討の際に

162　第1部　明治期における毛利家資産の由来と性格

表 2-12　貸金損失・質流土地建物売却損 (1871-89 年)

貸先等	金額 (円)	備　考
横浜水道会社	40,000	73 年出資，88 年損失確定
専崎弥五平	19,314	神戸の幕末期長州藩御用商人
藤井希璞	14,801	87 年 9 万円貸付，89 年損失確定
三谷三九郎	14,234	72 年から利付預ヶ金あり
東京府京橋区越前堀町地所	5,390	
東京府本所区外手町地所	2,500	
尾崎斑象	2,307	85 年頃東京府南足立郡長
玉川辰五郎	1,371	77 年貸付，玉川は不詳
東京府深川区西大工町地所	1,223	
東京府深川区平野町地所	1,000	
東京府麹町区地所	558	
福原芳山	380	旧宇部領主福原家当主，82 年 35 歳で没
東京府芝区三田君塚町地所	33	
計 (13 件)	103,114	

出所：表 2-10 と同じ.
　注：備考の論拠は，他に『用達所日記』『奉伺録』などによる.

　て「旧家老八家家産整理法」が制定された時，8 家のうち 2 家を除いて財政が困難を来していた[134]。ちなみに，前田家はここまではしない。加賀藩重臣旧八家のうち 3 家の財政破綻が露見したのは 1903 年であり，その際に前田家（および鉱山事業に成功して資産家になった旧八家の横山男爵家）は相応の支援を行ったが[135]，制度として八家を保護するしくみは作っていない。それは，長州藩八家の方が事態は深刻だったからかもしれないが，しかし毛利家中は，明治になっても前田家より一層共同体的ないし集団主義的とも思われ，元就以来といわれる「百万一心」「家中の団結」という理念と響き合うところがある。表 2-11 のその他の項目は，おおむね抵当流れとなった地所建物の貸地貸家収支・売却損益等である。

　表 2-12 は，1871～89 年までの貸金焦げ付き分や抵当流れ不動産を売却して

――――――――――
　　　小倉城の戦いで奮戦した。
134)　『旧家老八家家産整理法 八家規約書』(明治 24 年)。8 家のうち 2 家は余裕があるが，などと記している。
135)　拙稿「武士の近代－1890 年代を中心とした金沢士族－」(『商経論叢』45 巻 4 号，2010 年) 223-224 頁，および拙稿「明治後期における加賀横山男爵家の鉱山経営と家政」(同誌，59 巻 1 号，2023 年) 93-100 頁。

も貸金を回収できなかった損失の一覧であり，前記のように井上馨が家職に調査を依頼して作成されたものである。しかしこれも過少である。たとえば藤井希璞に貸した9万円は日銀からの借入で賄ったが，同行への支払利子は含まれない。このような機会費用をすべて計上すれば，もっと多額になる。さらに89年時点においてまだ損失が確定せず，のちに損失となる貸金等がかなりある。ただし70年代からの三井組・小野組・広岡久右衛門への貸金は一応全部回収した。

　結局，前田家との比較では，毛利家は賞典分与の負担が大きく長く残ったとともに，貸金・出資金の失敗がめだった。やむをえざる貸付による損失もあったが，アグレッシブに「利倍増殖」なるスローガンをかかげ，必ずしも成功の目算が定かでない事業も含めて，前田家よりもはるかに積極的な投資を展開したことによる。もっとも失敗ばかりとはいえないし，損失額もこの時期までは，表2-12によると最大の案件で横浜水道会社の4万円であった。そして多くの大藩大名華族と同様に，第十五国立銀行・日本銀行・横浜正金銀行・日本鉄道等の優良株を大量に所有し，また公債投資も積極的に行っていたから，毎年13〜18万円という安定した利子配当を得て，松方デフレなどがあろうとも，財政基盤はまったく揺らぐことはなかった。

第 3 章

明治後期の家政と資産運用
―1891〜1906 年―

（1）家憲の制定と資産運用体制

（ i ）家憲の制定

　毛利家は 1890 年 12 月 15 日に家憲発布式を行い，会計制度なども大幅に改変した。この家憲制定は，大日本帝国憲法の制定が契機であった。同日付の，家憲前文ともいうべき毛利元徳「家憲ヲ定ムル旨意」には，「邦国ニ憲法ナケレハ根来定マラス，皇室ニ典範ナケレハ基礎固カラス，曩ニ帝国憲法皇室典範制定セラレ上ハ，祖宗ノ鴻烈ヲ無窮ニ弘張シ，下ハ今日ノ盛業ヲ万世ニ保持シタマハントス［中略］夫レ家ハ国ノ小ナルナリ，人臣ノ家亦家憲ナカルヘケンヤ」云々とある[1]。帝国憲法・皇室典範が制定され，皇室の下にいる我々としては経済興隆を「万世」に継続せんとする，国家に憲法あるからには家にも家憲があるべきである，という。ただしこれら家憲制定や会計制度変更はやはり元徳の発意ではなく，やはり井上馨などが主導した。同家は井上に家憲制定準備の功労金として 1 万円を与えている[2]。『世外井上公伝』第 4 巻によれば，まず井上が家憲の必要性を元徳に進言して，主に家令柏村が草案を作成した。

　　草案の大体が纏るに及んで，［井上］公は之を在京旧藩臣の主なる者に告げて諒解を得させ置くことが必要であるとして，［1890 年］十一月六日に井上逸曳以下十三名を毛利邸に招き説明する所があつた。［中略］家憲は

1）　家憲と家憲附録は，『忠愛公伝』第 9 編第 6 章参考史料（「両公伝史料」1926 忠愛公伝）に収録されている。毛利博物館所蔵の「家憲」（明治 23 年）は作成途上のものであり，『忠愛公伝』収録の家憲と異なって，章条が少なく，日付も家憲附録もない。

2）　『忠愛公伝』第 9 編第 6 章「家憲の制定と家史の編纂」。

杉孫七郎と相談の下に，柏村によつて大体完成された[3]。

さらに井上が一覧して意見書を柏村に送り，協議の上，関係者一同が逐条審議して完成した，という。幕末期長州藩の行動と同様に旧藩士らの主導・了解のもとで作成された。毛利家はたんなる一個人の家ではなく，依然，公的な存在であった。

やや後の1896年12月に元徳が没した際に，同家では，夫人や子の夫婦ら一族・家職幹部・有力旧臣らの立会のもとで，家中に対する元徳の「遺命書」が開封され，井上馨が朗読した。その遺言の要旨は，政党に関係せざること，酒食に溺れざること，重要な事項は吉川家に相談すべきこと，宗家一門相親しむことなどとともに，「国家の為には毛利家を絶やすも可なるべきこと」との事項もあった。この点は，これに先立つ300年以上前の元就による，毛利の苗字を絶やすなと，毛利隆元・吉川元春・小早川隆景の3人の子に厳命した（俗に「三本の矢の教え」で知られる）「三子教訓状」の精神とはまったく逆である。こうした点をあげて，『忠愛公伝』には，「国家の為には毛利の社稷をも絶つべしとなすは，［元徳］公の一貫せる忠義の信念を知るに十分なるべし」と評価している[4]。しかし，じつはこの遺言も，すでに90年12月の家憲発布式直前頃に，井上・杉・柏村らによって作成され，元徳に上申して納得させたものだった。90年12月10日付の井上馨宛柏村信書翰（毛利博物館所蔵）によると，同月9日に，「元昭，家主タル時モ，如何ナル事情有之トモ，家憲何条ノ主意ニ基ツキ，速ニ山口県下根拠定住ノ地ニ移住スヘシ」との文言を元徳の遺書の中に取り入れるべきことを，「昨夜，杉［孫七郎］氏ゟ正二位公［元徳］江篤ト申上ラレ，御納得被遊候」とある。むろん元徳が了解しておれば，元徳の遺言といって差し支えなかろう。しかしそれは元徳が自発的にしたためた遺言状ではなく，とりわけ，少年期から教えられてきたはずの「三子教訓状」とは異なる「国家の為には毛利家を絶やすも可なるべきこと」を入れるについては，人の好い元徳も，逡巡しながら了承したのではないか。天皇への忠義において「万世に燦たる」楠木正成を祀る湊川神社が明治初期に創建されたように，家は絶えても名声は残ると，取り巻きらは説得したであろう。毛利家にとって

---

3) 同書，619頁。引用文中の井上逸曳は，井上勝の実父（旧長州藩士）。

4) 以上，『忠愛公伝』第9編第8章「薨去と国葬」。

の「御家の安泰」とは，天皇を中心とする国家における自己犠牲的な行動をも伴う社会的地位ないし名声・名望の維持であった。これに対して，元徳死去の3年半後に亡くなった前田家当主利嗣の遺言状は知られていない。おそらく存在しなかったのではないか。いわんや，当主の遺言状を家職幹部や有力旧臣らが総出で作成することなど，前田家ではありえなかったと思われる。これは明治30年前後のことであるが，幕末期長州藩の行動がいかに主流派有力藩士層によって主導されていたかの証左である。いずれにせよ，井上馨は自分らが作成した元徳の遺言状が開封されると，それをあたかも初めて目にするかのようなふりをしつつ朗読したのであった。

　上記の杉孫七郎の建言にある，大名華族の居住地に関する有力旧臣らの見解を付言すると，旧大名は廃藩置県によって東京に集住を命じられ，元徳も東京に移住したが，1880年代になると長州系政府高官らは，大名華族の旧領への移住を主張するようになった。すなわち80年頃に，神奈川県令野村靖は，大名華族の東京集住によって地方が「自治と繁栄の中核を失ってしまった」ために大名華族の旧領への帰住を主張した。また82年4月に毛利家顧問となっていた山県有朋や，伊藤博文，岩倉具視も1880年代前半に同様な見解を示した。これに対して，井上馨は83年時点では華族教育の点から華族の地方移住には反対していた[5]。しかし井上ものちに見解を変えたらしい。そして1887年10月に，華族の地方移住を可とする宮内省達第5号が出され[6]，それが家憲に反映されて，第7章「住居地ノ件」第35条に「東京府下ハ常住地トナスヘカラ・・・ス，山口県ニ於テ［中略］撰定スヘシ」とされ，東京邸は天皇への拝謁その他の用に当てるとされた。つまり毛利家憲は，井上が主導して制定した家憲とはいえ，山県有朋，伊藤博文，野村靖らを含めた長州系政府高官（および岩倉具視）が構想した，あるべき大名華族の姿を示したものともいえる。そして元徳はその後も多くの期間を高輪邸で過ごしたとはいえ，92年4月に山口県（山

5)　以上，坂本一登「華族制度をめぐる伊藤博文と岩倉具視」（『東京都立大学法学会雑誌』26巻1号，1985年）354-355，382，386，388頁。引用は同論文。ちなみに福沢諭吉も，華族は帰郷して旧領の殖産興業に投資すべしとの意見であった。小川原正道「福沢諭吉の華族批判」（慶應義塾大学『法学研究』82巻10号，2009年）15頁以下。

6)　内閣官報局編『明治年間法令全書 明治二十年-3』（原書房，1974年）127頁。

168　第 1 部　明治期における毛利家資産の由来と性格

口町野田邸）への貫属替えが行われた[7]。嗣子元昭も，元徳没時まで東京邸に
居住しつつ防府三田尻邸に長期滞在することもあったが，元徳没後は予定通り
三田尻邸に「永住」することとなり（ただし 1916 年に，竣工した防府多々良
邸に転居），以後 1938 年に没するまで，「年一回の恒例の上京及び皇室国家の
重大事にのみ上京して天機を奉伺するに過ぎず。その間，貴族院議員に任ぜら
れしも，一度も登院せず」とされている[8]。

　さて家憲の内容に戻ると，全体的な特徴としては，1882 年制定の前田家家
憲たる「家法条目」に比して，より詳細な規定となっている。むろん帝国憲法
発布の前と後という時期の差も重要かもしれないが，規定が詳細であることは
それだけ当主の行動を制約することになるのであり，有力旧臣たちはむしろそ
れを志向した。たとえば毛利家憲には，家継承者の妻，養子先，娘の嫁ぎ先は
華族に限るといった条項があるが，前田家では自明のためか，あるいは家憲に
記すような内容ではなかったのか，あえて規定していない。また第 6 章第 31
条には，旧支藩主家ほか分家について共済システムの規定があり（共有積立金
を設けて「利倍増殖」させ，メンバーが困難に陥った際にはそこから救助金を
出すなど），家憲附録にも関連規定があるが[9]，前田家「家法条目」にはこの
種の規定はない。前田家でもむろん本家が分家を助けることはあったが，前記

---

7)　『用達所日記』明治 25 年 4 月 12 日条，『公爵毛利邸起源略誌』。その直前の 92 年 2 月
　　に，井上馨・杉孫七郎・吉川経健らが，元徳は山口県へ貫属替，東京寄留として，「[90
　　年に取得した]鎌倉御別荘へ御常住，折々御帰京」すべきと元徳に上申している（『柏
　　村日記』明治 25 年 2 月 17 日条）。
8)　『忠愛公伝』第 9 編第 9 章「公の家庭」。元昭が家督相続後，大半を三田尻邸で過ごし
　　た証左として，1898〜1907 年に出生した 6 人の子のうち 5 人は正室美佐子を生母とし
　　て三田尻邸で生まれている（前掲『増補訂正もりのしげり』132-134 頁）。なお，元徳
　　没後の同家の家政運営体制などについては，第 2 部第 4 章の冒頭で説明する。
9)　これらの規定に基づいて，「親族会」または「親属会」を当初年 2 回高輪邸で開いて，
　　支藩主家など各分家の家政状況を相互に報告・相談することとしたが，実際の会合は，
　　家政の議論も早々に切り上げて宴会に移るなど緊張感を欠くものだったらしい。『柏村
　　日記』明治 25 年 9 月 3 日条によると，「御会同当日ハ早々御打寄リ，只厳格ニ無之，各
　　家政談ハ午前ニ相済，午後御親睦会ニシテ，御酒宴中，琴三味線等御手芸，男子ハ謡ナ
　　リ仕舞ナリ」などとあり，家憲の「親族会」は「懇親会」と改名すべきとの意見も出る
　　始末だった。結局，1901 年に「各家懇親会」（宴会）は「親族協議会」の翌日に行うと
　　いう規約を設けた（「会同規約」明治 34 年 5 月 19 日，『御会同議決書類』3 公統 255）。
　　もっとも，旧支藩主家も宗家にならって次第に旧領に居住するようになったから，親族
　　会のために多くの場合わざわざ上京して，一応家憲の規定通り開催していた。

図 3-1　毛利家会計のしくみ（1891 年以降）

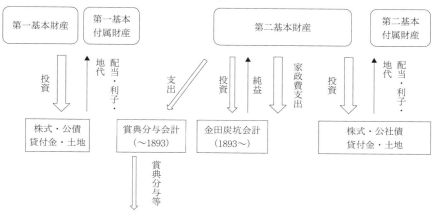

出所：筆者作成.

のように前近代以来毛利家は，分家・親族のみならず，旧家臣などとの一体感が強く，彼らとの距離が近い，相対的にフラットな性格があった。たとえば，大村益次郎が 1869 年に京都で殺された後，すでに華族（子爵）になっていた孫の大村寛人に子がなく，大村家が断絶しそうになった 92 年 10 月に，元徳は自身の 6 男である六郎を養子として送り，大村家を継承させた。益次郎は幕末に藩士として取り立てられたが，元は村医であり百姓身分であった。明治期の大藩大名華族の子息が，すでに華族となっていたとはいえ百姓あがりの旧藩士の家を継承するなどということは，かなり珍しいと思われる[10]。

さて家憲制定によって，資産管理と運用のあり方が大幅に変更された（図3-1）。第 8 章「財産及経済ノ件」は，財産を，第一基本財産，第二基本財産，

---

10) じつは大村寛人子爵はすでに 1892 年 7 月に没し，大村家が断絶するため，山口県佐波郡長氏家禎介が，継承者として毛利家から養子を出すことを最初に提案したらしい。『柏村日記』明治 25 年 8 月 14 日条によると，大村家の跡継ぎがいないので，六郎または毛利元功の子息を養嗣子としてはどうかと申し出る者がおり，鎌倉別荘滞在中の元徳夫婦に「尊慮伺」の書簡を出したとある。その後氏家も上京して柏村らと相談し，柏村は伊藤博文・山県有朋・山田顕義・杉孫七郎などへも打診し，井上馨が鎌倉別荘に出向き，元徳夫婦の内意を聞くなどして話は進んでいった。最終的に同年 9 月 27 日に宮内大臣の許可が出され，翌 10 月に六郎（のちの大村徳敏）が襲爵した（『柏村日記』同年 8 月 20 日，9 月 22 日，9 月 27 日条，および『平成新修旧華族家系大成』上巻，霞会館，1996 年，328 頁）。

170 第1部 明治期における毛利家資産の由来と性格

常用金，予備金の4種に区分する。第一基本財産は，7代藩主重就が創設した，藩の一般会計とは独立した特別会計「撫育方」の遺志を奉体するとして，50万円を分割して資金とし，それにより不動産を購入して世襲財産とする。またこれに，家憲附録で規定した，高輪邸・山口野田邸・山口香山墓地・山口県常住地所建物も組み入れて世襲財産とする。そして第一基本財産から上がる利益は他に支出せず，そのまま組み入れるとする。要するに，万一のための費消させない資産という位置づけであり，家憲制定後の近代の毛利家会計制度は，じつは第二基本財産等の一般会計とは独立した特別会計を設けるという，18世紀以来の長州藩会計制度を踏襲したものだったのである。このしくみはこの後，1927年の家憲改正（「家範」制定）によっても変更されず，長く継承された。そして，山県有朋は1880年代に一般に華族の世襲財産として土地を所有させようとしており[11]，この山県の主張が，毛利家憲の第一基本財産や世襲財産のあり方に反映されたものと思われる。第二基本財産はその他の資産であり，そこから上がる利益は，常用金や予備金に当てる。家政費支出にも当てるが，利益の残金は第二基本財産に繰り入れられるから，これが資産増殖のための主たる会計である。常用金と予備金は支出のための会計であり，常用金は経常費支出用であり，それは第二基本財産の収益で全額を支弁する。予備金は，第二基本財産の収益から常用金を引いた残金によって，臨時費や「子孫分与金」（次男以下の分家独立や娘の婚姻に際しての分与金）などに当てるが，10万円までとする。

　したがって，具体的な各種資産を計上する会計は，基本的に第一基本財産と第二基本財産であるが，後述のように，91年には家憲の規定にない第三基本財産があり，翌92年以降これは第二基本付属財産と名称変更された。この会計は，89年までの要用金第二類別途金を継承して，利益を生まない旧公債や，やや確実でない株式という資産内容となっている。さらに93年には第一基本付属財産も登場し，これは家憲附録に規定してある上記の高輪邸・山口野田邸など自家用不動産（および利益を生まない古金銀82種）であった。91年には貸金規定も改訂され，有力旧臣への貸付金の半分程度が棄却され，残り半分の

---

11)　前掲，坂本「華族制度をめぐる伊藤博文と岩倉具視」382頁。

み返済させることとした（後述）。

（ii）資産運用体制

　次に，投資等の意思決定のしくみと資産管理体制についてふれると，家憲で「家政協議人」を設けた。これは一族および旧臣から選び，定員は5人とする。資産の購入・売却・交換，貸金，予備費の支出は，財産主管者が家政協議人と協議の上，当主の裁決によって行うこととされた（第45条）。つまり前田家などの評議会とほぼ同等のしくみである。また家令とは別に，財産主管者を設けた。家令が予算の原案を作成し，財産主管者がそれについて家政協議人および家令と協議して裁決することが規定されている。したがって，家令を含む家職が投資案や予算案を作成し，それを財産主管者に提出し，家政協議人との協議によって決め，それを当主に上申して決裁してもらうというしくみになった。それまでの投資等の意思決定は，『立案録』をみると，投資案の末尾に4人ほどの担当家職の印があり，冒頭などに「可」「諾」または元徳の印があるから，山県有朋や井上馨・宍戸璣・杉孫七郎・山田顕義らが家政顧問ないし顧問格となっていたとはいえ[12]，制度的には内部のみで意思決定されるしくみだった。家憲発布後，家政協議人として嫡子の毛利元昭，旧支藩主家当主の毛利元敏と吉川経健，および旧臣の井上馨と杉孫七郎の5名が，財産主管者としては家令だった柏村が選任された[13]。家政協議人は，他の華族における評議員にほぼ相当するが，嫡子を含む一族が過半を占めるというメンバー構成に特色がある。しかも95年に柏村が死去すると，後任の財産主管者には元徳5男の五郎が選任された[14]。前田家の場合は，親族会議は別に設けて，同会議は当主が未成年の際に親権者を支援したり，当主と評議会の意向が異なる際に決裁するといった役割であり，評議会は一族外の者による純然たる外部の視点からのチェック機能を期待するものであった。前田家の方が，チェック体制としては完備されたしくみであろう。毛利家の場合は，外部者によるチェック機能を期

12）　明治11年8月7日付，井上馨宛毛利元徳書翰（前掲「井上馨関係文書」第11冊），および第2章の注25。宍戸璣は山県有朋とともに1890年代も「御相談人」を務めていた（『用達所日記』明治24年12月22日条）。

13）　『柏村日記』明治23年12月15日条。

14）　『忠愛公伝』第9編第9章。

172 第1部 明治期における毛利家資産の由来と性格

待するというよりも，宗家の家政運営方針は，分家たる旧支藩主家や有力旧臣
の合意で決めるという共同体的性格が濃厚である。他の大藩大名華族について
はほとんど未調査であるが，毛利家のような例の方が多いかもしれない。

　家政協議人集会は，少なくとも当初は，3ヶ月に1回，半日ほど開催され，
時には元徳夫婦が臨席することもあった（『柏村日記』）。前田家の場合は，評
議員に金沢在住の旧家老らを含んでいたから，年1回，数日間にわたり通常評
議会を開き，他に在京評議員による臨時評議会を適宜開催した。毛利家家政協
議人は，少なくとも当初は全員東京在住者であった。大名華族の家政運営の要
となる評議会のあり方も，じつは家によって様々であった。

　会計監査については，家憲制定以前から内部監査のしくみはあった。1名の
家職たる「検査方」が帳簿の検査を行う規定であった（「事務章程」第7
条)[15]。しかし家憲や家憲附録には，会計監査の明確な規定がない。検査方と
ともに財産主管者がチェックし，家政協議人も必要に応じてチェックするとい
う体制だったかもしれないが，前田家が，1882年の「家法条目」制定によっ
て，評議会開設当初から会計・経理の専門家を評議人に選任して，複数の評議
人による不動産の現地調査，蔵品調査を含む監査を開始し，96年には細則で
ある「会計検査規程」を設けて，監査の専門家たる2人の評議員によって詳細
な「決算検査報告書」が作成されるようになったことと比較して，大きな相違
である。毛利家の場合，昭和戦前期までの諸規則を集めた『例規』にも会計監
査に関する規則はとくになく，1927年「家範」でも，財産主管者の名を変更
した財務監督が家政協議人会の監査に付する前に審査すべしとか，5名の家政
協議人が，「家事及財産上ニ関スル監査ヲ行ヒ」などとあるだけであった。毛
利家の制度的な未熟さがみられるようではあるが，あるいは前田家の方が例外
的に厳格であって，大半の大名華族は毛利家に近い監査体制だったかもしれな
い[16]。

───────────

15）　『職制事務章程』（明治14年）所収。

16）　なお，他家の評議会に相当する島津忠重公爵家の顧問制について，とりあえず，前掲
　　拙稿「明治後期における前田侯爵家の資産と経済行動」23-26頁を参照。前田や毛利に
　　比して，島津家の資産管理・投資意思決定は，驚くべき杜撰なものであった。毛利は，
　　前田との比較ではやや厳格さに欠けるとしても，島津との比較ではきわめてきちんとし
　　た体制であった。

さて毛利家家政の意思決定について，井上馨の影響力が強かったことから，家政協議人を選定して，他の大名華族のような評議会形式を採用したといっても，本当に「評議」していたのかという疑問もだされている[17]。たしかに本書でも述べているように，井上の影響力は大きいものがあったが，井上とともに家政協議人だった杉孫七郎や財産主管者柏村信も，従来通り重要な役割を果たしていた。さらに前述した藤田組への貸金の例のように，井上・杉の提案が他の家政協議人の賛同を得られず否決されたこともあったし，毛利家家政運営を担ったのとほぼ同じメンバーによる防長教育会商議会においても井上の提案とみられる案が否決されたように，井上の提案がいつも通ったわけではない。やはり「評議」していたのである。また家憲作成についても，井上が主導したとはいえ，前記のように野村靖・山県有朋・伊藤博文らの意見も取り入れられていた。要するに井上は，見方によってはそうした有力旧臣らの意見を取りまとめる役割を果たしていたともいえる。

家憲制定までは，防長教育会設立時などのように，有力旧臣らが非公式に会合を開いて案の大枠を決めていた。そして，家憲制定によって他華族の評議会に相当する家政協議人会が制度的に設置された後も，同家では，後述する百十銀行救済などの重要案件については家政協議人らに正式に付議する以前に，依然，柏村・井上馨・杉孫七郎らが，非公式に山県有朋・伊藤博文らを招集して少なくとも方向性を決めていたのである。これは前田家など他の多くの大名華族にはない意思決定システムだったであろう。家臣から最有力の政府高官を輩出させた毛利家ならではの特徴であるし，多くが毛利一族の旧家老や旧支藩主ではない主流派有力旧家臣が主導する点は，幕末期と同じであった[18]。

---

17)　西沢直子「奥平家の資産運用と福沢諭吉」（『近代日本研究』11 巻，慶應義塾福沢研究センター，1994 年）214 頁。この論文は，限られた史料によってではあるが，福沢の出身藩 10 万石中津奥平家の明治初期頃における資産運用などについて分析した好著である。同論文によれば，明治初年は知藩事もまだ自己の資産から藩債務を償却する義務をもっていたという。やはり毛利家の藩政期からの 30 万両継承は正当なものだったかについて，疑問は消えない。

18)　毛利家家政だけではなく，旧領の公的な人事などにも，長州系政府高官は当然ながら大きな影響力を持った。87 年の事例であるが，山口高等中学校の在京商議委員の会合で，校長・幹事推薦について，「野村氏 ゟ，井上顧問及山田山県両大臣ヘ相談ノ上，決スヘシト議決ス」とある（『柏村日記』明治 20 年 1 月 28 日条）。野村靖・井上馨・山田

174 第1部 明治期における毛利家資産の由来と性格

当主元徳は 1896 年に死去し，政府は国葬にした。それはむろん明治維新の功績によるものであったが，政府を牛耳る長州系高官としては，これだけ自分たちの主張を自己犠牲的に受け入れてくれ，自分たちの顔を立ててくれた旧主君だったから，国葬にしたのもその意味で当然だったとも思える。

(2) 資産の推移

同家の会計書類には，前記のように 1887 年から資本金などの概念が現れ，複式簿記化した。そして現在残されている 1891 年以降の，資産や負債などを知りうる会計書類は，『第壱基本第弐基本財産月計簿』など，毎月作成された複式簿記の残高試算表が多い。本書でもそうした史料に基づいて，資産・負債・費用・収益を表す残高試算表を作成した。当時の当事者の資産管理のあり方，財務認識を知るためには，妙な加工をしない方がよいと思われる。

　まず，第一基本財産の動向をみると（表3-1），家憲の規定通り，1890 年代前半は 50 万円程度であった。ただし所有土地は増加させていくが，まだ多く所有しておらず，それが 50 万円台になるのは 1900 年代になってからである。しかしその頃には第一基本財産の資産額は家憲の規定をはるかに超えて，100 万円規模になっている。このほか前記のように，第一基本付属財産があり，93 年には 2 万 5 千円が計上されている。そのうち 1 万 8 千円は防府多々良地所（後掲表 3-10 参照）であり，これが家憲附録に規定されている山口県の常住（予定）地であった。この地所は 92 年に井上馨らが選定して購入したものであり[19]，ここに毛利本邸を建設する予定であったが，日清・日露戦争など種々の理由が重なり，本邸竣工は 1916 年とかなり遅れた。この第一基本付属財産は，第一基本財産と同じく同家資産の基礎という位置づけであるが，利益を生まない自家用不動産および古金銀であり，不動産は，従来は深川猟場のように

　　顕義・山県有朋などが実質を決めていたのである。
　　　もっとも幕末期長州藩では重要案件の意思決定は藩主臨席の御前会議でなされたとされるが，明治期にはたいていは御前会議ではない。それは戦争に関わるような切羽詰まった案件ではないからであろう。
19)　堀雅昭『井上馨―開明的ナショナリズム―』（弦書房，2013 年）171 頁など。本書，表 3-1 の史料に，92 年「保険金」勘定の中に佐波村山林田畑宅地 58 町がある。

当用金に所属したものであった。当用金所属の自家用不動産は第一基本付属財産へ，要用金第二類所属の，他の無収益ないし低収益予想資産の多くは第二基本付属財産へ，というおよその関係になっている。

毛利家が世襲財産設定の申請を宮内省に最初に行ったのは，華族世襲財産法公布・施行の翌年 1887 年 10 月であり，翌 88 年 4 月に認可された[20]。表 3-2 はその一覧である。このうち高輪邸など資産に計上されていないものもあるが，簿価計は約 100 万円である。この頃の毛利家資産額の 4 割程度を占め，相当多い（前田家もほぼ同様）。そして 91 年秋には，第一基本財産の埼玉県川口地所や宮城県地所も世襲財産登録申請を行う一方，新公債額面 22 万 25 円を世襲財産から解除し，同年 12 月にそれを含めて旧要用金第一類にあった新公債額面 22 万 400 円全部を売却している[21]。新公債は 1896 年の全額償還の時期が近付いてきたため，土地を代財産としたのであろう。この頃，同家は第一基本財産の地所の多くや日本鉄道株を世襲財産にしているが，第二基本財産の第十五国立銀行株なども世襲にしており，同家の会計区分と世襲財産は関係ないらしい。毛利家『世襲財産目録』によると，この後，山口県地所や福岡県地所も世襲財産として，大正期に至っている。

ところで，1886 年華族世襲財産法には，世襲財産とは別に世襲財産附属物の規定もあり，従来の研究ではこれにほとんど注目してこなかった。同法第 5 条に「建物庭園図書宝器等ヲ以テ世襲財産附属物ト為スコトヲ得」という規定があり，近年，美術史家香山里絵は，これが，大名華族が代々継承してきた美術品など文化財の保護に重要な役割を果たしたのではないかという注目すべき議論を行っている[22]。ただし香山も指摘するように，この点は種々限界が

---

20) 『用達所日記』明治 20 年 10 月 26 日，明治 21 年 4 月 7 日条，表 3-2 の史料。前田家の世襲財産創設も同じ 1888 年 4 月 7 日であった（『淳正公家伝』40 頁）。島津家の世襲財産創設認可は 87 年 5 月で，毛利・前田より 1 年近く早い（寺尾美保「島津家の世襲財産について」『鹿児島歴史研究』創刊号，1996 年，68 頁）。

21) 『官報』第 2500 号（明治 24 年 10 月 28 日），第 2541 号（同 12 月 17 日）など。世襲財産設定・解除は 1 週間公告する必要があったため，同じ内容の公告を複数回行っている。新公債を売却したことは，表 3-9 の史料による。

22) 香山「華族世襲財産法と文化財保護」（『美術史』68 巻 1 号［185 号］，美術史学会，2018 年）。香山「尾張徳川家における世襲財産附属物」（『金鯱叢書』45 輯，公益財団法人徳川黎明会，2018 年）も参照。

176　第1部　明治期における毛利家資産の由来と性格

表 3-1　第一基本財産（1891-1906 年）

年　　次	借方					
	地所	株式	公債	貸付金	預ヶ金	仮払金
1891（明治 24）年	111,136	100,000	—	189,200	41,726	18,100
92（〃 25）年	141,184	〃	—	211,200	561	15,247
93（〃 26）年	159,018	〃	—	288,800	1,950	17,000
95（〃 28）年	…	〃	—	324,173		…
96（〃 29）年	…	115,000	—	292,123		…
97（〃 30）年	…	—	85,500	287,361		…
98（〃 31）年	347,355	—	〃	222,000	105,331	4,545
99（〃 32）年	347,213	—	〃	226,450	148,528	2,189
1900（〃 33）年	416,789	—	〃	184,000	181,740	1,680
01（〃 34）年	461,624	—	〃	141,489	228,126	3,102
02（〃 35）年	513,436	—	〃	93,000	263,474	3,227
03（〃 36）年	520,573	—	〃	110,000	297,032	2,123
04（〃 37）年	520,459	—	〃	134,000	333,467	2,378
05（〃 38）年	564,474	—	〃	105,000	345,625	3,706
06（〃 39）年	570,224	—	—	182,410	〃	3,785

出所：『第壱基本第弐基本財産月計簿』（明治 24 年，同 31 年，同 37 年），『第壱基本第弐基本財産月計表』（明治 33
注：1）地所・有価証券は取得額ないし支出額．各年末．
　　2）1901 年など「利益金」は史料に「収益金」，1904 年は「収入金」とあるが，費用を差し引いた純益のはず．
　　3）1906 年「利益金」は差引による推定．損益表の算出差引額は 18,478 円であり，若干相違する．
　　4）1895～97 年は『第一基本財産出納簿』からの推定であり，正確を期し難い．
　　5）1896・97 年の貸付金の大半は藤田組に対するものであるが，1901～04 年の貸付金・預ヶ金はすべて第二基本

あった。

　まず世襲財産附属物の設定申請を行った華族は多くない。香山の検索による
と[23]，明治期に認可された附属物は 20 件のみであり，高い価値の文化財を多
く所有していたはずの大藩大名華族で申請を行った者は，毛利家・浅野家・尾
張徳川家・佐竹家のみであった。前田家・島津家や徳川宗家なども申請してい
ない。また公家華族では，近衛家以下，だれも申請していない。

　次に，1916 年華族世襲財産法改正によって，世襲財産と附属物の区別はな
くなり，附属物は世襲財産に吸収された。そしてこの改正で世襲財産の全部ま
たは一部の廃止が可能となり，それまで附属物設定をしていた者で，旧館林藩

---

23)　前掲，香山「華族世襲財産法と文化財保護」19-20 頁および 28 頁の注 32。

　　　　　　　　　　　　　　　　　　　　　　　　　　　　　　　　　　　　　　（円）

出資金	現金	計	資本金	保険金	利益金	計
				貸　方		
68,500	46	528,708	500,000	—	28,708	528,708
〃	30	536,722	525,313	11,410	—	536,722
—	564	567,332	〃	6,751	35,269	567,332
…	…	…	…	…	…	…
…	…	…	…	…	…	…
諸経費	…	…	…	…	…	…
14,913	1,420	781,064	606,643	105,331	69,090	781,064
12,775	457	823,112	621,809	148,528	52,775	823,112
16,417	713	886,839	637,354	181,740	67,745	886,839
15,123	556	935,522	653,288	228,126	54,108	935,522
15,070	11,165	984,872	669,620	263,474	51,777	984,872
14,872	3,044	1,033,145	686,361	297,032	49,752	1,033,145
13,648	641	1,090,093	703,520	333,467	53,106	1,090,093
17,528	842	1,122,674	721,108	345,625	55,942	1,122,674
…	…	1,102,043	739,136	〃	(17,283)	1,102,043

年），『第壱基本財産台帳』（明治39年）．

財産への貸付金・預ヶ金．

　主家秋元興朝子爵や佐竹義春侯爵など，設定を解除する者もあらわれた[24]。
　さらに，香山論文は記していないが，設定された附属物にはすぐ述べるように古金銀も少なくなかったようである。希少な天正大判など前近代の金銀貨類もむろん文化財とはいえようが，1916年の世襲財産法改正まで世襲財産には不動産と有価証券しか設定できなかったため，収益を生まないが金銭的価値のある古金銀を世襲財産附属物として設定する華族もいたのである[25]。
　そして1916年法改正まで，世襲財産だけでなく同附属物もいったん設定さ

24）　同上論文，24頁。
25）　もっとも，前田家も1895年まで大量の古金銀類を所有していたが，世襲財産附属物には設定せず，合理的な同家は，金本位制実施が現実味を帯びて金価格が上昇し，売り時とみるや，さっさと売却して多額の売却益を得ている（前掲，拙稿「明治後期における前田侯爵家の資産と経済行動」45-48頁）。

178　第 1 部　明治期における毛利家資産の由来と性格

表 3-2　毛利家世襲財産（1888 年 4 月 7 日認可）

財産名	数量	金額（円）	備　考
［地所］			
東京府南葛飾郡平井新田	69 町 4 反 9 畝	29,539	田畑，宅地，萱生地，藪，池，荒地
〃　　砂村新田	44 町 6 反 2 畝		〃
〃　芝区高輪南町	1 反 7 畝	…	畑
〃	2,070 坪	…	宅地
〃　芝区下高輪町	1,009 坪	…	〃
〃　芝区白金猿町	3 畝	1,175	畑
〃　日本橋区浜町	4,379 坪	(12,778)	宅地
〃　下谷区上野桜木町	165 坪	…	墓地
〃　荏原郡若林村	4 町 7 反 9 畝	(110)	林，墓地
神奈川県鎌倉郡雪ノ下村	9 反 4 畝	(8)	山林，墓地
［有価証券］			
新公債	220,025 円	138,155	数量は額面，要用金第一類に 22 万 400 円
第十五国立銀行株	6,425 株	642,500	当用金の所有同株全部
日本銀行株	100 株	10,000	所有同株全部
東京海上保険株	450 株	45,000	所有同株は 500 株
日本鉄道株	1,800 株	(75,600)	所有同株は 2,000 株（新旧各 1,000 株）
計		(954,865)	

出所：『官報』1429 号（明治 21 年 4 月 9 日）.

注：1）金額は『官報』に記載がなく，毛利家史料の数値，（　）は推定ないし前後の時期の簿価.
　　2）南葛飾郡平井・砂村新田地所および芝区白金猿町地所の金額は，表 2-5.
　　3）芝区高輪南町・下高輪町の本邸等はこの頃の会計帳簿の資産に計上されていない.
　　4）日本橋区浜町地所の金額は，1870 年代前半の沽券金（表 1-2）.
　　5）荏原郡若林村地所の金額は，1893 年の簿価（後掲表 3-10）.
　　6）神奈川県鎌倉郡雪ノ下村地所は，毛利家家祖大江広元の墓所であり，明治期の会計帳簿に計上されておらず，金額 8 円は 1920 年代の簿価（後掲表 5-14）.
　　7）「計」の金額は，判明するものおよび推定の計.

れると，売却・譲渡はもちろん廃止も禁止されていた（第 13 条，第 16 条）[26]。すなわち世襲財産および附属部は，増加させる申請はできたが，いったん設定すると減少や全面廃止はできないことになっていた。しかし前記の毛利家のように，世襲財産の場合，設定財産価値を下回らない代財産としての新たな不動産や有価証券との「更換」が許可されれば，それまでの設定を解除することはできた。これに対して附属物は，（金銭的価値や収益性の維持が目的ではなく，附属物の維持そのものが目的であったためであろう）代財産による「更換」は想定されておらず，したがって世襲財産と異なって設定解除は不可能だったは

26）　前掲，香山「華族世襲財産法と文化財保護」19 頁。

表 3-3　毛利家世襲財産附属物（1888 年 4 月 7 日認可）

種　　類	数量	備　　考
大判	59 枚	天正長大判，「天正大判」，大仏大判など
小判	37 枚	大仏小判，花小判，大吉小判など
一分金	27 個	大坂歩金，太閤金など
二分金	4 個	安政二歩金など
一朱金	5 個	甲州一朱金など
二朱金	98 個	古二朱金，甲州二朱金など
印子金	1,419 匁	近世初期中国からの輸入金
その他古金	15 個	
一分銀	35 個	古一分銀など
一朱銀	32 個	川常一朱銀など
二朱銀	1 個	
甲州銀女院小判	1 個	
元禄小玉銀等	49 個	
古銀等	1,058 匁	古銀は明和 8 年長州藩領で掘り出されたもの
銀銭	2.985 個	
花降銀	2 枚	室町時代末の諸大名私造銀貨

出所：前表と同じ．「世襲財産附属品目録」（明治 20 年 10 月 26 日，無表題綴［世襲
　　財産目録］所収）にも同じデータがある．

ずである。ところが管見の限り，明治期において附属物のたんなる解除つまり
廃止の例が，毛利家を含めて 4 件存在する。これも華族世襲財産法による文化
財保護の限界の 1 つとみなせる。以下，この点につき，毛利家の例から説明す
る。

　同家は，世襲財産附属物の申請を 1888 年 4 月 7 日に認可されており[27]，認
可附属物と同じ内容の 87 年 10 月 26 日付けの一覧があるので，この日に申請
したのであろう。附属物の内容は，古金銀 82 種であった（表 3-3）[28]。前記の
ように同家の第一基本付属財産には，利益を生まない「未定価財産」たる古金

---

27)　『官報』第 1429 号（明治 21 年 4 月 9 日）。
28)　この一覧の筆頭に掲げられているのは，秀吉ら豊臣家が鋳造を命じた天正大判類であ
　　る。こんにち最も希少性のある大判は，天正大判の一種で，数枚しか現存しない天正菱
　　大判とされる。しかし毛利の附属物には，「天正菱大判」と明示されたものはなく，天
　　正長大判 1 枚，天正分銅大判 1 枚，「天正大判」1 枚，天正彦四郎大判 1 枚，大仏大判 2
　　枚のみであった。しかしこの「天正大判」1 枚は天正菱大判の可能性がある。ちなみに
　　前田家は 1882 年に大判を（毛利家とほぼ同じの）58 枚を所有していたが，天正大判類
　　は大仏大判 8 枚があったのみである（「明治十五年十一月　上」前田育徳会蔵）。しかし
　　毛利・前田とも所有古金銀には，大きな文化財的価値があった。

180　第1部　明治期における毛利家資産の由来と性格

銀82種があり（表3-1の史料による），価額は計上せず，これを世襲財産附属物に設定した。

　ところが同家は，1904年2月25日に附属物からの解除を認可されている[29]。同年3月12日の『官報』に公告された記事には，この時，附属物を解除されたのは，毛利元昭だけでなく，秋元興朝子爵，旧岡崎藩主家本多忠敬子爵の3名があった。ただし毛利元昭については「世襲財産附属物」とあるのに対して，秋元・本多は「世襲財産附属物ノ内」とあるから，全部ではなく一部を解除されたのであろう。3名とも解除附属物は古金銀であった。量的には本多はわずかであったが，秋元は179種と毛利より種類がかなり多く，量も毛利より多いのは明らかである。なぜ毛利らは附属物の解除申請を行い，また認可されたのか。

　同家の1904年2月24日付の「世襲財産附属物解除願」には，

　　私，世襲財産之内，右ニ記載スル附属物ハ今回時局ニ対スル奉公ノ万一ニ
　　供シ度候間，至急御解除被成下度，親属会議員連署ヲ以テ，此段奉願候也

とある。この月10日に宣戦布告がなされた日露戦争の勃発により，毛利家は軍資金として附属物の古金銀を政府に献納したいので，至急解除してほしいという願いである。これは翌25日に認可された。ほとんど無審査という感じであるが，事前に宮内省との打ち合わせの上であったろう。秋元興朝と本多忠敬の申請・認可の事情については不明であるが，いずれも古金銀だったことから，毛利家と同じ理由だったのではないか。このような附属物の政府への寄付に関する取扱規定は，華族世襲財産法にも同法取扱手続にもない。しかし他に，焼失・紛失・遺失・盗難といったこともありえるわけで，世襲財産であれば代財産設定の要請がなされることもあるが，附属物の場合は，解除または失効，つまり廃止とするほかはないであろう[30]。その手続きについては，同法取扱手続に定められている。

　29）「世襲財産附属物解除願」（明治37年2月24日，無表題綴［世襲財産目録］所収），『官報』第6206号（明治37年3月12日）。後者の史料には，明治37年3月としか記されていないが，前者には2月25日認可と明記されている。

　30）『官報』第8410号（明治44年7月5日）に，旧尾張藩附家老家竹越正己男爵の附属物失効の公告がある。理由の記載はないが，甲冑・刀剣類・鞍ほか，計7種，11点であった。盗難かもしれない。

他に，『官報』第 2243 号（明治 23 年 12 月 18 日）にも，旧島原藩主家松平
忠和子爵の附属物古金銀の解除が公告されている。これも「世襲財産附属物ノ
内」とあり，一部の解除であろう。種類は 13 種と多くないが，保字小判（天
保小判）1,640 枚，古二朱金（元禄二朱判）1,838 個などと，量は少なくない。
これも理由は記載がない。あるいはこれも，前月 11 月 29 日の大日本帝国憲法
施行を祝した政府への献納かもしれない。

　政府が，献納された毛利家の古金銀をどう処理したかは不明であるが，日露
戦争の軍資金のためだったから，両替商・古物商に売却したのではないか。世
襲財産附属物なる制度による文化財保護には，抜け穴があったというべきであ
る。毛利を含む 4 件の附属物解除が，政府への献納のためだったとすれば，古
金銀の所有維持を自らの代わりに国家に担ってほしいという趣旨ではなかった
はずなので，献納を受けた政府はいずれも業者に売却換金するか，または前田
家が 1895 年に行ったように，鋳つぶして金銀貨を鋳造したであろう。

　さて，前掲，香山「華族世襲財産法と文化財保護」は，1916 年の華族世襲
財産法改正によって，世襲財産のみならずそれまでの附属物も廃止できるよう
になり，実際に廃止した華族もおり，売却が可能になった美術品の売立を行っ
たことを明らかにしつつ，

　　大正五年以降の美術市場の景況は第一次世界大戦後の景況回復を受けて購
　　買者側の理由で説明されてきたが，この世襲財産法改正が少なからず影響
　　していたであろう。この多数の入札こそ，明治十九年に施行された世襲財
　　産法の文化財保護の役割を反証するものではなかろうか。

と記している。たしかに華族の中には法改正により売却可能となった美術品を
売りに出した者もおり，したがって 1886 年法による世襲財産附属物の文化財
保護に対する役割が皆無だったわけではない。しかしたとえば，根津嘉一郎の
1901〜36 年における茶道具購入先に関する齋藤康彦による調査によれば，売
出元が判明する 56 家の中で 24 家が旧大名と旧公家の華族であり，そのうち明
治期に世襲財産附属物を設定したことのある者は 5 家であった[31]。世襲財産

31）　このほか，井上馨や藤田伝三郎らのいわゆる新華族の美術品・茶道具類コレクターを
　　継承した，井上勝之助や藤田平太郎らが売り出した例もあり，彼らも世襲財産附属物を
　　設定する資格があったが，少なくとも明治期に附属物設定はまったく行っていない。以

182 第1部 明治期における毛利家資産の由来と性格

附属物の文化財保護への貢献はないわけではないが，あまり大きいものではなかった。大正中期以降の美術品市場の盛況を第一次大戦期以降の旺盛な購買意欲で説明する通説は，香山の貴重な問題提起にもかかわらず，修正されるほどではないと考える。

　さて附属物ではない世襲財産に戻って，この頃の前田家世襲財産は，シンプルにほぼ数種の株式公債のみだったのに対して（1896年以降は本郷邸地を加えた），毛利家は各地の地所や，附属物の古金銀までと，雑多な点が特徴である。前田家はおそらく資産の扱いやすさを考慮して，（自家用地や墓地を除いた）土地所有はなるべく拡大せず，むろん世襲財産にもしないという合理的な姿勢だったのに対して，毛利家は地所家屋や地金こそが資産の基礎となるという理念が，資産管理や評価の容易さに先行しているように思われる。同家は近代的のようにみえて，共同体的性格といい，じつはやや古風なところもあった。

　さて第一基本財産には，貸方に外部資金つまり他人資本にあたるものはなく，全部自己資本とみなせるものである。これに対して，借方の貸金・預け金には，第二基本財産に対するものがあり，たとえば1897年は貸金・預け金28万円のうち第二基本へのそれが10万円余ある[32]。98〜1900年の第二基本への貸金・預け金の有無は不明であるが，1901〜04年は貸金・預け金とも全額第二基本に対するものであった（05・06年もその可能性が大である）。つまり第一基本財産は，積極的な投資を控えて，それは第二基本に委ねるという姿勢である。

　第二基本財産は，同家資産の基幹であり，これが毛利家全体の資産・負債の特徴を規定している（表3-4は，98年から残高試算表）。第二基本財産にはかなり恒常的に多額の借入金・預り金があり（ただし上記のように1900年代の外部資金は表より40〜50万円ほど少ない），支払利子も多額に上っている。前田家でも一時的に銀行借入を行うことはあったが，すぐに返済しており，この点も両家の大きな相違であった。とくに，表3-4では1904年から借入金が急増し，対応して借方の仮出金も急増した。これは百十銀行（本店下関）救済の

　　　上，齋藤『根津青山―「鉄道王」嘉一郎の茶の湯―』（宮帯出版社，2014年）190-191頁。
32）　96年は期中に第二基本への貸金が数万円あるが，12月31日に全額返済され，翌97年1月1日にまた貸し付けるという便宜的な操作を行っている。95年以前は不明であるが，96年頃から第一基本から第二基本への貸金・預ヶ金が始まったかもしれない。

第 3 章　明治後期の家政と資産運用　183

ための銀行借入などによる。毛利家は同行の前身たる第百十国立銀行への救済も1893年頃に行ったが，いずれも後述する。

第二基本付属財産の試算表をみると（表3-5），91〜93年の借方貸方各計は20〜40万円程度であり，資産として「北海道開墾費」12万円が含まれる（これは98年以降第一基本財産の「地所」に所属と推定）。北海道開墾関係費は，前記のように1880年代末頃に当面利益を生まないとの認識から要用金第二類の「不動産」に，次いで第二基本付属財産に所属させ，さらに利益を生むようになると認識を変えて第一基本財産に移行させたらしい。株式も第二基本付属の明細から同家が配当を多く期待していなかった銘柄がわかるし，実際破綻した会社も多かった（後掲表3-8）。公債は第二基本付属に無利子の旧公債を所属させていた。92年には，貸方に第二基本財産から資本金として22万9千円を編入させており，借方の貸付金が23万8千万円に急増している。そして93年には「貸付金棄却」10万6千円を計上している。92年に不良債権となった貸付金を第二基本財産から付属財産に付け替え，実際まもなくその多くが最終的に回収不能となって，損金処理をしたというわけである。この「棄却」10万6千円は，前記の品川硝子会社・東京家畜市場会社・広岡助五郎および幹部家職島田誠介らへの貸金償却であった（後掲表3-20からの算出額と一致）。93年の貸付金10万7千円は，前記の第百十国立銀行への貸付の可能性がある。

毛利家史料には，家憲条文を含めて，明治後期も「利倍増殖」という用語がよく現れる。依然，高い期待収益率の投資を好む利益追及姿勢がみられ，その裏面として当然生じる損失等を前提に，第二基本付属のような不良債権ないし低収益予想資産のための会計を設定した。これに対して石橋を叩いて渡る慎重な投資姿勢を維持する前田家では，このような会計を設定する必要はなかった。すでに指摘したように，前田家のそうした姿勢は藩祖利家以来のものであった[33]。では毛利家の攻撃的な姿勢は，元就以来の伝統なのか。そうではなかろう。たしかに，前田家が百万石大名になるには利家・利長の2代を要したのに対して，元就は果敢な行動によって1代で中国一円112万石を領する戦国大

---

33)　前掲，拙稿「明治前期における旧加賀藩主前田家の資産と投資意思決定過程」122頁，注236，前田利建・酒井美意子『君主学入門―加賀前田家"お家安泰"の秘密―』（徳間書店，1974年）。

184　第1部　明治期における毛利家資産の由来と性格

表 3-4　第二基本財産（1891-1905年）

年　　次	借　　方					
	株式	債券	貸付金	預ヶ金	炭坑支出 （元資）金	仮払金
1891（明治24）年	925,870	152,182	711,634	119,910	―	19,579
92（〃25）年	909,824	111,998	591,786	19,914	222,980	29,861
93（〃26）年	876,803	146,900	676,642	14,263	324,523	22,946
95（〃28）年	…	…	…	…	…	…
98（〃31）年	2,562,534	206,312	1,561,067	55,192	809,819	30,612
99（〃32）年	2,382,465	〃	1,623,563	43,278	824,005	118,102
1900（〃33）年	2,592,202	〃	1,828,418	360	840,828	105,698
01（〃34）年	2,804,047	〃	2,015,368	〃	952,226	198,147
02（〃35）年	2,696,928	201,675	2,193,679	〃	697,976	61,548
03（〃36）年	2,664,745	133,529	2,455,852	〃	861,565	426,214
04（〃37）年	2,691,018	339,879	2,668,636	631	935,888	537,462
05（〃38）年	2,743,566	650,879	1,966,502	137,421	848,135	3,625,077

年　　次	貸　　方					
	資本金	利益（収 入）金	借入金	予備金	諸預リ金	仮受金
1891（明治24）年	1,757,753	54,300	―	―	―	―
92（〃25）年	1,649,657	37,114	―	4,300	195,705	―
93（〃26）年	1,608,994	46,153	―	41,414	366,154	―
95（〃28）年	…	…	452,250	…	1,148,040	…
98（〃31）年	2,534,837	436,671	525,000	40,254	1,991,741	72,472
99（〃32）年	2,566,468	429,364	―	81,241	2,378,066	51,869
1900（〃33）年	2,585,459	432,670	400,287	21,121	2,432,275	49,657
01（〃34）年	2,611,377	426,434	744,902	69,430	2,659,439	50,847
02（〃35）年	2,621,978	445,301	711,318	54,273	2,451,962	98,658
03（〃36）年	2,679,629	445,914	544,729	70,442	2,964,172	129,912
04（〃37）年	2,757,576	486,118	1,150,202	77,234	3,011,098	35,807
05（〃38）年	2,947,681	631,143	3,678,591	40,634	3,088,551	22,891

出所：『第壱基本第弐基本財産月計簿』（明治24年，同31年，同37年），『預リ金台帳』（明治28年），『第壱基本第
注：1）有価証券は取得額ないし支出額．「御常用費」には財産部員俸給・旅費や事務所費を含まず，それは「諸支払
　　2）資産の分類等は史料のままであり，「株式」は若干の出資金・社債・地所を含む場合がある．たとえば倉谷鉱
　　3）12月末の試算表の数値なので，利益金の他勘定への組入など年度末会計処理前の数値．1905年に「貸付金」
　　　　あった．
　　4）1891年の貸方には他に，賞典証書等償還元資金11万6,600円，賞典分与予備金781円がある．
　　5）1895年の数値は同年11月末現在．
　　6）1904年の「御常用費」「三田尻仮払金」は付箋の金額，計が若干あわないがそのまま．

第3章　明治後期の家政と資産運用　185

(円)

借　方						
「御常用費」	所得税	支払利子	臨時費	諸支払高	現金	計
…	…	…	…	…	259	1,929,433
…	…	…	…	…	412	1,886,775
…	…	…	…	…	637	2,062,714
…	…	…	…	…	…	…
133,116	6,907	131,801	58,127	35,169	10,321	5,600,975
129,786	5,474	116,584	3,601	49,832	4,007	5,507,009
149,881	4,115	137,869	—	42,008	13,777	5,921,468
79,349	5,360	188,480	—	101,173	11,608	6,562,430
113,509	7,346	191,487	—	204,294	14,688	6,383,490
66,714	8,045	185,403	—	30,735	1,637	6,834,798
95,148	11,609	201,937	—	29,897	3,556	7,518,035
—	24,438	384,346	—	25,143	3,982	10,409,490

計
1,929,433
1,886,775
2,062,714
…
5,600,975
5,507,009
5,921,468
6,562,430
6,383,490
6,834,798
7,518,035
10,409,490

弐基本財産月計表』（明治 33 年）.
高」に含む.
山株は「株式」に含まれる年と「炭坑元資金」に含まれる年がある.
が前年より減少しているのは，「仮払金」に移したため. 1905 年 11 月まで「貸付金」は 259 万 9 千円

186 第1部 明治期における毛利家資産の由来と性格

表 3-5 第二基本付属財産 (1891-93 年)

(円)

年次	借方						
	地所	北海道開墾費	株式	債券(旧公債)	貸付金	現金・預ヶ金	計
1891 (明治24) 年	36,675	120,201	62,549	3,390	3,000	1,244	227,059
92 (〃 25) 年	45,175	125,659	26,510	3,277	238,430	―	439,051
93 (〃 26) 年	41,843	127,526	16,060	3,164	107,000	―	295,592

年次	貸方						支出					残金
	資本金	第二基本財産ヨリ編入資本金	北海道農場収入	利子配当地代収入	その他	計	株式公債棄却・売却損	貸付金棄却	諸経費	第二基本財産へ	計	
1891 (明治24) 年	223,279	―	3,126	1,092	4,000	231,496	―	4,406	31	―	4,438	227,059
92 (〃 25) 年	227,059	229,477	4,197	1,902	―	462,635	13,000	4,000	6,584	29,837	23,584	439,051
93 (〃 26) 年	439,051	3,535	―	―	―	442,585	10,526	106,630	―	〃	146,993	295,592

出所:『第壱基本第弐基本財産月計簿』(明治24年).
注:各年12月末. 91年は第三基本財産, 92年以降は第二基本付属財産.

名に成り上がった。しかし戦国大名だから，どの大名についても全然攻撃的でないといえば語弊があろう。したがって攻撃的か否かというよりも，どの程度慎重かといいかえた方がよい。すると，元就は元来熟慮を重ねる慎重な性格であったというのが定説と思われるし，これ以上天下をめざしてはいけないと諭したことが遺訓となっていたこともよく知られている。輝元も，関ヶ原の戦いで大坂城を動かなかった[34]。毛利家の攻撃的な（あるいはやや慎重さを欠く，急進的な，理念先行型の）性格は，おそらく幕末に長州藩士らが水戸流の過激な尊王攘夷思想に凝り固まってからと筆者は考える。

さて，第一基本付属財産，第二基本付属財産ともに，史料には1893年までの数値しか見当たらないが，第二基本付属財産は1906年頃にも存在する記述があるし[35]，第一基本付属も存続した可能性が大である。やはり同家にとって，このような会計は必要だった。

次に，同家資産の全体を可能な限りみるために，第一・第二基本財産を足したものが表3-6である。同表は，表3-1，表3-4，表3-5などを単純に足した

---

34) 元就や輝元については，河合正治『安芸毛利一族』（吉川弘文館，2014年），岸田裕之『毛利元就』（ミネルヴァ書房，2014年），光成準治『毛利輝元』（ミネルヴァ書房，2016年）などを参照した。

35) 『第弐基本財産預ヶ金貸付金明細簿』（明治39年），「掛部活助」の項。

第3章　明治後期の家政と資産運用　187

表 3-6　第一・第二基本財産合計 (1891-1905 年)

(円)

年　　次	資　産								
	株式	債券	地所・北海道開墾費	炭坑支出(元資)金	貸付金	仮払金	現金・預ヶ金	諸経費	計
1891 (明治 24) 年	1,088,419	155,572	268,012	68,500	903,834	37,679	163,185	—	2,685,200
92 (〃 25) 年	1,036,334	115,275	312,017	291,480	1,041,416	45,108	20,918	—	2,862,548
93 (〃 26) 年	992,863	150,064	353,676	324,523	1,072,442	39,946	17,414	—	2,950,928
98 (〃 31) 年	2,562,534	291,812	347,355	809,819	1,783,067	35,158	172,263	380,032	6,382,039
99 (〃 32) 年	2,382,465	〃	347,213	824,005	1,850,013	120,291	196,270	318,052	6,330,121
1900 (〃 33) 年	2,592,202	〃	416,789	840,828	2,012,418	107,378	196,590	350,290	6,808,307
01 (〃 34) 年	2,804,047	〃	461,624	952,226	2,156,857	201,250	240,651	389,485	7,497,952
02 (〃 35) 年	2,696,928	287,175	513,436	697,976	2,286,679	64,775	289,687	531,707	7,368,362
03 (〃 36) 年	2,664,745	219,029	520,573	861,565	2,565,852	428,337	302,074	305,769	7,867,943
04 (〃 37) 年	2,691,018	425,379	520,459	935,888	2,802,636	539,840	338,296	352,239	8,608,128
05 (〃 38) 年	2,743,566	736,379	564,474	848,135	2,071,502	3,628,783	487,870	451,455	11,532,164

年　　次	負　債								
	第一基本財産	第一基本付属	第二基本自己資本	第二基本付属	自己資本計	第二基本借入金	第二基本預リ金	第二基本仮受金	計
1891 (明治 24) 年	528,708	—	1,929,433	227,059	2,685,200	—	—	—	2,685,200
92 (〃 25) 年	536,722	—	1,691,071	439,051	2,666,844	—	195,705	—	2,862,548
93 (〃 26) 年	567,332	25,289	1,696,560	295,592	2,584,774	—	366,154	—	2,950,928
98 (〃 31) 年	781,064	…	3,011,762	…	3,792,826	525,000	1,991,741	72,472	6,382,039
99 (〃 32) 年	823,112	…	3,077,073	…	3,900,185	—	2,378,066	51,869	6,330,121
1900 (〃 33) 年	886,839	…	3,039,250	…	3,926,089	400,287	2,432,275	49,657	6,808,307
01 (〃 34) 年	935,522	…	3,107,241	…	4,042,763	744,902	2,659,439	50,847	7,497,952
02 (〃 35) 年	984,872	…	3,121,553	…	4,106,424	711,318	2,451,962	98,658	7,368,362
03 (〃 36) 年	1,033,145	…	3,195,986	…	4,229,131	544,729	2,964,172	129,912	7,867,943
04 (〃 37) 年	1,090,093	…	3,320,929	…	4,411,022	1,150,202	3,011,098	35,807	8,608,128
05 (〃 38) 年	1,122,674	…	3,619,457	…	4,742,131	3,678,591	3,088,551	22,891	11,532,164

出所：表 3-1, 表 3-4, 表 3-5 などにより作成.

注：1) 各年 12 月末. 表 3-4, 注 2 に記したように, 1904 年資産は計が若干あわない.

　　2) 少なくとも 1901 年以降の第一基本財産・貸付金は, 全額第二基本財産に対するものであるため, 上表の貸付金は過大であり, 負債の第二基本預リ金もその分, 家内部の調達である.

ため, 資産の「貸付金」「預ヶ金」を外部へのそれとみなすと, 数十万円過大であり, 負債の「第二基本預リ金」も外部負債としては数十万円過大となる. また 98 年以降, 同家総資産としては, 第一・第二基本付属財産が不明のため集計していないから, 同表の合計はその点でいくぶん過少である. とはいえ, 筆者が設定した同表の負債「自己資本計」を一応同家の純資産とみなして, これと, 前田家の純資産 (表 3-7) を比較すると, 1890 年代までは毛利が前田を

表 3-7　前田侯爵家総資産 （1886-1912 年）

年　　次	株式	債券	不動産		農場資本	貸付金	滞貸
			土地	建物			
1886 （明治 19） 年	984,937	433,137	25,898	3,513	—	44,755	330,173
87 （ 〃 20） 年	931,537	442,436	26,305	〃	—	9,254	266,717
88 （ 〃 21） 年	913,761	621,393	19,237	〃	—	8,351	15,161
89 （ 〃 22） 年	920,808	656,298	〃	〃	—	13,862	4,205
90 （ 〃 23） 年	931,464	647,750	21,187	〃	—	16,270	〃
91 （ 〃 24） 年	974,477	649,483	32,187	〃	—	16,192	〃
92 （ 〃 25） 年	1,009,407	657,726	34,403	5,178	—	38,946	〃
93 （ 〃 26） 年	989,273	719,990	38,183	6,739	—	30,060	—
94 （ 〃 27） 年	1,016,014	760,869	39,888	5,077	—	31,551	—
95 （ 〃 28） 年	1,056,920	873,269	71,694	17,367	14,784	31,042	—
96 （ 〃 29） 年	1,077,050	858,269	104,555	42,355	8,991	31,032	—
97 （ 〃 30） 年	1,663,188	479,146	75,448	36,546	73,891	37,639	—
98 （ 〃 31） 年	2,021,079	927,280	79,833	36,822	70,344	403,922	—
99 （ 〃 32） 年	2,256,812	533,332	208,357	38,448	77,284	500,513	—
1900 （ 〃 33） 年	2,232,183	636,875	217,592	60,924	106,196	415,986	—
01 （ 〃 34） 年	2,311,302	715,936	220,166	61,653	107,508	501,799	—
02 （ 〃 35） 年	2,380,729	764,049	222,691	61,783	112,443	478,044	—
03 （ 〃 36） 年	2,430,586	741,101	225,498	116,504	114,182	656,090	—
04 （ 〃 37） 年	2,490,476	701,001	251,129	110,666	116,280	637,112	—
05 （ 〃 38） 年	2,520,749	995,851	350,027	118,253	124,535	593,841	—
06 （ 〃 39） 年	2,651,949	691,900	360,292	118,138	123,312	517,043	—
07 （ 〃 40） 年	3,110,879	646,051	425,692	127,494	126,314	291,191	—
08 （ 〃 41） 年	3,261,672	499,984	537,833	129,547	144,873	298,013	—
09 （ 〃 42） 年	3,328,332	505,572	474,124	776,771	147,502	313,721	—
10 （ 〃 43） 年	2,592,850	2,086,047	494,875	811,298	169,910	235,806	—
11 （ 〃 44） 年	2,518,696	1,922,715	500,911	820,418	173,107	239,029	—
12 （ 〃 45） 年	2,660,816	2,005,786	505,004	868,704	191,276	241,678	—

出所：　前掲拙稿「明治後期における前田侯爵家の資産と経済行動」表 1-3，表 2-4 より作成．原史料は，同家『資本
　　　　年は，「年度収支決算五ヶ年間一覧表」『評議会留』（明治 24 年）．

注：1)　1886-93 年は各年 7 月，94-95 年は各年 10 月，96-1905 年は各年 4 月．計の （ ） は筆者による算出．一部省
　　2)　1898 年以降の貸付金の大半は，家職の名義株を家職への貸付金としたものであり，実質は株式投資である．
　　3)　1906 年以降の「その他」は，「本邸建設費持越」「海面埋立費」「造林業経営費」の計．
　　4)　1909 年の建物の急増は，本邸（本郷邸）新築のため．1910 年の株式急減と債券急増は，幹線鉄道国有化によ
　　5)　この表は，前掲拙稿「明治期における旧長州藩主毛利家資産の由来と性格」表 4-5 を若干修正したものである．

(円)

通貨・預入金	仮出等	仮入等	純資産計	同左時価
179,289	74,153	△152,590	1,923,263	…
132,628	163,959	△58,064	1,918,285	…
154,946	6,160	△41,428	1,701,093	…
77,676	59,692	△17	1,755,273	…
80,873	154,399	△42,687	1,816,974	…
88,310	153,539	△50,856	(1,870,933)	…
85,830	62,719	△41,996	(1,856,311)	…
40,177	4,148	—	1,884,977	…
—	43,434	—	1,883,816	3,447,195
3,806	793	—	2,069,623	(3,229,738)
12,155	〃	—	2,135,203	3,642,804
69,667	—	—	2,433,127	4,152,595
69,541	—	—	3,608,823	…
183,547	—	—	3,798,297	…
257,748	—	—	(3,927,505)	…
139,470	7,984	—	4,065,817	…
80,454	〃	—	4,108,178	…
63,879	55,172	—	4,403,012	…
239,469	4,800	—	4,586,026	…
8,524	—	その他	4,742,828	…
157,842	20,788	356,087	4,997,351	…
37,400	4,473	442,146	5,211,641	…
△64,640	1,442	569,242	5,377,965	…
208,667	…	147	(5,755,289)	…
…	…	49,847	(6,651,936)	…
…	…	120,032	(6,604,008)	…
…	…	131,304	(6,726,594)	…

財産台帳』『財産台帳』『歳計決算書類』. 1887 年は『原簿』. 1886〜89

略した項目あり.

るもの.

190　第1部　明治期における毛利家資産の由来と性格

上回っているが，1900年代になると前田がほぼ追いついて同程度となった。ただし後述のように，「第二基本預リ金」の中には，同家が所有する金田炭坑などの「鉱山予備積立預リ金」という自己資本とみなせるものも数十万円あったので，1905年まで，まだ毛利家の方が若干上回っていたかもしれない。もっとも両家とも時価評価していないし（したがって実勢より著しく過少な額である。前田家の時価評価額は，表3-7の最右欄のように，1.7〜1.8倍になる），簿価も第2部で述べるように毛利より前田の方が控えめな金額にしているという問題もあり，さらに両家とも資産に含めていない不動産や蔵品，御手許金などもあるから，純資産額の比較といってもかなりラフなものにすぎない。あるいは1900年代前半には時価ではすでに前田の方が資産額は多かったのではないかとも思える。そして表3-6には反映されていないが，じつは後述のように百十銀行への多額の貸付・援助金のうちじつに265万円が同家の損失見込額となったのに対して，前田家はこの後も順調に資産を増加させ，明治末年には純資産額は600万円台となっているので，この05・06年頃を画期に前田家の方が完全に（そしておそらく島津家も毛利より）上回っていったであろう。もっとも毛利家も安定的な優良株・公債を大量に所有していたし，金田炭坑などで大きな利益を得て，百十銀行への救済融資による損失をかなり穴埋めしたはずである。同家はこの後も大藩大名華族屈指の大資産家であり続け，1938年に元昭が亡くなった際の相続資産（相続税課税対象額）は2,176万円であった[36]。

　毛利・前田両家の資産内容の比較をすると，毛利は前田に比して，株式と貸付金が多いようにみえ，公債が少ない。もっとも1900年代の貸付金の大半は藤田組に対するものだった。前田の特徴は，債券所有が多いことであったが，日露戦時期の軍事公債への投資は，多額の応募を行った前田家より毛利家の方がさらに多額を取得しており，1904・05年に急増している。なお，前田家の貸付金が98年から急増しているが，これは名義株について名義人への資金貸付という形式を採っていたためであり，実質は株式投資であった。したがって株式投資は，1903年頃以降は前田家の方がやや多く，むろん優良株に投資し

---

36)　第2部第6章を参照。

ていたから，時価でみた純資産はこの頃すでに前田家の方が多かったかもしれ
ない。さらに前田が北海道炭鉱鉄道株投資以外は鉱山投資を（直接経営として
も株式投資としても）行わなかったのに対して，毛利は炭坑元資金も 100 万円
近くになっており，鉱山投資がめだつ。前掲，千田稔「華族資本の成立・展
開」は，薩摩島津公爵家・延岡内藤子爵家・加賀横山男爵家を三大鉱山華族と
して注目したが，毛利家も彼らに匹敵する鉱山華族だったのである。仮払金の
05 年からの急増（百十銀行への支出）にみられるように，毛利家は救済事案
がめだち，巨額であった。負債では 98 年以降，借入金のみならず預り金も継
続的に多い。預り金は，旧家臣や防長教育会への優遇策とみられるものが多
かった。1900 年代半ば頃には外部負債が自己資本に匹敵するか上回るように
なっている。

　むろん前田と同様に毛利には，この時期も大藩大名華族の資産の特徴が顕著
にみられる。1893 年と 98 年を比較すると不連続に純資産が増加しているが，
前田家が 98 年に第十五国立銀行の普通銀行化によって 103 万円の積立金分配
を受けて資産が急増したように，毛利家も大量の同行株を所有していたから，
97 年に 92 万円の分配を受けて純資産が急増したはずである。以下，各種の投
資について，より詳しく分析する。

（3）有価証券投資

（ｉ）株式

　この時期の所有株式をみると（表 3-8），銀行・鉄道株を中心に，多くの有
力大名華族が所有した優良株が並ぶが，やはり西日本で事業を展開する企業の
株が多い。山口県関係の企業もあるが，それに限らず，北九州や大阪関係銘柄
もめだつ。福岡県地域は，もともと毛利元就の時代から勢力を広げようとした
地域ではあるが，こんにちでも山口県との関係は深い。有力旧臣の考える毛利
家にとっての地域・地方とは，必ずしも旧藩領に限定されなかった。とはいえ，
山口県に基盤を置く企業に配慮した株式投資は行われた。これに対して前田家
では，そうした事例が皆無ではないが，あまり多くない。毛利は，前記の品川
硝子会社や日本舎密会社のみならず，小野田セメントに 1897 年に新たに出資

192 第1部　明治期における毛利家資産の由来と性格

表 3-8　所有株式・出資金（1891-1905 年）

銘　　柄	1891 年	1892 年	1893 年	1896 年	1897 年	1898 年	1899 年	1900 年
第一基本財産								
日本鉄道	100,000	100,000	100,000	100,000	—	—	—	—
第二基本財産								
第十五国立銀行	650,000	650,000	650,000	515,100	515,100	515,100	385,100	285,100
東京海上保険	50,000	50,000	50,000	—	—	—	—	—
大阪紡績	45,020	—	—					
日本銀行	10,000	10,000	10,000	22,500	22,500	22,500	30,000	30,000
横浜正金銀行	100,000	80,000	30,000	15,000	30,000	30,000	152,500	152,500
〃　　新	—	—	—	—	7,500	15,000	119,000	119,000
〃　　第 3 新	—	—	—	—	—	—	—	80,000
百十銀行	—	—	—	—	40,000	40,000	48,000	48,000
日本勧業銀行	—	—	—	—	—	1,600		
台湾銀行	—	—	—	—	—	—	20,125	7,625
北浜銀行	—	—	—	—	—	—	—	118,750
東京電灯	10,000	33,000	37,125	40,230	40,230	} 67,089	69,700	85,600
〃　　新	—	—	690	5,213	18,000			
〃　　新 2	—	—	—	—	—			
東京家畜市場会社	1,575	—						
品川硝子会社	4,875	—						
日本酒問屋会社	4,000	—						
日本舎密製造会社	—	5,000	5,000	5,000	5,000	…	6,200	6,200
日本郵船	—	—	—	24,050	19,050	5,000		
大阪商船	—	26,123	26,123	16,050	16,050	16,050 }	54,618	54,618
〃　　新	—	—	—	5,542	24,780	36,406		
〃　　新 2	—	—	—	—	—			
総武鉄道	—	9,000	25,000	50,000	50,000 }	100,000	100,000	100,000
〃　　新	—	—	—	—	47,014			
〃　　第 3 回新	—	—	—	—	—	10,800	25,000	50,000
〃　　第 4 回新	—	—	—	—	—	—	5,000	5,000
〃　　第 5 回新	—	—	—	—	—	—	—	5,000
日本鉄道	—	—	—	—	150,650	150,650	56,966	56,966
〃　　第 7 回新	—	—	—	—	3,000	20,500	20,500	22,000
〃　　第 8 回新	—	—	—	—	—	16,741	10,125	10,125
大阪鉄道	—	—	—	—	—	—	117,910	104,000
〃　　新	—	—	—	—	—	—	8,483	12,675
西成鉄道	—	—	—	—	—	…	4,500	4,500
九州鉄道新 3	—	—	—	—	—	88,623 }	237,016	262,016
〃　　新 4	—	—	—	—	—	27,877		
〃　　新 5	—	—	—	—	—		573 }	14,630
〃　　新 6	—	—	—	—	—		1,935	
〃　　第 2 新	—	—	—	—	—	—	—	—

（各年末，円）

1901 年	1902 年	1903 年	1904 年	1905 年	備　考
—	—	—	—	—	97 年に第二基本財産へ
235,100	242,500	242,500	200,000	200,000	97 年から十五銀行
—	—	—	—	18,750	05 年付属財産より 1,600 株付渡，100 株売却
—	—	—	—	—	92 年に売却
30,000	30,000	30,000	30,000	30,000	
152,500 〉119,000 }	271,500	271,500	271,500	271,500	
80,000	80,000	80,000	80,000	80,000	
48,000	48,000	48,000	48,000	48,000	97 年は第百十国立銀行
7,625	—	—	—	—	
118,750	118,750	118,750	118,750	118,750	97 年設立
85,600	85,600	75,100	65,000	65,000	
—	—	—	6,275	10,000	
—	—	—	—	—	92 年に第二基本附属財産へ
—	—	—	—	—	旧要用金第二類，92 年第二基本付属財産へ
—	—	—	—	—	92 年に広岡助五郎へ下付
7,400	8,600	8,600	8,600	8,600	91 年は第二基本付属財産
—	—	—	—	—	91 年は第二基本付属財産
54,618	26,328	24,000	24,000	24,000	
—	—	—	5,000	15,000	
75,000 〉50,000 }	125,000	125,000	125,000	125,000	
12,500 〉12,500 }	23,000	23,000	23,000	23,000	
56,966	36,250	36,250 }	61,250	61,250	97 年第一基本財産から移管分あり
23,500	25,000	25,000 }			
10,125	10,125	—	—	—	
104,000	54,800	54,800	40,000	40,000	1900 年から関西鉄道
15,600	—	—	—	—	
4,500	4,500	4,500	4,500	4,500	96 年設立
287,016	177,940	177,940	177,940	171,000	05 年に 100 株売却
14,630	8,400	8,400	14,280	14,280	
—	—	—	—	820	

194　第1部　明治期における毛利家資産の由来と性格

表 3-8　（続）

銘　　柄	1891年	1892年	1893年	1896年	1897年	1898年	1899年	1900年
東武鉄道	—	—	—	—	—	—	—	30,202
東京人造肥料	—	—	—	10,000	10,000	20,000	20,000	20,000
〃　　新	—	—	—	3,000	6,666		20,000	20,000
〃　　新2	—	—	—	—	—	—	—	—
〃　　第2新	—	—	—	—	—	—	—	—
北海道炭鉱鉄道	—	—	—	500,000	440,000	435,000	602,965	602,965
〃　　新	—	—	—	—	—	—	12,250	12,250
北海道鉱山	—	—	—	—	—	—	—	—
〃　　新	—	—	—	—	—	—	—	—
倉谷鉱山	—	—	—	54,850	56,350	56,350	56,350	56,350
小野田セメント	—	—	—	—	10,620	30,000	73,000	73,000
〃　　新	—	—	—	—	—	—	42,100	57,150
日本精製糖	—	—	—	—	—	—	—	6,020
台湾製糖	—	—	—	—	—	—	—	25,000
若松築港会社　第3	—	—	—	—	—	—	—	25,000
〃	—	—	—	—	—	—	—	—
帝国ホテル	—	—	—	—	—	6,000	—	—
第二基本付属財産								
東京人造肥料	11,000	11,000	10,000	—	—	—	—	—
日本舎密製造会社	4,400	—	—	—	—	—	—	—
帝国ホテル	6,000	6,000	6,000	6,000	6,000	—	…	…
大阪商船	27,149	—	—	—	—	—	—	—
日報社	10,000	—	—	—	—	—	—	—
忠愛社	1,000	—	—	—	—	—	—	—
東京牛商会	3,000	3,000	—	—	—	—	—	—
東京家畜市場会社	—	1,575	—	—	—	—	—	—
品川硝子会社	—	4,875	—	—	—	—	—	—
三田尻築堤会社	—	60	60	…	…	…	…	…
出資金（第二基本財産）								
汽車製造合資	—	—	—	…	…	…	76,000	91,160
洞海北湾埋渫合資	—	—	—		…	…	16,800	16,800

出所：『第壱基本第弐基本財産月計簿』（明治24年），『第弐基本財産出納簿』（明治29年〜同31年），『第
注：1）1896〜98年以外は，取得額ないし支出額.
　　2）1896〜98年の株式は，配当額・年率から逆算した．したがって払込額であり，また無配の株式は
　　　　者の金額は払込額，後者は取得額）.
　　3）1896〜98年の第二基本付属財産は推定.

第3章　明治後期の家政と資産運用　195

1901 年	1902 年	1903 年	1904 年	1905 年	備　　考
40,602	47,102	53,602	60,102	66,602	
20,000	20,000	20,000	30,000	30,000	93 年まで第二基本付属財産
—	—	5,000			
—	—	—	—	7,500	
404,165	404,165	404,165	404,165	462,000	05 年に 200 株売却
12,250	35,200	39,600	52,800		05 年に 260 株売却
183,700	183,700	183,700	183,700	183,700	01 年田中商店より買入
91,850	91,850	91,850	91,850	91,850	
56,350	56,350	56,350	56,350	56,350	
79,050	89,800	92,200	96,084	96,084	
63,150	63,150	63,150	63,160	63,160	
7,020	7,020	—	—	—	
62,000	86,000	100,000	100,000	100,000	1900 年 12 月設立
51,000	67,000	74,000	80,000	112,530	
—	16,800	16,800	16,800		02 年洞海北湾埋渫合資会社の合併による
—	—	—	—		
—	—	—	—	—	第二基本財産へ
—	—	—	—	—	第二基本財産へ，89 年小野田に設立
…	…	…	…	…	
—	—	—	—	—	第二基本財産へ
—	—	—	—	—	旧要用金第二類，92 年棄却
—	—	—	—	—	旧要用金第二類，92 年棄却
—	—	—	—	—	93 年会社解散
—	—	—	—	—	93 年棄却（減資，売却）
—	—	—	—	—	92 年 11 月会社解散
…	…	…	…	…	
132,673	144,030	144,030	123,132	123,132	
16,800	—	—	—	—	97 年設立，02 年若松築港会社に合併

弐基本財産台帳』（明治 33 年，同 35 年，同 37 年）．

含まず，かなり過少である（たとえば，北海道炭鉱鉄道の 98 年は 8,700 株，99 年は 8,500 株であるが，前

196　第 1 部　明治期における毛利家資産の由来と性格

している。『小野田セメント百年史』には，同社の 91 年増資の際に毛利元徳が出資して筆頭株主になったとあるが（91 頁），これは毛利家ではなく防長教育会による出資であった。毛利家史料には 96 年まで小野田セメントへの出資記録はなく，前記のように，同教育会はまだ法人化していなかったから，横浜正金株と同様に所有の小野田セメント株を会長元徳の名義にしていたのである[37]。また第百十国立銀行にも 97 年に出資している。同家財産主管者となった毛利五郎が同年に同行取締役に選任されている[38]。これも，前田家が自ら主導して設立した金沢第十二国立銀行から早々に出資を引き揚げたのとは[39]，まったく異なる。

　他方，とくに井上馨と実業家・企業との特別な関係によって株式を所有していた例もある。

　北海道鉱山会社は，1888 年に設立されたが，90 年に社長の堀基が北海道炭鉱鉄道社長に転出したため，一旦解散し，田中平八（2 代）が社長となって，北海道の金属鉱山開発を目的として同名の会社を立ち上げた[40]。その中核は，毛利農場がある大江村の然別鉱山（金銀鉛鉱等，のちの大江鉱山）であった。ところが，従来の研究では，同社の経営について不可解な点があることが指摘されている[41]。すなわち田中家は北海道庁長官からの依頼などによって道内で石炭業から金属鉱山業に転換したが，田中鉱業『社史草稿』では 1906 年の北海道鉱山会社解散時まで同社は田中家による経営とされているにもかかわらず，『銀行会社要録』所収「役員録」の田中平八の項から北海道鉱山会社が 1899 年に消えている。また『銀行会社要録』に同社の財務データなどが掲載されるようになった第 7 版（1903 年刊）には，田中一族が同社の役員・大株

---

37)　『小野田セメント百年史』93-94 頁によると，93 年の元徳名義新株はなく，かつ旧株数は 97 年防長教育会旧株数と連続しているが，97 年元昭名義株は連続せず新たに現れている。したがって毛利家は表 3-8 のように 97 年に元昭名義で新たに出資したはずである。

38)　前掲『山口銀行史』290 頁。ただし 1880 年代にも同家は山口用達所当用金として同行株を若干所有していた。

39)　『石川県銀行誌』（北國新聞社，1980 年）第 3 章第 5 節を参照。

40)　『天下の糸平―糸平の祖先とその子孫―』（信濃郷土出版社，1967 年）70-73 頁。

41)　斎藤憲「鉱業（産銅）財閥」（渋谷隆一ほか編『地方財閥の展開と銀行』日本評論社，1989 年，所収）91 頁。

主にまったく現れない。このため，どうやら 1899 年に田中家が同社から出資を引き揚げたと推測され，しかしその後の同社の経営実態については不明とされる。

　他方，表 3-8 の史料には，1901 年に毛利家が同社株を「田中商店ヨリ買入」れたとある。じつは毛利家が同社株を田中家から譲り受けたのである。しかも『銀行会社要録』第 7 版によると，同社は，総株数 1 万株，資本金 100 万円，うち払込高 75 万円とある。これに対して表 3-8 の史料に，毛利家は同社旧株（100 円券，全額払込）と新株（100 円券，50 円払込）を各 5 千株買い入れたとある。払込額は計 75 万円である。つまり同家は，田中商店から発行株全部を買い取ったのである。したがって，『銀行会社要録』第 7 版に記されている今村繁三以下 9 名の大株主の所有株は，全部毛利家の名義株であった。このため，従来田中家が同社株を手放したことは推測できても，同社が毛利家の所有へ移ったことはわからなかった。筆頭株主今村繁三は今村清之助の次男であり，清之助の事業の継承者であるが，毛利家は 1890 年代〜1900 年代に今村清之助や今村銀行との間で多額の貸借関係があり（後述），両者は深い関係にあった。北海道鉱山会社の他の大株主である，熊谷良三同社取締役，内山直吉監査役，田島武夫（『銀行会社要録』第 8 版は田島信夫）らは，いずれも毛利家家職ないしその子弟であった。

　毛利家が北海道鉱山会社株を買い取った契機は，田中平八を支援していた井上馨の仲介にちがいない。じつは，然別鉱山は 1890 年代半ば頃に鉱脈が枯渇し，精錬のための燃料も不足して経営不振に陥り，さらに 96 年に大規模な争議も発生して一時休山するなど，赤字に苦しんでいた[42]。『銀行会社要録』第 7 版に記載された同社の各勘定価額を計算すると，債務超過とまではいえないが，厳しい財務内容であることが明らかである。このため，井上はこれを救済せんと，毛利家に株の全面買取りを進言したはずである。むろん，再生可能と踏んでのことであろう（実際に，後注 43 のように相当な年月を経た後に再生

---

42)　前掲『新仁木町史』222-234 頁。ちなみに同書は然別鉱山について立ち入った考察をしている貴重な文献であるが，大正期の地元史料に基づいて，同鉱山は田中家による経営の後，三井の所有に移ったとの認識である（328 頁）。要するに，同鉱山の所有者が毛利家になったという事実は，当時の地元でもほとんど知られていなかったことを窺わせる。

198　第1部　明治期における毛利家資産の由来と性格

した）。『世外井上公伝』第4巻（198頁）には，84年の初代平八の没後について，

　　　[田中家の]鉱山経営も経済界の消長と共に盛衰があり，その維持困難を
　　　告げることがあれば，公は常に我が事のやうにその不振を憂慮し，自分ら
　　　北海道の鉱区を視察して実情を調査し，救済の途を講じた。

とあるが，毛利家による救済についての記述はない。『世外井上公伝』の執筆者は，北海道鉱山会社の実情を知っていたが，具体的には記さなかったのである。また井上と田中の関係からであろう，1890年代から毛利家は田中銀行から多額の預り金もあった（後述）。ただし，毛利家は当然北海道鉱山会社株を払込額よりかなり安く買い取った。買入価格は，払込額1株50円の旧株を36円74銭，同1株25円の新株は18円37銭であった。しかし名家たる毛利公爵家は，争議も起こしたこの不良企業への出資を公にしたくなかった。このため，所有株全部を関係者による名義株にしたのである。こうして北海道鉱山会社および然別鉱山が，ある期間は毛利家の所有であったことは，こんにちまで100年以上にわたって，ごく一部の関係者以外には知られなかったのである。

　同社は毛利家の完全な単独所有になったから，その後，同社が再び苦境に陥ると，同家以外に資金拠出する主体はなかった。後掲表3-11のように，1903年から毛利家は同社への多額の「仮出金」を支出していった。しかし結局，然別鉱山は1905年営業廃止届を提出し，会社も1906年に解散したから，毛利家はかなり大きな損失を被ったはずである[43]。田中鉱業『社史草稿』が，北海道鉱山会社は解散時まで田中家による経営であったとしたのは，経営が苦境に陥って毛利家に買い取ってもらった上に，結局解散となって同家に多大な迷惑をかけたため，同家に配慮してそれを公にしないようにするためだったであろう。

　同家は九州鉄道株も多く所有していたが，同社は，筑豊鉄道を1897年に合

43）　然別鉱山はその後大正期に久原鉱業によって再興された（前掲『新仁木町史』328-
　　329頁）。なお，日本鉱業株式会社『五十年史』（1957年）558頁によれば，1914〜15年
　　に久原鉱業が同鉱山を田中鉱業などから買収しているから，1906年に北海道鉱山会社
　　が解散した際に，田中家ないし田中鉱業が同鉱山を毛利家から買い取ったのであろう。
　　したがって，毛利家は同社への投資額の幾分かは回収したはずである。1906年の同社
　　解散については，前掲，斎藤「鉱業（産銅）財閥」91頁，前掲『新仁木町史』328頁。

併しており，金田炭坑などがある筑豊炭鉱を背景とした筑豊鉄道株を取得し，それが九鉄新株になったものが多かったとみられる。また九鉄は，97 年に株主と経営者の間に紛争が起こり，井上が調停に入って 1900 年に裁定を下し，問題は解決した[44]。毛利家が同株を買い増したのはこの頃なので，これも井上の助言によるものと思われる。

　若松築港会社への出資については，井上が福岡県に来た際に貝島太助と相談して増資し，毛利家はそれに応募しているから，これも井上経由によるものであろう。貝島らが設立した洞海北湾埋淺合資会社への投資も，やはり井上の仲介と思われる[45]。両社の事業は，洞海湾の浚渫などにより若松港の汽船停泊機能を強化するものであり，これによって，大正期にかけて門司港の石炭積出港としての地位が停滞したのに対して，若松港と，新たに開港した戸畑の地位が大きく上昇した[46]。

　1900 年の台湾製糖・日本精製糖への投資についても，井上馨の関与が明白である。1898 年に井上が大蔵大臣の際に，砂糖輸入額が年々増大していったため，台湾総督に就任した児玉源太郎（徳山藩士家出身）に，同地での製糖業の発展をめざす政策を説いた[47]。そして製糖会社設立の中軸として三井物産に白羽の矢が立ち，物産の益田孝は井上の助言・援助を受けていた日本精製糖の鈴木藤三郎にも謀って賛同を得た。こうして 1900 年に井上は益田に，「『宜しく予が三井家並びに毛利家を説き，此処に資本の中堅を定めて三期・五期の損耗無配当は予め覚悟して当らせよう。』といつて公は大いに奨励する所があつた」とされる。そして益田・鈴木らの計画に賛同した井上は，三井と毛利家を説得して資金を出させ，1900 年の台湾製糖設立となった（初代社長鈴木藤三郎）。台湾総督府からの補助金も得て，これはむろん発展した。

　北浜銀行は，藤田伝三郎ら関西の実業家によって設立されたが，もともと井

44）　『世外井上公伝』第 4 巻，680-688 頁。
45）　以上，前掲『貝島太助伝（稿本）』142-144 頁参照。若松築港会社および洞海北湾埋淺合資会社については，『七十年史―若松築港株式会社―』（同社，1960 年），『北九州市史』産業経済 I（1991 年）73-75，215-227，272-286 頁，『世外井上公伝』第 4 巻，710-712 頁などを参照。
46）　『福岡県史』通史編近代産業経済（一）（2003 年）第 3 編第 16 章第 3 節，同第 4 節。
47）　以下，『世外井上公伝』第 4 巻，700-706 頁。引用は，702，703 頁。

200 第1部 明治期における毛利家資産の由来と性格

上馨も関係しており，一時，原敬を同行頭取に据えたのも井上であった[48]。井上の助言により毛利家も同行に出資したのであろう。

なお，倉谷鉱山会社（1894年設立，石川県石川郡犀川村）への出資株は，同家会計史料では「炭坑元資金」に含んでいるが，表3-8や後掲表3-11のように，遅くとも96年以降（おそらく設立当初から）1,127株を所有している。これは，従来の研究では，資本金20万円の三井系企業とされ，田中平八家も出資していた[49]。しかし三井鉱山側の史料によると，「毛利侯との組合」であったという[50]。三井合名の設立当時，同合名所有の倉谷鉱山株は，1,243株であった[51]。田中家や石川県の地元資産家などの少数株主を除いて，三井と毛利のほぼ折半の出資だった。同鉱山は，金沢市街を流れる犀川の最上流域にあり，かつて加賀藩2代藩主（前田家3代）利常が力を注いで，金沢城の瓦も同鉱山産出の鉛をもってしたともいわれる，いわば前田家お膝元の鉱山であった[52]。しかし前田侯爵家はまったく出資せず，長州毛利家が出資したのである。ここにも両家の投資姿勢の相違が顕著に表れている。鉱山投資は，富鉱脈に当たれば比較的安定した収益が得られるが，ともすれば枯渇などによってなかなか安定しない場合が多い。前田家はそれを嫌ったのであろう。倉谷鉱山は配当からみて比較的順調な経営成績を残したが，1909年頃，さらなる採鉱には巨額の投資が必要になったことや，廃水が下流の金沢兼六公園に流れ込むことなどから，一旦休山となった。毛利の同鉱山への出資も，台湾製糖と同様に，三井と毛利の両方に顔が利く井上馨による仲介の気配が濃厚である。

次に興味深いのが，第二基本付属財産所属株，ないし当初第二基本財産だっ

---

48) 前掲，砂川『藤田伝三郎の雄渾なる生涯』228-230頁，伊藤之雄『原敬』上（講談社，2014年）440-442頁。

49) 前掲，斎藤「鉱業（産銅）財閥」84-85頁。

50) 以下，『三井鉱山五十年史稿』（三井文庫所蔵，『金沢市史』資料編11近代1，1999年，434-437頁，所収）。三井は4万円を出資したとある。

51) 三井合名設立時の1909年10月も，翌10年1月も1,243株。安岡重明『財閥形成史の研究』（ミネルヴァ書房，1970年）515頁，第55表，松元宏『三井財閥の研究』（吉川弘文館，1979年）50頁，第11表。

52) もっとも，板垣英治「書評『塩硝の道－五箇山から土清水へ－』」（『市史かなざわ』9号，2003年）135頁によれば，金沢城の瓦は倉谷鉱山産という説は誤りとのことであるが，藩政期に倉谷鉱山が稼行され，主に銀が産出されていたことは事実である。

たが同付属財産に移された株，あるいはその逆方向に移管された株についてである。前記のように付属財産は，収益を生まないか低収益と見込まれるもの，したがって事業成功を確実とみなしていない企業株であり，同家の各企業への見方・期待度が窺える。まず1891年に第二基本付属財産だったのは，東京人造肥料・日本舎密製造・帝国ホテル・大阪商船・日報社・忠愛社・東京牛商会であった。継承会社を含めて現在も存続する東京人造肥料・日本舎密製造（ともに，現日産化学）・帝国ホテル・大阪商船（現商船三井）は，90年代初頭頃に同家にとって期待薄の銘柄だったらしい。

東京人造肥料は1890年には要用金第一類だったが，91年から第二付属財産となり，しかし遅くとも96年には第二基本財産に格上げされている。日本舎密は，91年まで要用金第二類・第二付属財産だったが，東京人造肥料より早く，92年から第二基本財産に格上げされた。化学肥料普及には時間を要したということであろうか。帝国ホテルは収益性に不安があったとみえて，97年まで付属財産であったし，98年に一旦第二基本財産に格上げされたが，すぐ消えている。欧化あるいは富裕層形成のスピードが緩慢だったことを物語っているようでもある。大阪商船は91年には第二付属だったが，翌92年以降第二基本財産になっている。同社が瀬戸内海航路を席巻していき，さらに朝鮮航路など海外航路へ進出していったことを反映しているのであろう。他方で，91年には第二基本財産であった東京家畜市場会社・品川硝子が翌92年に第二付属財産へ降格されている。そしてこれらは翌93年に東京牛商会とともに解散し，株金は損失となった（後掲表3-20）。

以上のような点をみると，財産主管者柏村信以下，担当家職らは，所有資産について決して粗雑な扱いをしていたわけではなく，その質を冷静に評価して計上していたとはいえる。そして毛利家は，投資先企業の経営破綻により損失を被ることもあったが，他方で多くの優良株から安定的な配当を得て，同家の財政基盤は容易に揺るがなかった。それは，優良株が優良株であり続けたからであり，いいかえれば日本経済の順調な発展に負っていた。この点は，他の多くの大藩大名華族と同様であった。

202　第1部　明治期における毛利家資産の由来と性格

表 3-9　所有債券（1891-1905 年）

銘　柄	1891 年	1892 年	1893 年	1896 年	1897 年	1898 年	1899 年	1900 年
第一基本財産								
金禄公債	—	—	—	—	85,500	85,500	85,500	85,500
第二基本財産								
社債								
筑豊（興業）鉄道	—	—	48,300	39,000	37,000	35,000	28,350	23,100
九州鉄道	—	—	—	—	—	—	—	—
小野田セメント	—	—	—	—	—	—	—	—
公債								
起業公債	39,898	—	—	—	—	—	—	—
中山道鉄道公債	54,984	—	—	—	—	—	—	—
整理公債	17,300	93,600	98,600	101,600	79,800	79,800	77,496	77,496
新公債	40,000	—	—	—	—	—	—	—
六分金禄公債	—	18,398	—	—	—	—	—	—
五分金禄公債	—	—	—	115,000	372,500	122,900	111,336	111,336
軍事公債	—	—	—	17,400	18,400	18,400	17,480	17,480
国庫債券	—	—	—	—	—	—	—	—

出所：前表と同じ.

注：1）1896-98 年は額面（ただし第一基本財産の金禄公債は取得額であり，額面は 9 万 5 千円），他は取
　　2）筑豊興業鉄道は 94 年に筑豊鉄道に改称．筑豊鉄道社債は史料には 1901 年まであるが，同社は 97
　　　は九州鉄道社債である.
　　3）新公債の 91 年 4 万円は広岡助五郎に貸しており，92 年これを実価 3 万 8 千円として貸金に振り替

（ⅱ）債券

　前記のように同家の所有債券はあまり多くない。それは国債が中心であるが，比較的早くから，筑豊興業鉄道や小野田セメントなど地方企業の社債に投資していた点が特徴である（表 3-9）[53]。山口県・福岡県企業重視の姿勢がここにも表れている。

　さて日清・日露両戦争の軍事公債に，毛利家など有力大名華族がどのように対応したか。両戦争の軍事公債にはともに募集額に対してそれをはるかに上回る応募が殺到し，有力大名華族らはそれを見込んで多めに応募した。まず日清戦時の軍事公債への対応について，94 年 12 月 8 日付の井上馨宛杉孫七郎書簡

53）　筑豊興業鉄道については，前掲『福岡県史』通史編近代産業経済（一），第 3 編第 15
　　章を参照。毛利家は，同鉄道の経営が順調だった 93 年の社債発行に応募したようであ
　　る（同書，1297 頁）。

第3章　明治後期の家政と資産運用　203

| | | (各年末，円) | | |
1901年	1902年	1903年	1904年	1905年
85,500	85,500	85,500	85,500	85,500
13,650	—	—	—	—
—	3,150	2,100	—	—
—	35,000	—	—	—
—	—	—	—	—
77,496	77,496	77,496	77,496	77,496
—	—	—	—	—
111,336	106,700	38,553	38,553	38,553
17,480	17,480	17,480	17,480	17,480
—	—	—	206,350	517,350

得額ないし支出額.
年に九州鉄道に合併されたので，上表の同年以降
えたため，所有債券としては消えている.

が[54]，その舞台裏を記している.

　　過日，申上候軍事公債応募之儀ニ而，
　　御廻答候趣，決定ノ差控候処，伊藤
　　伯ヨリ催促も有之，華族中，島津毛
　　利両家之応募額を聞合之上，自家之
　　額を決定之様子ニ而，松方伯と協議，
　　五十万円申込之事ニ決定致候，尤，
　　日本銀行於て借入金ハ七朱之約束相
　　調，［中略］前田侯爵ハ島津毛利両
　　家倣ヒ，五十万円と決定之由ニ候，
　　其外華族中，応募者有之候処，好結
　　果［後略］

毛利家は応募額の決定を控えていたところ，伊藤博文首相から催促が来て，また華族のなかには，島津・毛利がどれだけ応募するかをみて自家の応募額を決める様子なので，島津家財政顧問の松方正義と相談して，50万円応募に決めた，必要資金は日銀から借り入れる，前田も島津・毛利に倣って50万円と決めたそうである，という。多くの大名華族は，まずはそのリーダー的存在であった島津・毛利両家の出方を見て決めるという。実際，前田家はこの94年12月に，第十五国立銀行から借入のうえ，50万円応募して17万円購入した。毛利家では，日銀から年利7％で借りるというが，軍事公債は年5％だから，（取得額は額面よりやや低いとはいえ）これは損失を見込んでのことであった。前田家も第十五銀行から日歩2銭4厘（年利8.76％）で借りたから，こちらも損失覚悟であった[55]。そしてこの頃，毛利家は政府への巨額の寄付も島津家と歩調を合わせながら行い，前田家も歩調を合わせるようになった。島津・毛利・前田が横並びで，あるいは連絡を取り合って，戦時国債に応募したり種々の寄付を行う点はこの後ますます必要となって

54)　前掲「井上馨関係文書」第27冊，所収。
55)　前掲，拙稿「明治後期における前田侯爵家の資産と経済行動」59頁。

いった[56]。

　ところで 96 年末以降の軍事公債所有額は，額面 1 万 8 千円程度にすぎない（表 3-9）。それゆえ同家が実際に 50 万円応募し，前田家と同様に 17 万円程度買い入れたのかという疑問が生じる。じつは買入をして，しばらく後に大半を売却したのである。96 年 3 月に額面 5 千円，4 月に 13 万円，5 月に 2 万円売却して，計 9 千円の売却益を得ていた。その後同年中にさらに少額の売却を繰り返している[57]。金利が低下して価格が上昇し，売却しても政府が困るわけではないし，借入金利の方が高かったから早めに売却して借入金を返済するのが得策と考えたのかもしれない。しかしじつは 4 月売却の 13 万円のうち 10 万円は伊藤博文に売却した可能性が大である。残り 3 万円は山県有朋に売却したらしい。そして軍事公債は売却前まで日銀借入金の担保に供しており，借入金返済，担保受戻と同時に売却したようである（以上，後述）。前田家も早めに借入金を返済する点は同様だったが，軍事公債自体は有利とみなしたのであろう，長く所有した。

　日露戦期の軍事公債は，当然ながら日清戦争期よりはるかに多く買い入れた。表 3-9 最下欄「国庫債券」がそれであり，1905 年末残額は 51 万円に達している。他方，前田家はもともと毛利家より安全な国債投資に重点を置いており，日露戦時の軍事国債にも，国家への貢献姿勢を示すために，第 1 回から第 3 回まで各回 100 万円，第 4 回・第 5 回も各 50 万円応募した。そして同家の募入決定額（買入額）は，第 1 回 4 万 1 千円，第 2 回 30 万円，第 3 回 32 万円，第 4 回 1 万 8 千円，第 5 回 8 万円，あわせて額面 75 万 9 千円であり，むしろ毛利家より多く買い入れた。これは毛利家が，後述のように百十銀行救済のために財政が逼迫していたことも影響したであろう。しかし前田家も，毛利家が日

56）　長州・薩摩の懇親会はすでに 1881 年 12 月には開設されていたが（『柏村日記』明治 14 年 12 月 21 日条に，「薩長懇親会，玉泉楼ニテ開設ニ付，出席」とある），前田家『諸事留』（明治 44 年）によると，1911 年 3 月の汽車製造会社総会の席で，毛利家財産主管者毛利五郎から前田家財務部理事羽野知顕に，「嶋津，毛利，前田三家ヨリ寄附金等ニ付，打合ヲ為ス必要有之候ニ付テハ，事ノ有無ニ拘ハラス，隔月一回代表者会合有得度」との話があり，2 週間後，「隔月一回三家代表者会合御催云々之儀，抑々至極有益と奉存候ニ付，御賛成之被為候間，宜敷御執行被成度奉存候」と回答している。3 家会合はこの後，実際に行われたであろう。

57）　『第弐基本財産出納簿』（明治 29 年）による。

第3章　明治後期の家政と資産運用　205

清戦時軍事公債を早く手放したのと同様に，日露戦争が終了すると国債価格上昇と借入金返済を理由にさっさと売却し，1905年度末（06年3月）の残高は早くもゼロとなっていた[58]。国策への協力という姿勢を示すことが重要であり，政府としても国債消化が順調にいくかが問題であったから，その関門が過ぎ，戦争が勝利で終了すれば，あとの処理は問題ではなくなった。

（4）不動産投資

毛利家は，前記のようにおそらく山県有朋らの主張によって土地所有を資産の基礎にする姿勢があり，それが第一基本財産の地所であった（表3-10）。多くは前期（前掲表2-5）を継承したものであるが，宮城県仙台地所は93年まで3万4千円だったものが，1905年には15万8千円と大幅に増加している。これは1898年に第七十七国立銀行を七十七銀行へ改組する際に，抵当流れとなっていた田108町・畑10町のうち，同家が約100町を買い取ったことによるものであった。これは銀行側にとっても資産整理に都合がよいものであった[59]。表3-10の備考欄のように96・97年に所有面積が121町，180町と増加しているのはこれを示している。88年の第七十七国立銀行頭取遠藤敬止の仲介による取得も同行の抵当地だったかもしれない。こうして同家は一貫して第七十七国立銀行と提携して，スムーズに土地集積を行った。大名華族や大地主らが北海道以外の内地で大規模な耕地集積を行った方法の1つも同様だった可能性がある。

福岡県門司港地所は，当初は第一基本財産であったが，1901年に第二基本財産へ振り替えた。これは，海面埋立新開市街地宅地であった。当時，門司港は福岡県などが政策的に発展させており，1888年に大倉喜八郎・渋沢栄一・豊永長吉らの出資によって門司築港会社が設立され，大倉喜八郎・藤田伝三郎らが設立した日本土木会社が海面埋立工事を実施した。こうして門司港は筑豊

58）　前田家『評議会留』（明治38年）評第20号，同『財産台帳』（明治37年度，同38年度）。

59）　『七十七銀行小史』（1954年）51頁。

206　第1部　明治期における毛利家資産の由来と性格

表 3-10　所有不動産（1891-1906 年）

物　　件	1891 年	1892 年	1893 年	1905 年	1906 年
第一基本財産					
東京府南葛飾郡砂村新田地所	29,539	29,539	29,539	29,847	29,847
埼玉県川口町地所	13,459	13,459	13,459	13,459	13,459
宮城県仙台地所	32,929	33,747	34,746	158,769	158,769
福岡県門司港地所	23,223	23,223	23,223	—	—
〃　地所	8,482	24,421	35,501	74,342	74,342
山口県地所	3,505	16,796	22,551	74,491	74,491
北海道函館区弁天町	—	—	—	170,000	175,750
〃　余市郡黒川村地所	—	—	—	43,567	43,567
第一基本付属財産					
山口県防府佐波村多々良	—	—	18,813	…	…
高輪邸地所家屋	—	—	5,986	…	…
山口町野田邸	—	—	452	…	…
〃　香山墓地	—	—	39	…	…
第二基本財産					
門司港地所	—	—	—	21,208	…
第二基本付属財産					
山口県萩土原別邸地所家屋	3,500	3,500	3,500	…	…
東京市芝区白金猿町地所	1,175	1,175	1,175	…	…
〃　麹町区中六番町地所家屋	32,000	40,500	35,500	…	…
〃　高輪邸	—	—	661	…	…
東京府荏原郡世田谷村若林	—	—	110	…	…
京都市上京区仲ノ町別邸土地家屋	—	—	103	…	…
山口県三田尻別邸土地家屋	—	—	529	…	…
〃　萩別邸等3ヶ所土地家屋	—	—	264	…	…
北海道大江村黒川村開墾資金	120,201	125,659	127,526	…	…

出所: 表 3-8 と同じ.
　注: 第二基本財産の門司港地所は，1901～05 年に各年 21,208 円であり，表 3-4 では「株式」に含まれている.

炭積出港として急速に発展した[60]。毛利家の門司港地所取得も，こうした動きと連動している。同家は，洞海北湾埋渫・若松築港などへも出資するなど，井上馨・貝島太助との関係のもとで北九州の地域開発に積極的に関わっていた（貝島との関係は後述）。

　福岡県地所は，田川郡香春町など炭鉱地域の耕地であり，同家のもとで経営が行われていた金田炭坑などに貸して小作米を収取していた。同家の炭鉱経営

60）　前掲『北九州市史』産業経済Ⅰ，75-79 頁。

（各年末，円）

備　　考
耕地，96年121町2反，97年180町2反 96年4,111坪，01年第二基本財産へ
函館港付近の市街地
92年，山林田畑宅地58町
毛利敬親らの墓所
01年第一基本財産より振替，7反6歩
旧要用金第二類 〃
旧要用金第一類 梅御殿等と推定
旧三田尻御茶屋
旧要用金第二類，のち第一基本財産へ

の拡大とともに，耕地所有を拡大していった。これは行橋町の豪商柏木勘八郎からの情報と仲介によって91年から買い入れ，所有地管理も柏木勘八郎に依頼していた[61]。

　山口県地所は，1892・93年頃に小野田セメント社長笠井順八の仲介で小野田に耕地を有していたが[62]，1905年には吉敷郡大道村（現防府市）にも地所があり，同県の瀬戸内側で耕地所有を拡大させた。防府多々良地所は本邸用として買入開始の92年は第一基本財産に，翌93年以降は第一基本付属財産に計上した。

　北海道函館弁天町は，倉庫などが並び，1896年設立の函館船渠（現函館どつく）も所在する地であり，表3-1の「地所」の金額変動からみても，毛利家は1900年から弁天町地所を買い入れ始めたはずである。これは，もともと函館を拠点として活動していた北海道の著名な実業家柳田藤吉から購入したものであった。『第弐基本財産仮受仮払簿』（明治33年）によると，柳田へ「北海道地所買入代」として2回に分けて計5万3千円余を仮払いしている。

61）『柏村日記』明治25年1月4日条には，柏木から電報があり，福岡県地方は金融逼迫により耕地の売手が多く，利回りが7.5〜8分になっているので，所望なら送金せよとあったが，この時は，資金繰りが難しいので買入は見合わせよと返信した，とある。同年4月3日条には，上京した柏木から「昨年以来福岡県ニ而，田地買入一条，計算等聞取」とある。また第一基本財産に，「福岡地所費」として柏木勘八郎へ「諸税金給料」等の支出があった。地租支払いなどのためであろう（『第壱基本財産出納簿』明治38年）。

62）『柏村日記』明治25年7月31日条によれば，小野田の耕地買入代金を笠井に直送することにしている。

柳田が拠点を函館から根室・釧路方面に移したことに伴う売却であろう。表3-10の第一基本財産・最下欄にある北海道黒川村地所は，1890年代初頭には，大江村投資とともに第二基本付属財産であり，収益があまり期待できないとみなされていたことがわかる。それが1905年には黒川村地所のみとなって，12万円から4万円に減少したものの，第一基本財産に格上げされた。この価格減少は前記のように，87年に大江村の事業を停止し，95年に開墾地を小作人に分譲したためである。そして毛利家は黒川村（および仁木村）に転進して，採算がとれると踏んだのであろう。しかし1907年には黒川農場も売却して，同家は余市郡から完全に撤退した。

　付属財産の不動産をみると，大半は1893年に初めて資産に計上した。それはすべて自用地・墓地などであり，利殖目的のものはない。これらについては前述したので繰り返さないが，93年から計上された不動産価格は，著しく低い価格のものが多い。それは，近世以来の継承資産ゆえに取得価格がゼロの場合のみならず，それまで取得費・建築費・修繕費等をたんなる消費支出として処理して，ある時期からの修繕費のみを計上したためと思われる。したがってこれらは，相当大きな含み益があった。

（5）鉱山投資

　表3-11のように，1891年にはすでに金田炭坑に出資しており，その後同炭坑への投資を拡大していった。こうして1900年代頃，毛利家は九州の有力炭鉱業者の1人として知られるようになっていた。前掲『貝島太助伝（稿本）』（148頁）には，「当時［1903年頃］九州の大鉱業者は三菱合資会社，三井家，毛利家，貝島太助，安川敬一郎，平岡浩太郎，古河市兵衛，住友吉左衛門，中野徳次郎等にして」とある。ただし三井・三菱・古河や地元大手の貝島・安川などと比較すると，やはり規模は小さい。しかし同家は金田以外の筑豊炭鉱に，さらに岡山県などの金属鉱山にも直営であるいは株式投資の形で投資を拡大していった。もっとも明治末期には，失敗やおそらく資金需要のために，償却ないし売却して，鉱山投資から完全に撤退した。

　まず全体的な投資状況とリターンをみると（表3-12，表3-13），鉱山の大半

は筑豊炭田にあった。また北海道鉱山会社は別として，金田に次ぐ大きな投資を行った岡山では，一時はそれなりのリターンもあった。しかし表の史料には，岡山鉱区について1902年に「将来見込無覚束ニ付，諸鉱山予備積立預リ金之内ヨリ棄却」とあり，投資額20万4千円の全額を償却した。投資額からみて1900年には操業を停止していたようであり，相当な損失である。岡山鉱区の所在地は賀陽郡池田村（現総社市）と記されているから，大笹鉱山（銅・鉛）と思われるが，詳細は不明である。

　1890年前後から投資を開始した主力の金田炭坑は，表3-11のように，当初出資金は，おそらく土地所有に準じるものとして第一基本財産としていたが，93年から消えており，他方92年から第二基本財産に同炭坑支出金が現れ，そのうちの炭坑譲受元資金高は，92年11万3千円余，93年は18万5千円余となっている（他は起業費と営業費）。93年に第一基本の6万8千円を第二基本の炭坑譲受元資金に移したのであろう。後掲表3-14のように，90・91年は金田炭坑を運営する豊柏採炭組合柏木勘八郎ほか6名に資金を貸し付けていたから，この頃まだ毛利家による経営ではなかった。上記のように92年の譲受元資金も翌年増加しているから，92年時点では譲受金はまだ完納していなかった。しかし93年には毛利家の単独経営になった。前記のように，高野江『筑豊炭鉱誌 完』には，「豊柏採炭組」は同炭坑を92年11月に柏村信に譲渡したとあるし，これは毛利家側の史料からも裏付けられる。『預リ金台帳 乙』（明治28年），『第二基本財産預リ金台帳 甲』（明治35年，同37年）によると，判明する95年以降，金田炭坑からの多額の「預リ金」があり，同炭坑の純益金を毎期毛利家が預かっていた。その最初の記録に，95年前期を「第五回」としているから（表3-13），93年前期が第1回となる。同年から毛利家の単独事業となり，法人化はしないものの，第一基本・第二基本財産などとは別会計で運営された[63]。表3-12の鉱区別収入額をみると，金田炭坑が圧倒的な地位

63）　なお，これまでの文献・研究では，『筑豊石炭鉱業史年表』（西日本文化協会，1973年）178頁に基づいて，金田炭坑は1896年3月に毛利元昭が柏村信から譲り受け，この時点で毛利家の所有になったかのように記しているものが多いが，これは前年に財産主管者の柏村が没したために，名義を元昭に変更したにすぎない。ちなみに，高野江『筑豊炭鉱誌 完』614頁によると，同炭坑の坑夫は，97年11月に530人となっており，91年に雇用者18名だったものが（第2章の注119），数年で大幅に増加している。また

210 第1部 明治期における毛利家資産の由来と性格

表 3-11 鉱山出資金・仮払金（1891-1905 年）

	1891 年	1892 年	1893 年		1896 年	1897 年	1898 年	1899 年
第一基本財産								
金田採炭坑元資金	68,500	68,500	―					
第二基本財産								
福岡県金田炭坑支出金	―	199,343	299,386		319,946	328,016	344,464	356,593
〃 神崎炭坑 〃	―	23,637	25,137		…	25,317	25,578	25,758
〃 伊田鉱区元資金	―	―	―		…	65,223	65,223	65,223
〃 大任鉱区 〃	―	―	―		…	115,000	115,289	115,289
岡山県岡山鉱区 〃	―	―	―		…	…	202,915	204,793
倉谷鉱山会社株式	―	―	―		54,850	56,350	56,350	56,350
北海道鉱山会社 〃	―	―	―		―	―	―	―
福岡県伊加利炭坑仮払金								
〃 香春炭坑 〃								
〃 平山炭坑 〃								
〃 金田炭坑 〃								
北海道鉱山会社 〃								

出所： 表 3-8 と同じ.
注：1） 第二基本財産金田炭坑支出金および神崎炭坑支出金の 98 年以降は「元資金」.
　　2） 香春炭坑・平山炭坑への 1903 年仮払金は，後述のようにこの頃経営危機に瀕していた百十銀行が不良債権の
　　　　援助としてその費用を支出したものらしく，04 年には消えているのは，「百十銀行仮払金」（17 万 1 千円）に

を占めているが，これは同炭坑の利益金ではない。表 3-13 のように，同炭坑
はもっと多額の利益を上げ，かつそれを順調に増加させており，利益の大半を
積立金として同炭坑会計に留保して毛利家第二基本財産に預け，利益の一部を
同基本財産の収入としたにすぎない。

　ただしこの「積立預リ金」の性格および金田炭坑会計は，史料の残る 1895〜
97 年と 1901〜04 年では，ある程度変化している。95〜97 年の「預リ金」には，
「純益金」と「預リ金」に対する毛利家の支払利子が加えられているが，この
「預リ金」から毛利家への利益配当は支出されておらず，「純益金」は利益配当
控除後のものらしい。これに対して，01〜04 年になると，「預リ金」から各期
に第二基本財産からの出資金に対する年 1 割の利子を支払っている。つまり
「益金」は，表に注記したように費用の一部を含むとともに，利益配当前のも
のであった。また「預リ金」が鉱山事業の積立金という性格は不変であるが，

　　毛利経営下にあった 1904 年頃の金田炭坑「納屋規則」が，荻野喜弘『筑豊炭鉱労資関
　　係史』（九州大学出版会，1993 年）54-55 頁に収録されている。

(各年末，円)

1900 年	1901 年	1902 年	1903 年	1904 年	1905 年
—	—	—	—	—	—
373,416	483,901	483,901	668,085	763,367	802,135
25,758	26,671	27,213	27,618	27,659	—
65,223	65,223	25,223	16,223	7,223	19,498
115,289	115,289	105,289	93,289	81,289	46,000
204,793	204,793	—	—	—	—
56,350	56,350	56,350	56,350	56,350	56,350
—	275,550	275,550	275,550	275,550	275,550
—	—	—	15,275	13,275	—
—	—	—	95,692	—	—
—	—	—	50,000	—	—
—	—	—	—	—	18,902
—	—	—	199,400	312,071	269,076

担保物件を自ら保全していたものに（『山口銀行史』335 頁），毛利家が移管したためと思われる．

　95〜97 年は倉谷鉱山株配当が含まれず，筑豊地方の炭坑会計であった。しかし 01〜04 年には倉谷株配当も「預リ金」に一旦入金されており，岡山鉱区の出資償却金もここから支出されている。つまりたんに筑豊炭坑の積立金ではなく，史料に記されているように毛利家すべての「諸鉱山予備積立預リ金」となった。さらに 01〜04 年には「預リ金」に対して利子が付与されないようになった。ただしいずれも第二基本財産の貸方「諸預リ金」（表 3-4）に含まれる。

　この「積立預リ金」残高の推移をみると（表 3-13），ほぼ順調に増加したが，1901 年後期（第 18 回）に減少したのは，岡山鉱区元資金を償却したことが大きく影響している。また 06 年前期（第 27 回）も 04 年後期より減少しているが，これも 05 年に神崎炭坑を 5 千円で売却し，同年に伊田炭坑と大任炭坑の一部も売却した際に，売却損がそれぞれ 2 万 2 千円，3 万 2 千円発生したことが大きく響いていた（同表の史料による）。それでも 1900 年代前半期に「積立預リ金」は 50〜80 万円あり，これは毛利家の自己資本と考えてよく，それが

212　第 1 部　明治期における毛利家資産の由来と性格

表 3-12　鉱山収入金 （1896-1906 年）

(円)

	1896 年	1897 年	1898 年前	1898 年後	1899 年	1900 年	1906 年
第二基本財産							
福岡県金田炭坑	19,031	26,573	13,779		27,969		510,017
〃　神崎炭坑	—	2,025	1,018		2,046		—
〃　伊田鉱区	—	5,218	2,609	24,271	5,218		—
〃　大任鉱区	—	6,133	4,612		9,223	65,992	—
石川県倉谷鉱区	—	4,488	2,254		4,508		5,635
岡山県岡山鉱区	—	—		15,015	16,331		—
計	19,031	44,438	24,271	39,286	65,295	65,992	515,652

出所：『第弐基本財産出納簿』各年.
　注：第二基本財産への収入金であり，金田炭坑など実際の純益はもっと多い．倉谷鉱区は倉谷鉱山会社の株式
　　配当金.

第二基本財産の「諸預リ金」に含まれていたから，表 3-6 で示した同家の純資産に加えるべきものとなる。繰り返すが，毛利家は失敗や損失ばかりを重ねていたのではなく，大きな成功もした。幕末と同じである。

　そして金田炭坑は 1906 年に 60 万円余という大きな利益を上げており，うち 9 万 4 千円のみを「金田炭坑積立金」とし，51 万円を第二基本財産の収入としている。これは，益金の大きさのゆえでもあろうが，同時に同家が後述する 05 年の百十銀行への救済融資で莫大な損失を被ったために，益金の大半を同家基幹会計の収入とし，損失の穴埋めにしたと思われる。05 年も利益を積み立てておらず，全額を第二基本財産の収入としたらしい。

　その後，毛利家は 1909 年に筑豊で所有していた金田・平山両炭坑を法人化した。金田鉱業株式会社がそれであり，『銀行会社要録』によると[64]，同社は同年 2 月設立，本社は東京の毛利高輪邸内，公称資本金 100 万円，うち払込額 25 万円となっている。トップの取締役会長は毛利五郎（同家財産主管者，元徳 5 男），大株主は，小早川四郎（元徳 4 男）[65]・毛利五郎・大村徳敏（元徳 6 男）・田島信夫（92 年副財産主管者）・西園寺八郎（元徳 8 男）ら，元昭の実弟や幹部家職など毛利家関係者であり，全部名義株のはずである。この頃，筑

___

64)　同書，第 14 版 （1910 年刊）。
65)　小早川家は，関ヶ原の戦いで東軍に寝返ったことで知られる小早川秀秋に嫡子がなく，1602 年に断絶し，1879 年に元徳 3 男の三郎によって再興された。

豊炭鉱業では，規模拡大によって個人経営から会社形態に移行させるなど組織の整備が進展しており[66]，同家もそうした趨勢の一環として，有限責任制の株式会社にしたのであろう。

しかし翌年に，毛利家は金田炭坑を三菱に売却した。1910年9月，三菱合資は同炭坑を金田鉱業から127万円で譲渡され，このため三菱は筑豊でのシェアを大きく伸ばし，一時的に三井を凌駕したという[67]。実際，三菱金田炭坑は，大正前期にかけて大きな利益を上げている[68]。そして『銀行会社要録』第15版（1911年刊）の金田鉱業の項には，第14版にはあった金田炭坑事務所が消え，平山炭坑事務所（嘉穂郡碓井村）があるが，それも「採炭事業中止」とあり，第16版

表 3-13 金田炭坑利益金と「積立預リ金」
（1895-1906 年）

（円）

年　　次	利益金	積立預リ金残高
1895 年前（第 5 回）	24,114	58,501
95 年後（第 6 回）	28,316	91,370
96 年前（第 7 回）	25,266	116,635
96 年後（第 8 回）	35,729	152,364
97 年前（第 9 回）	41,022	193,387
97 年後（第 10 回）	41,904	235,291
1901 年前（第 17 回）	5,698	662,095
01 年後（第 18 回）	159,643	541,367
02 年前（第 19 回）	45,037	586,403
02 年後（第 20 回）	100,171	642,408
03 年前（第 21 回）	109,850	753,750
03 年後（第 22 回）	108,982	807,982
04 年前（第 23 回）	60,170	822,766
04 年後（第 24 回）	122,251	886,709
06 年前（第 27 回）	224,465	(826,109)
06 年後（第 28 回）	380,299	(920,806)

出所：『預リ金台帳』（明治 28 年），『第弐基本財産預リ金台帳』甲（明治 35 年，同 37 年），『第弐基本財産出納簿』（明治 39 年）．

注：1）利益金の 1895～97 年は「純益金」，1901～04 年，06 年前は「益金」．「益金」は「純益金」と異なって，雇員退職慰労金・雇員死亡手当金など一部の費用を引いておらず，それらは積立金から支出している．

　2）「積立預リ金残高」は，各回利益金の最終繰入日のそれ．

　3）1906 年後期（第 28 回）の「利益金」は，賞与金等を控除後の純益．

　4）1906 年前期（第 27 回）の「積立預リ金残高」は，05 年 12 月末の残高で，06 年前期末もそのままと推定．同年後期（第 28 回）も推定．

　5）1897 年後期（第 10 回）の「利益金」は，過少の可能性がある．

66）『川崎町史』上巻（2001 年）657 頁．前掲『福岡県史』通史編近代産業経済（一），278 頁．

67）　前掲『福岡県史』通史編近代産業経済（一），268-269 頁。三菱合資が金田鉱業から買収した点の原史料は，『三菱社誌』21（三菱合資会社『社誌』第 3 冊第 17 巻［明治 43 年］の復刊，東京大学出版会，1980 年）1260 頁．

68）『三菱鉱業社史』（三菱鉱業セメント株式会社，1976 年）211 頁，表 22．畠山秀樹『近代日本の巨大鉱業経営－三菱財閥の事例研究－』（多賀出版，2000 年）も参照．

214　第 1 部　明治期における毛利家資産の由来と性格

から会社自体が消えている[69]。毛利家は金田炭坑を三菱に売却して，まもなく会社を清算したはずである。金田炭坑は不振に陥っていたわけではなく，この売却は，おそらく百十銀行融資損失金償却のための資金需要があり，かつ三菱の買取案を好条件と判断したためではないか。1906 年後期に 92 万円あった「諸鉱山積立預リ金」や三菱から受け取った売却代金は同銀行関連損失金償却に当てられたであろう[70]。

　筑豊のその他の炭坑について簡単に述べると，神崎・伊田・大任の各炭坑は，いずれも 1897 年頃に藤田伝三郎から買い取ったと推測される。藤田は 81 年の藤田組設立を契機に筑豊炭田への進出を試みたが，この時はうまくいかず，しかし 1890 年以降，頭山満との激しい借区競争の末に同炭田の 7 鉱区を所有するに至った。このうち 93 年中に神田村の鉱区を柏村信に譲渡したとされており[71]，これが毛利家の神崎炭坑（神田村）のはずである。さらに藤田組は，日清戦後恐慌で大打撃を受け，再度毛利家からの救済融資を受ける条件として事業整理をよぎなくされた。その整理案の中には，九州の 5 炭坑の売却も含まれていた[72]。藤田は 95 年頃に伊田村・大任村にも鉱区を所有しており，かつ経営危機を乗り切るために，97 年中に筑豊の全鉱区を売却して石炭業から撤退したというから[73]，毛利家の伊田・大任両炭坑はそれであろう。同家は，この時の藤田組の経営危機に対して，救済融資を行っただけではなく，資産の買取まで行って藤田組を助けたのである[74]。

---

[69]　平山炭坑は，後述のように 1905 年頃，経営危機に瀕していた百十銀行が不良債権の担保として保全経営していたものらしく（『山口銀行史』335 頁，表 3-11 の注 2），結局毛利家がそれを引き取ったと思われる。

[70]　この点，前掲，高村「筑豊炭鉱業の台頭」167 頁，注 73 に，三菱が麻生から鯰田炭坑を高値で買い取って筑豊への進出を果たしたと同時に，麻生も売却によって大きな資金を得て，資金繰りの困難を脱したとあることと，類似の関係がある。ただし金田炭坑の売買価格は，投資額の数倍という鯰田ほどではなかった。

[71]　以上，前掲『福岡県史』通史編近代産業経済（一），231-232 頁。藤田が 1890 年頃，田川郡の炭坑をめぐって頭山満と激しい借区競争をしていた点は，『添田町史』上巻（1992 年）587 頁，前掲『川崎町史』上巻，644 頁。前掲，佐藤『藤田組の発展』4，23 頁は，藤田組の伊加利炭坑取得は 1879 年としているが，正しいであろうか。

[72]　以上，前掲，武田「明治前期の藤田組と毛利家融資」10-19 頁。

[73]　前掲『福岡県史』通史編近代産業経済（一），232 頁。

[74]　前掲，佐藤『藤田組の発展』4 頁は，藤田組による筑豊炭鉱の毛利家への売却は，毛

第3章　明治後期の家政と資産運用　215

　ただし買い取った伊田炭坑（伊加利炭坑ともある）は，原六郎との「催合坑区」（共同所有・共同経営）であった[75]。原は，横浜正金頭取として同行を再建させたことなどで知られるが，幕末に尊攘派の志士として長州藩の軍に加わり，倒幕運動で活躍した。毛利家と共同で藤田から買い取ったのであろう。原は91年から当初は融資をする形で筑豊炭田に進出し，頭山満経営の大任炭坑に島津公爵家と共同で融資を開始した。94年には頭山から同炭坑を島津家とともに買収し，まもなく原の単独経営となった。さらに原は97年に，伊田炭坑とともに藤田伝三郎所有の大任炭坑も買収している[76]。

　表3-11の伊田炭坑元資金が1902年に4万円減少しているのは，原との「催合坑区」の一部を三井鉱山へ20万円で売却し，うち10万円は無利子5ヶ年賦で三井から受け取り，残り10万円のうち4万円を原へ渡し，2万円を伊加利炭坑経費仮払とし，残り4万円を「本元［資金］ニ納入」（元資金を回収）したためである。翌03年にさらに9千円減少したのは，三井からの5ヶ年賦2万円のうち，原へ9千円を渡し，経費へ2千円「納入」し，残り9千円を元資金に「納入」したことによる。三井に20万円で売れたということは，毛利家の取り分が仮に10万円としても，それだけで同鉱区元資金6万5千円をかなり上回っており，同炭坑が不振だったわけではないことがわかる。この炭坑は，その後三井鉱山田川炭鉱伊田坑として長く操業された。

　同じ史料によると，大任鉱区の一部も02年にやはり三井鉱山に7万円で売却し，同年1万円を受け取り，残り6万円は5ヶ年賦1万2千円ずつの受取という契約を結んだ。三井に2鉱区を売却したのは，筑豊でのシェア拡大をめざす三井が好条件を提示したためであろう。残った伊加利鉱区，大任鉱区の一部や神崎炭坑も，前記のように05年に売却した。香春炭坑も07年に桑田政へ売

　　　利家からの融資の「見返り」としているが，その逆の支援のはずである。また藤田の炭
　　　坑経営は「毛利家との共同経営」でもなかった。
　75)　以下，『第弐基本財産台帳』（明治37年）の記録による。『原六郎翁伝』中巻（1937
　　　年）329頁にも，1896年頃，毛利家と共同で買ったとある。
　76)　前掲『川崎町史』上巻，651-654頁。なお，前掲『原六郎翁伝』中巻，324-337頁に，
　　　原の筑豊炭田における活動について詳しい叙述がある。藤田所有の大任炭坑は毛利と原
　　　で分割して買収したらしい。

却したらしい[77]）。

　こうして毛利家は筑豊から手を引いてゆき，1910年に金田炭坑を三菱に売却して，他地域の鉱山や株式投資を含めて鉱山投資は全面的に廃止したはずである。一旦は拡大した鉱山事業から撤退した理由は種々ある。成績不振で操業停止をよぎなくされたものもあったし，資金需要や好条件提示による売却と思われるものもあった。毛利家鉱山事業は失敗も多かったが，伊田や倉谷は比較的好成績だったとみられるし，とくに金田炭坑は大成功した。これは同家の他の失敗・損失を補う役割を果たしたであろう。しかしこの鉱山事業廃止は，元来が事業家でない毛利家がこのような未経験だった鉱山事業を長く継続することは容易でなかったことを示しているようにも思われる。

(6) 貸付金・仮払金・預り金

(i) 貸付金・預け金

　毛利家は貸付金・預り金が巨額に上る点が，前田家と異なる特徴の一つである（表3-7の注2のように，前田家の実質的な貸付金は数万円にすぎない）。毛利家には，仮払金や借入金も恒常的にあり，それも1904・05年に急増した。まず貸付金（および預け金）は，第一基本財産と第二基本財産の両方にあり（表3-1，表3-4），この区別・振り分けについてはすでに若干述べた。1896～97年の第一基本財産には，第二基本財産への10万円前後の貸付と，藤田組・藤波言忠（公家華族）など外部への貸付20～30万円程度があったが，遅くとも1901年以降の第一基本財産の貸金は，ほぼ第二基本財産への貸付のみとなった。上記の変化は，当初は焦げ付く可能性の少ない（あるいは確実な担保がある）貸付金を第一基本財産に置いていたが，前記のように安全を考慮して1900年前後から実質的な貸付は，第二基本財産にほぼ全面的に移したと理解できる。たとえば藤田組への貸付金をみると，91年11月までは第二基本財産から20～40万円の貸付をしていたが，同年12月からそのうち8万8千円を第一基本財産の貸付金に振り替えていき，96～97年は第一基本財産から17～27

---

77)　前掲『筑豊石炭鉱業史年表』226頁。

万円の貸付となっていた。しかし 1904〜07 年には，再び第二基本財産から 160〜200 万円の貸付をした。これは，91 年まではリスクを考えて第二基本財産から貸し付け，その後，安全確実になったと認識を改め，第一基本財産からの貸付に変更し，97 年に藤田組が再び経営危機に立ち至ったことが契機となったためか，第一基本財産からは外部への貸付・預けを行わない方針に転換して，1904〜07 年は第二基本財産からの貸付になったと解釈される。ただし第二基本財産の貸付金も，一概にリスクが高いという認識だったわけではない。どうみても焦げ付く可能性の少ない貸付先も多いし，担保も取っていた。

　次に，第二基本財産の貸付金には，判明する限り 92 年までは，「年限貸付金」「当期貸付金」の区別がある（表 3-14）。これは，前記のように明治一桁年代以来の貸金規則で使用された用語であるが，「永期貸付金」は 1889 年限りでなくなっている。この頃のこの区別は，基本的に貸付期間の長短によるものであり，たとえば広岡助五郎への「年限貸付金」は 5 ヶ年据置，10 ヶ年賦返済とかなり長くなっているが，「当期貸付金」はいずれも 1 ヶ年程度ないし 1 ヶ年未満であった。したがって広岡助五郎に限らず，同じ貸付先でも両種の貸付金があった。件数も「当期貸付金」（61 件）の方が「年限貸付金」（29 件）より 2 倍多い。しかし遅くとも 1904 年にはこのような区別はなくなっている。

　貸付金の全般的な特徴をさらに述べると，貸付利率は概ね銀行より若干低いようである。同家の貸付の多くは東京において行われたとはいえ，山口県で貸し出されたと思われるものもある。また 91 年以降の貸付金利は不明の場合が多いが，90 年末頃は，年 1 割を超えるものもあるとはいえ概ね 5〜7 分であった（表 3-14）。これに対して，92〜93 年の第百十国立銀行本店（下関）の貸付金利は平均 7 分〜1 割 3 分であり，同行山口・徳山両支店はもう少し高かった[78]。毛利家は，当然貸付先によってかなり金利を変えているが，全体として一族・旧家臣に対する貸付が多く，低利で便宜を図ったということであろう。

　さらに同表に注記したように，1891 年の 8〜10 月に，多くの貸付先に対して半額を償却した。これは債務者が返済不能になったのではない。『御要用金従明治四年至明治廿二年 収支計算書抜』（表 1-3 などの史料）に，「財産整理

---

78)　前掲『山口銀行史』302 頁。

表 3-14　主な貸付金・預ヶ金（第二基本財産，1890-1907 年）

氏　　名	1891 年 1 月				1891 年12 月	1892 年3 月	1904 年1 月
	残額	91・92 年年利	貸付開始	棄却額	残額	残額	残額
［預ヶ金］							
大蔵省預金局	125,440				2,290	2,290	
第十五国立銀行	47,720				112,031	94,175	360
豊柏採炭組長末松房泰			91 年 6 月		4,590	2,580	
今村銀行							△544,728
［年限貸付金］							
広岡助五郎	30,000	4 分	78 年 7 月		26,000	26,000	
井上馨	6,718	5.5 分	86 年 1 月		5,758	5,758	
藤田伝三郎	200,000	5.5 分	87 年		373,000	408,000	1,921,164
宍戸璣	8,991	5 分	89 年 6 月	4,692	4,692		
三浦三十郎	30,000	5 分	90 年 3 月		30,000	30,000	
豊柏採炭組合	91,960	5 分～7 分	90 年 9 月		118,910	134,455	
毛利元功	10,000	3 分	90 年 12 月		8,500	8,500	
貝島太助		1.1 割～1.3 割	91 年 9 月		77,300	96,990	95,700
三井物産		1.2 割	91 年 10 月		60,100	22,934	
今村清之助		6.3 分	92 年 2 月			50,000	
［当期貸付金］							
吉富簡一	16,000	6 分	90 年 6 月		16,000	16,000	
桂二郎	7,300	7 分	90 年 6 月	3,800	3,800		
桂太郎	3,545	7 分	90 年 7 月	1,822	1,822		
品川硝子社長柏村庸	75,000	8 分	90 年 8 月		75,000	75,000	
有地品之允	4,050	7 分	90 年 8 月	1,555	1,555		
毛利元忠	8,000	5 分	90 年 10 月	4,000	4,000		
矢島作郎	5,000	7 分	90 年 11 月		5,000	5,000	
広岡助五郎	90,840	5 分～7 分	91 年 1 月		90,840	90,840	
小早川四郎	6,000	5 分	91 年 1 月	3,000	3,000		
青木周蔵	3,240	7 分	91 年 1 月	1,620	1,620	1,620	
広沢金次郎	6,132	7 分	91 年 1 月	1,978	1,978		
柏村信	5,000	6.5 分	91 年 1 月	2,250	2,250		
柏木勘八郎							64,750
内山直吉							10,000
百十銀行							364,659

出所：『第弐基本財産貸付金預ヶ金明細簿』（明治 24 年，同 37 年，同 39 年）．

注：1）1904 年以降は，「年限貸付金」「当期貸付金」の区別はなく，たんに「貸付金」．

　　2）1891 年 1 月欄の「棄却額」は，同年 8～10 月頃に貸付額の半分を返済免除としたもの．

　　3）藤田伝三郎の 92 年 3 月は，91 年 12 月に第一基本財産・貸付金に振り替えた 8 万 8 千円を含む．

　　4）1906 年 1 月の百十銀行は，同行への「仮払金」のすべてではない．

(円)

1906 年 1 月 残額	1907 年 1 月 残額	1890～92 年頃または 1904 年頃の担保／備考
		金貨，1891 年 12 月に 12 万 5,440 円売却
639	662	
136,782	76,283	十五銀行株，日銀株，正金株など／当座貸越契約
		大阪市西区地所建物
		山口県美祢郡厚保本郷村地所
1,800,000	1,600,000	秋田県十輪田鉱山・小坂鉱山借区券
		四谷地所／山県半蔵のこと，子爵
		太地捕鯨場地所家屋等／和歌山県太地で捕鯨
		金田炭坑・添田炭坑借区券／柏木勘八郎外 6 名
		日本鉄道株／徳山毛利家養嗣子，子爵
67,030	38,500	左のうち 3 万円は 1904 年 6 月から柏木勘八郎へ振替
		物産所有汽船頼朝丸／貸付開始時 7 万 5 千円
		九州鉄道株，関西鉄道株
		日本郵船株
		整理公債，札幌第二葡萄園 12 万坪・家屋／証人桂太郎
		整理公債，東京市赤坂区高樹町宅地 4,251 坪／証人桂二郎
		品川硝子会社地所家屋器械類一式
		整理公債，東京市麹町区地所家屋等／海軍中将，96 年男爵
		東京市芝区伊皿子町宅地 2,393 坪など／清末藩主家，子爵
		神戸電灯株
		酒店蔵々物，東京霊岸島地所建物など／預ヶ金を含む
		日銀株
		整理公債，東京市麹町区上二番町宅地／借入期は外相
		五分金禄公債／証人柏村庸
		東京市芝区白金台町地所など／証人柏村庸
14,907		
67,965		元家職
532,006		06 年 1 月は前年末に貸付金から仮払金へ移管された額

220 第1部 明治期における毛利家資産の由来と性格

法改正ニ付，貸付金棄却」とあり，償却総額は7万2千円に上った。同じ説明が，『世外井上公伝』第4巻（621頁）にもある。前年末の家憲発布後，井上が「貸金規則を改正し，従来の貸渡金の処分を講じ，又八家保護積立金の方法を設けた」という。したがってこれも井上の主導によるものであった。半額償却をした貸付先をみると，一族や，旧家臣の政府高官あるいは実業界で活躍中の者が多く，他方，大口の企業関係への貸金は免除していない。資産運用の方針を改めて，旧臣など個人への1万円未満の小口貸付は廃止することになり，このため債務者から頼まれもしないのに半額を免除し，そうした貸金を整理した。いずれにしても前田家が行ったように[79]，資金に乏しい若い優秀な学生・学者らに奨学金・生活費・留学資金を援助するのがふつうと思われるが，毛利家は，近代日本の発展に貢献する長州関係の政府高官や実業家ら全般を優遇する姿勢が特徴であった。それは，毛利家が果たした歴史的役割からすれば当然だったかもしれない。そしてこのような債務免除など寛大な姿勢を気前よく示してゆけば，いずれ資産額において前田家に追い抜かれるのは，必然だったともいえる。

　次に，個別の貸付について若干補足説明する。まず広岡助五郎には，「年限貸付金」として1878年に1万円を貸し付け，89年にさらに2万円を貸し付けた。89年貸付の際に担保としたのは大阪市の広岡本家所有不動産だったから，この時点でも東京の助五郎店は，久右衛門家と密接な関係を保っていたことがわかる（以下，表3-14の史料による）。89年には，貸付金2万円のうちの1万円によって大日本酒問屋会社株式100株「加入」という条件で貸金契約をした。貸金の使用方法を指定しているのだが，これはむしろ有力酒店たる助五郎が借りたい理由として示したものであり，他に流用するなという意味であろう。さらに91年同人への4万4千円は，助五郎が東京家畜会社へ貸し出すための貸金であった。ところが前記のように93年に家畜会社が破綻して，助五郎も損失を被ったため，毛利家が助五郎への貸金1万6千円を償却する事態となった。助五郎の家畜会社への貸付は，先とは逆に毛利家の推奨・依頼だったのであろう。こうしたいきさつもあったためか，1904年以降は助五郎への貸金は

---

79)　前掲，拙稿「明治後期における前田侯爵家の資産と経済行動」175頁。

第3章　明治後期の家政と資産運用　221

まったくなくなっている。

　井上馨に対する貸金は，「井上馨ヨリ来島信与ヘ」1万5千円を貸与と史料
に記されており，井上自身に対するものではなかった。担保の地所がある山口
県美祢郡厚保本郷村（現美祢市）は，来島又兵衛（禁門の変で戦死）のゆかり
の地である。そして禁門の変と同じ年に，井上が山口で刺客に襲われ，瀕死の
重傷を負った時，療養を兼ねて身を隠したのが，厚保本郷村の来島家だっ
た[80]。又兵衛長男亀之助（森清蔵）は井上の末妹厚子と結婚し，その養子祐
三郎（三井銀行下関支店長など）は，馨・厚子の甥であった。「来島信与」は，
来島家本家筋の当主だったようである。井上が又兵衛関係者のために毛利家か
ら借りたのである。この貸付は，すでに81年に始まっていた[81]。

　藤田伝三郎や豊柏採炭組合への貸付金については前述したので，三浦三十郎
（旧幕臣）への貸金について述べると，彼は土佐出身の平松与一郎とともに，
和歌山県太地で「鯨組」を組織し，捕鯨業を試みた。これに対して毛利家は
1890年から3万円の貸付を開始した[82]。しかし結局事業は失敗し，98年に日
本漁猟会社（東京）が鯨組への貸金を継承して清算した。98年7月18日に
「抵当品引渡済ニ付，該不足金ハ棄却」とある。太地捕鯨場地所家屋等の抵当
品売却収入があるから，毛利家の損失は3万円よりは少ないはずである。なお，
捕鯨業に対して投資を行ったことは，当時とくに珍奇なことではない。加賀藩
関係者でも旧藩士家出身の著名な実業家横山一平や斎藤知一らが日本沿岸で捕
鯨業を試み，前田家も1900年代に斎藤を中心とする大日本水産会社に投資し
ている[83]。

　毛利家の貝島太助への融資が1890年恐慌による貝島の破産の危機を救った
点などについては，すでに明らかにされている[84]。とくに前掲『貝島太助伝

---

80)　『世外井上公伝』第1巻，184頁。

81)　『柏村日記』明治14年7月27日条に，「山田［顕義］宍戸［璣］一同，杉［孫七郎］
　　邸ヘ参集，井上［馨］ヨリ来翰ヲ議シ，井上ヨリ所有物ヲ抵当ニシテ，高輪邸ヨリ借用
　　シ，是ヲ来島ヘ貸与シテ救助スル╹ニ決ス」とある。来島信与については，三原清堯
　　『来島又兵衛伝』（1963年）所収の「系譜」による。

82)　90年3月に，柏村が東京の鯨組店ヘ出向いて，平松・三浦らに3万円を渡している
　　（『柏村日記』明治23年3月8日条）。以下，主に『鯨組一件物』（9諸省/646）による。

83)　前掲，拙稿「明治後期における前田侯爵家の資産と経済行動」108頁，表2-5-1。

84)　畠山秀樹「筑豊炭鉱企業家の形成と発展（1）」（『大分大学経済論集』36巻3号，

222　第1部　明治期における毛利家資産の由来と性格

(稿本)』は，毛利家による融資の細部の金額まで詳細に記しており，それは毛利家側の史料によっても，金額・利率までほぼ正確に裏付けられる（表3-14）。以下これらの点についてごく簡単に紹介する。

　前掲『貝島太助伝（稿本）』（83頁以下）によると，貝島の炭鉱業は，1890年の借区競争の結果，高利かつ巨額の借入と同年の恐慌による炭価暴落によって負債は8万円に上っていた。1891年3月井上馨の金田炭坑視察の際に，柏木勘八郎が仲介して貝島を紹介し，井上に財政的な支援を依頼せよという柏木の再三の助言にもかかわらず，貝島はそれを拒んでいた。しかしついに同年6月下関で再び井上・柏村・柏木と歓談した際に，自らの苦境を訴えた。これに対して井上は結局毛利家に頼んで資金を出してもらうほかなしと判断し，とはいえ毛利家の名を出すのは憚られるので，名義上は三井から貸与するという案を考えた。これを毛利家財産主管者柏村と三井物産社長益田孝に提案したところ，無事返済されるか不安があり，両者とも消極的だった。そこで井上は，もし貝島に資金貸与して失敗した場合は，「予は割腹して謝罪すべし」と断言した。すると，柏村と益田は「為めに黙せり」とある。

　江戸時代はとうに終わっているのに，失敗に終われば自分は切腹すると啖呵を切ると，他は黙ってしまうところが毛利家らしい。前田家であれば，切腹すれば責任をとったことになるのかといった反論も出て，このような貸付案は通

　1984年），永江眞夫「明治期貝島石炭業の経営構造」（福岡大学『経済学論叢』29巻2・3号合併号，1984年），宇田川勝「貝島財閥経営史の一側面」（『福岡県史』近代研究編各論（一），1989年），前掲，宇田川「貝島家の石炭業経営と井上馨」。さらに近年では，貝島家の会計帳簿を分析した大谷秀樹『貝島家の炭坑経営』（私家版，2007年）によってもより詳しく実証されている。前掲，高村「筑豊炭鉱業の台頭」は，研究史の見落としがあるようで，末尾で，1890年恐慌により筑豊御三家たる麻生・貝島・安川は苦境に陥り，貝島は「三井からの資金導入」によって対処していくことになると展望しているが，貝島の三井からの資金導入は誤りであり，上記諸論文に記されているように，表面上は三井物産からの借入にして，毛利家からの資金導入によってこの時の苦境を乗り越えた。上記畠山論文にあるように，「［明治］二〇年代の毛利に代わって，三井が貝島を支配していた」のは「明治三〇年代」であった。なお，宇田川「貝島家の石炭業経営と井上馨」では，貝島の1890年代初頭の危機を毛利家による融資で乗り越えたとしつつも，貝島にとって井上馨が「大恩人」であった点を強調するのみで，毛利家が「大恩人」とはどこにもない。つまり井上が貝島支援を決断すれば自動的に毛利家もそれに従うかのようなニュアンスがあり，実際，いくぶんのやりとりがあったものの，そうなったのであるが，なぜそうなるのかが問題であろう。

らなかったはずである。冷静で合理的な前田家に対して，毛利家は幕末以来，感情や理念が先走り，あるいは強引・性急な傾向がある。もっとも，近代の毛利家家政については井上の性格も大いに預かっていよう[85]。井上はやはり倒幕の志士であった。これに対して柏村や益田は，筑豊の炭鉱業者をあまり信用しておらず，井上より冷静・慎重であった。結局その後，若干の曲折を経て，毛利家が融資することとなった。『貝島太助伝（稿本）』によると，91年のうちに，同家から貝島に13万円を融通したとされ，毛利家側の史料によっても，貸主名義を柏村にして同年に三井物産への貸付7万5千円を含めて13万6千円余を貸し出している[86]。92年にも追加融資を行ったが，93年から石炭業は好況に向かい，94年には貝島は事業拡張のため毛利家からさらに追加融資3万5千円を受け，同家からの融資残高は17万円になったという。そして96年3月までに貝島は毛利からの負債を皆済したのち，同年に炭坑買収資金としてあらためて11万9千円を借り入れた[87]。

　前掲，大谷『貝島家の炭坑経営』によると，98年5月でも，貝島への債権額が最も多いのは毛利家であり，ついで百十銀行，三井物産，三井銀行の順であった（物産と三井銀行をあわせても毛利家に全然及ばない）。しかし98年の貝島鉱業合名会社創立後数年のうちに貝島の資金調達先の比重が，三井へ逆転していった[88]。ただし表3-14のように，1904年でも毛利家は貝島にまだ9万5千円余も貸残があったし，『貝島太助伝（稿本）』にはそれは1906年に完済とあるが[89]，実際には1907年上半期になってようやく返済され[90]，以後毛利家の融資はなくなった。それは大谷坑（満ノ浦炭坑）の販売不振によるものであり，「毛利家もこの満ノ浦炭坑への経営参加の失敗を最期に貝島の炭坑との関係を解消していくことになる」とされ[91]，大正期以降も毛利家の貝島との

85）　伊藤博文は，1889年の末松謙澄宛書簡の中で，井上について，「随分性急之気質にて」，なかなか決断できない人々と一緒にやるのは耐えがたい性格，と記しているそうである。伊藤之雄『伊藤博文』（講談社学術文庫，2015年，原書は2009年刊）238頁。

86）　表3-14の史料および『要旨実施備忘録』。

87）　以上，『貝島太助伝（稿本）』95-96，111頁。

88）　同書，77，105頁。

89）　同書，111頁。

90）　前掲，大谷『貝島家の炭坑経営』68頁，および前掲表3-14の史料。

91）　前掲，大谷『貝島家の炭坑経営』69頁。「満ノ浦炭坑への経営参加」とは，同家が融

224 第1部 明治期における毛利家資産の由来と性格

関係は見当たらない。

　次に，実業家今村清之助は信州下伊那郡の出身であり，長州とは本来無縁の
はずである。毛利と今村の関係が形成された契機も井上馨によるものかもしれ
ないが，不明である。ともあれ毛利家と今村家は，90年代以降密接な関係と
なった。前記のように，毛利家が1901年に北海道鉱山会社の全株を田中家か
ら引き取った際に，筆頭の名義株主となったのは，清之助の嫡子繁三であった。
また繁三の妻の母は，最後の清末藩主毛利元純の娘であるし，繁三妻の伯母武
子は井上馨の妻であった。田中平八や貝島太助などと同様に，長州とは直接関
係がない実業家でも，おそらく井上が見込んだ者への資金貸付を毛利家も同意
したのではないか。1900年代に，今村銀行は毛利家が当座貸越契約を結んで
大規模な貸借を行った唯一の銀行であった。この後，同行と毛利家の関係は昭
和初期に同行が廃業するまで続く（第2部第6章）。

　「当期貸付金」については，その筆頭にある吉富簡一も，幕末維新期の長州
を彩る一人であった。彼は山口湯田の豪農の子であり，同郷の井上馨の幼馴染
で，尊王攘夷・倒幕運動に参加した。明治期も井上を支えつつ，山口県会議
長・衆議院議員などとして活躍した。従来そこまではよく知られていたのであ
るが，吉富も株式投資を行い，かつ毛利家から資金借入をしていたことは知ら
れていなかった。明治期における吉富の政治活動の背後で，やはり毛利家が支
援していたのである。

　桂二郎への貸金は，前記のように87年に北海道庁が元開拓使札幌葡萄酒醸
造所を二郎に払い下げ，その支払いのために9千円を貸し付けたものである。
二郎はこれを一旦返済したはずであるが，90年6月に7,300円を借り（証人は
桂太郎），抵当は87年に借りた際とまったく同じ公債1千円・札幌葡萄園地
所・その付属設備であった[92]。そして桂太郎も同年7月に3千円余を借りて
いる（証人桂二郎，担保は整理公債500円および自邸の東京市赤坂区高樹町宅
地4千坪）。この時陸軍次官だった太郎は，おそらく二郎が追加の差入担保を

　　　　資した上に毛利旧臣の小沢富熊が事務長・坑長になったことなどをさしており，毛利家
　　　　との共同経営ではなく，貝島と毛利家関係者との共同所有・共同経営のことである（67-
　　　　68頁）。
　92）　表3-14の史料は，90年以前から継続して貸し付けている場合はその旨を記している
　　　　が，桂二郎へは90年6月からの貸金記載しかないので，一旦返済したと思われる。

用意できなかったために，弟のために借入をしてやったのではないか。このように旧臣の借入事情は様々だった。そして前記のように，太郎・二郎ともに，91年にほぼ半額を毛利家に免除してもらい，残額を完済している。ところが翌92年に太郎が第三師団長として名古屋に赴任している間に，二郎が勝手に太郎の自邸や株券などを担保に借入し，かつそれが焦げ付き，太郎は無一文になってしまったことが知られている。その借金の返済のめどがついたのは94年5月であった[93]。この借入先は，毛利家ではない。表3-14の史料によると，太郎の毛利家への返済は91年6月らしいので，同年6月1日に彼が名古屋に赴任した後であろう。二郎が太郎名義の借入金の返済手続きをしているのである。事業の資金繰りで困難に直面した二郎が，太郎の所有物たる担保を毛利家から引き取る手続きを行って，そのまま他へ担保に入れたと思われる。

　この後，桂太郎が毛利家から借り入れた記録はないが，いずれにせよ太郎は毛利家から弟の事業資金を貸してもらったうえに，後には自分の妻や長男の余裕資金を，有利な金利で毛利家に預かってもらっていた（後述）。第二次大戦後の木戸幸一の回想によれば，1912年に太郎の外遊のために毛利家で送別会が開かれた際に，「桂さんが殿様に対して家来のように［当主元昭に］敬意を表していたという話もききました。そういう，桂とか伊藤・山県というような元老・総理級の人びとが，殿様の前では，全く臣下として敬意を表していました」とある[94]。しかし後述のように伊藤博文や山県有朋も特別に高い金利で毛利家に大金を預かってもらっていた。「殿様」に敬意を表するのも当然であった。

　「当期貸付金」の矢島作郎や広岡助五郎分は，矢島の経営する電灯会社や広岡酒店の事業資金のためだったであろう。品川硝子会社への多額の貸付金の経緯については，既に述べた。品川硝子会社は結局1893年に解散し，毛利家は株金4千円と貸金4万2千円が損失となった[95]。このほか表3-14に示してい

---

93)　小林道彦『桂太郎』（ミネルヴァ書房，2006年）76-77頁。

94)　金沢誠・川北洋太郎・湯浅泰雄編『華族―明治百年の側面史―』（北洋社，1978年，原本は1968年刊）136頁。

95)　93年に品川硝子会社へ不動産担保による6万円の貸金あったが，抵当不動産を1万7千円余で売却し，差引4万2千円の損失となった（『第壱基本第弐基本財産月計簿』明治24年）。

ない第二基本付属財産の貸金が 92 年には多額に上っている（前掲表 3-5）。こ
れらの多くは，翌 93 年に最終的に損失に帰した（後掲表 3-20）。

　さらに，小口のため表 3-14 に示さなかった貸付先には，多くの有力旧臣・
旧領民，ないしその子弟があった。野村素助（元老院議官，男爵）・楫取素彦
（前出）・馬屋原二郎（大審院判事）・白根専一（内務官僚・逓信大臣，男爵）・
白根勝二郎（白根専一の兄，白根竹介内閣書記官長の父，零戦エースパイロッ
ト白根斐夫の祖父）・大島義昌（陸軍大将，子爵，元首相安倍晋三の高祖父，
証人桂太郎）・有地品之允（前出）・国重正文（幕末の月形半平太，内務官
僚）・毛利重輔（旧家老・吉敷毛利家当主，鉄道技師，男爵）・梨羽景介（梨羽
時起［海軍中将・男爵］の養父）・福原実（陸軍少将，男爵）・菊屋剛十郎（萩
の有力商人，地主，萩銀行頭取，県会議員）・曽根千町（家職，証人は後の首
相田中義一）などである。後述の預け金主の顔ぶれとあわせて，明治の政官軍
界における長州閥，地元政財界の中核には，やはり毛利家が存在していた。明
治期日本人の結束の中心に天皇が位置していたのと同様に，長州閥の結束の中
心には毛利公爵家があった。

（ii）借入金・仮払金

　借入金・仮払金ともに，1900 年代初頭まではそれほど多額でもなく，比較
的安定的な推移を示していたが，1904 年頃からともに急増していく。これは，
百十銀行救済のためであった。

　第百十国立銀行は，1878 年に山口に設立され，80 年に本店を下関に移転さ
せた。設立には多くの旧長州藩士が出資し，当初の資本金 60 万円は，国立銀
行としては，中四国・九州でトップであり，全国でも「五指に入る規模」で
あった[96]。98 年に普通銀行化し，百十銀行となった。当初，旧家老の右田毛
利家当主の毛利親信（藤内）が筆頭株主であり，初代頭取に就任したが，毛利
宗家は，1880 年代に一時山口用達所で少数の株を所有したほかは，93 年まで
全然出資しておらず，97 年に初めて第二基本財産に 800 株（4 万 8 千円）が現
れる[97]。同行の公称資本金は 1913 年まで 60 万円（全額払込）のままであり，

---

96)　以下，前掲『山口銀行史』3，140-165 頁。引用は 3 頁。
97)　前掲表 2-3，表 3-8。なお 1 株払込額は 50 円であったのに対して，毛利家の簿価（99

総株数1万2千株であったから，毛利家の持株比率は6%程度にすぎなかった。

　同行は，1892・93年に最初の経営危機に陥った。これは，実業家神野金之助が完成させ，こんにち神野新田（愛知県豊橋市三河湾岸）として知られる三河新田（吉田新田，毛利新田）開墾事業の失敗によるものであった[98]。1885年に上記右田毛利家の家督を継承した毛利祥久へ，愛知県令勝間田稔から話が持ち込まれて，88年から開墾を始め，資金面は祥久が取締役であった第百十国立銀行が担当した。県令勝間田は旧長州藩士であり，長州閥内での事業ではあったが，この頃殖産興業・士族授産のため政府の奨励によって全国でこの種の開墾事業が行われた。しかし三河新田開発事業は，濃尾大地震や台風による被害によって挫折し，93年に神野金之助に，投資額の1割に満たない4万1千円で譲渡した。『山口銀行史』（271，278頁）は，同行が当時65万円の損失を出し，伊藤博文・井上馨・山県有朋等の斡旋によって25万円の借入をしたことが，日銀資料に記録されていることを紹介しているが，借入先等については記録がなく，「このこと［三河開墾事業の失敗による同行への影響］に関しては当時厳秘にふせられたものらしく，現在これを左証する資料は皆無」とある。近年刊行の，前掲，堀『井上馨』もほぼ同様の記述であり，「馨たちが用意した二五万円の出処は不明」としている（175-176頁）。しかし『世外井上公伝』第5巻には，「［井上］公は毛利家を中心として防長出身の元勲と相談の結果，毛利家から一時融通の方法を講じ，男爵毛利五郎を取締役に就任せしめ，こゝに漸く同行は悲境を切抜けることが出来た。時に［明治］二十六年であった」と明記している。井上は，第百十国立銀行設立の際に，自ら旧長州藩士らに呼びかけて出資させた手前[99]，同行が窮地に追い込まれると，出資士族らのためにも同行救済に奔走せざるをえず，結局頼るところは毛利家しかなかったというわけである。もっとも続く日清戦争期の好況によって，同行の負債はほとんど整理されたというから[100]，毛利家の融資も無事返済されたのであろ

　　年以降）は1株60円となっており，第三者から若干高く買ったはずである。
　98）　以下，主に『山口銀行史』265-271頁。
　99）　以上，『世外井上公伝』第5巻，122頁。ただし毛利五郎が同行取締役になったのは，『山口銀行史』によれば，前記のように1897年である。
100）　『世外井上公伝』第5巻，122頁。『山口銀行史』278頁以降も，その後日清戦争期における経営の好転を叙述している。

228　第1部　明治期における毛利家資産の由来と性格

う。これらの経緯を毛利家側の史料で跡付けるのは困難である。93年末の第
二基本財産の貸付金は，前年末より8万5千円増加している（表3-4）。また
同年末における第二基本付属財産の貸付金には，品川硝子・東京家畜市場・広
岡助五郎等への貸金を償却した後の残額が10万7千円ある（表3-5）。さらに
同年末における第一基本財産の貸付金も前年より7万7千円増加している（表
3-1）。しかしいずれも内訳の記録がない。

　さて同行は，1900・01年恐慌を契機に再び経営悪化に陥り，『世外井上公
伝』第5巻によると，井上馨が貝島太助と麻生太吉に調査させたところ，同行
による九州諸炭鉱への貸付の大半が焦げ付いているとのことで，井上馨・山県
有朋・杉孫七郎らが善後策を協議し，日銀総裁山本達雄や三井の益田孝らに資
金融通の交渉を行った結果，日銀・十五・三井・第一・鴻池などの諸銀行から
総額175万円，他に毛利家からも融資を仰ぐことになったという[101]。それで
も事態は好転せず，三井に顔の効く井上が三井銀行に頼み込んで，同行は門司
支店もあったので下関支店を閉店させ，その顧客を百十銀行に譲ってもらうこ
とまでした。そして百十銀行は，1901年6月・7月に臨時株主総会を開いて，
「銀行経理の毛利家への一任」を決め，翌02年には株主の連名で頭取に対して，
「何卒毛利家ニ嘆願シ，固定シタル貸付金ノ整理並ニ其担保ノ引受方ヲ懇願シ，
特別ノ御保護ヲ仰候様衷願被成下度」と依頼した[102]。

　これによって，毛利家は1902年上期欠損金の補塡，同年下期配当不足金の
補塡，頭取支配人の報酬や同行支払利息への援助を行ったが，05年に至って，
ついに毛利家がほとんど全部の泥をかぶることとなった。同家の事前了解の上
で，同年1月の百十銀行臨時株主総会で決議された整理案は，これまでの毛利
家からの無利子借入金225万円に対して，同額の債権とその担保を毛利家に引
き渡して相殺する，むろん担保の保全等はすべて毛利家に属す，というもので
あった。要するに，同行債権総額255万円の大半を占める225万円の不良債権
を毛利家に丸投げすることになった。担保物件の見込額は68万9千円であり，

101）　同書，122-125頁。この時，伊藤博文も当然協議に参加するように要請されたのであ
　　るが，「伊藤は財政方面のことには通ぜぬ故，一切を［井上馨］公に委ねるといつて多
　　く出席しなかつた」という（同書，123頁）。これに対して山県有朋は，前掲，伊藤
　　『山県有朋』の指摘のように，まことに生真面目であった。

102）　以下，『山口銀行史』332-337頁。

実質的な不足額は 156 万円に達した。これに加えて同家には，担保保全費などで 109 万円に上る同行関係支出があり，05 年の救済案による毛利家の最終損失見込額は 265 万円に達した。これが『山口銀行史』による説明である。

　これらを毛利家側の史料で検証してみると，同行への貸付金として第二基本財産中に，1904 年初頭において前年からの越金 36 万円余あり，そのうちには，「鴻池銀行へ返金シ分」つまり鴻池銀行による同行への貸付を毛利家が継承した 15 万円があった。鴻池銀行の債権を継承した分以外の 21 万 4 千円について，「補給金」「割引料」「頭取手当金共」とあり，上記の同行欠損金・配当不足金，頭取報酬や支払利子の補填用に貸付をしていた。利子は課していたが，同行は払えないので，貸金額に上乗せしている。05 年には，同行への貸付金は増加して 53 万円となり，それを仮払金に移管した。表 3-4 によると，04 年に第二基本財産の貸付金が 266 万円あったが，翌 05 年には 196 万円に急減している。そして表 3-14 の史料をみても，ほぼ同様に貸付金は，05 年 11 月に 259 万 9 千円あったが，翌 12 月に 196 万円に減少しており，これは主に貸付金の一部を仮払金に移管したためである。他方，第二基本財産の仮払金の推移と内訳をみると（表 3-4 の史料），同行に対する分は，04 年末に 53 万円のうち 17 万円であったが（この大半は，前掲表 3-11 の注 2 に記したように，百十銀行が担保として取っていた香春・平山両炭坑の保全費用とみられる），05 年 12 月には激増して，総額 362 万円の大半を占める 320 万円に達し，これがこの時点における毛利家の同行への債権総額であった。そして，この仮払金 320 万円のうち 53 万円は同年初めには貸付金として存在していたから，05 年中に新規に同行に投入された仮払金は 250 万円となる[103]。そしてその大半が焦げ付いた。

---

103)　05 年中の同行への仮払金投入額は，320 万円 − 53 万円［貸付金からの移管分］− 17 万円［04 年末同行への仮払金］＝ 250 万円。同行への貸付金は，05 年初に，利子・頭取手当を 9 万円貸増して 53 万円となったから，05 年中の同行への債権増加額は正確には 259 万円となる。なお，『山口銀行史』に記されている 05 年 1 月の毛利家からの借入金 225 万円とは，三井銀行や鴻池銀行などの百十銀行への債権を毛利家が継承することを予定した金額であろう。さらに 05 年 1 月の毛利家による貸付金 225 万円に対して，同年末に毛利家の同行への債権総額が 320 万円になったということは，不良債権 225 万円の担保保全等経費 109 万円も同行へ貸したものと思われる。つまり同行は不良債権 225 万円分を担保とともに毛利家に「丸投げ」したといっても，実際は，さしあたり同行が担保物件（炭坑）の保全を担ったはずである。

230 第1部 明治期における毛利家資産の由来と性格

表 3-15 借入金（第二基本財産，1895-97 年）

借入先	1895 年 1 月		1896 年 1 月		1897 年 1 月	
	残高	年利	残高	年利	残高	年利
百十銀行	3,780	9分1厘	—	—	—	—
日本銀行大阪支店	195,000	8分	90,000	8分	—	—
日本銀行（本店）	50,000	7分	140,000	7分	185,000	8分4厘
第十五国立銀行	—	—	—	—	50,000	8分4厘
小野田セメント	—	—	—	—		
今村銀行	—	—	—	—	70,000	8分4厘

出所：『預り金台帳』（明治 28 年）.

その意味で毛利家にとって 1905 年は重要な画期となる年であった。

　このような同行への投入金を調達するために，1904・05 年に第二基本財産の借入金が急増した。上記のように 05 年 12 月に「百十銀行仮払金」が前月に比して急増したことと対応して，借入金も同年 11 月までの 111 万円から 12 月には 367 万円に急増した（表 3-4 の史料）。

　1890 年代半ば頃の借入先は，表 3-15 のように，日銀・第十五国立銀行・小野田セメント・今村銀行などであった[104]。これに対して，1906 年前半の借入先と借入額は，支払利子の記録から判明するところを若干列挙すると，三井銀行 115 万円（05 年 10 月 5 日借入，以下カッコ内は借入日）・35 万円（06 年 2 月 3 日）・25 万円（05 年 11 月 28 日）・10 万円（06 年 2 月 3 日），日銀 35 万円（06 年 5 月 3 日）・5 万 4 千円（06 年 5 月 25 日），鴻池銀行 10 万円（06 年 2 月 22 日）といった具合である。銀行はこの 3 行のみであった（後掲表 3-18 の史料）[105]。これら 3 行は，上記のようにいずれもそれまで百十銀行への救済融資を行っていた銀行である。これらの銀行は，百十銀行への融資から手を引き，その代わりに毛利家に貸すから，同家が始末せよということになったのであろ

---

104) これらのうち，小野田セメントからの借入は他の銀行と異なって，無担保かつ比較的小口で短期の借入・返済を繰り返している。他方で小野田もこの頃毛利家から借り入れることが少なくなかったようである（前掲『小野田セメント百年史』99，102，188 頁）。おそらく同社東京出張所と毛利高輪邸の間で，相互に便宜を図って融通しあっていたのであろう。

105) ただし別に，百十銀行からの当座貸越金から振替の預り金 30 万円ないし 40 万円があった。

(円)

1897 年 12 月		備　　考
残高	年利	
—	—	93 年 12/27 に 2 万 5 千円借入，95 年 9/2 返済
—	—	藤田組名義．手形割引
—	—	「本店」は推定．
—	—	96 年 11/20 に 5 万円借入，97 年 6/8 返済
99,399	9 分 5 厘	
250,000	9 分 5 厘〜1 割 2 厘	96 年 11/12 に 7 万円借入，手形割引，97 年 8/7 返済，同年 11〜12 月に借入

う。そして表 3-15 の史料によると，日銀に 1905 年末に 52 万円，1906 年末にも 79 万円相当の国債を「割引借担保」として差し入れ，三井銀行にも同様に正金株・日本鉄道株など多数の有価証券を担保差入している。

　前記のように『山口銀行史』によれば，百十銀行側は，毛利家による同行への投入資金の大半が同家の損失となるとあるが，毛利家の財政史料は，百十銀行への巨額の貸付を少なくとも 1905 年末まで第二基本財産の仮払金に計上していたのであり，それはまだある程度は債権回収が可能と踏んでいた，あるいは可能な限り回収するつもりだったことを意味する。その後の経緯を直接示す史料は残念ながら見当たらない。同家はこの不良債権をすぐには損金処理しなかったようであるが（表 3-18），まもなく日露戦後恐慌も発生したから，『山口銀行史』の記す損失見込額がほぼ現実になったと思われる。そしてこの頃，然別鉱山に見切りをつけて北海道鉱山会社を解散させ，また筑豊のいくつかの炭坑を整理売却したことも，百十銀行支援により財政が逼迫したことと関係があろう。

　それでも，毛利家の華族大資産家としての基盤が揺らがなかったことは確実である。同家は幹線鉄道株を前田家と同程度所有しており，まもなく実施された鉄道国有化政策によって前田家は 77 万円の利益を得たから[106]，毛利も同様に百万円近い含み益を実現できたであろう。また前記のように金田炭坑の三菱への売却によっても数十万円程度の利益を得たはずであり，それまでの 90 万

106）　前掲，拙稿「明治後期における前田侯爵家の資産と経済行動」110 頁。

232 第1部 明治期における毛利家資産の由来と性格

円程度と思われる「諸鉱山予備積立金」などとあわせて，百十銀行関係の損失の大半を穴埋めし，明治末頃に同家純資産は，増えないまでも，せいぜい数十万円程度の減少に止まったものと推定される。いずれにせよ，前田家に比して，個々の案件の損益幅の大きい点が同家の特徴であった。

(iii) 預り金

　預り金は，貸付金と異なって第一基本財産にはなく，第二基本財産のみにある。そして第二基本財産にも1891年末まで，預り金は基本的になかったらしい（表3-4，表2-1）。しかしその後1900年代にかけて増加し，300万円規模にもなっている。必要に迫られて生じた借入金とは異なって，なぜ多額の預り金があったか。それは一族その他関係者の資金を，銀行預金より高い金利で預かって，彼らを保護・優遇するためであった。たとえば下関第百十国立銀行の定期預金金利は，95〜96年に平均4〜5分台，97〜98年に平均5〜6分台であり[107]，それと表3-16に示した預り金利を比較すると，やはり毛利家のそれは一般にやや高い。

　制度面をさらに説明すると，第二基本財産の預り金には，97年までは甲乙の区別はなく，その後1902年までに甲と乙の2種が設定されている。甲種は，小早川家をはじめ毛利一族分家や旧家老などからの預り金であり，一族・旧家老に対する金利は相対的にやや高い。表示は略したが，一族の中には，財産主管者毛利五郎の幼い子である毛利元良（長男，1897年生まれ）・輝子（長女）・敬四郎（四男，精子の研究で知られる動物学者毛利秀雄の父）らから，少額であるが預り金がある。徹頭徹尾，宗家が一族の面倒を見るという姿勢であり，宗家は一族の公共物という感覚がある。前田家では，前記のように一族が困難に直面した場合は支援するが，最初から保護し面倒をみるという姿勢はない。前田の方がふつうであろう。預り金甲種では，「御後室様」（敬親未亡人都美子）や，表示していないが「奥方様」（元昭夫人）など，家族からの預り金もある。つまり毛利家資産とは別に，家族個人の資産（「御手許金」）があった。これはたいていの有力大名華族では同様だったであろうが，それを家の財

---

107)　前掲『山口銀行史』296頁。

政部門が利子付きで預かることはふつうないと思われる。前田家では，1900年までの当主利嗣は「御手許金」によって若干の株式投資も行っていたが，当主・家族の「御手許金」を家の財政部門にしかも利子付きで預けるといったことはまったくなかった。毛利家の方が，家資産の公的性格が強いことを物語っているのではないか。

　前記のように，家憲制定後の1891年に，財政困難になりがちな旧家老八家を保護する積立金制度を設定した。その「旧家老保護積立金」も預かっており，その額は，97年以降10万円を越えるようになっていた。

　また防長教育会，金田炭坑から多額の預り金もあった。防長教育会の預り金利率はとくに高くないが（ただし前記のように銀行預金よりやや高い），それはすでに同家が多額の寄付をしているからであろう。「武学生養成資金」とは，1884年に山口に設立された武学講習所が，96年に防長武学養成所となり，その基金と思われる[108]。

　金田炭坑からの預り金は，前記「諸鉱山予備積立預リ金」であり，毛利家の予備積立金の一種で，いわば自己資本であった。したがって甲種は，広い意味で，一族・身内のためのものといえる。

　これに対して，乙種は純然たる他からの預り金である。しかし乙種も，甲種と同様に預り先によって金利にかなり差があった。表3-16のように，90年代後半は山県有朋が，1900年代初頭頃は伊藤博文がとくに高利で優遇されていた。預り金利は，彼らに対する同家の評価ないし重要度を示しており，それは彼らの政官軍界における地位と連動していたと考えられる。毛利家家政への貢献度は，山県・伊藤より井上馨が上であるが，預り金利は概して井上より山県・伊藤が高いのは，やはり山県・伊藤がすでに首相経験者であり，井上がこの頃伯爵だったのに対して，山県・伊藤はともに95年に侯爵になるなど，社会的地位に差があったことによるであろう。しかし山県と伊藤では，前者の方が年齢は上であるが，すでに1880年代から政界では伊藤が山県を凌ぐ第一人者になっていた。にもかかわらず，表3-16の1890年代において山県への預り金利が最高であるのは，同人が80年代から毛利家家政顧問ないし相談人とし

---

108)　同養成所は，現愛山青少年活動推進財団。「愛山」は山口を愛するの意。

234　第1部　明治期における毛利家資産の由来と性格

表 3-16　主な預リ金（第二基本財産，1895-1905 年）

氏　名	1895 年 1 月 残額	1895 年 1 月 年利	1896 年 1 月 残額	1896 年 1 月 年利	1897 年 1 月 残額	1897 年 1 月 年利	1897 年 12 月 残額	1897 年 12 月 年利
旧家老保護積立預リ金	82,969	7分	89,790	7分	96,724	7分	105,094	7分
小早川四郎	—	—	—	—	—	—	14,399	6分
毛利五郎	31,026	5分	27,613	5分	37,680	**8分**	45,945	**8分**
大村徳敏	19,022	5分	13,870	5分	24,738	**8分**	59,289	**8分**
西園寺（毛利）八郎	—	—	—	—	—	—	10,410	6分
御後室様（梅御殿）	—	—	—	—	—	—	20,443	6分
於萬様	—	—	—	—	—	—	10,410	6分
中山者那子	—	—	—	—	—	—	10,210	6分
常磐御邸	—	—	—	—	—	—	—	—
清末毛利家	—	—	—	—	—	—	—	—
徳山毛利家	—	—	—	—	—	—	—	—
防長教育会	5,372	3分	3,400	3分	13,898	3分	17,300	3分
防長教育会　定期	295,000	6分	295,000	6分	295,000	6分	330,000	6分
武学生養成資金				6分	19,575	6分	39,372	6分
金田炭坑	36,387	5分	78,683	5分	133,285	5分	235,291	5分
第一基本財産	—	—	—	5分	65,000	5分	19,750	5分
第一基本財産　定期	—	—	—	—	87,362	5分	89,911	5分
田中銀行	269,177	7.5分	224,752	…	—	—	—	—
山県有朋	37,468	**8分**	39,090	**8分**	39,547	**8分**	45,022	**8分**
伊藤博文	63,139	6分	36,616	6分	49,986	6分	27,900	6分
井上馨	26,345	6分	11,716	6分	△6,173	6分	△2,147	6分
藤田聞子	9,054	6分	10,285	6分	24,278	6分	28,522	6分
山田繁栄	7,018	5分	4,208	5分	5,954	5分	△2,691	5分
三浦梧楼	6,488	6分	24,000	6分	—	—	—	—
上野幾子	12,849	7分	13,765	7分	14,175	7分	14,101	7分
杉孫七郎	—	6分	—	6分	7,756	6分	4,010	6分
野村靖	—	7分	41	7分	8,272	7分	1,027	7分
藤田小太郎	—	—	—	—	—	—	—	—
品川弥一	—	—	—	—	—	—	—	—
岡沢精	—	—	—	—	—	—	—	—
杵島炭坑	—	—	—	—	—	—	—	—
宍戸功男	—	—	—	—	—	—	—	—

出所：『預リ金台帳』（明治 28 年），『第弐基本財産預リ金台帳』甲（明治 35 年，同 37 年），『第弐基本財産預リ金台
注：1）1897 年までは甲乙の区別なし．
　　2）太字は，その年の最高金利．
　　3）毛利一族には他に別口があるが，表示を略した．

第3章　明治後期の家政と資産運用　235

(円)

1902年1月		1903年12月		1905年12月		備　考
残額	年利	残額	年利	残額	年利	
[預リ金甲]						
134,133	7分	140,955	7分	147,465	7分	
95,301	8分	103,318	8分	101,435	8分	毛利元徳の4男，男爵
6,065	8分	58,236	8分	5,898	8分	毛利元徳の5男，男爵，1902年以降は「松御邸」
73,709	8分	74,471	8分	79,271	8分	毛利元徳の6男，子爵
62,818	8分	73,318	8分	84,949	8分	毛利元徳の8男，1899年西園寺公望養子
8,187	7分	7,487	7分	7,487	7分	毛利敬親の未亡人都美子（高輪邸内）
34,895	6分	39,206	6分	52,103	6分	毛利元徳の娘，万（かず）子
12,934	6分	12,042	6分	11,918	6分	毛利元徳の側室中山はな
20,779	6分	20,779	6分	20,779	6分	毛利元徳の未亡人安子邸（高輪邸内）
6,548	6〜7分	64,396	6〜7分	37,372	6〜7分	
5,855	7分	64,198	7分	5,646	7分	
20,380	3分	21,029	3分	30,395	3分	
702,000	6.5分	730,000	6.5分	753,000	5.5分	
63,786	6.5分	69,217	6.5分	75,741	6.5分	防長武学養成所（山口町）
656,497	—	717,340	—	826,109	—	
—		—		—		
[預リ金乙]						
—		—		—		「天下の糸平」田中平八家の機関銀行
48,204	8分	53,039	8分	41,068	7分	
206,090	**9分**	103,693	**9分**	103,529	7分	
9,856	6分	△6,910	6分	△9,670	6分	
3,592	6分	5,024	6分	4,595	6分	井上馨の娘，藤田四郎の妻
12,229	5〜7.5分	10,720	5〜7.5分	7,088	5〜7分	山田顕義の弟，伯爵
—		—		—		陸軍中将，子爵
4,965	7分	3,528	7分	120	6分	外交官上野景範の未亡人
△2,530	6分	△8	6分	—	6分	子爵，若干の「別口」がある
△238	7分	△876	7分	△7,786	7分	子爵，若干の「別口」がある
—		—		200,000	6.5分	藤田伝三郎の甥
17,070	6分	14,656	6分	1	6分	品川弥二郎の長男，子爵
10,000	6分	10,000	6分	10,000	6分	1904年陸軍大将，07年子爵
				35,884	**8.3分**	佐賀唐津炭田
—	6分	10,056	6分	10,015	6分	宍戸璣養子，徳山・毛利元功5男，子爵

帳』乙（明治35年，同37年，同39年）.

236 第1部 明治期における毛利家資産の由来と性格

て，そうでなかった伊藤より頻繁に助言を与えていたことが加味されたと思われる[109]。しかしそれでは1902年になると，なぜ伊藤への預り金利が突如山県を上回る高利になったのか。筆者の推測は以下のようである。

表3-16をみると，山県の預け金額がそれほど大きな変動がみられないのに対して，伊藤のそれは大きく変動し，97年12月は3万円弱だったが，02年1月には20万円余に急増し，翌03年には10万円に減少した。これは何を物語るか。よく知られているように，伊藤は1900年9月に立憲政友会を創設した。前掲，伊藤之雄『伊藤博文』（484-486頁）によれば，その際に天皇から伊藤に多額の政治資金が流れ，井上馨も30万円をおそらく財界から工面したという。毛利家もなにがしかの政治資金を伊藤に提供したかもしれないが，同家史料の探索の結果，『第弐基本財産仮受仮払簿』（明治33年）にある，同年9月に伊藤勇吉（博文の養嗣子，のち博邦，井上馨の甥，当時宮内官僚）へ「暫時仮払トシテ」渡した1万5千円の記録にその可能性がある程度である。それはともかく，この伊藤之雄著によると，政友会創設後まもなく組閣した第4次伊藤内閣が倒れた1901年5月頃には，伊藤の手元に政友会の政治資金がまだ15万円ほど残っていたという。表3-16の97年における3万円弱から02年の20万円への急増は，政友会の残った政治資金を預けた可能性が大である。伊藤之雄によれば，創立期の政友会の政治資金は幹事長の所管ではなく，伊藤博文総裁自らが扱っていた。表3-16によるとその後1903年12月にはまた10万円減少しており，これは02年8月と03年3月の総選挙で使用したとも考えられる。

---

109) もっとも，1903年1月頃には，伊藤博文や山県有朋も家政協議人になっており，他に井上馨・桂太郎（首相）・杉孫七郎（枢密顧問官）・野村靖（同）・吉川重吉・小早川四郎・毛利五郎という顔ぶれであった。伊藤暗殺後の1910年5月頃は，山県有朋（枢密院議長）・井上馨・桂太郎（首相）・杉孫七郎（枢密顧問官）・寺内正毅（陸相）・小早川四郎・毛利五郎らで家政協議会を開催している（『用達所日記』明治36年1月21日，同43年5月28日条）。寺内正毅は初代朝鮮総督（1910年10月就任）として知られるが，その前に最後の韓国統監に任じられた（同年5月30日）。毛利高輪邸での家政協議会はその直前であった。この後，寺内は山口で，毛利元就・敬親・元徳らを祀る豊栄（とよさか）神社・野田神社に参拝して，朝鮮に赴いた。毛利家用達所『山口出張所日記』（19日記/63）明治43年7月18日条には，「今朝，寺内［陸軍］大臣，御両社へ参拝セシ様子也（十六日午後着山，渡韓赴任途中）」とある。なお家政協議人は家憲制定当初は定員5人であり，その後昭和初期まで家憲を改正した形跡はないので，便宜的に増員したと思われる。

第3章　明治後期の家政と資産運用　237

この頃毛利家は，伊藤を介して政友会の金庫代わりになっていた。ただし伊藤博文は 03 年 7 月に枢密院議長になって政友会総裁を辞任し，同会の会計は院内総務の原敬が担当することになったというから，同表の 03 年 12 月以降の伊藤からの預り金には，もはや政友会の政治資金は含まれず，伊藤個人の資産だったと推定される[110]。これに対して山県は政党嫌いで政党活動に必要な政治資金など不要だったから，毛利家への預け金に大きな変動がなかった（もっとも第 1 次山県内閣時には，自由党の代議士に買収資金を送っている。前掲，伊藤『山県有朋』255-258 頁）。結局，1902・03 年頃に毛利家が伊藤に付けた高金利は，預け金が個人資産ではなく政党の公的資金だったからと思われる。そして 05 年 12 月の金利低下は，もはや政党の公的資金ではなくなったことを物語っているのではないか。預け金が政友会の資金であることは，毛利家用達所も知っていたであろう。同家家政協議人の井上馨も伊藤の政党活動を背後から支援していた。伊藤の預け金に付した高利は，山県に知られることなく井上が示唆したものだったかもしれない。そうだとすると，毛利家はますます鷹揚な大名華族だったと感じられる。家系を遡れば，桂家や木戸家は鎌倉時代の大江広元にたどり着き，毛利家と遠縁関係になる。井上馨家（安芸井上氏）も，元就以前から数百年来毛利家に付き従ってきた家系である。これらの旧中級藩士家に比して，山県・伊藤両家の藩政期における地位は格段に低い。しかしそうした身分・家格とはまったく関係なく，彼らを優遇している点が毛利家らしいといえようか。それはまた近代における長州閥の当然の気風であった。実際，日露戦争期頃までの桂太郎は山県有朋の子分格であったことはよく知られている。

　なお同表の 1905 年 12 月は，杵島炭坑からの預り金金利が最も高い。同炭坑は唐津炭田（佐賀県）の 1 つであり，本格的な発展はやや後であるが，この頃，株式会社化しており，貝島合名は 98 年に，貝島太助も遅くとも 1907 年に出資していた[111]。また地元の『大町町史』下巻によれば，杵島炭坑は，1897 年か

---

110)　この 03 年 12 月以降の預り金 10 万円余は，伊藤が 1907 年 7 月に養嗣子勇吉に宛てた遺書にある梅子夫人への遺産相続予定分 10 万円のことかもしれない。以上，政友会の会計や，伊藤の 1907 年勇吉宛遺書については，前掲，伊藤之雄『原敬』上，383，417-418 頁，前掲，伊藤『伊藤博文』455-456 頁。

111)　前掲，大谷『貝島家の炭坑経営』128 頁。

238　第1部　明治期における毛利家資産の由来と性格

ら1909年まで田島信夫らの経営になっていたというが[112]，毛利家の出資はな
いから，家職の田島や貝島らによる出資・経営だったと思われる。毛利家はこ
れら関係者による炭坑経営に対して便宜を図ったらしい。前記の満ノ浦炭坑
（本章前注91）と同様である。そして杵島炭坑からの預り金の出入はかなり頻
繁である。ただしその預り金の利率について，表3-16の史料に「今村銀行当
座貸越金利息日歩二厘下ケニシテ利息ノ算出ノ事」とあって，これは当時毛利
家が当座借越契約を結んでいた唯一の銀行の今村銀行より借入金利が高くなら
ないようにという趣旨である。つまり毛利家は高い金利で預かっているように
みえるが，それでも銀行の当座貸越による借入より若干有利であった。同家の
旧家臣その他関係者からの預り金は，何のメリットもないわけではなく，概ね
銀行借入より低利であった。そうしたやや特殊な事情の預り先を除けば，1905
年の預り金の最高利率はやはり当主元昭の実弟たちであった。

　さらに田中銀行から1895・96年にやや高い利率での20数万円の預り金があ
る。史料によると，この預り金の出入りはあまり多くないが，毛利家から田中
銀行への当座預金もあり，かつ互いに担保株券を差し入れているようである。
そして当座預金およびその利子でこの預り金を返済したり，互いに支払うべき
利子を差し引いたりしている。相互に預けあって，時々に必要資金を引き出す
しくみのように思われる。

　さて，このような預り先から，資金と同時に，多くの場合有価証券も預かっ
ていた。その有価証券の利子配当も預け主を経由せず直に預かり，預かった株
の追加払込もこの預り金勘定から行っていた。たとえば伊藤博文の例をあげる
と，近年の研究によれば，彼は1898年2月13日に万一のために遺言を書いて
おり，それに分与予定財産の詳細も記している[113]。それによると，(1)軍事公
債額面10万円，これは毛利家に預けてあり，年8分の利子を受け取る契約で
ある，(2)十五銀行株200株，小野田セメント株400株，日本鉄道旧株183株，
同新株118株，(3)整理公債4万円，(4)右のほか預金，とある。これに対して
表3-16には，この遺言を記した1ヶ月半前である97年12月末における伊藤
博文からの預り金が，2万7千円余（年利6分）とある。そして同表の史料に

112)　同書（1987年）361-362頁。
113)　前掲，伊藤『伊藤博文』454-455頁。原史料は，「伊藤博文遺書」（伊藤博昭氏所蔵）。

よると，軍事公債10万円の利子と小野田セメント400株の配当を毛利家が直に預かっており，遺言にあるように軍事公債を預かっていたほか，小野田セメント株も預かっていたことがわかる（十五銀行株・日本鉄道株・整理公債は，その利子配当を毛利家が預かっていないから，これらの有価証券を同家は預かっていなかったであろう。このように，預かっていた有価証券は個人別に概ね判明するが，これは表3-4，表3-16などの「預リ金」にはむろん含まれない）。そして毛利家は，たとえば97年12月に，伊藤に支払われた軍事公債（年利5分）10万円の半期分利子2,500円を預かるとともに，軍事公債に対する年3分の半期分利子1,500円を追加して「直ニ預」っていた。つまり，毛利家は伊藤から軍事公債を預かって，本来の5分の利子に上乗せして，遺言にある契約の通りに，8分の利子を与えていた。なぜ本来の利率に上乗せした利子を支払ったのか。それは毛利家が預かった有価証券を銀行借入の差入担保に使ってもよいという使用貸借契約だったからであろう。伊藤から預かった小野田セメント株には預り利子は支払っておらず，こちらは使用貸借契約になっていなかったはずである。井上馨からも東京電灯などの株券とともに軍事公債も預かっていたが，これには上乗せ利子を支払っていない。山県有朋からの預り株券についても同様である。少なくとも1903年までは，毛利家は借入金に比して，同家自身が大量の優良有価証券を所有していたから，預り有価証券のごく一部にこのような使用貸借契約を結んで預り利子を支払ったのであろう。

　とすると，とくに使用貸借契約を結ばない多くの有価証券を預かる理由は，現代の証券会社が行うような，配当受取，追加払込，所得税納入などの代行を含む保護預かりのためであっただろう。またこの預り金口から，預け主による寄付支出なども行っており，この預り金は支払手段としても機能する現代の銀行預金の性格も有していた。とりわけ，井上馨・杉孫七郎・野村靖らの預り金口は，資金の出入りがきわめて頻繁であり（一時的な残高は表3-16よりかなり多い場合もあった），彼らにとって毛利家は財布代わりともいうべき存在でもあった。要するに，預り金は毛利家が保護すべきと考える者への恩恵であった。そして使用貸借契約を結んだ有価証券預り金利が年3分とは，かなり高い。90年に藤田組に差入担保用に有価証券を貸した際の貸付利率は年1分であった。旧藩関係者らに貸す時は低利で，預かる時は高利で，というのが同家の一

240 第1部 明治期における毛利家資産の由来と性格

貫した特徴であった。

　そして伊藤博文から預かった軍事公債は，実際に毛利家の借入担保として利用されたようである。95年4月に日銀から9万円を借り入れ，翌年4月に返済した時の担保である軍事公債10万円と，95年6月に同行から2万円を借り入れ，同年12月に返済した時の担保の軍事公債7万円は，毛利家所有分だったであろう（前記のように同家は軍事公債を17万円程度買い入れたはずであり，表3-9の史料の同公債受取利子と売却のデータから買入額は17万5千円と算出される）。しかしこれも前記のように，同家は96年4月に担保の軍事公債10万円を受け戻した直後頃に同公債15万円を売却したから，手元に同公債はあまり残っていなかった（この推算は，表3-9の軍事公債所有額と正確に一致する）。ところが，同家は96年10月に新たに日銀から18万5千円を借り入れ（表3-15），その際の担保は，軍事公債6万円，他に北海道炭鉱鉄道株などであった。これは伊藤（少なくとも外部）から預かった軍事公債だったはずである。さらに翌97年6月には，同家は第百十国立銀行から，軍事公債4万円の「貸与ニ対スル使用料」を年2分で受け取っている（むろん同行が借入担保に利用）[114]。これも外部から預かった軍事公債だったはずである。そして毛利家が伊藤から軍事公債を預かったのも，すぐ述べるようにちょうどこの頃だった。結局，伊藤から預かった軍事公債10万円のうち，日銀借入の担保として6万円分を使用し，第百十銀行へ残り4万円分を貸した。同家は自家所有の軍事公債を売却してしまったので，伊藤から預かった公債を差入担保などに使用したのである。

　じつは，この伊藤所有の軍事公債10万円は，96年4月に毛利家から購入したものらしい。伊藤は，日清戦争の功によって95年8月に，侯爵への陞爵とともに天皇の特旨によって10万円を下賜され，山県有朋も同様に侯爵への陞爵とともに3万円を下賜された[115]。これに対して，毛利家『預リ金台帳』（明治28年）の伊藤博文の項には，97年6月3日に2,500円を預かり，これは「軍事公債拾万円ニ対スル三十年六月渡利子」とある。半年前の96年12月1日にも2,500円を預かっている。しかしそれ以前には2,500円の預かりはない。

---

114)　『第弐基本財産出納簿』（明治30年）。
115)　前掲，伊藤『伊藤博文』392-393頁。

結局，伊藤は96年6月頃には軍事公債10万円を所有していた可能性が大であり，95年は所有していなかったであろう（96年4月に毛利家が売却した軍事公債13万円の残り3万円は山県有朋に売却したと思われるが，毛利家は山県からは預かっていない）。伊藤らへ下賜された資金は日清戦争の功によるものだったから，この戦争のために発行された軍事公債に支出するのが，天皇への返礼としてふさわしいと考えられたのではないか。毛利家はその便宜を図るとともに，同家としてもそれまで自家所有の軍事公債を借入の際の差入担保に使用していたから，伊藤に売却しても，それまで同様に差入担保として利用するために，使用貸借契約を結んだと思われる。

　また詳細は不明ながら，1904年以降における（百十銀行救済のための）同家による巨額借入の際は，諸方面から預かった大量の有価証券が銀行への担保に供された可能性がある。

　預り額が1万円未満という比較的少額のため，表3-16には示さなかった者のなかにも，著名なあるいは興味深い人物が多数いた。井上武子（井上馨の妻）・井上勝之助（井上馨の養子）・井上千代子（井上馨の娘，古代史家井上光貞の母）・都築光子（井上馨の養女，都筑馨六の妻）・児玉幾太郎（井上馨の兄光遠の子）・藤田四郎（井上馨の娘聞子の夫）・新田忠純（新田義貞の子孫，井上馨の妻武子の弟，男爵）・小沢富熊（旧長州藩士，井上馨の姉の縁者，貝島大谷坑の事務長・坑長）・桂与一（桂太郎の長男）・桂可那（桂太郎の妻）・山尾庸三（法制局長官など，子爵）・梨羽時起（のち海軍中将，男爵）・柏村とら（広沢真臣の娘，柏村信の養女）・柏村孝正（柏村信の養嗣子）・長井時彦（幕末期に長州藩の責任をとる形で切腹した長井雅楽の孫）・福原栄太郎（第1次長州征討の際に藩の責任をとって切腹した福原越後［毛利元徳の実兄］の孫，井上馨の甥，小野田セメント社長）・国司直行（前出の国司信濃の孫，国司純行の子，男爵）・広沢金次郎（広沢真臣の遺子，伯爵）・大村琴（大村益次郎の未亡人）・高杉政（高杉晋作の未亡人）・谷梅所（高杉晋作の愛妾おうの）・長寿吉（豊後出身の勤王の志士長三洲の子，西洋史学者）・鮎川弥八（旧長州藩士，鮎川義介の父，貝島大谷坑勤務）・三好東一（奇兵隊員三好重臣［陸軍中将，子爵］の孫，のち林学者・東京帝大教授）・田中一介（満鉄理事田中清次郎の父）・中丸一平（旧長府藩士中丸照一の子，三井物産門司支店長・取締

役）・大島義昌（前出）などである。非業に斃れた英雄の遺族や，明治の政官軍界における長州閥要人を含む，まさに幕末維新期長州のオールスターキャストである。このような長州関係功労者の一族郎党が悉く，毛利家の庇護のもとにあった。

（7）損益

前期の表2-10などは一応収支表といってよいが，表3-17以下は，収支ではなく損益表というべきものである。

第一基本財産は安定的な資産だったから，損益も同様に安定的であった（表3-17）。1905年には第一基本財産になっていた北海道農場も，一応利益は上げていたが，たいした額ではない。また利益は，家憲の規定通りに資本金または保険金（準備金）に繰り込んで，外部に流出させていない。06年には利益の一部を第二基本財産の歳入にしているが，これは百十銀行への救済による非常

表3-17 第一基本財産損益 （1891-1906年）

（円）

	1891年	1892年	1893年	1896年	1897年	1905年	1906年
収益							
株式配当	9,500	10,000	7,500	11,625	—	—	—
債券利子	8,816	1,147	—	—	2,375	4,655	3,879
預金貸金利子	4,661	9,534	21,342	19,711	13,000	8	46
不動産収入	9,052	12,757	14,146	23,524	26,110	47,063	37,636
北海道黒川農場収入	—	—	—	—	—	4,216	4,234
雑収入	—	—	249	47	3	—	9,500
計	32,029	33,439	43,237	54,907	41,488	55,942	55,295
費用							
不動産経費	3,321	5,500	5,819	7,568	7,004	14,326	14,503
その他諸経費	—	1,930	2,149	213	3,419	467	214
北海道黒川農場経費	—	—	—	—	—	1,941	2,896
計	3,321	7,431	7,968	7,781	10,423	16,734	17,613
差引利益	28,708	26,008	35,269	47,125	31,065	39,207	37,682
元資組入高	12,500	12,813	13,133	…	…	第二基本歳入へ	19,204
保険金組入高	16,208	13,196	22,136	…	…	残	18,478

出所：『第壱基本第弐基本財産月計簿』（明治24年），『第壱基本財産出納簿』（明治29年～同39年）．

事態への対応であろう。なお，91・92年の年度末資産には債券がないが，期中に新公債や六分利金禄公債などがあったため，収益に債券利子が生じた。

　第二基本財産は，臨時費を含めた家政費支出とともに，有価証券等への投資も行う会計であり，1890年までの第十五国立銀行株主体の「当用金」から家政費支出を行うしくみを変更した。前田家も，1892年まで第十五銀行株からなる「根基資本」の利益で家政費（「常費」）を支出するしくみであったが，93年から毛利家とほぼ同様に，全収入から全支出を賄う（計算する）体制となった。毛利家が前田家と異なるのは，第一基本財産という，収益にほとんど手を付けない予備的会計を設けている点と，前田家よりはるかに多い賞典分与関係支出が続く点である。表3-18によると，賞典分与関係支出は次第に小規模になりつつも1900年まで続き，一旦なくなった後に1906年に少額ながら現れている。

　なお，表2-2の賞典証書関係支出と表3-18の賞典分与関係支出は金額が一致せず，とくに1893年6月における最後の賞典証書償還金6万円余の支出が表3-18に現れない。しかし93年3月の償還金は第二基本財産から支出されており[116]，この証書償還金が第二基本財産から支出されていたことはたしかである。そして91年には第二基本財産の貸方に，「賞典分与証書，及不具扶持米代，救助米代，償還元資金」11万6千円余と「同上不具扶持米代救助米代給与人員ノ内，死亡消滅ニ付，終身給与者積年超過予備金」781円があった（表3-4の注4）。ところが翌92年末にはいずれも貸方から消え，同時に借方の「預ヶ金」も10万円減少している（これは第十五国立銀行当座預金の減少）。要するに，93年に賞典証書を全額償還するために，その資金を92年に賞典分与会計に移し，そこから93年の償還等の支払いを行ったようである。あらかじめ証書償還金を引当金として負債に計上して費用としていたということである。ちなみに92・93年には，第二基本財産の貸方に「予備金」がある。これは91年にはなく，同年の「益金」5万4千円余を92年の「予備金」に組み入

116）　93年3月の賞典証書償還1万5円についても，表3-18のどこに含まれるか不明であるが，『要旨実施備忘録』に，「明治廿六年度収支差引書」なるデータがあり，第二基本財産から「賞与抽籤元金」1万5円が支出されている。前記のように毛利家の会計処理は，すぐに決算に反映させないで，翌年に過年度払いにすることが多い。

244 第1部 明治期における毛利家資産の由来と性格

表 3-18 第二基本財産損益 (1891-1906 年)

	1891 年	1892 年	1893 年	1896 年	1897 年	1898 年	1899 年	1900 年
収益								
株式配当	101,070	99,541	98,735	151,863	152,951	177,083	177,820	229,922
公社債利子	10,388	4,951	5,195	15,155	14,428	17,305	10,834	10,834
貸付金利子	40,589	32,177	} 54,810	45,827	86,830	130,581	121,109	113,073
預ヶ金利子	—	1,219						
炭坑収入	—	—	—	19,031	44,438	63,557	65,295	65,992
地代収入	—	—	162	1,239	1,370	1,969	1,472	743
北海道地代収入	—	—	—				2,573	1,353
株式売却益	—	5,806	8,889	89,165	888,483	38,970	45,570	6,338
公債償還売却益	72,919	11,168						
金貨売却益	36,378	847	—					
雑収入	—	5,007	2,600	1,287	7,083	7,207	4,691	4,415
計	261,344	160,715	170,390	323,567	1,195,583	436,671	429,364	432,670
費用・損失								
「御常用経費」	96,495	82,701	75,073	76,769	68,462	133,116	197,533	149,881
所得税，同付加税	5,800	5,712	5,418	6,002	6,568	6,907	5,474	4,115
賞典分与関係支出	5,956	19,881	7,880	2,648	3,296	3,131	2,088	1,151
借入金・預リ金利子	8,226	5,817	18,344	67,350	96,556	131,801	116,584	137,869
旧家老仕組金へ補給	6,013	4,000	4,500	—	—	—	—	—
北海道地所補充金	1,000	—	2,117					
貸付金棄却	72,224	—						
株式公債売却損	3,292	2,069	177					
臨時費				20,231	458,458	58,127	3,601	
その他諸経費	8,038	3,420	10,729	6,200	27,519	32,038	47,743	40,857
計	207,044	123,601	124,237	179,199	660,859	365,119	373,024	333,873
差引利益	54,300	37,114	46,153	144,368	534,724	71,552	56,340	98,797

出所：1891〜93，1901〜05 年は，『第壱基本第弐基本財産月計簿』（明治 24 年），1896〜1900，1906 年は，『第弐基本
注：1）1891〜93 年の「差引利益」は，全額が「益金予備金組入高」とあり，「予備金」に繰り入れられている．
　2）収入の「公社債利子」は，93 年以外は公債利子.

　れ，そのうち3万円を毛利五郎が分家するための財産分与に，2万円を六郎が
大村家へ養子入りするための財産分与に支出し，92年残高は4千円余となっ
た。その後94年当初の「予備金」まで，前年の「益金」を繰り込んでいるだ
けであり，「予備金」からは賞典分与関係支出は行っていない。
　次に表3-18において，収益の「貸付金利子」「預ヶ金利子」と，費用の「借
入金・預リ金利子」を比較してみよう。前記のように貸付金も預り金も相手に
より利率はかなり異なり，どちらが高いかは一概にいえないが，大雑把にいえ

| | | | | | (円) |
1901 年	1902 年	1903 年	1904 年	1905 年	1906 年
…	…	…	…	…	210,404
…	…	…	…	…	23,306
…	…	…	…	…	} 112,695
…	…	…	…	…	
…	…	…	…	…	510,017
…	…	…	…	…	7,987
…	…	…	…	…	—
…	…	…	…	…	46,519
…	…	…	…	…	—
…	…	…	…	…	—
…	…	…	…	…	46,939
426,434	445,301	445,914	486,118	631,143	957,868
79,349	113,509	66,714	95,148	…	103,244
5,360	7,346	8,045	11,609	24,438	34,883
—	—	—	—	—	591
188,480	191,487	185,403	201,937	384,346	356,725
—	—	—	—	—	—
—	—	—	—	—	—
101,173	204,294	30,735	29,897	25,143	27,867
374,362	516,636	290,897	338,591	…	523,311
52,072	△ 71,335	155,017	147,527	…	434,558

財産出納簿』.

ば大体同水準だった。要するに，貸付金利と預り金利の利鞘によって利益を得る気などないのである。しかし90年代初頭頃は，貸付金に比して預り金は少なく，借入金もほとんどなかったため，借入金・預り金利子支出より貸付金利子収入の方がかなり多かった。ところが90年代末頃にはとくに預り金が顕著に増加して，利子収入と利子支出は同程度になっている。さらに1900年代半ば頃には借入金も急増して，利子支払は30万円台にも達した。これは第二基本財産費用の3分の2を占めるようになり，日常家政経費（「御常用経費」）の3倍以上にもなって，損益を圧迫した。

　ただし同表によると，時々臨時的な多額の収益または費用支出がみられる。97年の収益には，株式売却益88万円があるが，その大半の82万1千円は第十五国立銀行営業満期に伴う配当であった。同行株を大量に所有していた前田・毛利・島津ともに莫大な利益を得ていた[117]。また同年

117）　毛利家の営業満期時第十五国立銀行所有株は 5,151 株，配当額は，五分利金禄公債を額面の 9 割，日本鉄道株を 1 株 80 円とし，1 万 9 千円を「元金へ納入」として差し引いた額。前田家の受取配当は 138 万円（日本鉄道株は 1 株 100 円として計算），島津家は 146 万円（日鉄株評価は前田家と同じ）であった（前掲，拙稿「明治後期における前田侯爵家の資産と経済行動」51-53 頁，および前掲，寺尾「大名華族資本の誕生」54

246 第1部 明治期における毛利家資産の由来と性格

表 3-19 第一基本財産・第二基本財産の合計損益

	1891 年	1892 年	1893 年	1896 年	1897 年	1898 年	1899 年
収益							
株式配当	110,570	109,541	106,235	163,488	152,951	177,083	177,820
債券利子	19,204	6,098	5,195	15,155	16,803	…	…
貸付金・預ヶ金利子	45,250	42,930	76,151	65,537	99,831	…	…
不動産収入	9,052	12,757	14,308	24,763	27,480	…	…
炭坑収入	—	—	—	19,031	44,438	63,557	65,295
株式売却益	—	5,806	8,889	89,165	888,483	38,970	45,570
公債償還売却益	72,919	11,168	—	—	—	—	—
金貨売却益	36,378	847	—	—	—	—	—
雑収入	—	5,007	2,849	1,334	7,086	…	…
第一基本計	32,029	33,439	43,237	54,907	41,488		
第二基本計	261,344	160,715	170,390	323,567	1,195,583	436,671	429,364
総計	293,373	194,153	213,627	378,474	1,237,071	…	…
費用・損失							
「御用用経費」	96,495	82,701	75,073	76,769	68,462	133,116	197,533
所得税・同付加税	5,800	5,712	5,418	6,002	6,568	6,907	5,474
賞典分与関係支出	5,956	19,881	7,880	2,648	3,296	3,131	2,088
借入金・預リ金利子	8,226	5,817	18,344	67,350	96,556	131,801	116,584
旧家老仕組金へ補給	6,013	4,000	4,500	—	—		
不動産・北海道農場経費	4,321	5,500	7,936	7,568	7,004	…	…
貸付金棄却	72,224	—	—	—	—		
株式公債売却損	3,292	2,069	177	—	—		
臨時費	—	—	—	20,231	458,458	58,127	3,601
その他諸経費	8,038	5,350	12,877	6,414	30,938	…	…
第一基本計	3,321	7,431	7,968	7,781	10,423		
第二基本計	207,044	123,601	124,237	179,199	660,859	365,119	373,024
総計	210,366	131,031	132,205	186,981	671,282	…	…
差引利益	83,008	63,122	81,422	191,493	565,789	…	…

出所：表 3-17, 表 3-18 より作成.
　注：1906 年の炭坑収入は，金田炭坑積立金 9 万 4 千円余を含めた.

の費用支出には臨時費 45 万円余があり，これは，防府多々良本邸建築費・東京別邸（高輪邸）修繕改築費などが 16 万 7 千円，前年暮に没した元徳の死去諸費用（寄付金を含む）18 万円，常用費外の臨時費 4 万 5 千円，常磐別邸（東京高輪）新築費 3 万 4 千円余などであった。それでも同年の第二基本財産

頁）。毛利の配当を前田・島津のように算出すると，98 万円となる。

						(円)
1900年	1901年	1902年	1903年	1904年	1905年	1906年
229,922	…	…	…	…	…	210,404
…	…	…	…	…	…	27,185
…	…	…	…	…	…	112,741
…	…	…	…	…	…	49,857
65,992	…	…	…	…	…	604,714
6,338	…	…	…	…	…	46,519
—	…	…	…	…	…	9,500
—	…	…	…	…	…	—
…	…	…	…	…	…	46,939
…	…	…	…	…	55,942	55,295
432,670	426,434	445,301	445,914	486,118	631,143	1,052,565
…	…	…	…	…	687,084	1,107,860
149,881	79,349	113,509	66,714	95,148	…	103,244
4,115	5,360	7,346	8,045	11,609	24,438	34,883
1,151	—	—	—	—	—	591
137,869	188,480	191,487	185,403	201,937	384,346	356,725
—	—	—	—	—	—	—
…	…	…	…	…	16,267	17,399
—	—	—	—	—	—	—
—	—	—	—	—	—	—
—	—	—	—	—	—	—
…	…	…	…	…	25,610	28,081
…	…	…	…	…	16,734	17,613
333,873	374,362	516,636	290,897	338,591	…	523,311
…	…	…	…	…	…	540,923
…	…	…	…	…	…	566,937

損益は大きな黒字となった。1906年は，金田炭坑の利益金の大半を第二基本の収益として，例年よりかなり多くの差引利益を得ている。これは，前記のように百十銀行への融資で巨額損失を被ることがほぼ確実になっていたからであろう。

　さて既述のように，同家財政は多くの会計に分かれており，たとえば第一基本付属財産や第二基本付属財産の内容は一部の時期しか判明しない。また各会

248　第1部　明治期における毛利家資産の由来と性格

表 3-20　毛利家損失一覧（1891-1905 年）

年次	事　　項	金額（円）	備　　考
1891 年	財産整理法改正ニ付，貸付金棄却	72,224	1891 年第二基本財産の貸付金棄却高
92 年	日本酒問屋会社株棄却	4,000	毛利家所有の同株を広岡助五郎へ譲渡
〃	日報社株棄却	10,000	破綻したらしい
〃	忠愛社株棄却	1,000	破綻したらしい
93 年	島田誠介・武次貸金償却	2,580	誠介は元家職，武次は誠介の子
〃	品川硝子会社，解散につき，貸金損失	42,050	貸金 6 万円，抵当不動産代価 1 万 7,950 円，差引残金棄却
〃	品川硝子会社，解散につき，株金損失	4,875	
〃	東京牛商会，解散につき，株金損失	3,000	
〃	東京家畜市場会社へ貸金，償却	46,000	
〃	東京家畜市場会社株，償却	1,300	減資，株も売却して 351 円損失
〃	東京人造肥料切捨	1,000	減資によるものであろう
〃	広岡助五郎貸金償却	16,000	広岡助五郎貸付金残高 8 万 1 千円のうち
98 年	鯨組への貸金 3 万円	(30,000)	抵当品売却収入があるから，損失は 3 万円よりは少ない
1902 年	岡山鉱区元資金	204,793	
05 年	福岡県田川郡神崎炭坑支出金	22,659	元資金 27,659 円のところ，5 千円で売却
〃	北海道鉱山会社株	(183,700)	同年，同社は営業停止
〃	〃　　新株	(91,850)	〃
〃	〃　　仮払金	(269,076)	〃
〃	百十銀行への救済融資	(2,650,000)	毛利家の損失見込額
計		(3,656,107)	

出所：『御要用金従明治四年至明治廿二年収支計算書抜』『第壱基本第弐基本財産月計簿』．
注：1）1 千円以上のみ．（　）は，抵当・残余資産等があり，純損ではない．
　　2）1898 年鯨組は，『鯨組一件物』による．その他の典拠等は本文参照．

計を統合した総括財務表も見当たらない。そこでやむをえず，第一基本と第二基本の損益のみを，筆者が統合して作成した表 3-19 をみると，収益規模は特別な年を除いて 20〜70 万円程度であり，とくに炭坑収入が増加した。他方費用は，特別な年を除いて 90 年代は 10〜20 万円だったが，利子支払の増加によって 1906 年には 50 万円台となった。そして差引利益は，90 年代初頭は数万円であったが，1906 年には 50 万円台となっている。

　繰り返すが，毛利家の第一基本・第二基本財産から生み出される収益の中には，前記の鉱山利益金のように，一部を直接，他会計たる「金田炭坑積立金」

「諸鉱山予備積立金」に算入されるものがあった（それは負債の「諸預リ金」に反映される）。また収支表でないから，これも前記のように，92 年の「予備金」から 5 万円を，毛利五郎・六郎の分家や養子入りのための財産分与として支出したことや，同年に貸方の賞典分与関係引当金たる賞典分与証書等「償還元資金」が，借方「預ヶ金」の大幅減少とともに消えるが，それらは表 3-19 にはまったく反映されていない。当期に起因する損失ではなかったからである。

　なお，限られた残存史料からの議論なので，確定的なことはいえないとしても，同家の会計史料をみる限り，資産の維持保全にはかなり気を配っているが，たとえば表に示した 1906 年の株式売却益は，史料ではこの収益をすぐに「積立預リ金」に組み込み，株式売却益の「決算」額はゼロにするなど（同様に 06 年の「雑収入」も，「別途積立預金」へ 6,700 円を組み込み，「決算」は「臨時収入」4 万円，「雑収入」238 円としている），どうも同家全体の年々の損益や収支を正確に把握しようという意欲がみられない。つまり営利企業ではないから，「利倍増殖」といいつつも，じつのところ年々の正確な利益額はそれほど重要な関心事ではないという印象さえ受ける。

　要するに，藤島泰輔のいうところの「露骨な蓄財は，けっして美徳とはされない。上流階級のモットーは，『維持』である」[118]との言が当てはまりそうである。もっともこの言明は，第二次大戦後あるいはせいぜい昭和戦前期以降についての観察である。他方，毛利家はとくに明治前期は積極的な利殖をめざしたが，次第に利殖よりも「維持」に重点を移してきたようにも受け取れる。いずれにせよ，大名華族の資産を，限りなく自己増殖していくかのようなマルクス経済学の資本概念やマルクス主義的歴史観にむりやり当てはめて理解しようとしても，うまく説明できないのである。

　最後に 1891〜1905 年の同家の損失一覧を，判明する限り示したのが，表 3-20 である。最大の損失は百十銀行救済融資であり，他を圧している。次いで北海道鉱山会社に関する損失であるが，これは鉱山自体を田中家が引き取ったようなので，同表の金額がそのまま損失となったわけではない。その次が岡山鉱区元資金である。これは 20 万円ほぼ全額が損失となったであろう。他は

118）　藤島『日本の上流階級』（光文社，1965 年）145 頁。

せいぜい数万円であり，同家にとって致命的なものはないが，借入金利子など
の機会費用を含めれば，損失はかなり膨らむ[119]。それでも前記のように，同
家の大資産家としての基盤は揺らぐことはなかった。

(8) 小括

毛利家の有価証券投資は，大藩大名華族らしく，中央の優良株や公債を大量
に所有して，安定的な財政基盤を築いた。しかしそれに止まらず，旧臣の関係
する企業，あるいは旧領に拠点を置く企業，さらに旧臣・旧領とは無関係でも
成長すべきと判断した新産業に，積極的に投資した。土地投資も積極的に行い，
旧領とはまったく無関係の宮城県・埼玉県などの耕地，函館の市街地を概ね長
く所有した。さらに北海道の直営開墾事業は，大名華族として真っ先に開始し
た。

それら毛利家の投資の中で，最初から成功を危惧されたものもあったが，そ
れは必ずしも多くはない。しかし結果として，成功したものも少なくないが，
失敗も多かった。投資の意思決定については，ここでも井上馨の主導性がめだ
つが，しかし多くの意思決定参画者による評議の結果，彼らも賛同したうえで
の投資であった。たとえば藤田組への融資も井上の強引な主導とはいえず，む
しろ元徳の嗣子元昭を含む毛利一族や有力旧臣らで構成される家政協議人たち
の合意で進んだし，重要な問題については家政協議人会以前に伊藤博文・山県
有朋らに打診し方向性を得たうえで対応が進められた。井上による強引な主導
があるとすれば，むしろ貝島に対する貸金であろう。しかしそれも家政協議人
たちおよび当主元徳は同意したのである。他方前田家では，リスクの大きい投
資は，家職や評議員から異論が出て，そのような投資は阻止された。両家のリ
スク許容度の相違でもあるし，リスク管理の問題でもある。それはまた主家が
置かれた社会的位置の相違でもある。

---

119)　なお表3-20に，93年島田誠介・武次貸金2千円余の償却がある。誠介は同家元家職，
　　武次（たけつぐ）は誠介の子で医師であり，武次はドイツへ私費留学したから，この貸
　　付は留学資金だったであろう。しかし武次は93年1月に病没し，返済免除とした（『柏
　　村日記』明治26年2月23日条）。

第3章　明治後期の家政と資産運用　251

　また利殖目的の投資の失敗ではなく，百十銀行に対するように，救済・支援
のために最初から損失が見込まれる支出が，前田家に比してめだつ。これも両
家が置かれた社会的位置の相違といえる。前田家は危機に瀕する旧領の銀行へ
の支援に乗り出したことはなく，旧加賀藩領では1900年代に石川県本店銀行
で最大の加州銀行が経営危機に陥った時に，株を買い取り，経営を継承したの
は，鉱山開発に成功し，銀行経営にも乗り出すことを計画していた，企業家精
神あふれる旧加賀藩3万石家老横山家であった[120]。

　そして毛利家は，旧臣の政府高官，幕末以来の長州関係功労者，その遺族ら
への貸付・預り金を通じた手厚い配慮が特徴的であった。これは当主・家職・
一族を含む家政協議人・その他の有力旧臣らの一致した姿勢のようである。や
はり倒幕・新政府樹立の立役者としては，大名華族の模範となるべき行動をと
らざるを得ず，中央政府で活躍する政治家らを支援しないわけにはいかなかっ
たし，維新の志なかばにして斃れた英雄たちの遺族を保護する義務もあった。
しかしそれらは同時に，元就以来とされる「百万一心」という言葉に示される
ような，伝統的な毛利家中の強い共同体的性格をも表している。

---

120)　前掲，拙稿「明治後期における加賀横山男爵家の鉱山経営と家政」105-113頁。

第2部

大正・昭和戦前期における
毛利家資産の性格変容
－日本における「日の名残り」－

第 4 章

明治末～大正前期毛利家の状況と家政管理体制

(1) 毛利家の状況

やや明治後期に戻って，1896 年末の元徳没以降の同家家政運営体制について説明する。まず元徳の遺言状に基づき，同家は 98 年 2 月 1 日に三田尻邸を本邸とし，家令もそれまで東京邸勤務だったが，三田尻邸に勤務することになった[1]。そして三田尻邸に用達所を置き，それまでの東京用達所と山口用達所（山口町）は（三田尻）用達所の出張所になった。東京出張所は東京用達所と称することとしたが，山口用達所は山口出張所となった。ただし財産部は東京用達所に残し，資産管理・資産運用の中枢は依然東京邸にあった。当主元昭はそれまで山口用達所があった野田別邸付近の吉敷郡上宇野令村（1905 年山口町に合併）に戸籍を置いていたが，佐波郡三田尻村（1902 年防府町）に転籍した[2]。終身貴族院議員たる公爵元昭は三田尻常住になったことから，帝国議会が開会されるごとに，欠席届を提出することになった。ただし家族のうち，先代元徳の正室で元昭らの生母安子（1843-1925）や，先々代敬親の正室都美子（落飾して妙好，1833-1913）は，本邸が三田尻に移っても，没するまで東京高輪邸に常住した。高輪邸内にはいくつもの独立した屋敷や使用人の長屋があり，安子は常磐御殿に，妙好は梅御殿に居住した。また敬親側室の園子（1841-1917）が京都別邸に，元徳側室の山中花子（1851-1927，元昭弟八郎らの生母）が高輪邸内の長屋（独立家屋）に居住していた[3]。

---

1)　三田尻邸については，第 1 部第 2 章注 59 を参照。

2)　『用達所日記』明治 31 年 2 月 1 日，同 2 月 4 日，同 4 月 12 日条。

3)　1917 年に園子が没すると，京都別邸はなくなる（後掲表 4-8）。以上，前掲『増補訂

256 第2部 大正・昭和戦前期における毛利家資産の性格変容

さて元徳が没して，国葬が営まれた後，1898年3月15日に遺骸が東京を発し，同21日に山口町の香山墓地に遷座した。この時，未亡人安子，敬親未亡人妙好，元徳娘の万子（のち子爵武者小路公共の妻），家政協議人である井上馨・杉孫七郎も，山口へ同行している。元昭も三田尻邸から香山墓地へ赴いて，遷座を見守った。

本邸を山口県に移したことにより，それまで東京高輪邸で行われていた先祖を祀る神道の正祭も，以後山口県で行うことになり，98年4月15日に香山墓地で春祭が行われた。元昭の弟である大村徳敏（もと毛利六郎）子爵の邸は，大村益次郎の故郷吉敷郡鋳銭司村（すぜんじ）にあり，徳敏夫妻はそこから春祭に参加した。安子はこの98年の春祭前後に山口県・広島県に赴いて墓参に回った。それに陪従したのが，元徳側室の山中花子や御付女中らであった。正室に側室が陪従するのは，明治期の天皇家などと同じである。この98年5月上旬にも元昭夫妻らは三田尻から山口町や萩に墓参に出かけたが，小郡－山口（亀山）間に軽便鉄道が開通するのは1909年だったから，この時，三田尻－山口間はほぼ人力車，山口－萩の間は（人力車が通れるような道が整備されていなかったためであろう）駕籠であった[4]。とくに地方ではまだ前近代の雰囲気を多分に残していた。こうして元昭は，三田尻邸を拠点に，頻繁に山口町や萩町さらに広島県吉田にある先祖の墓所にしばしば泊りがけで参拝し，また元就・敬親・元徳らを祀る山口町豊栄神社・野田神社，さらに同家にも深いゆかりのある広島県厳島神社にも参拝した（厳島は毛利元就と，大内義隆に謀反を起こした陶晴賢（すえはるたか）との合戦が行われた地であり，また元就は厳島神社を崇敬し，衰退しかけた同神社を再び隆盛させた）。もちろん山口県地方における名望家として，諸学校・諸団体の行事に臨席した[5]。1916年には防府多々良邸が竣工したから[6]，

　　　正もりのしげり』125，132頁，前掲，西園寺『貴族の退場』129，232頁，『用達所日記』。

4)　以上，用達所山口出張所『日記』による。

5)　多々良邸移住後の1922年の例では，県立周陽中学校卒業式（3月2日），防府町尚武会主催陸海軍々人軍属戦病死者招魂祭（3月10日），山口高等学校新築落成式（5月16日），桑山招魂社官祭（9月15日，幕末維新期長州藩御楯隊の戦死者らを祀る，現防府市護国神社内），三田尻地方専売局開催専売施設二十五年記念式（11月16日），小郡町勧業共進会褒賞授与式（11月19日），徳山開港式（12月15日），都濃（つの）郡立高等女学校開校十周年祝賀会（12月16日）などである（山口県防府邸事務所「大正拾壱

元昭は三田尻邸から数キロ隔てた，53町の山林に囲まれ，宅地1万3千坪の豪壮な新邸に移転し，1938年に亡くなるまで常住した（現毛利博物館）。

　もっとも元昭は毎年，通常は5月頃上京し，1ヶ月程度高輪邸に滞在し，天皇への拝謁その他の用務を行い，また他の有力大名華族と同様に数年に一度園遊会を開催した[7]。江戸時代の参勤は1年ごとに駕籠（および船）に乗って行われ，江戸城に登城して将軍に拝謁したが，近代の毛利家当主の上京は1年のうちに1～2回列車に乗って行われ，同じ場所の宮中に参内，天皇に拝謁して，その年のうちに帰郷した（元昭が三田尻邸に本邸を移した1898年に山陽鉄道が三田尻駅［現防府駅］まで延伸した）。もっとも元昭の上京・帰郷は，京都・名古屋・静岡等で途中下車して宿泊し，江戸時代のように何日もかけて行われた。

　西園寺公一は，父が毛利元徳の8男で，西園寺公望の婿養子となった八郎だったから（公一は公望の孫でもある），子供の頃から正月などにたびたび毛利高輪邸を訪れた。公一は，敬親未亡人妙好が存命中だった明治末・大正初期頃の高輪邸について，次のように記している。

　　高輪の毛利公爵家の邸内は，とてつもなく広大なものであって，その中に，御本邸と，常盤御殿があり，広い芝生の庭や，小山や，馬場と呼ばれていた大きな長方形の芝生や，御霊社やお稲荷様があり，その他に数十軒のお長屋があるのだった。［中略］父の長兄［元昭］は，たいてい国元の方に

───────────

　　年度考課状」，『予算及決算書』大正11年度，所収）。

6)　もっとも，多々良邸別邸（のちの梛［なぎ］邸）は本邸竣工以前に完成しており，1911年11月には天皇が駐蹕している（『用達所日記』明治44年11月9日，同16日，同25日条）。また敬親未亡人妙好も明治末に同別邸に宿泊している（用達所山口出張所『日記』明治44年5月20日条）。なお梛邸については，山口県教育委員会編『山口県の近代和風建築』（2011年）144-147頁が詳しい。

7)　園遊会は防府本邸でも開催されたが，当然ながら高輪邸での開催の方が規模は大きい。1915年5月15日に高輪邸で催された園遊会は，招待および召出総数1,442人，うち出席者863人，総経費4,337円であった。1917年6月3日にも高輪で園遊会を開き，5,460円を支出している（『予算決算一件』自明治41年至大正4年，大正6年分）。1922年の園遊会費は10,150円（『予算及決算書』同年度）。もっとも，前田家当主利為が3年余に及ぶ欧州留学からの帰朝後に本郷邸で「朝野ノ名士」を招待して盛大に行われた1917年5月園遊会は，招待客1,545人，総経費1万3,894円であったから（『評議案』大正6年，評財第75号），同時期の毛利家園遊会経費の2倍以上であった。

258 第2部 大正・昭和戦前期における毛利家資産の性格変容

いたのだが，上京すると，いわゆる御本邸に起居する。僕は，この人とは，ほとんど交渉らしい交渉を持たなかった。御上京のたびごとに，御辞儀に行くだけであり，そういう時には，何十畳だか知らないが，ともかく，そうざらには見られないような広間の一番奥に，床の間を背負って正座しているのが，御本邸の伯父様である。その前にまで歩いて行くのが，ずいぶん長かったことは，よく記憶している。

高輪邸には洋館もあったが，元昭は和館で起居し，その公式大広間は広大であったことがわかる。また公一によれば，常磐御殿に居住する安子は親類中で一番の権勢を誇っていたという。「母の日記を見ても，一月に五，六回は御機嫌伺いに出ないと，[安子は] 御機嫌が悪かったらしい」とある[8]。

こうして，毛利本邸さらに当主らが不在の用達所出張所にも，年頭には大勢の人々が参賀した。表4-1に，これらの邸宅・用達所への年賀伺候者数を示した。当主元徳の時代は，本邸高輪邸において，注記のように元旦は皇族・大臣・華族・親任官・勅任官の年賀を受け付け，彼らは貴顕の人々なので数えるような対象でなく，参賀者数は記録されていない。2日は山口県人その他であり，連年500〜600人が来訪している。3日は出入り商人の参賀日であり，この下々の者らはこれまた数える対象ではないので人数の記録はない。98年の正月から当主元昭は防府本邸に滞在したので，1900年代になると，高輪邸への参賀者はやや減少している。用達所山口出張所（野田別邸内）にも，1900年代はほぼ連年3ヶ日で100人を超える参賀者があり，「例年ノ如ク，[別邸内の] 御書院御床ノ間ニ公上御写真ヲ奉置，鏡餅酒瓶ヲ供シ，当日参賀者ヘ祝酒ヲ下サル」と[9]，元昭の真影が掲げられ，参賀者に元昭から祝酒が仕向けられるという形式をとっていた。しかし1910年代になると，野田別邸への参賀者も減少傾向がみられる。1910年代以降の防府本邸は，当主が滞在しているだけに，山口県の大勢の名士らが参賀に伺候しており，遠隔地からの書状も多い。たとえば1922年の例では，1月2日に午前9時から午後4時まで，

　　　防府其他附近地方在住年賀来邸者ヘ御二所様 [元昭夫婦]，広間客室ニ於

---

8)　以上，前掲，西園寺『貴族の退場』126-127頁。同書，128-130，231-233頁にも興味深い記述がある。

9)　用達所山口出張所『日記』明治37年1月1日条。

テ御面接ノ上，応接室ニ於テ御燗酒仕向ケラル

とあり，当主夫妻もなかなかの重労働のようである[10]。しかし表 4-1 をみると，防府本邸来賀者も長期的にはやや減少しているようにみえる。江戸時代を知る者も次第に減少してきたということであろうか。人々の心の中にある「殿様」の影も，緩やかに薄らいでいった。

もっとも 4 日以降も，年始関係の行事・来訪者は多い。22 年 1 月 4 日は，「防府町消防組出初式出動ニテ午後三時来邸，玄関前広場ニ於テ消防演習及綱引其他ノ競技」が行われている。（現在も当時のままの）毛利邸玄関前は広いのである。1 月 11 日「[県内] 各地致誠会，懐恩会ヨリ [中略] 年頭御祝詞ノ為メ来邸」（致誠会・懐恩会は旧長州藩士の団体，県内各地域で組織されていた[11]），1 月 14 日「[防府] 諸官衙長及幹部，百十銀行支店長，宮市銀行頭取，松崎華浦両小学校長嘱託医等，拾八名ヲ招」，1 月 22 日「山口衛戍陸軍歩兵第二十一旅団長以下将校参拾四名，年始祝詞ノ為メ来邸 [中略] 公上 [元昭のこと] 御出席相成」などとある。

さらに 1911 年秋に天皇が，九州における陸軍大演習視察への往復の際，防府毛利邸に宿泊し，以後同家では天皇が駐蹕した 11 月 9 日と同 16 日を「行幸紀念日」として，天皇が宿泊した同邸内の棚邸を毎年一般に参観させていたが，1919 年には防府町およびその付近から，11 月 9 日は「約八百人」，16 日にはなんと「約参千人」もの人々が押し寄せ，「拝観」したという[12]。

さて元昭は貴族院議員であったが，その他の定職にはつかなかった。彼は幼少時からやや病弱だったようであり，1890 年制定の家憲第 7 章第 35 条において，「東京府下ハ常住地トナスヘカラス，山口県ニ於テ土地健康ニ適シ，且海陸便利ノ処ヲ撰定スヘシ」と，当主常住地を旧藩の拠点であった萩でも山口でもなく，温暖かつ交通の要衝である防府に定めたのも，それが理由の 1 つであった。実際，『用達所日記』明治 36 年 4 月 24 日条には，「三位公 [元昭] 御事，腎臓病徴候有之，橋本国手診察ノ上，本日ヨリ赤十字病院へ御入院被為成

---

10)　なお防府本邸では，年賀を受け付けるのは 2 日だけであり，元旦と 3 日は家内の儀式（「規式」）を行った。

11)　小山良昌「公爵毛利家と懐恩会・致誠会」（『山口県地方史研究』95 号，2006 年）。

12)　[同家] 会計課『予算竝決算書』（大正 8 年度，毛利博物館所蔵）所収の「考課状」。

260　第2部　大正・昭和戦前期における毛利家資産の性格変容

表 4-1　高輪邸・山口出張所・防府本邸への年始伺候者数など

年　　　次	東京高輪邸			備　　　考
	1月 1日	1月 2日	1月 3日	
1889（明治22）年	…	560	…	1月2日は概数
90（ 〃 23）年	…	550	…	〃
92（ 〃 25）年	…	543	…	
93（ 〃 26）年	…	661	…	
94（ 〃 27）年	…	627	…	
95（ 〃 28）年	…	435	…	「［日清戦争のため］朝廷於テ新年式総テ行ハセラレズ」，1月2日が少ないのはこのため
96（ 〃 29）年	…	516	…	
97（ 〃 30）年	―	―	―	前年末の元徳死去による喪中
98（ 〃 31）年	―	―	―	「英照皇太后」御大喪中ニ付，賀儀廃止セラレ」
99（ 〃 32）年	―	―	―	「昨年，県地御永住ニ付，御規式等ハ惣テ行ハセラレズ」，1900年以降も同じ
1903（ 〃 36）年	…	300	…	1月2日は概数
04（ 〃 37）年	…	300	…	〃
06（ 〃 39）年	…	350	…	〃

年　　　次	用達所山口出張所			備　　　考
	1月 1日	1月 2日	1月 3日	
1901（明治34）年	107	…	…	
02（ 〃 35）年	93	34	4	
03（ 〃 36）年	117	9	5	
04（ 〃 37）年	102	14	4	
05（ 〃 38）年	77	14	…	日露戦争中で減少したようである
06（ 〃 39）年	52	18	5	1月1日「寒気強シ」
07（ 〃 40）年	80	…	…	
08（ 〃 41）年	71	28	9	
09（ 〃 42）年	79	17	6	
10（ 〃 43）年	81	8	8	
11（ 〃 44）年	85	…	…	
12（ 〃 45）年	70	…	…	
13（大正 2）年	―	―	―	明治天皇，諒闇中
14（ 〃 3）年	80	…	…	
15（ 〃 4）年	―	―	―	昭憲皇太后，諒闇中
16（ 〃 5）年	…	…	…	「昨年末吉川男［吉川重吉男爵］薨去ニ付，新年祝酒差出サレズ」
17（ 〃 6）年	78	…	…	
18（ 〃 7）年	47	…	…	
19（ 〃 8）年	41	…	…	

第 4 章　明治末〜大正前期毛利家の状況と家政管理体制　261

年　　次	防府本邸		備　　考
	来賀者	書状	
1917（大正 6 ）年	536	…	左に含めない 1 月中の来賀は少なくない（地元陸軍旅団の将校団や各種団体）．以下同じ
18（ 〃 　 7 ）年	485	546	
19（ 〃 　 8 ）年	537	611	
22（ 〃 　11）年	608	517	
23（ 〃 　12）年	411	548	
24（ 〃 　13）年	156	155	関東大震災につき宮中の儀式取り止め，同家においても祝酒の仕向は取り止め
27（昭和 2 ）年	―	―	大正天皇，諒闇中
28（ 〃 　 3 ）年	395	442	
30（ 〃 　 5 ）年	395	425	
31（ 〃 　 6 ）年	472	462	
32（ 〃 　 7 ）年	480	434	

出所：『用達所日記』，用達所山口出張所『日記』，防府事務所「考課状」（『予算竝決算書綴』『予算竝決算書』
　　　『予算及決算書』各年度，前 2 書は毛利博物館蔵）．
注：1 ）「…」は，無記載を示す．
　　2 ）東京高輪邸は，1 月 1 日「皇族大臣華族親勅任官方へ［中略］御祝酒差出候事」，2 日は山口県人その外，
　　　　3 日は出入り商人の年賀．

候事」とあり，腎臓病を患っていた[13]。

　このように毛利家当主が旧領に居住しても，旧大名家が地域社会にある程度
存在感を示しただけであり，しかもイギリス貴族などと異なって，旧領に広大
な地所を所有したわけでもないから（もっとも毛利家は山口県に耕地・山林な
どそれなりの地所をかなり長期に所有した），イギリス貴族が所領経営のため
に地域住民や有力者にノブレス・オブリージュを示したのとは異なり，それは
たいした経済効果もなかったのではないかと考える向きもあろう。しかし少な
くとも防府町（1936 年に防府市）に対してはかなりの経済効果があった。そ
れは防府本邸における消費需要もさることながら，防府町の税収を大幅に増加
させた。すなわち同家が本邸を東京から防府に移転させ，当主の籍を防府に移
したことによって，課税は防府で行われることになった。同家の豊かな資産か

13）　引用文中，「橋本国手」は橋本綱常（陸軍軍医総監，東京帝大医科大学教授，日本赤
　　十字社病院初代院長などを歴任）であり，安政の大獄で処刑された福井藩士橋本左内の
　　弟。国手は名医の意。

らあがる所得に課せられる所得税は国税であるが，その付加税や戸数割が山口県や防府町に入ることになった。実際，後述のように 1939 年に本邸を再び防府から東京に移転させると，防府市の税収が激減したのである。

さて明治期の毛利家を支えてきた有力旧臣らが，明治末頃から大正期にかけて次々に没していった。野村靖（1909 年没），伊藤博文（同年没），桂太郎（1913 年没），井上馨（1915 年没），寺内正毅（1919 年没），杉孫七郎（1920 年没），山県有朋（1922 年没）などである。この 7 人は 1903～10 年における同家家政協議人の一族外メンバーの全員であり[14]，1922 年までにその全員が没したのである。そしてその没後は，彼らの次世代が毛利家の家政運営を支えることになった。明治十四年政変頃から日本の政治は基本的に長州系がリードしてきたが，明治の元勲らが没すると，薩長藩閥主導の日本政界の変容が進展したように，この世代交代は毛利家家政運営にも大きな影響を与えることになった。

(2) 家政管理体制

まず明治末以降における同家家政の制度面から説明する。1911 年 5 月に，1896 年制定の財産部章程と 1900 年制定の用達所職制が廃止され，用達所規則があらたに制定された。表 4-2 がその新たな職制である[15]。家職の最高職が財産主管者（または財産主管）という点は，1890 年家憲制定以来不変である。次に地位の高い職は，家令ではなく理事であった。理事は財産主管者を補佐し，部下の家職を指揮監督し，財務の責任者でもあり，財産主管者の代理を務める場合もある。俸給も理事の方が家令より高い（「用達所規則」第 39 条）。財務部長たる理事職はこの時初めて創設された。そしてそれまで同家財務の責任者でもあった家令は，家事の管理責任者にすぎなくなった（同，第 9 条）。したがって序列は，財産主管者－理事－家令－家扶という順となった。ちなみに前田侯爵家でも，上級家職の職制が 1909 年に改正され，財務部理事が創設され

---

14)　第 1 部第 3 章注 109。

15)　以下は，同表の史料による。なお同表に注記したように，これが使用人のすべてではない。この点，表 4-4 まで同様。

たが，序列は家令 – 財務部理事（家扶上席）– 家扶という順であり，毛利家とは異なる。これらの理事職創設は，1907年の華族令廃止および皇室令第2号としての華族令の新たな制定の際に，関連法規としての，宮家・華族家職員を家令・家扶・家従・家丁と定めた1870年太政官布告第581号を廃止したことにより（『法令全書』明治40年），家職名は自由に付けられるようになったことによる。また毛利家は前田家などとは異なって，明治前期から，家令は必ず存在しなければならない職ではなく，（明治後期に設けられた財産主管者や理事は別として）家扶が家職の最高職の場合もあるというしくみであったから（表4-2の注1），後述のように家令職が空席の期間もあった[16]。伝役は，隠居や嗣子に陪従し，その保護養育の責任者である。したがって隠居のいない防府邸にはおらず，先代未亡人・先々代未亡人が居住する高輪邸に配置された。

その後，1916年1月に再度，用達所規則・会計規則などの改

表 4-2　家職職制（1911年5月20日改正）

種類・用達所・部	職　名	人　員
	財産主管者	
重役	理事	
	家令	
	家扶	
一等役	伝役	
	近侍長	
	一等家従	
二等役	二等家従	
	老女	
三等役	近侍	
	三等家従	
	侍女	
防府用達所		
家事部	家令または家扶	1
庶務科	家従	2
会計科	家従	2
本邸	近侍長	1
	老女	1
	近侍	2
	侍女	1
防府　計		10
東京用達所		
財務部	理事	1
経理科	家従	3
主計科	家従	3
家事部	家令または家扶	1
庶務科	家従	2
記録科	家従	3
梅邸	伝役	1
	近侍	1
	老女	1
	侍女	1
常磐邸	伝役	1
	近侍	2
	老女	1
	侍女	1
東京　計		22
総　計		32

出所：「用達所規則」（『改正規則大全』明治44年，毛利博物館蔵，所収）.

注：1）「人員」は最大数。防府・東京をあわせて，家令1人・家扶1人，または家扶2人（この場合，家令なし）.
　　2）家職はこの他に，門衛・家丁・次女中・庭師などがいたが，人数は不明.

264　第2部　大正・昭和戦前期における毛利家資産の性格変容

表 4-3　家職定員（1916 年 2 月施行）

用達所・部	職　名	人員		備　　考
防府用達所				
家事部	家令または家扶	1		家令は家事部長，家扶は次長
	家従	5		庶務科，会計科，および山口出張所詰
	近侍長	1		奥詰
	老女	1		奥詰
	近侍	2		奥詰
	侍女	1		奥詰
	雇員	男8		会計科1人，庶務科3人（玄関2人共），山口出張所1人，奥向1人，香山御廟番1人，萩事務取扱1人
		女5		奥向5人
防府　計		24		
東京用達所				
財務部	理事	1		財務部長
	家従	6		経理科および主計科詰
	雇員	男2		経理科1人，主計科1人
家事部	家令または家扶	1		家令は家事部長，家扶は次長
	家従	6		庶務科および記録科詰
	伝役	1		常磐邸詰
	老女	1		〃
	近侍	2		〃
	侍女	1		〃
	雇員	男13		庶務科3人（駅者および玄関番各1人共），記録科5人，常磐邸3人（御台所および玄関番共），鎌倉別邸番1人，京都部屋付1人
		女6		常磐邸6人（特ニ次女中ヲ加フ）
東京　計		40		
総　計		64		

出所：「用達所職員ノ定数表」「用達所雇員ノ定数表」（大正5年1月4日達，公爵毛利家『諸規則』所収）．
注：1)「人員」は最大数．防府・東京をあわせて，家令1人，家扶1人．
　　2)「京都部屋」（京都別邸）には敬親側室園子が居住していた．
　　3) 家職はこの他に，門衛・家丁・次女中などの「小者」がいたが，人数は不明．ただし常磐邸に限り次女中は「小者」ではなく「雇員」とした．これは安子の地位の高さを示している．「京都部屋」にも付女中がいたが，定員外としている．

正が行われたが[17]，大きな変化はない．改正は，妙好が 1913 年に没し，居住していた梅邸の家職がなくなったことなどである（表 4-3）．ただしこの時，「財産主管者心得」が新たに制定され，第 4 条には，次のようなとるべき資産

16)　明治前期でも，家令職が廃止されていた時期もあった（第1部第1章注19）．
17)　公爵毛利家『諸規則』．

運用姿勢を記している。「財産主管者ハ［中略］着実安固ヲ主トシ，徒ラニ利潤ノ多キ［ヲ］望ミ，或ハ情実ノ為メ不堅実ノ運用，若クハ貸出等ヲナスカ如キコトナキ様，厳ニ慎戒ヲ加ヘ［後略］」とある。やみくもな高利潤追求や，個人的な関係による感情・利害に基づいた不堅実な資産運用は厳に慎み，着実で安定的な資産運用をめざすべきとしている。これは，明治期の諸規程にはみられなかった文言であり，かつての「利倍増殖」なる掛け声のもとでのハイリスク・ハイリターン志向から，慎重なローリスク・ローリターン志向への転換を表明している。すでに第1部で述べたように，明治期に毛利家家政運営に大きな影響力をもった井上馨は，自分の見込みや人脈に基づく判断によって，毛利家に利益をもたらすとともに，多大な損失ももたらした。毛利家財産を直接預かる同家家職らは，こうした井上を苦々しく思っていたはずである。それが本書「おわりに」でも指摘する『世外井上公伝』にある，井上の毛利家への関与は「功過相半ばする」という記述にも反映されたであろう。もっとも，このように毛利家財政に直接に不利益をもたらしたのは，井上馨に限らない。山県有朋・伊藤博文・杉孫七郎・野村靖・山田顕義らもみな同様であった（しかも毛利家当主も彼らの進言を概ね喜んで受け入れた。かつ同家の立場からすればそれが必ずしも非合理といえないことも，すでに述べた）。しかし前記のように，これら明治期政界における長州閥の大物は明治後期から大正期にかけて没してゆき，とりわけ毛利家家政に最も影響力のあった井上馨が1915年9月に没した。翌16年初頭にあらたに制定された「財産主管者心得」の上記文言は，井上が没したことを契機に作成されたと思われる。これは1920年に改定された「財産主管者心得」（『例規』所収）にもほぼそのまま継承されている。そして後述のように，井上馨や山県有朋らの没後，代わって毛利家家政協議人となった後継者は，明治維新を経験しておらず，先代とは異なって，毛利家に自己犠牲的かつ慎重さを欠くような資産運用を助言することはなかったようである。

　またこの時期に毛利家の資産運用に関する興味深い決定として次のようなものがある。株式売却をいちいち家政協議人会の了承によって行っていたのでは時機を失うので，200株を限度とする売却は事後報告でよいとする案が，1918年1月の家政協議人会において提起され，承認・決議された[18]。前田家では

それに類似した案が，すでにその17年前の1901年に評議会で了承されていた。すなわち同年7月5日の「予備財産通貨ヲ以テ銀行会社株式購入ノ議」（評第26号）に，次のようにある[19]。

購入ノ議

株式購入代金　凡七万五千円

日本銀行，甲武鉄道，日本郵船，山陽鉄道

右，各株式ノ内，時機見計，本金額ニ対スル株式幾許ヲ購入セント欲ス

その説明として，

近来，経済界ノ不振ヨリシテ有価証券価格下落，就中会社株式類ハ一層低落ニ付，此際確実ノ株式ヲ購入可然，然ルニ其種類ハ予メ期シ難ク，且売物見当ルトキハ咄嗟ノ間ニ決行セズンハ或ハ機ヲ失シ，遺憾ナシトセス，依之前等金額ヲ標準トシ，各株式ノ内，臨機購入セント欲ス

売却か購入か，株数か金額か，銘柄を指定するか否かいう点で異なるが，いずれもいちいち家政協議人会・評議会の了承を待っていたのでは時機を失うため，価格変動が激しい株の売買を，条件付きで家職に一任するというものである。さらに興味深いのは，上記1918年の毛利の場合，「前項ハ御兄弟様方ノ内ニ於テ株式売却ノ御希望アル場合ニモ準用ヲ得セシメラレ候様，致度候」とあり，元昭の弟らは分家ないし養子入りによって一家を構えても，毛利家とかなり一体となった資産運用を行っている。毛利の団結力・共同体的性格は顕著である。いずれにせよ，毛利は果敢な資産運用を行うようでも，肝心なところで感度が鈍く，前田の方が市場に対してより機敏な対応をとった。しかし毛利も大正期になってようやく前田並みに近づいてきた。

とはいえ，一般に評議会（ないし家政協議人会等）の意思決定によって資産運用が行われた華族資産家の機動性は低い。宮内省官吏が管理した皇室財産は，もっと機動性がなかったはずである。加えて公的存在の最たるものである天皇家の，国家的な見地から設定された皇室財産においては，株式の抜け目ない高値での売り抜けや，安値での買い付けなどによる利益追求は，立場上もともとなしにくかったであろう（よく知られているように，キャピタルゲインは今日

18）「株式臨時売却之件」（大正7年1月22日），『例規』所収。

19）［前田家］『評議会留』（明治34年）所収。

流にいえば GDP に含まれない。つまり付加価値の分配ではない。あるいは生産活動の果実ではない。そのような他者の損失にもとづく利益を天皇家が追求にしくいのは当然であろう）。大名華族資産家の方が，皇室よりも利益追求の自由度は大きかった。したがって皇室財産の有価証券は必然的に長期保有が原則だったはずである。武家華族資産家を「華族資本」として分析するような研究を典型として，大名華族資産家や皇室財産を，利殖をめざすたんなる営利企業や資本家であるかのごとく扱う「経営史」的研究は，根本的な勘違いをしていると筆者は考える。そこで毛利家とは離れるが，以下，近年の皇室財産に関する研究に若干言及しておきたい。

　三浦壮「近代皇室財産の形成と有価証券投資」は[20]，皇室財産について「現時点では有価証券選択における政治と経済の『主従関係』についてはなお慎重な検討が必要と考える」（50 頁）としつつも，皇室財産を実質的にたんなる私的資本であるかのように扱っている点が，最大の欠陥であり，この呪縛から解き放されないために，見えるものも見えてこない結果になっている。同論文は，他にも，1920 年代以降株式取得額が伸びなかったのは，「新規購入を抑制したのではなく，株式構成比の大部分を占めた日銀，正金銀行，日本郵船で発行市場による投資機会が得られなかったことが主因である」（46 頁）という趣旨の主張を繰り返しており，日銀ほか 3 銘柄しか新規に取得してはならないというルールがあれば別であるが（むろんそのようなルールはない），筆者にはまったく理解不能である。三浦は，皇室財産では株式取得の基本的な方針は発行市場で行うものだったからといいたいようであるが，1920 年代〜30 年代にも，株式の新規発行は当然ながら山ほどあった。さらに「株式収益の内訳はインカムゲインが基本であり，キャピタルゲインはほぼ計上しなかった。そのため株式保有は，特殊な事情がない限り長期投資を原則とした。この点は皇室の投資行動をみるうえで重要なポイントである」（38 頁）とあるが，これも筆者にはまったく理解不能である。皇室財産において株式は長期保有が特徴だった理由は，明治期に国家的保護を受けた優良企業株だったうえに，上記のような事情が加わったためと考える（さらに日銀株や正金株は制度的に所有を継続

　20）『経営史学』57 巻 1 号，2022 年，所収。

268 第2部 大正・昭和戦前期における毛利家資産の性格変容

した）。「宮内省は発行市場を介した投資経路を皇室財産の基盤に据えることで低リスク，高リターンの金融資産・収益を確保した」ともある（49頁）。本来，低リスク・高リターンなどというものは公正な市場である限りない。これは「発行市場を介した投資経路を皇室財産の基盤に据え」たからではなく，上記のような皇室という特権的な立場だったから，国家的保護を受けたないし国家的使命を有した優良企業株を大量に保有できたのではないか。1890年代から1930年代まで一貫して皇室所有株式の過半を占めた日銀株と正金株については，1885年に政府所有の両株全部を皇室財産に移管し，87年には政府所有の郵船株全部を皇室財産に移管したことなどはよく知られている。筆者にはずいぶんと無意味な研究史の後退を感じさせる。

　上記三浦論文が言及した，皇室財産中株式取得額が1920年代以降伸びなかったことについては，近刊の加藤祐介『皇室財政の研究』（名古屋大学出版会，2023年）に議論がある。同書（123頁）によれば，1928年6月に宮内省の事務調査会総会で[21]，以下のような御資会計財本部の投資方針5点を可決し，宮内大臣を経て内蔵頭に通知されている。(1)株式は財本総額の5割強を占めているので，今後新規引受や購入は「差控ふる」こととする。(2)社債の割合は現状の1割〜1割5分程度とする。(3)今後の投資は，国債・地方債を中心とする。(4)社債・地方債は限度を定め，偏在を避ける。(5)「現在保有の財産中，例［へ］ば」日銀株・正金株・郵船株・勧業債券・北海道拓殖債など「多額に偏する嫌あるものに付ては，機会を見て相当処分を要すべし」。三浦論文の主張とは異なって，株式は資産中の比重が大きいため，新規引受や購入は抑制する方針だったのである。

　ところが加藤著では，この事務調査会による投資方針を紹介した後，妙な議論が展開されている。まずこの投資方針の，日銀株・正金株・郵船株を売却・減少させようとする意図について，第一次大戦後「君主制の世界史的危機や労働争議の急増を背景として，皇室が主要企業の株主であり続けることの危険性

---

21)　事務調査会（1927年6月〜29年5月）は，関屋貞三郎（宮内次官）委員長以下，委員9名，計10名から構成されたが，長州関係者として，入江貫一（帝室会計審査局長官，のち毛利家家政協議人），西園寺八郎（主馬頭），大谷正男（参事官，旧岩国藩士家出身），白根松介（大臣官房庶務課長，白根専一次男）がいた（加藤著，108頁）。長州閥はなお少なからず健在であった。

を説く議論が起こっていたこと」に対する宮内省の対応であり，「宮内省は，皇室＝資本家（の味方）というイメージを希釈することが政治的に重要であると考えた」と解釈している（125頁）。これは穿ちすぎたまったくの誤りであろう。事務調査会の投資方針は，これらの株式や債券はたんに多すぎるから減らせといっているだけである。加藤は，投資方針にある債券にはふれず，株式についてのみ説明を加えている。そもそも第一次大戦期頃からヨーロッパ君主制は大きく揺らいでいたが，日本では，君主制（天皇）を脅かすような動きは，1922年にほんの少数の活動家によって日本共産党が創立されたくらいで，ほとんど成長しなかった。加藤著は，序章の研究史整理において，1970年代に「講座派マルクス主義のパラダイムは退場し」と記しているが（5頁），加藤自身は依然として講座派マルクス主義のパラダイムを保持しているようである。

　また日銀は中央銀行として，その定款に発行株の半分までは政府が所有できると規定され，この規定に基づいて一貫して半分またはほぼ半分近くの発行株を政府または皇室の所有とした。横浜正金も国策に基づき貿易金融を行う銀行として，資本金の3分の1を政府が出資して設立され，1887年には特別法（横浜正金銀行条例）を公布して特殊銀行として発展させた。この両行は国家的ないし国策銀行だから，株式会社形態でも国家として株主総会で発言権を有しておく必要があった。前記のように85年に両行の政府所有株全部を皇室財産に移管させたとはいえ，皇室所有株の実質は政府所有株だったのである[22]。そして両行株の売却譲渡には大蔵大臣の許可が必要であり[23]，だからこそ，事務調査会の投資方針にあるような，宮内省独自の判断で「機会を見て相当処分」することなどはまったくできず，このような投資方針を決定しても，実際にはほとんど減らせなかったのである。

　ところが加藤著では，「この［「相当処分」するという事務調査会の投資］方

22）　政府所有の日銀株を1885年に皇室財産に移管させた際に，日銀からの問い合わせに対して大蔵卿は「総て政府所有中と同様に心得べき旨指令し」，株配当も一般株主とは異なって，政府所有株と同様に2分安とした（大蔵省編『明治大正財政史』第14巻，1937年，126頁）。

23）　日本銀行定款第15条には，同行株の売買・譲渡は大蔵卿の許可を必要とする規定がある。横浜正金銀行定款第103条には，帝室所有株は大蔵大臣の命令に従うものとすると規定されている。これらの規定は定款が制定されてから昭和戦前期までまったく変更されなかった。

270 第2部 大正・昭和戦前期における毛利家資産の性格変容

針は政治の論理が色濃く投影されたものであったが，結果的に宮内省は，政治の論理よりも［多額の配当が得られるという］経済の論理を優先したと評価できる」などと的外れの議論をしている（140頁）。実際は加藤説とはまったく逆に，リスク分散をめざすという宮内省による経済の論理より，国策に基づいた政府による政治の論理を優先させざるをえなかったのである[24]。日本郵船についても，同社は明治期から昭和戦前期まで一貫して命令航路を多く有する国策的海運会社であり，育成・発展させまた株主総会で発言権を有するためにも政府または皇室の所有株が必要だった。このため政府は，同社設立当初から資本金の半額近くを出資し，それを87年に皇室財産に移管した。近代日本の海運業は，日本郵船と大阪商船を中心に発展し，両社とも命令航路の定期船経営を主軸として発展した[25]。だからこそ皇室所有の海運株はほぼ郵船・大阪商船両株のみであった。

　次に加藤著は1920年代以降の株式投資額の停滞について，事務調査会の方針にはふれず，前掲三浦論文の趣旨を継承して，大戦間期には，皇室財産の主力銘柄では31年の日銀を除いて増資が行われておらず，かつ台湾銀行や十五銀行の減資が行われたため，「これらが株式取得額の伸び悩みに直結した」と記しつつ，「他方，日本銀行・十五銀行・北海道炭鉱汽船・東京瓦斯・満鉄・富士製紙・王子製紙の発行市場において投資機会があった際には，宮内省は交付権を満額消化しており，大戦間期の宮内省が株式の購入をあえて抑制したという形跡は見られない」などとある。要するに皇室財政において，株式投資を抑制したのではなく，発行市場での投資機会が多くなかったので，株式投資額が横ばいになったという三浦論文と同趣旨の主張である。これも，筆者にはまったく理解できない。

24）　加藤著が示している史料や記述から読み取れる興味深い点は，宮内省は色々理屈をつけるが，要は皇室財産を守ろうとする姿勢であり，かたや内閣や大蔵省の主張は（皇室財産から税金を取りたいということを含めて）国家的見地からのそれであったことである。これは，毛利家財政において，家職らは同家資産を守ろうとする姿勢が顕著であったのに対して，井上馨・山県有朋・伊藤博文ほかの明治期における長州系政府高官らは，国家的観点から毛利家にも応分の犠牲を求める姿勢が顕著だったこととパラレルである。

25）　以上，『日本郵船株式会社百年史』（同社，1988年）28頁，『日本郵船百年史資料』（同社，1988年）711-738頁，『創業百年史』（大阪商船三井船舶，1985年）14頁，『創業百年史資料』（大阪商船三井船舶，1985年）15-21頁などを参照。

第4章　明治末〜大正前期毛利家の状況と家政管理体制　271

　たとえば毛利家は，1930年代に住友系・三菱系・日産系などの大企業に比較的積極的に新規に投資している（後掲表5-10，表5-11）。皇室財産でも，1920年代末以降に，三菱銀行・安田銀行・三和銀行・三菱信託・東京海上火災保険・三菱重工など財閥系を中心とする大企業株が新規に現れる[26]。これらの中には，設立時の応募や増資新株発行の際の応募によって取得した，つまり発行市場で取得した銘柄も多かったと思われる。発行市場での投資機会は決して少なくなかった。また皇室財政には発行市場でしか株式投資をしないというルールももちろんない。そしてそもそも三浦・加藤の想定とは異なって，発行市場での株取得が有利とは限らない。増資新株発行の際に，株主割当の場合は払込額（およびわずかな諸雑費）だけを支出すればよかったが，とくに優良企業の会社設立時および増資新株発行の際において公募の場合は，投資家が多大なプレミアムも負担する必要があった。1920年以降の皇室財産において，上記のような新規に現れる有力大企業の場合，皇室財政としては当然株主割当を受けられず，公募に応じた可能性が高い。その場合，時価相当額を払い込まなければならなかったはずである。

　とはいえいずれにせよ，新規投資銘柄はあまり多くない。既所有株の銘柄に増資があった際には株主割当にすべて応じつつ，事務調査会の方針通り，国債・地方債には積極的に投資して増加させていき，株式投資は抑制したと理解すれば，データはきわめてよく説明できる[27]。事務調査会の投資方針決定を無視して，株式投資を抑制する姿勢は取らなかったとするならば，その理由が説明されなければならない。

　他方，加藤著では，株式投資の利回り低下のため株式取得を躊躇したことが，株式投資額が伸びなかった一因であるなどと記している（139頁）。しかし加藤著が提示しているデータをみると昭和恐慌期に利回りが低下しただけで，その後回復している。また昭和恐慌期も皇室財政において積極的に取得していっ

---

26)　加藤，前掲書，表2-27，表2-39。
27)　ちなみに十五銀行の払込額増加は，利益を求めて「発行市場において投資機会があった」のを逃さなかったからではなく，金融恐慌で同行が破綻したため，株主に未払込資本金を全額払込させたうえで減資したためである。そして日本最大の名望家たる天皇家が，所有していた十五銀行株をまったく売却しなかったのは，「その名誉にかけて」同行に「協力を惜しまなかった」毛利家や前田家と同じである（後述）。

た国債・地方債などどの債券よりも，株式の方が利回りは一貫して明白に高い。利回りが低下した株式よりもさらに利回りが低い国債・地方債を増加させ，株式投資をあまり増やしていないのは，事務調査会の投資方針に従ったからである。加藤著は，戦前の皇室財産・皇室財政は，国有財産・政府財政と並ぶ公的な財産・財政という解釈が正統性を獲得していったという経緯を明らかにしながら[28]，前掲三浦論文に引きずられて，しばしば国家的・公的視点が欠け，私的資本のごとくに扱っているところがある。安易な経営史研究スタイルが，公的な皇室財政にまで及んでいる点は，三浦論文と同様である。

　さて毛利家に戻って，同家の会計監査のあり方をみると，明治期以来，基本的に変化はない。1916年1月施行の「用達所事務監査規定」第2条（前掲『諸規則』所収）には，事務監査は家政協議人が行うこととしている。この規程は明治期には見当たらないが，もともと家政協議人が会計をチェックする体制だったであろう。この規程は，1920年の「毛利家事務所事務監査規定」（『例規』所収）でも，会計帳簿を含む監査は家政協議人が行うとして，踏襲されている。家政協議人の多くは旧支藩主家当主や分家当主など一族であり，前田家のように会計・経理の専門家である評議員を「会計検査員」として選任するという姿勢はない[29]。これは毛利家の明治期以来一貫した特徴である。

　1916年・20年の家職定員表は，表4-3，表4-4のようであり，いずれも下級の使用人（「小者」）は含まれておらず，使用人総数はもっと多い。1916〜20年頃，全体として80名くらいであろうか。前田家よりやや少ないかもしれないが，かなり匹敵する人数ではある。1920年の防府邸に雇員として「電灯技

---

28)　加藤著によると，1890〜1903年において，皇室財産のうち普通御料は私的財産とする伊藤博文ら内閣の見解と，皇室財産はすべて公的財産とする宮内省の見解の対立があり，結局後者の理解が受け入れられていった。しかしこれは皇室財産に税金をかけたい内閣と非課税にしたい宮内省の理屈のこね合いにすぎず，両者ともまともな主張とは思われない。そして第二次大戦後の天皇の活動や関係施設のように，多くは公的なものであり，同時に私的部分もあるというのが素直な理解と思われ，かつ戦後の宮内庁が苦労するように公私を峻別しがたいところもあるだろう。

29)　もっとも前田家も，1900年代以降は，評議員となった陸軍砲兵大佐の竹橋尚文・柴野義広らも会計検査員となっており，監査人は必ずしも会計の専門家に限られなくなった（明治後期の前田家における会計監査は，前掲拙稿「明治後期における前田侯爵家の資産と経済行動」26-27頁を参照）。

第4章　明治末〜大正前期毛利家の状況と家政管理体制　273

表 4-4　家職定員（1920 年 3 月改正）

事務所・所属課	職名	人員	備　　考
高輪邸事務所			
財務課	家従	5	
	雇員	1	
庶務課	家従	3	
	雇員	3	うち運転手 1 人，玄関番 1 人
記録課	家従	2	
	雇員	3	
内事課	家従	3	内事課は 1933 年 8 月に廃止
	老女	1	
	侍女	1	
	雇員	男 2	玄関番
		女 6	特ニ次女中ヲ雇員トス
高輪　計		30	家従 13 名，雇員男 9 人，雇員女 6 人
防府邸事務所			
庶務課	家従	2	
	雇員	5	うち電灯技師補 1 人，香山御墓所番 1 人，萩事務取扱 1 人，三田尻別邸番 1 人
内事課	家従	2	
	老女	1	
	侍女	1	
	雇員	男 3	玄関番 2 人
		女 4	
会計課	家従	2	
防府　計		20	家従 6 人，雇員男 8 人，雇員女 4 人，老女 1 人，侍女 1 人
高輪・防府　計		50	家従 19 人，雇員男 17 人，雇員女 10 人，老女 2 人，侍女 2 人
他に		3	家令，家扶，理事各 1 人
総　　計		53	

出所：「公爵毛利家事務所規則」（大正 9 年 3 月 5 日）付表，『例規』所収.

師補」がいるのは，後述のように 1916 年に邸内に発電所を設置したからである（前田家本郷邸ではすでに明治期に発電所を設置している）。

　次に，明治後期以降毛利家の家令や理事，財産主管者が誰であったかも，従来明確でなかったので，この点を判明する限り述べる。この時期の同家家令や本邸について，比較的立ち入って記しているのは，管見の限り，前掲『山口県の近代和風建築』のみであり，同書は，建築物の調査報告書にもかかわらず，

274　第2部　大正・昭和戦前期における毛利家資産の性格変容

山口県文書館所蔵毛利家文庫や毛利博物館所蔵資料も調査して書かれた稀有の労作である。ただし筆者の調査によれば，やや不正確な点もあり，以下説明する[30]。

　まず1890年12月に家憲が発布されると，明治前期に長らく家令を務めた柏村信が新設された財産主管者となったので，井関美清（白根専一の父白根多助の甥）が家令となった。その後の経過はやや不明瞭であるが，1895年12月に柏村が没する直前の同年11月15日には，井関美清が「家令専務」となっている。それまで井関は家令兼家扶だったらしい。また柏村没によって，毛利五郎が代わって96年9月に財産主管者となった。五郎は1925年に亡くなるまで，長く財産主管者を務めた。

　家令については，その後，1897年2月25日に井関が退き，田中一介（ハルビンにおける伊藤博文暗殺の現場に居合わせた満鉄理事田中清次郎の父）が家令に任ぜられている。98年に本邸が高輪から三田尻に移ると，家令も三田尻常駐となったから，家令田中や家扶神代貞介，他に家職4人・女中3人も東京から三田尻へ転勤となった。

　次に『山口県の近代和風建築』によれば，1908年に田中一介が没して以来，空席となっていた家令に，1911年11月に中村芳治が理事兼家令となることにより，家令職は三田尻から東京に移ったとある[31]。しかし『用達所日記』によると，1908年1月に田中が没すると，その月に田島信夫が家令に就任して[32]，この年から家令職は三田尻邸から高輪邸に移った。ただし1910年2月

---

30)　以下，『用達所日記』，用達所山口出張所『日記』，井関九郎『現代防長人物史』天・地・人，全3巻（発展社，1918年），「井上馨関係文書」国会図書館憲政資料室所蔵，所収の柏村信書簡などによる。

31)　同書，28頁。中村芳治は，1860（安政6）年生まれ，山口県会計課長・土木課長を経て，1901年北海道鉱山会社事務部長，1903年毛利家財産部員，1910年同家財産副主管となる（前掲，井関『現代防長人物史』地，な29-30頁，および『人事興信録』第4版，1915年）。もっとも北海道鉱山会社は1901年に毛利家の所有に帰したから（第1部第3章），中村は同年に同家家職となって，北海道鉱山会社に出向したはずである。

32)　田島信夫については，前掲，井関『現代防長人物史』地，た31-37頁が詳しい。1854（安政元）年生まれ，岩国藩士家出身，91年毛利家家職となる。同家所有株の会社重役を多数歴任し，家令就任時に同家財産副主管であり，家令兼任となった。気性の激しい人だったようで，日露戦後設立された日本醤油会社の経営を巡って，設立者と対立し，体調を崩して鎌倉にある自らの別荘などで静養生活に入ったとある。すぐ述べるように

第4章　明治末〜大正前期毛利家の状況と家政管理体制　275

12日に田島が家令職を解かれたあと，すぐ述べる1911年5月兼常定誠の家令就任まで，家令職が空席だったはずである。すなわち『用達所日記』明治43年2月16日条に，「本月十二日附ヲ以テ［中略］財産副主管兼家令　田島信夫，依願財産副主管兼家令ヲ免ス」「財産部第一課長　中村芳治，任財産副主管」とあり，財産副主管に中村芳治が任命されたものの，田島のあとの家令任命の記事はない。そして1911年5月に，高輪邸家扶だった兼常定誠が家令になった。用達所山口出張所『日記』明治44年5月8日条に，「東京用達所家扶兼常定誠，今回家令被仰付候趣，通達アリタリ」とある。しかし兼常は翌6月に家令を免じられた。『用達所日記』明治44年6月30日条に，「家令兼常定誠，依願免本職」とある。わずか1ヶ月余で家令を退くことになったが，退職に当たって多額の慰労金や終身恩給が与えられているから，これは不祥事によるものではなく，老齢に伴う病気によるものであろう。その後，前掲『現代防長人物史』によると，中村芳治が同年7月に財務部長・理事に就任しており，中村が初代理事のはずである。さらに，同年11月に中村理事が家令兼勤となったとある[33]。

　ところが，『現代防長人物史』には，その後，中村理事が1916年9月家令兼任を解かれたとあり，1911年11月から16年までずっと理事兼家令だったように記されているが，これも正確でない。すなわち，用達所山口出張所『日記』大正2年10月20日条には，「横山三郎家令ニ新任，中村理事ノ家令兼任ヲ免ゼラレ」とあり，ここで家令が中村から横山三郎に代わった。しかし横山は翌1914年4月に家令を免じられた[34]。そして山口出張所『日記』大正3年5月20日条に，「防府滞在中ノ中村家令」とあるから，再び中村理事が家令兼勤となったのであろう。

　　2年余で毛利家家令を退いたのも，健康を害したためであろう。『人事興信録』第4版（1915年）にも，毛利家財産副主管であり（ただし筆者未確認），かつ「著名の実業家」とある。『用達所日記』明治41年6月25日条には，妙好が田島の鎌倉別邸に旅行している記事がある。

33)　『山口県の近代和風建築』28頁に，同年11月7日に中村理事が家令兼勤となったとあるが，出所不明である。

34)　用達所山口出張所『日記』大正3年4月20日条に，「本月拾六日付，家令横山三郎依願本職ヲ免セラ［レ］タリト通達ニ接セリ」とある。横山の経歴については，今のところ情報がない。

さらに，用達所山口出張所『日記』大正4年3月24日条に，「理事中村芳治，本月廿三日付，家令兼任仰出サレ候趣，三田尻用達所ヨリ通達アリタリ」とあるから，この間にもう一度中村理事の家令兼任が解かれ，15年3月にまたまた家令兼任となったらしい。そして前記のように，中村は16年9月に家令兼任を解かれ，理事専任となった。用達所山口出張所『日記』には，16年8月まで「中村家令」が現れるが，10月には「中村理事」として登場する。代わって家事部長・家令に就任したのが，明治期に裁判所長など主に司法官を務め，1905年に退官していた進十六であった[35]。『予算決算一件』（大正6年度）には，進は16年11月に「東京用達所家事部長」として現れる。ただし18年頃には，進家令は防府用達所家事部長となっている[36]。本邸が防府なので，家令職はまた防府に勤務することになった。そして20年3月12日に進は高齢により家令を免じられ，またまた中村芳治が理事兼家令となり，高輪邸に勤務した[37]。

この後の経緯は次章で述べるとして，結局，1911年以降，財産主管者と理事は1920年代にいたるまで交替はなく，安定していたが，家令は，1908年以降，田中一介［三田尻］→田島信夫［高輪］→（空席）→兼常定誠［高輪］→中村芳治［高輪］→横山三郎［高輪］→中村芳治［高輪］→（空席か）→中村芳治［高輪］→進十六［高輪→防府］→中村芳治［高輪］と変遷した。財産副主管や家扶については略すが，明治後期から大正期において，とくに同家家令は，高齢および病気のために頻繁に交替した。明治・大正期に有能な旧長州藩士の多くは，政府その他の部署で活躍したから，人材が払底して，家令には官吏を退いた高齢者が多く就任したということであろうか（ただし官吏を退いた高齢者が家令に就任することは前田家などでも珍しくなく，概して大名華族は家令の選任に苦労したようである）。

家政協議人の変動は，必ずしも明確にならないが，前記のように1903〜10

---

35)　進十六は，1844（天保14）年生まれで，幕末期は藩主敬親の近侍。前掲，井関『現代防長人物史』人，し55-56頁による。ただし同書は，進の家令就任を1916年春としているが，若干不正確である。

36)　『例規』所収の，大正7年11月1日付け文書による。

37)　『予算決算ニ関スル件』（大正9年分）所収の高輪邸庶務課「大正九年度考課状」に「家令進十六，依願免本職，理事中村芳治，任家令兼理事」とある。

年の一族外メンバーであった大物政治家 7 人全員が 1922 年までに没した。同年には一族外の家政協議人として，山県有朋の養嗣子山県伊三郎（内務官僚，公爵），井上馨の養嗣子井上勝之助（外交官，侯爵）が就任している[38]。繰り返すが，この家政協議人の世代交代は，毛利家家政に大きな影響を与えた。

　なお大正期にも明治期と同様に，家政相談人が家政協議人とは別に存在した。1916 年の規程では，家政相談人会は家政協議人会が必要に応じて開催するように家令に命ずることになっているように（「家政協議人申合内規」第 7 条，前掲『諸規則』所収），家政相談人は顧問のような役割であった。家政協議人が定期的に会合をもって有価証券・不動産売買や寄付など，毛利家の資産運用に関していちいち審議し許可を出すという重要な役割を担っていたのに比して，家政相談人は不定期に相談を受けるやや軽めの役割であった。山県有朋は，明治後期に一時，家政協議人になっていたが，1880 年代から 1922 年に没するまでの大半の期間，同家家政顧問ないし家政相談人であった。

（3）資産の動向と家政費支出

　既述のようにこの時期における家全体の収益決算書・財産目録が欠けているため，資産・損益の正確な推移は明らかにならない。以下，断片的な史料からおよその動向を推測する。

　まず第 1 部で述べたように，1905 年の下関百十銀行への融資が焦げ付いて，まもなく 265 万円もの損失見込額となった。当時の同家純資産簿価は 470 万円程度だったから，大変な損失額である。もっとも同家は，明治末の幹線鉄道国有化に伴う鉄道株売却による含み益実現や金田炭坑の売却益などによって，この損失の大半の穴埋めをして，大資産家としての根幹は揺るがなかったと推定した。しかし 4 年後の，用達所山口出張所『日記』明治 42 年 12 月 31 日条には，「本日，三田尻御邸家扶ヨリ電話ヲ以テ［明治］四十三年度予算ハ総テ一

---

38)　1916 年の一族外家政協議人には，木戸孝允の甥，木戸孝正侯爵がいた（『予算竝決算書』大正 5 年度，毛利博物館蔵）。1890 年の家憲制定以来，井上馨とともに長く家政協議人を務めた杉孫七郎は，1920 年 5 月に没するまでその任にあった。同年の一族外家政協議人は，他に井上勝之助であった。『予算決算ニ関スル件』（大正 9 年分）および『予算及決算書』（大正 11 年度）所収の高輪邸庶務課「考課状」による。

割減ノ旨，通達アリタリ」とある。やはり同家にとって百十銀行救済は大打撃となって，緊縮財政を強いられたと思われる。

また用達所山口出張所『日記』明治43年6月2日条によると，国司直行男爵家から，「午後，国司男爵，小方登一，出頭，国司家住費不足金及臨時費借用願ノ件，曩キニ提出ノ分，返済方法ノ件，協議ノ上，又々副願書提出ス」と借金要請があった。しかし同月23日に「予算不足金及臨時費借用願書却下ニ相成候為メ」とあり，なんと毛利家はこれを断っている。家老など有力旧臣とりわけ長州藩のために犠牲になった者の継承者を大事に保護してきたそれまでの毛利家ではやや考え得られない対応である。この頃国司直行は野田神社社司にしてもらっているが，この借金謝絶は毛利家財政の逼迫が背景にあるとしか思えない。しかしそこは毛利家である。国司家はたびたびの交渉によっても受け入れられないと，同年8月13日に，野田・豊栄神社神職で国司家家職の小方登一が用達所山口出張所に来て，「国司チヨ子上京ノ件，談合ス」と，この頃東京に滞在していた当主毛利元昭に対して，国司家として窮状を直訴する構えをみせた。結局，同月17日に「国司直行，小方登一，出頭，予テ願出之借用金許可之件，通知ス」と貸金の許可を出した。むろん高輪邸の指示によるであろう。ただし翌1911年2月1日には国司家の前年度決算表を差し出させ，余計な貸金でないか確認してもいる。毛利家は，この頃従来に比してかなり慎重な姿勢になっている気配が感じられる。これも，1905年頃の百十銀行救済による損失の余波と思われ，毛利家の資産運用のあり方に変化がみられる。

次に明治末期から大正前期において（さらに後述のようにその後も），それまでと異なる資産運用の特徴として，土地所有を減少させていったことがある。

まず明治末に北海道留萌の宅地7万坪を取得したが，この土地を，1911年に留萌興業合資会社へ40万円で売却した[39]。同合資会社は，留萌築港完成後の企業誘致などを目的として，高橋是賢（是清の長男）らによって同年に設立された企業である。留萌は，後背に多くの炭鉱や林業地を有し，また北海道中部の中心都市旭川もあり，1910年に政府の肝いりで道中部の発展をめざして

---

39) 以下，留萌と毛利家との関係は，近藤清徹『郷土留萌建設の先覚者 五十嵐億太郎』（留萌日々新聞社，1982年）74頁。また留萌築港については，北海道開発局留萌開発建設部監修『留萌港史』（北海道開発協会，1976年）40，118-119頁も参照した。

開始された留萌港建設は，当初の工費 390 万円という大規模なものであった。毛利家が取得・売却した土地は，同じく 1910 年に留萌 – 深川間の鉄道が開通したばかりの，留萌停車場周辺の未開地であった（現留萌市開運町，留萌駅前の中心部）。留萌側による毛利家からの買い取りには，高橋是賢が働きかけたという。この地所の毛利家取得年は不明であるが，本書第 1 部で使用した 1905 年までの会計史料には現れないので，1906 年以降のはずである。取得後わずか数年で売却したことになる。毛利家がなぜ留萌の地所を所得したかも明確でない。とはいえ同地方は 1869 年に山口藩の支配下となり，もともと毛利家と縁はあり，1897 年前後に田中平八や井上馨が同地方を訪れている。この井上らの訪問そのものが毛利家によるこの地方の開発計画に直接繋がったわけではないらしいとはいえ，おそらくこの縁により，したがってこれも井上の助言によって毛利家が取得したのであろう。1911 年に 40 万円で売却して，その代金が順調に支払われたとすれば，わずか数年間の所有だったとしても，それなりの売却益を得たであろう。鉄道開通によって停車場付近の地価は値上がりしたはずだからである。ところが，この地所の売却代金は，後述のようにすぐに全額は支払われず，1938 年の元昭没時でもまだ留萌側の支払は完了していなかった[40]。留萌港建設工事が予定どおり進捗しなかったためである。

　1900 年頃以降実業家柳田藤吉から譲り受け，所有していた北海道函館港付近の弁天町地所は，1905・06 年頃簿価が 17 万円余だったから，かなり広大であった。毛利家はもっぱら貸付による地代を得ていたようであるが[41]，1922 年の財産目録にはこの地所は存在しない。したがってこれも，1906 年から 1922 年の間に売却したはずである。『例規』所収の，1915 年における地所管理人宛の文書に，留萌分とともに函館分もないので，15 年までに函館地所は売却したであろう。売却事情も不明であるが，それなりに値上がりしたためではなかろうか。

　1888 年以降宮城県の耕地を所有し，面積の最大期と思われる 1897 年頃には

40）　後掲表 5-1 の借方「地所売却代年賦未収金」19 万 8 千円余がそれである。このような留萌と毛利家の関係についての史料は，現留萌市側にもあるはずだが，『留萌市史』（1970 年）や『新留萌市史』（2003 年）には，それらには一切ふれられていない。

41）　『第壱基本財産出納簿』（明治 39 年）によると，1906 年にはそれまでの収益 5,750 円を第一基本財産の資本金に組み込んでいる。

280 第2部 大正・昭和戦前期における毛利家資産の性格変容

表 4-5 宮城県地所の収支（1912-17 年）

(円)

年　　度	収　　入			支　　出	
	小作料	預金利子	土地売却代	租税	管理人雇員給料手当
1912（明治45）年	28,585	195	3	6,137	2,772
13（大正2）年	37,589	231	272	6,432	…
15（〃4）年	20,953	108	—	6,867	地所費
16（〃5）年	23,150	90	1,030	6,665	(10,485)
17（〃6）年	30,108	57	340,431	5,900	(9,969)

出所：公爵毛利家地所管理所『収支総勘定帳』（明治45年分），同『収入支出総勘定帳』（大正2年，同4年），同『収入支出総勘定簿』（大正5年，同6年）．

注：「地所費」は，租税・管理人給料・雑費を含めたもの．

　それは180町あった。1917年にこの地所全部を34万円で売却した（表4-5）。『収入支出総勘定簿』（大正6年）の「地所売却代」の項に，12月24日「宮城県内御所有地及建物全部売却代」34万円余とある。小作料収入がかなり変動し，また経費が嵩んで，利回りがよいとはあまりいえないのに対して，地価は高騰したので，売却したらしい。1906年の簿価は15万円余なので，19万円ほどの売却益を得たはずである。

　東京砂村地所は，1879年の取得当初は鴨場として利用予定だったが，当主元徳が鴨猟を行わなくなったため，利殖目的に変更して，耕地・宅地開発を行い，造成地は貸し出して，小作料・家賃獲得をめざした。しかしこの地所は，低湿地であり，開発は容易でなかった。西側の隣接地には前田侯爵家の深川所有地があり，前田家も明治期に高波を防ぐ堤防を建設したり海面埋立工事に着手したりと出費がかさみ，開発に苦労していた。毛利家の砂村地所は，1911年に117町4反あった（表4-6）。これは1879年の買入時面積と同じであり，毛利家はそれ以来売却も追加買入もしていなかった。これは同地所のほとんどを世襲財産に設定していたことにもよる。しかし1911年以降，減少させていった。まず毛利家の所有地の一角が前田家の所有地内に張り出していたため，1913年にその東平井町地所1町7反を前田家に売却した[42]。また後述のよう

42）　前田家『評議案』（明治45年，大正元年）評財第16号「予備財産現金ヲ以テ土地購入ノ議」（6月13日）。前田家へ売却の結果，両家地所の境界は一直線になり，また毛

第4章 明治末～大正前期毛利家の状況と家政管理体制 281

表 4-6 東京砂村地所（南葛飾郡砂村および東京市深川区東平井町）

年　月	田	畑	宅地	山林	原野	池沼	合計反別	地価金
1911 年 6 月	34 町 3 反	5 町 1 反	11,479 坪	2 町 4 反	66 町 6 反	4 町 9 反	117 町 4 反	23,645 円
13 年 11 月	33 町 8 反	4 町 9 反	9,564 坪	2 町 1 反	〃	〃	115 町 7 反	21,003 円
14 年 6 月	〃	〃	〃	〃	〃	〃	〃	21,000 円

出所：公爵毛利家財産部『東京市深川区東平井町及ヒ東京府南葛飾郡砂村 土地台帳』（明治 39 年 4 月）.
注：1）砂村は 1921 年 7 月砂町に名称変更，南葛飾郡は 1932 年に東京市に編入，いずれも，現東京都江東区南砂
付近.
　　2）1911 年のほとんどは南葛飾郡砂村であり，13 年以降は全部南葛飾郡砂村（本文注 42 参照）.

に，1922 年に 19 町余を汽車製造会社に工場用地として売却したことがわかっている。史料によると，その結果，22 年末には毛利の所有面積は 31 町余になっているから，1914 年後半～22 年の間に，他に 65 町余を売却したはずである。売却を積極化したのは，明らかに第一次大戦期以降であった。『予算及決算書』（大正 11 年度）所収の「考課状」は，汽車製造への売却を説明して，

　　東京府南葛飾郡砂町御所有地ハ元来地盤低湿ナルヲ以テ，多額ノ資金ヲ投
　　シ，埋上ケ其他ノ工事ヲ施サヽレハ，恒久的利用及収益ノ見込覚束ナキニ
　　依リ，総テ売却処分ヲナスヘキ御予定ニ基キ，本年度ニ於テ売却ヲ了シタ
　　ル田地拾弐町［後略］

とある。1920 年代初頭頃には，全部を売却する予定にしたのである。その要因について，引用文にもある，低湿地で開発費がかさむこと自体は明治期も同じであり，第一次大戦期以降売却が積極化したのは，低収益性に加えて，同時期の急速な地価上昇があり，それが戦略変更につながったはずである。22 年に汽車製造に売却した地所の簿価（「元資金」）は 1 万 3 千円であったから，かつてその額で買い入れたのであろう。それがなんと 169 万円で売れた（後掲表 5-16-1）。1913 年の前田家への 1 町 7 反売却代金は，前田家側の史料によると，4 万 4 千円であった[43]。したがって，残り 65 町余の売却によっても巨額の含み益を実現させたはずである[44]。

　埼玉県川口地所も，1906 年の簿価 1 万 3 千円余から 1921 年の 4 千円余へと，

　利家地所のすべてが郡部になった。これに対して前田家深川地所はこの時点ですべて市
　部。
43）　前田家『財産台帳』（明治 42 年度～同 51 年度）「深川別邸地所」の項に，1913 年 9
　月 30 日深川区東平井町宅地田畑など「公爵毛利家ヨリ買収」5,208 坪とある。
44）　この 65 町余の売却先は前田家ではない（前田家『決算書』などによる）。

かなり減少している。売却したのであろう。

第一次大戦期の地価上昇は東京付近だけではない。程度は異なるが，宮城県耕地などのように，地方の地価も同様に上昇した。第1部で述べたように，同家は明治期に旧領山口県の佐波郡・吉敷郡・厚狭郡や福岡県行橋近辺の主に耕地を所有していた。これらも小作料滞納の増加や地価上昇によって収益性が低下し，売却対象地となっていったことは後述するが，この時期の例を，用達所山口出張所史料によってみると，同出張所管轄の所有地小作米は，明治後期以来，山口矢原に居住する豪農かつ政治家であり，同時に長州閥政治家を支えた吉富簡一の長男吉富寅太に管理・売却を依頼していた。小作米は直接吉富の倉庫に納入されている。しかし未納米の督促は，山口出張所の毛利家家職が行わざるをえなかった。史料によると，山口町付近の小作米未納関係の記事は少なくなく，耕地所有・小作料収取は取引コストが高くなっていた[45]。

東京高輪邸は，明治初期に1万8千坪であったが，その後買い増していったようであり，大正前期頃には山林原野や近隣の白金猿町地所を含めて3万坪を超える規模になっていた（表4-7）。1920年に高輪邸の一部を京浜電鉄に売却したが（後述），同年度『予算及決算書』所収の「考課状」には，「当邸地ハ原ト参万有余坪ノ広大ナル面積ニ渉リ」とあり，20年代初頭まで，ほぼこの規模を維持していたはずである。しかし前田家・鍋島家・山内家など有力大名華族の東京本邸の面積は，筆者のみる限り，1万数千坪の場合が多い[46]。3万坪とは通常の倍も広い。そして毛利家は，高輪以外には（砂村と，墓地にも利用した世田谷若林は別として）東京に広い地所を持たなかった。

これに対して前田家は，本邸たる本郷邸は1万4千坪だったが，他に東京に明治前期から四谷別邸（1900年代前半に大久保別邸と改称）・深川別邸，明治後期には渋谷別邸も所有した。大正初期頃に大久保別邸地は4万7千坪，深川

---

45) 用達所山口出張所『日記』大正4年1月12日，同1月16日，同1月17日条など。

46) 関東大震災までの鍋島侯爵家の永田町本邸は2万1千坪であったが，その後移転した昭和初期の松濤本邸は1万5千坪，昭和初期の山内侯爵家代々木山谷町邸は1万7千坪であった（地図資料編纂会編『地籍台帳・地籍地図［東京］』柏書房，1989年）。もっとも島津忠重公爵家は金融恐慌まで東京袖ヶ崎本邸が3万坪（2万8千坪とも）あったという（島津出版会編『しらゆき―島津忠重 伊楚子 追想録―』同出版会，1978年，345頁）。

表 4-7　高輪ほか東京付近の所有地（砂村・川口町・一部墓地を除く）

所在地	年　月	畑(反)	宅地(坪)	山林(反)	原野(反)	墓地	合計	地価金(円)
高輪南町	1874 年頃		18,426	5.4	4.0			4,698
高輪南町	1911 年 4 月		23,172	5.5	4.0			116,905
白金猿町	〃	0.3	1,561					5,549
上野桜木町	〃					165 坪		
計		0.3	24,733	5.5	4.0	165 坪	30,720 坪	122,453
高輪南町	1911 年 8 月		26,993	5.5	4.0			125,452
白金猿町	〃	0.3	1,561					5,549
上野桜木町	〃					165 坪		
計		0.3	28,554	5.5	4.0	165 坪	31,726 坪	131,001
高輪南町	1916 年 1 月		26,993	5.5	4.0			125,452
白金猿町	〃		1,665					5,910
上野桜木町	〃					165 坪		
計			28,658	5.5	4.0	165 坪	31,717 坪	131,362
世田ヶ谷村	1914 年 1 月			25.3		2 町 2 反	4 町 7 反	60
	1918 年 1 月	18.1		7.6		2 町 2 反	4 町 8 反	185
鎌倉町	1911 年 10 月	0.0	611	8.9		0 反	1 町 1 反	492
〃	1917 年 1 月	0.0	581	8.9		0 反	1 町 1 反	469
品川町	1917 年 1 月			0.6				2

出所：〔毛利家〕『東京市芝区高輪南町，全市下谷区上野桜木町，東京府荏原郡世田ヶ谷村，神奈川県鎌倉郡東鎌倉村，東京府荏原郡品川町　土地台帳』（明治 39 年 4 月）．1874 年頃の高輪南町は，表 1-2 による．
　注：上野桜木町には寛永寺宿坊の円珠院があり，これは毛利家が徳川将軍家法要参列用の装束着替所として建てた寺院である（天台宗東京教区公式サイトによる）．表の上野桜木町墓地は円珠院のそれと思われる．

別邸地は養魚場などを含めて 13 万 6 千坪余（45 町 5 反），渋谷別邸は明治末の売却前に 4 万 3 千坪あった（他に根岸別邸 5 千坪）．前田家にはさらに関東地方に鎌倉別邸・日光別邸（後者は大正末に廃止して軽井沢別邸を取得）もあったが，これは現代の避寒・避暑用の別荘と同じである．遠隔地の別荘とは別に，なぜ東京に本邸のほかに 4 万坪もの別邸を有したのか．これは一部を貸家・貸地として家賃・小作料等を取得していたが，基本的に自家用であった．本郷邸を江戸時代の上屋敷とすれば，他は中屋敷・下屋敷に相当する予備的な別邸であった．実際その機能はかつての中屋敷・下屋敷のそれとよく似ている．一般に江戸時代の中屋敷・下屋敷は，先代藩主やその未亡人らの隠居屋敷として，あるいは若い次代藩主予定者の居住する屋敷として使用されたり，上屋敷

が火事などで罹災した際に藩主らが仮居住したり，上屋敷で消費する野菜を下屋敷の畑で栽培したりした。本邸とは別にこのような機能をもつ屋敷を，前田家は近代になっても必要と感じた。このため，同家は旧中屋敷巣鴨邸6町6反を1873年に政府に願い出て払い下げを受けたし，旧下屋敷平尾邸も同じ年に払下願を出していた（この払下げは実現しなかった）[47]。巣鴨邸は85年に手離したが，明治前期には，深川別邸・四谷別邸・根岸別邸を入手し，これらはその後長く所有した。さらに1898年には渋谷別邸4万3千坪を尾張徳川家から入手した。渋谷別邸は自家用にも使用せず，ほとんど貸出もしないまま，大半を1908年に日本大博覧会事務局に売却した（ただし政府は日本大博覧会を青山練兵場［現神宮外苑］で開会する予定であり，青山練兵場の代替地として渋谷村・代々幡村の土地を求めていた。後の代々木練兵場の一部である）。しかし前田家は渋谷別邸もいずれ何らかの形で自用に使用することが考えられていたはずである。

　前田の大久保邸は，明治後期〜昭和戦前期に未成年当主利為や次代利建らの教育施設兼居住施設とし，また明治末期の本郷邸新築の際に家族の仮住居とした。昭和期には，明治前中期の当主利嗣の未亡人朗子が隠居所として同邸に居住した。さらに1906年の利為結婚に際して旧領（石川・富山両県）の各学校から，杉・松・檜等20種以上の成木・苗木約2千本が同家に贈呈され，これは大久保邸内に記念林を新設して育成された。本郷邸には記念林を新設する余裕はなかったであろう。記念林で育成された樹木は，1928年の駒場本邸完成とともに新邸庭園に移植された[48]。要するに，前田のような大藩大名華族は2千本もの成木・苗木を贈られて，それを育てる地所が必要だったのである。

　深川別邸地には明治前期から養鼈魚場を設置し，成育したスッポン・魚を売却して利益獲得をめざしたが，同時に贈答用・自家消費用の意味も少なくなかった。鴨猟は当主の娯楽用でもあったが，皇族・華族・その他有力実業家らを深川別邸に招いて鴨猟を楽しんだ。現代における宮内庁所管の御料牧場や鴨

47) 以下，前掲拙稿「明治前期における旧加賀藩主前田家の資産と投資意思決定過程」58，81-82頁，『御達并御届留』（明治4年5月〜同6年12月），前掲拙稿「明治後期における前田侯爵家の資産と経済行動」128-142頁など。
48) 以上，『前田利為』（前田利為侯伝記編纂委員会，1986年）74-75，95，329-330，519-542頁。

場と同じである。それでも江戸時代の加賀藩上屋敷10万坪や下屋敷21万坪などと比して，小さくなっている。

　毛利の場合は，先代当主の未亡人が居住する隠居所を高輪邸とは別に持っておらず，前記のように広大な高輪邸に，旧藩主敬親未亡人や元徳公爵未亡人のための独立した御殿があり，彼女らは大正期に没するまでそこに居住した。また同じく大正期に次代当主予定者元道をはじめとする元昭の子らはいずれも高輪邸に居住し，教育を受けた。要するに前田と異なって，毛利高輪邸はいわば中屋敷・下屋敷を兼ねていたのである。そして江戸時代に本郷に上屋敷をもつ前田家は，中屋敷・下屋敷をやや距離のある巣鴨・板橋に持っていたが，毛利は，江戸時代に上屋敷を桜田にもっていたものの，幕末の第1次長州征討によって江戸屋敷を全部没収される直前頃は，中屋敷・下屋敷はともに麻布にあり，地続きで隣接していた[49]。近世も近代も集約された江戸邸・東京邸をもつ毛利家のあり方は偶然ではないのではないかと思わせるものがある。

　ただし毛利家も，荏原郡世田ヶ谷村若林に1914年時点で墓地・山林等をあわせて1万4千坪を有していた（表4-7）。第1部冒頭で述べたように同所には，藩政期に長州藩が1万8千坪の抱地を持っていた。これも第1次長州征討の際に他の同藩江戸屋敷とともに没収されたが，1869年政府から同所を下付された。ここには1882年に吉田松陰を祀る松陰神社が建立されたが，1920年にその隣に毛利家墓所を新設して，東京市内各寺院の墳墓の多くを改葬した（現若林公園）。要するにこの地所も，ほぼ自家用地であった。なお，表4-7に神奈川県鎌倉町に土地があるように，明治期以来鎌倉別邸があった。しかし元昭が本邸を防府に移して使用しなくなったためであろう，1920年に解体して萩に移設し，敷地も売却した[50]。

　さて広大な高輪邸も，1920年代以降種々の要因によりやや縮小していったが，1920年には高輪邸の東側・北側を京浜電鉄（現京浜急行）の要請に応じて売却した。これについて，1922年度『決算書』の「考課状」は，

49）　前掲，時山『増補訂正もりのしげり』191，194頁。
50）　以上，若林墓所新設と鎌倉別邸については，『予算決算ニ関スル件』（大正9年分）所収の「考課状」による。後者には，「鎌倉別邸ハ現時ノ状況ニ於テ，存置ノ必要ナキニ至リタルニ依リ，相当ノ処分方法ヲ講究中，［中略］萩地ニ於テ別邸新設ノ必要ヲ生シ，其本館ヲ萩地ニ移築」とある。この鎌倉別邸表門は，萩市堀内に現存する。

286　第2部　大正・昭和戦前期における毛利家資産の性格変容

　　先年［1920年］東及北側ノ道路ニ沿ヒタル地域ハ賃貸地トシテ開墾ヲ行
　　ヒシカ，其内東側ノ全部及北側ノ一部ハ京浜電気鉄道株式会社ヨリ，軌道
　　敷設用地トシテ買収ノ交渉コレアリ，止ヲ得ス大正九年中，其所望ニ応セ
　　ラレタリ

とある。京浜急行の社史にも，新線として建設予定の青山線の要となる高輪停
留場の用地として省線品川駅前の毛利邸の一部を譲り受けたとある[51]。現京
浜急行の社史のうち，『京浜電気鉄道沿革史』（1949年）には，「青山延長線に
就き高輪南町の森村［開作］氏邸の一部譲受を受け，停留場を建設すべく設計
して同家と折衝を重ねたが，遂に纏らなかったので，省線品川駅近くの毛利公
邸の一部譲受を受くることとし」（69頁）とある。森村開作は実業家であるが，
彼や先代の市左衛門など森村家は，たんに自己の利殖のみではなく，公益を考
慮しつつ活動したことで知られる。そして毛利家も喜んで売却したのではなく，
「止ヲ得ス」譲渡に同意したのである。この一例のみで，一般に富裕な大藩大
名華族が，爵位の低い華族（森村開作も男爵）や平民の実業家・資産家に比し
て自己犠牲的な名望家だったといえるかは，やや留保する必要があろう。しか
し毛利家は，明治期ほどではないとしても，大正・昭和戦前期も，自己犠牲的
な行動を引き受ける名望家的有力大名華族の代表という面はそれなりに持続さ
せていたはずである。そして重要な点は，毛利家は高輪邸のわずかな面積の売
却によっても，巨額の含み益を実現させたことである（後述）。

　さて明治末から大正前期の同家家政費支出の予算ないし決算の数値だけは判
明するので，次にそれを検討する（表4-8）。ここでいう同家の家政費とは，
純然たる生計費や邸宅維持費，交際費，寄付金などであり，資産あるいは資産
運用に関わる支出ないし損失は除いた費用である。1920年までの家政費支出
を示した史料をみると，「諸税」には，資産から上がる利子配当等に課せられ
る所得税は含まれず，邸宅の地租・家屋税や戸数割，車税などのみである。ま
た同家は明治期から多額の預り金があったが，そうした外部負債への支払利子
も含まれない。したがって表4-8からは，資産の動向はわからないが，同家の
人々の生活の様子が窺われる[52]。

51）　『京浜急行八十年史』（1980年）103頁，『京浜急行百年史』（1999年）72頁など。
52）　なお同表の史料には，とくに予算は同じ年度でもいくつもの異なった数値があるが

明治期から家政費は，1つの「御常用金」会計として「東京常用金」と「三田尻」に分かれており，1909年のように合算した史料もある（ただし1912年には規則改正によって，「東京用達所費」「経費」などとなり，合算した史料はなくなる）。

　また家政費は表費と奥向費に分かれており，「奥」が家族らの私的な生活空間に対して，「表」とは対外的な対応などを行う事務室であったから，奥向費は本邸であった防府邸のみ存在し，高輪邸は表費のみであった。高輪邸に居住していた敬親未亡人妙好の梅御殿や，元徳未亡人安子の常磐邸の経費は，表費に含まれることもあったが，1910年以降は表費から独立している。それは，正室未亡人の家内における地位の高さを物語っている。他方，元徳側室だった山中花子のための「花子費」は表費に含まれたままである。側室は奉公人扱いであり，金額も常磐邸費は花子費の10倍以上あった[53]。もっとも側室も時代を遡ると，近代よりも家内での地位はやや高かったようであり，花子が1927年の没後，実子毛利四郎の養子先小早川家の墓所に葬られたのに対して，江戸時代の藩主側室は，藩主家族と同じ寺院の墓地に葬られている[54]。また幕末期の敬親側室で1917年に京都で没した園子は，子を生まなかったにもかかわらず，毛利家の籍に入り，家族の一員になっていたし[55]，園子は没すると，京都の墓所に仮埋葬された後，翌18年に敬親らの墓所である山口香山墓地に改葬された[56]。もっとも側室園子が厚遇されたのは，出自が権大納言飛鳥井雅久の娘だったためであろう。

　1916年に防府多々良邸が完成し，当主らは三田尻邸から移転した。表4-8

　　（家事部が「経費予定計算書」を提出した後に，財務部が修正することもあったし，行政と同様に，年度に入った後で財務部が補正することもあった），なるべく最終と思われる数値を示した。このような当初予算の修正のしかたも，前田家とは異なっていた。前記のように，毛利では家事部長・家令の上に，財務部長・理事が位置したのに対して，前田では，財務部理事（家扶上席）の上に家令があった。そのためか，予算補正の仕方も，当初予算額にどう追加するかを個別の項目について明示する前田の方がより厳格であり，毛利の方が，前田との比較では，やや「お役所」的・官僚的な印象を受ける。

53）　敬親未亡人妙好は1913年に没し，表4-8のように梅御殿費は翌14年に「元梅邸費」となって表費に吸収され，激減している。

54）　『増補訂正もりのしげり』132，146-151頁。

55）　『増補訂正もりのしげり』125頁，『用達所日記』明治22年7月8日条など。

56）　『予算竝決算書』（大正7年度，毛利博物館蔵）所収の「考課状」。

288 第2部 大正・昭和戦前期における毛利家資産の性格変容

表 4-8 家政費支出（1908-20 年）

項　　目	1908 年 （予算）	1909 年 （予算）	1910 年 （予算）	1911 年 （予算）	1912 年 （予算）	1913 年 （予算）
経常部						
［高輪邸所管］						
表費　計	57,769	60,699	24,729	26,031	38,869	42,572
交際費	(2,000)	(2,500)	(3,180)	(3,270)	(3,220)	(3,220)
諸税	(3,550)	(3,550)	(3,300)	(5,433)	(4,750)	(5,670)
高輪邸修繕・庭園費等	(3,700)	(4,500)	(1,800)	(1,500)	(5,567)	(6,302)
鎌倉別邸費	(700)	(1,000)	888	900	(1,273)	(1,136)
京都別邸費	(―)	1,980	1,812	1,812	(1,932)	(1,932)
元道教育費	(―)	(―)	(―)	(―)	(―)	(1,100)
御三方教育費（三姫教育費）	(―)	(―)	5,000	6,185	(7,836)	(7,920)
俸給・雇人給料など	(4,950)	(5,098)	(7,229)	(7,258)	(8,524)	(8,692)
閑厩費・自用馬車・自動車費	(1,100)	(1,350)	(1,500)	(1,200)	(1,629)	(1,628)
梅御殿費	(13,300)	(13,500)	12,530	11,510	14,616	14,610
常磐邸費	(16,400)	(16,850)	15,000	14,500	17,028	17,000
高輪邸経常部　計	57,769	62,679	59,959	60,938	75,139	74,182
［防府邸所管］						
表費　計	…	28,115	19,749	…	…	…
交際費	…	(885)	(1,600)			
諸税	…	(6,345)	(7,600)			
本邸修繕・庭園費等	…	(1,500)	―			
俸給・諸給・雇人給	…	(10,831)	(4,361)			
三田尻別邸費	(―)	(―)	(―)	(―)	(―)	(―)
山口別邸費・山口出張所費	…	(668)	(600)			
萩別邸費	…	(369)	300			
奥向費　計	…	16,509	19,767			
手元金	…	(5,400)	(6,600)			
賄費	…	(5,529)	(4,000)			
旅行費	…	(―)	(―)			
俸給	…	(―)	(3,913)			
防府邸経常部　計	…	44,624	39,816	…	…	…
高輪・防府経常部　合計	…	107,303	99,775	…	…	…
臨時部						
［高輪邸所管］						
御家族旅行費	4,500	4,000	1,000	3,800	―	…
編輯所費	3,800	4,000	5,700	5,700	(4,626)	(4,536)
年賦寄付金	―	―	―	―	―	…
寄付金	―	―	―	―	―	…
建築費	―	―	―	―	1,587	…
年賀費・御後室年賀費	―	―	―	―	8,500	…
高輪邸臨時部　計	11,810	13,015	12,500	16,423	10,087	…

(円)

1914年 (予算)	1915年 (予算)	1916年 (予算)	1916年 (決算)	1917年 (予算)	1917年 (決算)	1918年 (決算)	1919年 (決算)	1920年 (決算)
43,720	43,057	51,996	46,607	56,228	…	57,393	72,039	69,788
(3,200)	(3,462)	(4,586)	(3,528)	(3,906)	…	(4,994)	(7,389)	(17,385)
(5,088)	(4,966)	(4,966)	(4,855)	(5,016)	…	(4,964)	(6,684)	(7,891)
(6,395)	(6,123)	(5,466)	(3,335)	(7,176)	…	(3,749)	(4,771)	(11,098)
(1,106)	(1,036)	(1,149)	(1,137)	(1,299)	…	(1,559)	(1,438)	(1,001)
(1,932)	(2,252)	(2,252)	(2,252)	(—)	…	(—)	(—)	(—)
(1,300)	(1,480)	(1,480)	(1,533)	(3,661)	…	(3,102)	(5,047)	(5,372)
(7,920)	(7,920)	(7,934)	(9,969)	(8,566)	…	(10,928)	(15,590)	(12,172)
(8,689)	(8,959)	(17,677)	(13,983)	(11,503)	…	(19,111)	(20,455)	(8,766)
(1,696)	(1,720)	(1,723)	(1,619)	(1,751)	…	(2,178)	(2,615)	(2,746)
(1,410)	(974)	—	—	—	…	—	—	—
17,800	18,228	18,458	16,927	19,151	…	20,884	23,101	—
61,520	61,285	70,454	63,534	75,379	…	78,277	95,141	69,788
…	…	28,693	32,001	32,146	31,572	35,844	40,579	…
…	…	(2,103)	(1,471)	(2,187)	(2,096)	(2,439)	(2,555)	…
…	…	(11,670)	(10,123)	(10,456)	(10,456)	(11,715)	(13,523)	…
…	…	(2,443)	(2,780)	(3,690)	(3,397)	(3,522)	(3,835)	…
…	…	(8,003)	(8,729)	(7,140)	(7,041)	(8,117)	(9,644)	…
(—)	(—)	(—)	(167)	(250)	(250)	(778)	(949)	…
…	…	(1,699)	(1,697)	(1,573)	(1,571)	(1,328)	(1,564)	…
…	…	(—)	(—)	(—)	(—)	(—)	(—)	…
…	…	20,209	24,256	20,329	24,072	29,460	26,926	…
…	…	(7,300)	(7,313)	(7,400)	(7,453)	(8,300)	(8,263)	…
…	…	(3,791)	(3,607)	(3,590)	(3,588)	(4,678)	(4,558)	…
…	…	(1,853)	(6,157)	(5,506)	(5,502)	(7,596)	(4,895)	…
…	…	(2,772)	(2,306)	(2,534)	(2,388)	(2,717)	(2,843)	…
…	…	48,902	56,257	52,475	55,644	65,303	67,505	…
…	…	119,356	119,791	127,854	…	143,580	162,645	…
—	—	—	—	—	…	—	—	—
(5,144)	2,020	2,534	2,333	2,574	…	3,190	3,833	—
—	10,000	27,050	25,255	17,500	…	16,580	25,375	27,505
—	—	25,000	24,044	12,500	…	34,775	13,750	28,271
—	—	2,925	—	3,850	…	104	2,606	—
—	—	—	—	—	…	—	11,879	190
4,584	14,920	77,532	70,889	61,768	…	67,162	82,886	59,328

290 第2部 大正・昭和戦前期における毛利家資産の性格変容

表4-8 （続き）

項　　目	1908年 （予算）	1909年 （予算）	1910年 （予算）	1911年 （予算）	1912年 （予算）	1913年 （予算）
［防府邸所管］						
御移転費	—	—	—	—	…	…
寄付金	…	1,000	—	…	…	…
県内御旅行費	…	1,500	1,000	…	…	…
防府邸臨時部　　計		2,500	2,000	…	…	…
高輪・防府邸臨時部　合計	…	15,515	14,500	…	…	…
［高輪邸経常部臨時部　計］	69,579	75,694	72,459	77,361	85,226	…
［防府邸経常部臨時部　計］		47,124	41,816	…	…	…
歳出総計	…	122,818	114,275	…	…	…

出所：『予算竝決算書綴』『予算竝決算書』（以上，毛利博物館所蔵），『予算決算一件』『予算決算ニ関スル件』．

注：1）各年1～12月．表費は庶務科管轄のみ．表費には他に記録科がある．（　）は表費・奥向費の内数．（　）を1916年まで三田尻邸，17年から多々良邸．

　　2）「俸給」は，雇人給料・恩給費・花子費を含む．

　　3）「閑廐費・自用馬車・自動車費」は，1908～15年閑廐費，16～18年自用馬車費，19年自用自動車諸費．

　　4）「常磐邸費」「梅御殿費」は，表費とは独立している年も多いが，表費の一部としている年もある．

　　5）「編輯所費」は，1911年まで編輯所費，1912～15年記録課経常費，1916年以降三卿伝編纂費．三卿とは，毛利

の防府邸臨時費に移転費があるのはそれである。また防府邸の1916年予算までは電灯費は計上されていなかったが，同年決算から電灯費があらわれ（572円），三田尻邸では電気はなかったのに対して，多々良邸では無煙炭を燃料とする火力発電所を設置して電灯を利用するようになった。同年には「［電灯］技師補」1人，発電所の「火夫」1人を雇っている。もっともこの年に三田尻邸にも架線して電灯を設置した。そして同年11月16・17日には，大正天皇が九州への行幸の帰りに，新築なったばかりの多々良邸に宿泊した（同家の行幸諸費7,740円は表4-8に含まれない）。元昭は下関まで奉迎に行き，翌日広島まで奉送した（以上，同表の史料）。

　1909年の「御奥費」の中に「御子様方諸費」がある。当主元昭の子であり，正室を生母として三田尻で生まれた元道（1903年生）・顕子（1898年生）・茂登子（1900年生）・元治（1907年生）の諸費が計上されている。「御奥費」は三田尻邸にしかないから，この年まで4人は三田尻で養育されていた。ただし同じく元昭の子，浜子（1906年生）は，「東京常用金」の中に「浜子様御費用」があり，側室を生母として東京で生まれた浜子は高輪邸で養育されてい

1914年 （予算）	1915年 （予算）	1916年 （予算）	1916年 （決算）	1917年 （予算）	1917年 （決算）	1918年 （決算）	1919年 （決算）	1920年 （決算）
…	…	4,193	6,613	—	—	—	—	…
…	…	—	—	—	—	27,400	2,271	
…	…	—	2,794	—	—			
…	…	7,988	11,110		9,095	41,763	12,796	
…	…	85,520	81,999	61,768	…	108,925	95,682	
66,104	76,205	147,987	134,423	137,148	…	145,439	178,027	129,116
…		56,890	67,366	52,475	64,738	107,067	80,300	
…	…	204,877	201,790	189,623		252,506	258,327	

つけていない場合は外数．ただし臨時部・高輪邸の「編輯所費」の（　）は，臨時部でないことを示す．防府邸は，

元就・吉川元春・小早川隆景．のちに毛利隆元・同輝元・吉川元長（元春の嫡男）を加えた六卿の伝記編纂を行った．

た[57]．しかし翌1910年には東京用達所費の中に「御三方様教育費」が計上され始めるから，同年から顕子・茂登子が上京して，浜子とともに高輪邸に居住することになった．長男元道らはまだ幼く，1911年分まで存在する［三田尻用達所］『用達所日記』や用達所山口出張所『日記』などによると，元道は1911年も三田尻邸に居住し，たまに上京していたことがわかる．さらに1913年には，東京用達所費の中に，「元道教育費」と「三姫教育費」が現れ，この年から元道も上京して高輪で教育を受けることになった．末子の元治は1916年も防府邸の経常費に「元治費」があるが，翌17年には消えている．彼は16年4月に小早川家に養子に入ったから[58]，三田尻邸から東京小早川邸に移ったのであろう．

　1920年には，当時世界最大最速の戦艦長門が竣工すると，高輪邸臨時費に「軍艦長門へ寄贈費」1,501円を計上し，長門の模型寄贈費分担金としている

---

57)　浜子については，『増補訂正もりのしげり』133頁，および『人事興信録』第8版（1928年）「毛利元昭」の項による．
58)　『増補訂正もりのしげり』133頁．

292　第2部　大正・昭和戦前期における毛利家資産の性格変容

（前田家も1927〜29年にほぼ竣工した航空母艦加賀へ中沢弘光画伯作「加賀白山油絵」や『加賀藩史稿』などを献納・寄贈した[59]）。

　いずれにせよ，経常費・臨時費を合わせて，東京邸と防府邸の家政費支出額は1910年代初頭には10万円を超え，10年代末頃には20万円を超えるという巨額に上った。旧領に本邸をおいて当主夫妻が居住し，東京邸にも一部の家族が居住しており，ともに広大な邸宅だったため，必要経費は嵩んだ。このため同時期の前田侯爵家の家政費支出額より若干多くなった[60]。

　次に表4-9は，宗家・旧支藩主家および分家華族による「親属共救積立金」である。これは，本分家の共同出資によるものであり，同家の資産運用の領域とはいえない家政費領域との認識からであろう，表4-8の史料に収録されている。この積立金は1890年制定の家憲に規定され，設置された[61]。とはいえじつはその前身の「御宗族積立金」が1881年に始まっていた。これは大江氏を共通の祖とする毛利一族と桂家（木戸孝允家），北小路家によって構成された宗族の積立金であった。しかし1890年頃には宗族会は形骸化していたらしく，これを継承して，あらたに吉川重吉家・毛利五郎家を加えて一族のみで再編した[62]。そして各家の資産状況を相互に報告し，さほど多額ではないとはいえ積立金を蓄積していった。「親属厚誼金ニ関スル協約書」（大正7年4月11日，『例規』所収）には，

　　洞春公［毛利元就の法名，日頼洞春］以来ノ遺訓ヲ遵守シ，父祖ノ遺志
　　ヲ継承シ，山河ヲ隔テ居ヲ異ニスルモ，吉凶相応シ，祭祀之レ勤メ，相互
　　ニ誠意懇睦ヲ旨トシ，益交誼ヲ厚クシテ永ク不易ノ資ヲ全セサルヘカラス

とあり，16世紀元就の「三子教訓状」の精神を継承したものであった。俗に「三本の矢の教え」「三矢の訓」として知られる元就の遺訓に基づいて，依然毛利一族らによる交誼協力が実践され，共同体的結束の強さを持続させていた[63]。表4-10は，親属会の令扶会・懇親会のための積立金会計である。懇親

---

59)　前掲『前田利為』313-314頁。
60)　前田家『決算書』各年度。
61)　第1部第3章(1)を参照。
62)　以上，東京用達所『後年見渡綴込』（明治24年〜同25年）所収史料による。
63)　「三矢の訓」は「三子教訓状」に記されているわけではなく，江戸時代に創られた寓話であることはよく知られているが，協力の重要性を諭すこの寓話は，現在のとくに広

第4章　明治末～大正前期毛利家の状況と家政管理体制　293

表 4-9　親属共救積立金残高（1892-1917 年）

（円）

項　　目	1892 年	1915 年	1916 年	1917 年	1915～17 年の名義人，その他備考
前年度から越高	—	18,150	18,975	19,800	
当年度積立金高	5,611	825	825	1,000	
計	5,611	18,975	19,800	20,800	
うち　毛利宗家（公爵）	3,511	11,500	12,000	12,500	毛利元昭，1865-1938
長府毛利家（子爵）	690	1,840	1,920	2,020	毛利元雄，最後の長府藩主毛利元敏の子，1877-1945
徳山毛利家（子爵）	393	920	960	1,035	毛利元秀，先代毛利元功の子，1880-1942
岩国吉川家（子爵）	439	1,840	1,920	2,045	吉川元光，経健の婿養子，重吉の子，重国の実兄，1894-1953
清末毛利家（子爵）	164	805	840	890	毛利元恒，先代毛利元忠の子，1925 小野田セメント取締役，藤田合名顧問など，1890-1966
小早川家（男爵）	164	690	720	770	小早川四郎，毛利元昭の実弟
毛利男爵家	100	(690)	720	770	毛利五郎，毛利元昭の実弟
吉川男爵家	150	(690)	720	770	岩国吉川家の分家，吉川重国，重吉の子，昭和戦前期～戦後に宮内官僚，1903-1996
前年度から利益積立金越高	—	17,225	18,975	20,891	
当年度利子収入	—	1,750	1,916	2,013	
計	—	18,975	20,891	22,903	
合　　計	5,611	37,950	40,691	43,703	
うち					
六分利公債	370	—	—	—	額面 350 円
整理公債	1,508	—	—	—	額面 1,500 円
整理公債交換高	3,400	—	—	—	
特別公債	—	1,972			額面 15 年 2,250 円，16 年 1,750 円，17 年 1,750 円
甲号公債	—	18,482	39,676	42,633	額面 15 年 19,750 円，16 年 22,050 円，17 年 25,150 円
四分利公債	—	16,869			額面 15～17 年 1 万 8 千円
現金	83	34	1,014	1,070	

出所：1892 年は，「親属厚誼金ニ関スル協約書」（『例規』所収）および東京用達所『後年見渡綴込』（自明治 24 年
至同 25 年）．1915～17 年は，「親属共救積立金決算書」（『予算竝決算書綴』大正 5 年度，『予算竝決算書』同 7
年度，毛利博物館蔵）．
注：1）各年 12 月末．（　）は推定．
　　2）1892 年下段の内訳は，同年吉川重吉と毛利五郎が加わる前のもの．1915 年下段の 37,950 円の内訳の計が
　　　あわないがそのまま．

294　第2部　大正・昭和戦前期における毛利家資産の性格変容

表 4-10　親属厚誼会決算書（1915-17 年）

(円)

項　　目	1915 年	1916 年	1917 年	備　　考
前年度から越高	11,734	11,986	12,280	
当年度利子収入	537	552	569	
計	12,270	12,537	12,849	
令扶会費用	△ 25	△ 28	△ 30	旧本支藩主家その他の分家の各令扶による会合
懇親会費用	△ 259	△ 229	△ 300	旧本支藩主家その他の分家当主らによる懇親会，1890 年代から継続
差　　引	11,986	12,280	12,519	
うち				
特別公債	480	⎫		額面 15～17 年 500 円
甲号公債	5,696	⎬ 11,977	12,167	額面 15 年 5,800 円，16 年 6,300 円，17 年 6,500 円
四分利公債	5,320	⎭		額面 15～17 年 5,600 円
現金	490	304	352	

出所：『予算竝決算書綴』大正5年度，『予算竝決算書』同7年度．

会ぐらいは会費制にすれば済むところを，このような特別会計を作るところが
毛利家らしい。こうして豊栄神社・野田神社など山口町の神社の祭典にも，し
ばしば本分家当主一同が集まった。前田家の本分家も結束が弱いわけではない
が，毛利家の結束力は格別であった。ただし 1890 年家憲の規定とは異なって，
困難に立ち至った家を救助するなどの規定はなくなっている。これら本分家の
中に経済的な困難に直面したものがなかったからではないか。たんに「親属会
同」を開き，財政状況を含めた家政について意見の交換・忠告を行い，あとは
明治期と同様に懇親会を楽しむこととした[64]。

これに対して，1890 年家憲制定前後頃に作られ，大正期以降も存続した，

島県においてしばしば使われる。プロサッカーチーム・サンフレッチェ広島の名称由来
は「三本の矢」である（フレッチェはイタリア語の矢）。かつて元就が領した現中国5
県の防衛警備・災害派遣を担当する陸上自衛隊第13旅団（司令部広島県海田町）の部
隊章も「三本の矢」をモチーフにしており，広報誌タイトルは「みつや」である（第
13 旅団はまた，団結の重要性を意味しこれまた元就以来とされる毛利家の「百万一心」
の訓えを伝承しているという念の入れようである。同旅団ホームページ参照）。さらに
2021 年には，元就3子に縁のある広島県の3自治体（長男隆元の安芸高田市，次男吉
川元春の北広島町，3男小早川隆景の三原市）によって「三矢の訓協議会」が組織され，
広域の地域活性化をめざすことになった。

64)　「親属会同規約書」（大正7年4月11日）（『例規』1762 頁），また第1部第3章注9
などを参照。

第4章　明治末〜大正前期毛利家の状況と家政管理体制　295

家老ら旧重臣に資金を拠出して救助するための「旧重臣家計特別恩助基金」
は[65]，毛利宗家のみが拠出する特別会計であり，家政費の領域ではなく，資
産運用の領域だったから，表4-8の史料にはない。そして先の国司家のように
実際に生計困難となる旧重臣も少なくなかったためであろう，規模も大きかっ
た。しかも，なんと第二次大戦後の1946年に毛利家が財産税によって資産の
9割近い額の納税をよぎなくされる時に至っても，この基金だけは納税のため
には取り崩さないという家憲改正を行ったのである（後述）。同家の，かつて
の主だった家来らを守ろうとする姿勢の持続には，驚嘆するものがある。

---

65)　第1部第2章，161頁，第3章，233頁を参照。

第 5 章

大正後期の資産と損益
―1922〜26 年―

(1) 家政管理体制と資産

　長らく重要職の財産主管者だった毛利五郎が 1925 年に没し，五郎の実弟西園寺八郎が財産主管者を継承したようである。八郎は，39 年に職制改正によって財産主管が財務監督に名称変更した後も，46 年 7 月に没するまで引き続きこの職にあったと思われる（『例規』所収史料によれば，46 年 3 月も八郎が財務監督であった）。家令については，前記のように，進十六が 1920 年 3 月 12 日に家令を免じられ，中村芳治が理事兼家令となり，高輪邸に勤務した。彼は，高齢により退職する 1931 年 10 月まで勤続した。

　家政評議人は，1923 年 12 月には以下のようであった[1]。毛利元雄（長府毛利家当主，子爵），小早川四郎（男爵），西園寺八郎，そして前記のように井上勝之助，山県伊三郎であった。山県有朋は家政相談人のまま 1922 年 2 月に没し，毛利家は山県死去により「家政相談人薨去供進諸費」として高額の 6,447 円を支出している[2]。

　新任の家政協議人井上勝之助や山県伊三郎は，雷を落とすので有名であった井上馨や，しばしば老獪な政治的立ち回りを行った山県有朋という先代らに比して，温厚で純朴な性格だったようである。井上勝之助は「特に伝ふべき逸話といふものは少い」と評せられ，それは「偉大なる凡人としての君の真面目を

---

[1] 『予算及決算書』（大正 12 年度）所収の東京高輪邸事務所庶務課「大正十二年度所管経費決算書」に記された同年 12 月 22 日開催の家政協議人会の列席者。

[2] 『予算及決算書』（大正 11 年度）所収の「第弐基本財産総決算書」。ただし「前例ヲ参酌シテ」とあるから，井上馨（1915 年没）の例を踏襲したのであろう。

物語つて余りあるもの」とされている[3]。山県伊三郎は、「公の同僚及び部下に対する、公正無私にして、等級の高下を問はず、之を待つこと極めて厚く、殆んど一切を平等視せるの観あり。就中、逆境者の為に深厚なる同情を表したり」などとある[4]。すでに述べたように、こうした家政協議人によって、以前よりも慎重かつ堅実な毛利家家政運営が遂行された。井上馨・山県有朋・伊藤博文らは、幕末以来、天皇や藩主らを戴きつつ、かつ天皇らを利用しながら新国家建設を推進せんとする姿勢が顕著であった。それは明治期の毛利家家政運営にも大きく反映された。井上・山県らは、旧主家を戴きつつも都合よく利用する面も多かった。しかし彼らの没後、家政協議人となった継承者らは、幕末維新期を成人として経験せず、先代に比してそのような傾向が希薄な人々だったようであり、それは毛利家資産の安全かつ安定的な運用に寄与したと思われる。同家の家政運営のあり方、とくに資産運用姿勢は、これら元老を含む有力旧臣の相次ぐ死去によって、大正期に大きく変わっていった。

毛利家当主も、敬親以来、元徳、元昭（さらに続く元道）に至るまで、伊藤之雄が描くところの成熟した明治天皇に似ており[5]、若干不本意な点があっても、原則として取り巻きらの進言を容認する姿勢が一貫していた。さらにかつての長州藩主やその後の当主らも、幕末以来、有力家臣らの政治的志に共鳴するところもあったと思われる。だからこそ明治期にも、同家にとって自己犠牲的な経済行動を含む取り巻きらの進言に、しばしば喜んで賛同したのである。こうして大正期に家政協議人らが元老らの次世代の人々に代わっても、当主は彼らの助言を尊重した。

次に資産の概要を説明する。基本会計は、1890年家憲制定以来の第一基本財産と第二基本財産である。前者は、藩政期の撫育方を継承して、原則として支出しない会計であることも不変である。このような会計システムが、第二次大戦後の1946年でも存続しており、いつまで存続したかは不明だが、少なくとも翌47年の華族制度廃止までは続いたであろう。

それに加えて、これも明治期と同様に、第一基本財産付属財産、第二基本財

---

3) 井上馨侯伝記編纂会『侯爵井上勝之助君略伝』（内外書籍、1934年）283頁。

4) 徳富猪一郎編『素空山県公伝』（山県公爵伝記編纂会、1934年）668頁。

5) 伊藤之雄『明治天皇』（ミネルヴァ書房、2006年）。

図 5-1　毛利家会計のしくみ（1926 年まで）

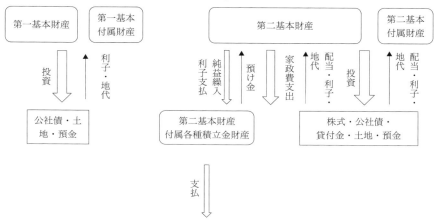

出所：筆者作成．

産付属財産があった。さらに各種経済積立金があり，すべてを第二基本財産に預けて運用することとしていた。この積立金は明治期に比して大幅に種類を増加させ，金額も増えている。しかしこれは 1927 年から第二基本財産付属財産とした。そして同年から第一基本付属財産は第一基本財産へ，第二基本付属財産は第二基本財産へ全額預け，第一基本，第二基本の両会計で運用することとした。結局，26 年までの会計のしくみは，図 5-1 のようである。

まず第一基本財産をみると（表 5-1），利益を貯め込むだけで基本的に支出はしないという会計であるから，資産＝負債合計額の増加は著しい。しかしどこまでも増加させる方針ではなく，後述の 1927 年制定「家範」では，同会計の「定額」を 1 千万円としている。それに達していないために，利益を貯め込み，資産額を増やしていた。資産で最も多いのは公社債であり，土地は多くなく，株式は皆無であった。株式は価格変動が大きく，また出資先企業が破綻するリスクもある。第一基本財産は，リスクをかけて積極的に利殖をはかる会計ではなく，万一のための予備的資産という位置づけなので，株式はなかった。明治期の同会計も 1897 年から株式はなくなっていた（前掲表 3-1）。預け金も，表 5-1 に注記したように，多くは同家内部に対するものであった。また土地の資産額は多くないが，これは簿価であり，時価評価すると大幅に増加すること

300 第2部 大正・昭和戦前期における毛利家資産の性格変容

表 5-1 第一基本財産の資産・負債 (1921-32年)

(円)

| 年次 | 借方（資産） | | | | | | | | |
	土地	公社債	地所売却代年賦未収金	銀行預金	信託預金	預ヶ金	仮払金	現金	計
1921（大正10）年	256,835	1,039,318	198,750	934,436	—	110,000	187	13,749	2,553,275
22（〃11）年	282,400	1,486,858	1,198,750	935,132	—	510,000	3,666	6,585	4,423,390
23（〃12）年	251,562	2,379,656	848,750	1,246,214	—	—	5,399	81,750	4,813,331
24（〃13）年	259,997	2,779,656	198,750	1,456,762	—	—	180,409	16,577	4,892,151
26（〃15）年	230,496	2,418,406	〃	1,149,367	291,785	602,657	332,092	5,848	5,229,401
27（昭和2）年	507,676	3,381,884	〃	966,029	310,389	372,719	2,642	7,692	5,747,781
28（〃3）年	468,826	3,284,179	〃	749,588	1,224,127	160,258	142,792	—	6,228,520
29（〃4）年	436,552	3,579,684	〃	601,516	1,285,286	〃	68,564	7,850	6,338,459
30（〃5）年	804,928	3,806,362	〃	542,501	1,190,749	—	—	3,875	6,547,165
31（〃6）年	795,812	4,013,899	〃	356,944	1,247,805	206,318	—	5,761	6,825,287
32（〃7）年	797,516	4,187,799	〃	759,020	1,120,781	—	1,250	10,579	7,075,696

| 年次 | 貸方（負債） | | | | | | | | |
	基本金（元資金）	保険金	南葛飾郡地所整理費積立金	仮受金	通常純益金	第一基本付属財産ヨリ預リ金	公債償還純益金	地所売却純益金	計
1921（大正10）年	1,700,000	350,000	154,067	4,136	143,350	2,900	—	198,822	2,553,275
22（〃11）年	1,949,770	442,171	109,752	8,420	190,276	〃	9,788	1,710,314	4,423,390
23（〃12）年	3,705,218	300,000	113,451	271,419	274,045	—	—	149,197	4,813,331
24（〃13）年	3,916,461	512,000	58,031	1,875	262,628	—	—	141,156	4,892,151
26（〃15）年	4,260,234	640,000	8,793	38,712	251,629	—	—	30,033	5,229,401
27（昭和2）年	4,481,435	—	—	2,341	336,755	535,439	—	391,810	5,747,781
28（〃3）年	4,860,000	—	—	127,390	190,521	829,088	12,602	208,920	6,228,520
29（〃4）年	5,100,000	—	—	27,445	82,258	1,047,114	1,250	80,392	6,338,459
30（〃5）年	5,190,000	—	—	37,452	101,051	1,172,027	—	46,635	6,547,165
31（〃6）年	5,280,000	—	—	51,764	193,425	1,285,672	—	14,426	6,825,287
32（〃7）年	5,390,000	—	—	105,601	164,851	1,414,769	—	475	7,075,696

出所：［毛利家］財務課『予算及決算書』（大正11年度〜同13年度，昭和2年度〜同3年度，昭和5年度〜同7年度）.
注：1）各年12月末，利益処分前.
　　2）「借方」の「預ヶ金」は，1921〜22年「第二基本財産へ預ヶ金」，26〜29年「貸付金」，31年「第二基本財産へ融通金額」.「貸方」の「預リ金」は1922年のみ「第一基本付属財産整理済繰入金」. なお「資産」「負債」は史料の記載ではなく，筆者によるもの.

は，その土地の一部を売却すると，巨額の売却益が出たことからも明らかである（同表負債の「地所売却純益金」）。なお「保険金」は，「基本金ノ保険ニ充ツル積立ト，家督相続税引当ノ積立トノ目的トスルモノ」とあり，一部は相続税引当積立金であったが，同じ時期の第二基本財産所属の各種積立金にも「相続税積立金」があったから，これは第一基本財産への課税に対する相続税積立金であろう。いずれにせよ「基本金」は企業会計における資本金，「保険金」

表 5-2　第一基本財産付属財産 （1921-37 年）

(円)

年　　　次	借方（資産）土地	貸方（負債）元資金	計
1921（大正 10）年	73,359	73,359	73,359
22（〃　11）年	70,689	70,689	70,689
23（〃　12）年	〃	〃	〃
24（〃　13）年	〃	〃	〃
26（〃　15）年	70,435	〃	70,435

年　　　次	第一基本財産へ預ヶ金	準備積立金 欠損補填準備積立金	第一基本財産相続税準備積立金	邸宅新築改築費積立金	計
27（昭和 2）年	789,138	589,138		200,000	789,138
28（〃　3）年	1,001,130	718,963		282,167	1,001,130
29（〃　4）年	1,121,014	791,987		329,027	1,121,014
30（〃　5）年	1,229,713	863,027		366,685	1,229,713
31（〃　6）年	1,383,523	985,151		398,372	1,383,523
32（〃　7）年	1,497,095	1,097,309		399,787	1,497,095
37（〃　12）年	…	1,790,169		…	…
1927 年予定高		250,000	1,500,000	800,000	2,550,000
38 年　〃			3,750,000	…	…

出所：　表 5-1 と同じ．1937 年および予定高は，『例記』所収史料による．

注：1）各年 12 月末．1922～26 年は「第一基本付属財産」，1927 年以降は「第一基本財産付属財産」．1927 年以降は純益処分後．

2）1921 年の資産には，「第一基本へ預ヶ金」2,900 円と「第一基本付属へ組替高」230 円があるが，ともに「土地」73,359 円に含まれる．

3）1927 年の「準備積立金」は，第一基本財産「保険金」から 70 万円を組み替え，そこから五分利公債額面20 万円（実額 17 万円余）を買い入れ，それを小早川家へ払出した残額に第一基本財産からの利子を加えたもの．

4）1927 年以降の「邸宅新築改築費積立金」は主として東京高輪邸に対する積立金（以上，『例規』所収の「家範ノ規定ニ拠ル各種積立金ニ関スル件，伺」昭和 2 年 6 月 7 日による）．

は準備金・引当金に相当するものであった。「保険金」は 1914 年と 18 年に設定されたようで，積立予定額も当初 55 万円であったが，その後増加させた[6]。27 年には「保険金」の全部を第一基本付属財産の「準備積立金」などに組み替えた（表 5-2）。資産の「地所売却代年賦未収金」19 万 8 千円余は，前記の1911 年に売却した留萌地所の未収金であり，留萌開発が順調に進展しなかっ

6）　以上，『予算及決算書』（大正 11 年度）所収の「考課状」。

たことによるものであった。

第一基本付属財産は1926年まで自家用地のみであり，明治期と同様に収益を生まない資産であった。簿価は7万円であったが，このうちには2万坪余の高輪邸も含まれており，時価は百倍近くあった（後述）。

次に第二基本財産は，積極的に利殖をめざすとともに，家政費支出を行う，中核的会計であった（表5-3）。したがって同家所有株のほとんど全部がこれに所属し（株式は，他に各種積立金にごくわずかある。後掲表5-10など），簿価では株式が過半を占める。貸付金は20年代前半に20万円程度あった以外にない。1900年代に貸付金が200万円もあったことと比して，大幅に減少している[7]。負債をみると同会計の純資産である自己資本だけでなく，同家の他会計からの預り金のほか，家の外部からの預り金なども少なくない。しかし第二基本財産の預り金が1900年代には200〜300万円もあったことと比較すると，30年代を含めてせいぜい100万円程度と大幅に減少している。1920年代以降の預り先の全容は不明であるが，家職員身元保証積立金や，防長教育会寄託金（無利子）のほか，やはり一族や縁故の寺社などから預かっていた[8]。

ところで，1910〜11年頃の用達所山口出張所『日記』によると，元就・敬親・元徳らを祀る豊栄・野田両神社の基本財産公債を山口出張所が預かって，利子だけを神社に渡している。その限り，明治期の前田家と藩祖利家を祀る尾山神社との関係とまったく同じであるが[9]，前田家が，神社に寄進した公債元本に神社側が手をつけて無駄遣いをすることを防ぐために，最初から公債を渡さないのに対して，毛利家は有価証券の管理上預かっているだけのように思われる。なぜなら，元就の菩提寺洞春寺や，井上馨・山県有朋・伊藤博文その他多くの縁故者からも同じように有価証券や資金を預かっており，利子配当を渡したり，あるいは利子配当もそのまま預かったりしているからである。現代の証券会社が顧客の投資家に対して有価証券や資金を預かり管理するという保護

---

7) 第1部第3章，表3-4。もはや明治期のような藤田や貝島への多額の貸金，さらに久原家・鮎川家などへの貸金もない。ただし後述のように今村銀行への貸金，久原鉱業への債券貸はある。

8) 『予算及決算書』（大正13年度）所収の「考課状」。

9) 前掲，拙稿「明治前期における旧加賀藩主前田家の資産と投資意思決定過程」122頁，注236。

第5章　大正後期の資産と損益　303

表 5-3　第二基本財産の資産・負債（1921-32 年）

(円)

年　　次	借方（資産）										
	土地	公債	社債	株式	出資金	銀行預金	信託預金	貸付金	仮払金	現金	計
1921（大正10）年	—	1,892,016	342,000	4,260,878	—	67,786	—	—	25,760	—	6,588,440
22（〃11）年	—	〃	341,000	4,505,303	—	110,765	—	270,000	23,584	—	7,142,668
23（〃12）年	—	1,610,616	—	4,763,863	—	235,040	—	238,050	26,110	6,490	6,880,168
24（〃13）年	—	〃	—	5,091,363	—	141,430	153,739	—	211,592	—	7,446,789
26（〃15）年	—	〃	—	5,203,963	—	292,566	175,392	—	318,894	4,805	7,606,266
27（昭和2）年	5,545	〃	42,838	5,485,213	1,000	431,615	186,575	—	344	6,259	7,770,004
28（〃3）年	〃	〃	〃	5,848,913	2,000	213,235	152,948	—	5,933	3,976	7,886,004
29（〃4）年	〃	〃	〃	5,898,047	2,500	329,698	160,361	—	17,068	9,982	8,076,655
30（〃5）年	165,863	1,469,160	〃	5,983,288	〃	279,840	162,792	—	14,542	7,386	8,128,208
31（〃6）年	〃	〃	67,800	5,965,288	〃	429,843	170,295	—	15,902	5,219	8,291,870
32（〃7）年	164,853	〃	—	5,724,138	〃	681,710	—	—	10,145	64,300	8,184,604

年　　次	貸方（負債）										
	本会計自己資本			毛利家他会計からの預り金			外部資金			(参考)益金	計
	基本金	保険金	予備金	第一基本ヨリ預リ金	諸積立預リ金	第二基本付属ヨリ預リ金	財産外預リ金	仮受金	一時借入金		
1921（大正10）年	4,300,000	—	61,908	110,000	1,198,883	200	592,870	2,554	—	322,025	6,588,440
22（〃11）年	4,600,000	100,000	—	510,000	1,307,288	〃	591,911	33,269	—	192,566	7,142,668
23（〃12）年	4,700,000	—	100,000	—	1,457,469	—	572,030	50,670	—	230,151	6,880,168
24（〃13）年	4,950,000	—	〃	—	1,533,322	—	800,933	62,534	—	338,518	7,446,789
26（〃15）年	5,205,545	—	〃	—	1,312,803	—	(987,918)		—	288,394	7,606,266
27（昭和2）年	5,510,000	—	—	—	—	1,134,239	952,043	163,722	—	723,700	7,770,004
28（〃3）年	5,620,000	—	—	—	—	1,179,778	897,078	189,147	—	214,903	7,886,004
29（〃4）年	5,750,000	—	—	—	—	1,292,842	(1,006,989)	(26,826)	—	184,610	8,076,655
30（〃5）年	5,870,000	—	—	—	—	1,206,349	1,013,054	38,805	—	226,134	8,128,208
31（〃6）年	5,885,000	—	—	206,318	—	1,274,287	732,543	33,723	160,000	55,372	8,291,870
32（〃7）年	5,900,000	—	—	—	—	1,452,334	821,454	10,816	—	145,900	8,184,604

出所：表 5-1 と同じ.

注：各年 12 月末. 1921 年は利益処分前, 22 年以降は利益処分後. 参考として各年の「益金」も示した. （　）は推定.

預りと同じである。毛利家が豊栄・野田両神社に対してだけ，保護預りではなく無駄遣いをさせないために公債を預かるのは，不自然である。前田家は，そのような保護預りを全然しなかった。こちらも，尾山神社に対してだけ保護預りの便宜を与えたという解釈も不自然である。

それはさておき，預り金が大きく減少した要因は，1 つには，一族を含めて幕末維新期に功績のあった人々やその遺族らが没していったことによるであろう。それだけでなく，有力旧臣の継承者から高利で余裕資金を預かることを，もはや廃止したのではないかと推測される。実際同家がその後も長く手厚く保護しようとした八家など旧重臣に対しても，1922 年に「独立ノ気象ヲ発奮セシムルヲ急務トシ」，預かっていた有価証券・現金を返還した[10]。この頃，よ

うやく近世的な家臣団保護体制から近代的な経済主体としての自立へとでもいうべき変化が見られた。ただしそうだとしても，そうした有力旧臣家との関係が疎遠になるわけではまったくなく，すでにふれたように，昭和期にかけて山県有朋家・井上馨家・野村靖家・木戸孝允家などの継承者ないし子弟が同家家政協議人になった。いずれにしても，多くの縁故者から，高利で多額の資金を預かり，低利で多額の資金を貸し出すという明治期における同家の縁故者優遇政策は，相当に変化していた。こうして毛利家なる存在は，次第に旧臣その他の公共的な存在という性格を希薄化させてゆき，近代法的な個人の家へと緩やかに変貌していったように思われる。

第二基本財産所属諸積立金は，前記のように1900年代半ば頃より大幅に種類も金額も増えた（表5-4）。したがってこれらは明治末から大正前期に新たに設定されたはずである。それは将来予想される種々の出費に備えたものであり，それぞれについて「積立予定額」を設定して，順次それに近づけていく方針であった。明治期に比較して，先を見通して用意周到かつ慎重な姿勢に変化していると感じられる。以下，1922年度『予算及決算書』に従って，順に説明する。

（1）まず「相続税積立金」は，いずれ代替わりの際は「相続税ハ巨額ヲ要スヘク」，「御財政上ノ基礎ニ動揺ヲ来スヘキ虞アルヲ以テ」，1918年に積立予定額を45万円と定め，以降毎年利子5分を加えて増やすこととした。しかし同家資産も漸次増加しているので，積立予定額も今後増加させる必要があるとしている。実際，表5-4をみると，前年より5％以上増加させている年が多い。後述のように，1927年に目的をやや拡張して「準備積立金」とし，積立額も30年前後には約100万円，37年には150万円にも達したが，戦時期の相続税率上昇もあって翌38年の元昭没による相続税額は500万円にも及んだのである。

（2）「男女子分与積立金」は，次三男や女子が成年になって分家ないし嫁入りの際に財産分与するための準備であり，すでに1890年家憲付録にも規定があった。これも毎年利子5分を加えて増やすこととし，積立予定額は15万円

10）　『予算及決算書』（大正11年度）所収の「考課状」。

第 5 章　大正後期の資産と損益　305

表 5-4　第二基本財産所属別途経済各種積立金（1921-26 年）

(円)

項　　目	1921 年	1922 年	1923 年	1924 年	1926 年
相続税積立金	323,909	370,307	414,003	434,920	500,070
男女子分与積立金	128,459	134,882	141,627	148,708	…
特別積立金	67,231	96,858	126,761	133,136	…
墓地整理費積立金	2,362	654	689	—	—
非常特別積立金	84,082	88,339	92,811	97,510	29,972
邸宅建築費積立金	413,768	439,944	489,960	535,253	584,386
家職員恩給基金	85,303	87,203	89,497	91,908	105,221
旧重臣ノ内，家計特別恩助基金	82,584	84,565	86,285	88,236	…
内，現金（第二基本へ預ヶ高）	(50,834)	(45,465)	(46,535)	(33,486)	(27,918)
株式元資金（下記の 3 銘柄）	(31,750)	(39,100)	(39,750)	(54,750)	…
第二基本財産欠損補塡準備金	37,047	36,472	47,747	50,142	55,347
御霊社別途金	3,622	4,096	4,700	4,971	6,921
鎮守三神社別途資金	2,266	2,399	2,537	2,687	2,969
多々良邸建築引除金	—	670	601	601	—
計	1,230,633	1,346,388	1,497,219	1,588,072	…
内，現金第二基本財産へ預ヶ高	(1,198,883)	(1,307,288)	(1,457,469)	(1,533,322)	(1,312,803)
東京電灯 1,200 株元資金	(24,000)	(33,000)	(33,000)	(48,000)	…
信越電力 120 株元資金	(1,500)	(3,000)	(6,000)	(6,000)	…
東亜電機元資金	(6,250)	(3,100)	(750)	(750)	…
株式計	(31,750)	(39,100)	(39,750)	(54,750)	…

出所：表 5-1 と同じ.

　注：各年 12 月末. 益金処理後の数値.（　）は内数.

であった。実際，年 5％ずつ増加している。積立額が 15 万円に達した場合は，
超えた分は第二基本財産に戻す方針であった。

　（3）関連して「特別積立金」は，女子が他家へ嫁す際に，この分与金のほか
に持参金が必要となる場合もありえるので，かねてからその準備に，1 人分 5
万円として，元昭の娘である顕子・茂登子・浜子の 3 人分，計 15 万円を積み
立てることにした。しかし「種々ノ事情」からもっと増額の必要を見込み，計
30 万円を積み立てることとした。そして 1922 年時点ですでに顕子と茂登子は
婚嫁しており，「分与積立金」からの贈与とは別に，「特別積立金」から公債を
額面 10 万円ずつ贈与した。これを差し引いた額が 1921 年の 6 万 7 千円であり，
これに 2 万 5 千円を積み増し，かつ 5％の利子を加えたのが，1922 年残高 9 万
6 千円であった。「分与積立金」に加えて，わざわざ「特別積立金」を設定し，
さらに金額の追加を要した「種々ノ事情」とは，顕子が嫁いだのは，家格は高

306 第2部　大正・昭和戦前期における毛利家資産の性格変容

いが没落した旧公家・清華家の醍醐家（後の海軍中将醍醐忠重），茂登子の婚
家はやはり資産家とはいえない旧公家・羽林家の愛宕家，浜子は曾我野藩とい
う旧小藩大名戸田家だったということであろう。表5-4の1926年は「男女子
分与積立金」「特別積立金」がともに不明になっているが，それは，浜子が戸
田忠粛に嫁し，子女で財産分与する対象者がいなくなったことから，この積立
金を廃止したためと思われる。

　(4)「墓地整理費積立金」は，表5-4をみると額は少ないが，それは1921年
に墓地整理を行って，多額を支出した結果である。歴史の古い有力大名華族は，
先祖の墳墓が「各地ニ散在」しているため，その整理に迫られた。このため
1916年にこの積立金を創設して，第一次大戦期に同家の剰余金が増加した際
に積み増して，1921年には6万5千円となった。そして同年ここから6万2
千円余を支出して墓地整理をした。前記の東京市内諸寺院の墳墓を，世田ヶ谷
村若林に移して毛利家墓所を設置したり，山口県萩の大照院などに移したのが，
それである。

　(5)「非常特別積立金」は，「御凶事等ノ非常事故」に備えてとあり，そのよ
うな場合には予備金10万円が準備されているものの，そこから毎年予算不足
金や予算外臨時費に流用しているので到底足りず，この積立金に10万円を準
備することにしたとある。「御凶事等」とあるから，やや病弱ですでに50歳代
後半になっていた当主元昭が没することを想定したものであろう。26年前の
1896年に先代元徳が没した時でさえ，葬式その他の費用に18万円もかかった
からである[11]。

　(6)「邸宅建築費積立金」は金額が大きい。すでに山口野田別邸や萩別邸な
どは，この積立金からの支出によって「改築的大修繕及移築等ヲ決行」したと
いう。高輪邸も邸地や家職舎宅の整備改築が計画されており，早晩，防府本邸
の改築も必要となるはずなので，75万円を積立予定額とした。

　(7)「家職員恩給基金」について。同家で終身恩給制度がいつ創設されたか
はっきりしないが，1911年制定の「用達所規則」には規定されている[12]。そ
れによれば，二等役（二等家従）以上の男子職員で，勤続15年以上の者へ支

11)　第1部第3章(7)，246頁。
12)　『改正規則大全』（明治44年，毛利博物館所蔵）所収，第75条以下。

給することとしている。明治期から創設されている官吏への恩給に倣ったものであろう。これに基づき，同家としては支払いの義務を負いかつ財政の都合で増減できないため，相当の基金が必要との認識から，10万円を積立予定額とした。

（8）「旧重臣ノ内，家計特別恩助基金」は，1890年末の家憲制定により八家（最上層家老）の財政を支援するために創設された。八家の大半が財政に困難を来たしていたからである[13]。しかしこの基金は，おそらく1890年代のうちに，八家とそれに次ぐ国司家・清水家を加えた10家に対する基金になった[14]。1927年の記録では，この基金は八家と国司家・清水家の10家に対する「特別ニ保護ヲ加ヘ」る目的で設定されたが，独力で生計を立てられる右田毛利家・吉敷毛利家を除く8家に対して，毛利家が各1万円，計8万円を元手として，1917年まで毎年1家につき600円ずつ，計4,800円を交付することとしてきた[15]。しかし年600円ずつの交付額では将来不十分となるので，1918年3月に基金増殖の計画を立て，家政協議人会の承認と当主の決裁を経て，基金の一部を株式投資にあてたという（表5-4のように，1920年代前半の株式投資額は3〜5万円余）。

（9）「第二基本財産欠損補塡準備金」は，次のような説明がなされている。

　　本積立金ハ，平素ニ於テ斯ル準備金ヲ要スルカ如キ事体ヲ生セシメサル様，周到ノ注意ヲ払フヘキハ勿論ナレトモ，将来ヲ虞ルトキハ，如何ナル変故ニ遭遇シ如何ナル欠損ヲ来スヘキ哉モ計リ難キニ依リ，予メ万一ノ為メ相当ノ補塡準備ヲ設ケ置クハ御財政上安全ノ策ニシテ，且ツ緊要ノ義ナルヲ以テ，基本金高ノ十分ノ一ヲ目途ニ，漸次積立ヲ行ハルヘキコトニ決定セラレタルモノナリ

要するに，積極的な利殖をめざす第二基本財産は，株式投資も多いので企業の

13）　第1部第2章，162頁，第3章，233頁。

14）　清水家は，1582（天正10）年，備中高松城の戦いにおいて，毛利家と家来らに殉じて切腹し，水攻めを行った羽柴秀吉が「武士の鑑」と賞賛した清水宗治の子孫である。同家は幕末維新期にも毛利家重臣として活躍し，のち男爵を授けられた。また1890年代後半〜1900年代前半の同基金の額を示した，第1部第3章，234頁の表3-16では，「八家」ではなく，すでに「旧家老保護積立預リ金」となっている。

15）　「家範ノ規定ニ拠ル各種積立金ニ関スル件，伺」（昭和2年6月7日，『例規』所収）。

308 第2部 大正・昭和戦前期における毛利家資産の性格変容

経営破綻による損失もありうるし，その他将来何が起きるか予想できないために設定された。しかしそれは明治期も同様であったが，このような準備金を作ることはなかった。明らかに明治期とは異なるスタンスである。そしてこの基金は第二基本財産基本金の10分の1をめざすとあり，この頃の第二基本の基本金は400万円台であったから（表5-3），40万円余が積立予定額であった。

そして実際に1922年に，株の減資などによる損失補塡に，この基金が活用された。すなわち1つは，東亜電機株式会社（電話機メーカー）株を第二基本財産と旧重臣家計恩助基金のうちに少しずつ有していたが，同社が減資したため，家政協議人会や当主の決裁を経て，6千円余を支出した。もう1つは，株取引の保証金の代用として，東京株式取引所仲買人吉川正夫へ五分利公債額面6万円を提供していたが，1920年恐慌によって吉川が打撃を受けて，公債返済が不能となった。このため公債買入代5万2千円余を支出したという。

1920年恐慌では毛利家所有株も一時的には暴落したであろうが，この恐慌の回復は早く，減資や回収不能になった損失は，この程度だったようである。20年恐慌による毛利家への影響は限定的であったといえる。

（10）「御霊社別途金」について。明治初年に大名華族とりわけ大藩大名華族の多くが，家の祭祀を仏式から神式に転換した[16]。そして有力大名華族は本邸内に神式の「御霊社」「祖霊舎」を設置した。この基金の趣旨は，玉串料などを積み立て，祭具・祭服の費用とするというものであった。決算書に，

　　　従来玉串料其他ノ献供料金ヲ別途ニ積立，御祭具，御祭服等ノ費用ニ充テ
　　　シメラルヘキ慣例ヲ踏襲シ来リタルモノナリ

とある。積立予定額は設定していない。

（11）同家関係の神社は多いが，この頃，防府本邸内に，宮崎八幡宮，秋葉社があり，これらの祭典資金のための基金が「鎮守三神社別途資金」であった。宮崎八幡宮は，鎌倉時代の毛利家祖である大江広元が鶴岡八幡宮を甲州宮崎庄に勧請したとされ，次いで毛利師親（元春）が安芸吉田に勧請，さらに毛利輝元が萩城に遷座し，1876年高輪邸に遷した[17]。そして1916年防府本邸が竣工

---

16)　第1部第1章(1)，23-24頁。

17)　以下『増補訂正もりのしげり』166頁。ただし宮崎八幡宮は，甲州宮崎から安芸吉田へ勧請されたのではなく，相模国宮崎からともある（安芸吉田市ホームページなど）。

表 5-5　第二基本付属財産（1921-26 年）

（円）

年　　次	借方（資産）				貸方（負債）
	土地	債券	第二基本へ預ヶ金	計	元資金
1921（大正 10）年	26,211	8,600	200	35,011	35,011
22（〃　11）年	〃	8,400	〃	34,811	34,811
23（〃　12）年	〃	〃	—	34,611	34,611
24（〃　13）年	25,701	〃	—	34,101	34,101
26（〃　15）年	（〃）	（〃）	—	〃	〃

出所：表 5-1 と同じ.
注：各年 12 月末.（　）は推定.

すると，そこに鎮座した。秋葉社は，7 代藩主重就の時代に三田尻御茶屋に建立し，のち萩城内に遷座し，1873 年東京に遷して，福寿稲荷社と合併した。これも 1916 年に防府本邸に遷されたようである。資金を積み立て，その利子を祭典費に当てることとし，それらは家事部の家令・家扶の管理下にあった。しかし彼らが取り扱った貸付金がしばしば焦げ付いて，1912 年に財務部管理に移したという。

　　御鎮守社タル宮崎八幡宮，秋葉神社，稲荷神社ノ御祭典資金トシテ，昔年若干ノ金額ヲ引除ケ，積立テ，之ヨリ生スル利子金ヲ以テ御祭典費ニ充テシメラルヘキコトニ相成居リ，其資金ノ利殖運転ハ専ラ令扶ノ取扱ニ属シ居リシモ，原来御財産ノ一部ニ属スヘキ性質ノモノニ付，去ル明治四十五年一月八日付ヲ以テ，伺定ノ上，当時ノ財務部管理ニ移スコトヽハナレリ，然ルニ従来利殖ノ為メ，貸付金ノ内，回収不可能ニシテ，欠損ニ帰セシモノ多ク，財務部へ引継当時ノ現在高ハ僅カニ千参百弐円九銭壱厘ニ過キス，此資金ノ利子ニ頼リ三神社ノ御祭典費支弁ハ不可能ニ付，其利子ヲ以テ之ヲ支弁シ得ヘキ金額ニ達スル迄ノ間ハ，専ラ蓄積ヲ計ルヘキコトニ御決定ヲ仰キ［後略］

とある。積立予定額は設定していない。

　全体として，明治末頃から大正前期にかけて，将来起こりうる事態に備えて，

　甲州には大江広元の所領は確認されていない（上杉和彦『大江広元』吉川弘文館，2005年，173-176 頁）。

310 第2部　大正・昭和戦前期における毛利家資産の性格変容

表 5-6　諸会計の純資産（1921-32 年）

項　　目	1921 年	1922 年	1923 年	1924 年	1926 年
第一基本財産					
基本金	1,949,770	3,705,218	3,916,461	4,132,000	4,411,000
保険金	442,171	600,000	512,000	600,000	700,000
南葛飾郡地所整理費積立金	154,067	109,752	113,451	158,276	79,689
付属財産	73,359	70,689	70,689	70,689	70,435
計	2,619,367	4,485,659	4,612,600	4,960,965	5,261,124
第二基本財産					
基本金	4,300,000	4,600,000	4,700,000	4,950,000	5,205,545
予備金・保険金	61,908	100,000	100,000	100,000	100,000
益金	322,025	—	—	—	—
付属財産	35,011	34,811	34,611	34,101	34,101
計	4,718,944	4,734,811	4,834,611	5,084,101	5,339,647
別途経済各種積立金	1,230,633	1,346,388	1,497,219	1,588,072	(1,312,803)
総計（正味資産）	8,568,944	10,566,858	10,944,430	11,633,138	(11,913,573)

出所：表 5-1 と同じ.
注：1）各年 12 月末.「総計」が同家純資産.（　）は筆者推計.
　　2）1922 年の増加は地所売却益が大きい（含み益の実現）.

諸積立金が整備されていった。明治期の家政運営とは一変した感がある。

　次に，第二基本付属財産は，主要資産がほぼ自家用の土地であり（表 5-5），三田尻別邸・野田別邸・萩別邸・岸津別邸（防府）などであった（後掲表 5-14）。簿価 2 万円程度であるが，これも含み益がかなりあるはずである。これも 1927 年に第一基本財産に編入した。

　さて以上のような第一基本・第二基本財産など諸会計を一括して表示したものが表 5-6 であり，諸会計を統合して資産の種類別に表示したのが表 5-7 の総括表である。1905 年以来，最初に判明する毛利家純資産の簿価は，1921 年 12 月の 856 万円であった。その後，純資産簿価は，1930 年代初頭にかけて 1 千万円台の前半に増加していった。

　これに対して前田侯爵家の純資産簿価は，明治期から順調に増加して，1922 年 3 月簿価は 1,052 万円であった（表 5-8）。やはり，第 1 部で述べたように，毛利家は 1900 年代まで前田と資産額でほぼ肩を並べていたが，1905 年頃の百十銀行への支援によって 265 万円もの巨額の損失を被り，前田に追い抜かれたことを裏付けている。しかし前田との差は，百十銀行救済による損失を考える

(円)

1927 年	1928 年	1929 年	1930 年	1931 年	1932 年
4,860,000	5,100,000	5,190,000	5,280,000	5,390,000	5,473,000
—	—	—	—	—	—
—	—	—	—	—	—
789,138	1,001,130	1,121,014	1,229,713	1,383,523	1,497,095
5,649,138	6,101,130	6,311,014	6,509,713	6,773,523	6,970,095
5,510,000	5,620,000	5,750,000	5,870,000	5,885,000	5,900,000
—	—	—	—	—	—
1,200,989	1,246,616	1,359,678	1,273,186	1,338,125	1,516,171
6,710,989	6,866,616	7,109,678	7,143,186	7,223,125	7,416,171
—	—	—	—	—	—
12,360,127	12,967,746	13,420,692	13,652,899	13,996,648	14,386,267

と，それほど大きく拡げられておらず，むしろ毛利は挽回したかのようにみえる。毛利の挽回の一因は，すでに指摘したように明治末期における筑豊金田炭坑やその他各地地所の売却益，鉄道株などの含み益実現によるものであろう。後述のように，22 年末に毛利の純資産が前年末より一挙に 200 万円増加したのも，主に土地売却益の獲得によるものであった。前田も明治末〜大正前期に地所売却によって含み益を実現させた場合もあるが，それほど大規模な売却益獲得はなく，1908 年に渋谷地所 4 万坪余を日本大博覧会事務局経理部に売却して，16 万円余の売却益を得た件が最大と思われる[18]。石川県耕地は大正初期に元の地主に売り戻したが，地主から買い取り始めたのは 1904 年であり，最大の所有面積 162 町になったのは 1909 年であったから，ほんの数年間所有しただけであり，買い取りはもともと地主への救済的な性格があったから，買取価格に近い額で売り戻しており，売却益はほとんど出ていない。毛利は明治末から大正中期にかけて土地を積極的に売却し，所有を縮小して，含み益を実

18) 以下，前掲拙稿「明治後期における前田侯爵家の資産と経済行動」138 頁，同家『決算書』各年度など。

312　第2部　大正・昭和戦前期における毛利家資産の性格変容

表 5-7　総資産と総負債の内訳（1921-32 年）

項　　目	1921 年	1922 年	1923 年	1924 年	1926 年
借方（資産）					
株式	4,292,628	4,544,403	4,803,613	5,146,113	…
出資金	—	—	—	—	—
公社債	3,281,934	3,728,274	3,998,672	4,398,672	(4,037,422)
土地	353,276	379,300	348,462	356,387	(326,632)
地所売却代年賦未収金	198,750	1,198,750	848,750	198,750	198,750
銀行預金	1,002,222	1,045,897	1,481,253	1,598,191	1,441,963
信託預金	—	—	—	153,739	175,392
貸付金	—	270,000	238,050	238,050	—
仮払金	25,947	27,250	31,508	392,002	650,986
現金	13,749	6,585	88,240	16,577	10,653
計	9,168,505	11,200,458	11,838,549	12,498,480	…
貸方（負債）					
内部資金					
第一基本財産（附属を含む）	2,619,367	4,485,659	4,612,600	4,960,965	5,261,124
第二基本財産（26 まで含附属）	4,718,944	4,734,811	4,834,611	5,084,101	5,339,647
各種積立金（27 年以降第二附属）	1,230,633	1,346,388	1,497,219	1,588,072	(1,312,803)
小計（正味資産）	8,568,944	10,566,858	10,944,430	11,633,138	(11,913,573)
外部負債					
財産外預リ金	592,870	591,911	572,030	800,933	…
仮受金	6,690	41,689	322,089	64,409	…
一時借入金	—	—	—	—	…
小　　計	599,561	633,600	894,119	865,342	…
総　　　計	9,168,505	11,200,458	11,838,549	12,498,480	…

出所：表 5-1〜表 5-3，後掲表 6-8 から作成.
　注：各年 12 月末.　（　）は筆者推計. 1927 年貸方・外部負債の内訳は，いずれかの項目が 1 万円少ないはずだが史

　現させたのに対して，前田は 1926 年に本郷邸と駒場地所を東京帝大と等価交換する頃まで，土地所有の変動は大きくなく，その後もむしろ北海道の山林を含めて拡大することもめだった。

　したがって，毛利よりも前田の方が土地の含み益は多かったはずである（たとえば毛利の 1922 年簿価は前年より 200 万円増加したが，この年に土地売却益を 171 万円得ていた。もしこの土地を売却しなかったら，簿価は 30 万円増えただけである）。実際，前田の簿価と時価の両方がわかる 1924 年 3 月は後者

						(円)
1927 年	1928 年	1929 年	1930 年	1931 年	1932 年	1938 年 9 月（相続財産決定額）
5,551,963	5,915,750	5,964,884	6,050,125	6,029,125	5,787,975	6,379,202
1,000	2,000	2,500	2,500	2,500	2,500	—
5,035,338	4,937,632	5,233,137	5,318,359	5,550,859	5,724,759	5,422,175
513,221	474,371	442,097	970,791	961,675	962,369	3,744,561
198,750	198,750	198,750	198,750	198,750	198,750	5,831
1,397,644	962,823	931,214	822,341	786,786	1,440,730	} 4,070,609
496,964	1,377,075	1,445,647	1,353,542	1,418,100	1,120,781	
372,719	160,258	160,258	—	—	—	124,740
2,986	148,725	85,632	14,542	15,902	11,395	—
13,950	3,976	17,831	11,260	10,980	74,879	2,400
13,584,535	14,181,362	14,481,951	14,742,210	14,974,677	15,324,138	21,760,000
5,649,138	6,101,130	6,311,014	6,509,713	6,773,523	6,970,095	…
5,510,000	5,620,000	5,750,000	5,870,000	5,885,000	5,900,000	…
1,200,989	1,246,616	1,359,678	1,273,186	1,338,125	1,516,171	…
12,360,127	12,967,746	13,420,692	13,652,899	13,996,648	14,386,267	21,760,000
952,043	897,078	(1,006,989)	1,013,054	732,543	821,454	…
262,365	316,538	(54,271)	76,257	85,487	116,417	…
—	—	—	—	160,000	—	…
1,224,408	1,213,616	(1,061,259)	1,089,312	978,029	937,871	…
13,584,535	14,181,362	14,481,951	14,742,210	14,974,677	15,324,138	…

料のまま.

　が前者の 2.3 倍だったのに対して，毛利の 1927 年時価（後述）は簿価の 1.9 倍であった。さらに前田は明治期から簿価を控えめに算定する傾向があり（時価も同様），すぐ述べるようにある銘柄の株を一部売却して含み益が実現しても，その分，残った株の簿価を圧縮して，資産額を増やさない操作まで行うこともあった。

　そこで明治期の毛利と前田の株式簿価を比較すると，表 5-9 のようになる。比較するには，両家が同じ時期に同じ銘柄を所有している必要があるが，その

314　第2部　大正・昭和戦前期における毛利家資産の性格変容

表 5-8　前田侯爵家総資産（1）（1913-24 年）

（円）

各年 3 月末	有価証券	不動産			農場資本	貸付金	海面埋立費	林業経営費	純資産計
		土地	建物	計					
1913（大正 2）年	4,702,981	391,485	924,926	1,316,411	196,621	293,243	88,963	53,603	(6,928,070)
14（ 〃 3）年	4,911,446	489,149	959,665	1,448,815	201,529	333,946	〃	65,047	(7,095,653)
15（ 〃 4）年	5,141,846	483,741	978,339	1,462,080	206,396	264,848	91,532	77,140	7,303,305
16（ 〃 5）年	5,128,691	475,834	1,025,597	1,501,430	212,812	268,031	〃	90,304	7,565,510
17（ 〃 6）年	5,228,760	486,609	1,040,317	1,526,926	216,180	227,276	〃	104,670	8,068,632
18（ 〃 7）年	5,631,056	498,008	1,126,336	1,624,344	224,875	240,809	〃	120,409	8,330,701
19（ 〃 8）年	6,541,149	488,866	1,158,520	1,647,386	229,128	154,439	〃	138,652	8,713,598
20（ 〃 9）年	7,708,674	484,271	1,216,142	1,700,412	234,654	347,754	―	162,807	9,559,090
21（ 〃 10）年	8,308,982	525,871	1,321,368	1,847,239	245,289	375,930	―	196,850	9,695,050
22（ 〃 11）年	9,152,776	539,708	1,300,691	1,840,399	245,471	288,945	―	234,408	10,526,823
23（ 〃 12）年	8,168,854	613,078	1,326,854	1,939,932	247,907	138,185	―	269,019	10,614,834
24（ 〃 13）年	8,063,678	667,393	1,228,800	1,896,193	249,721	152,700	―	301,913	10,451,334

出所：同家『決算書』各年度.
注：簿価.（　）は筆者算出.　表示していない項目もある.

　ような例は案外多くない。そしてこの表をみると，日銀株のように前田の単価の方がかなり上回っている銘柄もあるが[19]，他は前田の単価が上回っていても，大した差ではなく，それよりも前田の方が大幅に低い例が少なくない。むろん両家とも同一の発行市場で取得したことによって単価は同額の場合もあるが，発行市場で取得した株でも前田は払込額より低い単価にしていることがある。そもそも前田の十五銀行株・横浜正金旧株・日本鉄道旧株は，世襲財産と予備財産に分けて所有しており，同じ銘柄でも単価が異なる。その理由の1つは流通市場から高値で追加的に購入した場合もあったが，予備財産の十五銀行株はそうではない。1897 年に第十五国立銀行の十五銀行への改組に際して受け取った後者の株の一部を売却して，売却益を生み出したが，その利益分を予備財産の残りの十五銀行株簿価を圧縮することによって処理していた（1 株当払込額は 100 円であるが，1 株当簿価は 62 円 50 銭）。つまり利益を獲得しても，帳簿上の総資産額を増やしていないのである[20]。前田が売却益を得た場合にいつもそうした資産圧縮の処理を行ったわけではなく，この場合は株売却

　19）　日銀株単価の相違は，毛利が同行設立時に発行市場で取得したのに対して，前田は流通市場から高値で取得したためである。

　20）　この例の具体相は，前掲拙稿「明治後期における前田侯爵家の資産と経済行動」36-38 頁。

といっても実質は家職らの名義株にするというやや特殊なケースであったが，毛利はそのような手の込んだことを行った形跡はない。したがって全体として，前田の資産簿価は毛利より低めに記録されていた。第1部第3章(2)において，1900年代前半の毛利と前田の総資産額を簿価で比較し，両家はほぼ同程度であったが，時価ではすでに前田が毛利を上回っていた可能性があるとした所以である。

　そのようなわけで，毛利の1921年12月簿価と前田の22年3月簿価の格差200万円は，実際はもっと大きかったであろう。その後，前田家の決算書は，毛利と異なって，後述のように1923年度末から毎年資産額を時価で記録するようになったから，同年度以降の前田の資産額を，毛利の表5-6，表5-7の額と単純に比較できなくなる。23年度以降の毛利と前田の総資産額の比較は後述する。

　さて表5-6，表5-7からは同家の1920年恐慌による影響はわからないが，27年金融恐慌および30年代初頭の昭和恐慌による影響はほぼまったくみられず，かなり順調に簿価を増やしていた。むろん簿価だから株価暴落（および上昇）の影響はもともと現れないのであるが，表5-7および後掲表5-12のように，同家は大量の安全で安定的な公社債を有しており，預貯金も後述のように大半は財閥系銀行（のち財閥系信託会社も加わる）に対するものであった。また所有株の大半は優良株なので，破綻する企業はほとんどなかった。なお表5-7によると，土地の資産額が有価証券・預貯金に比して多くないようにみえる。しかし土地（および有価証券）の簿価は，たいてい取得価格であった。しかも同家の主要な所有地は，明治初期ないし明治前期頃に取得したものが多く，さらに近世から継承した山口県の自家用地もあった。したがって取得価格は著しく低く，ゼロの場合すらあった。それがとりわけ第一次大戦期以降大幅に値上がりしたから，時価は何倍にもなっていた。表5-7の最右欄は，38年9月元昭没に伴う相続財産最終課税決定額であるが，この年の前期に同家は砂町地所を205万円で売却していることがわかっているから，それを加えれば，土地は債券よりも多く，株式に迫る勢いになっていた。次に，より具体的に各資産について検討する。

316　第2部　大正・昭和戦前期における毛利家資産の性格変容

表 5-9　毛利・前田両家の株式簿価単価（1899-1905 年）

銘　　柄	毛利家							1899 年
	1899 年	1900 年	1901 年	1902 年	1903 年	1904 年	1905 年	
十五銀行（世襲）	100.0	100.0	100.0	100.0	100.0	100.0	100.0	100.0
〃　　（予備）								62.5
東京海上保険							12.5	12.5
日本銀行	200.0	200.0	200.0	200.0	200.0	200.0	200.0	437.5
横浜正金銀行旧（世襲）								107.6
〃　　旧（予備）	190.6	190.6	190.6	169.7	169.7	169.7	169.7	164.5
〃　　　新	148.8	148.8	148.8					100.0
〃　　第 3 新		50.0	50.0	50.0	50.0	50.0	50.0	
大阪商船旧	24.4	24.4	24.4	24.4	24.4	24.4	24.4	17.0
〃　　新								
〃　　新 2						6.3	18.8	
日本鉄道旧（世襲）								50.5
〃　　旧（予備）	72.8	72.8	72.8	72.5	72.5	61.3	61.3	
〃　　第 7 回新	41.0	44.0	47.0	50.0	50.0			
〃　　第 8 回新	12.5	12.5	12.5	12.5				12.5
総武鉄道旧	50.0	50.0	50.0	50.0	50.0	50.0	50.0	50.0
〃　　新								
〃　　第 3 回新	25.0	50.0	50.0					20.0
〃　　第 4 回新	5.0	5.0	12.5	12.5	12.5	12.5	12.5	
〃　　第 5 回新		5.0	12.5					
北海道炭鉱鉄道旧	70.9	70.9	70.9	70.9	70.9	70.9	66.0	80.3
〃　　新	5.0	5.0	5.0	20.0	22.5	30.0		

出所：表 3-8 の史料，および前田家『財産台帳』各年度.
注：1）毛利は各年 12 月末，前田は各年 4 月 1 日．したがって，払込額などは，前田が毛利より 1 年遅れて表示される
　　2）「銘柄」欄の「世襲」「予備」は，前田家の「世襲財産」「予備財産」．前田家は名義株を含まない.

（2）有価証券所有

（ⅰ）株式所有

　所有銘柄と株数の推移について 30 年代を含めてみると（表 5-10），きわめて安定的な所有を継続しており，追加買入・新規買入は若干あるが，とくに 1920 年代は売買など変動が少ない。30 年代には売却例は増えるが，その多くは所有株の追加払込のための現金需要をまかなうためであった。また大半は名

	前田家				(円)
1900年	1901年	1902年	1903年	1904年	1905年
100.0	100.0	100.0	100.0	100.0	100.0
62.5	62.5	62.5	62.5	62.5	62.5
12.5	12.5	12.5	12.5	12.5	12.5
437.5	437.5	437.5	437.5	437.5	437.5
107.6	107.6	107.6	107.6	107.6	107.6
164.5	130.6	130.6	130.6	130.6	130.6
125.0					
1.0	50.0	50.0	50.0	50.0	50.0
17.0	17.0	17.0	17.0	17.0	13.7
					6.3
50.5	50.5	50.5	50.5	50.5	50.5
	60.0	60.0	60.0	59.3	59.3
	53.0	56.0	59.0		
12.5	12.7	12.7	12.7	12.7	15.7
50.0	50.0	50.0	50.0	50.0	50.0
25.0					
5.0	5.0	15.0	15.0	15.0	15.0
	5.0	10.0	10.0	10.0	10.0
80.3	80.3	80.3	80.3	80.3	80.3
		5.0	20.0	22.5	30.0

る場合がある.

だたる優良株であり，明治期の所有株にみられたような将来予想が容易でない企業の株は多くない[21]。簿価（多くは取得価格ないし払込額）からみると（表5-11），特定株の大量所有は横浜正金株と小野田セメント株でみられ，所有のあり方にやや偏りがある（1930年の小野田セメント株が同家全株簿価に占める比率は37％であり4割に近い）。しかしそれを別とすれば，多くの銘柄への比較的少数の分散投資となっている。しかも小野田セメントへの投資は旧領企業の振興というよりも，むしろ安定した優良株との認識によるものだったであろう。同社はとくに第一次大戦期から1920年代前半頃まで高収益・高配当を実現していたし，その後も同業他社に比して利益率は高く，昭和戦時期にも概ね業績は好調であった[22]。もっとも，同家は1896年まで同株に投資しなかったとはいえ，97年以降同株を増やしていったし，同じ頃から同社東京出張所と毛利高輪邸の間で，相互に便宜を図って融通しあっ

---

21) この点，この時期において，有力大名華族がみな毛利家と同様というわけではないらしい。別稿で論じる予定であるが，1930年代半ば頃以降の前田侯爵家は，著名な大企業株も少なくないが，興味深いことに，著名でない新興企業株がきわめて多くなる。むしろ毛利の方が保守的になっている。

22) 『小野田セメント百年史』（1981年）258-259，320-321，366，410頁。

318　第2部　大正・昭和戦前期における毛利家資産の性格変容

表5-10　所有株式・出資金（1）（1922-38年）

銘　　柄	1922年	1923年	1924年	1927年	1928年	1930年	1931年	1932年	1937年
[第二基本財産株式]									
日本銀行旧	150	150	150	150	150	150	150	150	150
〃　　新	150	150	150	150	150	150	150	150	150
十五銀行旧	2,000	2,000	2,000	1,000	1,000	570	570	570	570
〃　　新	3,000	3,000	3,000	1,850	1,850				
横浜正金銀行旧	12,800	12,800	12,800	12,800	12,800	12,800	12,800	12,800	12,800
百十銀行旧	2,000	2,000	2,000	2,000	2,000	2,000	2,000	2,000	2,000
〃　　新	4,000	4,000	4,000	4,000	4,000	4,000	4,000	4,000	4,000
三井銀行新	500	500	500	500	500	500	500	500	500
三菱銀行新	—	—	—	—	—	300	300	300	300
漢城銀行新	100	100	100	100	50	50	50	50	50
三井信託	—	—	1,000	1,000	1,000	1,000	1,000	1,000	1,000
東武鉄道旧	500	500	500	500	500	500	500	500	500
〃　い新	1,500	1,500	1,500	1,500	1,500	1,500	1,500	1,500	1,500
〃　は新	—	—	—	2,000	2,000	2,000	2,000	2,000	1,000
汽車製造旧	1,500	1,500	1,500	3,500	3,500	3,500	3,500	3,500	7,000
〃　　新	2,000	2,000	2,000						
〃　　新2	—	—	—	3,500	3,500	3,500	3,500	3,500	4,660
東京電灯旧	6,200	6,200	6,200	10,700	12,197	11,657	12,192	12,192	11,152
〃　　新	4,500	4,500	4,500						
古河電気工業旧	1,254	1,254	1,254	1,254	1,254	1,254	1,254	1,254	2,508
〃　　新	1,254	1,254	1,254	1,254	1,254	1,254	1,254	1,254	
早川電力旧	3,583	3,580	6,330	6,330	—	—	—	—	—
〃　　新	2,750	2,750							
信越電力	1,070	1,070	1,070	1,070	1,070	1,070	—	—	—
群馬水電	—	—	—	—	—	—	—	—	2,000
東亜電機	63	16	16	—	—	—	—	—	—
山陽電気軌道	—	—	500	500	500	500	500	500	500
小野田セメント旧	8,000	8,000	16,000	16,000	32,000	32,000	32,000	32,000	32,000
〃　　新	8,000	8,000							
〃　　新2	—	—	16,000	16,000					
〃　　新3	—	—	—	—	32,000	32,000	32,000	19,880	9,800
台湾製糖旧	5,800	5,800	5,800	5,800	5,800	5,800	5,800	5,800	5,800
〃　　新	5,800	5,800	5,800	5,800	5,800	5,800	5,800	5,800	5,800
王子製紙旧	2,000	2,000	2,000	2,000	2,000	2,000	2,000	2,000	4,000
〃　　新	2,000	2,000	2,000	2,000	2,000	2,000	2,000	2,000	4,000
東京海上保険旧	4,000	4,000	4,000	4,000	4,000	4,000	4,000	4,000	4,000
〃　　新	—	—	—	—	—	—	—	—	4,000
千代田火災保険	1,500	1,500	1,500	1,500	1,500	1,500	1,500	1,500	1,500
千歳火災海上再保険	375	375	375	375	375	375	375	375	375
中央火災傷害保険	—	—	2,000	2,000	2,000	2,000	2,000	2,000	2,000
若松築港会社旧	2,000	2,000	2,000	2,000	2,000	2,000	2,000	2,000	2,000

第5章　大正後期の資産と損益　319

（株）

1938 年	備　考
150	
150	
570	金融恐慌による減資で 30 年は株数 1/5 となる
12,800	
2,000	
4,000	
500	
300	
50	本店京城，東京など内地にも支店あり，28 年減資
1,000	1924 年応募
—	}1938 年 2,000 株全部売却
—	
—	1933 年 1,000 株，38 年 1,000 株売却
7,000	
4,660	
7,892	1937 年 2,300 株，38 年 2,000 株売却
2,508	
—	1927 年は東京電力
—	1928 年東京発電，31 年東京電灯に合併，その際 2 株で 1 株交換
2,000	1936 年買入
—	1923 年売却
500	1924 年応募
32,000	1938 年，他に田中名義 200 株
10,000	1928 年旧株に対し 1 万 2,800 株の割当，35 年 2,800 株売却
5,800	
5,800	
4,000	
4,000	
4,000	
4,000	
1,500	
375	
2,000	貝島系，1936 年中央火災海上障害保険，37 年日産火災海上保険
2,000	

320 第2部 大正・昭和戦前期における毛利家資産の性格変容

表 5-10 （続）

銘　柄	1922 年	1923 年	1924 年	1927 年	1928 年	1930 年	1931 年	1932 年	1937 年
若松築港会社新	2,000	2,000	2,000	2,000	2,000	2,000	2,000	2,000	2,000
久原鉱業旧	1,000	1,000	1,000	400	400	—	—	—	—
日本産業旧	—	—	—	—	—	400	400	400	3,000
〃　新	—	—	—	—	—	—	—	—	3,000
日本鉱業旧	—	—	—	—	—	—	—	—	2,000
〃　新	—	—	—	—	—	—	—	—	2,000
戸畑鋳物会社旧	—	—	—	16	16	16	16	16	—
〃　新	—	—	—	—	8	8	8	8	—
萩疎水土地会社	—	—	100	100	100	100	100	100	—
東京瓦斯	—	—	—	—	—	—	—	—	3,000
〃　新	—	—	—	—	—	—	—	—	1,000
南満州鉄道第二新	—	—	—	—	—	—	—	—	2,000
住友化学工業	—	—	—	—	—	—	—	—	600
〃　新	—	—	—	—	—	—	—	—	600
住友金属工業	—	—	—	—	—	—	—	—	500
〃　新	—	—	—	—	—	—	—	—	500
住友電線	—	—	—	—	—	—	—	—	200
三菱重工業	—	—	—	—	—	—	—	—	1,000
〃　新	—	—	—	—	—	—	—	—	1,000
日立製作所	—	—	—	—	—	—	—	—	42
〃　新	—	—	—	—	—	—	—	—	42
日本水産	—	—	—	—	—	—	—	—	1,500
日産化学	—	—	—	—	—	—	—	—	—
［第二基本財産所属各種積立金株式］									
東京電灯	1,200	1,200	1,200	1,200	1,200	1,200	1,260	1260	…
信越電力	120	120	120	120	120	120			…
東亜電機	(62)	(15)	(15)	—	—	—	—	—	…
戸畑鋳物会社旧	—	—	—	15	15	15	15	15	…
〃　　新	—	—	—	—	7	7	7	7	…
［第二基本財産出資金］									
山口県海外移住組合	—	—	—	50	50	50	50	50	50

出所：表 5-1 と同じ．1937・38 年は同家『昭和十三年九月二十四日相続開始毛利元昭殿御薨去ニヨル相続財産一件書
　注：各年末ないし翌年 1 月 1 日現在．ただし 38 年は 9 月．第一基本・第一基本付属・第二基本付属には株式・出資

ていたようであり[23]，同社とは特別な関係にあった．そして 1912 年・22 年・
31 年頃には毛利家の小野田セメント所有株数は三井合名と同じかまたは若干
上回る筆頭株主になっており，その後も戦時期から 1946 年に至るまで，2〜4

23）　第 1 部第 3 章，表 3-8 および 230 頁の注 104。

第5章　大正後期の資産と損益　321

(株)

1938 年	備　考
2,000	
—	1926 年 600 株売却，日本産業へ
3,000	1935 年 2,600 株追加買入，28 年日本産業，38 年満洲重工業
3,000	1935 年応募
2,000	1929 年日本産業の鉱業部門が独立
2,000	
—	鮎川義介（大叔父に井上馨）が創設，現日立金属
—	
—	1924 年買入，35 年売却
3,000	1934 年買入
1,000	1935 年買入
2,000	1933 年買入
600	
600	
500	
500	
200	1920 年株式会社住友電線製造所，1939 年住友電気工業
1,000	1933 年買入
1,000	1937 年応募
22	1936 年買入
22	1936 年応募
1,500	1937 年応募
1,575	1938 年買入
…	1924 年まで新株
…	
…	
…	
…	
50	

類』所収史料（以下，『相続財産一件書類』と略記）．
金はない．元昭名義以外の株式を含む．（　）は推計．

位の大株主であり続けた[24]。

　毛利家は昭和恐慌後には，新興重化学工業株などの銘柄への新規投資を増加
させている。それでも，30 年代以降の前田家との比較では，朝鮮・満洲関係

―――――――――

　24）『小野田セメント百年史』第 4-48 表（257 頁），第 5-21 表（318 頁），第 7-19 表（407
　　頁）。

322　第2部　大正・昭和戦前期における毛利家資産の性格変容

表5-11　所有株式・出資金（2）（1922-38年）

銘　柄	1922年	1923年	1924年	1927年	1928年	1930年	1931年
［第二基本財産株式］							
日本銀行旧	30,000	30,000	30,000	30,000	30,000	30,000	30,000
〃　　新	7,500	7,500	7,500	7,500	7,500	7,500	15,000
十五銀行旧	200,000	200,000	200,000	100,000	100,000	57,000	57,000
〃　　新	75,000	75,000	75,000	46,250	115,625		
横浜正金銀行旧	1,391,500	1,391,500	1,391,500	1,391,500	1,391,500	1,391,500	1,391,500
百十銀行旧	96,000	100,000	100,000	100,000	100,000	100,000	100,000
〃　　新	50,000	50,000	50,000	50,000	50,000	50,000	50,000
三井銀行新	47,500	47,500	47,500	47,500	47,500	47,500	47,500
三菱銀行新	—	—	—	—	—	15,000	15,000
漢城銀行新	1,250	1,250	1,250	1,250	625	625	625
三井信託	—	—	25,000	25,000	25,000	25,000	25,000
東武鉄道旧	25,000	25,000	25,000	25,000	25,000	25,000	25,000
〃　い新	18,750	18,750	26,250	37,500	45,000	52,500	52,500
〃　は新	—	—	—	10,000	20,000	30,000	30,000
汽車製造旧	75,000	75,000	75,000	175,000	175,000	175,000	175,000
〃　　新	75,000	75,000	75,000				
〃　　新2	—	—	—	43,750	43,750	43,750	43,750
東京電灯旧	310,000	310,000	310,000	535,000	609,850	582,850	609,600
〃　　新	123,750	123,750	180,000				
古河電気工業旧	62,700	62,700	62,700	62,700	62,700	62,700	62,700
〃　　新	15,675	15,675	15,675	15,675	15,675	15,675	15,675
早川電力旧	179,150	179,000	318,750	318,750	—	—	—
〃　　新	71,000	126,000					
信越電力	26,750	53,500	53,500	53,500	53,500	53,500	—
群馬水電	—	—	—	—	—	—	—
東亜電機	3,150	800	800	—	—	—	—
山陽電気軌道	—	—	2,500	3,750	5,000	8,750	10,000
小野田セメント旧	480,000	480,000	800,000	800,000	1,600,000	1,600,000	1,600,000
〃　　新	200,000	380,000					
〃　　新2	—	—	240,000	680,000			
〃　　新3	—	—	—	—	400,000	640,000	640,000
台湾製糖旧	290,000	290,000	290,000	290,000	290,000	290,000	290,000
〃　　新	72,500	72,500	72,500	72,500	72,500	116,000	116,000
王子製紙旧	95,000	100,000	100,000	100,000	100,000	100,000	100,000
〃　　新	25,000	25,000	40,000	50,000	50,000	50,000	50,000
東京海上保険旧	200,000	200,000	200,000	200,000	200,000	200,000	200,000
〃　　新	—	—	—	—	—	—	—
千代田火災保険	18,750	18,750	18,750	18,750	18,750	18,750	18,750
千歳火災海上再保険	4,688	4,688	4,688	4,688	4,688	4,688	4,688
中央火災傷害保険	—	—	25,000	25,000	25,000	25,000	25,000
若町築港会社旧	100,000	100,000	100,000	100,000	100,000	100,000	100,000
〃　　新	25,000	25,000	25,000	25,000	25,000	25,000	25,000
久原鉱業旧	109,690	100,000	100,000	35,100	35,100	—	—
日本産業旧	—	—	—	—	—	35,100	35,100

（円）

1932 年	1937 年	（同左時価）	1938 年 9 月	備　　考
30,000	30,000	92,700	30,000	1927 年 3/20 時価 11 万 2,500 円
15,000	15,000	69,300	15,000	1927 年 3/20 時価 8 万 5,500 円
57,000	57,000	49,020	57,000	金融恐慌による減資で 30 年は株数 1/5 となる
1,391,500	1,280,000	2,611,200	1,280,000	1927 年 3/20 元昭名義 11,200 株の時価 218 万 1,760 円
100,000	100,000	100,000	100,000	
50,000	50,000	50,000	50,000	
47,500	25,000	42,250	25,000	
15,000	7,500	13,860	7,500	
625	625	250	625	本店京城，東京など内地にも支店あり，28 年減資
25,000	25,000	51,200	25,000	1924 年応募
25,000	25,000	33,750	—	
52,500	60,000	82,500	—	
30,000	20,000	27,000	—	
175,000	350,000	630,000	350,000	
43,750	58,250	170,090	58,250	
609,600	557,600	674,696	394,600	
62,700 } 15,675	125,400	309,738	125,400	
—	—	—	—	1927 年は東京電力
—	—	—	—	1928 年東京発電，31 年東京電灯に合併，2 株で 1 株交換
—	70,000	104,000	…	1936 年買入
—	—	—	—	1923 年売却
11,250	15,000	10,000	…	1924 年応募
1,600,000	1,600,000	2,912,000	1,600,000	
397,600	318,500	617,400	…	
290,000	290,000	739,500	290,000	
116,000	116,000	407,160	116,000	
100,000	200,000	405,200	200,000	
50,000	50,000	199,200	…	
200,000	200,000	692,000	200,000	
—	100,000	408,000	100,000	
18,750	18,750	13,800	18,750	
4,688	4,688	4,575	4,688	
25,000	25,000	22,000	25,000	1936 年中央火災海上障害保険，37 年日産火災海上保険
100,000	100,000	144,000	100,000	
25,000	25,000	51,400	…	
—	—	—	—	日本産業へ
35,100	150,000	241,500	150,000	28 年日本産業，38 年満州重工業

324　第 2 部　大正・昭和戦前期における毛利家資産の性格変容

表 5-11　（続）

銘　　柄	1922 年	1923 年	1924 年	1927 年	1928 年	1930 年	1931 年
日本産業新	—	—	—	—	—	—	—
日本鉱業旧	—	—	—	—	—	—	—
〃　　新	—	—	—	—	—	—	—
戸畑鋳物会社旧	—	—	—	800	800	800	800
〃　　新	—	—	—	—	100	100	100
萩疎水土地会社	—	—	2,500	3,750	3,750	4,000	4,000
東京瓦斯	—	—	—	—	—	—	—
〃　　新	—	—	—	—	—	—	—
南満州鉄道第二新	—	—	—	—	—	—	—
住友化学工業	—	—	—	—	—	—	—
〃　　新	—	—	—	—	—	—	—
住友金属工業	—	—	—	—	—	—	—
〃　　新	—	—	—	—	—	—	—
住友電線	—	—	—	—	—	—	—
三菱重工業	—	—	—	—	—	—	—
〃　　新	—	—	—	—	—	—	—
日立製作所	—	—	—	—	—	—	—
〃　　新	—	—	—	—	—	—	—
日本水産	—	—	—	—	—	—	—
日産化学	—	—	—	—	—	—	—
第二基本株式計	4,505,303	4,763,863	5,091,363	5,485,213	5,848,913	5,983,288	5,965,288
内，元昭名義	2,654,411	2,772,001	2,982,501	2,952,126	3,332,876	3,376,751	3,384,251
元道名義	1,850,892	1,991,862	2,108,862	2,514,962	2,497,912	2,588,412	2,573,537
福原俊丸名義	—	—	—	7,500	7,500	7,500	7,500
中村芳治名義	—	—	—	10,625	10,625	10,625	—
（元昭名義率％）	58.9	58.2	58.6	53.8	57.0	56.4	56.7
［第二基本財産所属各種積立金株式］							
東京電灯	33,000	33,000	48,000	60,000	60,000	60,000	63,000
信越電力	3,000	6,000	6,000	6,000	6,000	6,000	—
東亜電機	3,100	750	750	—	—	—	—
戸畑鋳物会社旧	—	—	—	750	750	750	750
〃　　新	—	—	—	—	88	88	88
第二基本積立金株式計	39,100	39,750	54,750	66,750	66,838	66,838	63,838
株式総計	4,544,403	4,803,613	5,146,113	5,551,963	5,915,750	6,050,125	6,029,125
［第二基本財産出資金］							
山口県海外移住組合	—	—	—	1,000	2,000	2,500	2,500

出所：　前表と同じ.

注：1)　1937 年の時価以外は簿価（元資金すなわち取得価格）. 38 年は払込額. 各年末ないし翌年 1 月 1 日現在. ただ
　　　2)　信越電力は「備考」のように，28 年に東京発電に合併され，さらに 31 年東京電灯に合併されたが，31 年の合

第5章　大正後期の資産と損益　325

（円）

1932 年	1937 年	（同左時価）	1938 年 9 月	備　　考
—	112,500	186,000	…	1935 年応募
—	100,000	251,000	100,000	1929 年日本産業の鉱業部門が独立
—	75,000	215,600	100,000	
800	—	—	—	鮎川義介（大叔父に井上馨）が創設，現日立金属
100	—	—	—	
4,000	—	—	—	1924 年買入，35 年売却
—	150,000	219,000	150,000	1934 年買入
—	12,500	20,500	…	1935 年買入
—	80,000	95,400	…	1933 年買入
—	30,000	56,400	30,000	
—	7,500	27,900	15,000	
—	25,000	43,500	25,000	
—	6,250	21,000	12,500	
—	5,000	10,000	10,000	1920 年株式会社住友電線製造所，1939 年住友電気工業
—	50,000	86,500	50,000	1933 年買入
—	12,500	41,500	…	1937 年応募
—	2,100	4,242	1,100	1936 年買入
—	525	2,008	…	1936 年応募
—	18,750	63,450	…	1937 年応募
—	—	—	…	1938 年買入
5,724,138	6,756,938	13,323,289		
3,141,851				
2,574,787				
7,500				福原俊丸は旧宇部領主福原家当主，男爵
—				中村芳治は家令
54.9				
63,000				1924 年まで新株
—				
750				
88				
63,838				
5,787,975				
2,500	2,500	1,000	2,500	

し 38 年は 9 月．38 年は一部推定を含む．
併の際 2 株で 1 株交換したはずである（上記の東京電灯・信越電力欄を参照）．

326　第2部　大正・昭和戦前期における毛利家資産の性格変容

株が多くなく，植民地・半植民地への投資は消極的といっても過言ではない[25]。これらに対する評価として，慎重な姿勢といえるかもしれないし，井上馨らが没して，投資についても内向きないし視野の狭さにつながったといえるかもしれない（明治期に台湾製糖に出資したのも井上の進言によるものであった）。土地所有のあり方を含めて，大正・昭和戦前期において前田が比較的積極的な投資姿勢を示したのに対して，毛利は逆にやや保守的な姿勢に転じたように思われる。

　次に表5-11の下部に，所有株の名義を示したが，当主元昭の名義率は一貫して5割台にすぎず，嫡子元道の名義株も大きな比重を占めている。その理由は，元道の株主総会出席のためではないし（元道は現役の若手陸軍将校であり，株式総会への出席などは不可能であった），相続税対策でもなかった[26]。すると，元道名義株がかなり多かったのはなぜか。後掲表6-3，表6-4のように，元道名義資産はほとんどが株式であり，他に土地がわずかにあったのみである。筆者の推測は以下のようである。土地建物・公債・預貯金などと異なって，株式は当該企業の破綻ないし大きな株価下落の可能性があり，その場合に名義人の名が傷つくことを恐れたのではないか。そこで，表示は略すが，1937年における所有株の名義をみると，たとえば日銀・十五銀行・横浜正金の大半は元昭名義であるが，百十銀行は元道名義の方が多い。東武鉄道・汽車製造・東京電灯・古河電気工業・王子製紙・若松築港・群馬水電・山陽電気軌道などは全部元道名義である。小野田セメント株は元昭・元道でちょうど半分ずつ分けている。その他，住友化学・住友金属は全部元昭名義に対して，再編まもない日本産業や，日立製作所・日本水産など日産系の多くは元道名義である。もっと

---

25)　前田家は朝鮮・満洲関係株への比較的積極的な投資のみならず，（北海道における林業経営とともに）戦時期に朝鮮においても大規模な林業経営を開始した（後述）。もっとも前田家当主利為は，1940年秋頃には対米英蘭戦争への危機感を募らせていた（前掲『前田利為』398頁）。むろん毛利家も対米戦争を想定して，植民地・半植民地への投資を控えたわけではない。

26)　元昭から元道への相続の際に，あらかじめ資産を元道名義にしていても，税務当局はすでに相続が開始されていたとみなして相続税非課税にはしないのがふつうであり，その程度のことは，毛利家は百も承知であった。後述のように同家は1927年に相続税のシミュレーションを行っているが，元道名義資産も相続税課税対象であることを前提としていた。

も三菱重工株も元道名義であることなど，やや判然としないところもあるが，概してきわめて安全確実な株を当主名義にし，それ以外の株の名義を嫡子にした気配がある。同家は明治期にも，後に失敗に帰した横浜水道会社への多額の出資や創業期の筑豊金田炭坑を家職の柏村信名義にしたり，経営が芳しくなかった北海道鉱山会社の株全部を今村繁三ほかの他人名義にしていた。倒幕・新政府樹立を果たし，実質的に天下の覇者となった同家としては，明治期から当主の名に傷がつかないように極力配慮し，大正期以降も株式についてのリスクを分散させた気配が濃厚である。大名華族資産家（さらに一般の資産家）が，自らの資産を他人名義にするということはしばしば見られたことであるが，その理由は様々であり，家によっても大きく異なっていた[27]。

（ⅱ）債券所有

　国債，有力企業の社債および金融債は安全資産として，第一基本，第二基本財産ともに大量に有していた（表5-12，元資金は額面と同額か若干低い程度であり，表示を略した）。その構成は1924年まで大半が国債であり，他に興銀債と汽車製造社債があるだけである。このうち24年の汽車製造社債は，後述の22年に同社に売却した砂町地所の売却未収金を社債に振り替えたものである。第二基本付属財産にある東京倶楽部は，1884年に井上馨の発案により，国際親善などを目的として鹿鳴館内に設立されたイギリス風のクラブであり，現存する[28]。これは実質的に華族による出資だったであろう。毛利家の史料は「社債」としているが，無利子だったはずであり，利子収入はない。

　これらの債券をどのような形態で保有したかを示した表5-13によると，久原鉱業に国債額面150万円を貸していた。久原鉱業の創始者久原房之助は，藤田伝三郎の甥であり，藤田組小坂鉱山の勤務経験もあり，その後日立鉱山開発に乗り出し，1912年に久原鉱業を設立した。しかし同社は1920年恐慌で大打

---

27)　ちなみに，明治後期の前田家が名義株を設定した理由の多くは，名義人となった家職・評議員らを株主総会に出席させて経営動向を把握するというものであったが，それ以外にも種々の理由があった（前掲，拙稿「明治後期における前田侯爵家の資産と経済行動」48-51頁など）。

28)　一般社団法人東京倶楽部のホームページを参照。

328　第2部　大正・昭和戦前期における毛利家資産の性格変容

表 5-12　所有債券（額面，1922-32 年）

銘　　柄	年利%	1922 年	1923 年	1924 年	1927 年	1928 年	1930 年
第一基本財産							
帝国特別公債	5.00	180,000	180,000	180,000	180,000	180,000	180,000
帝国甲号五分利公債	〃	1,230,000	1,355,000	1,355,000	2,465,000	2,515,000	3,156,500
帝国き号五分利債券	〃	43,125	43,125	43,125	—	—	—
第 43 回五分利債券	〃	—	—	—	46,050	46,050	46,050
第 45 回　　〃	〃	—	—	—	—	172,800	172,800
帝国ひ号五分利債券	〃	162,600	162,600	162,600	162,600	—	—
帝国た号　　〃	〃	—	300,000	300,000	300,000	300,000	150,000
小計		1,615,725	2,040,725	2,040,725	3,153,650	3,213,850	3,705,350
日本興業銀行割引債	—		500,000	250,000	250,000	250,000	370,000
汽車製造会社第 2 回社債	7.50			650,000	210,000	50,000	
第一基本総計		1,615,725	2,540,725	2,940,725	3,613,650	3,513,850	4,075,350
第二基本財産							
帝国特別公債	5.00	78,000	78,000	78,000	78,000	78,000	8,000
帝国甲号五分利公債	〃	1,592,000	1,592,000	1,592,000	1,592,000	1,592,000	1,502,000
帝国五分利公債	〃	300,000	—	—	—	—	—
汽車製造会社社債	(6.80)	5,000	—	—	—	—	—
日本興業銀行第 1 回債券	(5.20)	350,000	—	—	—	—	—
王子製紙社債	(6.00)	—	—	—	35,000	35,000	35,000
東京倶楽部	—	—	—	—	8,100	8,100	8,100
第二基本総計		2,325,000	1,670,000	1,670,000	1,713,100	1,713,100	1,553,100
第二基本付属財産							
東京倶楽部		8,400	8,400	8,400	—	—	—
債券総計		3,949,125	4,219,125	4,619,125	5,326,750	5,226,950	5,628,450

出所：『予算及決算書』各年度.

注：1）各年末ないし翌年 1 月 1 日.（　）は推定.
　　2）1922 年期中は，このほか朝鮮事業公債額面 15 万円があり，期中に満期償還.

撃を被った[29]。このためか，毛利家は 1926 年に久原鉱業株の一部を売却している。他方，この久原への国債貸付について，従来の研究ではまったく指摘されていないが，長州出身の久原を救済するためのものであったことは明白である。そしてこの借入国債は久原鉱業が資金借入する際の担保として利用したであろう。これは，明治期に毛利家が藤田伝三郎に 200 万円もの資金貸付や多数の有価証券貸付を行ったことと軌を一にする。大正期になって，井上馨ほか政

29）　近年の久原鉱業に関する研究としては，宇田川勝『日産の創業者 鮎川義介』（吉川弘文館，2017 年），同『日産コンツェルン経営史研究』（文真堂，2015 年）などがある.

	(円)
1931 年	1932 年
180,000	180,000
3,276,500	3,476,500
—	—
46,050	46,050
172,800	172,800
—	—
150,000	150,000
3,825,350	4,025,350
470,000	470,000
—	—
4,295,350	4,495,350
8,000	8,000
1,502,000	1,502,000
—	—
—	—
—	—
60,000	60,000
8,100	8,100
1,578,100	1,578,100
—	—
5,873,450	6,073,450

界長州閥を構成した有力旧臣が没していったとはいえ，なお明治期と同様な実業家救済を行っていた。この国債貸付は久原鉱業が日本産業に改組されても継続された。

また明治期以来，今村家との密接な関係も依然継続していた[30]。今村家が出資する合資会社今村銀行は1931年に解散したが，遅くとも22年以降同銀行が廃業する頃まで公債を，判明する限り10～30万円程度貸し渡していた。これも今村が借入する際に担保として利用する使用貸借契約だったはずである。後述のように，今村銀行へは25年から多額の資金貸付も行うようになる。

(3) 土地所有

大正期以降における同家資産の特質を知るうえで，土地所有はきわめて重要である。まず各会計に区分した所有土地簿価は表5-14のようである。総計をみると，1922年は前年より2万円余増加しているが，これは，山口県吉敷郡山林20町などを毛利忠三（旧八家毛利重輔の養子，男爵）から5万円で買い入れたためであり（売却も2万5千円ある，後掲表5-16-1），この買入は旧重臣に対する救済的な性格があった（毛利忠三は鉄道技師であったが，病気だったらしく，翌23年に没した）。その後，総計は横ばいないしやや減少気味であり，27年に増加しているのも，高輪邸の整理工事費を加えるという評価替えをしたためであり，30年に大幅に増加した理由も，今村銀行への貸金と貸公債の代わりに地所の提供を受けたためである（後述）。こうした要因を除くと，簿価もやや減少傾向となる。

さらに実質の所有面積をみると（表5-15），宅地はそれほど減少させていな

30）このように両家は親しい関係であったから，西園寺公一も，大正前期の小学校時代に，父八郎に連れられて，今村繁三邸内の道場における剣道の寒稽古に，今村家の親戚にもなった桂太郎の孫らと通ったという（前掲，西園寺『貴族の退場』146頁）。

330 第2部 大正・昭和戦前期における毛利家資産の性格変容

表 5-13 債券保有形態（額面，1922-32 年）

項　　目	1922 年	1923 年	1924 年	1927 年	1928 年	1930 年
第一基本財産						
(1) 日銀甲種登録済　計	…	…	…	2,937,650	2,992,850	3,001,850
うち世襲財産設定済	…	…	…	1,668,600	2,957,850	3,001,850
(2) 今村銀行ヘ貸						
帝国甲号五分利公債	…	…	…	50,000	50,000	—
帝国た号五分利債券	—	…	…	150,000	150,000	—
今村銀行ヘ貸計	…	…	…	200,000	200,000	—
(3) 金庫ヘ保管						
帝国甲号五分利公債	…	…	…	16,000	21,000	703,500
第二基本財産						
(1) 今村銀行ヘ貸						
帝国特別公債	70,000	70,000	70,000	70,000	70,000	—
帝国甲号五分利公債	30,000	30,000	90,000	90,000	90,000	—
帝国五分利公債	150,000	—	—	—	—	—
今村銀行ヘ貸計	250,000	100,000	160,000	160,000	160,000	—
(2) 久原鉱業ヘ貸						
帝国甲号五分利公債	1,500,000	1,500,000	1,500,000	1,500,000	1,500,000	1,500,000
(3) 早川電力ヘ貸						
帝国五分利公債	130,000	—	—	—	—	—
(4) 金庫ヘ保管						
帝国特別公債	(8,000)	(8,000)	(8,000)	8,000	8,000	8,000
帝国甲号五分利公債	(62,000)	(62,000)	(2,000)	2,000	2,000	2,000
今村銀行ヘ貸総計	(250,000)	(100,000)	(160,000)	360,000	360,000	—

出所： 前表と同じ.
注：1)（　）は推定.
　　2)「久原鉱業ヘ貸」は，1930 年以降は日本産業への貸.

いが（その大部分を占める高輪邸，防府本邸，三田尻・山口野田・萩の各別邸
は自家用地なので，当然である），耕地は大幅に減少させている。たとえば，
山口県小野田や福岡県地所が 1920 年代初頭から急速に減少し，1927 年にはな
くなった。既述のように，所有地縮小傾向はすでに明治末頃から始まっていた。
　1922 年以降の土地所有方針について，『予算及決算書』（大正 11 年度）所収
の「考課状」には，
　　　各地ニ於ケル御所有地中，管理上其他ノ点ニ考ヘ，売却処分ヲ得策トスル
　　　モノハ，漸次之ヲ決行スヘキ御方針ニ基キ
とあり，自家用地は別としてすでに全体として土地は漸減させることにしてい

	(円)
1931 年	1932 年
3,825,350	4,025,350
3,012,850	3,012,850
—	—
—	—
—	—
—	—
—	—
—	—
1,500,000	1,500,000
—	—
8,000	8,000
2,000	2,000
—	—

る。

　山口県地所は，「山口県佐波郡地所［中略］中村幸次郎外壱名ノ懇請ヲ容レ［中略］売却」と，買受希望者からの要請に応えて売り渡した場合もあるが，「山口県吉敷郡地所［中略］将来御所有ニ適セサル地所ハ，総テ売却処分ヲナスヘキ方針ニ基キ」と積極的に売却していく方針となり，翌年の『予算及決算書』所収の防府邸事務所「考課状」に，「吉敷郡大道村御所有地全部ヲ，価格金壱万参百五拾円ニテ，中田鹿蔵外拾名ヘ売渡」「厚狭郡小野田町御所有地ハ，全部売渡ニ御決定ノ上，進行致シ」などとある。

　福岡県地所も，上記 1922 年「考課状」に，「福岡県地所［中略］将来御所有ニ適セサル地所ハ，総テ売却処分ヲナスヘキ方針ニ基キ」とあり，さらに同家福岡県地所管理所『記録』がそれらの事情を詳しく伝えている。これによると，1920 年頃も同県地所の現地管理責任者は，明治期と同様に行橋町の豪商柏木勘八郎であったが[31]，同年 4 月に柏木の部下である地所管理人三戸助一から，1915〜19 年の 5 ヶ年間における同町付近の町村大字別 1 反当収益表とともに状況報告が，東京高輪事務所に送付された。報告の一端を示すと，

　　　　　行橋町ハ，地元トテ徴収困難尠シ，尤モ［地名等略］

ハ，多少困難ナキニアラズ

小波瀬村ハ，稍ヤ困難ヲ感ス

刈田村ハ小作料ヲ減シタル為メ，少シノ［小作料徴収の］困難ナシ，然レトモ収益尠キヲ以テ，処分スルヲ得策トス

延永村吉国ハ少数ニ付，処分シ［後略］

---

31)　福岡県地所管理所『記録』所収の，1920 年 5 月 21 日付高輪邸事務所発の書状には，「福岡県地所監督人柏木勘八郎殿，同地所管理人三戸助一殿」とある。明治期については，第 1 部第 3 章(4)，207 頁。ただし明治期に毛利家地所の買付や管理を行っていた 7 代勘八郎は 1916 年に没しているから，1920 年頃は 8 代勘八郎である（行橋市歴史資料館吉竹千穂氏のご教示による）。

332　第2部　大正・昭和戦前期における毛利家資産の性格変容

表 5-14　所有土地簿価（1921-38 年）

地所所在地等	1921 年	1922 年	1923 年	1924 年	1925 年	1926 年
[第一基本財産]						
東京府南葛飾郡砂町（田畑宅地山林原野）	…	10,000	10,000	10,000	…	…
〃　荏原郡世田谷村（畑山林）	185	185	213	213		
埼玉県川口町（田畑宅地）（1933 川口市）	4,144	4,144	3,694	3,276		
広島県高田郡吉田町・丹比村（田畑山林）		378	746	1,085		
山口県佐波郡防府町ほか（田が大部分）	…	70,181	67,634	67,634		
〃　吉敷郡山口町ほか（田畑宅地山林）	…	129,629	123,377	150,428		
〃　阿武郡萩町ほか（山林）	5,485	5,485	5,485	6,218	…	…
〃　厚狭郡小野田町（田宅地など）	…	30,410	13,345	3,318		
福岡県京都郡行橋町ほか	…	31,988	27,069	17,824		
東京市日本橋区ほか 4 郡共有地所	—	—	—	—		—
[第一基本付属財産]						
東京市芝区高輪南町（高輪邸）	37,844	37,844	37,844	37,844	(37,844)	(37,844)
東京府荏原郡世田谷村（墓地・同附属地）	136	136	136	136	…	(116)
神奈川県鎌倉町（　〃　）	8	8	8	8	(8)	(8)
広島県高田郡吉田町（　〃　）	89	89	89	89	(89)	(89)
〃　〃　丹比村（　〃　）	…	350	350	350	(350)	(350)
山口県佐波郡防府町（防府本邸）	31,902	31,902	31,902	31,902	…	(31,668)
〃　〃　富海村（墓地）	0	0	0	0	(0)	(0)
〃　吉敷郡山口町（墓地・同附属地）	146	146	146	146	(146)	(146)
〃　〃　吉敷村（墓地）	1	1	1	1	(1)	(1)
〃　阿武郡萩町（墓地・同附属地）	…	131	131	131	(131)	(131)
〃　〃　椿東村（　〃　）	63	63	63	63	(63)	(63)
〃　〃　椿村（　〃　）	17	17	17	17	(17)	(17)
[第二基本付属財産]						
山口県佐波郡防府町（三田尻別邸・同附属地）	820	820	820	820	(820)	(820)
〃　牟礼村（岸津別邸・同附属地）	360	360	360	360	(360)	(360)
〃　吉敷郡山口町（野田別邸・同附属地）	2,731	2,731	2,731	2,731	(2,731)	(2,731)
〃　阿武郡萩町（萩別邸）	16,751	16,751	16,751	16,240	(16,240)	(16,240)
〃　〃　椿東村（姥倉紀念碑建設地）	5	5	5	5	(5)	(5)

(円)

1927年	1928年	1930年	1931年	1932年	1938年相続申告額	備考
9,990	9,990	9,990	9,990	13,920	1,169,552	22～31年田畑30町5反・宅地1,691坪，32年田畑22町2反・1,871坪など
198	—	—	—	—	—	2町5反
3,267	3,267	3,236	3,233	3,229	130,606	22年田畑2町・宅地6,589坪，30年1町2反・宅地5,361坪，38年2反・宅地8,040坪
1,135	1,135	1,135	1,135	1,135	34,919	30年52町3反．38年は墓地の付属地を含む
57,295	55,782	51,311	42,197	42,197	121,777	22年田23町ほか，30年18町5反・宅地3,663坪
99,798	98,542	98,542	98,542	98,542	45,149	22年田27町・山林36町ほか．27年田12町5反売却．38年墓地付属地を含む
6,214	6,214	6,214	6,214	6,214	93,038	22年山林72町．38年は墓地の付属地を含む
—	—	—	—	—	—	22年田33町・宅地5,162坪，23年田19町・宅地417坪．27年田18町8反ほか売却
						22年田49町・塩田49町など．27年に田18町8反ほか売却
—	—	388,441	388,441	386,220	…	
						[27年以降第一基本財産]
256,599	220,683	172,847	172,847	172,847	1,675,329	26年2万3,547坪・時価353万2,188円．1920年まで3万坪余
116	151	151	151	151	4,992	26年1町7反5畝・時価5万2,580円
8	8	8	8	8	243	鎌倉町雪ノ下，家祖大江広元の墓所
89	89	89	89	89	29	38年は付属地を含まない
350	350	350	350	350	3	38年は付属地を含まない
31,668	31,668	31,668	31,668	31,668	74,381	宅地1万3千坪余，山林53町など．27年時価宅地6万5千円余，山林6万円余
0	0	0	0	0	10	38年は畑のみ
146	146	146	146	146	310	38年は付属地を含まない
1	—	—	—	—	—	大内義興（1529年没）墓地，28年吉敷村に寄付
131	131	131	131	131	458	椿村・椿東村は23年に萩町．38年は付属地を含まない
63	63	63	63	63		
17	17	17	17	17		
						[27年以降第一基本財産]
9,434	9,434	9,434	9,434	9,434	…	27年宅地2,781坪
2,733	2,733	2,733	2,733	2,733	…	
12,181	12,181	12,181	12,181	12,181	29,540	38年は付属地を含まない
16,240	16,240	16,240	16,240	16,240	16,330	21年から建物費を加えているらしい
—	—	—	—	—	—	萩の姥倉運河．江戸時代に開通，水害を防止し，灌漑・舟運に利用した

334　第2部　大正・昭和戦前期における毛利家資産の性格変容

表 5-14　（続）

地所所在地等	1921 年	1922 年	1923 年	1924 年	1925 年	1926 年
第一基本財産計	256,835	282,400	251,562	259,997	…	230,496
第一基本付属財産計	73,359	70,689	70,689	70,689	…	70,435
［第二基本付属財産］ 東京市芝区白金猿町（白金別邸・同附属地）	5,545	5,545	5,545	5,545	(5,545)	(5,545)
〃　日本橋区ほか4郡共有地所	—	—	—	—	—	—
第二基本財産計	—	—	—	—	—	—
第二基本付属財産計	26,211	26,211	26,211	25,701	(25,701)	(25,701)
総　計	353,276	379,300	348,462	356,387	…	(326,632)

出所：　表 5-10 と同じ.

注：1)　各年末または翌年 1 月 1 日.（　）は推定.
　　2)　1926 年までは第二基本財産に土地なし.
　　3)　1938 年相続税申告額は，同年 9 月現在の時価であり，当然過少である.
　　4)　高輪本邸地は，1922・23 年一部を京浜電気鉄道に売却しても簿価を減らしていない（含み益がきわめて大きい
　　5)　山口県佐波郡防府町（防府本邸）の 1938 年は，三田尻別邸・岸津別邸を含む.
　　6)　「東京市日本橋区ほか 4 郡共有地所」（第一・第二基本財産）の所在は，後掲表 6-15 を参照.
　　7)　このほか資産外共有地所（山口県防府町溜池および山口町亀山園）がある.　表 5-15 の注 3 を参照.

　　　白川村ハ少数ニシテ，徴収困難，収益尠少ナリ

　　　椿市村下崎ハ一筆ニ付，処分シ，入覚ハ収益尠ナリ，処分ヲ得策トスルモ，
　　買受希望者尠ナカラン

　　　里田村上里田，中里田ハ，第一回ノ分ヲ処分スレハ，収益率ヲ増進スヘシ
以下は略すが，このような状況報告が続いており，所有耕地の分散などによっ
て小作料徴収等管理費が嵩むことが少なくなかった．しかし「困難」「徴収困
難」とは小作料の滞納である．むろん小作料滞納は明治期からあったが，大正
期に入ってより大きな問題になったようである．こうして利回りが悪化したこ
とが，土地売却の主因とみられる．『予算及決算書』（大正 12 年度）所収の
「考課状」には，第一基本財産の地所利回りを「年僅カニ五分六厘強ノ利廻ニ
当レリ」としている．5 分 6 厘とは，高くもないが極端に低くもない．しかし
「僅カニ」という表現から，低いという評価である．

　　また『予算及決算書』（大正 11 年度）所収の第一基本財産「考課状」は，福
岡県地所について実際に小作料滞納が多いことを指摘している．

　　　明治弐拾六年以降大正九年迄ニ係ル小作米ノ未納高ハ，実ニ四百弐拾石五

1927年	1928年	1930年	1931年	1932年	1938年相続申告額	備考
507,676	468,826	804,928	795,812	797,516	...	
—	—	—	—	—	—	
						［27年以降第二基本財産］
5,545	5,545	5,545	5,545	5,545	103,339	
—	—	160,318	160,318	159,307	...	
5,545	5,545	165,863	165,863	164,853	...	
—	—	—	—	—	—	
513,221	474,371	970,791	961,675	962,369	...	

からか）.

　　　斗八升ノ多数ニ上リ居レルヲ以テ，従来年々之レガ徴収方ニ督励ヲ加ヘ，
　　　多少ノ収納ヲナシ来リタルモ，此未納者中ニハ既ニ死亡，或ハ住所不明ノ
　　　為メ，事実上徴収不可能ニ属シ，且ツ既ニ［土地を］売却済ニ属スルモノ
　　　アリテ，将来全然収納ノ見込ナキ高参百八拾八石壱斗五升七合ノ巨額ニ至
　　　リ［中略］如何トモ致方ナキ事情ナルヲ以テ，止ヲ得ス本決算ニ於テ欠損
　　　トシテ整理ノ義，特ニ御承認ヲ請ヒ度［後略］
こうして 1920 年 5 月に高輪邸は，現地管理人三戸に，
　　　小作米徴収困難若クハ不良ノ地所御売却方，申出相成［中略］御申出ノ通
　　　リ，御認可相成候条，此際至急御調査価格ヲ最低限度トシテ，精々高値ニ
　　　売却方，御尽力相成度候
などと指示している。もっとも福岡県地所は，毛利家の第一基本財産であり，
世襲財産に設定していたから，解除手続きにしばらく時間がかかり，買受希望
者にそれを知らせ，売約価格の 10 分の 1 以上の保証金を取っておくようにと
も求めている。この後，前掲『記録』には，高輪邸と柏木・三戸との間で取り
交わされた，24 年 11 月の田川郡金川村地所全部を売却することを記した書状

336　第 2 部　大正・昭和戦前期における毛利家資産の性格変容

表 5-15　所有土地面積（1922-32 年）

項　　目	1922 年	1923 年	1924 年	1927 年	1928 年	1930 年	1931 年	1932 年
［総計］								
田（反）	1,566	1,271	971	467	457	446	424	419
畑（反）	120	96	97	63	48	47	48	45
宅地（坪）	62,977	56,799	57,971	55,044	54,240	52,848	52,436	54,871
山林（反）	1,983	1,969	2,036	1,565	1,554	1,554	1,554	1,554
保安林（反）	179	179	180	648	657	657	657	657
原野（反）	82	82	81	74	74	74	74	74
池沼（反）	51	51	51	51	51	51	51	51
雑種地（反）	35	35	34	34	34	34	34	34
塩田（反）	497	497	497	—	—	—	—	—
溜池（反）	26	22	22	22	22	22	22	22
溝敷（反）	0	0	0	0	0	0	0	0
墓地（反）	50	50	48	41	40	40	40	40
道路（反）	4	4	4	4	4	4	4	4
私道（坪）	—	—	—	974	479	479	479	479
［東京市日本橋区ほか 4 部共有地所］								
田（反）	—	—	—	—	—	26	26	26
畑（反）	—	—	—	—	—	65	63	60
宅地（坪）	—	—	—	—	—	8,848	7,787	7,282
山林（反）	—	—	—	—	—	108	114	111
山林藪（反）	—	—	—	—	—	0	0	0
原野（反）	—	—	—	—	—	9	9	9
原野芝地（反）	—	—	—	—	—	5	5	5
保安林（反）	—	—	—	—	—	10	10	10

出所：『予算及決算書』各年度.
注：1）上段の「総計」は，共有地所および資産外共有地所を除く.
　　2）下段の東京市日本橋区ほか 4 郡共有地所は，毛利家持分のみではなく，全体の面積.
　　3）資産外共有地所として，山口県防府町溜池 3 反 7 畝（16 名の共有）および山口町亀山園（5 町 7 反ほか宅地 331 坪，一族共有，元昭名義，簿価なし）がある.

や，27 年 2 月の行橋町地所全部を 6 万 2 千円で売却する書状が収録されている。この時の現地の状況を伝える高輪邸から柏木・三戸宛の 27 年 2 月 23 日の書状も『記録』にあり，

　　行橋町御所有地全部ヲ樽谷恒次郎へ売約締結ノ件［中略］昨二十二日午前
　　九時，樽谷恒次郎及三宅直彦同道来邸シ，字海山部落ノ小作人等，或者ニ
　　扇動セラレ，不穏ノ申合セヲナセルニ依リ，同部落ノ土地ハ始末長引ク見
　　込ニ付，之レヲ切放ナシテ契約シ貰ヒ度旨申出候得共，全部一纏メトシテ
　　売渡ノコトニ御許可相成候故，一部分ヲ切放スコトハ，今更行ハレ難キ旨

ヲ示諭致候，両人等モ已ムヲ得サルモノト納得シテ［中略］帰県セシ［後略］

樽谷と所有地一括の売買契約をしたのに，樽谷らは，一部の小作人が「不穏」な動きをみせるのでその地所は買い取りを中止したいと，福岡県からわざわざ東京高輪邸までやってきて交渉を試みた。しかし毛利家は，すでに契約成立済みとして退けた。とはいえこの件はさらに続いて，その後今度は「農村消費組合聯合九州農民組合総本部組合長高崎正戸ナルモノ」が高輪邸にやってきて，樽谷がくだんの海山の小作人らに法外な高値で売ろうとしているなどと毛利家に訴えている。正確な事情は不明だが，いずれにせよこの頃になると各地でこのような小作人らとのトラブルが多発し，利回りの低下とともにそれも同家売却要因となったであろう。

　行橋町付近に所有していた塩田も，1922年には売却を予定した。ただしこの時は売買契約不成立となり[32]，24年までは所有していたが，27年には全部なくなっている（表5-14，表5-15）。採算性が悪化して売却したとはいえ，1922年末における福岡県地所の，田49町・塩田49町・畑2町など計102町と宅地1,054坪の簿価は3万1千円余だったから，売却益は十分に得ている（表5-16-2）。1897年に180町も所有していた宮城県耕地を1917年に全部売却したように，大正中期以降，同家の耕地所有は1920年代にかけて一挙に縮小していった。

　1879年に改めて取得した砂町地所も，前述のように1920年代初頭には全部売却の対象となった。発展の最先端である東京近辺では，簿価に比して時価は非常に高くなっており，簿価も地租課税の地価に即して上方修正したが，実勢価格はそれをはるかに上回った。そして1922年5月に同地所のうち西側部分の19町3反を汽車製造会社に売却し，売却益168万円を得た[33]。そして現代と異なって，（不動産・有価証券ともに）譲渡所得（売却益）は，戦前においては非課税だったため，なおさら毛利家も東京やその近郊の発展の恩恵を享受

32）　『予算及決算書』（大正11年度）所収の「考課状」。

33）　現東京メトロ東西線東陽町駅東方の地所で，汽車製造の車両工場になったが，現在は東京都住宅供給公社南砂住宅などになっている。代金支払いは7回の分割払い契約であり，表5-1の「地所売却代年賦未収金」に示されるように1924年に完納された（既述のように19万8千円は留萌地所代金の未収金）。

338　第2部　大正・昭和戦前期における毛利家資産の性格変容

表 5-16-1　土地売却（1922 年）

（円）

地所所在地	売却代金	元資金	差引差益金	諸経費差引純益金	売却面積など
東京府南葛飾郡	1,697,588	13,720	1,683,868	1,683,108	田 12 町 3 反 9 畝，畑 3 町 2 反，宅地 7,747 坪，山林 1 町 1 反 9 畝など
山口県佐波郡	3,950	2,049	1,901	1,897	田 5 反 6 畝
〃　吉敷郡	14,228	7,553	6,675	6,358	田 3 町 4 反 6 畝
〃　厚狭郡	165	30	135	135	田 2 畝，小野田尋常小学校通学道路新設敷地として売却
福岡県	20,785	1,959	18,827	18,816	田 3 町 9 反 8 畝，原野 4 畝
計	1,736,716	25,311	1,711,405	1,710,314	

出所：『予算及決算書』（大正 11 年度）.
　注：第一基本財産の地所売却のみであるが，この年は他会計所属の地所売却はない.

表 5-16-2　土地売却（1924 年）

（円）

地所所在地	売却代金	元資金	差引差益金	諸経費差引純益金	売却面積
埼玉県川口町	15,712	418	15,294	15,089	田 3 反，畑 1 畝，宅地 513 坪
山口県吉敷郡	104	54	50	50	田 1 畝
〃　厚狭郡	93,796	10,028	83,768	83,678	田 14 町 4 反，畑 4 畝，宅地 4,559 坪など
福岡県	51,631	9,244	42,387	42,340	田 13 町 3 反，畑 1 畝，原野 4 畝など
計	161,243	19,744	141,499	141,156	

出所：『予算及決算書』（大正 13 年度）.
　注：第一基本財産の地所売却のみであるが，この年は他会計所属の地所売却はほぼない.

した。

　埼玉県川口地所も，明治末から 1921 年までの間に大半を売却したことはすでに述べた。同地所の耕地・宅地の一部をさらに売却した 1924 年度の「考課状」には，「北足立郡川口町ハ近時工業益々繁盛トナリ，全労働賃金著シク騰貴セルニ依リ，農作ノ為畑地賃貸希望者ノ如キ，殆ント絶無ノ状態ナリ」とあり，耕地のままでの所有はきわめて不利であることを記していた。

　高輪邸も，都市計画により道路として，あるいは 1922 年に京浜電鉄に売却して，徐々に敷地を縮小した。23 年にも京浜電鉄から 40 坪の追加要請があり，それに応じて売却した[34]。

　表 5-16-1，表 5-16-2 に，1922 年と 24 年の地所売却例を示した。これによ

ると，山口・福岡という地方の耕地売却でも大きな利益を得ているが，東京砂町や埼玉県川口町といった首都およびその周辺の土地は価格高騰が著しく，株式以上の巨額の売却益獲得ないし含み益の保有が可能になったことがわかる。これは東京およびその近辺に広大な地所を有していた有力大名華族その他の地主に共通したことである[35]。

(4) 預金・貸付金

表5-17によって，預金・貸付金をみると，一番上に明治末に売却した留萌地所売却未収金がある。これは売却代40万円の半分に当たるが，これについて，『予算及決算書』（大正12年度）所収「考課状」には，

> 大正十二年六月一日限リ返納ノ契約ナリシモ，期日ニ至リ元本ノ返済ヲナサザルノミナラズ，該利子金ヲモ納入セザルヲ以テ，爾来代表社員ヘ対シ，数次厳重ナル督責ヲ重ネ其都度連帯保証人ヘモ注意ヲ促シタリ，然ルニ遂ニ本年度内ニ於テ返済ノ運ニ至ラズ，依テ目下連帯保証人ヘ向ケ返済義務ノ履行方交渉中ナリ

とある。翌24年度「考課状」もほぼ同じであり，次のようである。

> 輓近財界著シク不況ノ為，種々画策調金手段ヲ講スルモ，何レモ意ノ如クナラス，不得止，暫ク猶予アリタキ旨，全社責任者ヨリ懇請アリ，別ニ延期ヲ承諾シタルニアラサルモ，遂ニ返金未済ノ儘ニテ本年度ヲ経過スルコトトナレリ

ただし前年度と異なって，未納分の利子は回収している。しかし27年度には，

> 大正十二年六月一日以降利子ヲモ延滞ノ有様ナルヲ以テ，止ムナク顧問弁護士岩田宙造［山口県熊毛郡出身，1945年司法大臣，1875-1966］ニ依託

---

34) 『予算及決算書』（大正12年度）所収『考課状』。表5-14に注記したが，1923年前後も高輪邸の簿価は不変であり，毛利家は多少の地所を売却しても，簿価を変えない場合がある。少し売却しても，時価は簿価をはるかに上回るからであろうが，前田家では考えられないことである。ただし前田家では，若干の地所を寄付しても簿価を変更しないことはある。代金が入らない一方で，支出額は変わらないからであろう。

35) むろん大阪や名古屋など他の大都市圏の地価も，地方より大きく高騰したが，多くの有力大名華族は，本邸を含めて，最も地価が高騰した東京に広大な土地を所有していた点が特徴であった。

340　第2部　大正・昭和戦前期における毛利家資産の性格変容

表5-17　預ヶ金・貸付金・所有現金など（1921-38年）

項　　目	1921年	1922年	1923年	1924年	1926年	1927年
［第一基本財産］						
留萌地所売却代年賦未収金高	198,750	198,750	198,750	198,750	198,750	198,750
砂町地所　　　〃	—	1,000,000	650,000	—	—	—
銀行定期預金	910,000	560,000	376,663	658,012	1,070,000	880,000
内，第一銀行	(…)	(…)	(…)	(…)	(…)	(…)
住友　〃	(…)	(…)	(…)	(…)	(…)	(…)
三井　〃	(…)	(…)	(…)	(…)	(…)	(…)
三菱　〃	(…)	(…)	(…)	(…)	(…)	(…)
銀行通知預金	—	357,072	851,835	495,321	66,013	50,081
内，三井銀行	(—)	(…)	(…)	(…)	(…)	(…)
銀行特別当座預金（三井銀行）	—	—	—	—	—	—
銀行当座預金	24,436	18,060	17,717	303,428	13,354	35,948
内，三井銀行	(…)	(…)	(…)	(…)	(…)	(…)
安田　〃	(…)	(…)	(…)	(…)	(…)	(…)
信託預金	—	—	—	—	291,785	310,389
内，三井信託	(—)	(—)	(—)	(—)	(…)	(…)
三菱　〃	(—)	(—)	(—)	(—)	(…)	(…)
住友　〃	(—)	(—)	(—)	(—)	(…)	(…)
鴻池　〃	(—)	(—)	(—)	(—)	(…)	(…)
三井　〃	(—)	(—)	(—)	(—)	(…)	(…)
貸付金（今村銀行）	—	—	—	—	602,657	160,258
第二基本財産へ預ヶ金	110,000	510,000	—	—	—	—
現金	13,749	6,585	81,750	16,577	5,848	7,692
計	1,256,934	2,650,467	2,176,714	1,672,089	2,248,407	1,855,579
［第二基本財産］						
銀行定期預金	17,000	25,000	30,000	31,000	—	340,000
〃 通知預金	—	—	182,386	1,391	252,049	55,000
〃 特別当座預金	—	—	—	—	—	—
〃 当座預金	50,786	85,765	22,653	109,038	40,547	36,615
信託預金（三井信託）	—	—	—	153,739	175,392	186,575
貸付金（小野田セメント）	—	270,000	238,050	238,050	—	—
現金	—	—	6,490	—	4,805	6,259
計	67,786	380,765	479,580	533,218	472,793	624,448
［第二基本付属財産］						
第二基本財産へ預ヶ金	200	200	—	—	—	1,134,239

出所：　表5-10と同じ.
注：1）各年末．ただし38年は9月．（　）は内数．
　　2）銀行預金のうち，住友銀行は東京支店，山口銀行（本店大阪）は丸ノ内支店，安田銀行は小舟町支店．
　　3）1938年相続財産申告額は，第一基本・第二基本財産の計．

(円)

1928 年	1929 年	1930 年	1931 年	1932 年	1938 年相続申告額	備　考
198,750	198,750	198,750	198,750	198,750	116,640	37 年まで 198,750 円
—	—	—	—	—	—	
620,000	380,000	380,000	330,000	420,875	—	
(100,000)	—	—	—	(78,009)	—	
(220,000)	…	(280,000)	(230,000)	(235,027)	—	
(300,000)	山口銀行	(100,000)	(100,000)	—	—	
—	—	—	—	(107,840)	—	
50,000	185,000	—	—	240,000	400,000	38 年は第一銀行
(50,000)	(…)	(—)	(—)	(240,000)	—	
—	—	—	—	88,912	95,953	38 年は第一銀行
79,588	36,516	162,501	26,944	9,232	3,476	〃
(72,626)	…	(147,839)	(16,347)	(9,232)	—	
(6,962)	…	(14,662)	(10,597)	—	—	
1,224,127	1,285,286	1,190,749	1,247,805	1,120,781	1,088,595	
(153,369)	(…)	—	—	—	(479,498)	
(357,118)	(…)	(386,948)	(405,150)	(425,149)	(609,097)	
(254,987)	(…)	(284,960)	(298,501)	(203,577)	—	
(153,199)	(…)	(163,192)	(172,113)	(101,995)	—	
(305,453)	(…)	(355,649)	(372,041)	(390,060)	—	
160,258	160,258	—	—	—	—	
—	—	—	206,318	—	—	
—	7,850	3,875	5,761	10,579	2,400	
2,332,724	2,253,659	1,935,875	2,015,577	2,089,130	1,707,064	
—	—	190,000	290,000	—		
50,000	329,698	—	—	350,000		
—	—	—	—	300,905		
163,235		89,840	139,843	30,805		
152,948	160,361	162,792	170,295	—		
—	—	—	—	—		
3,976	9,982	7,386	5,219	64,300		
370,160	500,042	450,018	605,357	746,009		
1,179,778	1,292,840	1,206,349	1,274,287	1,452,334		

シ，解決ノ方法ニ関シ，種々交渉ヲ尽サシメタルモ，何分留萌築港ノ事業
ハ遅々不進ノ状態ニ在テ，従テ留萌方面ノ萎靡不振ハ他ニ倍徙シ，急ニ調
金ノ手段コレナク，結局正式ノ訴訟ヲ提起シテ担保地所ノ公売ヲ行フヨリ
外，途ナキモ，此場合斯ル方途ニ出ルモ，聊カ穏当ナラザル感コレアリ，
姑ク時機ヲ見合タル方，可然旨，岩田弁護士ヨリ気付ノ次第コレアリ，手
続ノ進行ヲ中止中ニ属セリ

とあり，1923年6月〜27年末の未納利子は4万5千円余に及ぶともある。す
でに長期にわたって滞納が続き，毛利家としては訴訟によって担保地所を売り
払うしかないとも考えたが，顧問弁護士岩田宙造から，穏当でないのでしばら
く様子を見るしかないと諭されて，訴訟手続きはとりあえず中止したという。
1931年には未収利子額は7万4千円余に上り，かつ昭和恐慌に突入して，い
よいよ回収困難となった。すなわち，

地所価格ハ不景気ノ為メ，著シク低落ノ状体（ママ）ニ在リ，随ツテ本貸金ハ到底
急速回収ノ見込コレナク［中略］会社ニ於テハ故五十嵐［億太郎］社員ノ
出資金問題ニ関シ，他ヨリ訴訟ヲ提起セラレ，目下裁判繋属中等ノ事情ニ
テ，暫ク猶予方ノ義，申出テ居レリ[36]

とある。引用文中の五十嵐億太郎（1873-1929）は，青森県生まれで，留萌の
五十嵐家の養子となり，留萌築港や鉄道建設に力を尽くし，こんにち留萌にお
ける郷土の偉人とされている人物である[37]。結局，名望ある毛利家としては，
長期に及ぶ滞納にもかかわらず，強硬な手段に出られなかった。前記のように
留萌港建設が予定よりかなり遅れたことが滞納の主因であるが，築港遅延の要
因は，1年の多くの時期に大波が打ち寄せ，河川や海からの砂が堆積する問題
とともに，1920年恐慌以降の不況，関東大震災の影響などによって，留萌へ
の工事費配分まで大幅に削減されたことがあったとされている。1931年頃に
元利残高計400万円もあった巨額の留萌町債の償還が不能となったのも，築港
の遅れが原因であり，債権者への対応などのため関係者はたびたび上京した。
1923年には築港問題が行き詰まったことを苦にして，留萌町長が自殺する事

---

36) 以上，『予算及決算書』（昭和2年度，同6年度）所収「考課状」。
37) 前掲，近藤『郷土留萌建設の先覚者 五十嵐億太郎』や，留萌市ホームページなどを
　　参照。

件まで起きた。留萌港は 1933 年にようやく完成し，翌 34 年に町債問題も解決したが[38]，毛利家への未払代金は 38 年にもなお存在し，問題は容易に解決しなかった。有力大名華族は，他の債権者を押しのけて債権回収に奔走するわけにはいかなかった。

　次の砂町地所売却代未収金は，前記のように汽車製造会社に売却した代金の残りであり，1924 年にはそれを社債に振り替えたが，それも順調に償還されていった（表 5-12）。

　信託預金が 1920 年代後半から現れているが，これはこの頃財閥系信託会社などが設立されて，大資産家が信託預金を積極的に行うようになったものであり，毛利家に限ったことではない。

　次に今村銀行への多額の貸金が 1926 年に現れているが，これは同表の史料から，すでに 25 年には存在しており，当初 48 万 5 千円を貸し付け，その後（第一基本財産の）興銀債額面 25 万円償還金を同行への貸金に振り向け，計 73 万 5 千円もの貸金額となったことが知られる。その後返済等もあり，27 年末には残額 16 万円余となっている。しかし同行に対しては，このほか，表 5-13 のように 29 年まで公債貸渡し額面 36 万円，その他代位返済等を含めて，57 万 8 千円の債権を有していた。井上侯爵家ほか 3 家も，今村に対する債権があり，その額 49 万円余と毛利家分を合わせると，総計 106 万 9 千円に上った。これが今村銀行の経営不振によって返済不能となったので，毛利・井上ら債権者側は，抵当権を有する日本橋区南茅場町地所や，まだ抵当権設定のない北多摩郡国分寺村恋ヶ窪地所（今村繁三別荘地）などを，共同で譲り受けた（1929 年 10 月 31 日契約締結）。問題は，これによって毛利家がどの程度損失を蒙ったか否かである。詳細は略すが，帳簿上の損失は 3 万円程度となる。しかし，井上家などとの共有土地の地域別価格も記していないことから，毛利分地所の帳簿上の元資金（54 万 8 千円）は，毛利の債権額 57 万 8 千円から諸経費および元の簿価を超えていた分を引いた金額のように思える。つまり諸経費等を引いて，債権と土地を交換しても，第一基本・第二基本財産ともに損益なしという金額を簿価にしたらしい。したがって，得られた土地の簿価は時価と

38）　以上，前掲『留萌港史』114-129 頁，および前掲『留萌市史』278-288 頁。

344　第2部　大正・昭和戦前期における毛利家資産の性格変容

表 5-18　第一・第二基本財産の損益（1922-38 年）

項　目	1922 年	1923 年	1924 年	1927 年	1928 年	1930 年
［歳入］						
株式配当	481,525	524,910	646,246	535,033	517,788	572,069
債券利子	184,720	238,579	247,205	251,514	246,155	263,653
預金・貸付金利子	66,497	80,964	103,642	147,872	134,676	101,690
不動産収入（ほぼ地所収入）	46,160	55,721	47,491	30,402	25,580	26,516
地所売却差益金	1,762,185	209,218	153,744	393,081	209,167	46,639
各種積立金ヨリ繰入	5,522	2,322	2,846	82,186	7,373	6,803
有価証券売却償還益	9,788	14,000	—	3,127	28,254	—
その他	33,008	33,798	35,923	32,137	24,210	26,322
歳入計①	2,589,404	1,159,511	1,237,098	1,475,351	1,193,205	1,043,691
［歳出］						
資産運用諸経費	49,794	57,846	41,081	68,931	116,994	190,485
経常部高輪邸所管表費	311,851	313,189	336,691	297,937	312,347	338,526
〃　防府邸　〃	88,592	89,772	92,765	92,964	82,988	82,958
経常部表費計	400,443	402,961	429,456	390,900	395,334	421,484
臨時部高輪邸所管表費	32,921	91,063	53,494	179,626	99,293	272,493
〃　防府邸	40,893	14,738	19,141	16,288	14,837	5,885
臨時部表費計	73,814	105,801	72,635	195,914	114,130	278,378
経常部臨時部表費計	474,257	508,763	502,091	586,814	509,465	699,862
歳出計②	524,051	566,609	543,173	655,745	626,459	890,347
差引利益（①－②）	2,065,353	592,902	693,926	819,606	566,745	153,344

出所：『予算及決算書』各年度．1935 年以降は，前掲『相続財産一件書類』所収史料．

注：1）　この歳入出には，基本的に積立金や付属財産の収支・損益は含まれない（各種積立金などは第一・第二基本とあるし，1924 年のように墓地整理費積立金が歳入に入れられる場合もある．第二基本財産の歳出には，家内部
　　2）　歳入について，「預金・貸付金利子」は家外部からの利子であり，36 年以降は預金利子のみ．「地所売却差益算入した．「歳入計」には家内部からの受取利子は含まない．
　　3）　歳出について，「資産運用諸経費」には内部積立金への利子を含む．

は乖離がある可能性がある。東京の地価は 1929 年をピークに低落傾向に転じ、35・36 年頃を底としてその後ようやく回復に向かったが、太平洋戦争終了までは緩慢な変動であったし、場所によってかなりの差があった[39]。じつは毛利家は今村との債権と地所の交換によって結局損失を被った。むろんそれは同家の財政基盤を揺るがすものではなかったが、この点は、30 年代半ば以降こ

───────────

39）　小峯三千男『市街地不動産鑑定』（家庭裁判所調査官研修所，1957 年）60-66 頁。

第5章　大正後期の資産と損益　345

(円)

1931 年	1932 年	1933 年	1935 年	1936 年	1937 年	1938 年
448,301	412,245	422,872	…	629,931	649,925	680,479
280,689	296,297	…	…	295,557	288,073	286,712
94,215	86,298	…	…	90,654	81,820	92,107
23,937	23,571	…	…	28,035	27,281	28,896
14,428	475	…	…	—	3,798	2,291,211
8,567	45,228	…	…	96,701	37,170	254,111
263	53,828	…	…	22,562	33,690	106,675
19,195	22,999	…	…			
889,595	940,941	…	1,152,871	1,163,440	1,121,757	3,740,192
109,264	180,321	…	…	…	…	…
375,862	307,138	308,581	…	…	…	…
90,312	81,554	88,381	…	…	…	…
466,173	388,692	396,962	…	…	…	…
71,872	61,666	80,261	…	…	…	…
8,951	6,270	15,150	…	…	…	…
80,823	67,936	95,411	…	…	…	…
546,996	456,629	492,373	…	…	…	…
656,260	636,949	…	728,400	745,804	775,169	1,191,930
233,335	303,992	…	424,471	417,636	346,588	2,548,262

は別会計）．したがって同家全体の厳密な損益や収支ではない．また積立金からの家政費支出も
への利子支払もある．
金」は地所売却代年賦未収金利子を含む．第二基本・臨時部歳入の公債貸渡料は「その他」に

　れらの地所売却によって明らかになった（後述）．

　要約すると，同家は，明治期に藤田組に200万円近くも融資するなど，前田家と比較して，特定の貸付先にやや極端に多額の貸付を行った．しかし大正・昭和戦前期になって，かなり慎重な投資姿勢に変化した．それでも久原鉱業への公債貸付を含めて，縁故に引きずられて偏ったあるいはやや慎重さを欠いているのではないかと思われる投資は，完全にはなくなっていない．そしてそのような投資の一部で損失を出した．

346　第2部　大正・昭和戦前期における毛利家資産の性格変容

　1920年代前半の第二基本財産・貸付金は小野田セメントに対するもので
あった。1922年貸付の契機は、「小野田セメント製造株式会社ノ請求ニヨリ
預ヶ入ヲナシタル」ものであり、同社大連工場拡張のためであった。同社は興
銀からの借入を計画したが、興銀側が慎重姿勢を示したため、不足分を毛利家
と交渉して借り入れた[40]。毛利と小野田の特別な関係は明治期以来継続され
た。

　結局、同家は1890年代〜1900年代には、100万円から多い時は300万円近
くの貸付金があった。しかし1920年代には外部への貸付金は大幅に減少して
おり、今村銀行や小野田セメントへの比較的多額の貸付金はかなり例外的なも
のであった。

(5) 損益

　表5-18は、注記したように、厳密には同家全体の損益あるいは収支ではな
い。しかしこれによって同家損益の概要は把握できよう。とりあえず1922〜
24年をみると、歳入について、株式配当・債券利子・預金等利子・不動産収
入は概して安定的である。これに対して、地所売却益金は金額が大きい場合も
あり、毎年同じだけを売却するわけではないから変動が大きい。もっともそれ
は含み益を実現させているだけではある。歳出は、内訳の表示を略したが（史
料には明細がある）、こちらもきわめて安定的である。こうして最下段の差引
利益の変動は、歳入の地所売却益の規模が大きな影響を与えていた。ただしこ
の差引利益に反映されていない比較的大きな損金が時折あった。多額の寄付金
支出のなかには、同表の歳出には含まれないものがあったからである。

　規模の大きい寄付金支出として、1921年恩賜財団済生会へ10万円、21・22
年赤十字山口病院建築費11万5千円、23年関東大震災義捐金30万円などが
ある。このうち23年の震災義援金は、第一基本財産の保険金から直接30万円
を支出しており、表5-18には現れない[41]。この点、第二基本財産「考課状」

---

40)　以上、表5-17の史料、および前掲『小野田セメント百年史』254-255頁。
41)　第一基本財産の1922年保険金は44万2千円であるが（表5-1）、同年の利益金から
　　15万7千円を繰り入れて60万円とし、そこから30万円を支出して、23年保険金残額

には，

第一基本財産御設定ノ根本旨趣ハ非常特別ノ場合ニ備ヘラレタルモノト相
認ムルニ依リ，今回ノ天災ハ実ニ未曾有ノ事実ニ付，例外特別ノ臨機手段
トシテ第一基本財産ヨリ之ヲ支出セラルヽハ，敢テ不都合ナカルヘシト相
信シ，家政協議人ヘ諮詢ノ上，御決裁ヲ経テ［後略］

とある。大正後期になっても，同家の第一基本財産は江戸時代の長州藩撫育金
と同じ性格のものであった。なお関東大震災に対しては，さらに第二基本財産
からも「震災臨時費」として4万2千円を支出した。

は30万円となった。

第6章

昭和戦前期の資産と損益

—1927〜38年—

（1） 家政管理体制と資産

　井上馨家や山県有朋家の継承者であり，毛利家家政協議人であった井上勝之助，山県伊三郎も，それぞれ1929年，27年に没した。その後の一族外家政協議人は断片的にしかわからないが，上山満之進（現防府市出身，内務・農商務官僚，台湾総督など）は1929年から亡くなる38年まで務めた[1]。39年5月に家政協議人は家政顧問と名称を変更し，木戸幸一が35年4月に，38年に没した上山の後任として井上勝之助の養嗣子井上三郎（陸軍少将，桂太郎3男，古代史家井上光貞の父）が同年8月に，入江貫一（宮内官僚，野村靖の次男）が45年9月に就任している[2]。

　この時期の家政管理体制に関わる重要な事項は，1927年に家憲改正が行われたことである。すなわち1890年制定の「家憲」に代わって，「家範」が制定された[3]。これによって，会計制度も種々変更された。もっとも第一基本財産・第二基本財産という骨格は変更されず，会計制度の抜本的な改革ではなく，小幅な改正に止まる。家政費支出および元資の増殖を目的とする第二基本財産に対して（第33条），第一基本財産は蓄積を目的とするという点も不変である。

---

1)　上山は，毛利邸近隣の高輪に居住し，1922年から同家編纂所長を務め，続いて家政協議人になった。上山君記念事業会編『上山満之進』上巻（成武堂，1941年）491-495頁など。

2)　以上，『例規』所収史料，『木戸幸一日記』上巻（東京大学出版会，1966年）399-400頁，昭和10年4月10日，同13日条，同書，下巻（1966年）668-669頁，昭和13年8月30日，同31日条による。

3)　全文は，『例規』所収。

350 第 2 部　大正・昭和戦前期における毛利家資産の性格変容

念のために，第一基本財産を規定した第 30 条を摘記すると，「第壱基本財産ハ英雲公［長州藩 7 代藩主重就］御撫育設立ノ精神ニ基キ，蓄積ヲ目的トシ，妄リニ之ヲ消費シ，若ハ債務ノ担保ニ供シ，又ハ融通貸付ヲナスコトヲ得サルモノトス」とある[4]。また第一基本財産の不動産・債券は世襲財産に組み入れることを得る，とある。実際，この頃の同家世襲財産は，主に公債と各地の土地であった[5]。

　前田家の財政制度は，明治後期以降，根基資本（1897 年度から単純に世襲財産）と予備貯蓄（97 年度から予備財産）の 2 つの会計からなり，その点は毛利と似ている。しかし前田は家政費を世襲財産の収益から支出したのに対して，毛利は家政費をほぼ世襲財産ではない第二基本財産の収益から支出した。前田家がなぜ家政費を根基資本（ないし世襲財産）収益から支出したのか。それは，明治一桁年代は政府から家禄が支給され，当然そのうちから家政費を支出していたが，1877 年に家禄が打ち切られ，代わりに金禄公債が交付されたから，それを全部，根基資本にしてその収益から家政費支出を行うこととし，また根基資本とした交付金禄公債を華族世襲財産法（1886 年）に基づいて世襲財産とした，という歴史的経緯ゆえである。これは，何ら不思議のないごく自然ななりゆきである。これに対して毛利の場合，明治前期の「当用金」と「要用金」という 2 本立ての会計制度は，前田のそれとほぼ同じであったが，1890 年家憲制定以来 1927 年の家範でも踏襲されて，少なくとも第二次大戦直後頃まで続く，第一基本財産・第二基本財産という 2 本立ての会計制度は，繰り返し述べるように，18 世紀以来の長州藩の財政制度そのものなのである。

　そしてこの時，第一基本財産の「定額」（目標額）を 1 千万円とした[6]。同

---

4)　もっとも，前章末尾で述べたように，関東大震災救恤金を第一基本財産から支出したし，高輪邸地所建物は 1927 年以降第一基本財産に所属し，同付属財産にも「邸宅新築改築費積立金」があったので，それまで第二基本財産から支出していた高輪邸修繕費・庭園費は，1939 年から第一基本財産から支出することとした（「邸宅修繕費，庭園費等，第一基本財産ヨリ支出ノ件，伺」昭和 14 年 2 月 25 日，『例規』所収）。

5)　高崎経済大学図書館毛利家文書には，明治期から昭和戦前期の『世襲財産目録』が大量に存在する。ただしこの史料は，追加的に設定される山口県ほかの小地片の記載がほとんどであり，特定時点における世襲財産一覧がなく，全体がきわめて把握しにくい。またこのような世襲財産の内容も前田家とはまったく異なる。

6)　『例規』所収の「第壱基本財産定額之件，伺」（昭和 2 年 7 月 1 日）。

家は 1890 年家憲制定の際に，第一基本財産を設定した時も，その定額を 50 万円とした。つねに撫育方ならぬ第一基本財産の定額を定めている。本書冒頭で述べたように，1871 年に藩の資産と毛利家の個人資産を引き分ける際に，撫育金が 100 万両残されていたとされる。あまりに切りのよい 100 万両が残されていたのは，撫育金の「定額」が 100 万両に設定されており，それ以上貯め込む必要はないとされていたからではないか。そうだとすると，近代の毛利家財政のしくみは，ますます長州藩財政のしくみそのものということになる。

　さらに若干細部にふれると，第一基本財産付属財産として 3 つの積立金を設置し（第 31 条），第一基本財産の「保険金」を第一基本財産付属財産の「積立金」に変更した。この 3 つは，(1)第一基本財産のための「準備積立金」，(2)「邸宅新築改築費積立金」，(3)「家族の婚姻・養子縁組分与積立金」である。これにより，第一基本付属財産の内容が 27 年から改定された（前掲表 5-2，なお「家族分与積立金」は当面必要なしとして積立はしていない）。(1)の「準備積立金」は，「天災其他ノ事故ニ因ル非常準備及本財産欠損補填ノ準備」金と，「本財産［第一基本財産］ニ対スル相続税ノ準備」金からなり，後者の相続税準備金が大きな比重を占めた。しかし「家範」の日付は 27 年 4 月 17 日であり，この頃昭和金融恐慌のさなかであった。「準備積立金」は，関東大震災はもちろん金融恐慌の発生も反映しているかもしれない。第二基本財産についての相続税準備金は，別途第二基本付属財産で設定した。資産家に対する税攻撃でもある日露戦時期に創設された相続税の負担は，とりわけ大資産家にとってきわめて重要な問題となっていた。そして第一基本財産の「定額」を定めたように，これらの積立金にもそれぞれに積立予定額・目標額を設定した。表 5-2 の最下段の「予定高」がそれである。

　第二基本財産付属財産の内容も大幅に改変して，従来の第二基本財産所属別途経済各種積立金を再編した（表 6-1）。同付属財産として，(1)「家職員恩給基金」，(2)「旧特別重臣家計恩助基金」，(3)第二基本財産のための「準備積立金」，(4)「公益事業助成ヲ目的トスル積立金」，(5)「其他必要ナル積立金」，と積立金を区分している（第 33 条）。むろんこれらの多くは以前からあった積立金であるが，公益事業助成積立金を新設した。28 年の「第弐基本財産経理要領報告書」（『予算及決算書』所収）には，「社会的公益上有望ナル最善至美ノ

352　第2部　大正・昭和戦前期における毛利家資産の性格変容

表 6-1　第二基本財産付属財産（1927-37 年）

項　目	1927 年 6 月		1938 年 3 月	1927 年	1928 年
	予定高	年利(%)	予定高		
準備積立金	2,000,000		4,200,000	946,087	973,840
内，非常準備積立金	(200,000)	5.0	(200,000)		
第二基本財産補塡準備積立金	(800,000)	〃	(800,000)		
第二基本財産相続税準備積立金	(1,000,000)	〃	(3,200,000)		
家職員恩給基金	150,000	〃	150,000	118,043	121,439
旧特別重臣家計恩助基金	200,000	6.0	200,000	107,236	110,240
内，現金（第二基本へ預ヶ高）				(40,486)	(43,402)
株式元資金（下記の銘柄）				(66,750)	(66,838)
第二準備積立金	[200,000]	5.0	300,000	—	—
鎮守社別途基金	—	〃		9,623	10,118
内，現金（第二基本財産へ預ヶ高）				…	…
株式元資金（下記の銘柄）				…	…
公益事業助成積立金	1,500,000	5.0	1,500,000	20,000	30,979
計　現金（第二基本財産へ預け金）				1,134,239	1,179,778
株式元資金				66,750	66,838
総　計				1,200,989	1,246,616
旧特別重臣家計恩助基金，株式					
東京電灯 1,200 株，31 年 1,040 株元資金				(60,000)	(60,000)
信越電力 120 株元資金				(6,000)	(6,000)
戸畑鋳物 15 株元資金					
〃　新 7 株元資金					
鎮守社別途基金，株式					
東京電灯 220 株元資金					

出所：表 2-1 と同じ．1927 年予定額および 1937 年は，『例規』所収史料による．
注：1）「予定高」以外は各年末．益金処分後の数値．（　）内は内数．
　　2）27 年 6 月の「年利」は，第二基本財産から付される金利であり，27～32 年の間は不変．
　　3）「第二財産相続税準備積立金」の「1927 年予定額」100 万円は「仮予定高」．
　　4）「第二準備積立金」は，32 年決算の際に元道外遊用に創設．「1927 年 6 月予定高」欄の「第二準備積立金」は，
　　5）38 年 3 月に，「第二準備積立金」定額を 30 万円に，「相続税準備積立金」定額を 320 万円に引き上げた．
　　6）最下段の東京電灯 220 株元資金は，31 年以降，旧重臣基金から 160 株，東京発電株 1/2 の 60 株，計 220 株．

事業ニ対シ，之レカ助成ノ資金［中略］金百五拾万円ヲ積立ツヘキ」と説明さ
れている。やはり同家の社会貢献への意気込みは並みならぬものがあった。ま
た旧特別重臣家計恩助基金は，従来，保護の必要がない右田，吉敷両毛利家は
除外していたが，

　　　［両家の］現状ニ依リ，将来ヲ慮ルトキハ，今后遠カラサル内ニ於テ，他

(円)

1929 年	1930 年	1931 年	1932 年	1937 年	備　　考
1,067,724	953,216	990,128	1,086,121	1,557,451	30 年は 22 万円余の十五銀行欠損補塡金を支出
125,389	139,737	150,000	150,103	…	20 年代前半から資金とも継続
113,388	124,368	129,368	139,378	…	
(46,551)	(57,531)	(76,531)	(86,540)	…	
(66,838)	(66,838)	(52,838)	(52,838)	…	
—	—	—	35,000		
10,647	11,198	11,700	12,027	…	
…	…	(700)	(1,027)	…	
…	…	(11,000)	(11,000)	…	
42,530	44,667	56,928	93,543	…	
1,292,840	1,206,349	1,274,287	1,452,334	…	
66,838	66,838	63,838	63,838	…	
1,359,678	1,273,186	1,338,125	1,516,171	…	
				…	
(60,000)	(60,000)	(52,000)	(52,000)	…	
(6,000)	(6,000)	—	—	…	1928 年から東京発電 120 株元資金
	(750)	(750)	(750)	…	
	(88)	(88)	(88)	…	
				…	
		(11,000)	(11,000)	…	

1932 年末の予定高.

　　ノ八家ト等シク保護ヲ必要トスル場合ニ至ルベキ懸念ナシトセサルニヨリ，
　予メ相当ノ準備ヲナシ置カサルヘカラス

と，将来的には心配なので，両家も援助の対象とすべきとし，他の 8 家の状況
をみると，1 家につき年 600 円ずつでは「家計維持甚タ覚束ナキ事実アル」様
子なので，1 家に対する基金を増額して，総額予定高を 20 万円することに決

めている（同上史料）。繰り返すが，分家を含めた有力な旧臣を保護せんとする姿勢は，大変なものである。他方，墓地整理は一段落したため墓地整理費積立金などは廃止した。結局，1927年以降の会計のしくみは，それまでと少し変わって，図6-1のようになった。

監査は，家政協議人会に付す前に財産主管者が審査を行うが，依然として「家政協議人会ノ監査ヲ経テ承認ヲ求ムヘシ」（第37条，第46条）とあるに止まる。前田家では明治後期以来，種々のコメントを記した「会計検査報告書」が各年度『決算書』の中に綴じ込まれているが，毛利家の決算書には「監査報告書」などは見当たらない。依然として，前田家の，多くは会計・経理の専門家による，より厳格な監査との格差を感じざるをえない。

ただし毛利も，とくに第一基本財産・第二基本財産の純益金処分については詳細・厳格になった印象を受ける。その仕方は，「家範」第7章に厳格に規定されており，簡単にいえば，第一基本財産では収益の2分の1は元資に組み入れ，他は諸積立金に組み入れる。ただしその積立金が所定の金額に達すれば，残余は第二基本財産に組み入れる。第二基本財産の純益も諸積立金に組み入れ，積立金が所定の金額に達すれば，残余はやはり第二基本財産に組み入れるというしくみにした。歳入歳出は，ともに経常部・臨時部を設け，臨時部は予算外の収支を扱うこととしている。歳入を経常部・臨時部に分けたのは「家範」制定からである。

こうして1927年4月14日の家政評議人会で「家範」制定を決議し，即日宮内大臣に認可申請，翌15日に認可され，同月17日に高輪邸遙拝所で，先祖への奉告祭と家主宣誓式が一族・親族・家政評議人列席のもとで行われ，同年7月1日から施行された。

その後も種々制度変更はあり，1932年度決算の際に，元道の将来の外遊用およびその他不時の支出用として，第二準備積立金を創設した（表6-1）[7]。1939年には「事務所規則」改正によって，前記のように「財産主管者」を

---

7)　「第弐準備積立金ニ関スル件」（昭和8年3月5日，『例規』所収）。元道のドイツ・ベルリンへの自費留学費（1937年8月〜39年7月）は予算19万6千円余と決定していたが，38年3月に，物価上昇のため到底不足になるので，第二準備積立金定額を30万円に引き上げた（「第弐準備積立金積立定額増加ニ関スル件」昭和13年3月15日，『例規』所収）。

図 6-1　毛利家会計のしくみ（1927 年～30 年代）

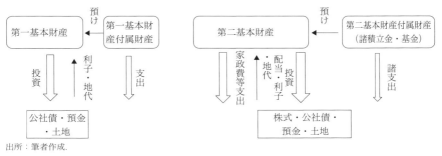

出所：筆者作成．

「財務監督」と改称し，「家令」「家扶」「老女」「侍女」や「女中」の呼称も廃止した（表 6-2）。

　次に重要な点が，1927 年には，1865 年生まれの当主元昭は 60 歳を超えており，「家範」で相続税積立金を充実させたように，相続税対策を本格化した。まず同年 1～3 月に資産の時価評価を行い，元昭が亡くなって元道が遺産相続する場合と，元昭が隠居して元道が家督相続する場合に分けて，税を算出した。この相続税シミュレーションは 10 年後の 37 年前半期にも行われた。じつは同家はそれまで自家の総資産時価がどの程度なのか，一度も算出した形跡がない。第一基本財産，第二基本財産などといくつもの会計に分けて資産を保有したが，統合した総資産表は作成せず，総資産額も算出した史料は見当たらない。つまり同家は自家の総資産額にたいして関心はなく，多額の相続税納付の可能性が近づいて初めて，それに関心を向かわせた。

　この点は，前田家も似たようなものであった。同家は毛利家と異なって，明治期から複数の会計を統合した総資産額を算出していたが，しかしそれは相当大きな含み益をもつ簿価にすぎなかった。1890 年代に総資産の時価評価を試みたことがあるが，4 年で止めてしまっている[8]。両家とも，不動産を各地に所有するなどきわめて多様な資産をもち，それらの時価算出にはかなりコストがかかる。しかしそのようにコストをかけて総資産時価額を算出しても，それが必要になるのは相続税納付の時だけである。周知のように相続税は日露戦時

---

8)　第 1 部第 3 章，188-189 頁，表 3-7。

356 第2部 大正・昭和戦前期における毛利家資産の性格変容

表 6-2 家職定員（1939 年 5 月改正）

種　　別	職　　名	人員	旧職名
重役			
事務所長（高輪）	総務	1	家令
事務所次長	理事	1	家扶
出張所長（防府）	〃	1	家扶
普通職員			
事務所（高輪）	主事・一等主事補・二等主事補	12	
〃	女子タル一等主事補	1	老女
〃	女子タル二等主事補	1	侍女
出張所（防府）	主事・一等主事補・二等主事補	5	
雇員			
事務所（高輪）	雇員	9	
〃	女子タル雇員	6	女中
出張所（防府）	雇員	4	
総　　計		41	

出所：「公爵毛利家事務所職員及雇員定数表」（昭和 14 年 5 月，『例規』所収）．

期に創設されたから，1890 年代に総資産時価を算出しても，何の役にも立たないのである。前田家がそうした試みを 4 年で止めた理由もそれであったと思われる。

　それどころか，毛利・前田ともに正確な総損益も算出していない。「歳入」と「歳出」をそれぞれ書き出して，剰余がどの程度あり，それを資産に組み込むという決算書を作成して，会計監査に付しているが，毛利・前田ともに若干先述したように，じつは両家の収益や損失は，この決算以外にもかなりある場合があった。毎年正確にいくら利益を得て，どの程度損失を出したかについて，あまり関心がなかったとしか思えない。

　そうなる理由の 1 つは，家自体が事業の経営体ではなかったからである。毛利・前田ともに，事業を行う場合は，多くの場合，事業部門を特別会計にして損益を算出しようとした。そして毛利・前田とも，収益目的の主たる資産は有価証券・不動産であり，農場などの直営事業は長期の大規模なものではないか，あるいは家の総資産に比して大きな比重を占めるものではなかった。他の富裕な大藩大名華族や，ヨーロッパの富裕な伝統的有力貴族も，たいていは同様だったと思われる。むしろ直接事業によって利益を稼がなければならなかった

のは，（本来実業家であった華族・貴族は別として）概してもともとたいして富裕でない華族・貴族であった。要するに，富裕な伝統的貴族は，当然ながら直接事業に基づく利益追求のインセンティブに乏しかったのである[9]。

　毛利や前田が家全体の損益を正確に算出しようとしなかったもう１つの理由は，税制である。戦前の税制は現代のそれのような複雑さはなく，たとえば前記のように譲渡所得は非課税であったから，有価証券・不動産の売却損益を正確に算出して決算書に記す必要はなかった。毛利や前田の決算書などに，有価証券売却償還損益・土地売却損益を記したり記さなかったりした理由はそれであった。所得税法における寄付金控除は，1962年税制改正によってはじめて実現したから，多額の寄付を行う戦前の大名華族資産家は税務当局に寄付額を示しても意味はなかった。したがって家の諸会計から寄付額を集計する必要もなかった（こうして今日の研究者が史料から総寄付額を知ろうとすると苦労することになる）。いずれにせよ，家全体の損益を正確に算出するインセンティブがなかったのである。大名華族資産家とはそのような存在であった（むろん一般の資産家の家政部門もほぼ同様であろう）。それは家自体が「華族資本」などというものではない所以でもある。

　しかし本章の対象時期は，日本にまだ相続税がなかった先代元徳の没時とは時代が大きく変わり，毛利のような華族大資産家には資産継承に大きな制約が課されるようになっていた。このため，同家家令中村芳治が高齢と病弱を理由に31年10月に引退すると，後継家令として税務に精通した野村盛康を招いた。野村は1883年生まれの山口県士族であり，東京帝大法科を卒業した後，大蔵官僚となり，税務畑を歩いて，名古屋税務監督局長を最後に同年退官した[10]。この年，野村はまだ48歳であり，毛利家が家令就任を懇請して，官を辞した

---

9)　もっとも，少なくとも日本では，下層の本来それほど富裕でなかった武家・公家華族の中で，直接事業に乗り出す者は多くなかったようである。その比率は社会平均よりも低かったかもしれない。もしそうだったとして，その理由は，それでもそれなりの資産があり，またプライドとともに，保護・支援を要請しうる宗家や旧藩主などが存在したからではないか。旧長州藩・旧加賀藩とも，旧支藩主家など藩主の分家や旧上層家老家は，従来まったく想定していなかったほど宗家・旧主家から援助を受けていた。したがって，加賀横山家や延岡内藤家の近代におけるリスクをかけた果敢な事業経営の開始とその成功は，かなり珍しい例であったといえる。

10)　『人事興信録』第9版（1931年），同第10版（1934年）所収の「野村盛康」の項。

358　第 2 部　大正・昭和戦前期における毛利家資産の性格変容

表 6-3　資産の時価評価額（1）（1927 年 3 月現在）

（円）

種　類	元昭名義			元道名義	計
	第一基本	第二基本	計		
土地	7,128,878	243,640	7,372,518	24,057	7,396,575
建物	517,738	—	517,738	—	517,738
公債	1,852,519	1,496,240	3,348,759	—	3,348,759
社債その他債券	538,750	8,100	546,850	—	546,850
株式	—	5,599,361	5,599,361	3,425,441	9,024,802
預金・貸金・現金	2,207,819	472,793	2,680,612	—	2,680,612
計	12,245,704	7,820,134	20,065,838	3,449,498	23,515,336

出所：「秘 相続税関係調書」昭和 2 年 3 月（前掲『相続財産一件書類』所収）.
　注：付属財産を含む.

　はずである。明治期の同家よりも，先を見越したより慎重なスタンスになって
いたという印象を受ける。

　さて第一基本財産は，前記のように，1927 年に「定額」を 1 千万円とした
が，実際は同年の資産額は 500 万円余であったから，まだ蓄積する余地は十分
にあり，順調に資産額を増加させているし（表 5-1），第二基本財産もほぼ同
様であった（表 5-3）。そして明治期のような西洋から導入された新産業の振
興や北海道開拓などに率先して投資することはまったくなくなり，自家用以外
の投資はあくまで安全確実な利殖目的のようにみえる。また公家・皇族に助成
金や貸金を支出することもみられなくなった。明治期の新国家立ち上げ期と異
なって，いわばノーマルな資産家としての行動へ移行していったといえよう。

　ただし上記は，簿価の推移である。これに対して 1927 年 3 月調査では，同
家資産時価総額は 2,351 万円であった（表 6-3）。しかし 37 年 6 月の時価総額
は，この頃の好況もあって，3,300 万円余に膨らんだ（表 6-4）。ところが，
1938 年 9 月 24 日に元昭が没し，その 4 ヶ月後の 39 年 1 月に毛利家が防府本
邸最寄りの三田尻税務署に申告した相続額は 1,726 万円であった（表 6-5）[11]。
前年の時価評価額の約 2 分の 1 という相当な過少申告である。これに対してそ
の後，三田尻税務署に代わって乗り出してきた上部組織の広島税務監督局が同
家に提示した調査課税相続額は 2,524 万円余であった。これでも上記の毛利家

11）　以下，同家総務野村盛康「相続税ニ関スル件」（前掲『相続財産一件書類』所収）に
　　よる。

第6章　昭和戦前期の資産と損益　359

表 6-4　資産の時価評価額（2）（1937 年 6 月上旬現在）

（円）

種　類	元昭名義			元道名義	計
	第一基本	第二基本	計		
土地	6,392,647	289,522	6,682,169	7,565	6,689,734
家屋	841	415,320	416,161	—	416,161
公債	5,346,818	1,086,038	6,432,856	—	6,432,856
社債	—	108,400	108,400	—	108,400
株式	—	7,220,190	7,220,190	6,104,099	13,324,289
預金・貸金・現金	2,754,879	297,947	3,052,826		3,052,826
小　計	14,495,185	9,417,417	23,912,602	6,111,664	30,024,266
その他動産（仮算）	—	3,000,000	3,000,000	—	3,000,000
総　計	14,500,000	12,500,000	27,000,000	6,111,664	33,111,664

出所：　前掲『相続財産一件書類』所収史料.
注：1)　付属財産を含む. 元昭名義の「総計」は,「端数切上ケ」.
　　2)　最右欄の元昭・元道計は, 筆者の算出.
　　3)「その他動産」は, 刀剣・古文書など.

内部史料に照らして過少である。結局その後，両者が「種々折衝ヲ重ネタル結果，遂ニ相互譲歩ノ上」，毛利家が再申告を行って，39 年 12 月に，相続額 2,176 万円，相続税額 535 万円余（7 ヶ年賦で納入）と決定された（表 6-6）。この頃，毛利家家令であった野村盛康は，10 年前の 1928 年頃には広島税務監督局長であった[12]。それは同家に幸いしたかもしれない。とはいえ，政府の 1939 年度決算における歳入相続税は 5,838 万円だったから[13]，7 ヶ年賦とはいえ毛利家の相続税額はこの頃の同税全体の 1 割に近い巨額なものであった（1 ヶ年納入額は，同税全体の 1.3％）。

　ところで，同家が時価評価した 1937 年資産は，翌年の相続財産とあまり変わらないはずである。前掲表 5-10 のように，37〜38 年に若干株式を売却したが，それほど多くないし，売却代が入り，株式が現預金になるだけである。それを前提として，次に 39 年における相続税算定に関する毛利家と税務当局のバトルの内実を検討する。

　まず地所について，38 年 9 月当主元昭死去以前の同年前期に，砂町所有地

---

12)　『人事興信録』第 8 版（1928 年）所収,「野村盛康」の項.
13)　大蔵大臣官房文書課編『大蔵省年報』第 66 回（大蔵大臣官房文書課, 1942 年）8 頁.

360　第 2 部　大正・昭和戦前期における毛利家資産の性格変容

表 6-5　相続財産申告額
（1939 年 1 月申告）

種　類	金額（円）
土地	3,362,579
田	(857,830)
畑	(354,812)
宅地	(2,081,710)
山林	(48,659)
原野	(3,312)
雑種地	(2,176)
保安林	(9,397)
墓地	(4,683)
山林立木	124,511
建物	278,150
株式	6,366,842
公債	4,412,342
現金	2,400
預金	1,588,024
貸金	116,640
自動車	2,500
現在米	337
田未収小作料	3,948
宅地未収賃貸料	1,883
書画骨董	1,000,000
計	17,260,156
控除額	
所得税	83,727
同付加税	15,714
葬儀費	32,101
差引課税価格	17,128,613

出所：「相続財産申告書」（昭和 14 年 1
　　月，前掲『相続財産一件書類』所
　　収）.
　注：（　）は内数.

表 6-6　相続財産・相続税決定額
（1939 年 12 月）

項　目	金額（円）
相続財産	
土地	3,744,561
立木・庭園	390,182
建物	608,663
株式	6,379,202
公社債	5,422,175
現金	2,400
預金	4,070,609
貸金	124,740
未収債権	5,831
書画骨董	1,000,000
自動車・電話等	11,637
計	21,760,000
控除額	142,874
所得税	(83,727)
同付加税	(15,715)
地租	(57)
戸数割	(11,273)
葬儀費	(32,102)
差引課税価格	21,617,126
相続税	5,352,578
7 年賦 1 ヶ年納税額	764,653

出所：表 6-4 と同じ.
　注：（　）は内数.

33 町全部を「日曹製鋼」と東京電灯に売却した[14]。「砂町地所売却代金ノ処
分」（『相続財産一件書類』所収）なる史料に売却代金 205 万 9 千円余とあり，
かつその大半を銀行に預金していた。すなわち同史料に，「差引，相続開始当

---

14)　日曹製鋼は 1949 年設立であるが，その母体である日本曹達の鉄鋼部門をそう呼んで
　　いたのであろう，「日曹製鋼買受土地申請価格」なる史料がある。

時預金（砂町地所関係）」198万6千円余とある。ところが，38年9月相続の申告財産に，すでに売却済みであったこの地所を含めていた。「相続財産申告書」（昭和14年1月）の相続財産一覧の中に，砂町地所33町，116万9千円がある。その理由は，まだ登記がなされていなかったためである。「相続財産申告書」と内容が同一で，同じ簿冊に所収の「相続財産価格及控除金額調書」（昭和13年9月24日現在）における砂町地所の箇所に，「東京電灯会社へ売却済ナルモ未登記ナリ」とある。「日曹製鋼」への売却分も未登記だったはずである。したがって相続財産申告書の預金は158万円となっており（表6-5），実際には存在した砂町地所売却代による預金198万円が含まれていない。要するに毛利家としては，現金預金で相続するよりも，土地で相続した方が節税になるために，この地所の所有権変更が未登記だったことを利用しようとしたわけである。

　しかし現に存在する預金が隠せるわけでもなく，またこのような詭弁が通るわけでもなかった。税務当局の課税決定額には預金が407万円と，申告額に比して250万円ほど増加している点から見て（表6-6），税務当局は毛利側のこの主張を認めなかったはずである。

　相続財産申告書には，他にも重要な工夫が凝らされている。じつはこの申告書をよくみると，元道名義分を含めていないのである。表6-4には37年株式時価総額が1,332万円とあるが，表6-5のように38年相続財産申告額のうち株式は636万円と，約半分になっているのは，そのためであった（個別銘柄の一覧表からも元道分が申告されていないことが確認できる）。

　戦前日本においては，相続税逃れを防止するための現代のような高率の贈与税は存在しなかった。したがって戦前は大資産家が資産を嫡子名義に変えることは，印紙代などやや割高の手数料を支払うだけで可能であった。その代わり，そのような名義書換分は，前記のようにすでに相続が開始されたとみなされて，のちの相続の際に相続税が課された[15]。毛利家がそのようなことを知らぬわけはなく，嫡子元道への名義書換は，相続税逃れ目的だったとは到底考えられない。実際に1927年の同家資産時価評価および相続税額試算の際に，元道名

---

15)　菊地紀之「相続税100年の軌跡」（『税大ジャーナル』1号，2005年）39頁。

義資産も相続税が課されることを前提として税額を算出している。37年の時価評価の際も，元道分を同家資産の一部とみなしていた。

しかし結果として，同家が相続株式を636万円と申告したのに対して（表6-5），税務当局が決定した課税株式は637万円であった（表6-6）。当局は毛利家の相続株式申告額を容認したのである。税務当局が元道名義資産の存在に気づかなかったはずはないし，毛利家も気づかれないかもしれないと思ったとは考えられない。毛利家による当初の課税相続財産申告総額が1,712万円だったのに対して，広島税務監督局による当初査定が2,524万円と，申告額を812万円も上回った最大の要因は，元道名義分を加えたためのはずである（37年毛利家時価評価による元道名義株式は610万円だったから，増分のもう200万円余は，上記砂町地所を売却と認定して，売却益89万円が加算されたことなどによるであろう）。

日本の相続税制は日露戦時期に創設されて以来，1926年にも税率の若干の改正はあったものの，1930年代前半頃までは抜本的な改正はなかった。しかし昭和戦時期になって，それまで最高税率は10%台だったが，高額相続については税率が大きく引き上げられた。1937年に課税額10万円を超える場合の税率はそれまでの2倍となり，翌38年にはさらに引き上げられた。これらは元昭没時には施行されていた[16]。したがって同家には，課税相続財産を圧縮するインセンティブが一層強まっていた。毛利家は，家令野村を中心に，相当強引に相続財産を少なくしようとしていた。

では毛利は，いかなる理屈で元道名義資産は元昭からの相続財産でないと主張したのであろうか。筆者の推測は，次のようである。本書冒頭で述べたように，1922年より前の決算書など重要な会計史料は38年時点ですでに失われていた。そして現存する22年の決算書から同年には元道名義株が大量に存在していたことが証明できる。そのことから，元道名義株が元昭からの贈与・相続なのか不明である（祖母安子や曾祖母妙好などからの贈与・相続かもしれない），と言い張ったのではないか。

そうだとすると，筆者は，1922年以前の重要な会計史料は，38年までに同

16）国税庁税務大学校税務情報センター租税史料室編著『相続税関係史料集－導入から昭和二十一年まで－』（同史料室，2014年）446，451-456頁。

家が廃棄したはずと指摘したが，あるいはそれは意図的な廃棄だったのではないかという疑念さえ生じる。しかしそれは邪推であろう。というのは，同家の重要な会計史料は，明治期についても存在していない年度がかなりあるし，1922年以降も欠けている年度があるからである。結局同家は，1922年以前の会計史料がたまたま欠けていたことを都合よく利用して，元道名義資産は元昭からの相続資産でないと主張した。それはむろん家令野村の指示によるものと思われる。広島税務監督局も，砂町地所売却分については妥協しない代わりに，元道名義資産については妥協したものと推測される。毛利の申告額と，税務当局の査定の差は，元道名義分と砂町地所売却分に関する見解の相違でほぼすべて説明できるものであり，株価・地価に関する見解の差はあまりない。筆者には，広島税務監督局の査定は，毛利家に対してかなり甘いものだったと感じられる。家令野村がかつて広島税務監督局長だったことが，同家に幸いしたかもしれないと記した所以である。砂町地所の扱いにせよ，元道名義資産の扱いにせよ，気合いの入った井上馨・山県有朋・伊藤博文らが健在であった明治期の毛利家であれば，このような手の込んだ利己的な相続財産申告を行ったであろうか。

　ところでじつは前田家も，大正後期以降，決算書において資産総額を簿価（基本的に取得額）で記録することを止めて，時価で記すようになった。毛利が1927年から10年ごとに資産の時価評価を行うようになったのに対して，前田は1923年度末（24年3月）以降，毎年時価評価したのである。ここからも毛利よりも前田の方が，几帳面と思われる。

　そこで，両家による総資産時価評価を比較してみよう。前田は，表6-7のように1924年のみ簿価と時価の両方が決算書に記されており，総資産時価は簿価の2.3倍である。種類別にみると，有価証券時価は簿価の1.2倍にすぎない。このうち公社債時価は簿価とたいして変わらない。しかし同家が所有する株式には名だたる優良株も多く含まれていたから，簿価には大きな含み益があるようにも思われたが，実際はそれほどでもなかった。不動産については，注記したように，24・25年時価の一部に土地と建物に分離できないものがあるため，24年の土地および建物の簿価と時価を直接比較できないが，24年簿価と，実質はほとんど変わらない26年の時価を比較しても，建物は簿価より時価の方

364 第2部 大正・昭和戦前期における毛利家資産の性格変容

表 6-7 前田侯爵家総資産（2）（1924-42 年）

（円）

| 各年3月末 | 有価証券 | 不動産 | | | | 貸付金 | 純資産計 |
		土地	土地／純資産	建物	計		
1924（大正 13）年（簿価）	8,063,678	667,393	6.4%	1,228,800	1,896,193	152,700	10,451,334
〃 （時価）	9,909,062	10,833,294	44.9	872,089	14,426,803	20,450	24,137,324
1925（大正 14）年（時価）	10,135,652	12,482,744	50.0	915,255	14,827,780	3,790	24,977,393
26（ 〃 15）年（ 〃 ）	11,684,631	13,169,939	48.1	994,536	14,164,475	30,383	27,368,266
27（昭和 2）年（ 〃 ）	12,566,950	13,411,183	47.8	686,886	14,098,068	214,478	28,075,846
28（ 〃 3）年（ 〃 ）	12,163,054	14,135,623	50.3	1,122,344	15,257,966	156,509	28,098,128
29（ 〃 4）年（ 〃 ）	12,058,309	14,025,993	49.0	1,545,073	15,571,066	195,300	28,611,048
30（ 〃 5）年（ 〃 ）	10,332,092	13,281,171	49.4	1,828,546	15,109,717	208,764	26,881,903
31（ 〃 6）年（ 〃 ）	9,881,360	13,293,481	50.7	1,938,730	15,232,211	214,414	26,228,265
32（ 〃 7）年（ 〃 ）	9,690,868	13,328,306	51.5	1,980,684	15,308,990	225,744	25,894,709
33（ 〃 8）年（ 〃 ）	10,950,587	13,376,450	48.1	2,034,797	15,411,247	224,044	27,791,752
34（ 〃 9）年（ 〃 ）	11,885,112	13,326,038	47.0	2,079,448	15,405,486	182,232	28,326,714
35（ 〃 10）年（ 〃 ）	12,931,645	12,992,640	44.2	2,045,675	15,038,315	232,232	29,398,042
36（ 〃 11）年（ 〃 ）	13,049,850	12,659,539	42.7	2,222,730	14,882,269	236,613	29,644,164
37（ 〃 12）年（ 〃 ）	13,402,575	12,728,421	41.6	2,261,700	14,990,121	293,796	30,572,944
38（ 〃 13）年（ 〃 ）	12,664,537	11,597,670	38.4	2,113,153	13,710,822	443,215	30,169,957
39（ 〃 14）年（ 〃 ）	13,841,505	11,182,480	37.0	2,114,752	13,297,231	521,580	30,213,621
40（ 〃 15）年（ 〃 ）	16,709,364	11,227,932	33.7	2,126,507	13,354,439	603,739	33,359,342
41（ 〃 16）年（ 〃 ）	15,815,583	9,701,820	31.7	2,121,397	11,823,218	643,344	30,612,641
42（ 〃 17）年（ 〃 ）	17,128,382	10,044,732	31.8	2,194,225	12,238,957	629,667	31,591,496

出所： 同家『決算書』各年度.

注：1）表示していない項目も多い.

2）不動産には，他に，土地と建物を分離できない「土地・建物合併」（大久保・根岸の土地と貸家）が，1924 年（時価）に 272 万 1,420 円，25 年に 142 万 9,781 円あり，計に含む.

3）純資産計には，26 年は他に 215 英ポンドがある.

が低い。建物の簿価は取得額であり，時価は時間とともに減価するからであろう。これに対して土地の簿価も概ね取得額であるが，地価は明治初年以降値上がり幅が著しかった。以下，この点について一般的状況を述べる。

全国耕地について，1873 年に比して 1912 年には，田は 6.0 倍，畑は 8.4 倍になった。さらに第一次大戦期に急上昇して 1919 年には田は 1873 年の 15.4 倍，畑は 27.6 倍になった。その後は下落傾向に転じるが，1930 年でも 1873 年のそれぞれ 10.4 倍，19.1 倍であった[17]。しかし全国平均の動向に比して，東京の地所の上昇率は，明治期はともかく大正期以降顕著に高くなった。1872 年に比して 1912 年の日本橋区は 6.9〜9.1 倍，神田区は 10.1〜15.3 倍，麹町区

17） 小峯三千男『日本耕地価格の研究』（高陽書院，1933 年）11-14 頁。

の上等地は 8.8 倍だったが，全国平均耕地価格と異なって，1919 年以降も上昇を続け，1914 年に比してピークの 1929 年は東京市 15 区内上等地・下等地平均で 4.4 倍になった（同じ時期に全国の田は 1.8 倍，畑は 2.1 倍にすぎなかった）[18]。

　こうして東京にも多くの土地を所有した前田家の 1924 年土地時価は簿価の 16.2 倍となった（これは土地時価のうち土地・建物を分離できないものを除いた計算値であり，実際の倍率はもっと高く，24 年土地簿価と，26 年土地時価を単純に比較すると 19.7 倍となる）。これにより建物を含めた不動産全体でも時価は簿価の 7.6 倍となった。そして 24 年総資産時価のうち土地の占める割合は少なくとも 45％（実際はおそらく 5 割以上），不動産の割合はじつに 6 割に及んだ。そして同年の前田家地所時価推定 1,300 万円余のうち，深川地所 14 万坪が 704 万円と 5 割以上を占め，他に本郷邸地 220 万円があり，大久保別邸地も 175 万円程度であったと推定される。これら東京府下の 3 ヶ所だけで地所全体時価の 8 割を超える[19]。いうまでもなく本郷邸地は 1871 年に政府から旧加賀藩邸の一角を無償下賜されたものをほぼそのまま維持していたにすぎないし，深川地所も 1876 年に取得して 1880 年代にはすでに 17 万坪あり，大久保別邸（1900 年代前半まで四谷別邸）も 1877 年頃に取得し始めて，これは主に 1890 年代に拡大して，明治末以降 1923 年まで 4 万坪余を維持した[20]。要するに主に明治前期に無償下賜され，あるいは（後からみれば）安価に取得したも

---

18)　前掲，小峯『市街地不動産鑑定』59-60 頁。同じ著者の「東京市に於ける地価騰貴の趨勢」（『都市問題』25 巻 6 号，1937 年，124，127-129 頁）によれば，浅草小島町は 1876〜1929 年の間に 120 倍，麹町四丁目は 1874〜1936 年の間に 62 倍，丸之内一丁目は 1890〜1935 年の間に 286 倍になった。

19)　同年に，時価が大きい他の地所は，北海道軽川農場 38 万円，北海道林業地 45 万円くらいである。

20)　前掲拙稿「明治前期における旧加賀藩主前田家の資産と投資意思決定過程」，同「明治後期における前田侯爵家の資産と経済行動」，および準備中の続稿による。なお，毛利の砂町地所が藩政期に長州藩が所有していた地所を買い戻したものであったと同様に，前田家深川地所も，藩政期に加賀藩が所有していた地所を買い戻したものであった。斎藤照徳「江東区域の加賀藩前田家屋敷」（『下町文化』269 号，江東区地域振興部文化観光課文化財係，2015 年），同「『東邸沿革図譜』にみる江東区域の加賀藩前田家屋敷」（『江東区文化財研究紀要』19 号，2016 年）によれば，貞享 3（1686）年頃まで，加賀藩はほぼこの地域に，あわせて 9 万坪余の抱屋敷があったとされる。

366　第2部　大正・昭和戦前期における毛利家資産の性格変容

のを，自家用にまた一部を収益用に使用しつつ維持したところ，地価上昇によって，総資産のきわめて重要な部分を構成するにいたったのである。

　毛利家の時価総額に占める土地も，前田ほどではないが，27年は31％，37年は20％となっている。他の大藩大名華族なども，広大な東京本邸をはじめ東京その他にかなりの土地を所有していたから，大名華族資産家の総資産に占める土地の比重はかなり高かったのである[21]。一見，近代日本における大名華族の主要資産は有価証券であり，土地所有はそれほどではなかったという印象があるかもしれないが，また従来の研究ではまったく指摘されてこなかったことであるが，すぐ述べるように，少なくとも大正期以降，トップクラスの大名華族資産家の大半は，総資産の中で土地所有をきわめて重要な基軸としていた。

　さて表6-7によって，前田家の資産時価総額の推移をみると，1924年の2,400万円から増加してゆき，金融恐慌によっても微動だにせず，昭和恐慌期の株価・地価下落によって一時減少するが，再び増加傾向に転じて，37年3月に初めて3,000万円台に，40年3月にようやく3,300万円台になっている。先に示した毛利家総資産の時価評価と前田のそれを比較すると，27年頃は前田が上回っているが，その後毛利が躍進して，37年頃は毛利の方が前田より資産額は多いという結果となっている。あるいは大雑把にいえば，この時期における両家の総資産額はだいたい同程度であったということになる。問題は，それをそのまま正確な比較として受け取ってよいかである。先に明治期における両家の簿価について比較し，前田の方が株式についても控えめに記録していたことを示した。しかし時価評価額は，簿価以上に，評価者あるいは家によって差が生じる可能性がある。

　たとえば上場企業株は，公開市場で取引されるから，時価評価に差は出ないと思われるかもしれないが，1年のいつの市場価格をとるかだけを考えても大きな差が出るし，特定日でも終値・高値・安値などのいずれをとるかでもかなりの差が出る可能性がある。慎重な大名華族が自家の控えめな資産評価を志向

---

21)　ここでの議論は時価でみたものであるが，面積でも，少なくとも前田家は北海道に耕地・山林，さらに昭和期には朝鮮に山林を，それぞれ広大な規模で所有しており，この時期においては19世紀のイギリス有力貴族にも見劣りしない（後注27参照）。

する場合，終値ではなく安値を採用することもあるかもしれない。いわんや不動産の時価は，評価者によっても大きく異なるのがふつうであり，同じ町でも条件によって取引価格に大きな差があることは現在も変わらない。

　まず株式について，1937・38年における両家の1株当時価額を示したのが，表6-8である。もっとも明治期と同様に両家が同じ時期に同じ銘柄を所有している例は多くなかった。しかし同表によると，概して前田の内部向け時価は毛利のそれより低く，毛利の相続財産申告書は前田の内部向け時価よりさらに低い傾向がある。これは，株式時価評価においても，やはり前田が毛利より控えめな評価を行い，かつ毛利は相続財産申告書には前田よりもっと低い額を意図的に記入したことを思わせる。しかしそうでない場合もあり，時価の相違は，同じ年でも月が異なるから，じつはその間の株価変動が大きく反映されていた。また，たとえ前田の方が株式評価額は控えめに記されていたとしても，この程度の差によっては，両家の総資産額に多少の影響を与えても，極端に大きな差は生じにくいとも考えられる。とはいえ，この時期の毛利家が，著名な財閥系・日産系大企業への投資を拡大したのに対して，同じ時期の前田の所有株は，著名な優良株ばかりであった明治期とまったく様相を異にしており，（詳細は別稿で述べるが）あまり聞きなれない新興企業の非上場ないし未公開と思われる株がかなり多かった。これらの株は時価評価が容易でなく，たとえば1937年頃に前田が時価ではなくたんなる払込額を時価の代わりとしていたと思われる銘柄として，国際製薬，朝鮮貯蓄銀行，北陸セメント，昭和飛行機などがある。前田のこれら非上場株・未公開株の時価はかなり低めに抑えられていた可能性がある。

　土地については，まず一般的な状況を説明しよう。1938年に東京市を例として，客観的な時価評価が困難である点を論じた，吉田亀治（当時東京市経理局地理課勤務）「土地評価の統一」（表6-9の資料）によると，時価は現実の売買価格を調べられればわかるが，実際は難しいという。

　　正常の売買実例が豊富に整備して居れば評価の容観的基礎付けは困難ではないが，〔中略〕評価地附近に恰好の実例があることは稀で，在つても特殊事情に基く特殊価格が多い。

またたとえば，取引物件の面積が大きいと坪当価格が高くなるか安くなるかも，

368　第2部　大正・昭和戦前期における毛利家資産の性格変容

表6-8　毛利・前田両家の1株当株式時価（1937-38年）

(円)

銘　柄	毛利家			前田家	
	1937年6月		38年9月	1937年3月	1938年3月
	元昭分	元道分	申告書		
日本銀行旧	618.0		539.3	558.0	561.0
〃 新	462.0		365.0	394.0	398.0
十五銀行	86.0		75.5	75.7	75.7
横浜正金銀行	204.0	204.0	196.5	208.3	202.0
三井銀行		84.5		85.0	
三菱銀行	46.2		44.8	44.2	
汽車製造旧		90.0		90.0	
〃 新		36.5		10.0	31.0
東京海上保険	173.0		153.0	170.0	163.0
日本水産		42.3		49.0	49.0

出所：前掲，毛利家『相続財産一件書類』，前田家『決算書』各年度.
注：毛利家の38年9月「申告書」は，相続財産申告書.

一概にいえず，両方あるという。さらに，

　　況んや此上に地形，位置，地帯関係，評価時の経済状況等々を含めた多元
　　高次の関係から，理論的に単一価格を導出することは，此岸の人の能くする
　　所ではない。

とある。こうして土地のような流通性の少ないものは，売買例の平均に「相当
の偏差の幅」が生じる。当時東京市内の主な官公庁評価機関は，内務省土木局，
東京府，大蔵省税務監督局，司法省登記所，さらに東京市，特殊銀行たる勧銀
があった。東京市の中にも，経理局地理課，各区役所税務課，電気局，水道局
などがあり，それぞれ独自の評価を行ったから，その結果は相当な差があった。
表6-9は，36・37年度に逓信省が郵便局・電話局建設用地買収のため，各機
関に評価を依頼した結果である。調査機関が異なっても差がない場合もあるが，
大きな差がある例が多く，著者の吉田が示している別の事例によると，相続税決
定通知には，相続後すでに反当100円で県に売却済みの土地がじつに240円に
評価されていたという。要するに多額の相続税を支払わされたわけである[22]。
　それでは毛利と前田の土地評価額はどの程度の差があったか否か。この点は，

───────────
22)　以上，吉田「土地評価の統一」76-77，79頁。吉田の当時の勤務先は，前掲，小峯
　　『市街地不動産鑑定』45頁による。

第 6 章　昭和戦前期の資産と損益　369

表 6-9　東京市内坪当評価額（1936・37 年度）

(円)

所在地	坪数	評価機関			
		東京市	税務監督局	登記所	勧銀
京橋区入舟町 3 丁目 3	483	250	340	214	355
四谷区塩町 3 丁目 41	207	130	120	100	130
中野区向台町 13 ほか	1,037	35	36	36	25
淀橋区角筈 2 丁目 90 ほか	450	99	100	95	120
城東区大島町 3 丁目 56	450	100	120	120	100
〃　　　　3 丁目 55 ほか	167	80	110	110	78
板橋区中新井 3 丁目 2026 ほか	300	26	26	26	26
杉並区中通町 273 ほか	720	35	33	40	30
荒川区三河島 3 丁目 2945（裏）	638	100	60	100	95
〃　　　　　　　　　（表）	21	150	100	150	150

出所：吉田亀治「土地評価の統一」（『都市問題』26 巻 3 号，1938 年）80 頁.
　注：京橋区入舟町 3 丁目 3 は，このほか農工銀行調査では 250 円.

株式同様に両家が同じ地域の地所を同じ時期に所有していなければ比較できないから，なかなか難しいのであるが，両家が隣接して所有していた東京府南葛飾郡砂町（32 年に東京市城東区南砂町・北砂町）地所の評価をみると，1927年毛利家時価では，31 町について，原野 6 町 6 反を坪 10 円とした以外は，耕地・宅地・山林・池沼を一律に坪当 30 円として，総額 240 万円と算出していた（表 6-3 の史料）。これに対して，同じ 27 年度に砂町地所を新規購入した前田家の時価は，60 町 1 反を，これも一律に坪 6 円 10 銭として総額 109 万円と算出していた。この時，前田家が誰から購入したかは，毛利家史料に基づいて後述するが，（毛利家ではない）複数の相手からであった。複数の相手との取引において，しかも大規模な面積の取引において，坪当単価がまったく同じであることは考えにくい。前田家は低い方の取引坪当単価を時価の基準としたのではないか。

　そして 1937 年 6 月の毛利家時価調査では，砂町 33 町について，山林原野は坪 20 円，宅地・耕地は坪 35 円として，計 290 万円と見積もっていたのに対して，37 年 3 月の前田では，同じく 60 町 1 反を，一律に坪 8 円 24 銭として，計 148 万円としていた（前田家『決算書』による。ただし前田の砂町地所は毛利地所の南側であり，評価者の如何にかかわらず毛利地所より少し低かったか

もしれない）。しかし毛利は，三田尻税務署へ提出した翌38年9月相続の申告書では，砂町地所33町は坪当0.5〜30円と地番・地目ごとに細かく単価を設定して（坪30円は宅地の一部のみ，山林は坪0.5円，耕地は10〜25円），相続額は116万9千円とした。前記のように，同家は同年前期に205万円で売却済みにもかかわらずである。いずれにせよ，隣接した砂町地所について，毛利は内部向けにはやや過大な時価評価を行い，前田は逆に過小な時価評価をしていたことは明白である[23]。

　さらに前田家は，1934年度の評価替えの際に，予備財産のうち「公益財産」としていた土地を売却や寄付などによってまったく減らしていないにもかかわらず，時価を110万9千円から15万8千円へ減価させた。これは，駒場・代々木（現大山町）・深川および金沢市鶴間町の道路と，深川の運河の評価額をゼロとしたためである。一般に開放している道路・運河は売却換金が困難とみなしたからであろう。同じ年度に，同家は東京・金沢・高岡などの主要な墓地の時価をそれまで計上していたが，ゼロとした（他の面積の小さい墓地はそれ以前から時価をゼロとしていた）。これによって前年度の墓地時価6万5千円余がゼロとなった。墓地は売却が想定されていないためであろう（以上，同家「昭和九年度末財産現在表」）。前田家は何かにつけ資産評価額を圧縮して，不当に多くならないように気を配った。これに対して，毛利は，史料の残る1932年までの資産簿価には墓地も含めているし，1927・37年の時価評価額にも，道路や世田谷墓地などを資産額に加えていた。

　また先祖伝来の家宝たる時価評価が困難な刀剣・古文書などの動産は，前田

23）　なお，前田家の株式や土地の時価が低く評価されていたか否かは，売却した場合の売却単価をみればよいが，同家『決算書』には「有価証券売却代金収入」総額のみが記され，株式の売却単価は不明である。土地についても『決算書』には売却単価は記されていないが，ほぼ地所ごとに売却代金収入が記されている。それと「財産表」の個別地所の減額分を比較すればよいが，土地売却代はその年度に支払われるとは限らず，高額取引の場合は数年にわたる年賦払いとなるのがふつうだから（年度末資産の「債権債務」の中に「土地家屋売却代金」なる債権があり，多い年は100万円をはるかに超える額であった），『決算書』からは正確なところは算出できない。それでも上記の比較をすると売却代金収入の方が多い場合が多く，やはり土地時価単価は低めにしていたと思われる。これらについて，他の会計帳簿の探索によって判明する可能性があり，今後の課題としておきたい。

はまったく資産額に加えていないが，毛利の 1937 年時価資産額には 300 万円と評価して加算している（38 年相続財産には 100 万円として申告。表 6-4，表 6-5 を参照）[24]。

　要するに，毛利は税務当局に対しては，地番・地目別に細かく査定額を記してあたかも正当な時価を示すかのような姿勢をとりつつも，当然ながら低い評価額を申告した。これに対して，毛利・前田両家とも内部向けの時価評価は，外部に公表するものではないから手心を加えても何ら問題はなく，かついずれも大雑把なものにすぎなかった。そして毛利は相対的にやや過大なあるいはより正確な時価評価を，前田は極力控えめな時価評価を行っていたわけである。

　こうした点をみると，両家の内部向け総資産時価を単純に比べて，多寡を論じることはきわめて不適切となる。両家のそれが仮に同程度の額とすれば，実際は前田の方がはるかに多額の資産を有していたわけである。資産の簿価も時価も，各家それぞれの個性を反映して，同じ基準による算出ではなかった。

　次に，従来，華族資産家を含めた全国レベルの資産家の資産額について，「全国金満家大番附」など資産家調査がしばしば用いられてきた。にもかかわらず，その信憑性については，まったく議論されてこなかった。本書における，毛利や前田の内部史料に基づくこれまでの分析と照らし合わせると，その議論がある程度可能になる。以下，それを示そう。

　まず明治期の資産家調査は，細部に立ち入って検討する余地はあるものの，毛利や前田の内部史料と照らし合わせるとあまり正確なものとはいえないようである。しかし大正・昭和戦前期になると，当事者・外部調査機関ともに，次第に調査方法は洗練され，毛利家のように当事者調査と外部調査がさほど乖離しないようになった。表 6-10 に，それら外部機関調査による大藩大名華族の資産額と，資産額に大きな影響を及ぼしたかもしれない相続税創設以降の相続

---

24)　こんにち前田家が代々継承してきた家宝類の多くを所有・管理する公益財団法人前田育徳会の前身である育徳財団はすでに 1926 年に設立されていたのに対して，毛利のそれである財団法人防府毛利報公会の設立は戦後の 1966 年であり，それが家宝類評価額を資産額に加えたか否かの相違のように思われるかもしれない。しかし前田家の家宝類の多くを育徳財団に寄付して所有権を移転し始めたのは 1942 年であったから（前掲『前田利為』605 頁），1930 年代においては，両家とも先祖代々継承された宝物は，家の所有物であった。

372　第2部　大正・昭和戦前期における毛利家資産の性格変容

表 6-10　大藩大名華族の資産と相続

項　　目	加賀 前田家	長州 毛利家	薩摩 島津家	肥後 細川家	尾張 徳川家	広島 浅野家	土佐 山内家	紀州 徳川家	佐賀 鍋島家
明治初年草高（万石）	102	36	77 (38)	54	61	42	24	55	35
家禄賞典禄（石）	67,438	48,276	43,900	32,968	30,657	29,587	29,301	27,459	26,373
金禄公債受領額（円）	1,194,076	1,107,755	1,322,845	780,280	738,326	635,432	668,195	706,110	603,597
1916年資産（万円）	2,000	1,000	1,500	500	400	1,000	500	1,000	1,000
26年　〃	5,000	2,000	〃	800	550	〃	800	2,000	2,000
28年　〃	7,000	2,500	2,000	1,000	2,500	〃	3,000	2,500	7,000
30年　〃	6,000	3,000	〃	〃	5,000	〃	〃	2,000	〃
33年　〃	〃	〃	2,500	5,000	4,000	〃	2,000	〃	6,000
[相続年]									
1906（明治39）年								○	
08（〃41）年					○				
09（〃42）年									
14（大正3）年				○					
15（〃4）年									
17（〃6）年									
18（〃7）年									
20（〃9）年									
21（〃10）年									○
23（〃12）年									
25（〃14）年								○	
27（昭和2）年									
30（〃5）年									
32（〃7）年									
37（〃12）年						○			
38（〃13）年		○							
39（〃14）年									
40（〃15）年						(○)			
42（〃17）年	△								
43（〃18）年									○
44（〃19）年									
46（〃21）年									
47（〃22）年									
相続なし			○				○		

出所：『平成新修旧華族家系大成』（霞会館，1996年），『明治史要附表』（復刻版，東京大学出版会，1966年），石川健次郎
　　　資料集成』Ⅰ（柏書房，1985年），石井寛治「昭和初期の大資産家名簿」（『地方金融史研究』46号，2015年）.
注：1）（○）は，先代隠居による相続であり，死没相続より相続税は若干軽い．△は当主戦死による相続であり，相続税は
　　2）相続は，日露戦時期に相続税が創設（1905年4月施行）されてから華族制度廃止までの相続の有無.
　　3）毛利家の事例からみて，紀州徳川家の1925年相続や佐賀鍋島家の21年相続などは，26年・28年にはまだ相続税を
　　4）1930年毛利家は，元昭2500万円と元道500万円の計．他の年は元道の記載はない.
　　5）「明治初年草高」の薩摩島津家77万石は籾表示，38万石は玄米表示，他はすべて玄米表示.

第6章 昭和戦前期の資産と損益 373

鳥取池田家	福岡黒田家	岡山池田家	秋田佐竹家	徳島蜂須賀家	静岡徳川家	津藤堂家	彦根井伊家	久留米有馬家	越前松平家	仙台伊達家	水戸徳川家
32	52	31	20	25	70	32	25	21	32	28	35
26,144	23,425	22,959	22,940	21,817	21,021	17,427	14,403	14,319	13,601	6,774	6,648
429,956	510,015	490,052	313,397	508,951	564,428	416,788	315,000	315,304	280,731	134,341	186,276
500	300	300	200	100	150	100	300	200	150	150	150
800	550	700	300	〃	250	〃	550	300	1,000	250	300
1,000	1,000	600	200	500	1,000	200	300	200	550	〃	500
400	〃	700	〃	1,000	2,000	〃	400	〃	600	〃	〃
〃	〃	600	300	〃	4,000	〃	〃	〃	300	500	1,500

「明治前期における華族の銀行投資」(『大阪大学経済学』22巻3号, 1972年), 渋谷隆一編『大正昭和日本全国資産家地主
免除.
完納していない可能性がある.

374　第2部　大正・昭和戦前期における毛利家資産の性格変容

時期を示した。

　まず毛利について，1916年の1千万円は，同家内部史料における1921年簿価が800万円であり，時価はその2倍近くあると想定すると，やや過少のようにも思われる。しかし第一次大戦後期ないし戦後直後頃の地価・株価上昇を考えると，それほど大きく乖離していないかもしれない。また26年の2千万円も，翌27年毛利家自身の時価評価額2,300万円余に比して，大きく乖離しないが，やや過少である。その後37年の同家時価評価額が3,300万円であり，ほぼ毎年判明する簿価の推移とあわせて，28年以降の推定時価は，同家自身による時価調査と極端な乖離はないようにみえる。

　前田については，1916年の2千万円は，同家内部史料の同年3月末簿価が750万円程度だったことを考えると，資産額時価としては大きくは乖離していないものの，同年の毛利と逆にむしろやや過大かもしれない。そして表6-10の外部調査では，前田は26年以降大幅に増加しており，内部史料の緩やかな増加とはまったく異なる。26年以降は，外部による調査と前田家自身の算出額は，約2倍の格差がある。これらをどう理解すべきか。

　これまでに説明したように，前田は毛利よりも，簿価も時価もかなり控えめに算出している。したがって，1916年の外部調査額より前田の内部史料から推測できる資産時価が過小であり，毛利は外部調査額より逆にやや過大であることは，よく了解できる。それでは，表6-10のとくに1916〜28年の間の，前田家に止まらない多くの華族資産額の不自然とも思える増加をどう理解すべきか。

　そもそもこの5つの調査は同一主体によるものではない。1916年は時事新報社調査であり，26年は岡野保編とあり，編者が記されているのみである。28〜33年の3つの調査はいずれも帝国興信所調査であった。したがって28〜33年の3つのデータは連続していると見なせるのに対して，16年と26年，および28年以降は，調査方法が同じとは限らず，時系列に沿って連続して観察することには慎重でなくてはならない。実際上記のように，前田家をはじめ，尾張徳川家，山内家，鍋島家，黒田家，蜂須賀家，静岡徳川家，越前松平家などの28年までの額には，不自然な不連続性がみられる。同一の調査方法であれば，前田家の内部史料のように，もっと連続的になるはずである。

そしてこれら資産家調査のうち，1916 年については，史料である「全国五十万円以上資産家表」の「例言」に，

> 本調査中財産見込額は確実を期する為め寧ろ内輪に見積りたり，殊に有価証券価格に於て然りとす，随て特に何万円以上と明記せるものゝ外も概して以上の意味を含有するものとす．

とある．この年の調査額は控えめな数字であることを明言しているのである．そして前田家の調査資産額をみると，1916 年の 2 千万円に対して，26 年以降は 5〜7 千万円となっていて，同家内部史料の時価 2,600〜2,800 万円の 2〜3 倍にも及んでいる．

結局，以下のように推測される．前田家は，明治期以来簿価を控えめに記録し，時価についても最も控えめな額を算出していた．この場合，上場株や公社債，預貯金の時価操作は行いにくいから，主に不動産や未公開株の時価が控えめになって資産総額に大きな影響を与えていたはずである．このため，控えめな 1916 年外部調査と矛盾せず，むしろそれよりさらに控えめな簿価となった．しかし，帝国興信所調査や，毛利家の内部向け時価調査は，前田よりも相対的に過大な，あるいはむしろより正確な時価評価だったように思われる．こうして，帝国興信所調査「全国金満家大番附」の前田家資産額に比して，控えめな同家内部調査額は約 2 分の 1 となった．これらの資産家調査に対する筆者の評価をまとめると，表 6-11 のようになる．

しかしそれでも，帝国興信所「全国金満家大番附」は，ほぼ正確な時価評価を示していると単純に理解するには躊躇するものがあり，調査の杜撰さないし困難さを示している例が少なくない．表 6-10 によると，たとえば肥後細川家の 30 年 1 千万円から 33 年 5 千万円へ，尾張徳川家の 28 年 2,500 万円から 1930 年 5 千万円への増加，静岡徳川家（徳川宗家）の急速な増加などは，明らかに不自然な変化である．

とはいえ同表において，トップクラスの大名華族の資産額には，土地所有とくに東京近辺の所有地のあり方が大きな影響を及ぼしていると推定される例に気づく．

まず既述のように，明治前期〜中期頃に大名華族の資産額トップスリーは，毛利・前田・島津の 3 家にまちがいなく，トップは毛利，2 位は前田と推定さ

376　第2部　大正・昭和戦前期における毛利家資産の性格変容

表6-11　資産家調査の妥当性

調査年	史料名	調査者	資産額の評価	評価の結論
1916年	全国五十万円以上資産家表	時事新報社	前田はほぼ一致，毛利はやや過少か，他も過大と思われる例はない	控えめの見積り
1926年	大日本資産家大鑑	岡野保	前田・井伊・越前松平は過大，毛利はほぼ一致，尾張徳川・山内・黒田・蜂須賀・静岡徳川は過少ないし控えめ	過大な場合もあるが，控えめが多い
1928年	全国金満家大番附	帝国興信所	毛利はほぼ一致，前田・鳥取池田は過大	過大な，ないしかなり正確な見積り
1930年	全国金満家大番附	帝国興信所	毛利はほぼ一致，前田は過大	過大な，ないしかなり正確な見積り
1933年	五十万円以上全国金満家大番附	帝国興信所	毛利はほぼ一致，前田・細川・静岡徳川・水戸徳川は過大	過大な，ないしかなり正確な見積り

れるものの，3家間の差は大きいものではなかったことも明らかである。そして後でも強調するように，これら有力大名華族の大半は，金融恐慌や昭和恐慌による打撃，とくに前者による影響は限定的であり（おそらく1920年恐慌も同様），毛利家のように相続税が課されたとすれば，それによる打撃の方がはるかに大きかった。もっともこれも既述のように資産家に対する相続税課税は昭和戦時期に著しく強化されたのであり，それまでは37年以降の半分程度レベルであった。それでもふつうは，1920年恐慌・金融恐慌・昭和恐慌による打撃よりも大きな負担だったはずである。しかし毛利・前田・島津の3家とも昭和初期まで相続税は課されていなかった。にもかかわらず，表6-10に示された昭和初期頃の推定資産額をみると，前田と毛利・島津との間で，巨大な格差が生じていた。実際には表6-10ほどの格差ではないはずとはいえ，これはむろん3家の資産運用の相違としかいいようがない（3家とも関東大震災による打撃はそれほど大きくなかったようである[25]）。

　島津はさておき，前田と毛利の相違は，第1部で述べたように，とくに明治期において，前田が慎重でめだった失敗は少なかったのに対して，毛利は成功もするがしばしば失敗したという点および百十銀行への巨額の援助等があった

---

25) 前田家の場合，関東大震災によって深川の貸家（建坪537坪，簿価22,316円）が全焼し，財産表から控除されているが，その程度だったらしい。毛利家についても，高輪邸は倒壊せず，被害は僅少だったようである。

という以外に，東京近辺の土地所有のあり方がやや異なっていた。1910 年代
頃まで毛利は，埼玉県川口町地所を含めて，東京近辺の地所を前田よりむしろ
多く所有していた。毛利は 1910 年代頃に砂村に，前田の深川・砂町地所合計
の最大期（1927 年頃）32 万坪を上回る 35 万坪を所有したし（前掲表 4-6），
高輪邸地も 1920 年まで 3 万坪余を有していた。しかしその後，砂村・川口地
所を（さらに高輪・世田谷若林地所も部分的に），多くは地価のピークよりも
やや早めに売却を進めて，含み益を獲得していった。既述のように地方の地所
も地価のピークより若干早めに売却していった。

　これに対して前田家の大正期以降の東京における所有地は，1913 年に砂村
地所を毛利家からわずかに買い増すなどしたが，1920 年代半ば頃まで，本
郷・大久保・深川の各地所をはじめほとんど変化なく維持し，関東大震災後，
深川地所の一部を，深川区役所や東京市の要請に基づいて，小学校・公園・幹
線道路用地として寄付したものの，このことはこの地域の市街地化の条件とな
り，帝都復興による土地ブームのもとで，深川の地価は急上昇していったとい
う[26]。ここにおいて前田家では，1926 年に評議会で，堤防構築等の深川事業
とその地所の扱いを検討したが，地価高騰のこの機会に全部を売却する案とと
もに，地価はなお流動的であり売却は時期尚早とする意見なども出て，折衷的
な結論に止まった。ところが翌 27 年に東京市の交通大動脈建設計画が発表さ
れると，当主利為の意向に基づいて，深川地所の市街地化を推進させる決定を
行うとともに，同地を貯木場として貸していた業者への代替地として，新たに
隣接の砂町地所 18 万坪を取得し，造成を開始した。

　以後，同家は地価が低落傾向に転じるとともに深川地所の売却を進めていっ
たが，このように明治末に渋谷地所を売却して以降 1920 年代前半頃まで，前
田は毛利とは対照的に土地所有をほとんど減らさず，その後も新たに安価に買
い入れることもあった。それが 1920 年代以降の両家総資産時価に占める土地
割合の相違に表現されているとともに，前田の総資産時価増加の重要な要因に
なったと考えられる。また前田の深川地所が，毛利の砂町地所の西側にあり，
都心に近い分，市街地化が先行して進展し，両地所間で地価が相当な違いを示

---

26)　以下，前掲『前田利為』484-490 頁。

378 第2部 大正・昭和戦前期における毛利家資産の性格変容

したことも総資産時価に大きな影響を与えていた。結局，毛利は土地を売るの
がやや早すぎたのである。同家は，幕末以来，ややせっかちなのではない
か[27]。

　島津については，金融恐慌による打撃が知られているが，表6-10をみる限
り，それは，前田や毛利などと同様に，財政を揺るがすほどのものではなかっ
たようにもみえる。しかし島津家は同恐慌の打撃によって，東京袖ヶ崎邸（現
品川区）3万坪のうち8千坪を残して売却し，先祖代々伝わった蔵品を数回に
わたり入札売却して300万円を取得し，さらに鹿児島芹ヶ野金山や発電所，鴨
池地所5万坪近くを売却するなど，大変な対応を強いられた。ただしまもなく
山ヶ野金山の業績回復などもあって，同表のように大資産家としての根幹はか
ろうじて揺るがなかったのである[28]。とはいえ島津の資産額は1916年に毛利
を上回っているにもかかわらず，その後の増加がさほど顕著でない要因は，前
田・毛利などとは異なって，東京において袖ヶ崎邸以外はめだった土地所有が
なかったためではないかと推測させる[29]。

---

27) なお，大正期以降における前田家の東京以外の大規模な土地所有の状況を述べると，
明治末〜大正初期に石川県耕地160町を元の地主らの要請によって彼らへ売り戻したが，
1911年から新たに北海道の山林5千町の払い下げを受け，やがて昭和期には1万1千
町に及ぶ林業経営を開始した。林業経営は1940年から朝鮮にも拡大し，翌41年に所有
する朝鮮山林はこれまた1万1千町となった（同家『財産台帳』『決算書』各年度，前
掲『前田利為』443-474頁）。

28) 以上，前掲『しらゆき』345-346，472頁，前掲，千田「華族資本の成立・展開」
30-31頁。

29) 島津家は明治期には袖ヶ崎邸のほか麹町区永田町にも邸宅があった（前掲，エセル・
ハワード『明治日本見聞録』）。しかし東京市の地主名簿やすぐ述べる地籍図の分析など
にも島津家は現れない。
　なお，野村悦子「地籍台帳の分析による近代東京の土地所有の変遷」（『「東京地籍図」
解説』不二出版，2012年，所収）は，明治末期や昭和初期の「東京市地籍台帳」など
を史料として，有力大名華族が東京の大地主となっている点をデータに基づいて綿密に
論じた優れた分析であり，本章でも以降この分析をしばしば参照する。ただし残念なが
ら，史料の制約から東京市外の郡部は対象外としているため，同論文では，たとえば明
治末に個人・法人を含めて最も多く東京に土地を所有していたのは，前田利為（15万4
千坪）としているが（20-21頁），郡部の大久保地所4万8千坪や渋谷地所（1908年ま
で4万3千坪）は含まれない。昭和初期についても，東京市内であるが旧郡部の駒場4
万坪・砂町18万坪・大久保1万6千坪・代々木大山町4千坪などは考察の対象外と
なっている（23頁）。鍋島直大についても後述する渋谷松濤の広大な地所は指摘がない。
しかし大名華族の資産という点からは，これらの地所はきわめて重要であった。

第6章　昭和戦前期の資産と損益　379

　　また，村上紀史郎『加賀百万石の侯爵　陸軍大将・前田利為 1885-1942』（藤原書店，
2022 年）212 頁には，本書表 6-10 と同じ史料を使いつつ，島津忠重の資産額は 1930 年
の 2 千万円から 33 年は 1,500 万円に減少しているから，島津家の 1927 年十五銀行破綻
による打撃はここに反映されているかもしれないとの趣旨を記しているが，まったくの
誤りである。表 6-10 に示したように史料の 1933 年島津忠重は 2,500 万円であり，30 年
より増加している。ついでにいうと，続いて同書（212-213 頁）は，金融恐慌時につい
て，出所をまったく示さずに次のように記している。

　　　　前田利為も十五銀行を五七〇〇株所有していた。十五銀行の業績が不安だから株を
　　　　処理した方がいいという情報を小倉正恒などから得た利為は，売却を試みる。だが，
　　　　この銀行の株は華族世襲財産に登録してあったので，宮内大臣の許可を得なければ
　　　　ならない。前田利為は駒場邸建設のために十五銀行の株を売却して費用に充てたい
　　　　と，二六（大正一五）年三月に登録廃止を申請する。ところが，許可が下りたのは，
　　　　なんと十五銀行が休業した二日後の二七（昭和二）年四月二三日であったのである。
　　　　十五銀行が休業すると華族は一斉に同銀行株の世襲財産廃止を申請し，売却して少
　　　　しでも利益を得ようとした。利為は，水に落ちた犬を叩くような行為は好まず，十
　　　　五銀行の株を三七（昭和一二）年まで持ち続けたのである。

これは，すでに同書刊行より 4 年ほど前に発表した前掲拙稿「明治前期における旧加賀
藩主前田家の資産と投資意思決定過程」118-121 頁の記述とほぼ同趣旨の内容であり，
文部科学省が研究不正として定義する「盗用」にあたる（文部科学省ホームページの
「研究活動の不正行為等の定義」を参照）。しかも拙稿を丸写しすれば正確さは損なわれ
ないが，村上は，剽窃・盗用との非難を恐れるためか，丸写しするのも気が引けるため
か，適当に言い換えるから，種々不正確な記述となっている。まず村上は，「前田利為
も十五銀行を五七〇〇株所有していた」というが，前掲拙稿において筆者は，岡部牧夫
ほか編『華族財産関係資料』全 2 巻（不二出版，1986 年）収録の 1921～31 年の華族世
襲財産更換・廃止申請書に基づいて，前田利為が 1926 年 3 月に同株 5,700 株の世襲財
産からの解除申請をした点を記したまでである。前掲拙稿執筆時点では，前田家が他に
同株を所有していたか否かは確認していなかったからである。しかし同家『決算書』
『主計簿 原簿』『日記帳』（いずれも大正 15 年度）などをみると，26 年 3 月末には他に
予備財産として同株 100 株および同新株 1,950 株を所有しており，それらは 26 年 7 月 9
日に売却した。前田家は，26 年 3 月 9 日の評議会で，十五銀行株は「現在及将来ヲ考
案シ」た結果，当時所有していた同行株（旧株 5,800 株・新株 1,950 株）全部を売却し，
かつそのうち旧株 5,700 株は世襲財産に設定していたため，その設定解除の申請も行う
ことを決定したのである（同家『評議案』大正 15 年，評第 7 号，同第 8 号）。世襲財産
ではない予備財産の株の売却は容易であった。結局，金融恐慌直前頃に前田家は同行株
を全部で 7,750 株を所有していたのである。そして村上は，「十五銀行の業績が不安だ
から株を処理した方がいいという情報を小倉正恒などから得た利為は，売却を試みる」
とあるが，これは拙稿の「投資計画立案の主体はもちろん家職・家政相談役・財政顧
問・評議員らだったはずである。1910 年代～30 年代初頭におけるこれらの中には，早
川千吉郎・和田豊治・小倉正恒らがいた」（120 頁）の部分を読んで書いたのであろう。
しかしじつは小倉正恒は金融恐慌期まで前田家の評議員でも財政顧問でもなかったので
あり，金融恐慌後の 1927 年 9 月に健康上の理由で退任した北条時敬に代わって評議員
に選任されたのである（同家『評議会議事録 第二』自大正 15 年 1 月至昭和 6 年 12 月）。

380　第2部　大正・昭和戦前期における毛利家資産の性格変容

　そして同表によると，1928年以降，鍋島の資産額が毛利や島津より上回り，山内家や紀州徳川家も毛利や島津にほぼ匹敵するか上回っている。以下，これらの家について，判明する限りを述べる。

　表6-10では，鍋島家の資産額は，30年前後頃に前田と肩を並べるほどになって，前田・鍋島両家が大名華族資産家のトップになっている。鍋島躍進の要因は，有価証券投資などにもあろうが，東京に所有した広大な地所の値上がりが重要だったことは疑いない。同家は，明治前期から関東大震災まで本邸を麹町区永田町に置き（現首相官邸地，1912年頃2万2千坪），また明治前期に渋谷松濤の旧紀州徳川家下屋敷（5万坪）の払い下げを受け，松濤茶園・鍋島農場を運営した。関東大震災後，建物が損壊した永田町の地所は復興局に売却して，本邸を松濤に移すとともに，広大な同地所を高級官吏・高級軍人・大企業経営者・学者ら新中間層上層に宅地として分譲していったため，松濤はたちまち高級住宅地となった[30]。鍋島家の多額の寄付や旧領佐賀百六銀行への巨

もし同家が評議員でも財政顧問でもない小倉からの情報によって十五銀行株を売却せんとしたのであれば，その根拠を示してもらいたい。さらに村上は，「十五銀行の株を三七（昭和一二）年まで持ち続けたのである」とある。これは拙稿において，「[十五銀行株は]実際には高値で売り抜けず，じつは少なくとも1937年までこのまま所有していたようなのである」（120頁）と記した部分を，「少なくとも」まで丸写しにするのも気が引けたらしく上記のような文にしたようである。しかし前田家『決算書』などによると，同株を38年度に売却したのではなくそのまま所有し続け，39年にはさらに買い増して世襲財産とし，44年には帝国銀行に合併されつつも，第二次大戦後まで所有した。村上著はこのようにいい加減な著作になっている。

30)　永田町地所は，『地籍台帳・地籍地図［東京］』（復刻版，柏書房，1989年）第2巻。その他は，林陸朗ほか『渋谷区の歴史』（名著出版，1978年）71，268頁など。ちなみに表6-12の史料である1935年3月調査において，鍋島家以外に，松濤町に地所を所有していた著名人としては，松平恒雄（会津松平家分家，外交官，邸地は戦後東京都知事公館となったが，2014年都が民間に売却），黒川新次郎（日本郵船副社長），河原田稼吉（内務官僚，内務大臣など），木村惇（内務官僚），山田耕作（作曲家山田耕筰か），吉川重国（岩国吉川家出身，宮内官僚），田中国重（陸軍大将），御木本幸吉・隆三父子（実業家・文学者），鳩山道夫（鳩山一郎の甥，物理学者），三木与吉郎（徳島県出身の実業家），福田継治郎（岐阜県の実業家），伊藤与三郎（三井系の実業家），志賀虎一郎（元日銀幹部），山田芳太郎（外交官），青木新（外交官），斎藤良衛（外交官），古川阪次郎（鉄道官僚，土木学会会長），黒木三次（黒木為楨陸軍大将の子，貴族院議員），松平胖（高松松平家出身，海軍退役将校），片山敬吉（陸軍将校）などがいた。忠犬ハチ公の飼い主として知られる東京帝大農学部教授上野英三郎（1925年没）も松濤に居住していた。1935年に斬殺された陸軍省軍務局長永田鉄山も渋谷の街が気に入り，亡く

額の救済金支出にもかかわらず，資産額が顕著に増加したことは，こうした東京の広大な地所の価格上昇や売却益ぬきには考えられない。鍋島家は1935年に松濤近辺になお13万6千坪もの宅地を所有していたのである（表6-12）[31]。

土佐山内家は，表6-10では26年800万円に対して28年3千万円となっており，これまた両者の差が大きい。しかし鍋島と同様に，真実は両者の間にあるくらいしか，今のところいえない。とはいえ，山内家がこの頃資産を増加させたのは確かであろう。では同家はいかにして資産を増加させたか。

じつは，同家18代当主山内豊秋（1912-2003，旧陸軍

表6-12　鍋島侯爵家の渋谷区所有地
（1935年3月）

町　　名	坪数	備　　考
代々木富ヶ谷町	37,562	
松濤町	27,793	うち，鍋島家本邸15,461坪
神山町	17,984	
大山町	10,816	現松濤2丁目および神山町
栄通2丁目	10,257	
神泉町	8,517	
栄通1丁目	6,509	
北谷町	5,283	
円山町	3,508	
大向通	3,471	
大和田町	1,617	
代々木上原町	1,166	
代々木本町	720	
宇田川町	694	
神宮通1丁目	429	
上通3丁目	210	
計	136,537	
うち宅地	128,190	
畑	6,310	
田	31	
原野	313	
学校敷地	1,693	渋谷区立大向尋常小学校

出所：『東京市渋谷区地籍台帳』上・下（内山模型製図社出版部，1935年）［復刻版，『東京地籍図』渋谷区編第2巻，同第3巻，不二出版，2012年］.
注：鍋島直映所有名義地所を筆者が集計したもの．「大山町」は現在の大山町とは異なる．現大山町は，当時代々木大山町.

なる頃は松濤に居住していた（森靖夫『永田鉄山』ミネルヴァ書房，2011年，216，266，276頁）。1937年4月には平岡梓（農林官僚）が長男公威（三島由紀夫）ら家族とともに大山町（現松濤2丁目）に転居してきた（『決定版三島由紀夫全集』第42巻，新潮社，2005年，「年譜」46-47頁）。
31)　ただしこの13万6千坪のなかには，既売却の未登記地所があった可能性がある。前田家所有の渋谷区代々木大山町地所（1925年度に同家と東京帝大の間で本郷地所と駒場地所を交換した際に，同家が帝大から譲り受けたもの）について，同家『決算書』によると，26年3月に1万1千坪余あったが，その後売却して35年3月には2千坪余に減少していたのに対して，表6-12の史料には35年5月にまだ7千坪余あった。
なお本文に記したように，鍋島家は大正後期以降昭和戦前期に各方面への寄付や企業

382　第2部　大正・昭和戦前期における毛利家資産の性格変容

将校）が晩年近くの1990年頃に記しているところによれば，同家は明治前期にしばしば資産運用ないし事業経営に失敗していた[32]。しかし「この事［明治10年代における山一商会の失敗］以来，一家は事業に手出しすること罷り成らぬと，家訓の如くになっていた。父豊景の堅実さもここらから来ているだろう」とあるように，明治後期以降の同家は一転して堅実路線に転換したという。つまり近代の大名華族の資産運用は，毛利や前田のような，明治以前ないし中世末期以来の各家の哲学・ポリシーを継承するものばかりではなかったということである。それはともかく，さらに豊秋は，昭和金融恐慌においても，同家の対応について次のように記している。まず同家は1877年頃に，旧領出身の東京大学学生・末延道成（1855-1932，法学者末延三次の養父）に学費を支給していた。その末延が，やがて著名な実業家となり，1927年金融恐慌の直前に，十五銀行に関する情報を知らせてくれたというのである。

───────────

救済に多大な出金をしていた。1943年12月に鍋島直映侯爵が没した際の追悼記事によると（「総裁鍋島直映公薨去」『肥前協会』14巻1号，1944年，3-4頁），大正後期以降の主な寄付として，関東大震災救恤金60万円，東京帝大農学部園芸学講座新設（1929年の園芸学第2講座新設と思われる）に約10万円，1918年設立の佐賀育英会拡張資金として10万円，「佐賀報効会」（1940年設立の財団法人鍋島報効会のこと）へ150万円，さらに佐賀百六銀行が1926年以降苦境に陥って41年に住友銀行に吸収合併されるまでの間と思われるが，同行へなんと総額750万円もの支出を行ったという。同記事には，

特記すべきは佐賀百六銀行の救済である，一般の人々には普く知られて居らぬが，之は実に鍋島侯爵家の一大負担で，直映公自身の日常の生活費までも，極度に切り詰められた程で，前後十数年間に支出寄与せられた金額は，実に総額七百五十万円の多きに及んで居る。然しこの為めに佐賀の金融界は勿論，一般の一千万円に近き預金者等にも，何等の不安を与へず，無事経過することを得たのは，一に故直映公の庇陰に拠るものと言はねばならぬ。此事は侯爵家に於ても未だ嘗て発表せられざるところである。

とある。毛利家の関東大震災救恤金支出は34万円余だったから，鍋島家の方が多い。また佐賀百六銀行の前身である第百六国立銀行は，もともと鍋島家の支援のもとで設立されたが，750万円もの企業救済金拠出は，毛利でも前田でもなかったはずである。鍋島家のこれらの寄付・支援金支出は，むろん松濤などの地所賃貸・売却収入を背景としたものであろう。同家による佐賀百六銀行に対する支援と，同行の住友銀行への合併については，『住友銀行八十年史』（1979年）267，269，347-348頁，および『佐賀銀行百年史』（1982年）652-654頁も参照。

32）　山内豊秋「明治中期の政情と山内家家政」（『山内家史料』幕末維新第15編，1990年）19頁。また千田稔『華族総覧』（講談社，2009年）445-446頁にも，同家の明治前期頃の失敗が記されている。

この人［末延］が，旧縁によるのか，十五銀行の危機を山内家に警報して
くれた。預金を引き出そうとすると宮内省から厳重な戒告があったが，押
し切って他へ移したので資産が助かった。当時の華族に被害が大きかった
が，幸いに免れたとは，仙石家令から再三聞いた。

とある[33]。たしかに十五銀行の整理案では，預金の7割は実質22%の切捨て
とされたから[34]，同家は預金の損失を被らなかったのであろう。さらに同家
は1922年頃にも，十五銀行株3,500株を世襲財産設定からはずして売却した
ようであり[35]，そうだとすると十五銀行株でも損失を免れている。

　しかし，十五銀行への預金を仮に100万円としても，22%切捨てだったから，
損失を蒙ったとしても22万円となる。また同行株3,500株を事前に売却しえ
なかったとしても，せいぜい30〜40万円程度の損失にすぎない。むろんこれ
は大金ではあるし，同家にとってこのような損失を出さない方が望ましいのは
当然であるが，同家の資産規模からみて，仮にこの程度の損失を出したとして
も，同家財政の基盤を揺るがすものではなかったことは明らかである。また同
家は戦前期に相続税賦課がなかった。

　結局山内家は，明治前期には資産運用に失敗し，このためその後堅実な運用
姿勢へと転換して，昭和戦前期まで資産額を増加させたようである。しかし同
家も，東京にかなりの土地を所有していた。明治初期には箱崎と高輪南町など
に少なくとも計2万坪を有しており，明治末にも箱崎と，本邸の麹町，および
牛込区にやはり計2万坪があった。1935年頃には，新宿駅にほど近い代々木
山谷町の本邸1万7千坪など同町に計1万9千坪を有したほか，箱崎・麹町
区・牛込区に計2万1千坪を所有し続けた[36]。東京のかなり中心に近い地に

---

33)　同書，15頁。なお，インターネット上では「武家華族は旧家臣たちの情報網を使っ
　　て倒産前に財産を他へ移したが，公家華族は倒産するまで何も知らず，大損害を受け
　　た」（https://ja.wikipedia.org/wiki/ 十五銀行，2024年6月5日閲覧）とある。しかし
　　前掲，拙稿「明治前期における旧加賀藩主前田家の資産と投資意思決定過程」で述べた
　　ように，十五銀行株を世襲財産にしていた場合の多くは解除認可が遅れたし，武家華族
　　のこのような例は多くないと思われる。また念のためにいえば，末延道成は高知県夜須
　　村の医者の子であり，旧藩士ではないと思われる。
34)　山崎廣明『昭和金融恐慌』（東洋経済新報社，2000年）44頁。
35)　前掲，拙稿「明治前期における旧加賀藩主前田家の資産と投資意思決定過程」119頁。
36)　代々木山谷町地所の面積は，表6-12の史料による。他は，前掲，野村論文，35-36

384 第2部 大正・昭和戦前期における毛利家資産の性格変容

少なくとも約4万坪あったから，時価400万円は下らなかったはずである。前田家にはほど遠いが，山内家も資産に占める土地とくに東京の土地は重要な位置を占めたであろう。

　紀州徳川家については，前掲，野村論文が，地籍台帳の集計により，明治初期に日本橋区蛎殻町・麻布区飯倉町に計2万2千坪あり，明治末には6区に5万2千坪を有していたことを明らかにしている。この6区は，日本橋区・芝区・神田区・京橋区・麻布区などであるから，前田・毛利・鍋島のように郡部に広大な土地を所有していたのとは異なり，優等地そのものであった。昭和初期には，引き続きこれら6区の20町に地所を所有し続けたが，面積は2万6千坪と明治末の約半分になったという[37]。しかしこれには郡部の地所が含まれていない。同家は1921年に荏原郡上大崎（現品川区）に別邸を新築し，世子頼貞はそれを「ヴィラ・エリザ」と名付けて，世界から音楽家を招いた[38]。また同家は1922年に麻布本邸を売却して，豊多摩郡代々幡町代々木上原の実業家久米民之助邸2万坪を160万円で購入して本邸とした（「静和園」）[39]。さらに大正期に当主頼倫が，同じく代々幡町大字代々木字大山（現渋谷区大山町）の「大山園」（和風庭園，7万6千坪）を買い取ったといわれ，「徳川山」という呼称をこんにちに伝えているが[40]，取得・売却年など詳細は不明である。ところが1925年に当主となった頼貞は恐るべき浪費家であり，借財も嵩み，また関東大震災によって神田区・京橋区・芝区・日本橋区に所有していた家屋が焼失して，家宝類の売り立てや地所の売却をよぎなくされた[41]。さらに同家は，昭和初期までに2回も相続税を課税されたはずであり（表6-10），2回の課税により，大雑把にいって資産が4分の1程度減少したと思われる。それも家宝の売り立てや地所売却の要因の1つだったであろう。表6-10に記

　　　頁。牛込区市ヶ谷の地所は，戦後，一部が法政大学市ヶ谷キャンパスの敷地となっている（『法政大学百年史』1980年，巻末年表59頁）。

37)　以上，前掲，野村論文，27-30頁。

38)　徳川頼貞『薈庭楽話』（復刻版，中央公論新社，2021年）235-236頁，原著は1941年。

39)　村上紀史郎『音楽の殿様 徳川頼貞』（藤原書店，2012年）204頁。ただし同書は，「静和園」を別邸としている（331頁）。しかし「静和園」は当主頼倫が居住する本邸であり，「ヴィラ・エリザ」が世子頼貞の住む別邸ではないか。

40)　『リアルプランニュース』［三井不動産］105号，2015年，など。

41)　前掲，野村論文，および村上，同上書。

された同家の資産額は，負債が考慮されていないのではないか。とはいえ，同家資産の重要な基盤に東京の地所があったことは明らかである。

表6-10によると，前田・島津などのように，戦前に相続税賦課を免れた大名華族もいる。しかし有力大名華族では，相続税を課せられた方が多い。尾張徳川家，佐賀鍋島家，広島浅野家，福岡黒田家，肥後細川家，徳島蜂須賀家などである。さらに2回相続税を賦課されたはずの大名華族資産家は紀州徳川家のほかにもいる。それでも，同表をみる限り，相続税を課せられた有力大名華族が，その後勢いを失ったとみられるものは，ほとんどない（ただし岡山池田家や仙台伊達家が停滞気味なのは，2度の相続税賦課も一因と推測される）。いずれにせよ，優良株・公社債に分散投資し，預貯金や東京の広大な優良地所を有していた大藩大名華族の経済状態は，とりわけ昭和恐慌期の一般景況とはかなり異なる。

中藩大名華族でも，高松松平家を筆頭として，資産額1千万円以上の大資産家というべき例もあった（表6-13）。前掲，野村論文および田中傑「地籍図に見る個別地区」の明治期から昭和戦前期の地籍図分析において[42]，めだった東京の土地所有者である大名華族の事例としてあげられているのは，加賀前田家，紀州徳川家，土佐山内家，高松松平家，福山阿部家，小浜酒井家であった。中藩大名華族でも，大資産家になった場合は，やはり東京の地所が重要な資産の基礎になっていたことを窺わせる。実際，福山阿部家は明治期から東京の宅地地主として知られており，前掲，野村論文によれば，本郷区西片町に明治初期に3万8千坪，明治末に5万7千坪，その他芝区・京橋区・神田区の地所を含めて計6万5千坪，昭和初期には西片町に6万2千坪，計7万坪を有していた。西片町は地価が高く，昭和初期に前田家は西片町のすぐ東側の本郷地所を坪当約150円としていたから[43]，これをそのまま当てはめると，阿部家の西片町地所だけで930万円余となる。阿部家の資産の大半は，東京の地所だったはずである。小浜酒井家も，明治初期から東京牛込区矢来町などに宅地5万坪を所有し，明治末にも矢来町地所は4万8千坪と所有規模をほぼ維持してい

---

42) 田中論文も，前掲『「東京地籍図」解説』所収。

43) 同家『決算書』による。これも実勢より若干低めかもしれない。後掲表6-14の毛利高輪邸地の売却実績をみると，坪150～160円台であった。

386　第2部　大正・昭和戦前期における毛利家資産の性格変容

表6-13　中藩大名華族などの資産と相続

項　　目	高松 松平家	平戸 松浦家	小浜 酒井家	福山 阿部家	宇和島 伊達家	玉里 島津家	徳川 慶喜家
明治初年草高（万石）	12	6	10	11	10	—	—
家禄賞典禄（石）	10,576	5,391	5,573	7,058	5,242	12,500	—
金禄公債受領額（円）	301,933	165,496	144,556	171,869	165,267	376,664	—
1916年資産（万円）	1,000	1,000	1,000	500	300	300	50
26年　〃	〃	600	〃	800	400	550	
28年　〃	3,000	1,500	〃	1,000	1,000	1,500	500
30年　〃	〃	1,000	〃	〃	〃	1,000	1,000
33年　〃	〃	〃	〃	〃	〃	1,200	〃
［相続年］							
1905（明治38）年					○		
08（〃41）年		○					
13（大正2）年							○
14（〃3）年				○			
15（〃4）年						○	
20（〃9）年			○				
22（〃11）年							○
23（〃12）年					○		
34（昭和9）年		○					
39（〃14）年			○				
44（〃19）年	○						

出所：　表6-10と同じ.
注：1）1926～33年資産額が1千万円以上の中藩大名華族などを列挙.
　　2）相続は，日露戦時期に相続税が創設されてから華族制度廃止までの相続の有無.

る[44]。こうして，1907年頃の一調査によれば，当時東京市の華族で最大の地主は，前田や毛利などではなく，福山阿部家（阿部正桓）6万5千坪，2位は小浜酒井家（酒井忠道）5万1千坪などとなっていた[45]。

---

44)　前掲，野村論文，16-17頁。

45)　石塚裕道・成田龍一『東京都の百年』（山川出版社，1986年）122頁。3位は「徳川義承」4万9千坪とあるが，徳川茂承（紀州徳川家）ではないか。4位は広島浅野家（浅野長勲）4万8千坪と続く。前田・毛利・鍋島が現れないのは，広い所有地があった大久保・渋谷・砂村・世田谷などは，東京市でなく郡部だったこともあるが，前田が現れない点は不正確であり，前掲野村論文の方が正しい。なお，高松松平家も長く本郷区元町に本邸を構え，駒込にも別邸を有していたし（前掲，田中論文，54-55頁），同家は昭和初期まで相続税賦課もなかった（表6-13）。

(2) 有価証券所有

（ⅰ）株式所有

前掲表 5-10 の毛利家所有の株式における 1932 年から 37 年への変化について，株数が減少しているものがある程度存在するが，既述のように，それは他銘柄の払込金調達目的による売却が多い（同表の史料による）。それを別にすれば，概して同家の株式所有は安定的で売買は多くなく，大半の銘柄は著名な大企業であることも前記のとおりである。同じ時期に前田家がベンチャー的な新興企業に積極的に投資し，明治期の毛利と前田の株式投資のあり方が逆転したかのようにもみえる。ただし昭和恐慌からの景気回復，戦争景気のもとで，（おそらく太平洋戦争終了までは）両家とも株式投資にめだった損失は認められない。

この時期で重要なのは，金融恐慌期に華族の多くが投資していた十五銀行が破綻したことである。従来，華族は同行破綻など金融恐慌により，大打撃を受けたというのが通説であった。千田稔は，金融恐慌によって「金融界に君臨してきた十五銀行の休業が華族に与えた影響には測りしれぬものがあった」と記している[46]。また比較的最近の，石井寛治「昭和恐慌における階層別打撃」でも，大名華族らは「27 年の金融恐慌で大打撃を蒙ったが，昭和恐慌での打撃は少ない」といった認識である[47]。こうした理解は，千田・石井に限らず，広く共有されていた。小田部雄次「1920 年代における華族世襲財産の変様」にいたっては，「『十五銀行ノ破綻』が華族の経済的没落を決定づけたことは従来から指摘されており」などと記している[48]。すでに示唆したように，これ

---

46) 前掲，千田「華族資本の成立・展開」30 頁。

47) 『創価経営論集』39 巻 1・2・3 合併号（2015 年）所収，92 頁。

48) 『日本史研究』288 号（1986 年）67 頁。このような見解は，小田部『家宝のゆくえ』（小学館，2004 年）第 4 章でも繰り返されている。この点では，前掲，千田論文が，1927 年以降も武家華族資産家は根強く残存し，衰退しかけた島津家も回復して，大部分の華族は没落しなかった（「相応の経済的基礎の下に華族本分に拘束された存在だった」30-31 頁）とする評価の方が正しいと思われる。また下層の小藩大名子爵家や家老男爵家は，1920 年代になって初めて経済的苦境に陥ったのではなく，たとえば加賀藩や長州藩の家老男爵家の多くは，明治期から生計困難にあった。

388　第 2 部　大正・昭和戦前期における毛利家資産の性格変容

らはデータをみないで，当時のショック状況から推測したものにすぎないことを，以下に述べる。

　毛利は，十五銀行休業後，5 分の 1 減資が決定・実施されて，払込額 22 万 8 千円の損失を被った[49]。しかしその他の金融恐慌関係の銘柄は所有していない。むろん 22 万円もの損失は，中小資産家であれば大打撃であろうし，毛利も痛くなかったわけではなかろう。しかし時価 2 千万円以上の資産を有する同家にとって，財政基盤はいささかも揺るがなかった。この点は，その他の有力大名華族も同様だったはずである。前田家は，すでに述べたように，十五銀行株 5,700 株を売りそびれて，払込額 45 万 6 千円の損失を被り，台湾銀行株も若干所有しており，こちらも減資の憂き目をみたが，すでに示したように，金融恐慌によっては微動だにしなかった。上記石井の理解とは逆に，同家は表 6-7 のように，むしろ昭和恐慌による株価下落から大きな影響を受けていた。島津は別として，その他の大名華族資産家のほとんどは前田・毛利より十五銀行株を多く持っていなかったから，多種多様な資産への分散投資を基本とする大名華族資産家の打撃はたいしたことはなかったといって過言ではない。

　前掲，山崎廣明『昭和金融恐慌』は，1920 年恐慌や金融恐慌を挟む 1916 年と 1933 年の間に，産業構造の変化とも密接にかかわって，大資産家層の構成に大きな変化が生じたことを示している（14-22 頁）。すなわち 1 千万円以上資産家として 1916 年に存在した 42 名のうち 12 名が，33 年には姿を消した。その大半は，二流財閥のオーナーが資産額を大きく減少させたためであった。1916 年の 42 名の中で大名華族が最大の勢力を占めていたが，33 年に姿を消した大名華族は旧福井藩主家松平康荘のみであった[50]。特定の大規模事業に集

---

49)　同行の整理案は，新株の未払込額を払い込ませ，その上で 5 分の 1 に減資するというものであり，この案が成立したのは 27 年 12 月であった（『三井銀行八十年史』1957 年，586 頁）。

50)　越前松平家は，表 6-10 の資産額がかなり正確と仮定すると，1926 年の 1 千万円から 28 年 550 万円へと激減しており，金融恐慌によって最も大きな打撃を被った大藩大名華族だったようにみえる。しかしこの場合も，十五銀行株の価値毀損だけでこのような結果になるはずはない。じつは同家は，紀州徳川家などとともに，関東大震災で大きな打撃を受けたらしい。松平家は世襲財産を震災前後で 400 万円近く，紀州徳川家も 300 万円近く減少させている。表 6-13 のように平戸松浦家が 1916 年と 26 年の間に資産額をかなり減少させたのも同じく震災の影響と思われる（前掲，小田部「1920 年代にお

中投資しない大名華族資産家は，有力実業家に比してもきわめて安定していたのである。川崎造船所や十五銀行の破綻によって大打撃を受けたとされる島津家でさえ，川崎家ほどの打撃ではなかったはずである。

　結局，これまで金融恐慌ないし十五銀行破綻の大名華族資産家への影響が，実態以上に大きく理解されてきたのは，金融恐慌が（たいていの人々にとって）予期しなかった事件であり，それゆえ十五銀行破綻が華族資産家に心理的ショックを与えたからであろう。他方，金融恐慌よりもっと有力大名華族の財政に大きな打撃を与えた相続税課税は，ある程度予想可能であり，それなりの準備や心構えができるし，課税の時期は家によってバラバラだから，社会的なショックにならず，その重要性が見落とされがちになったのである。

　さて，表 5-10 をみると，毛利家は十五銀行株を 1924 年末に比して 27 年末はほぼ半減させている。これは 27 年の決算書に売却記録がなく，金融恐慌の直前に売り抜けたのでも，恐慌後に狼狽売りをしたのでもない。27 年の同行株売却記録がないというのは，売却したかもしれないのに記録が残っていないというのではない。同年度の『予算及決算書』に収録された，株式など個別資産の詳しい変動を記した「第弐基本財産経理要領報告書」における「諸株式元資金高」の項には，同年度の株式の変動は，小野田セメント新株と山陽電気軌道株の払込だけが記されており，それ以外に株式の買入も売却もない。したがって，決算書が残されていない 25 年または 26 年に売却したことはまちがいない。上記「報告書」によると，「十五銀行ハ意外ノ破綻ヲ生シ」と，同行破綻は毛利家にとっても予想外のことであったようだが，ある程度は警戒していた可能性が強い。また毛利は前田などと異なって，十五銀行株を世襲財産に設定しておらず，すぐに売却可能だったことも幸いしたはずである[51]。毛利も前田と同様に，この頃かなり慎重に市場動向を見きわめるようになっていた。

　これに関して，毛利や前田へインサイダー情報がもたらされたのではないかという疑問がありうるが，筆者はそれはなかったと考えている。しかしまずイ

　　ける華族世襲財産の変様」66-67 頁，表(1)を参照）。

51）　前田家の場合は，十五銀行株を世襲財産に設定していたために，華族の資産を守るための華族世襲財産制が，逆に同家の損失を増幅させる結果となった。この点にも関連して，華族世襲財産制については論ずべきことが多いので，後に補論として論じる。

ンサイダー情報がなかったことを証明するのは困難である（「悪魔の証明」）。
そして毛利の1927年時価評価は，十五銀行休業（4月21日）の1ヶ月ほど前
である3月20日の時価であるが，同行旧株は，額面（100円）割れはしてい
ないが，108円80銭と高くなく，市場は毛利・前田と同様に概して不安視し
ていたはずである。休業・破綻するか否かは誰にもわからず，売却するか否か
は個別投資主体の判断ということになろう。実際，毛利は1～2年前に約半分
しか売却していない。毛利に決定的なインサイダー情報がもたらされたならば，
全部売却したはずである。前田についても，同行株の世襲財産解除申請をして
いたにもかかわらず，宮内省が手続きを怠っていたのであり，前田に決定的な
インサイダー情報があったとすれば，同家は宮内省を強く督促したであろう。
これらから，筆者は，毛利・前田両家には決定的なインサイダー情報は寄せら
れていなかったと考える。

　金融恐慌後，毛利も前田と同じく十五銀行株をまったく売却していない。こ
の両家は，『三井銀行八十年史』（590頁）に，同行整理について「華族株主は，
その名誉にかけて同族一致の協力を惜しまなかった」とされる華族の代表格で
あった。天皇家に次いで名望ある有力大名華族らの多くは，自らの名を穢すよ
うなことはしなかったし，できなかった。

　なお，同家所有株の細部を述べれば，1928年に東京電力が東京電灯に合併
され，電力株10株をもって電灯株9株を交付したため3万3千円余の損失，
漢城銀行新株減資により625円の損失が生じて，付属財産の準備積立金によっ
て補填している。ただし株の売買は少ないし，破綻企業も多くないので，この
ような株式による損失は少ない。そして株式配当金も昭和恐慌期には一時減少
したが，たとえば28年度の報告書に「配当率ハ予想以上ノ実収アリ」とある
ように[52]，この頃は概して堅調であった。

（ii）債券所有

　前掲表5-13に，「日銀甲種登録済」なるものが1927年から現れる。これは
明治期からあった国債登録制度であり，証券を発行せずに日銀の帳簿に氏名や

---

[52]　表5-10の史料所収の昭和3年度「第弐基本財産経理要領報告書」。

銘柄・額面・記番号などを登録しておくものである。27年はそのうち166万円を世襲財産に設定しており，さらに122万3千円を世襲財産設定申請中と史料にあり，翌28年には，第一基本財産の債券351万円の大半を世襲財産としている。第一基本財産には他に27年に，額面20万円を「今村銀行保管預ケヨリ融通貸ニ変換ノ止ムヲ得サル事情ニ立チ至リ居レリ」と記されており，今村銀行に保管預けしていたものを使用貸借契約によって貸すこととなった。貸渡料は年利1％であり，明治期の藤田伝三郎への有価証券の貸付利率と同じである[53]。やはり低い。同行救済のためであった。

さらに第二基本財産にも，1924〜28年に今村銀行へ貸付債券が16万円あったが，31年に同行は解散し，第一基本財産分の債券も含めて，回収不能となった。毛利家は同行へ別に資金貸付もあり，前記のように，これらの代わりに日本橋区ほかの地所を井上侯爵家らとともに譲り受けた。この地所のゆくえについては，次項で述べる。

（3）土地所有

この時期も30年代初頭頃まで，同家は所有地を緩やかに減少させた。高輪邸は1920年代前半に続いて，公益用など種々の理由で譲渡をよぎなくされた。しかし大きな売却益を得ている（表6-14）。そして前記のように，1938年前半期に，砂町の33町全部を売却した。売却代は205万円余であり，30年前後の砂町地所簿価は1万円前後だったから，明治期の購入額と比較すると，たいへんな売却益である。ただし砂町地所は，主として田畑や養魚場用の貸地として収益を上げるための所有地だったから，護岸工事・道路建設など種々土地改良も行っており，1918年以降だけで70万円を支出していた[54]。あまり知られていないことであるが，この付近の現在における繁栄は，明治〜昭和戦前期における毛利・前田両家の土地開発によるところが大きい。またこの売却は元昭死去の前だから，相続税支払のためではない。戦時期になり，要請を受けて工場用地として売却した。東京全体の地価は，前記のように1929年頃をピークと

53）　本書第1部第2章の表2-7。
54）　同家『相続財産一件書類』所収史料。

392　第2部　大正・昭和戦前期における毛利家資産の性格変容

表 6-14　高輪邸地売却実績（1927-30 年）

年次	区数	売却坪数	売却代金（円）	坪当価格（円）	売却差益金（円）
1927 年	18	2,550	423,616	166.1	305,704
28 年	6	1,260	191,887	152.2	…
29 年	5	682	108,174	158.6	…
30 年	3	391	59,713	152.7	…
計	32	4,883	783,390	160.4	

出所：「第壱基本財産経理要領報告書」（『予算及決算書』昭和5
　　年度，所収）など.
注：売却差益金は，売却代金から取得費と宅地整理工事費を差
　　し引いたもの.

して下落傾向に転じたが，前田家砂町地所時価の推移をみるとなお若干上昇傾向を示していた。しかしこれも前記のように，毛利はすでに 1920 年代初頭に砂町地所全部を処分する方針を立てていた。

　表 5-14 の第一基本財産と第二基本財産に計上されている「東京市日本橋区ほか 4 郡共有地所」は，今村銀行への貸付金・貸付債券に対する返済分の地所である。すでに述べたように，第一基本の 38 万 8 千円と第二基本の 16 万円余という額は，債権を土地に交換しても，第一基本・第二基本ともに損益なしとするための金額を土地の簿価にしたものであり，今村繁三から受け取った各地の地所を第一基本と第二基本に具体的に振り分けたわけではない。

　今村銀行の経営状況と廃業事情は，これまでほとんど知られておらず，誤った言及も見受けられる。しかし『日本金融史資料』昭和編や『銀行通信録』に基づいた，全国銀行協会が運営するインターネット上の「銀行史変遷データベース」によると，同行は 1931 年に任意解散とある。これが正しいのであろう[55]。29 年 10 月末に毛利家などと債務と地所の交換契約を結んでいたから，この頃には廃業の準備を進めていた。昭和恐慌に突入する前から整理を進めていたから，同行廃業は金融恐慌による打撃が原因と推定されるであろうが，次節で説明するように，じつは今村銀行は金融恐慌以前から苦境に陥っていた。同行は合資会社であり，繁三は無限責任社員だったはずである。彼は同行破綻により，個人資産の多くを投げ出して整理した。

　これらの譲受地所を毛利家らが 1939 年 11 月までにどう処分したかを示したのが，表 6-15（4 家共有分全部，若干の付属家屋も含む）である。まず譲受時に個別地所の時価から「引受価格」を 99 万 2 千円と算出している。これに対

---

55)　他方，『日本勧業角丸証券史』（1988 年）28 頁には，今村銀行は 1928 年銀行法施行により銀行の資格を欠いたため同年に廃業したとある。これは誤りではないか。

して，既述のように4家債権額94万3千円に，代位弁済出金額12万6千円を加えて，債権総額は106万9千円となり，今村からの「特別弁済額」2千円を担保とした残額が106万6千円余となる。したがって譲り受けた地所時価は7万4千円が不足する計算となる。ここまでが，表6-15の史料に記されている内容である。したがって毛利家らはこの不足分は勘弁してやったのであろう。

さて毛利家ほか4家が受け入れた地所は，繁三の別荘地とみられるものが多く，全体の99万円のうち国分寺村恋ヶ窪の別荘地だけで76万円分を占めた[56]。他は，日本橋区茅場町の宅地165坪のほか，神奈川県箱根付近・静岡県韮山村・長野県軽井沢町などの地所であり，これも別荘地であろう。面積で4分の3ほどを売却しているが，茅場町地所は値上がりして売却益を得たのに対して，最大の国分寺地所は39年に35万円で売っており，大きな売却損を出している。買い取ったのは，日立製作所であった。これは毛利家・井上家と鮎川義介との関係によるものであろう。山口出身で久原一族の鮎川は井上家と親戚であった。毛利と日立は特別な関係にあった。しかしだからといって日立は高く買ってやったわけではなく，営利企業だから市場価格で買ったはずである。とはいえ買手をなかなか見つけにくい5万坪もの広大な地所を日立が一括して購入したのは，毛利家・井上家らに便宜を図ったものといえよう。この地には1942年4月に日立中央研究所が開設された[57]。

なお，39年提出の毛利家相続財産申告書において，当然というべきか，砂町地所の坪当単価は過少であったと述べたが，表5-14の38年時価は同じ史料によっており，簿価よりはかなり高いが，実勢より過少である。上記申告書によれば，たとえば高輪邸はまだ1万7千坪余あり，坪60〜120円で評価して，167万円と申告している。しかし表6-14に記したように，27〜30年に高輪邸の一部を売却した時は，坪160円前後であった。高輪邸を坪160円で算出すれば，277万円となる。しかし過少な評価額でみても，毛利家所有地の価額は東京の地所が突出していることは明らかである。

---

56) 国分寺村の今村繁三別荘については，『国分寺市史』下巻（1991年）183頁に，簡単な記述がある。

57) 『日立製作所史』（日立評論社，1949年）215頁，『日立製作所史』4（1985年）年表5頁。こんにちも，この地の日立中央研究所には，今村別荘時代の広大な和風庭園が残っている。神奈川県湯本の旧今村別荘も，現在，正眼寺本堂などとして残っている。

394 第2部 大正・昭和戦前期における毛利家資産の性格変容

表 6-15 今村繁三からの譲受共有地処分（1939 年 11 月現在）

所在地	種　別	譲受面積（坪）	引受価格（円）	同左坪当価格(円)	売却済代金（円）	同左坪当代金(円)	売却残（坪）
東京市日本橋区茅場町	宅地	110	71,448	650.0	—	—	110
〃	〃	55	22,192	400.0	35,000	730.0	—
小　計		165	93,640		50,413		110
東京府国分寺村一等地	田畑・宅地・山林・原野など	26,517	530,341	20.0			—
〃　　二等地		6,072	103,229	17.0	350,730	7.0	—
〃　　三等地		8,366	100,392	12.0			—
〃　　四等地		9,049	27,147	3.0			—
小　計		50,004	761,108		350,730		—
神奈川県湯本町湯場	宅地・原野等	1,762	58,800	50.0	1,482	…	1,651
〃　　上町	宅地・畑等	2,343	—	—	5,355	2.3	—
〃　　塔ノ沢	田・山林等	11,747	5,874	0.5	—	—	11,747
小　計		15,852	64,674		6,637		13,398
〃　大窪村風祭	田畑・山林	5,211	10,422	2.0	4,771	0.9	—
〃　酒匂村酒匂	宅地・山林等	4,153	41,534	10.0	465	14.4	4,121
静岡県韮山村	宅地	490	2,452	5.0	11,277	23.0	—
長野県軽井沢町	原野	2,274	18,192	8.0	—	—	2,274
総　計		78,151	992,022		424,493		19,903

出所：「共有地所引受価格等調」（前掲『相続財産一件書類』所収）.
注：このうち毛利家の持分は，51.3%.

（4）預金・貸付金

　預金・貸付金についてすでにある程度説明したので，ここでは，前掲表
5-17 の説明を補足する。前述の前田家が 1927 年に砂町地所を買い入れた先は
どこか，また今村銀行の苦境がいつ頃に顕在化していたか，という点と関わる
事柄である。

　表 5-17 の第一基本財産に今村銀行への貸付金が 1926 年からある。表示は略
したが，27 年には，「同上［今村銀行への貸付金］ノ内，侯爵前田家へ肩代リ
貸金高」21 万 2 千円がある。これは，毛利家が今村銀行に代わって前田家に
貸したということである。その事情は，毛利の今村銀行への貸金高は表 5-17
のように 1926 年末は 60 万 2 千円だったが，その担保物件（つまり今村所有
地）である砂町地所を「侯爵前田家へ売渡スコト、ナリ」とある。そして「其

備　考
売却済代金は整理補償金 15,413 円余を含む
引受坪価格は宅地，売却代の大半は付属家屋代 地上権のみ引受
現小田原市 同上

売却代金」40 万 7 千円の内，9 千円は現金で今村銀行から返済を受け，残金 39 万 8 千円は，28 年 4 月 1 日を最終支払期限として，「確実ナル担保ノ提供ヲ［前田家から］受ケ，之ヲ侯爵前田家へ対スル貸金トシテ振替勘定ノ契約相調，此融通貸金ノ内へ納入ヲ受クヘキコトトナリタルカ為メ，本年度末現在高ハ」16 万円余となり，前年に比して 44 万 2 千円の減少となったという。

　このように前田家への貸金は，初めは 39 万 8 千円であり，27 年 8 月および 28 年 4 月の 2 回に分けて元利金を返済してもらう約束だった。しかし前田家の都合によって，返済を繰り上げ，27 年 7 月に内金 18 万 5 千円の返済を受けだので，27 年度末の貸金残は 21 万 2 千円になったという。さらにこの貸金 21 万円余も，「侯爵前田家ノ都合ニ依リ，返済期日ヲ繰上ケ」，28 年 1 月に元利全額が毛利家に返済された。前田家は，時折借金もするが，借りたら予定を繰り上げてもさっさと返済するという姿勢は，明治期から一貫している。

　前田家は，1927 年 6 月に砂町地所 18 万坪を新規に購入し，同年度末の時価は 109 万 6 千円としている[58]。毛利家史料には，前田が今村から購入した砂町地所の面積は記されていないが，それは代金が 40 万 7 千円という点からみて，18 万坪全部ではないはずである。前田の砂町地所購入の目的は，新たな貸付貯木場建設であった。要するに前田家は，砂町 18 万坪を，今村銀行を含む複数の相手から購入したはずである。今村銀行が砂町地所を所有していたのは，同行の貸付金が回収不能となって，質流れとなったものであろう。

---

58)　前掲『前田利為』487 頁の，1927 年 6 月の「砂町海面耕地」18 万 451 坪（60 町 1 反）購入のこと。時価は同家『決算書』（昭和 2 年度）による。

396　第2部　大正・昭和戦前期における毛利家資産の性格変容

　他方，毛利家は今村銀行への貸金について，

　　本件貸金ノ返済期限ハ，去ル大正十五年六月末日ノ契約ナリシモ，期日ニ
　　至リ，皆済ニ至ラザルヲ以テ，再三再四督促ヲ重ネタルモ，財界不振ノ影
　　響ヲ受ケ，今村銀行貸金ノ回収，意ノ如クナラス，一方担保地所ノ売行モ
　　亦捗々シカラズシテ，貸付元金ノ内，尚前掲ノ如ク返済未了ニ属スルノミ
　　ナラス，其利子ノ未納ニ係ルモノ［後略］

と，不況のため同行の諸方面への貸付金が焦げ付き，質流れ地の処分も捗々し
く進捗しないため，毛利家の同行への貸付金は，26年6月の返済期限になっ
ても皆済できず，利子未払金も2千円余になったと記している。こうして毛利
家は，同行が取得すべき質流れ地売却代金を前田家から直接受け取ることにし
た。今村銀行は金融恐慌以前から経営不振に陥っていたのである。そして前田
家は金融恐慌の混乱冷めやらぬ27年6月に，おそらく下落した価格で砂町地
所を買い取ったはずである。同家の砂町地所の坪当時価が，毛利のそれよりか
なり低かったのは，それも重要な一因と思われる。前田家『決算書』をみると，
砂町地所の坪当時価はその後次第に上昇していった。

(5) 補論：華族世襲財産制について

　近代日本の華族世襲財産制自体は，研究史上，比較的よく知られているもの
であるが，その機能ないし意義について，これまでの華族史研究はなんらの妥
当な評価を提示していないと，筆者は考える。

　そもそも明治期に創設された同制度は，周知のように，本来は華族の財産を
保護することによって品位を保ち没落を防止する目的であった。しかしたとえ
ば小田部雄次の分析によれば，1890年に世襲財産を設定した華族は8％，1909
年でも26％にすぎず，しかも設定したのは没落の可能性がほとんどない有力
華族資産家が中心であり，没落の可能性が最も高い，資産の乏しい男爵家や勲
功華族はあまり設定できなかった[59]。また公家華族と武家華族の比較でいえ
ば，相対的に裕福な武家華族の方が世襲財産設定率は高く，公家華族は低かっ

---

59)　前掲，小田部「1920年代における華族世襲財産の変様」60頁。

た[60]。そこからして，同制度は目的に沿う機能を果たさなかったことがわかる。

そして設定された世襲財産は，売買や担保差入が禁止されたから公告する必要があり，各家の世襲財産は容易に知られた。このためすでに指摘したように，明治期から前田家では，世襲財産をどの程度設定するかを決める基準は，他者からどうみられるかということになったりして，同家の世襲財産設定は，制度の本来の目的とは何の関係もなくなっていた[61]。さらに華族世襲財産法の1916年改正によって，「重大ナル事由アルトキニ限リ」代財産の設定をしなくても，世襲財産廃止ができるようになった。実際に関東大震災などによって大きな損失を被り，資産を売却換金したい場合は，宮内省に世襲財産設定解除の申請を行えば，通常は認められた。大きな打撃を受けて，没落の危険がそれまでより高まった時にこそ，世襲財産の存在が意味をなすようになるはずであるが，苦境にある華族は背に腹は代えられなくなった状況に対応して，破産宣告を逃れようとした。制度そのものが本来の意図とは逆になっていったのである。さらに昭和金融恐慌時には，前田家ほか若干の大名華族は，十五銀行株を事前に売却せんとして宮内大臣に世襲財産解除の申請を行っていたが，宮内省の緩慢なお役所仕事によって，前田家らは同株を売りそびれてしまった[62]。華族の資産を保護するための制度が，逆に華族に大きな損失を与えていたのである。

このような華族世襲財産制の問題点については，1916年同法改正の際の帝国議会における審議過程でも，法律家から厳しく指摘されていた。前年末からの貴族院の特別委員会において，岡野敬次郎（商法学者，東京帝大教授，法制局長官などを歴任）は，同法案に対して多岐にわたる疑義を呈しているが，債権者の権利を制限するという難点とともに，華族側の問題として，次のように述べている[63]。(1)華族が債務を負い，世襲財産以外の資産から弁済できず，

---

60)　磯野誠一「華族世襲財産法制定と改正の経過」（家永三郎編『明治国家の法と思想』御茶の水書房，1966年）596-597頁。

61)　前掲，拙稿「明治後期における前田侯爵家の資産と経済行動」43-44頁，および本書第1部第2章注34。もっとも同家の世襲財産設定の基本は，そこからあがる収益で経常経費を賄うという点であったことは，だいたい一貫していた。

62)　前掲，拙稿「明治前期における旧加賀藩主前田家の資産と投資意思決定過程」118-121頁。

63)　前掲，磯野「華族世襲財産法制定と改正の経過」587頁。

破産宣告の危機に至った時，改正案のように世襲財産を解除して弁済すれば，破産は免れるが，それは世襲財産の効果ではない，(2)債務があってもなお世襲財産を失わない点が，同法による華族保護の趣旨であるから，困難に立ち至った時に世襲財産の一部を廃止して債務を弁済できるのであれば，世襲財産設定の意味はない，(3)債務のある華族が世襲財産廃止を行わないで債務を弁済しなければ，結局破産宣告を受けることになり，そのような不祥事が生じれば，華族の礼遇停止を受けるか爵位を失うことになり，すると世襲財産の効力もなくなる，(4)このように世襲財産を設けても，華族を保護する必要が緊急の場合，実際には保護できなくなり，（改正法案だけでなくもともと）華族世襲財産制には根本的な疑問がある。

　しかしこのような重大な疑義が指摘されていたにもかかわらず，一部の修正を施した末，改正法は成立した。また第1部第3章で論じたように世襲財産附属物の制度によって，文化財保護の役割を担うという趣旨も，実際にははなはだ中途半端なものに終わり，1916年世襲財産法改正によって事実上放棄された。

　要するに，附属物制度による尾張徳川家など少数の華族所有美術品保護は別として，近代日本の華族世襲財産制は，本来の目的を達成するための機能はまったく持たなかったといっても過言ではない。実際，筆者は，世襲財産の存在のゆえに華族の没落が防止できたとする具体的な研究も史料も見たことがない。しかるに，前掲，小田部論文は，せっかく以上のような法制度の変化と，それに伴う世襲財産の内容の変容について分析しつつも，世襲財産制そのものの評価に至らず，根拠もない1920年代以降の華族の経済的没落と関連付けているだけである。

　これに対してヨーロッパにおける世襲財産制の目的は，近代日本の場合と似ているようでも若干異なる。イギリスやドイツでも，そもそも世襲財産制は貴族だけではなく平民にも適用された。つまり制度の目的は貴族の没落防止ではなかった。土地についていえば，目的は大土地所有制を維持するためであった。たとえばイギリスでは，長子相続制ではあったが，日本と同様に次三男や娘に資産をまったく分与しないわけではなかった。その際に，先祖伝来の土地を分与するのではなく，たとえば次男以下に一部土地の地代収取権を与えることに

よって，次男以下への土地相続を避け，土地所有の分散化を防ごうとした。要するに土地（およびその他の資産）の有機的一体性の確保が目的であった。

　むろんイギリスでも日本と同様に，土地について，19世紀末には農業大不況によって継承的不動産権法（不動産の世襲財産法）の改正をよぎなくされ，世襲財産設定解除によって売買可能となっていったが，いずれにせよ，少なくとも近代イギリスにおける貴族の大土地所有制の存続は，封建的土地所有の残存ゆえではなく，長子相続と継承的不動産権設定（厳格継承財産設定）strict settlement が重要だったのであり，「貴族的土地所有の近代的大土地所有としての存続の［中略］その法的基盤がまさに継承的不動産権設定だった」のである[64]。

---

64)　椎名重明『近代的土地所有』（東京大学出版会，1973年）105，321頁。引用は321頁，傍点原文のまま。イギリスの継承的不動産権設定については，同国においてむろん古くから多くの研究があるが，日本では椎名著のほか，戒能通厚『イギリス土地所有権法研究』（岩波書店，1980年）が代表的である。しかし戒能著は，マルクス主義史観に基づいて書かれていることもあり，理解に困難を極める（椎名著も，マルクス経済学をベースとしたものであるが，論旨は明快である）。ちなみに近年における日本の法制史家の中には，イギリスの継承的不動産権設定自体が，封建的不動産法制ないし封建制的なるものという理解もあるようだが（大澤正男「イギリス不動産法の単純化と土地移転の簡易化」『早稲田法学』72巻4号，1997年），その起源は封建制社会の中から生み出されたとしても，17世紀市民革命以後に広く行われるようになったことから（そもそも法的な strict settlement が完成したのは1640年代以降であり，それが最終的に廃止されたのはじつに1997年であった。J・H・ベイカー『イギリス法史入門』第4版，第II部［各論］，関西学院大学出版会，2014年，101，105頁），それは近代社会に親和的であったといえる。日本の華族世襲財産制も明治期に制定されたから，世襲財産制と封建制とは関係はないと理解すべきである。世襲財産制が近代になって発展した点は，ドイツやイタリアなども同様であり，山田晟らによれば，ドイツでは，世襲財産制は12世紀以降中世法に徐々に導入されていったが，近代になってスペイン法の影響も受けて発展していったとされる（今なお色あせない，山田『近代土地所有権の成立過程』有信堂，1958年を参照）。さらに加藤房雄によれば，ドイツの世襲財産制についても，長らく封建制の遺物とか身分制国家の時代遅れの制度などと，ほぼ完全に否定的に評価されてきたが，じつは世襲財産を含む大土地所有こそは，近代化促進と資本主義の近代的展開の安定的一基盤となったとされ，マックス・ウェーバーもドイツの世襲財産制に（従来の理解と異なって）全面否定の立場ではなかった点を強調している。そして第二次大戦後も西ドイツではユンカーがある程度残存したほか，林業にとっても森林世襲財産は重要だったのであり，現在でもかつての世襲財産が「家族基金」と形を変えてなお譲渡制限財産（営利企業）として法認されているという（加藤『ドイツ世襲財産と帝国主義』勁草書房，1990年，同『ドイツ都市近郊農村史研究』勁草書房，2005年，同『ドイツ大土地所有史論』広島大学出版会，2023年）。ドイツの世襲財産制は一概に否定的にとら

400 第2部 大正・昭和戦前期における毛利家資産の性格変容

　いずれにせよ，近代日本の華族世襲財産制は，ヨーロッパの（貴族を中心と
した）世襲財産制を参照したものであることは疑いないが，それはヨーロッパ
世襲財産制の猿まねだったのである[65]。結局のところ，日本の大名華族の資
産を分散させないしくみは，一般の資産家などと同様に，民法の長男子相続制
のみであった[66]。

　次に，世襲財産に関連して，華族（さらに財閥家族）の家資産の性格につい
て述べておきたい。安岡重明「商家・財閥・華族の財産管理」は，日欧の世襲
財産制と日本の大商家・財閥の共有財産制について論じた管見の限り唯一の論
考である[67]。その骨子は，以下のようである。(1)明治前期に日本がヨーロッ
パの世襲財産制を参照して制定した華族世襲財産法は，華族にだけ適用されて
ブルジョワジーには認められなかった。たとえばドイツの世襲財産は平民の大
地主などにも認められた点が，日本と異なるところである。(2)そこで日本の
大商家や財閥は，営業資産を実質的な世襲財産とする工夫を行った。それが三
井などの共有財産制であり，それは民法学でいう総有にあたる。

　(1)はよいとして，(2)について，三井の共有財産制は，日本の世襲財産制が
華族にしか適用されずその代替策として工夫されたしくみではなく，周知のよ
うにすでに享保7（1722）年の「宗竺遺書」なる家憲で規定されていたとみる
のが通説である。そして三井家の共有財産は，日本やヨーロッパの世襲財産と
は大きく性格が異なる。まず三井の共有財産は主に営業資産であるから，少な

　　　　えるべきものではなく，ドイツ近代化や環境保全の点で積極的な内容をも，もつもの
　　　　だったというのが，現在の研究水準である。
65)　「猿まね」という表現は，神奈川大学経済史研究会（2022年4月）において，筆者の
　　　報告に対する西洋経済史家佐藤睦朗氏のコメントであるが，筆者はきわめて適切な表現
　　　と考え，借用させていただいた。同氏の有意義なコメントに感謝します。
66)　実際，華族財産の所有権の大部分を世襲財産制によって制約すれば，（昭和金融恐慌
　　　期にみられたように）資産を売却できないなど大変なことになったであろう。イギリス
　　　においても，19世紀末農業大不況以降，strict settlement が変容していったのは，公益
　　　上の観点だけではなく，貴族の家政運営上の観点も重要だった。要するに所有権が制約
　　　されて，売買・交換・抵当権設定が不可能では，公益および自家の私的利益のいずれの
　　　観点からみても非効率な点が問題となったのである（ベイカー，前掲書，104-105頁）。
　　　日本の華族世襲財産法の1916年改正も，ヨーロッパにおけるそのような流れの一環と
　　　位置づけられる。
67)　南山大学『アカデミア』経済経営学編，83号（1984年）所収，のち，安岡『財閥経
　　　営の歴史的研究』（岩波書店，1998年）第8章に収録。

第 6 章　昭和戦前期の資産と損益　401

くとも部分的には売却処分や担保差入の可能性もありえた。また 1900 年三井家憲では，共有財産は「営業資産」と「共同財産」であり，後者は主に同族各家の冠婚葬祭・分家・災害など不時の支出に備える予備積立金であったから[68]，支出することも想定されていた。そのような売却処分や担保差入，それらによる現金支出は一切不可能というのが，日本やヨーロッパの世襲財産であった。さらに三井では，同族 11 家の共有財産であったが，華族世襲財産法には共同所有の規定は一切なく，世襲財産は華族戸主のみが設定できる個人財産であった（1903 年のプロイセン世襲財産法案には共有世襲財産の規定が盛り込まれたが，それは家族世襲財産が幾人かの家族成員によって同時に相続されうるというものであり，同族であれ他家と共有しうるものではなかった[69]）。近代の三井家では，本家（総領家）当主高棟が 1896 年に男爵位を授かるなど，1915 年までに 11 家のうち 3 家が男爵華族になり，この 3 家当主は法的に華族世襲財産を設定できた。しかしそれはいうまでもなく 3 家の財産についてであり，三井同族共有財産の維持にとって，華族世襲財産法は役に立たなかった。三井家共有財産を法的に世襲財産とするには，同家共有財産の持分を有する家の当主全員が華族にならねばならなかったし，そうなったとしてもその世襲財産は法的には同族共有財産ではなく各家の個人財産にすぎない。また各家持分の具体的な資産を明示できず，明示できても華族世襲財産は売買等が禁止される以上，そもそも営業継続ができなくなるから世襲財産にはできなかったはずである。いずれにしても三井家共有財産制と華族世襲財産制は，一見似ているようであっても，あまり関係ない[70]。

---

68)　前掲，安岡『財閥形成史の研究』444 頁，前掲，松元『三井財閥の研究』18 頁など。

69)　前掲，加藤『ドイツ大土地所有史論』34-38 頁。

70)　1886 年「三井家定則（三井家申合規則）」は，家産を 3 種類に分けて，一類は「永遠不動三井家世襲ノ資産トス」などとあり，売買禁止規定も設けている。これは明らかに同年公布の華族世襲財産法の影響を受けたものであり，同家はこの時同族共有財産を華族世襲財産のようにしようと試みた。しかしこの「定則」を分析した前掲安岡『財閥形成史の研究』は，これを一応制定されたとみなしているものの，「かなり多くの箇所に張り紙がしてあり，後日大幅な修正があったもののようである。たとえば一類財産の規定（第二条）が張紙で覆われているので，この規定は後日廃止されたと推察できる」（334 頁）とあり，福島正夫『日本資本主義と「家」制度』（東京大学出版会，1967 年）は，これが制定されたとは考えておらず，「案」としている（382 頁）。筆者は福島説が正しいと考える。しかしいずれにしても結局，同家は華族世襲財産に倣おうとしたが，

402　第2部　大正・昭和戦前期における毛利家資産の性格変容

　他方大名華族（さらに旧武士一般）らも，前近代から，戦争で強奪されたり将軍から御家御取り潰しを命じられるなど改易となれば別として，領地は他へ譲ることなく，次代に継承させた。つまり近代の華族世襲財産よりも，前近代の大名領の方が，（近代法に基礎づけられていないが）ヨーロッパの世襲財産に近い。また江戸時代でもとくに前期には，次三男などに領地を分けて（分知して）支藩を立てることが少なくなかった。しかしこのような戦争による強奪，改易や分知は，大名らの実力行使ないし主君たる将軍や大名の命令・許可のもとで行われたから，これは（当時の法的に認められたないし権力者のお墨付きを得た）世襲財産の再設定とみなせる。そして近代の華族世襲財産といっても，前田・毛利など有力大名華族でも資産の大部分を世襲財産に設定することはなかったのに対して，前近代の大名の領地は，（近代的土地所有ではないし年貢徴収権にすぎないとしても）彼らの基幹的な資産であったから，この点もヨーロッパ大貴族の土地を中心とした世襲財産に似ている。これに対して江戸時代の三井家共有財産は，ヨーロッパの世襲財産とはまったく異なる。そもそも三井の場合は，大半が商家の営業資産なのである。

　上記の安岡論文は，さらに次のような点を論じている。近代において，宇和島伊達侯爵家や近衛公爵家の家憲と，三井・安田・鴻池・住友各家の家憲を比較すると，共通する点は，家の資産は法的には家長の個人資産であったが，実質的な所有権者ではなかったという点である（この点は，後述の堀江保蔵や福島正夫らもみな論じている）。そして少なくとも有力な大名華族・公家華族は，資産の売却・取得等について，（名称は必ずしも「評議会」ではなくても）評議会に大きな権限があり，家長の恣意を抑制した。これは大商家・財閥でも（評議会ではないが）ほぼ同様であり，大商家・財閥と華族資産家の財産管理

───────────

　うまくいかなかったのである。ちなみに1900年三井家憲にも，同族会の議決すべき事件の1つとして「世襲財産ニ関スル件」があり（第27条8），同族は同族会の認可を経なければ家産を「世襲財産」に編入できないともある（第97条）。安岡重明は，肝心の「世襲財産」の内容が定められていないが，これを各家固有の財産という意味かと推測している（前掲，安岡『財閥形成史の研究』452頁）。しかし三井家憲は穂積陳重が起草した正式のものだから，「世襲財産」の内容が定められていないというのは不自然であり，これはこの時点で唯一の華族であった総領家の華族世襲財産のことであろう。各家固有の財産の扱いは各家の自由であり，これは同族共有財産の一部を勝手に華族世襲財産にするなという趣旨である。

法はきわめて類似していたという。

　したがって筆者が本書ですでに記したように，毛利家や前田家（そしておそらくたいていの有力大名華族）では，当主の一存では自由にならない家の資産とは別に，当主（および家族）の自由裁量で使用できる「御手許金」があった[71]。「御手許金」は家資産から支出するだけで，その使用・残額等の記録は，家資産の会計帳簿にはむろんまったく記録されない（「御手許金」は，家事務所における財務関係部署ではなく家事・生活面を担当する内事関係部署の管轄であり，実際には帳簿等は存在したはずである）。他方，華族家においては，個人の私物のようにみえても，高価な場合は家宝すなわち家資産となることがあった。前田家の例では，1889〜90年に，当主利嗣・朗子夫妻が，有栖川宮威仁親王夫妻と外遊した際に，パリの有名宝石店ショーメで購入したティアラ（宝冠）がそれであり，当主夫人が代々継承するならわしであった。利為長女の酒井美意子は次のように記している。

　　前田家では家宝と個人の所有物は厳然と区別しており，未亡人となったと
　　たんに家宝とは訣別する掟でした[72]。

当主利為が亡くなるまでは妻菊子が，利為が亡くなると同時に，嫡子利建の妻政子が継承した。ティアラは個人の私物ではなかった。その他に，代々伝わる古文書・刀剣・その他の動産である家宝も大量にあったが，当主夫人の装身具等とともに，財務課が扱う資産には含まれず，別扱いであったし（ただし会計帳簿のなかの財産目録とは別に，宝石など家宝・貴重品一覧のような記録簿が存在していたであろうが，前田育徳会には所蔵されていないとのことである），世襲財産設定もされていなかった。しかし実質は当主夫人に代々継承される家の世襲財産であった。ちなみに現在の天皇家もよく似ており，三種の神器，古文書，ティアラほか歴代皇后の装身具などは，国有財産ではなく天皇家の私有物であるが，皇室経済法に規定のある「皇位とともに伝わるべき由緒ある物」「御由緒物」になっている[73]。

71）　本書第1部第2章，第3章。
72）　酒井『加賀百万石物語―秘史・前田家の戦争と平和―』（主婦と生活社，1992年）
　　　227頁。
73）　森暢平『天皇家の財布』（新潮社，2003年）第4章3「三種の神器の所有権」。

404　第2部　大正・昭和戦前期における毛利家資産の性格変容

　ところで前記のように安岡は，前掲「商家・財閥・華族の財産管理」その他の著書で，三井同族その他の財閥共有財産を民法学上の総有としており，これはこんにちまで財閥史研究の通説になっているようである。しかし，この点は大名華族の議論から外れるが，以下やや詳しく説明するようにまったくの誤りであり，総有ではなく合有である。

　この三井家共有財産総有説は，堀江保蔵が最初に主張したものであるが，しかし彼はほとんど立ち入って論じていない[74]。そして安岡がこの論点を継承し，より立ち入った議論を行って，三井同族に限らず，広く日本においては財閥から小企業まで同族企業の営業資本は総有という性格を持っていたと主張して，こんにちに至っている[75]。

　まず民法学上の共同所有については，伝統的に総有・合有・（狭義の）共有の3類型に分けて議論されてきた。もっとも明治期には総有・合有なる概念は，日本の法曹界にはなく，大正期にドイツ民法学の通説紹介を通じて，総有や合有の概念が導入された[76]。しかし当時，これらはドイツ民法学の概念であり，日本の民法典上の問題ではないと考えられていた。その後昭和初期になると，総有と合有が明確に区別され，こんにちに至る，総有・合有・共有の3類型として共同所有を理解するという通説が形成されていった。通説的理解に批判的な意見もじつに多様に存在し，近年では総有・合有・共有の3類型設定そのものに疑義を呈する意見が有力になっているが[77]，一応，現在まで通説的理解

---

74)　堀江保蔵「日本の経済近代化と『家』」（一橋大学『経済研究』16巻2号，1965年），同「日本経営史における『家』の問題」（『経営史学』2巻1号，1967年）。ともにのち，堀江『日本経営史における「家」の研究』（臨川書店，1984年）第1章・第2章に収録。

75)　前掲，安岡『財閥経営の歴史的研究』第2章など。他に，武田晴人が武田『日本経済の発展と財閥本社』（東京大学出版会，2020年）や同『財閥の時代』（角川ソフィア文庫，2020年）99頁などで安岡説を踏襲する議論をしているが，民法学に関わることでもあり，経営史家・経済史家はあまり論じていない。しかしこれまで積極的な批判もなく，一応通説と考えてよかろう。

76)　以下，共同所有に関する学説変遷は，山田誠一「団体，共同所有，および，共同債権関係」（星野英一ほか編『民法講座』別巻1，有斐閣，1990年）。水本浩「民法学の転回と新展開」（水本浩・平井一雄編『日本民法学史・通史』信山社，1997年）第3節3も，入会権等の議論の展開につき，興味深い。

77)　前掲，山田「団体，共同所有，および，共同債権関係」341頁，伊藤栄寿「共同所有理論の現状と課題」（『みんけん：民事研修』674号，2013年），同「組合財産の共有」（名古屋大学『法政論集』270号，2017年），武川幸嗣「共同所有論」（吉田克己・片山

は（とくに教科書レベルでは）踏襲されている[78]。

　安岡重明は，同編『三井財閥』（日本経済新聞社，1982年）32-33頁において，総有・合有・共有の通説を整理しているが（前掲，安岡『財閥経営の歴史的研究』11-12頁にも同様の説明がある），筆者は，その説明・理解に重要な欠落があるために，誤った総有説が生まれたと考える。安岡によれば，総有とはゲルマンの村落共同体の所有形態であり，総有における共同所有者の権利はたんなる収益権であり，また各共同所有者は共有における持分権をもたない。日本の入会権もそれにあたるという。これは通説的な理解であり，異議はない[79]。

　そして各共同所有者には持分がないから，当然に持分分割請求もできない。これはたとえば入会権の場合，入会権を行使している時も，他へ転出する時も，自分の権利を回収したいとか他に譲渡するなどということはできないという意味である。日本の法曹界において理解される総有的財産はかつては入会権だけであった（このため狭い意味の共有とは明らかに異なる入会権について，明治民法は，入会権についての条項を別途設けた［第263条］）。しかし大正後期には，「権利能力なき社団」なる概念，および団体に関して「社団」と「組合」を峻別すべきという考えが主張され始め，それがこんにちまでの通説となっている。社団が法人化すれば当然権利義務の主体となることができ，権利能力を有することになるが，「権利能力なき社団」とは，昭和期の我妻栄らによれば，法人格を有しないものの，民法の組合に関する規定を適用すべきでない（民法の組合の要件を満たしていない）団体のことである。たとえば，法人化してい

　　直也編『財の多様化と民法学』商事法務，2014年）など。

78)　たとえば，我妻栄・有泉亨・川井健・鎌田薫『民法1 総則・物権法』第4版（勁草書房，2021年）第2編第3章第4節「共有」，我妻栄（遠藤浩補訂）・良永和隆『民法』第11版（勁草書房，2023年）第2編第2章4「共同所有」など。

79)　ただし管理処分権は団体に属し共同所有者の権利はたんなる収益権であるという点も，総有あるいは入会権に持分がないという点も，異論を主張する学者がいるし，入会権には総有というゲルマン法概念自体が適合しないという学者もいる（古積健三郎「実在的総合人および総有の法的構造について」中央大学法学会『法律新報』123巻5・6号，2016年，276-277頁，など）。しかし通説は安岡の説明の通りである（前掲，我妻栄ほか『民法1 総則・物権法』第4版，374頁には，「入会権の共同所有［中略］がこれ［総有］に属することについては異説を聞かない」とある。判例はそうであるが，必ずしも正確ではない）。

ない町内会，同窓会，互助会などである。そして「権利能力なき社団」の財産も総有という理解が，現在も通説であり，判例も同様である。これらの構成員は団体財産の持分を観念せず（潜在的な持分権もない），団体から脱退する際も持分分割請求はできない。またそのような社団が多額の債務を負った時，社団の財産による返済義務はあるが，個々の構成員の個人財産までは追及されない。つまり個々の構成員は有限責任なのである（入会権の共同所有者も同様）。現在まで，法曹界で理解されている総有的財産とは，入会権と「権利能力なき社団」の財産のみであり（入会権も「権利能力なき社団」の財産に含める法律家もいる）[80]，総有的財産の共同所有者は有限責任であるという点も，総有の重要な特徴である。これらの認識が安岡にはないのではないか。

　これに対して合有に関する安岡の説明は以下のようである。共同所有者は目的物に対し，管理権能と収益権能をもち，持分権を有する。彼らは事業経営など共同の目的があり，共同所有はその目的達成の手段であるから，共同目的が存続する限り持分権を処分する自由はない。持分分割請求権もない。したがって持分権は潜在的なものとなり，共同目的が終了した時に初めて現実的なものとなる。ドイツ民法は，組合財産，夫婦共有財産，共同相続財産について，合有と定めた。これらも合有の通説的理解という点で，筆者も（細部の注釈をつける余地はあるが）異論はない。

　そして日本の通説において合有的財産の代表は組合財産である。共同相続財産については，日本では合有説と共有説に分かれ，判例は共有説である。それはともかくこの場合の組合とは，民法の組合に関する規定が適用される団体（「民法上の組合」「任意組合」）であり，複数の当事者が出資して共同事業を行う団体である[81]。したがって組合には多様なものを含むが，営利団体の多く

80）　もっとも古くから，ゲルマン法的な総有概念を「権利能力なき社団」の財産にまで拡張すべきでないという説もあり，近年でもそのような主張は多い（柳勝司「『権利能力なき』社団の財産の帰属といわゆる総有理論について」名城大学『名城法学』64 巻，2014 年，前掲，古積「実在的総合人および総有の法的構造について」，同「判例における総有の概念について（1）（2）」中央大学『中央ロー・ジャーナル』15 巻 3 号，2018 年，同 4 号，2019 年，など）。

81）　民法上の組合ではない，商法上の匿名組合は，全権委任を受けた事業者の単独事業であり，共同事業ではない。現在，他にも，労働組合・協同組合など，種々の特別法に基づく「組合」なる語を冠する諸団体がある。

は組合であり，営利団体である組合は法人格のある会社の設立もできる（我妻栄・川島武宜らは，合名会社は法人格をもつ組合の典型としている[82]）。そして組合の特徴として，組合員は無限責任である。すなわち通説では，組合財産は合有であり，営利を目的とする「民法上の組合」の出資者である組合員は，無限責任となる（連帯責任を負う）。もし組合員が有限責任であれば，組合が営利事業を行うのに，組合の取引相手がそれを知らずに取引すれば，思わぬ損失を被る可能性が生じる。したがって，取引相手は組合との取引を躊躇するかもしれない。しかしそれでは組合は営利活動に支障を来すことになる。すぐ述べるように，江戸時代から戦後の財閥解体時まで，三井家の事業は同族の組合が行う共同事業であり，共同事業に対して同族は無限責任であったと考えられる。安岡には，前記のように総有的財産の共同所有者は有限責任であるとの認識が欠落しているとともに，合有的財産をもつ団体の出資者は無限責任であるとの認識がないのではないか。三井家共有財産は，合有的財産そのものであった。

　安岡は，著書『財閥形成史の研究』において，三井家の事業に対して同族は無限責任であったと，正しく捉えている。まず江戸時代については，

　　三井大元方は，共同企業的結合関係であって，各メンバーはたんに出資するのみならず，寄合を通じて企業職能をも把持し，大元方の負債に対しては，無限責任を負っていたと想像される。したがって先学の指摘のように大元方が合名会社の基本条件を備えていたことはほぼ明らかである。無限責任の規定は明確ではないが，当時の法制および社会環境のもとで，大元方の負債に対して出資者が有限責任であったとは考えられない。

とある（215頁）。筆者はこの主張に全面的に賛成である。それは三井同族が出資し彼らが持分を有する大元方が，近代における「民法上の組合」「任意組合」に相当するものだからであった[83]。

---

82)　我妻栄『債権各論　中巻第二（民法講義V-3）』（岩波書店，1962年）755頁，前掲，山田「団体，共同所有，および，共同債権関係」326頁。

83)　なお，安岡が『財閥形成史の研究』197頁で引用している由井常彦「わが国会社企業の先駆的諸形態」（『経営論集』10巻4号，1963年）にも，三井家の事業は「共同企業」であり，「無制限な連帯責任を負うところの出資者相互の永続的結合組織であって，会社形態の第一段階たる合名会社の実体をなすところの資本集中の形態」とあるのもまっ

408　第2部　大正・昭和戦前期における毛利家資産の性格変容

　さらに安岡『財閥形成史の研究』（402-404頁）によれば，三井家では明治
前期から1900年家憲制定の準備過程で，事業に対して同族をなんとか有限責
任にする途を探っており，1893年の銀行・物産・鉱山・三越呉服店の合名会
社化においても，同族11家の当主全員が4合名会社全部の社員に名を連ねる
のは危険として，11家のどの家も，4合名のうち1つだけ社員になるように工
夫した。しかし対外的には同族のいずれかが無限責任を負ったし，しかも対内
的には共有財産は分割されていないのである。1909年の三井合名設立に際し
て，よく知られているように，銀行・物産が株式会社化したが，鉱山は三井合
名の一部となった。合名は銀行・物産に対しては有限責任となったが，鉱山事
業は同族の無限責任であった。1911年には鉱山も株式会社化した。しかし三
井合名は持株会社であるから破綻する危険性はほぼないとはいえ，出資社員は
無限責任である。さらに1940年に合名が物産に吸収されて以降も同族会はメ
ンバーが無限責任である任意組合とみなされる。次第に無限責任の範囲を縮小
していったとはいえ，三井家事業のオーナーである同族は，江戸時代から近代
において，ほぼ一貫して無限責任を負っていたのである。大元方・三井組・元
方・同族会などは，こんにちの民法学でいう営利目的の組合だったと解釈され
る。そのような組合の財産は合有である。

　これに対して，安岡編『三井財閥』（33-34頁）では，次のように記してい
る。

　　三井家の営業資本は，出資者各家がそれぞれの持分率で共同企業に出資し
　た形になっている。しかし二代宗竺の遺書以後は，事実上，企業は永続が
　希求されており，その持分の分割・回収を要求できるような状況にはな
　かった。かりに家業に営業期間があり，それが終了すると各家が持分を回
　収するのであれば，その所有形態は合有とすることができる。しかし家業
　には営業期間がなく，家業は永続するものとされ，その家産は代々継承さ
　れるものであって，一家（三井家の場合は家々）の主人は先代から次代へ
　の継承の任務をもっていて，自分で家産を処分できなかったのであるから，
　その所有形態は，収益は享受できるが，持分の分割請求ができなかったと

───────────
　　たく賛成であるが，同時に由井は「三井組は，決して三井諸家の組合組織ではない」と
　　記しているのはよく理解できない。組合の理解が異なるらしい。

いう点で，総有に近い。

さらに，結論として次のようにある。

　　三井家の営業財産の所有形態は，総有・合有・共有のいずれでもなく，また個人所有でもなかった。このことは敗戦直後まで続く。そこでその所有の実質から見ると，外見的には合有的，実質的には総有的であったということを指摘しておきたい。

しかし，やや繰り返しになるが民法学の通説では，現在に至るまで，総有的財産として想定されているのは，入会権と「権利能力なき社団」の財産だけであり，三井家共有財産に関する堀江・安岡総有説が提出されて半世紀以上経過するが，このような営利団体の同族共有財産を総有とする見解は，管見の限り，法律家の間ではまったくない[84]。そして総有とは，入会権や，法人格のない町内会・同窓会・互助会など「権利能力なき社団」の財産のように，共同所有者に持分が観念されないものをいう[85]。しかるに安岡は，三井同族は持分を有するのに家業に営業期間がないから総有的だと強弁する。財産が合有とみなされている組合が，存続期間を定めないことはいくらでも存在する。そして安岡は，三井同族の共有財産は，総有・合有・共有のいずれでもないが，外見は合有的，実質は総有的と，理解しがたい主張を行う。繰り返し述べるように，三井家共有財産は，民法学の通説に従えば，合有そのものであり，総有的要素は皆無であった。近代の長野県諏訪を本拠とした片倉組・山十組・小口組など一族による製糸結社もみな無限責任を負う組合であり，その共有財産は合有とみなせるものであった[86]。

84）　この点，堀江・安岡総有説の存在を法律家が気づかなかったのか，それとも経営史家の素人談義として無視されたのかはわからない。しかしおそらく後者であろう。

85）　ただし川島武宜は，入会集団の総有でも各構成員に持分が認められることを1968年に主張し，そこから近年では，前記のように，ゲルマン社会の総有と日本の入会権は異なるのではないかといった議論も出るに及んでいる。しかし現在でも判例や学界の通説は，入会集団の構成員は持分権を有さず，入会権は入会集団の構成員全員の総有に属すという我妻栄説を基礎とするものである（以上，前掲，古積「実的的総合人および総有の法的構造について」293-297頁，など）。なおこの川島説は，入会権も江戸時代とは異なって，近代になりまた戦後になって次第に変容してきたことを反映している。

86）　片倉組など何々組と称する近代諏訪の一族による製糸結社は，かつては商法上の匿名組合と信じられていたが，匿名組合とは，事業者でない出資者は有限責任であり，筆者は，これら一族の結社はみな組合員が無限責任の「民法上の組合」「任意組合」である

410 第2部 大正・昭和戦前期における毛利家資産の性格変容

　これも繰り返しになるが，その財産が構成員の総有とみなされている「権利能力なき社団」は，非営利目的の場合が多い。なぜなら，法人格がないから，団体名義で銀行取引ができないうえ，構成員は団体の債務に対して有限責任であるから，そのような団体は「取引社会からは，嫌われる存在」となり，団体の財産が総有とみなされることは「取引においては有益ではない」のである[87]。したがって営利目的の場合は，組合とは区別された社団ではなく，「民法上の組合」の要件をみたす団体を組織することになる[88]。ここからも近代

　　　ことを明らかにした（拙稿「巨大製糸小口組の発展と展開」『商経論叢』50巻2号，2015年）。関連して，筆者は，片倉財閥を分析した拙著『戦間期日本蚕糸業史研究』（東京大学出版会，1992年）において，片倉家・三井家の共有財産はともに総有ではないのではないかと考えていたため，片倉の共有財産について，安岡総有説には言及しなかった。ところが，上記拙稿「巨大製糸小口組の発展と展開」393頁においては，本来の総有とは入会権のように持分の観念のないものをいうのであると，三井の共有財産に関する安岡総有説に疑義を呈したものの，結局通説である安岡総有説に従っておくとして，片倉家の共有財産も総有と記し，かつ小口組は離脱者に対する持分分割請求が認められたため，小口家の場合は総有ではなく，片倉・小口両家の共有財産の性格は異なるとした。しかし現在の筆者の理解は，ともに民法学上の合有的財産であり，小口組では脱退と脱退者への持分分割を共同所有者全員が認めたために，合法的にそれが実施されたにすぎない，というものである。合有・総有とは，（利益配当は別として）基本的に財産分割請求はできないが，脱退は若干の条件のもとで可能である（組合の脱退制度については，前掲，伊藤「組合財産の共有」209-210頁。この制度は1896年民法施行時から現在までまったく不変である）。そして片倉・小口両家の差異は，両家の団結力が異なっていた面があるとしても，たんにそれだけではない。小口組では共有財産制と持分比を決めただけで，一族の行動を律する家憲類が見当たらない。これに対して片倉家では1910年前後に正式な「家憲草案」を作成し，1913年には詳細な「宣誓書」へ同族5家当主に捺印させている。家憲類は一族間の取り決めにすぎず，その規定を一族に履行させる法的強制力はない。しかしその規定に納得し捺印をしたということは契約を結んだとみなせるので，それに違反すれば，民法の規定に基づいて損害賠償請求ができる。1900年三井家憲の起草者穂積陳重の，三井同族に家憲遵守を促す制度理解はそのようなものであった（前掲，福島『日本資本主義と「家」制度』396頁）。三井同族の団結力はきわめて強かったと思われるが，そのような制度的・法的裏付けもあった。三井家憲を手本とした片倉家も同様だったはずである。これに対して華族の家憲（「家範」）はもっと直接に法的拘束力があった。1894年華族令追加により華族は宮内大臣の認許を経て「家範」を制定できるとされ（第11条，第12条），1907年華族令（第23条），1911年華族戒飭令（第4条）に基づき，「家範」に違反した者は，情状に応じて華族の礼遇停止，譴責・訓誡の処分がなされることになった。

87）　前掲，柳「『権利能力なき』社団の財産の帰属といわゆる総有理論について」107，109頁。
88）　もっとも営利目的でも，構成員が無限責任を負いたくないために，「権利能力なき社

の三井同族会などを，その共有財産が総有とみなされる「権利能力なき社団」ではなく，共有財産が合有である組合とみなすことはごく自然である。

なお，前掲，武田『財閥の時代』99頁は，資金や土地はともかく，のれんや信用は分割不可能な資産だから，三井の共有財産は総有であるとしている。のれんや商標を資産に計上することはあるが，しかしのれんや信用は三井の共有財産に含まれないはずである。なぜなら同族各家の持分が定められており，分割不可能な資産に持分を定めるわけがない。実際，1909年10月の三井合名設立直前における三井家同族会の資産をみると，銀行・物産・鉱山への出資金と交付金，不動産，株式，貸金などであり，（自己創設）のれんや信用は含まれない（前掲，松元『三井財閥の研究』41頁，第6表）。

さらに，前掲，武田『日本経済の発展と財閥本社』は，安岡総有説を踏襲するとしつつ，「総有制」なる用語をキーワードとして使用している。民法学では共有財産の一形態としての「総有」なる概念はあるが，それは法律家が共同所有の一形態として着目したにすぎないから，「総有制」という用語は使われない。三井家共有財産を民法学の総有に当たると理解した安岡も「総有制」なる用語は使用していない。武田は，安岡の主張を正確に理解せず，自分流儀の意味を込めて「総有制」なる民法学とは関係のない議論をしているのである。武田著では，「同族の事業資産の総有に同意することによって［中略］分割不能な共有財産となった」とある（15頁）。要するに武田「総有制」とは，たんに同族らが共有財産は分割しない（ないし勝手に処分しない）という約束をしたものということであり，したがってその約束を破ることは不可能になったと

団」の要件を満たす団体を組織する場合もあるらしい。三井でも，前記のように，同族が有限責任になるように種々検討した。しかし結局，それでは取引上不都合になるので，あきらめた。そして近年では，社団と組合を峻別する理解には無理があるという批判もある（前掲，山田「団体，共同所有，および，共同債権関係」345-346頁）。団体が「民法上の組合」の要件を満たすと同時に，「権利能力なき社団」の要件も満たす場合は少なくない。たとえば法人化していないマンションの管理組合もそれである。この場合，仮にそれらが多額の債務を抱えても特別な規約がない限り（少なくとも近年までは）構成員個人の財産には返済責任は及ばないと考えられており，またマンションから他へ転出する際にも，組合に財産分割請求はできないと規約に定められていれば，組合財産は総有であり，組合は「権利能力なき社団」にあたる。おそらく多くの場合はそうであろう。

いうものである。既述のように，現実には，同族間の約束を法的に担保するものは何もない（約束を破っても犯罪ではない）。ただし約束は契約とみなされて，約束を破ることによって生じる損害の賠償請求はできる，ということであった。同族全員が合意すれば，そのうちの誰かが分割を受けて，三井家共有財産制から離脱することはできたし，戦後の財閥解体期には（墓地などを除いた）残余の資産を持分比に基づいて分割したとされる（安岡重明・石川健次郎「敗戦後の三井同族会」『同志社商学』30巻1号，1978年，178，185頁）。その時までは家憲遵守という約束に基づいてそうしなかったというのが，武田「総有制」の内実である。これに対して民法学において総有とみなされている入会権は，仮に全員が合意しても基本的に分割不可能である。「権利能力なき社団」の場合も，存続する限り，持分権が観念されないから同様である。いずれにせよ，武田「総有制」なるものは，安岡総有説とは異なって，民法学の総有概念とは何の関係もない。要するに，こんにちに至るまで誤解に誤解を重ねた議論がまかり通ってきたのである[89]。

(6) 損益

この時期の損益も，前掲表5-18によってみると，株式配当・債券利子・預金等利子・不動産収入などは概して安定的である。株式配当は，27・28年に若干減少し，これは金融恐慌の影響もあるだろう。ただしそれでも1922年よりも多い。株式配当は，むしろ1931〜33年の方が減少幅は大きい。前田家などと同様に，十五銀行株で損失を出したとはいえ，金融恐慌による打撃は限定的かつ一時的なショックにすぎず，それよりも昭和恐慌による影響の方が，やや長期に及んだ分，トータルでは大きかった（むろん金融恐慌によって十五銀行株が毀損したのに対して，毛利家のように長期に優良株を継続保有する場合，昭和恐慌で一時的に株価が下落しても，株価回復によってなんらの損失もなくなったが，それでも株式配当が昭和恐慌期に減少したことをここで述べてい

89）　余談ながら，三井総領家当主高棟夫人は，幕末の富山藩主前田利聲の娘であり，宗家たる加賀前田家とは直接婚姻関係を結べなくても，分家を経由して加賀前田家と結びついた。これらは，戦前期とりわけ明治期の社会的序列を端的に表わしている。

る）。そして地所売却差益金は，当然ながら変動が大きいが，とくに 38 年に 229 万円も計上している。これは同年度前期の砂町地所 33 町の売却代金 205 万円が大きく影響している。有価証券売却償還益がそれほど多額ではなかったのは，売却・償還が多くなかったためである。

　歳出も，概して安定していた。十五銀行破綻による損失 22 万 8 千円の会計処理について述べると，まず損失は 1927 年中に確定したから，会計制度再編も伴って，それまでの積立金などから第二基本付属財産の「第二財産補塡準備積立金」へ 33 万 1 千円を繰り入れて分厚くしておき，30 年に損失を計上して，この「準備積立金」の 22 万円で補塡した（表 6-1 の 30 年の「準備積立金」は 11 万円減にすぎないが，これは同年第二基本財産の純益から 5 万 4 千円を繰り入れたりしたからである）。表 5-18 において，30 年の歳出が多かったのは，砂町地所整理費が，前後の年はせいぜい 2〜3 万円だったが，この年は 11 万 7 千円だったこと（同表の歳出「資産運用諸経費」に含まれる），および「臨時部高輪邸所管表費」に上記十五銀行株の欠損補塡金 22 万円が含まれ多額に上ったことによる（史料には，第二基本財産の歳入に，上記の第二基本付属財産「準備積立金」からの 22 万円繰入が記録されているが，同家の別会計からの付け替えにすぎないので，表 5-18 の歳入には加えていない）。

　またこの時期の寄付として額の大きいものは，判明する限り，1934・37 年山口県立総合競技場建設費計 7 万 9 千円余などがある。

　得られた純益の処分は，第一，第二基本財産に分けて，「基本金」や各種積立金の増額に振り向けられた。とくに 38 年度は 254 万円もの差引剰余金が計上され，そのうち「基本金」へ 118 万円，「準備積立金」へ 116 万円，「公益事業助成金」へ 16 万円が繰り入れられた。

　かくして同家財政において，この時期も損益が赤字になることはなく，毛利・前田ともにそうだったように，大半の有力大名華族の財政はきわめて安定していたはずである。

　さらに，毛利のような長い歴史をもつ大名華族には，時折，思わぬ収入が発生することがあった。1931 年 11 月，東京の瑞聖寺（現港区白金台）と青松寺（現港区愛宕）にある同家先祖の墓から，大判小判がザクザクと発掘されたのである[90]。瑞聖寺では，5 代長州藩主毛利吉元の長男宗元（1721 年没）の墓

から，大判1枚，小判24枚，乾字小判（宝永小判）5枚，乾字一分金18個，二朱金8個，文字一分金（元文一分金）17個，一分金150個ほか多数が出てきた。青松寺では，同じく吉元の3男元陳（1713年没）の墓から，乾字小判6枚が現れた。むろんこれらは毛利家の財産に付け加えられたが，本書でこれまで掲げた同家の資産表にも損益表にも含まれない。もっとも，表6-4の37年「その他動産」300万円の中には含まれているであろう。

90）　以下，『例規』所収の「御墓所内ヨリ発掘ニ係ル古金類ヲ当家財産ニ編入，他ノ古金銀同様，倉庫根帳ニ登載ノ件」（昭和6年11月30日提出）。

第 7 章

その後の毛利家

　1938 年元昭没後の，残存する同家史料は限られているが，同家の性格を表す，あるいは同家の社会的な位置を示すような，いくつかのエピソードを記しておきたい。

　(1) 元昭が没した時，嫡子元道は 37 年 8 月から 2 年間の予定でドイツに陸軍軍備砲術研究のため私費留学していた。そしてほぼ予定通り 39 年 7 月に帰国した[1]。そして元道帰国前の同年 2 月に毛利家は本邸を防府邸から再度東京高輪邸に移した。元道は現役の陸軍将校（少佐）だったから，防府に常住するわけにはいかなかったからであろう。ところが，本邸が東京に移転すると，当主の戸籍も防府ではなくなり，それまで毛利家の所得と所有資産を課税標準としていた戸数割年 2 万円余が防府市に入らなくなったのである。同市の 1938 年度歳入予算は，経常部 52 万円，うち市税 40 万円であったから[2]，少なからぬ減収となる。このため同家は，防府市の税収激減の代替措置として，同年から 4 年間，年 1 万円の寄付を行うことにした[3]。大名華族資産家が旧領に本拠を置くことによる最大の地域貢献・経済効果は，本邸における消費支出や雇用とともに，多額の地方税納付であっただろう。

　(2) 元徳の 8 男八郎は，西園寺公望の婿養子となった。しかしこれも既述のように，八郎は毛利家家政協議人を務め，25 年の実兄五郎没後は長く実家の財産主管者・財務監督を務めた。そして公望が 1940 年に没し，八郎が西園寺家当主となると，毛利家が西園寺家の所有株式を管理するようになった[4]。た

---

1)　『続防府市史』（防府市教育委員会，1981 年）362 頁。
2)　『防府市勢要覧（昭和十三年版）』（同市，1938 年）49 頁。
3)　『防府市史』別冊年表（防府市，2004 年）186 頁。原史料は『防長新聞』。
4)　以下，毛利家『公爵西園寺家預リ株式ニ対スル配当金，領収覚』（昭和十六年以降）。

だし西園寺家所有株のすべてではなく，八郎と長女愛子名義のみであった。本書「はじめに」や第2部第4章で著書を参照した八郎長男の公一は嫡子で推定相続人だったから，公一名義資産はほとんどなかったのであろう（公一はゾルゲ事件に連座して有罪となり，爵位継承権を失うが，それはもう少し後のことである）。次男二郎は分家の予定だったから八郎が財産分与をしていたが，毛利家は二郎分を預かっていない。これら株式の毛利家による管理は，むろん八郎が毛利家に依頼したためと思われる。八郎は西園寺公爵になっても，頼りとするのは，やはり実家の毛利公爵家であった。

　（3）さて太平洋戦争末期に最後の毛利公爵元道は陸軍砲兵中佐であった。戦前の大名・公家華族で政治家になった例は少なくなく，彼らが戦前日本の政治行政の重要な一翼を担ったといっても過言ではないが，明治期の大名華族トップスリーたる毛利・前田・島津の，1880年代以降生まれの当主はいずれも陸海軍将校となり，政治にはほとんど関わらなかった点が特徴である（ただし1942年に前田利為陸軍中将［死後大将］が没した後，襲爵した利建は軍人にならず宮内官僚等になった）。それは，皇族男子が悉く，否応なく陸海軍将校への道に進まされたのと同様に，本人の志望とは関係なく，軍将校への道に進まされたからである。前田利為が，政治家ないし外交官志望だったにもかかわらず，周囲から陸軍将校への道を強要されたことはあまりにも有名である（ただし島津忠重は自ら海軍将校を志望した）[5]。武家華族子弟でも，下層の場合はどのような道に進もうが，誰も気にしない。上層ほど人生は自由でなくなる。また皇族男子が陸軍士官学校や海軍兵学校の正規の入試を経ず，いわば裏口入学したのとは異なって，彼らは有力大名華族の子弟（ないし当主）といえども特別扱いされず，難関であった正規の入試に合格したからである。毛利・前田・島津の跡継ぎらがいずれも難関の入試に合格した要因として考えられるのは，彼ら自身の資質とともに，富裕な上層大名華族としては，家の威厳を保つためにも，人格の陶冶および難関の入試に向けてあらゆる配慮に基づく特別教育を施したことがある[6]。これは経済力の乏しい下層華族では不可能であった。

5）『前田利為（軍人編）』（前田利為侯伝記編纂委員会，1991年）3-7頁，島津忠重『炉辺南国記』（島津出版会，1983年，原書は1957年刊）187-188頁。

6）　前田家の場合，前掲『前田利為』（1986年）「敬義塾英才教育」36-43，519-521頁な

おそらく上層の有力華族の方が，軍将校養成学校への合格率は高かったのではないか。

　そして戦時期に皇族の陸海軍将校は多くの場合最前線に出さないように配慮されたが，華族は公侯爵といえどもそのような配慮はまったくなされなかった。毛利元道の場合，太平洋戦争開始前の 1941 年 7 月から 1944 年 9 月までの 3 年余の間，外地のほぼ最前線に配置され，戦った[7]。41 年 7 月に，関東軍特種演習（関特演）が実施される際に，野戦高射砲第三十五大隊が臨時編成され，初代部隊長に毛利元道中佐が就任し，満洲新京の防軍警備についた。同年 12 月に太平洋戦争が始まると，満洲から転進し，輸送船団の防空を担当して，ジャワ島攻略戦に参加した。ついで 42 年 4 月ビルマに転進して，南部モールメンや北部マンダレーなどでの作戦中，必ずしも多くはないが断続的に部下に戦死・戦病死者が出ている。毛利部隊は続いて 44 年 2 月から 45 年 1 月に「ウ」号作戦，「九」号作戦に参加した。「ウ」号作戦とはインパール作戦のことである。毛利隊はビルマ方面軍直轄であったが，ここでも部下に戦死・戦病死者を少なくとも数名出している。インパール作戦は 44 年 7 月 3 日に中止されたが，元道はその直前の 6 月 22 日発令で千葉陸軍高射学校生徒隊長に任ぜられ，9 月初めにビルマから帰国した[8]。しかしこのビルマの部隊は 45 年 9 月までに，次の部隊長の下で戦死者 39 名・戦病死者 215 名・生死不明者 220 名という多大な犠牲を出した。元道は戦後，防府カトリック教会の信徒（洗礼名ペトロ）になったが[9]，それはこのような戦争体験ゆえではなかったか。

　ところで 1945 年 6 月に元道は，所属する千葉陸軍高射学校が，静岡県西部の（森の石松で知られる）森町に疎開した際に，隊長として部隊を率いた。以

　どが参考になる。利為の陸軍士官学校入試に向けて，同家大久保邸に敬義塾なる塾舎を建設し，当代一流の教師らを招き，めぼしい学友数名とともに合宿形式で勉学させた。これらの結果，利為は士官学校の学科試験を全国 1 位の成績で合格した（1903 年）。当時の前田家としては，さぞや誇らしかったと思われる。

7)　以下，厚生省援護局『ビルマ方面部隊略歴（その一）』（1961 年 12 月 1 日）36-37 頁，および陸軍省『陸軍将校実役停年名簿』第 1 巻，中佐（昭和 19 年 9 月 1 日調）471 頁［ともに防衛省防衛研究所蔵］による。

8)　前掲『木戸幸一日記』下巻，1139 頁，昭和 19 年 9 月 4 日条。

9)　防府市英雲荘および毛利博物館の御教示，また防府カトリック教会ホームページによる。

418 第2部 大正・昭和戦前期における毛利家資産の性格変容

下，当時森町町長であった村松久吉の回想によると[10]，この時，部隊は毛利
隊長の宿舎として3部屋続きのある家の提供を同町に依頼した。しかしこの頃
同町はその他の部隊・工場・発電所等の疎開で，空室のある家などほとんどな
かった。そこで町役場は部隊に対して，なぜ3部屋続きのある家を所望するの
かと尋ねると，

　　　副官曰く，閣下は毛利公直系の公爵で，旧の大名であるので，今日尚，一
　　　部屋隔てて挨拶しなければならない。

というのであった。どうしてもなければ致し方ないから家令と相談いたします，
という。毛利家の家令も同行しているのである。結局，町が八方手を尽くして
2部屋続きのある家を探し出し，

　　　家令が来場しましたので，［中略］御案内して検分を願つた。止むを得な
　　　い，致し方ないということになつた。

　　　毛利閣下がご来訪されたので，事情を説明申し上げて住宅の御検分を願つ
　　　た。大層平民的なお方で，御気軽に「これで結構だ」と仰せ下さつたので，
　　　ホット一安心いたしました。

そして次の日に，同行していた「奥様」による検分の結果，本決まりになった。
その後，「元［長州］藩士の高位高官の人々が挨拶に見えられたという話もき
きました」とある。公爵元道中佐の行く先々へ，いちいち長州系の「高位高
官」が，よろしく頼むと挨拶をしに行くのである。しかし，

　　　将校方は皆さん遠慮

　　　隊長は別格の尊敬者であるので，皆さん遠慮されて近付かない。職務の用
　　　事が済めば直ちに引返へすので，公爵としては話相手を欲しい［の］で，
　　　町長，遊びに来てくれと申されます。［中略］2，3度御訪ね申上げました。
　　　大層喜ばれて色々のお話しを致しました。心の温まるお方でした。

とある[11]。太平洋戦争末期においても，毛利公爵の威厳は揺るぎないもの
だった。

　10）　村松久吉『支那事変・太平洋戦争森町行政実録』（1978年）所収の「隊長毛利中佐閣
　　　下住宅依頼の件」191-193頁による。永久昭二「毛利元道中佐と森町長」（『大内文化探
　　　訪会誌』15号，1997年）88-89頁にも紹介がある。
　11）　この後，毛利隊は同年8月13日に森町を引き払って兵庫県赤穂に移転したが，この
　　　時すでに元道は家来筋の木戸幸一内大臣から終戦を知らされていたという（村松，前掲

第7章　その後の毛利家　419

　（4）まもなく戦争は終わり，敗北と戦後処理の過程で，華族資産家はとりわけ財産税や華族制度廃止などにより巨大な打撃を受け，また変容をよぎなくされた。しかし毛利家はそのような激動の時代にも，財政制度の大枠や，有力な旧臣を守ろうとする従来の姿勢を極力維持しようとした。まず，毛利のような大資産家には最高税率9割という高率の財産税が課された。税納付のために同家は，第一基本財産からは原則として支出はしないというそれまでの資産運用の原則を守れなくなった。この原則は，宮内大臣の認可を受けた家憲たる「家範」に規定されていたから，守れないとすると，「家範」の改正が必要となった。そこで同家は，実質上の家憲改正案たる「家範暫定補則」案を作成した。それによると，財産税に充当するためにやむを得ない場合は，第一基本財産や第二基本財産の元資，さらに付属財産たる各種積立金を取り崩すことも可とした。ただしそのうち，「旧特別重臣家計恩助基金」だけは「此ノ限リニ在ラス」と，取り崩しを禁止した。しかも「将来，此ノ積立金ノ名称ヲ『十家家計恩助基金』ト改ム」と，その存続の強い意思を表明している。財産の9割近くを納税させられるという，この期に及んでまで，同家が旧家老の保護に努めようとする姿勢には驚嘆すべきものがある。そして他の積立金についても，「前項ノ積立金ハ之ヲ財産税又ハ財産増加税ニ充当スルヲ要セザルニ至リタルトキハ成ルベク速ニ旧態ニ復帰セシムベシ」と，それまでの財政政策を維持しようとしている。むろん第一基本財産・第二基本財産という会計の枠組みを変更することはまったく考えていない。

　この「家範暫定補則」は1946年5月1日付で宮内大臣松平慶民に認許を申請し，同月15日付で認許された。これを受けて同家は同22日から「補則」を施行し，同28日には，高輪邸内の祖霊社の前で，高輪神社宮司を斎主として祖先への奉告祭を執行した[12]。16世紀の毛利元就や18世紀の7代藩主重就の遺訓は，太平洋戦争やその敗北による打撃をものともせず，生き続けたのである。

───────────

　　書，197頁）。なお，元道は1976年まで生きた。
　12）　以上，「家範暫定補則」（昭和21年5月22日）ほか，『例規』所収史料による。

おわりに

　以下，第 1 部と第 2 部に分けて，それぞれの結論を，補足を加えながらまとめる。

(1) 明治期における資産の由来と性格

1. 意思決定システム

　まず藩政期加賀藩からふれると，同藩は，藩主の世代交代が比較的スムーズにいった。藩主の男子が誕生・成育し（男子がない場合は藩主の弟が養嗣子になる場合もあったが），藩政期全般にわたって跡継ぎ問題が深刻化しなかった。藩祖利家の血筋を引く正統な藩主には不動の権威があった。これに対して，藩政期の毛利家は，元就の血は引いていても，輝元の血筋ではないなどの問題があったり，幕末期にも繰り返し（一族の）家老家や支藩主家から養嗣子を迎えざるをえなかった。しかも養子を迎える場合は，通常，養父が養子を選定するのであるが，敬親の場合，養父斉広の急死によって，家臣らの合意によって決められたという経緯があった（末期養子）[1]。いきおい幕末期長州の藩主・世子の権威は相対的に高まらなかったと思われる。さらに元就の「三子教訓状」や（伝説的ではあるが）「百万一心」の教え以来，家中の団結が強調される毛利家の共同体的性格は，相対的に家臣らの発言力を強めたはずである。石高の大きさも関係すると思われる。表高百万石を越える加賀藩主と 36 万石の長州藩主では，おのずと備わる権威も異なるというものであろう。そしてこれらの事情は水戸流の過激な尊攘思想に凝り固まった主流派家臣らを，いよいよ調子

---

　1)　以上，前掲，根本『近世大名家における「家」と「御家」』182 頁など。

づかせることになった。かくして日本の近代は開始された。

　明治になっても，毛利家当主は，むろん自らの意見表明もするが，具体的な資産運用については家職や井上馨らの上申を受け入れる点で，基本的に「そうせい侯」であり続けたといってよい。それらはむろん敬親・元徳・元昭らの個性・性格にもよっているが，同時に近世期の藩の体質を継承している。

　長州藩のみならず近世の藩，さらに近代の大名華族の（とくに財政面の）意思決定システムは基本的にボトムアップ方式であり，家臣・旧臣（家職・評議員）らに検討・審議させて，それをたいてい藩主・当主が承認したのだが，「名君」と呼ばれるような幕末の藩主——たとえば島津斉彬・松平春嶽・山内容堂ら——は，なんらかのリーダーシップをとる面があったからこそ「名君」とされてきた。敬親が「名君」と評価されることもあるが，その場合も，有能な人材を登用したとか，文武の振興を進めたとか，なんらかの主体的な指示・行動を根拠に主張するのである[2]。やはり「そうせい」というだけでは「名君」になりえない。そして従来，天保期長州藩の藩政改革は敬親主導で行われたとされてきたが，最近の研究では，「敬親の積極的関与は当初からあったわけではなかったようである」とされる[3]。これに対して幕末の加賀藩主前田斎泰は，毛利敬親よりリーダーシップが窺える[4]。

---

[2]　小山良昌『名君 毛利敬親』（萩ものがたり，2017年）。

[3]　前掲，根本『近世大名家における「家」と「御家」』183頁。

[4]　幕末期長州藩の意思決定について，上田純子「安政五年萩藩における『会議』と政治機構」（『史学雑誌』107編6号，1998年），同「萩藩文久改革期の政治組織」（同誌，109編11号，2000年）が興味深い実証研究であり，敬親は主体的な判断をしなかったわけではない点などが指摘されている。それでも，根本，前掲書が（今後の課題でもあると留保しつつも）指摘するように，筆者も，相対的には敬親の主流派家臣らの意見を尊重する面は強かったと考えている。また加賀藩では，禁門の変というクリティカルな時期の意思決定に際しても，じつは長州藩と異なって，御前会議（君前会議）は開かれていなかった（つまり藩主斎泰自身が判断を下した）という指摘がある（長山直治『加賀藩を考える』桂書房，2013年，77-79頁）。ただし近刊の宮下和幸『加賀藩の明治維新』（有志舎，2019年）第1章によると，この頃御前会議（御前評議）がまったく開かれなかったわけではなく，むしろ藩主斎泰自身が御前評議を重視したとある。興味深い研究の進展ではあるが，意思決定が困難なクリティカルな時期に，最高責任者が衆議を求めるのはごく自然であり，やはり相対的に，長州藩より加賀藩の方が，藩主に権威とリーダーシップがあったと，筆者は考える。宮下，同上書でも，「（文久3年以降王政復古後までの斎泰・慶寧）両藩主の決断は，藩内の政治意思が暴走して藩組織が崩壊することを防ぎ，藩の政治運動を可能にさせていることから，『決断の君主』としての一側

おわりに　423

　また幕末期加賀藩では，意思決定において下からの「言路」はある程度保障
されていたが，八家をはじめとする家老層の権限は従来通り保持された[5]。こ
れに対して幕末の長州藩では，たとえば禁門の変の前後をみても家老層は十分
に存在感を示しているが，それとともに中級藩士層が直接藩論に与える影響力
が強かった。つまり加賀藩の方が相対的に旧来のヒエラルキー的秩序が維持さ
れた。いいかえれば，毛利家は（そして島津家も）相対的に下位者の発言力が
強かったのに対して，加賀藩は，身分制を基礎とした上意下達のシステムが幕
末まで維持された[6]。あるいは極端に誇張すれば，毛利家の方が平等主義的な
いし下剋上的といえる[7]。これらの特徴は明治期の両家に概ね持ち越された。
明治期前田家の家政は，旧八家の当主らが，（旧中級藩士とともに）家令や評
議人・評議員となって支えた。明治期毛利家の家政を支えた（ないし牛耳っ
た）のは，柏村信・井上馨・杉孫七郎ら，もっぱら旧中級藩士であり，旧家老
らは保護の対象にはなっても，毛利家家政への貢献はほとんどみられない。

　ただし明治期とくに1890年の家憲制定以降は，家政協議人や財産主管者を
務める旧支藩主家当主，分家当主らも，毛利家家政に影響力を及ぼした（この
点が，評議会に支藩主家を入れず，より客観的な視点を求めた前田家と異な
る）。しかし毛利家家政審議に参加する一族らのスタンスは，明治期の毛利家
が置かれた社会的位置に規定されて，また同家の歴史的な共同体的性格もあっ
てであろう，井上馨・山県有朋ら有力な旧中下級藩士層や家職らの志向とあま
り変わらなかったし，さらに当主自身も同様であった。毛利家家政運営におい
て井上馨の大きな影響力があったことは本書でも指摘したが，同家の意思決定
は決して井上のみによって行われたのではなく，以上のような家職，政府高官
たる有力旧中下級藩士層，旧支藩主家当主，分家当主らによる評議に基づき，
当主の決裁によって行われた。

　　　面を看取することも可能である」（353頁）という。
　5）　幕末維新期加賀藩の意思決定について，宮下，前掲書，第1部が詳しい。
　6）　宮下，前掲書は，「加賀藩の家臣団編制はかなり体系的な面がみられたが，それが幕
　　　末期にあっても機能していた」（351-352頁）という。
　7）　これはむろん，（明治維新のめざした）身分・形式より実力を重んじるという進歩的
　　　な面もあろうが，結局は（発言力を重んじる）昭和の陸軍の暴走につながったという理
　　　解もありうる。

2. 藩政期からの資産継承

　前田家など多くの大名家は近世から直接継承した金融資産は多くなかったと推定されるが，倒幕の旗手となった毛利・吉川両家は近世からの継承資産について，それぞれ独自の経緯によって政府から目こぼしがあり，近代のスタート時点で有利に取り計らわれたと考えられる。毛利家は7代藩主重就以来蓄積してきた撫育金から30万両（時価70万円）を継承し，明治初期頃から同家の資産は，家禄賞典禄合計がもっと多い前田家の資産より，若干多くなりえた。わずか6万石の吉川家も近世期岩国領に関する資産は個人資産と主張して，旧石高に見合わない資産家に成長しえた。

　要するに新政府官吏（じつは旧長州藩士）は，毛利・吉川両家に対して，近世以来の帰属のややあいまいな資産を，藩主の個人資産であるという彼らの主張をかなり認めた。これは倒幕の主勢力という背景なしには理解しがたいことである。

3. 多額の賞典分与

　従来，倒幕・戊辰戦争の旗手だった毛利・島津両家に対して，突出した多額の賞典禄が支給され，さらに家禄に賞典禄が加えられて金禄公債交付額が算定されたため，これらに基づいて，両家は富裕な大名華族資産家として成長していったと想定されていた。しかし毛利家は，受領した多額の賞典禄をそのまま実入りにできたのではなく，そこからきわめて多数の旧家臣ら功労者へ賞典分与がなされた。それには，むろん戦死者遺族や戦傷者への救助なども加わった。これに対して，島津家の場合は，明治一桁年代は，政府から直接旧藩士らに軍功禄が支給され，同家が受け取った多額の賞典禄が旧家臣らに分与されることはなかった（ただし賞典禄は同家の実入りになったのではなく，全額鹿児島県に学校費として寄付された）。他方，前田家の賞典禄は多くなかったが，賞典分与の必要もほとんどなかった。どの程度，賞典分与したかは，旧大名によって大きく異なり，一概にいえない。しかし，毛利家ほど旧家臣らへ多額の賞典分与を行った大名華族は他になかったし，受給者数も他の旧大名に比して突出していたはずである。そして同家は，1877年に七分利金禄公債証書と同じ利率・償還条件の賞典証書を分与受給資格者に交付し，1893年まで利払いと証

書の償還を行った。

4. 資産運用の姿勢と資産の性格

　毛利家が藩政期から多額の金融資産を継承し，家禄賞典禄や金禄公債受領額も前田家と大差はなく，明治初年から前田家より多額の資産を有したにもかかわらず，その後，資産額において前田家に迫られ，やがて追い抜かれた要因の1つは，賞典分与の相違であるが，しかしそれだけでとうてい説明できるものではない。資産運用姿勢の相違こそが重要であった。

　それは，(1)資産管理ないし資産増殖をめざすための運用姿勢の差と，(2)他者への支援や社会への貢献の差，に分けられる。

　(1)については，前田家がきわめて慎重かつ厳格に資産を管理・運用し，ローリスク・ローリターンの姿勢を維持した。幕末期加賀藩の行動と同じである。これに対して毛利家は，一貫して期待収益率が高く，またリスク許容度も高く，ハイリスク・ハイリターンの姿勢を示し，かつリスク管理も甘いのではないかと思わせるところがある。したがって大きな成功もみられるが，失敗も少なくないし，ある程度それを見込んでいるふしもある。こちらも幕末期長州藩と同じである[8]。

　資産管理において，前田家が早くから会計の専門家を評議人に任命して厳格な会計監査を実施していたのに対して，毛利家では1880年代から内部監査は行っていたが，明治期に外部者による組織だった会計監査が行われていた形跡がない。しかも1890年代の家政協議人の過半は毛利一族であり，財産主管者も1896年から当主元徳の子弟が選任され，彼らは会計の専門家ではなかった。前田家では，資産の運用を審議する評議会のメンバーは，旧家臣とはいえ，基本的に一族一門外の者であり[9]，評議会に完全な外部の視点によるチェック機

---

8)　ただし近代の薩摩島津家は毛利家よりはるかにリスク管理が甘く，意思決定のしくみも前田・毛利両家よりはるかにルーズなものであったことは，前掲，拙稿「明治後期における前田侯爵家の資産と経済行動」23-26頁を参照。毛利家は島津家との比較では，かなりきちんとした資産管理体制であったといえる。島津家のこうした性格もおそらく幕末期以来のものではなかったか。

9)　明治期の評議人・評議員の中には，一門の前田豊（八家，1万8千石），前田直行（八家，1万1千石），前田孝階（人持組，3千石）がいるが，例外的である。前掲，拙稿「明治前期における旧加賀藩主前田家の資産と投資意思決定過程」112頁，表17，お

426

能を期待したことと，毛利家はかなり異なる。

　こうした点がどこから生じるのか。両家とも意思決定は少なくとも幕末以降，基本的にボトムアップ方式だったから，両家の藩主・当主にリーダーシップの相違はあったとしても，藩主・当主の志向の相違だけでは上記の行動姿勢の相違は説明できない。彼らは，近代の天皇と同様に，専制君主的・絶対君主的ではなかった。要するに，幕末期においては藩の決定に大きな影響を与える主流派家臣たち，明治になってからは家職や家政協議人・評議員など両家をとりまく人々の志向・性格・思想の相違が重要と思われる。それは，彼らや当主らが家の歴史と特質についてどのように教育を受け理解していたかにもよる。前田家は藩祖利家以来，リスクを避けて，慎重な守勢重視の行動姿勢が同家のポリシーだったとされ，江戸時代を通じて幕末までいかにして百万石を維持してきたかについて，昭和期になっても組織的に当主家族に教育を施していた[10]。これに対して毛利家は，かつては慎重な面が少なくなかったかもしれないが，幕末期には必ずしもそうではなく，周知のように毛利家臣には，大胆な改革に立ち向かうことに伴うリスクをいとわないメンバーが多かった。それは通説のように，水戸流の尊攘思想に大きく影響され，また吉田松陰の影響も小さくなかったであろう。

　たとえば，前掲，伊藤之雄『伊藤博文』は，松下村塾における吉田松陰の思想が博文に対して大きな影響力をもったという。博文が松陰から学んだものとして，

　　第一に，既存の体制を否定し，変革するために，藩主や天皇という絶対的なものを設定する論理である。

　　　松陰は藩主への絶対的な「忠誠」の論理を立てた。それは藩主毛利敬親への単なる服従ではなく，毛利敬親を「尊攘の大義」に目覚めさせること

　　よび，同「明治後期における前田侯爵家の資産と経済行動」10-11 頁，表 0-1 を参照。
10)　前田家 16 代当主利為の長女，酒井美意子は次のように記している。「私は娘時代，八歳ぐらいのときですが［1934 年頃］，わが家の歴史について講義を受けていたことがありました。結婚まもない兄嫁の政子のお相伴ということでした。前田家の尊経閣文庫の責任者・永山老先生［永山近彰，『加賀藩史稿』の編者］の「……でござりまする」といった独特の口調に笑いをこらえながら，ノートをとったものです」（前掲，酒井『加賀百万石物語』248 頁）。昭和戦前期でも次代当主予定者の新妻が他家から嫁いでくると，早速自家についての歴史教育が始まるのであった。

であった。幕府に従い長州藩や自らの家の保全を藩主の意思よりも優先さ

　　せるような「俗論派」を，松陰は敵視した。

とある（39頁）。これを読む限り，昭和戦前期の二・二六事件の首謀者などと

あまり変わらないが（だから彼らは「昭和維新」を叫んだ）[11]，それはともか

く，藩や毛利家の保全（安泰）を優先するのではなく，国家全体のために家臣

らが藩主・当主を説得して動かし，リスクを恐れず行動するという点は，幕末

期だけでなく明治期の毛利家の特徴といえる。それは，松陰に学んだ経験のな

かった井上馨らも同様の考え方を有していたし，説得された藩主・当主も最終

的にそのように振る舞った。

　井上馨の毛利家家政への関与について，『世外井上公伝』第4巻（614-615

頁）にも，「之［井上の毛利家への貢献］を難ずる者は，公は毛利家の為に尽

した事も多いが，亦迷惑を懸けた事も少なくない，功過相半ばするといつてゐ

る」とある。同書の著者らは，事情をよく知る毛利家家職らからも聞き取りを

行ったのであろう，かなり正確なところを指摘している（従来，政府高官たる

井上馨が財政顧問となって毛利家は有利に蓄財したはずだという先入観からで

あろう，こうした記述はまったく注目されてこなかった）。

　これに対して幕末期加賀藩でも尊攘派は存在したが，幕府からの圧力により，

禁門の変や第1次長州征討の際に大半が切腹を命じられるなど厳しく処分され，

世子慶寧まで謹慎の身となった[12]。松陰らとは逆に，既存の体制に歯向かう

ような，過激ないし軽率な行動は戒められ，藩主・藩士ともいよいよ慎重な行

動が重視された。

　（2）の他者への支援や社会への貢献について。幕末維新期の勝者となった毛

利家は，明治期になると，当然ながら日本の新時代を切り開く先導者たらざる

を得ない立場となった。その過程を主導してきた毛利有力家臣らも，他藩士と

ともに「五箇条の御誓文」を格調高く発布して新政府を樹立させた手前，旧主

君が大名華族の範を示してくれないと困るのであった。もっとも，毛利家が旧

　11）　これと若干似たようなことが，原田伊織『明治維新という過ち―日本を滅ぼした吉田
　　　松陰と長州テロリスト―』（講談社文庫，2017年）に記されている。ただし，同書の論
　　　評は本書から外れるので，ここではしない。

　12）　徳田寿秋『前田慶寧と幕末維新』（北國新聞社，2007年），前掲，長山『加賀藩を考
　　　える』第1章3「慶寧の二度の退京」。

大名のお手本を示そうとしたのは，実際にそのような自己犠牲的経済行動をとる余裕があったからでもある。要するに，有力旧臣らは旧主家にノブレス・オブリージュを強く求めた[13]。したがって毛利家の社会貢献の対象は，通常の大名華族とはやや異なって，旧臣や旧領に止まらない。大袈裟にいえば，日本社会全体への貢献が望まれた。たとえば同家は，1880年代に電気・硝子製造・化学・食肉など新産業の企業が立ち上がると真っ先に投資し，また旧領・旧臣とは無関係の企業にも投資し，北海道農場経営も大名華族の先頭に立って開始した。経済行動以外にも，天皇家に倣った仏教から神道への改宗も前田家より早かったし（島津家も早かった），「殿様」「御姫様」の呼称も1877年までに廃止という異例の早さであった。何事も先頭を切って，大藩大名華族の模範とみなされるような行動に努めた。

　企業や実業家の救済・支援例も多い。それも百十銀行や藤田伝三郎といった旧領・旧領民関係だけではなく，田中平八・貝島太助など旧領とは関係のない実業家への支援・救済がみられた。藩政期以来の御用商人に対する救済もめだつ。広岡久右衛門・三谷三九郎などである。ただしこれは尾張徳川家や前田家でもみられた。近年の日本経済史研究では，近世以来の商人たちが近代資本主義を確立させたという議論が優勢であるが，広岡家や伊藤次郎左衛門家のように旧大名が近世以来の有力商人を救済・支援したからこそ，彼らは近代に継続して活動できたと思われる（広岡家を支援した旧大名は毛利家だけではない）。

　さらに，毛利家は前田家より共同体的性格が相対的に強いように感じられ，藩主・当主と家臣・旧臣との距離も近いといえる。前田家の方が上下・序列意識がより強く，前記のように毛利家の方が強くいえばより庶民的ないしフラットな気配が感じられる[14]。それらと関係するかのように，毛利家は，明治期に政府高官などとして活躍する旧家臣ばかりか，幕末以来の旧藩関係功労者の遺族までを保護した[15]。これらについても井上馨の毛利家への取り計らいが

---

13)　瀧井一博『伊藤博文』（中公新書，2010年）99頁には，伊藤博文は憲法発布にあたって皇族華族宛にノブレス・オブリージュと憲法による権力の制約を説いたとある。

14)　たとえば，毛利家では明治前期でも当主や家族がしばしば御用商人邸に招かれて行ったが，前田家ではそうした点は確認できない。

15)　もっとも明治期以降の前田家も，幕末期に厳しいないし不当な処分を受けた尊攘派家臣・御用商人の名誉回復や，遺族に対する支援を行った。たとえば1924年になって前

指摘されているし[16]，それは事実であろうが，しかし井上に限ったことではなく，それは柏村ら家職や山県有朋・伊藤博文・野村靖・杉孫七郎ら有力旧臣の共通の志向であった。こうして毛利家は幕末以来の長州関係功労者・長州閥の中心に位置し，彼らの生活と繁栄を支えた。

ところで，これらを貴族が示すべきたんなるヨーロッパ流のノブレス・オブリージュと片づけられるであろうか。ノブレス・オブリージュは社会的な要請ではあっても，他から強制されるものではなく，基本的には貴族自身が自発的に示すべきものであろう。しかし毛利家では，有力旧臣らが事前に協議して大枠を決めてしまう場合が多かった。ここで思い出されるのは，長州藩の撫育金について，田中誠二が「公私二重の性格を帯びていた」とした点である。すでに述べたように，同藩の特別会計では，毛利家の私有資産と藩資産の厳密な区別は成立し難く，それは一般に近世大名の個人資産と藩資産についてもいえる。近世期にはまだ近代的な私的所有権は存在せず，かつ幕末に近くなるほど大名は社会の公器という感覚が成長したであろう。そして公私二重の性格という点は，じつは明治期の毛利家資産にもある程度当てはまるように思われる。

むろん明治期の大名華族の資産は，法的には当主が近代的な私的所有権をもつ個人資産となったが，もともと藩政期の現石を基準とした政府支給の多額の家禄（および金禄公債）を主な収入として蓄積した資産だったから，公私二重の性格は観念的には付きまとった（賞典禄はなおのこと旧家臣らとの共有的性格があった）。ただし公私二重の性格といっても，大名華族によって濃淡があった。中小藩大名華族は資産が少なく，それが自らの生計のために必要な規模を出ないとすると，このような性格は希薄といってよい。他方，大藩大名華族の場合，旧領・旧臣らとの共有物という意味とは限らず，その資産はむしろ（天皇の「しらす」）国家に対して公的な性格をもつという観念もあったと思われる。したがって大藩大名華族は，とくに明治前期に政府その他に多額の寄付・献金を行った。明治期の毛利家資産は，こうした性格が相対的に強く，ま

　　田家評議会は，幕末期に弾圧された著名な御用商人銭屋五兵衛の遺族に対する救済を決めている（同家『評議会一件』明治43年〜大正15年，「銭屋五兵衛遺族救済ノ件」大正13年9月13日）。
　16)　『世外井上公伝』第4巻，616頁。

た相対的に長く残ったのは，同家の幕末維新期の役割と意思決定システム，同家の共同体的性格から来ているであろう。明治期の前田家資産にもそうした公私二重の性格はもちろんあった。それゆえ一部の金沢士族らは，明治前期に同家に対して（藩政期同様に）資産の運用について介入しようとした。

　しかしそれらは，時間の経過とともに次第に薄くなってゆき，名実ともに当主の純然たる個人資産になっていった。毛利・前田両家とも明治後期にはそれまでほどの巨額の寄付は少なくなっていることも，これと関係があると思われる（もっとも，次第に近代日本の国家体制が確立していったこともあろう）。また前田家の場合，明治後期にはそれまでにみられたような金沢士族らの過激な旧主家への運動・介入の試みもほぼなくなった[17]。毛利家も，大正初期（1912〜13年）に百十銀行の3度目の経営危機が発生したが，それには関知しなかったし，銀行側も同家に救済を求めなかった[18]。とはいえ，時間が経過しても，富裕な有力大名華族である以上，その資産の公私二重的な性格は容易にはなくならなかったと思われる[19]。

5. 大名華族の個性の背景

　要するに，大名華族ないし武家家族は，それぞれ固有の家の歴史を背負って行動した。本書で取り上げた毛利家・前田家・吉川家は，近代において，当主の個性もそれなりに反映されていると思われるが[20]，各家がそれまでたどっ

---

17) これも，前田家が1883年以降に拠出した資金で金沢士族らが実施した士族授産事業がことごとく失敗に帰したことにもよるであろう（金沢士族らの起業会の活動とその帰結は，『稿本金沢市史』政治編第一，1933年に詳しい）。

18) 前掲『山口銀行史』344–350頁。この時は，百十銀行は首相兼蔵相の桂太郎を頼り，三菱銀行・山口銀行（大阪）の支援を仰いだ。

19) 関連して，本論でも述べたように毛利・前田ら大名華族は，家職らが管理し家政協議人会・評議会において支出・運用が決定される家資産とは別に，当主（および家族）の手許金があった。どちらも法的には当主や家族の個人資産である。しかし当事者らの観念や家の制度では明確に区別され，後者は当主や家族の自由裁量の資産であるが，前者はそうではなかった。このように，近代的な私的所有権が制度的に確立されても，それが人々にスムーズに受け入れられるかは別問題であることについて，たとえば，鶴巻孝雄『近代化と伝統的民衆世界―転換期の民衆運動とその思想―』（東京大学出版会，1992年）も参照。

20) 前出の第二次大戦後における木戸幸一の回想によると，「失礼な言い方だけど，毛利の殿様［元昭のこと］なんか，あまりお利口な方じゃなかったですが，その前に出たら，

てきた独自の歴史に大きく制約・規定された行動を示し，それはそれなりに合理的な選択だったであろう。それは繰り返さないとして，たとえば旧加賀藩3万石家老横山家は，近代に鉱山開発などを積極的に行う企業家として活動し，それは一見前近代と無関係のようにみえるが，同家は江戸時代に大名（藩主）ではなく家老だったからこそ，近代に自由な企業家活動ができた。一方，横山家と同様に，明治期に旧領で鉱山開発に成功した延岡内藤家は，旧領が西南戦争や大火で荒廃し，その復興と人材育成・教育振興のために1890年に一家を挙げて帰郷した。旧領における諸事業の展開は，自家の蓄財よりもそうした公益目的だったとされている[21]。こちらはかつて延岡藩主だったからこそ，旧領において鉱山開発その他の事業を展開したのである。

　結局，武家華族（および公家華族）は，それぞれ自家の歴史を背負って行動する主体であり，正確にいえば各家は全部異なった性格を有し，豊かな個性をもって近代を生きたのである。かつての日本経済史学では，マルクス主義的歴史観もあって，近世（＝封建制社会）と近代（＝資本制社会）の断絶が強調されたのに対して，近年ではその連続性が経済発展や商人活動などで強調されるようになってきたが，じつは「封建領主」・大名華族のあり方も，制度面での断絶にもかかわらず，そのような意味で連続する面があった。

6. 大藩大名華族と近代日本経済

　有力大名華族の近代的企業への株式投資が，その資金調達を助け，日本の近代経済成長を促すのに貢献したという議論は，個別の実例を念頭におくと，誤りとはいえないであろう。しかし大名華族が出資しなかったら，近代的企業が株式資本調達に支障を来すような例ばかりともいえない。むしろ華族資産家の財政面を考えると，日本経済の成長が華族資産の中核となる優良企業への株式投資に果実をもたらして，彼らの財政基盤を強固にさせた面，つまり日本経済

　　やはり，みんな敬意を表している」などとあるが（前掲，金沢ほか編『華族』136頁），「お利口な方じゃなかった」とは，先代の元徳とともに，物静かで我を張らず，素直で人の好い性格という意味と筆者は解釈する。
21)　前掲，小川原「福沢諭吉の華族批判」19頁，および原史料の『宮崎県立延岡高等学校百年史』（2000年）14-15頁。内藤家の鉱山経営や女子教育については，同書，第3部を参照。

の発展に背負われて資産を増加させていった面が重要である。実際，昭和金融恐慌にみられるように，かつての優良企業が優良企業でなくなった時，華族は多かれ少なかれ打撃を受けた。

また毛利家の場合は，株式投資とは別に，広岡久右衛門・藤田伝三郎・貝島太助・百十銀行などの事業経営を破綻から救った可能性が大である。さらに小野組・三谷三九郎・桂二郎・品川硝子・東京家畜市場会社など，結果として破綻した実業家・企業にも融資した。それ以外にも田中家を支援して北海道鉱山会社株を全部買い取ったうえに，同社に多額の融資を行った。今村銀行や久原鉱業への支援もあった。しかしこれほど多方面の実業家・企業に救済のために多額の支援をすることは，どの大藩大名華族も行ったことではないはずである。この点では，毛利家はかなり異色と思われる。

7. 毛利家・前田家の性格と明治維新

結局，倒幕・明治維新が，あの時あのような形で展開したのは，当時の国際環境なども基礎的な条件としてむろん重要であるが，長州藩のようなリスク許容度が高く，リスク管理もやや甘い大藩が存在したからである。もっといえば，人の好い敬親・元徳という藩主父子と，その下で勢いづく過激な主流派家臣らがいたからである。昭和金融恐慌で大打撃を被った島津家は，毛利家以上にリスク管理が甘かった。この点と島津が毛利とともに倒幕の主勢力になったこととは関係があろう。加賀藩のような慎重な大藩大名ばかりであったら，歴史は大きく異なっていたであろう[22]。歴史の展開は，後からみて必然として説明されるべきものもたしかにあるが，偶然的な要素が歴史を大きく左右することは多い。

それはともかく前田家にとって，加賀藩が戊辰戦争にわずかにしか関わらなかったことは，後に資産を増やすという点からみると，結果としてそれほど拙いものではなかったのではないか。じつは同家は，藩祖利家以来ずっとそれに類した行動をとってきた。1584（天正12）年の小牧・長久手の戦いでは，利家の軍勢は主戦場の濃尾平野に赴かず，口能登（能登半島南部）で佐々成政と

---

22) 念のためにいえば，筆者は，明治維新について肯定的または否定的な立場で議論しているのではなく，そうした価値判断とは関係のない議論をしているつもりである。

末森城をめぐって戦っただけであり，しかもこの戦いの勝利は前田家がのちに
百万石大名に成長する基盤となったと評価されている[23]。関ヶ原の戦いにおいて，次代の利長は，東軍に付くものの，これまた主戦場には赴かず，北陸方面で若干の戦闘を行い，その結果，論功行賞の領地を加えて加越能（加賀・越中・能登）3国を支配する百万石大名にのし上がった。むろん多分に偶然という要素はあるにしても，前田家は最初から天下の覇者になるつもりなど毛頭なく，一貫して慎重なあるいは控えめな姿勢であったことはたしかである[24]。

そして第1部で示したように，加賀藩は近世最大の大藩であったために前田家は明治期に自動的に最大の武家華族資産家になったのではない。明治後期に毛利家の資産額を抜いたのである。そして第二次大戦後の1965年頃に，旧華族らの間で，「[富裕な戦前の上流階級を構成した大名華族の中では]なんといっても前田さんですよ」というのが定評となっていたのは[25]，主に昭和戦前期のイメージが残っていたからと思われる[26]。

---

23) 前掲，前田利建ほか『君主学入門』38-42頁など。この点は，今日も変わらぬ加賀藩史研究の通説である。

24) 前田家17代当主利建（としたつ）（1908-89）らによれば，同家代々の哲学・ポリシーとして，次のようなものがあった。「つねに二番手であれ。そうすれば滅ぶことはない」「権力者から憎まれてはならぬ。同時に，一心同体になってはならぬ。天下の形勢が，いつどうころぶかわからぬではないか。要はつかず離れずの関係がもっとも好ましい」（前掲，前田ほか『君主学入門』33，57-58頁）。明治期も同家は薩長藩閥政府につかず離れずのスタンスだったのであろう。筆者は，前掲，拙稿「明治前期における旧加賀藩主前田家の資産と投資意思決定過程」において，同家は「倒幕期に朝廷側につくのが決定的に遅れたことがその後も長くトラウマになった」と記したが（61頁），それはかなり後の16代利為の時代になってからかもしれない。少なくとも倒幕直後頃は，同家代々のポリシーの実践によって百万石を守った安堵感で満ちていたようである。1869年正月に，金沢城旧竹沢御殿の庭（兼六園）において，12代藩主斉広正室真龍院の80余歳の賀を祝う囃子が昼過ぎから翌日午前3時まで盛大に行われたが，長山直治は，「それは同時に維新の動乱を乗り越え，なんとか百万石を維持できたことの喜びを表すものであった」と記している（長山『兼六園を読み解く』桂書房，2006年，250頁）。1884年華族令によって，当主利嗣は上から2番目の爵位である侯爵を授けられたが，それも十分満足だったのではないか。

25) 前掲，藤島『日本の上流階級』78頁。

26) もっとも戦後についても「財産税や農地解放で，やられた，やられたといっても，大大名と小大名とでは大違い。もとが大きければ，財産税で九〇パーセント取られても，残ったものは大きい。[中略]もともとなにもなくて，明治天皇のお情けで蚊帳から着物に昇格したわれわれ貧乏公卿とは，くらべものになりませんよ」とある元公家は述べ

かくして毛利は，16世紀に元就の調略と勇戦によって中国地方一円を支配する112万石大名として台頭したものの，関ヶ原の戦いでやや中途半端な姿勢をとったため大幅に減封されてしまい，同じ関ヶ原の論功行賞によって120万石となった前田に追い抜かれた。幕末維新期に毛利は果敢な行動によって倒幕・新政府樹立に成功して，再び爵位も資産額も最高最大の大名華族に躍り出たが，旧臣らの進言を受け入れて家政を運営した結果，またまた前田に追い抜かれたというわけである。

(2) 大正・昭和戦前期における資産の性格変容

1. 毛利家の資産運用について。大正期以降のあり方は，明治期と明らかに変化した。株式投資はより慎重になり，著名な大企業株を中心とした投資が継続し，ベンチャー的な企業株には投資しなくなった。

土地投資については，明治期には山県有朋や井上馨などの意見・推奨もあり，土地は資産の基礎との認識からとくに耕地所有を各地で拡大させたが，大正前期頃には一転して，縮小姿勢になった。地価は上昇するが，小作料収入は停滞気味で利回りが悪化したためであろう。東京砂村の広大な地所も，堤防築造・土地改良など管理コストと地価の上昇によって，第一次大戦期以降，急速に縮小していき，1938年には残り全部を売却した。なお貸家経営は，前田家と異なって，明治期からほとんど行わなかった[27]。

朝鮮・台湾・満洲など外地関係の株式投資は明治期から限定的であり，前田と異なって1930年代もほとんど拡大しなかった。外地の土地所有も一貫して

ている（同上書，74頁）。

27) 前田家は，評議会史料の残る明治後期以降，貸家（ほぼ東京のみ）増築を評議会に諮る際に，必ず予想利回り計算を行い，7〜9％程度という高収益性を呈示して（ただし同家らしく1年の予想家賃収入を11ヶ月分とするという控えめな利回り），評議員らの了解を得ていた。これに対して毛利がなぜ貸家経営を行わなかったかは，そのノウハウがなかったか，または土地（主に耕地）が資産の基礎との観念はあっても，そもそも貸家経営によって利益を得るという観念に乏しかったからではないか。前田は倒幕・新政府樹立という点では毛利の後塵を拝したが，きわめて合理的であり，他方毛利は日本の近代を切り開いた大名家ではあったが，すでに指摘したようにいささか古風なところがあった。

まったくみられなかった。毛利は，一見，国策に順応して日本の植民地拡大に追随していったような予想もあるかもしれないが，事実は異なっていた。これは，明治・大正・昭和の歴代天皇が概して平和主義者で対外戦争に消極的であり，伊藤博文をはじめ毛利家を取り巻く一部の有力旧臣らも同様に対外戦争・植民地拡大に慎重な姿勢であったことと関係があるのか[28]。あるいはとりわけ昭和戦前期に毛利家家職らは保守的になり，投資対象に目配りが十分になされなかっただけなのか。おそらく後者と思われる。

　また明治期には特徴的だった幕末維新期長州の英雄遺族らや長州系有力政治家・政府高官への低利での貸金，高利での預り金は，大正期以降激減したようである。明治期にみられた皇族・公家らへの救助金支出もまったくみられなくなった。

　以上のような変化の要因の１つは，井上馨をはじめとする長州系の維新の元勲・有力政治家高官らが没していき，毛利家を支える旧藩関係者の世代交代が重要な背景としてある。旧藩主家とは，地域，国家，功績のあった旧藩士・旧藩関係者らに対し，公益をめざして行動（支援）すべきものという規範が大きく薄らいでいったと思われる。もう１つの要因は，以上の点とも関連して，近代日本の国家体制が確立し，経済発展も進展して，あえて毛利家が国策に対応した行動をみせる必要が薄れていったことがあるのではないか。明治期には有力大名華族は，藩債処分およびその後の混乱によって没落の危機に瀕した有力商人への救済的貸付や，士族授産，北海道開拓など，国策に応じる形で活動したが，大正期以降の社会貢献は，多くは資産家としての一般的な寄付がめだつ程度になった。

　要するに毛利家は，明治期と異なって，次第にいわばふつうの大資産家になっていったのである。このことは華族大資産家としての社会的存在意義が薄れていったともいえる。これは他の大藩大名華族にも概ね共通しているのではないか。華族制度は第二次大戦敗戦による外圧によっていわば強制的に廃止さ

---

28)　もっともたとえば日韓併合条約締結時に，最後の韓国統監として，「小早川加藤小西が世にあらば今宵の月をいかに見るらむ」と詠んだとされる寺内正毅などは，少し違うらしい（いうまでもなく，小早川［隆景］・加藤［清正］・小西［行長］は豊臣秀吉が命じた朝鮮出兵で活躍した武将。ちなみに寺内正毅は，生家の長州藩士宇多田家から寺内家に養子に入り，実家の兄は歌手宇多田ヒカルの曾祖父である）。

れたが，すでに大正期・昭和戦前期には，その前提は準備・形成されてい
た[29]。「華族批判」は明治前期から存在したが，大正期以降次第に強まって
いった背景も，これらと関係があると思われる。

　ただし毛利家では，明治期のような，縁故に基づく救済的な，比較的規模の
大きい貸付はまだみられたし，主だった旧家臣を保護するという姿勢の持続に
は驚くべきものがある。鍋島家もこの時期に旧領銀行への規模の大きい支援を
行ったが，しかしこれらは大藩大名華族に共通していたというよりも，むしろ
毛利家や鍋島家の個性ではないか。とくに有力な旧家臣を守ろうとする点や，
毛利家の財政制度は，前近代以来の同家の伝統を継承したものであった。

　2．金融恐慌が華族資産家に与えた影響や「華族の没落」について。従来，
金融恐慌における十五銀行休業などが華族に大打撃を与えたという点が通説で
あった。またこの点は華族自らもそのように認識していた。しかしそれは必ず
しもデータに基づいた議論ではなかった。たしかに十五銀行株（および同行へ
の預金）を所有していた者は損失を被った。しかしそれは豊かな資産を分散投
資していた上層華族資産家にとって，財政基盤を揺るがすようなものではな
かった。また下層華族は大量の十五銀行株を所有していなかった。社会的
ショックから打撃が実態以上に印象づけられたのであり，本稿の分析からは，
むしろ昭和恐慌による一般的な株式配当率低下や株価下落の方が，華族資産家
への影響は大きかった。そしてそれらよりも，当主死去に伴う相続税の方がよ
ほど大きな打撃であった。とくに1937年頃に資産家への相続税率が大幅に引
き上げられて以降，相続税が課せられた毛利家などの大資産家は巨額の納税を
強いられた。また関東大震災による東京の家屋の倒壊・焼失で大きな被害を受
けた有力大名華族もいた。しかし概して，1920年恐慌・金融恐慌・昭和恐慌，
さらには相続税によって，致命的な打撃を被ったものはほぼ存在しなかったで
あろう。

　従来の武家華族研究では，明治期は概して資産を順調に増やす発展期であり，
1920年代以降，日本経済の不況・停滞により，華族資産家の発展も頭打ちな

---

29)　宮内省も，1936年4月に華族制度改革として，たとえば公爵は9代を経ると平民に
　　復すといった永代世襲の制度を廃止する案を検討している（前掲『木戸幸一日記』上巻，
　　483頁，昭和11年4月10日条）。

いし大きな打撃を被るものが相次ぐというイメージがあったが，それは，金融恐慌による打撃や，暗い昭和恐慌期のイメージから形成されたのであろう。しかし結局，ほとんどの有力大名華族は，経済的には，戦時期まで斜陽とか没落といったことは見られなかった。景気は昭和恐慌から比較的早期に回復して，以後太平洋戦争開始頃まで好況だったのである。加賀横山男爵家は鉱山事業が破綻して打撃を被るが，本書冒頭で述べたように同家の企業家活動は例外的事例であり，爵位も資産も下層の子爵・男爵武家華族が一般にこの時期に斜陽化していったともいえない。生計困難な下層華族は明治期から少なくなかったのである。

　3．有力大名華族資産家の資産内容について。従来，彼らの資産に関して，株式投資は株主名簿からの分析があったが，それ以外の資産は個別事例でしかわかっておらず，概して近代ヨーロッパの貴族に比して土地所有は低調だったようなイメージがあった。しかし大正期以降における有力大名華族の資産の基礎には，東京を中心とする土地があった。第一次大戦期頃以降の東京をはじめとする地価上昇が株価上昇を上回って，資産時価総額に占める土地の比重は，前田家でも時に5割を超えた。毛利はとくに第一次大戦期以降，含み益を実現させながら土地所有を縮小していくが，それでも同家を含めて，昭和期に資産額で上位を占めた，前田・鍋島・紀州徳川・福山阿部などは（現代のイギリス都市地主貴族にもやや似た）都市地主華族だったのである。

　本書の分析を全体としてみると，長州毛利家も加賀前田家も（そして岩国吉川家なども）きわめて個性的であり，それは前近代以来の各家の歴史がその背景にあった。大名華族の典型などというものは，いまのところありそうにない。かつてマルクス経済学者らは，イギリス資本主義こそが近代資本主義の典型としたが，じつはイギリス資本主義こそは個性的で特殊な近代資本主義だったこととパラレルである。

　また本書冒頭で引き合いに出した君塚著が示した華族のイメージとはまったく異なって，明治期の毛利家などはノブレス・オブリージュの塊のような存在であった。ただし既述のように，日本の歴史の展開に照応して，華族のノブレス・オブリージュもまた日本的個性があった。大正・昭和期になると，毛利家

の性格も若干変容して，相続税課税額を少なくせんと，やや下種な理屈をこね
るようになるが，それでも1930年代末に本邸の東京移転によって防府市の税
収が激減すると，埋め合わせの寄付を行い，太平洋戦争終了後においても主要
な元家来らを保護せんとするなど，高貴なるものの責務を果たすという精神は
なお健在であった。

　もっとも本書の事例のみでは，君塚著への反論にはならないかもしれない。
「華族とは何か」については，さらに実証的かつザッハリッヒな研究を積み重
ねていくほかはない。

あとがき

　筆者は 2015 年頃から，戦前日本の武家華族大資産家として知られる前田侯爵家と加賀横山男爵家の史料分析を本格的に始めた。そして 2017 年頃，その最初の論文執筆の際に，前田家と異なって毛利公爵家は藩政期から多額の金融資産を継承していたらしいことに気づいた。それが頭に残り，2019 年 2 月に暇を見つけて山口県文書館毛利家文庫の史料を見に行ってみた。筆者の関心に沿う史料もある程度あり，デジカメ撮影をしたが，その頃は前田・横山両家の分析のほかにも，やや手広く研究を行っていたため，立ち入った毛利家研究は後回しという腹積もりであった。ところが 2020 年初め頃からコロナ騒動が勃発し，このため前田家家政の基幹史料を所蔵している公益財団法人前田育徳会では 2 年近くにわたって閲覧停止となった。

　ふつうならばコロナ騒動を恨むべきところであるが，筆者は気になっていた毛利家の分析を行うまたとないチャンスと考えた。それに加えて，（どの大学も同様と思われるが）筆者の勤務校の授業や会議はやや短縮化されたり遠隔開催となったりして，一般教員の負担はやや軽くなった（と感じた）。筆者はこれ幸いと，毛利家研究を本格的に開始した。同家史料を所蔵する機関もしばしば休館・閲覧休止となったが，概して休館期間が短かったことが幸いした。こうしてできたのが本書である。したがって本書は前田・横山両家研究の副産物である。とくに前田侯爵家の史料は厖大に保存されていることもあって，副産物の方が先にできてしまった。そして複数の武家華族資産家の分析をほぼ同時に行うことで比較の視点が生まれ，毛利・前田両家の個性がより鮮明になったと思っている。

　本書の基礎になったのは，本論に記したように，以下の 2 本の論文である。
　　(1)「明治期における旧長州藩主毛利家資産の由来と性格―加賀前田家との比較で―」（神奈川大学『商経論叢』57 巻 1・2 合併号，2021 年 10 月，所収）

(2) 「大正・昭和戦前期における毛利公爵家資産の性格変容—日本における『日の名残り』—」（同誌，58巻1号，2022年10月，所収）

むろん，本書に収録するに当たっては，種々加筆・訂正した。また筆者のいいたいことを短く記したものとして，下記の報告記録がある。当然本書と重なるが，必要により，参照していただければ幸いである。

(3) 「[シンポジウム報告記録] 武家華族資産家の歴史的個性—近代と前近代の連続性・関連性について—」（同誌，57巻4号，2022年6月，所収）

本書は筆者の「趣味」の産物でもある。研究書にするためもあって，一応先行研究にも目配りして，誤っていると思われる点に種々言及したが，興味の赴くままに史料を読んで調べ，原稿を書いたため，まじめな研究者にとってはどうでもよいことまで種々記したかもしれない。ご容赦いただきたい。もっとも研究とは本来興味があるから行うものであり，とりわけ筆者にとって，このような近代の武家華族研究において，最も興味深かった点は，各家に関わる江戸時代はもちろんはるか遠い中世の余香までが漂ってくることであった。これが筆者を武家華族研究に駆り立てる原動力となった。

本稿作成にあたって，山口県文書館，公益財団法人毛利報公会（毛利博物館），高崎経済大学図書館，公益財団法人前田育徳会ほか，史料所蔵機関の関係の方々に大変お世話になりました。日本経済評論社出版部の中村裕太氏には丁寧な編集をしていただきました。

本研究は，日本学術振興会科学研究費・基盤研究（C）課題番号19K01793（1919〜22年度）および神奈川大学経済貿易研究所研究②「研究支援」費（2023年度）による研究成果の一部であり，本書刊行には，神奈川大学経済貿易研究所研究叢書出版助成金（2024年度）が交付された。関係各位に感謝申し上げます。

2025年1月

松村　敏

索引

［あ行］

鮎川弥八　241
鮎川義介　241, 393
青木新　380
青木周蔵　125
青山練兵場　284
赤松啓介　42
秋田藩　36
秋月の乱　91
秋葉社　308-309
秋元興朝　177, 180
浅草家畜市場　112
浅野家（広島）　4, 34, 176, 385-386
浅野長勲　386
麻布邸　12, 21
飛鳥井雅久　287
麻生太吉　214, 228
穴蔵金　12
阿部勇　88
阿部家（福山）　385-386, 437
安倍晋三　226
安部伸哉　42
阿部武司　9
阿部正桓　386
荒幡克己　129
有泉亨　405
有栖川宮織仁　144
有栖川宮家　143-145
有栖川宮幟仁　144
有栖川宮威仁　144, 403
有栖川宮熾仁　143-144
有地品之允　69, 226
有馬家（久留米）　22
アンドリュー・カーネギー　110
家永三郎　397
五十嵐億太郎　342
育英社（現加越能育英社）　108

育徳財団（現前田育徳会）　371
池田章政　98-100
池田家（岡山）　5, 88, 385
石井寛治　40, 67, 91-93, 146, 148, 387-388
石川敦彦　57
石川健次郎　47, 97, 412
石塚裕道　386
井関九郎　274, 276
井関美清　274
伊勢八　122
磯野誠一　397
板垣英治　200
伊田（伊加利）炭坑　211, 214-216
一倉喜好　147
厳島神社　256
伊藤昭弘　32, 42
伊藤梅子　237
伊藤次郎左衛門　67, 428
伊藤仁太郎　54
伊藤隆　148
伊藤栄寿　404, 410
伊藤博邦（勇吉）　236
伊藤博文　2, 9, 27, 31-32, 95, 105, 144-146,
　　159, 161, 167, 169, 173, 203-204, 223, 225,
　　227-228, 233, 236, 238, 240, 250, 262, 270,
　　272, 298, 302, 363, 426, 428-429, 435
伊藤之雄　161, 200, 223, 228, 236-238, 298, 426
伊藤与三郎　380
井上逸曳　166
井上馨　2, 5, 9, 12, 26, 46, 55-57, 71, 84, 99,
　　101, 103-106, 109, 114-115, 123-124, 127-
　　129, 131, 134, 138-140, 142, 144-145, 149-
　　150, 154, 156, 159-161, 163, 165-168, 171,
　　173-174, 181, 196-197, 199-200, 202, 206,
　　220-222, 224, 227-228, 233, 236-237, 239,
　　241, 250, 256, 262, 265, 270, 277, 279, 297-
　　298, 302, 326, 328, 349, 363, 422-423, 427,
　　429, 434-435

井上勝之助　181, 241, 277, 297, 349
井上曉子　146, 148
井上三郎　349
井上武子　224, 241
井上千代子　241
井上勝　54, 166
井上光貞　241, 349
井上光遠　241
井上義行　77
今村銀行　197, 224, 230, 238, 302, 329, 343,
　　346, 391-392, 394-396, 432
今村繁三　197, 224, 327, 329, 343, 392-393
今村清之助　197, 224
入江貫一　268, 349
岩片磯雄　92
岩国藩　48-49, 51, 105
岩倉具視　99-100, 126, 128, 148, 167
岩崎家　1
岩田宙造　339, 342
岩村高俊　128
インパール作戦　417
上杉和彦　309
上田純子　422
上野英三郎　380
上野（松平）秀治　11, 34-35, 89, 93
植村元覚　87
氏家禎介　169
宇田川勝　150-151, 222, 328
宇田川安　113, 123
宇多田ヒカル　435
内山一幸　10
内山直吉　197
馬屋原担範　44
馬屋原二郎　226
梅御殿（梅邸）　119, 255, 264, 287
江木千之　102, 109
遠藤敬止　123-124, 205
遠藤浩　405
王子製紙会社　270
大炊御門家　148
大内義隆　256
大江卓　71
大江広元　128, 237, 308-309

大久保利通　71
大隈重信　73, 125
大倉喜八郎　71, 73, 75-76, 111, 115, 135, 205
大蔵省　22, 56-57, 60, 71, 75-76, 94, 130-131,
　　139-140, 154, 269, 368
大河内家（大多喜）　77
大河内正質　75-77
大坂城　48, 186
大阪商船会社　201, 270
大阪紡績会社　117
大笹鉱山　209
大澤正男　399
大島義昌　226, 242
大多喜藩　77
太田源左衛門　73
大谷秀樹　222-223, 237
大手町邸　22
大任炭坑　211, 214-215
大原孫三郎　3
大豆生田稔　42
大村琴　241
大村寛人　169
大村益次郎　169, 241, 256
大森鉱山　140
大谷坑（満ノ浦炭坑）　223, 238
大谷正男　268
小方登一　278
岡野敬次郎　397
岡野是保　124
岡野保　374
岡部牧夫　379
小川原正道　167, 431
荻野喜弘　210
沖守固　73
奥平家（中津）　173
小口組　409-410
小倉正恒　379
刑部芳則　148
尾崎三良　145
尾崎春盛　148
小沢富熊　224, 241
小田セイ　122
小田部雄次　387-388, 396, 398

索引　443

落合弘樹　90
小野組　54-60, 79, 163, 432
小野善助　57-58
小野善太郎　57
小野田セメント会社　107, 191, 202, 230, 317, 346
小幡和平　87
尾山神社（金沢）　302-303
恩賜財団済生会　346

［か行］

貝島鉱業合名会社　223
貝島合名会社　237
貝島太助　199, 206, 208, 221, 223-224, 228, 237, 250, 302, 428, 432
開拓使　127-128
戒能通厚　399
加賀（航空母艦）　292
加賀藩　30, 78, 421-423, 425, 427, 432-433
笠井順八　207
笠原昌吉　46, 127
加島銀行　65
加島屋　40, 42-44, 46, 61
加州銀行　251
柏木勘八郎（7代）　149-150, 207, 209, 222, 331
柏木勘八郎（8代, 治郎熊）　150, 331, 335
柏木守三　149-150
柏村信　26, 46, 58, 64, 73, 75-76, 84, 88, 95, 98-101, 103, 105, 109, 111, 113-114, 116, 122-123, 127, 138-140, 149-150, 154, 156, 159-161, 165-166, 169, 171, 173, 201, 209, 214, 221-222, 241, 274, 327, 423, 429
柏村孝正　241
柏村とら　241
柏村庸　114-115
カズオ・イシグロ　15
片倉組　409
片倉家　410
片山敬吉　380
片山直也　404
勝間田稔　227
桂可那　241

桂二郎　151-152, 224, 432
桂太郎　102, 151, 224-226, 236-237, 241, 262, 349
桂与一　241
桂芳樹　48, 52-53, 67, 103
加藤清正　435
加藤房雄　399, 401
加藤祐介　27, 268-272
楫取素彦　69, 226
金沢城　200, 433
金沢電気会社　124
金沢誠　225, 431
金田鉱業会社　212-213
金田炭坑　149-150, 190, 199, 206, 208-210, 212-214, 216, 222, 231, 233, 248, 277, 311, 327
金子平兵衛　71
兼重成一　111
兼常定誠　275-276
兼屋孫太郎　41
加太八兵衛　122
我部政男　143
鎌倉別邸　119, 285
鎌田薫　405
神野金之助（初代）　227
上山満之進　349
カラカウア（ハワイ国王）　161
唐津炭田　237
家禄税　82
川井健　405
河合正治　186
川北洋太郎　225
川崎家　389
川崎造船所　389
川島武宜　407, 409
川田敬一　27
河原田稼吉　380
香春炭坑　215, 229
神田橋邸　22
関東軍特種演習（関特演）　417
関東大震災　22, 342, 346-347, 350-351, 376-377, 380, 382, 384, 388, 397, 436
起業会　126

菊地紀之　361
菊池浩幸　17
菊屋剛十郎　226
岸田裕之　186
岸津別邸　310
杵島炭坑　237-238
来島信与　221
来島又兵衛　221
汽車製造会社　204, 281, 337, 343
紀州藩　46
義済堂　48, 53, 105
北浜銀行　199
北村重兵衛　102
吉川家（岩国）　5-8, 13-14, 31, 47-54, 67, 103-
　　105, 124, 166, 424, 430, 437
吉川重国　380
吉川重吉　236, 292
吉川経健　47, 103-104, 168, 171
吉川広家　49, 51
吉川正夫　308
吉川元春　14, 48, 166, 294
吉香神社（岩国）　104
木戸幸一　225, 349, 418, 430
木戸正二郎　69
木戸孝正　277
木戸孝允　12, 69, 154, 277, 292
君塚直隆　1-4, 15, 437-438
木村惇　380
木谷藤十郎　67
九州鉄道会社　199
共栄社　85, 109, 115-116, 137
京都別邸　119, 255
吉良芳恵　62
禁門の変　221, 422-423
金融恐慌　315, 351, 366, 376, 378-379, 382,
　　387-390, 392, 396-397, 400, 412, 432, 436-
　　437
鯨組　221
楠木正成　166
宮内省　28, 102, 143-144, 148, 158, 175, 180,
　　268-270, 272, 284, 383, 390, 397, 436
国重正文　226
国司信濃　161, 241

国司純行　161, 241
国司チヨ子　278
国司直行　241, 278
久原鉱業会社　198, 302, 327-329, 432
久原庄三郎　138
久原房之助　327
久保正明　10
熊谷良三　197
熊田淳美　158
久米民之助　384
蔵内次郎作　149
倉谷鉱山会社　200, 216
久良知重敏　149
栗屋貞一　127
黒川新次郎　380
黒木三次　380
黒木為楨　380
黒田家（福岡）　4, 34, 374, 385
黒田久太　27
桑田政　215
継承的不動産権設定　399
京浜電鉄会社　282, 285, 338
兼六園　200, 433
小泉雅弘　122
興業社　114, 146
神崎炭坑　211, 214-215
香山墓地（山口）　170, 256, 287
皇室典範　165
皇典講究所　157-158
神代貞介　274
鴻池銀行　228-230
鴻池家　46, 402
神戸家畜会社　112
香山里絵　175-176, 178, 181-182
五箇条の御誓文　427
国際製薬会社　367
小倉城の戦い　162
小坂鉱山　132, 134, 327
児玉幾太郎　241
児玉源太郎　199
古積健三郎　405-406, 409
小西行長　435
近衛家　176, 402

小早川家　232
小早川隆景　14, 166, 294, 435
小早川秀秋　212
小林喜平（喜兵衛）　118
小林延人　63-64, 66
小林道彦　225
小前亮　67
小牧・長久手の戦い　124, 432
小峯三千男　344, 364-365
小山政一　44
小山良昌　259, 422
近藤清徹　278, 342

［さ行］

西園寺愛子　416
西園寺公一　15, 256-258, 329, 416
西園寺公望　257, 415
西園寺二郎　416
西郷従道　128
斎藤憲　196, 198, 200
斎藤照徳　365
斎藤知一　221
齋藤康彦　181
斎藤良衛　380
酒井家（小浜）　385-386
酒井家（姫路）　22
酒井忠道　386
酒井（前田）美意子　154, 183, 403, 426
坂本一登　167, 170
坂本龍馬　115
桜田邸　21
佐竹家（秋田）　176
佐竹義春　177
佐々成政　124, 432
札幌製糖会社　152
札幌葡萄酒醸造所　151, 224
薩摩藩　46, 90, 92-93
佐藤秀顕　128
佐藤英達　134, 141, 214
佐藤睦朗　400
三共会社　112
参勤交代　50
三子教訓状　166, 292, 421

三条家　145-148
三条実美　13, 114, 145, 148
サンフレッチェ広島　294
三和銀行　271
椎名重明　399
志賀虎一郎　380
然別鉱山　130, 196-198, 231
時事新報社　374
宍戸璣　95, 161, 171, 221
宍戸親基　161
七十七銀行　205
品川硝子会社　109, 113-114, 183, 191, 201,
　　225, 228, 432
品川硝子製造所　146-147
品川弥二郎　102, 139
芝崎平七　113, 123
柴野義広　272
渋沢栄一　3, 111, 115, 205
渋谷隆一　196
司法省　368
島田誠介　183, 250
島田武次　250
島津家（薩摩）　5, 10, 31, 36, 88, 91-92, 159-
　　160, 172, 175-176, 190-191, 203, 215, 245,
　　376, 378-380, 385, 388-389, 423-425, 432
島津忠重　379, 416
島津忠義　36
島津斉彬　422
島津久光　36
清水宗治　307
下連城　51-52, 103-104
ジャーディン・マセソン商会　146, 148
ジャワ島攻略戦　417
十五銀行　228, 270-271, 314, 379, 382-383,
　　387-389, 413, 436
松陰神社（東京）　21, 122, 285
正眼寺（箱根）　393
松下村塾　426
昭和恐慌　315, 321, 342, 366, 376, 385, 387,
　　390, 392, 412, 436-437
昭和飛行機会社　367
ジョン・ロックフェラー　110
白根斐夫　226

白根勝二郎　226
白根専一　226, 268, 274
白根竹介　226
白根多助　274
白根松介　268
進十六　119, 276, 297
神野新田　227
神風連の乱　91
瑞聖寺（東京）　413
末延三次　382
末延道成　382-383
陶晴賢　256
末松謙澄　37, 149, 223
末松房泰　149
末森城の戦い　124, 433
杉江重誠　146
杉孫七郎　9, 27, 105, 109, 139-140, 144-145,
　　159, 161, 166-169, 171, 173, 202, 221, 228,
　　236, 239, 256, 262, 265, 277, 423, 429
杉本勝二郎　124
洲崎養魚会社　110
鈴木邦夫　61-62
鈴木源造（源蔵）　112, 123
鈴木淳　99
鈴木大亮　128
鈴木藤三郎　199
鈴木保兵衛　71
砂川幸雄　131, 135, 142, 200
住友吉左衛門　208
住友銀行　382
住友家　1, 402
青松寺（東京）　413
関ヶ原の戦い　48-50, 186, 433-434
赤十字山口病院（現山口赤十字病院）　346
関屋貞三郎　268
銭屋五兵衛　429
芹ヶ野金山　378
専崎弥五平　42, 69, 154
先収会社　142
千田稔　4-5, 191, 382, 387
副島種臣　71
そーせいグループ株式会社　14
曽根千町　226

［た行］

第一銀行　228
第一国立銀行　56
第一次大戦後恐慌　308, 315, 327, 342, 376,
　　388, 436
第1次長州征討　12, 21, 161, 285, 427
醍醐忠重　306
第三国立銀行　73
第七十七国立銀行（仙台）　123, 205
第十五国立銀行　35, 47-48, 93, 97-99, 101,
　　107, 138, 140, 163, 191, 203, 230, 243, 245,
　　314
第十二国立銀行（金沢）　87, 196
大照院（萩）　306
大正天皇　290
第2次長州征討　161
大日本水産会社　221
大日本帝国憲法　181, 165
第百三国立銀行（岩国）　46
第百十国立銀行　46, 183, 196, 217, 226-227,
　　232, 240
第百六国立銀行（佐賀）　382
台湾製糖会社　199-200, 326
高崎正戸　337
高杉晋作　241
高杉政　241
高槻泰郎　40
高輪神社（東京）　419
高輪邸　22-23, 55, 62, 95, 107, 109, 119, 144,
　　156, 161, 167-168, 170, 175, 212, 236, 246,
　　255-258, 274, 278, 282, 285-287, 291, 297,
　　308, 317, 329, 335, 337-339, 350, 354, 377,
　　385, 393, 415, 419
高野江基太郎　149-150, 209
高橋是清　278
高橋是賢　278-279
高橋作善　98
高橋淡水　71
高峰譲吉　111-112, 141
高峰精一　111
高村直助　5, 88, 149-150, 214, 222
瀧井一博　428

竹越正己　180
竹下精一　60, 67, 118
武田晴人　131-132, 135-138, 140-141, 214, 404, 411-412
竹橋尚文　272
田島武夫　197
田島信夫　197, 212, 238, 274-276
多々良邸（防府）　23, 168, 174, 246, 256-257, 287, 290, 330, 415
立花家（柳川）　9-10, 34
辰巳豊吉　149
伊達家（宇和島）　402
伊達家（仙台）　385
田中彰　37
田中一介　241, 274, 276
田中義一　226
田中銀行　238
田中国重　380
田中鉱業会社　198
田中誠二　12, 31-32, 50, 429
田中清次郎　241, 274
田中平八（初代）　71, 198
田中平八（2代）　196-197, 224, 279, 428
田中傑　385-386
谷梅所（おうの）　241
谷村小作　57, 111
玉川辰五郎　155
玉乃世履　103-104
樽谷恒次郎　336-337
筑豊興業鉄道会社　202
筑豊鉄道会社　198
千葉陸軍高射学校　417
忠愛社　201
忠犬ハチ公　380
長三洲　241
朝鮮出兵　435
朝鮮貯蓄銀行　367
長寿吉　241
津軽家（弘前）　9
月形半平太　226
土屋重朗　99
都築馨六　241
都築（井上）光子　241

鶴岡八幡宮　308
鶴巻孝雄　430
デイヴィッド・ロックフェラー　110
帝国興信所　374-375
逓信省　368
寺内正毅　236, 262, 435
寺西成器　126-127
寺尾美保　5-6, 8, 175, 245
天正大判　177, 179
天皇　28, 144, 256, 267, 271, 390, 403, 428
東亜電気会社　308
洞海北湾埋渫合資会社　199, 206
東京海上火災保険会社　271
東京瓦斯会社　270
東京家畜市場会社　112-113, 183, 201, 220, 228, 432
東京牛商会　201
東京倶楽部　327
東京市　368, 377
東京人造肥料会社　109, 111-112, 141, 201
東京帝国大学　312, 381
東京鉄道組合　29
東京電灯会社　109, 111, 137, 360-361, 390
東京電力会社　390
東京府　22, 368
東京ホテル（帝国ホテル）　109, 115, 201
東京用達所　37, 39, 156, 237, 255, 292
洞春寺（山口）　302
東條正　159
東条頼介　46
東北鉄道会社　126
頭山満　214-215
時山弥八　285
常磐御殿（常磐邸）　246, 255, 287
徳川家康　49-50
徳川家（尾張）　35-36, 39, 45, 56, 61, 67, 89, 91-93, 118, 126, 176, 284, 374-375, 385, 398, 428
徳川家（紀州）　22, 34, 146, 380, 384-386, 388, 437
徳川家（宗家）　105, 176, 374-375
徳川家（一橋）　22
徳川茂承　386

徳川頼貞　384
徳川頼倫　384
徳田進　16
徳田寿秋　427
徳富猪一郎　298
戸田忠綱　22
戸田忠粛　306
鳥羽・伏見の戦い　75
豊栄神社（山口）　236, 256, 278, 294, 302
豊臣（羽柴）秀吉　179, 307, 435
豊永和吉　149-150
豊永長吉　115, 149, 205
十輪田鉱山　132, 134, 140

［な行］

内藤一成　146, 148
内藤恭輔　42
内藤家（延岡）　4, 191, 357, 431
内務省　72, 128, 368
長井雅楽　83, 241
長井時彦　241
永井尚服　98
永江眞夫　222
中小坂鉄鉱山　147
中沢弘光　292
中嶋松堂　12-13
永田鉄山　380
長門（戦艦）　291
中野徳次郎　208
永久昭二　418
中平保太郎　102
中丸一平　241
中丸照一　241
中村芳治　274-276, 297, 357
中山主膳　149
永山近彰　426
長山直治　422, 427, 433
梨羽景介　226
梨羽時起　226, 241
鍋島家（佐賀）　11, 126, 282, 374, 380-381,
　　384-386, 436-437
鍋島直大　378
鍋島直映　382

鯰田炭坑　214
楢崎豊資　41
成田龍一　386
南園御茶屋　121
西沢直子　173
西村勝三　114
日露戦後恐慌　231
日産化学会社　201
日清戦後恐慌　228
日曹製鋼会社　360-361
新田忠純　241
新田義貞　241
日報社　116, 201
二・二六事件　427
日本家畜市場会社　112-113
日本勧業銀行　368
日本共産党　269
日本漁猟会社　221
日本銀行　98, 101, 107, 138, 143, 163, 203, 228,
　　230-231, 240, 267, 269-270, 390
日本鉱業会社　198
日本興業銀行　346
日本産業会社　329
日本醤油会社　274
日本精製糖会社　199
日本舎密製造会社　109, 115, 191, 201
日本大博覧会　284, 311
日本鉄道会社　163
日本土木会社　135, 205
日本麦酒醸造会社　152
日本郵船会社　267, 270
丹羽邦男　89-90
丹羽正庸　146-148
ネクセラファーマ株式会社　14
根津嘉一郎　181
根本みなみ　50, 421-422
農業大不況（19世紀末）　399-400
濃尾大地震　227
乃木希典　2, 103
野田神社（山口）　236, 256, 278, 294, 302
野田別邸　119, 170, 255, 258, 306, 310, 330
野村悦子　378, 383-386
野村素助（素介）　226

野村盛康　357-359, 363
野村靖　9, 74, 95, 102-105, 139, 167, 173, 236, 239, 262, 265, 349, 429

［は行］

廃藩置県　12, 51-53, 59, 167
萩城　309
萩の乱　91
萩別邸　119, 121, 306, 310, 330
函館船渠会社　207
橋本左内　261
橋本綱常　261
畠山秀樹　213, 221
旗手勲　125
蜂須賀家（徳島）　374, 385
蜂須賀茂韶　111
鳩山一郎　380
鳩山道夫　380
花菱葡萄酒醸造場　152
羽野知顕　204
浜町邸　22-23, 122, 135
早川千吉郎　379
林友幸　95
林陸朗　380
原口清　37
原善三郎　71
原田伊織　427
原敬　200, 237
原田喬　147
原六郎　111, 215
版籍奉還　52
東久世通禧　69
土方久元　145
日立鉱山　327
日立製作所　393
日立中央研究所　393
肥田浜五郎　99-100
備中高松城の戦い　307
尾藤正英　70
百十銀行　105-106, 142, 173, 182, 190-191, 204, 214, 223, 228-232, 241-242, 249, 251, 277-278, 310, 376, 428, 430, 432
百六銀行（佐賀）　380, 382

平井一雄　404
平岡梓　381
平岡浩太郎　208
平田耿二　16
平松与一郎　221
平山炭坑　212-214, 229
広岡浅子　61-62, 66
広岡為替座　64-65, 113
広岡吉次郎　40-41
広岡久右衛門（8代）　66
広岡久右衛門（9代）　40-41, 54-55, 61-62, 64, 73, 118, 136-137, 163, 428, 432
広岡家　63-67
広岡（鹿島）助五郎　40, 62, 64-66, 111, 113, 136, 183, 217, 220, 225, 228
広沢金次郎　241
広沢真臣　31, 147, 160, 241
広沢万須　147
広島税務監督局　358, 362-363
広瀬順晧　143
広田暢久　37, 95
撫育金　12-13, 31, 58, 347, 351, 424
風来団三郎　60
深川区役所　377
深川邸　22
武学講習所　233
福沢諭吉　3-5, 167
福島正夫　401-402, 410
福寿稲荷社　309
福田継治郎　380
福原栄太郎　241
福原越後　241
福原実　226
藤井希璞　142-143, 155, 163
藤岡市助　111
藤島泰輔　249, 433
富士製紙会社　270
藤田組　131, 133-142, 173, 190, 214, 216, 239, 250, 327, 345
藤田鹿太郎　138
藤田四郎　241
藤田伝三郎　117, 131, 134-136, 138, 181, 199, 205, 214-215, 221, 302, 327-328, 391, 428,

432

藤田（井上）聞子　241

藤田平太郎　181

藤波言忠　216

伏見宮家　143

復興局　380

古河市兵衛　208

古川阪次郎　380

古川智映子　62

ベイカー, J. H.　399-400

北条時敬　379

法政大学　384

宝蔵金　12

防長教育会　102, 106-108, 158, 160, 173, 191, 196, 233

防長武学養成所　233

豊柏採炭組合　149-150, 209, 221

防府カトリック教会　417

北陸銀行　67

北陸セメント会社　367

星野英一　404

星原大輔　28

戊辰戦争　54, 73, 82, 92, 432

細川家（肥後）　36, 92, 146, 375, 385

北海道開進会社　128

北海道鉱山会社　110, 130, 196-198, 209, 224, 231, 249, 274, 327, 432

北海道炭鉱汽船会社　270

北海道炭鉱鉄道会社　196

穂積陳重　410

堀江保蔵　402, 404, 409

堀雅昭　174, 227

堀基　196

本多忠敬　180

［ま行］

前田菊子　403

前田家（加賀）　4, 6-8, 10-11, 14, 16-17, 23, 25, 28-31, 33, 36, 39, 41, 43-44, 46, 48, 56, 61, 69-70, 77-78, 80, 82-83, 86-89, 91-94, 101, 105, 108, 110-113, 117-118, 124-125, 130-131, 141, 152-154, 160, 162-163, 167-168, 171-172, 175-176, 182-183, 187, 190-

191, 196, 203-204, 216, 220, 222, 231-232, 243, 245, 250, 263, 265-266, 271-273, 280-281, 287, 292, 294, 302-303, 310, 312-315, 317, 321, 326, 339, 345, 350, 354-356, 363, 365-368, 370-371, 374-377, 379, 381-382, 384-390, 392, 394-397, 402-403, 412-413, 424-425, 428, 430, 432, 434, 437

前田家（大聖寺）　7-8

前田孝階　425

前田朗子　284, 403

前田隆子（真龍院）　433

前田利家　83, 124, 183, 302, 432

前田利聲　412

前田利建　183, 284, 403, 416, 433

前田利嗣　123, 126, 167, 284, 403, 433

前田利常　200

前田利長　183, 433

前田利為　154, 257, 284, 326, 377-379, 403, 416-417, 426, 433

前田直行　425

前田溪子　154

前田斎広　433

前田斎泰　154, 422

前田農場（軽川）　126, 365

前田初子　154

前田政子　403, 426

前田豊　425

前田慶寧　422, 427

間島冬道　98

益田孝　111, 199, 222, 228

松浦家（平戸）　388

松尾千蔵　36

松方正義　98, 101, 125, 203

マックス・ウェーバー　399

松平家（越前）　374, 388

松平家（高松）　63, 66, 385-386

松平春嶽　422

松平忠和　181

松平恒雄　380

松平康荘　388

松平胖　380

松平慶民　419

松元宏　200, 401, 411

松本洋幸　70
満鉄　270
萬年橋邸　22-23
三浦梧楼　95
三浦三十郎　221
三浦壮　5-7, 14, 47, 52, 124, 267-268, 270-272
三浦安　147
三河新田　227
御木本幸吉　380
御木本隆三　380
三木与吉郎　380
三坂圭治　12
三島由紀夫（平岡公威）　381
水本浩　404
三田尻御茶屋　122, 309
三田尻税務署　358, 370
三田尻邸　23, 119, 122, 168, 255-257, 274, 277, 287, 290-291, 310, 330
三谷三九郎　54-55, 59-60, 85, 147, 428, 432
三谷博　82
三井小野組合銀行　57
三井銀行　107, 223, 228-231, 408, 411
三井組　43-44, 46, 54-57, 59, 78, 163
三井家（同族）　1, 208, 400, 402, 407-408, 410-412
三井家（小石川）　61
三井鉱山会社　200, 215, 408, 411
三井合名会社　200, 320, 408
三井高棟　401, 412
三井物産会社　106-107, 199, 223, 408, 411
三越呉服店　408
光成準治　49, 51, 186
三菱銀行　271, 430
三菱合資会社　127, 208, 213, 231
三菱重工会社　271
三菱信託会社　271
三矢の訓協議会　294
三戸助一　331, 335
湊川神社　166
峰地炭坑　149
三野村利左衛門　46
三野村利助　46, 111
三原清尭　221

三宅直彦　336
宮崎八幡宮　308
宮下和幸　422-423
宮本又次　59-60
宮本又郎　9
三好重臣　241
三好東一　241
三輪惣右衛門　118
民部省　22
武川幸嗣　404
宗像宗十郎　41-42
村上紀史郎　379, 384
村松久吉　418
明治天皇　157, 236, 240-241, 259, 298, 433
毛利（醍醐）顕子　290-291, 305
毛利（武者小路）万子　256
毛利敬四郎　232
毛利家（清末）　50, 104
毛利家（長府）　50, 104
毛利家（徳山）　50, 104
毛利五郎　171, 196, 204, 212, 227, 232, 236, 244, 274, 292, 297, 415
毛利（小早川）三郎　212
毛利重就　33, 122, 170, 309, 350, 419, 424
毛利重輔　226, 329
毛利（小早川）四郎　212, 236, 287, 297
毛利新田　227
毛利園子　120, 255, 287
毛利敬親　14, 21, 31, 41, 50-51, 88, 119, 236, 256-257, 287, 298, 302, 421-422, 426, 432
毛利隆元　166, 294
毛利親信　226
毛利忠三　329
毛利輝子　232
毛利輝元　48-51, 186, 308, 421
毛利藤内　161
毛利俊子　121
毛利都美子（富子，妙好）　31, 88, 119, 232, 255-257, 264, 275, 287, 362
毛利斉広　421
毛利斎熙　121
毛利齊房　144
毛利農場（大江村）　128-129, 196

毛利農場（黒川村）　129, 208
毛利信順　121
毛利（西園寺）八郎　212, 255, 257, 268, 297, 329, 415-416
毛利（戸田）浜子　290-291, 305-306
毛利美佐子　168, 232
毛利宗元　413
毛利元昭　108, 111, 168, 171, 180, 196, 209, 225, 238, 250, 255-259, 278-279, 285, 290, 298, 304, 306, 326, 355, 358, 362, 415, 422
毛利元功　169
毛利元雄　297
毛利（愛宕）茂登子　290-291, 305-306
毛利元純　224
毛利元陳　414
毛利元敏　103, 171
毛利元就　14, 46, 48, 162, 166, 183, 186, 191, 236-237, 256, 292, 294, 302, 421, 434
毛利元信　62
毛利元徳　12, 15, 21-22, 32, 50, 59, 77, 95, 98, 101-103, 105, 108, 111-112, 122-123, 128-129, 131, 134, 145, 148, 152, 160, 165-168, 171-172, 174, 196, 236, 241, 246, 250, 255-258, 280, 287, 298, 302, 306, 357, 422, 425, 431-432
毛利（小早川）元治　290-291
毛利元道　285, 290-291, 298, 326, 354-355, 361-363, 415-418
毛利元蕃　121
毛利元良　232
毛利師親（元春）　308
毛利八重子　121
毛利安子　255-256, 258, 287, 362
毛利祥久　227
毛利吉元　413
毛利順明　121
毛利六郎（大村徳敏）　169, 212, 244, 256
茂木惣兵衛　71
門司築港会社　205
森（井上）厚子　221
森岡清美　24
森清蔵（来島亀之助）　221
森田貴子　5, 8, 88

森寺常徳　146, 148
森村市左衛門　286
森村開作　286
森本義質　126
森靖夫　381
森（井上）祐三郎　221
森暢平　403
文部省　157

[や行]

矢島作郎　111, 137, 225
安岡重明　200, 400-402, 404-412
安川敬一郎　208
安田銀行　271
安田家　402
安田善次郎　111, 122, 144-145
柳勝司　406, 410
柳田藤吉　207, 279
矢野竜渓　111, 143
山内家（土佐）　282, 374, 380-381, 383-385
山内豊秋　381-382
山内豊景　382
山内容堂　422
山尾庸三　144-145, 161, 241
山県有朋　2, 9, 95, 103-105, 125, 129, 136-161, 167, 169-171, 173-174, 204-205, 225, 227-228, 233, 236-237, 239-241, 250, 262, 265, 270, 277, 297-298, 302, 349, 363, 423, 429, 434
山県伊三郎　277, 297-298, 349
山口銀行（大阪）　430
山口県立総合競技場　413
山口出張所　258, 274-278, 282, 291, 302
山口用達所　27, 42-45, 57, 77-78, 107, 154, 196, 226, 255
山﨑一郎　23
山崎廣明　383, 388
山十組　409
山田顕義　9, 69, 105, 127-128, 144, 148, 156-157, 161, 169, 171, 221, 265
山田晟　399
山田耕作（山田耕筰）　380
山田誠一　404, 407, 411

山田龍雄　92
山田芳太郎　380
山中花子　255-256, 287
山本一夫　42
山本達雄　228
山本直純　98
山本直成　98
湯浅恭雄　225
由井常彦　407
由利公正　147
横浜正金銀行　101, 106, 163, 267, 269
横浜水道会社　70-77, 85, 163, 327
横山一平　221
横山家（加賀）　5, 9, 141, 162, 191, 251, 357, 431, 437
横山三郎　275-276
吉田克己　404
吉田亀治　367-369
吉竹千穂　331
吉田郡山城　46
吉田松陰　83, 122, 142, 285, 426-427
吉田新田　227
吉田屋　120
吉富簡一　224, 282
吉富寅太　282

良永和隆　405
吉野作造　2
四日市牧畜会社　112
代々木練兵場　284

［ら行］

陸上自衛隊第13旅団（広島）　294
立憲政友会　236
琉球藩　55, 67
留萌興業合資会社　278
鹿鳴館　115, 327

［わ行］

我妻栄　405, 407, 409
若松築港会社　199, 206
和田豊治　379
渡辺浩　24
渡部史之　12
渡口御殿　121
ワトソン　148

［英数］

1890年恐慌　136
strict settlement　399-400

[著者紹介]

松村　敏（まつむら　さとし）

神奈川大学経済学部教授。

1955 年生まれ。東京大学大学院農学系研究科博士課程単位取得
（経済学博士）。著書に『戦間期日本蚕糸業史研究』（東京大学出版
会，1992 年）など。

神奈川大学経済貿易研究叢書第 37 号

毛利公爵家の資産と家政
―倒幕・新政府樹立の旗手の近代―

2025 年 3 月 10 日　第 1 刷発行

著　者　松　村　　敏

発 行 者　柿　﨑　　均

発 行 所　株式会社 日本経済評論社

〒101-0062　東京都千代田区神田駿河台 1-7-7
電話 03-5577-7286　FAX 03-5577-2803
E-mail: info8188@nikkeihyo.co.jp
http://www.nikkeihyo.co.jp

装幀：渡辺美知子　　　印刷：太平印刷社／製本：誠製本

落丁本・乱丁本はお取替えいたします　　　Printed in Japan
価格はカバーに表示してあります

© Matsumura Satoshi 2025

ISBN 978-4-8188-2679-3　C3021

・本書の複製権・翻訳権・上映権・譲渡権・公衆送信権（送信可能
化権を含む）は，（株）日本経済評論社が著者からの委託を受け管
理しています。
・[JCOPY]〈（一社）出版者著作権管理機構　委託出版物〉
本書の無断複製は著作権法上での例外を除き禁じられています。複
製される場合は，そのつど事前に，（一社）出版者著作権管理機構
（電話 03-5244-5088，FAX 03-5244-5089，e-mail：info@jcopy.
or.jp）の許諾を得てください。

防長米改良と米穀検査
米穀市場の形成と産地 （1890年代〜1910年代）
大豆生田稔 著

山口県の「防長米」は近代日本の米穀市場にどのように包摂されたか。産地に浸透する米穀検査が産米を「商品」として仕立て，円滑な取引とその拡大を促していく過程を解明する。

本体 9450 円

成瀬仁蔵と日本女子大学校の時代
吉良芳恵 編著

日本女子大学校の創設に携わった成瀬仁蔵や広岡浅子は何をめざしていたのか。開校までの過程やその後の課題を分析し，教育・女性・経済・思想などの視点から，その歴史的意味を明らかにする。

本体 4500 円

備後福山の社会経済史
地域がつくる産業・産業がつくる地域
張楓 編著

地方都市に花ひらく多様な企業の成功と蹉跌を，戦前・戦後を貫く視角から鋭く描きだす。地域で技術や資源を継承し発展する中小商工業から，東京一極集中を問い直す野心作。

本体 6200 円

日本経済評論社